PHILIPPIKA

Altertumswissenschaftliche Abhandlungen
Contributions to the Study
of Ancient World Cultures

84

2015
Harrassowitz Verlag · Wiesbaden

Julia Linke

Das Charisma der Könige

Zur Konzeption des altorientalischen Königtums im Hinblick auf Urartu

2015
Harrassowitz Verlag · Wiesbaden

Gedruckt mit freundlicher Unterstützung der Geschwister Boehringer Ingelheim Stiftung für Geisteswissenschaften in Ingelheim am Rhein.

Bis Band 60: Philippika. Marburger altertumskundliche Abhandlungen.

Zugl. Diss. Universität Freiburg 2013

Bibliografische Information der Deutschen Nationalbibliothek
Die Deutsche Nationalbibliothek verzeichnet diese Publikation in der Deutschen Nationalbibliografie; detaillierte bibliografische Daten sind im Internet über http://dnb.dnb.de abrufbar.

Bibliographic information published by the Deutsche Nationalbibliothek
The Deutsche Nationalbibliothek lists this publication in the Deutsche Nationalbibliografie; detailed bibliographic data are available on the internet at http://dnb.dnb.de.

Informationen zum Verlagsprogramm finden Sie unter
http://www.harrassowitz-verlag.de

Gedruckt auf alterungsbeständigem Papier.
Druck und Verarbeitung: Hubert & Co., Göttingen
Printed in Germany

ISSN 1613-5628
ISBN 978-3-447-10349-7

„Der König stirbt nie."

Inhalt

Einleitung 1

1. Königtum 7
  1.1 Herrschaftssoziologische Aspekte 7
    1.1.1 Theoretische Grundlagen: Macht und Herrschaft 7
    1.1.2 Der Patrimonialismus 13
    1.1.3 Das Königtum bzw. der König im patrimonialen System 16
  1.2 Der Begriff Königtum 18
  1.3 Königtum als ein welthistorisches Phänomen 20
    1.3.1 Die Entstehung von Königtum bzw. die Entstehung des Staates 20
    1.3.2 Aspekte des Königtums 24
    1.3.3 Die idealen Könige 30
  1.4 Das Charisma-Konzept 32

2. Das Königtum im Alten Orient 43
  2.1 Altorientalische Begriffe für „König", Herrschertitel und Epitheta 43
    2.1.1 Altorientalische Begriffe für „König" 43
    2.1.2 Herrschertitulaturen 45
    2.1.3 Herrscherepitheta 47
  2.2 Der Ursprung des altorientalischen Königtums 48
  2.3 Quellen für Königtum und Herrschaft im Alten Orient 51
    2.3.1 Texte 52
    2.3.2 Bilder 58
    2.3.3 Architektur 60
  2.4 Die Aspekte der Herrschaft des altorientalischen Königs 65
    2.4.1 Die Verbindung des Königs zu den Göttern 65
    2.4.2 Die politische Verantwortung des Königs 85
      2.4.2.1 Der König als Recht sprechende und Recht setzende Instanz 86
      2.4.2.2 Der König als Bauherr 94
      2.4.2.3 Der König als Spitze der Verwaltung 99
      2.4.2.4 Ein Sonderfall: Die Löwenjagd 105
    2.4.3 Die militärischen Errungenschaften des Königs 108
    2.4.4 Die mythischen Idealkönige im Alten Orient 117

3. Allgemeine Einführung zu Urartu 121
  3.1 Die Geographie Urartus 121
  3.2 Geschichtlicher Überblick 125
  3.3 Quellenlage und kurze neuere Forschungsgeschichte 138

4. Der urartäische König 141
  4.1 Sprachliches 141
    4.1.1 Schriftsysteme in Urartu 141
    4.1.2 Königstitulatur 147

4.2 Die Verbindung des urartäischen Königs zu den Göttern 156
4.2.1 Ḫaldi und die urartäische Staatsreligion 157
4.2.2 Der König und sein Verhältnis zu „fremden“ Gottheiten 167
4.2.3 Religiöse Rechte und Pflichten des urartäischen Königs 169
4.2.4 Vergöttlichte Könige oder ein Ahnenkult in Urartu? 176
4.3 Die politische Verantwortung des urartäischen Königs 181
4.3.1 Der König als Recht sprechende und Recht setzende Instanz 182
4.3.2 Der König als Bauherr 183
4.3.2.1 Die Bauinschriften 185
4.3.2.2 Paläste / é.gal 192
4.3.2.3 Befestigungen 198
4.3.2.4 Tempel / religiöse Bauwerke 207
4.3.2.5 Städte 221
4.3.2.6 Lagerräume 224
4.3.2.7 Wasserbauten und Kanäle 227
4.3.2.8 Landwirtschaftliche Projekte 231
4.3.2.9 Zusammenfassung 233
4.3.2.10 Siedlungsverbreitung 242
4.3.3 Der König an der Spitze der Verwaltung 260
4.3.3.1 Die Verwaltung 260
4.3.3.2 Tušpa – (Einzige) Hauptstadt Urartus? 271
4.3.3.3 Urartu – Zentralstaat oder segmentärer Staat? 274
4.3.3.4 Die Normierung der Maßeinheiten 277
4.3.3.5 Zusammenfassung: Urartu als ein feudaler Patrimonialstaat 278
Exkurs: Zum Kunsthandwerk Urartus 281
Exkurs 2: Königsdarstellungen im Bild 284
4.4 Die militärischen Errungenschaften des urartäischen Königs 292
4.4.1 Urartäische Selbstdarstellung 292
4.4.2 Ausrüstung und Zusammensetzung der urartäischen Armee 295
4.4.3 Zweck und Ziele der militärischen Aktionen 300
4.4.5 Zu Militär und Götterwelt 302
4.4.5 Die bildliche Darstellung von Konflikten 303
4.4.6 Zusammenfassung 304
4.5 Die Jagd 305
4.6 Die urartäische Königsdynastie 306

5. Das Königtum in Urartu – Schlussbetrachtung 313

Nachwort und Danksagung 319

Literaturverzeichnis 321

Einleitung

Das Ziel der vorliegenden Untersuchung war es, die Konzeption des urartäischen Königtums, also die Stellung des Königs im Staat und zu den Göttern, seine Rechte und Pflichten, vor allem aber sein Selbstbild und seine Selbstinszenierung zu erarbeiten. Folglich ging es dabei weniger um die Rekonstruktion vorgeblich „historischer Realitäten", sondern vielmehr um einen Einblick in die ideologische Gedankenwelt im Zusammenhang mit Königtum. Neben der rein urartäischen „Eigenperspektive" stand die Frage im Vordergrund, ob im urartäischen Königtum Aspekte aus dem mesopotamischen oder hethitischen Raum wiederzufinden sind.[1] Fokus und roter Faden ist demnach die „Amtsperson" des Königs.

„Urartu" vs. „Biainili"

Der Name Urartu, der über die Bibel in den westlichen Sprachgebrauch eingegangen ist, stammt aus Assyrien. Gleichermaßen ist die Perspektive moderner Forschender auf das Reich Urartu ursprünglich geprägt von der Sicht der Assyrer, die das Land ^{kur}*Urarṭu* im Norden ihres Herrschaftsgebietes beschreiben.

Schon im 2. Jahrtausend v. Chr. sind Handelsaktivitäten zwischen dem Gebiet des späteren Urartu und Assyrien zu vermuten, aber Belege für konkrete Kontaktzonen fehlen bisher. Da die Gebirgsbarriere des Südost-Taurus (einschließlich der Hakkâri Dağları) den direkten Kontakt zwischen Assyrien und den Ländern nördlich dieser Gebirge erheblich erschwert und teils verhindert, findet der Austausch wahrscheinlich über „Umwege" bzw. über Randgebiete statt. Als Hauptverbindung kann wohl der Kelišin-Pass gesehen werden.[2] Diese geographische Situation beeinflusst sicherlich die Sicht der Assyrer auf das Land Urartu, denn es liegt außerhalb ihres Einflussbereiches bzw. ihres eigentlichen Interessengebietes.

Das Bild und das Verständnis einer Gesellschaft außerhalb der Grenzen des eigenen Landes unterliegen besonderen Bedingungen.[3] Dabei ist die Grenze in diesem konkreten Fall das Südost-Taurus-Gebirge, an das sich, aus assyrischer Sicht, das hinter dieser Barriere liegende Urartu anschließt. Man könnte nun erwarten, dass der assyrische Blick auf dieses außerhalb der eigenen Grenzen liegende und schwer zugängliche Land eher von Misstrauen und eventuell auch Geringschätzung geprägt ist,[4] aber dem ist nicht so.

---

1 Solche Parallelen v.a. zum assyrischen Königtum wurden häufig postuliert und an Detailphänomenen festgemacht. In dieser Arbeit soll nun eine möglichst umfassende Untersuchung der Einzelaspekte zu einer Bewertung der Gesamtkonzeption des urartäischen Königtums führen.

2 Kessler, K., Zu den Beziehungen zwischen Urartu und Mesopotamien, in: Haas, V. (Hrsg.), Das Reich Urartu – Ein altorientalischer Staat im 1. Jahrtausend v. Chr., Konstanz (1986), S. 64.

3 Vgl. Frederick Turner. The Significance of the Frontier in American History (1893), und Owen Lattimore, The Inner Asian Frontiers of China (1940), nach Rothman, M., Beyond the Frontiers: Muş in the Late Bronze Age to Roman Periods, in: Sagona, A. (Hrsg.), A View from the Highlands. Archaeological Studies in Honour of Charles Burney, Leuven (2004), S. 122.

4 Als Beispiel für eine Grenze, die einen solchen Blick verdeutlicht, ließe sich die Chinesische Mauer

Bereits in den mittelassyrischen Feldzugsberichten wird das urartäische Gebiet „assyrisiert“ und die Sichtweise des eigenen kulturellen und organisatorischen Umfeldes auf das Land hinter der Grenze übertragen.[5] Obwohl es mehr als wahrscheinlich ist, dass es in dieser Zeit im ^{kur}*Nairi*, was später das urartäische Gebiet werden soll, noch keine weiterreichende, zentralisierte Organisation, sondern eher tribale Strukturen gibt, werden z.B. in den Annalen Tiglat-Pilesars I. (1114–1076 v. Chr.)[6] „60 Könige von Nairi“ genannt. Ebenso ist unter Tukulti-Ninurta I. (1244–1208 v. Chr.) in den Königsinschriften[7] von „Königen von Nairi“ die Rede. Mit *šarru* wird also die Bezeichnung gewählt, die auch für den assyrischen Herrscher verwendet wird. Grund hierfür dürfte zum Einen sein, dass der assyrische König seine Eroberungsleistung höher bewerten will und deswegen von „Königen“ statt von „Fürsten“ o.Ä. spricht. Zum Anderen spielt sicher auch eine etische Betrachtungsweise Urartus durch die Assyrer eine Rolle. Das zeigt sich ebenso, wie im Kapitel 3.2.4.2 „Ausrüstung und Zusammensetzung der urartäischen Armee“ ausgeführt wird, an der Verwendung von assyrischen Beamtentiteln, die in Urartu selbst nicht gebräuchlich sind, für die urartäischen Funktionäre.

Der urartäische König wird nach assyrischen Quellen ambivalent dargestellt. Dabei ist das Bild, das die assyrischen Quellen vom urartäischen Feind vermitteln, in erster Linie militärisch geprägt. Die Stärke der urartäischen Armee wird hier durchaus hervorgehoben,[8] sicher auch, um den Wert des Sieges der assyrischen Truppen am Ende zu betonen. Zwar führt der urartäische König seine Soldaten selbst in den Kampf, dort erweist er sich dann jedoch meist als feige. Er ergreift die Flucht, und in mehreren Texten Sargons ist der Selbstmord eines Königs Rusa von Urartu zum Teil sehr bildhaft überliefert. So flieht Rusa auf einer Stute, sinkt danieder wie eine Frau und tötet sich mit seinem eigenen Dolch.[9] Im Gegensatz dazu ringen die Bauprojekte der urartäischen Könige, v.a. im Bereich der künstlichen Bewässerung, den assyrischen Schreibern Respekt ab. Das ausgeklügelte Kanalsystem von Ulḫu z.B. wird *en detail* in der 8. Kampagne Sargons (Z. 200ff.) beschrieben.[10]

Insgesamt entspricht das Image, das assyrische Quellen vom Nachbarn Nairi bzw. dem ^{kur}*Urarṭu*[11] erzeugen, sehr dem Assyriens selbst: ein zentralisierter Staat, unter zunächst

---

anführen, die die „zivilisierten“ Chinesen von den „Barbaren“, eine intensiv betriebene Landwirtschaft vom Pastoralismus, sowie einen zentral regierten Staat von einer tribal organisierten Gesellschaft trennt. Vgl. Lattimore, O., Origins of the Great Wall of China – A Frontier Concept in Theory and Practice, in: Geographical Revue 27.4 (1937), S. 529–549.

5 Vgl. dazu ausführlicher: Linke, J., A View over High Mountains: The Assyrian Perception of the Urartians and their Kings, beim Workshop „Bordered places and bounded times: reflexive approaches to understanding societies“ des BIAA in Ankara. Das Paper wird voraussichtlich 2015 in den Proceedings des Workshops (herausgegeben von Emma Baysal und Leonidas Karakatsanis in AnSt) publiziert.

6 RIMA 2, S. 21. A.0..87.1.

7 RIMA 1, S. 237. A.0.78.1.

8 Z.B. 8. Kampagne Sargons, Z. 103f.

9 Z.B. Annalen Sargons, 8. Jahr, Z. 135 (Fuchs, A., Die Inschriften Sargons aus Khorsabad, Göttingen (1994)), sowie 8. Kampagne Sargons, S. 140, 148ff.

10 Vgl. Lassøe, J., The Irrigation System at Ulhu, in: JCS 5 (1951), S. 21–31.

11 *Urarṭu* bezeichnet in diesen Quellen als geographischer Begriff die Region, während Nairi wohl die dort lebenden Menschen meint.

mehreren, dann nur noch einem einzigen König (*šarru*), aufgeteilt in Provinzen (*nagû*), mit einem differenzierten Beamtenapparat.

Wie weit dieses Bild den tatsächlichen Umständen in Urartu nahe kommt, ist die eigentliche Frage. Schon der Name, den die Urartäer selbst ihrem Land geben, ist ein anderer: ^{kur}*Biainili*[12].

Die vorliegende Arbeit setzt sich zum Ziel das urartäische Königtum und das Selbstbild, die Selbstinszenierung seiner Könige primär aus eigen-urartäischen Quellen zu erschließen. Neben diesen indigenen Perspektiven steht auch die Frage im Vordergrund, ob im urartäischen Königtum Aspekte aus dem mesopotamischen oder hethitischen Raum wiederzufinden sind, und falls ja – welche.

Aufbau der Arbeit

Ausgangspunkt der Untersuchungen sind allgemeine Überlegungen zum Königtum als einer Form von Herrschaft – deswegen steht am Anfang der Arbeit eine kurze Übersicht über die theoretischen und terminologischen Grundlagen der Konzepte von Herrschaft, die sich an Thesen der „Historischen Soziologie", wie sie v.a. von Max Weber formuliert und u.a. von Stefan Breuer weiterentwickelt wurden, orientieren. In vielen – nicht nur historischen – Gesellschaften ist das Königtum die Staatsform der Wahl, mit der Person des Königs in herausgehobener Stellung. Beispiele aus der Antike, aus dem mittelalterlichen Nahen Osten und Europa sollen herangezogen werden, um die Geltungskraft der getroffenen Aussagen zu verdeutlichen.

Königtum ist nach diesen Überlegungen ein universelles, welthistorisches Phänomen, dem eine Außeralltäglichkeit der herrschenden Person, des Königs, zu Grunde liegt. Diese Außeralltäglichkeit der Institution des Königtums rückt es in den Bereich des Charismas. Der Terminus „Charisma" bezeichnet dem altgriechischen Wortursprung (*χάρισμα*) nach eine „Gnadengabe"; charismatisch sein bedeutet „Erfreuliches erweisen, sich gefällig erweisen".[13] Durch den Begriff „Gnadengabe" wird offensichtlich, dass Charisma eine Eigenschaft ist, die einem Auserwählten aus der übernatürlichen Sphäre gewährt wird. So ist der Charisma-Begriff in der Bedeutung „Gottesgabe" zunächst v.a. in der Religionssoziologie angesiedelt und wurde erst mit den Arbeiten von Max Weber, zu Beginn des 20. Jahrhunderts, von der religiösen Terminologie gelöst und fand Eingang in die soziologische und politische Diskussion. Das Charisma, das auch titelgebend für die vorliegende Untersuchung ist, ist zwar im Prinzip und v.a. im heutigen fachlichen Sprachgebrauch verbunden mit dem Idealtyp der charismatischen Herrschaft nach Weber, geht aber weit darüber hinaus. Insofern ist das „Charisma der Könige" im Grunde vielmehr das „Charisma des Königsamtes" und bezieht sich in meinen Überlegungen in erster Linie eben auf das Amt des jeweiligen Königs. Somit findet es sich nicht (nur) in den Weber'schen charismatischen

12 Nur Sardure I. nennt sein Königreich Nairi und verwendet den Titel „König von Nairi" (CTU A 1-1), ebenso wie Išpuini in der zweisprachigen Kelišin-Stele (CTU A 3-11) im assyrischen Teil. Vermutlich wird für die assyrischen Texte auch der urartäische Name des Reiches ins Assyrische übersetzt, um den Assyrern das Verständnis zu erleichtern. So nennt Rusa, Sohn des Sardure, ebenso sein Reich im assyrischen Teil seiner zweisprachigen Inschrift (CTU A 10-5) Urarṭu (kur.uri), nicht Biainili.

13 Vgl. Georgieva, C., Charisma. Theoretische und politisch-kulturelle Aspekte der „Außeralltäglichkeit", Bonn (2006), S. 25. Näheres im Kapitel 1.4 „Das Charisma-Konzept".

Herrschaftsverbänden, sondern darüberhinaus und vielmehr in Patrimonialstaaten. Die von mir aufbauend auf Max Weber und Stefan Breuer entwickelte theoretische Grundlage der Arbeit, das „Charisma-Konzept“, steht am Ende des ersten Kapitels. Stefan Breuer unterteilte in seinem 1991 erschienenen Werk zur Herrschaftssoziologie Max Webers[14] die charismatischen Gnadengaben eines Herrschers, wie eben eines Königs, in das magische bzw. religiöse Charisma, das militärische Charisma und das politische Charisma. Ich habe diese unterschiedlichen „Charismen“ übertragen auf die Institution des Königtums, um eine Art Raster bzw. Rahmen für meine Untersuchungen zu schaffen. Entsprechend wird aufeinander folgend der religiöse, der politische und abschließend der militärische Aspekt eines Königsbildes untersucht.

Diese Idee des „Charisma-Konzeptes“ für die Untersuchung von verschiedenen Ausformungen von Königtum lässt sich meinen Beobachtungen zu Folge fast idealtypisch auf das Konzept des altorientalischen Königtums übertragen. So folgt im zweiten Kapitel zum Königtum im Alten Orient eine Zusammenschau ausgewählter Beispiele von Königtum in altorientalischen Gesellschaften. Dabei bleibt es bei einzelnen Detailbetrachtungen, eine umfassende oder gar vollständige Analyse des altorientalischen Königtums durch alle Epochen kann und soll im Rahmen dieser Arbeit nicht geleistet werden, weswegen auf die Vorarbeiten von KollegInnen[15] aufgebaut und verwiesen wird. Beschrieben werden zunächst Einzelfälle aus der Frühzeit der mesopotamischen Gesellschaften, also der Uruk- bis Frühdynastischen Zeit. Auf Grund der zu Fragen des Königtums sehr umfangreich vorhandenen Quellen aus der Ur III-Zeit liegt auf dieser Epoche ein gewisser Schwerpunkt, obwohl die südmesopotamischen Reiche prinzipiell eher am Rande behandelt werden, das altbabylonische nur in seinen Besonderheiten – wie der Richterfunktion des Königs –, das neubabylonische auf Grund der zeitlichen Stellung nach dem Ende des urartäischen Reiches überhaupt nicht. Am aussagekräftigsten erscheint vielmehr der Vergleich Urartus mit dem assyrischen Reich, und zwar von altassyrischer bis in die neuassyrische Zeit. Des Weiteren werden hethitische Belege angeführt, um auch ein Königtum, das Wurzeln außerhalb Mesopotamiens hat, als Vergleichsgröße heranzuziehen. Das achämenidische Reich wird ebenfalls behandelt, auf Grund der Annahme, dass einige Aspekte des urartäischen Königtums im achämenidischen konkret nachhallen. So soll eine allgemeine Konzeption des altorientalischen Königtums deutlich werden. Der Aufbau folgt jeweils der dreiteiligen Gliederung, wie sie oben als Raster festgelegt wurde: nach religiösen, politischen und militärischen Aspekten. Die Löwenjagd wird hierbei abschließend als Sonderfall behandelt.

Nach einer kurzen allgemeinen Einführung zu Urartu, seiner Geographie, Geschichte und den zur Verfügung stehenden Quellen im dritten Kapitel, rückt im vierten Kapitel schließlich das titelgebende urartäische Königtum in den Fokus. Dabei wird versucht, es so weit wie möglich aus eigenen Quellen zu untersuchen und die assyrischen Texte, die vielen Forschenden als Hauptquelle zu Urartu dienen, eher außen vor zu lassen. Folgende zentrale Fragen sollen beantwortet werden: Welche Konzeption des Königtums in Urartu wird

14 Breuer, S., Max Webers Herrschaftssoziologie, Frankfurt (1991), S. 33ff.

15 Z.B. Peter Panitschek: LUGAL –šarru –βασιλεύς. Formen der Monarchie im Alten Vorderasien von der Uruk-Zeit bis zum Hellenismus. Teil 1: Von der Uruk-Zeit bis Ur III, Frankfurt (2008), Aufsätze aus Paul Garelli (Hrsg.), Le Palais et la royauté – Archéologie et Civilisation, Paris (1974), um nur zwei Beispiele zu nennen.

sichtbar, und welche Anleihen von außen, speziell von Assyrien, sind feststellbar? Handelt es sich um einen Zentralstaat, der von einem starken Alleinherrscher regiert wird, der omnipotent über das ganze Reich herrscht, oder eher um einen segmentären Staat, in dem der König als *primus inter pares* regiert, oder um einen Feudalstaat, in dem die Zentralmacht des Königs einzelne Kompetenzen delegiert? In welcher Beziehung lässt sich von einem persönlichen oder Amts-Charisma des urartäischen Königs sprechen und wie findet dessen Inszenierung statt? Und schließlich: Wie ist uns dieses Königsbild überhaupt überliefert?

Zunächst wird hierzu auf die Schriftlichkeit in Urartu eingegangen, da v.a. die urartäischen Königsinschriften zur Analyse der Konzeption des Königtums herangezogen werden. In diesem Rahmen findet auch eine Untersuchung der Titel und Epitheta der urartäischen Könige statt. Darauf folgt die Einordnung des urartäischen Königtums in das „Charisma-Konzept“. Betrachtet werden das religiöse, politische und militärische Charisma der urartäischen Könige, wobei ein Schwerpunkt auf dem politischen Aspekt, genauer gesagt der Bautätigkeit, liegt, was aber nicht zuletzt der Quellenlage geschuldet ist. Als Abschluss des vierten Kapitels wird die urartäische Königsdynastie, die ein starkes Gentilcharisma in Urartu vermuten lässt, einer näheren Betrachtung unterzogen.

Das abschließende fünfte Kapitel stellt die Ergebnisse der Arbeit zusammen und setzt sich eine historische Einordnung von Urartu als Königreich zum Ziel.

Formalia I – Zur Umschrift altorientalischer Texte:
In Akkadisch-sprachigen Texten, ob aus Urartu oder aus Mesopotamien, werden das Akkadische kursiv und Sumerogramme gesperrt gesetzt. Sumerisch-sprachige Passagen werden stets gesperrt dargestellt. Bei Urartäisch-sprachigen Inschriften wird das Urartäische kursiv wiedergegeben, die Akkadogramme in Normal-Zeichen, Sumerogramme gesperrt.

Formalia II – Zu den Abkürzungen:
Die verwendeten Abkürzungen folgen denen des Reallexikons der Assyriologie und Vorderasiatischen Archäologie. Eigene Abkürzungen sind im Literaturverzeichnis nach dem jeweiligen Titel in Klammern angegeben.

1. Königtum

1.1 Herrschaftssoziologische Aspekte

1.1.1 Theoretische Grundlagen: Macht und Herrschaft

Bei der Auseinandersetzung mit dem Thema „Königtum“ sind zunächst zwei grundlegende Begriffe zu untersuchen: „Macht“ und „Herrschaft“.

Macht ist ein vielfältig verwendeter Begriff, der ein soziales Verhältnis impliziert, d.h. man hat Macht nur in Bezug auf andere, kann sie nicht allein und für sich selbst besitzen.[1]

Im Unterschied u.a. zum Französischen, in dem „pouvoir“ eine faktische, aktuelle Macht, und im Gegensatz dazu „puissance“ eine potentielle Macht bezeichnen, kennt das Deutsche nur ein Wort für „Macht“, das sich vom indogermanischen „mankan“ für „vermögen“, „fähig sein“ herleitet.[2] Die deutsche Abgrenzung zur Herrschaft als institutionalisierte Form der Macht wird z.B. im Englischen nicht nachvollzogen, wo beides durch den Begriff „power“ abgedeckt wird, der wie die französischen Wörter („pouvoir“ und „puissance“) vom lateinischen *posse* mit der Bedeutung „können, etwas vermögen“ abstammt. Diese unterschiedlichen Bedeutungsfelder des Begriffes „Macht“ in verschiedenen Sprachen verweisen bereits auf verschiedene Denktraditionen.

Nach Peter Imbusch lässt sich im Deutschen der Begriff „Macht“ und dessen Bedeutungsspielraum unter verschiedenen Gesichtspunkten betrachten:

> „a) was ein Mensch, eine Menschengruppe oder die Menschheit allgemein ‚vermag‘ und hebt somit auf ihr physisches oder psychisches Leistungs-‚Vermögen‘, ihre Kraft oder ihre körperliche und geistige Stärke ab; b) die jemandem zustehende und/oder ausgeübte Befugnis, über etwas oder andere zu bestimmen; c) die existente Staats- oder Regierungsgewalt, etwa im Sinne einer Macht im Staate; d) eine herrschende Klasse, Clique oder Elite; e) den Staat als Ganzes, etwa im Sinne von ‚Supermacht‘, ‚Großmacht‘ oder ‚Kolonialmacht‘; f) nicht zuletzt auch die Wirkung oder das Wirkungsvermögen von vorhandenen oder vorgestellten Verhältnissen, Eigenschaften oder Wesenheiten, etwa im Sinne einer ‚Macht der Gewohnheit‘, ‚der Liebe‘, ‚der Vernunft‘, ‚der Unterwelt‘, ‚der Götter‘ etc.“[3]

An Hand der von Imbusch aufgeführten Aspekte wird die Bedeutungsvielfalt des Machtbegriffes deutlich; Macht spielt eine Rolle in verschiedensten menschlichen Beziehungen und ist keineswegs auf staatliche bzw. politische Relationen zu beschränken. Ebenso wird deutlich, dass Macht nicht unbedingt von nur einer Person ausgeübt werden muss, auch eine

---

1 Imbusch, P., Macht und Herrschaft in der Diskussion, in: Imbusch, P. (Hrsg.), Macht und Herrschaft. Sozialwissenschaftliche Konzeptionen und Theorien, Opladen (1998), S. 13.

2 Vgl. dazu die Ausführungen von Verena Burkolter-Trachsel, Zur Theorie sozialer Macht, Bern / Stuttgart (1981), S. 5ff.

3 Imbusch, P., Macht und Herrschaft in der Diskussion, in: Imbusch, P. (Hrsg.), Macht und Herrschaft. Sozialwissenschaftliche Konzeptionen und Theorien, Opladen (1998), S. 10.

Gruppe kann Macht über andere haben. Dabei existieren unterschiedliche Abstufungen: Es gibt Machtpositionen über eigentlich Gleichrangige, z.B. im Rahmen internationaler Gemeinschaften, oder es liegen der Machtausübung Hierarchien zu Grunde, innerhalb derer höher Gestellte, etwa eine Elite, Macht über niedriger Gestellte haben. Für die Betrachtung von Königtum spielen beide Aspekte eine Rolle: Ein König stellt sich selbst sowohl im „internationalen" Vergleich gegenüber anderen Königen dar, aber ebenso – wenn nicht vorrangig – gegenüber seinen Untertanen.

Macht kommt nicht aus dem Nichts, sie bildet sich auf Grund bestimmter Gegebenheiten, bezieht ihre Wirkung aus bestimmten Quellen. Nach Michael Mann[4] ist zu unterscheiden zwischen vier verschiedenen Grundlagen bzw. Quellen der Macht:

Ideologien fungieren häufig als Träger bestimmter Wert- und Normvorstellungen, über die sich eine Gesellschaft definiert, sie stiften damit Identität. Unterstützt und vergrößert wird ideologische Macht durch Rituale und Zeremonien. Es gilt, dass eine Ideologie sowohl religiös als auch säkular sein kann.[5] Die ideologische Macht baut auf dem Verlangen des Menschen nach sinngebenden Begriffen und Kategorien auf. Wer das Recht auf diese Sinngebung monopolisieren kann,[6] hat die Möglichkeit Macht auszuüben.

Ebenfalls aufbauend auf ein Grundbedürfnis des Menschen, nämlich der Erfüllung der Subsistenzerfordernisse, entwickelt sich ökonomische Macht. Ein Einzelner oder eine Gruppe stellt die Subsistenzsicherung in das Handlungszentrum und monopolisiert die Produktion, die Distribution, den Tausch und den Konsum. Somit entsteht eine Klasse im Marx'schen Sinn, die durch die Monopolisierung auch außerökonomischer Macht zur herrschenden Klasse wird, also Macht über die Gesellschaft erlangt. Als Quelle ökonomischer Macht kann einerseits die Kontrolle über die Arbeitskraft im Vordergrund stehen oder die Organisation des wirtschaftlichen Tauschs sowie die Verfügung über Ressourcen.[7]

Vom Bedürfnis nach Sicherheit, nach organisierter physischer Verteidigung, u.a. auch der ökonomischen Verhältnisse der Gesellschaft, also nicht zwingend als Antwort auf eine Attacke von außen, leitet sich die militärische Macht ab. Sie betrifft v.a. Fragen der Organisation von Angriff und Verteidigung über größere geographische und soziale Räume hinweg. Auf Grund des Monopols der militärischen Macht kann ein Herrscher als ebenso fähig in anderen Bereichen eingestuft werden und so leicht Zugang zu weiteren Machtquellen erlangen.[8]

Im Gegensatz zu den ersten drei Quellen der Macht, die aus menschlichen Grundbedürfnissen erwachsen, entsteht politische Macht aus der Zweckdienlichkeit einer zentralisierten, institutionalisierten und territorialisierten Reglementierung vieler Aspekte der sozialen Verhältnisse und Beziehungen. Politische Macht hat ihren Sitz im Zentrum einer Gesellschaft und wirkt nach außen.[9] Natürlich implizieren alle Arten von Macht, die für die vorliegende Arbeit relevant sind, einen politischen Aspekt, da es sich um königliche, also

4 Mann, M., Geschichte der Macht, Frankfurt / New York (1994).

5 Ebd., S. 46ff.

6 Nach Emile Durkheim entsteht Religion aus der Zweckdienlichkeit von normativer Integration sowie von Sinngebung, Ritual und Ästhetik, sie ist heilig, d.h. sie steht außerhalb der säkularen Machtbeziehungen. Vgl. Mann, M., Geschichte der Macht, Frankfurt / New York (1994), S. 48.

7 Ebd., S. 49ff.

8 Ebd., S. 51.

9 Ebd., S. 53.

„staatliche Macht"[10] handelt. Trotzdem erscheint es sinnvoll, die anderen Aspekte von dem rein Politischen zu trennen, gerade was den Ursprung, die Quelle, das Entstehen von Macht angeht.

Ist Macht erst einmal erlangt, kann sie auf verschiedene Arten ausgeübt werden. Dabei existieren drei Ebenen der Macht. Zum Einen das sichtbare Fällen von Entscheidungen im Weber'schen Sinne; zum Anderen die Kontroll-Macht, die bestimmte Ereignisse verhindert, also Macht ausübt durch eine „Nicht-Entscheidung", wenn bestimmte Diskussionen oder Handlungen als illegitim erscheinen, und schließlich die Kontrolle eines größeren gesellschaftlichen Kontextes und der Rahmenbedingungen von Handlungen anderer Personen, indem bestimmte Optionen und Handlungskorridore möglich oder unmöglich gemacht werden. Für letztere Ebene ist eine spezielle Machtposition von Nöten, eine Art „Meta-Macht", die weitreichende Kontrolle ausübt.[11]

Von den Ebenen der Macht ausgehend kann man nach Peter Imbusch[12] wiederum vier unterschiedliche Arten der Machtausübung unterscheiden. Die erste ist Zwang: Auf einen Adressaten wird Druck über das Gewähren oder Zurückhalten von Ressourcen ausgeübt bzw. es wird damit gedroht. Gewünschte Vorteile können gewährt oder in Aussicht gestellt, auf der anderen Seite bei Ungehorsam Strafen oder Gewalt angedroht werden. Das geschieht nicht unbedingt durch negativ eingreifende Mittel, sondern kann ebenso erreicht werden durch Überzeugung, also die Veränderung von Werten, Motivationen oder Haltungen mittels Kommunikation. Als zweite Art der Machtausübung nach Imbusch ist der Einfluss zu nennen, ausgeübt auf Grundlage allgemein akzeptierter Regeln. Einfluss hängt ab von der Machtposition innerhalb eines Netzwerks oder einer Organisation, und inwieweit die Verfügung über bestimmte Ressourcen gegeben ist. Auch Autorität ist eine Art der Machtausübung, im Sinn von Amts- und Befehlsgewalt. Sie basiert auf einer vorangegangenen Gewährung von Legitimität und gründet sich auf rationalem Wissen, legalen Rechten, traditionellem Glauben oder auf Charisma[13]. Damit ist Autorität eine relativ stabile und dauerhafte Form der Machtausübung. Als letztes ist noch die Attraktion zu nennen, die auf diffuse Anziehung abzielt. Dadurch kann eine Person andere beeinflussen. Die Folgschaft ist in dieser Kategorie freiwillig und erfolgt auf Grund einer kognitiven Identifikation, wegen einer positiven Einstellung bzw. Gefühlen, oder auch durch Zuschreibung von Charisma. Attraktion ist eine eher flüchtige und wenig dauerhafte Form der Machtausübung.[14] Alle diese Arten der Machtausübung spielen im Zusammenhang mit Königtum sicherlich ganz allgemein eine Rolle. Für die Beschäftigung mit dem altorientalischen Königtum ergibt sich die Problematik, dass sie an Hand des archäologischen Befundes und selbst des philologischen Befundes (auf Grund der überlieferten Textgattungen) häufig kaum zu unterscheiden sind.

---

10 Vgl. Haude, R., Institutionalisierung von Macht und Herrschaft in antiken Gesellschaften, S. 15–30, in: Sigrist, C. (Hrsg.), Macht und Herrschaft, Münster (2004), S. 21f.

11 Imbusch, P., Macht und Herrschaft in der Diskussion, in: Imbusch, P. (Hrsg.), Macht und Herrschaft. Sozialwissenschaftliche Konzeptionen und Theorien, Opladen (1998), S. 11.

12 Ebd., S. 13.

13 Zum „Charisma" siehe Kapitel 1.4 „Das Charisma-Konzept".

14 Imbusch, P., Macht und Herrschaft in der Diskussion, in: Imbusch, P. (Hrsg.), Macht und Herrschaft. Sozialwissenschaftliche Konzeptionen und Theorien, Opladen (1998), S. 13.

Des Weiteren gibt es qualitative Unterschiede innerhalb des Machtbegriffes an sich, der nach Michael Mann[15] in weitere Unterkategorien zu unterteilen ist.

Extensive Macht bedeutet, dass der Machthaber viele Menschen über weite Räume hinweg organisieren und verwalten kann, zwischen der zentralen Machtgewalt und den entfernten Gebieten und deren Einwohnern herrscht dabei aber nur ein Minimum an stabiler Kooperation. Dagegen impliziert intensive Macht, dass eine bestimmte Anzahl von Personen straff organisiert und einem hohen Maß an Bindungen unterworfen werden kann, gänzlich unabhängig davon, wie viele Menschen das nun sind oder wie groß das Gebiet ist. Des Weiteren kann unterschieden werden in autoritative Macht, die von Gruppen und Institutionen gewollt und bejaht ist, klare Anweisungen und einen bewussten Gehorsam impliziert, und diffuser Macht, die sich in spontaner, unwillkürlicher und dezentraler Weise über die Bevölkerung verteilt und gleichartige Sozialpraktiken produziert. Diffuse Macht impliziert zwar durchaus Machtbeziehungen, aber eben nicht explizit von oben verfügte; sie beruht nicht auf Anweisungen und Gehorsam, sondern vielmehr auf Einverständnis.[16]

Um die Reichweite der autoritativen Macht, sprich ihre Intensität, zu messen, stehen Fragen im Vordergrund wie: Welche Kontrolle ist gegeben angesichts der Infrastruktur? Wie werden Befehle vermittelt? Wie lange dauert der Transport bzw. die Bewegung über bestimmte Distanzen? In welchem Ausmaß kann Macht bzw. Herrschaft ausgeübt werden? Im Gegensatz zur autoritativen Macht, die eine Infrastruktur und eine funktionierende Kommunikation sowie Organisation schaffen muss, entwickelt sich diffuse Macht meist im Gefolge der autoritativen Macht und wird von deren Logistik beeinflusst; sie breitet sich auch ohne den Umweg über eine autoritative Organisation automatisch auf die gesamte Bevölkerung aus. Das bedeutet zusammengefasst, dass autoritative Macht eine logistische Infrastruktur, diffuse Macht dagegen eine universelle Infrastruktur erfordert.[17]

Die so in verschiedenen Aspekten definierte Macht kann nach Heinrich Popitz mehrere Stufen der Institutionalisierung durchlaufen. Allgemein kommt es zunächst zu einer zunehmenden Entpersonalisierung, darauf folgend zu einer zunehmenden Formalisierung und schließlich zu einer zunehmenden Integrierung von Machtverhältnissen in eine übergreifende Ordnung, wodurch sich die Reichweite der Macht vergrößert, der Geltungsgrad des Machtwillens erhöht und die Wirkungsintensität der Macht verstärkt. Auf der ersten Stufe stellt das einen Einzelfall dar, der nicht wiederholt wird, also „sporadische Macht". Als zweite Stufe gilt die „normierende Macht", d.h. das Verhalten wird von den Machthabern eben nicht nur sporadisch hier und da gesteuert, sondern normiert. Auch die Fügsamkeit ist normativ festgelegt. Wenn Macht wieder personalisiert wird, ist die dritte Stufe erreicht. Ab hier kann man nach Popitz im Deutschen von „Herrschaft" sprechen. Es entsteht eine Machtposition, die von unterschiedlichen Personen eingenommen werden kann, wie z.B. die Position eines Königs. Auf der vierten Stufe entstehen Positionsgefüge der Herrschaft, also Herrschaftsapparate bzw. -stäbe um die zentrale Person des Herrschers herum. Die Arbeitsteilung festigt sich und Herrschende werden auf ihrer Position zu-

15 Mann, M., Die Geschichte der Macht, Frankfurt / New York (1994), S. 24ff.

16 Außerdem unterscheidet Mann noch in kollektive und distributive Macht, was für die folgende Arbeit aber von untergeordneter Bedeutung ist. Vgl. Mann, M., Die Geschichte der Macht, Frankfurt / New York (1994), S. 22f.

17 Mann, M., Die Geschichte der Macht, Frankfurt / New York (1994), S. 27f.

nehmend austauschbar. Die fünfte und letzte Stufe ist die „staatliche Herrschaft" und die damit einhergehende Veralltäglichung der zentrierten Herrschaft. Dadurch können Monopolisierungsansprüche in entscheidenden normativen Bereichen wie Rechtsprechung, Normdurchsetzung und dem Gewaltmonopol durchgesetzt werden.[18]

Herrschaft[19] kann nun ausgehend vom Machtbegriff definiert werden und bedeutet in einfachster Definition legitime Macht.[20] Dabei gibt es keine Herrschaft ohne Herrscher, d.h. hinter jeder Herrschaft steckt die Vorstellung eines zentralen Willens.[21]

Der Begriff Herrschaft ist nach Max Weber, dessen Terminologie der folgenden Arbeit zu Grunde gelegt werden soll,[22] definiert als die „Chance, Gehorsam für einen bestimmten Befehl zu finden" bzw. die „Chance, für einen Befehl bestimmten Inhalts bei angebbaren Personen Gehorsam zu finden".[23] „Gehorsam für einen Befehl zu finden" beruht auf verschiedenen Motiven der Fügsamkeit, d.h. es gibt seitens der Gehorchenden unterschiedliche Motive den Befehl zu befolgen. Als erstes wäre die Interessenlage zu nennen, also die zweckrationale Erwägung von Vor- und Nachteilen, falls dem Befehl Folge geleistet würde oder eben nicht. Zweitens kann einem Befehl aus bloßer Sitte, aus dumpfer Gewöhnung gehorcht werden, oder auch, als dritte Möglichkeit, rein affektuell, aus persönlicher Neigung. Jede auf solchen letzteren Grundlagen basierende Herrschaft ist labil und muss durch

18 Popitz, H., Phänomene der Macht. Autorität-Herrschaft-Gewalt-Technik, Tübingen (1986). Zitiert nach Imbusch, P., Macht und Herrschaft in der Diskussion, in: Imbusch, P. (Hrsg.), Macht und Herrschaft. Sozialwissenschaftliche Konzeptionen und Theorien, Opladen (1998), S. 14f.

19 Das deutsche Wort „Herrschaft" stammt vom Althochdeutschen „hêr" mit der Bedeutung „grau", „erhaben" und dessen Steigerung „hêriro". Entsprechend der patriarchalischen Grundstruktur der deutschen Sozialverbände wird damit seit dem Mittelalter der Hausherr bezeichnet. Diese Terminologie für eine private Herrschaft wird auf politische Strukturen übertragen (auf feudale Grund- und Lehensherrschaft). So wird Herrschaft als personenfixiertes Sozialverhältnis verstanden und erst mit einer sich herausbildenden Differenzierung politischer Strukturen bei gleichzeitiger Zentralisierung (v.a. bei Territorialstaaten) zunehmend ent-personalisiert. Der deutsche Begriff „Herrschaft" ist somit komplexer und weiter gefasst als die meisten anderen europäischen Begriffe, die größtenteils auf dem lateinischen „auctoritas" wurzeln. Sigrist, C., Macht und Herrschaft – eine Einführung in eine kontroverse Thematik der Geschichts- und Sozialwissenschaften, S. 1–14, in: Sigrist, C. (Hrsg.), Macht und Herrschaft, Münster (2004), S. 9.

20 Imbusch, P., Macht und Herrschaft in der Diskussion, in: Imbusch, P. (Hrsg.), Macht und Herrschaft. Sozialwissenschaftliche Konzeptionen und Theorien, Opladen (1998), S. 21f.

21 Breuer, S., Max Webers Herrschaftssoziologie, Frankfurt (1991), S. 9.

22 In der Terminologie stützt sich diese Arbeit soweit möglich auf Max Weber und Stefan Breuer, obwohl in den letzten Jahren auch terminologisch für geschichtswissenschaftliche oder archäologische Arbeiten immer mehr Michael Manns „Die Geschichte der Macht" (1994) verwendet wurde (etwa in Sigrist, C. (Hrsg.), Macht und Herrschaft, Münster (2004)). Webers Konzept der Herrschaftssoziologie ist eher organisations- als gesellschaftszentriert, es geht nicht allein von einer Theorie gesellschaftlicher Strukturen und Prozesse aus, sondern fokussiert auf ein geschlossenes, determiniertes administratives System. Somit konzentriert sich dieser Ansatz auf die Effekte der Herrschaft (Breuer, S., Max Webers Herrschaftssoziologie, Frankfurt (1991), S. 25ff.). Damit scheint m.E. Webers Terminologie für die Untersuchung eines Konzeptes von Königtum, wie es in dieser Arbeit versucht werden soll, gut geeignet.

23 Weber, WuG. Zitiert nach: Wagner, G., Herrschaft und soziales Handeln – eine Notiz zur Systematisierung zweier soziologischer Grundbegriffe, in: Gostmann, P.; Merz-Benz, P.U. (Hrsg,), Macht und Herrschaft. Zur Revision zweier soziologischer Grundbegriffe, Wiesbaden (2007), S. 19.

einen Legitimitäts- oder Geltungsgrund geschützt werden. Sowohl die Befehlenden als auch v.a. die Gehorchenden müssen an die Rechtmäßigkeit ihres Handelns glauben; erst eine Herrschaft, die beim Beherrschten den Glauben an Vorbildlichkeit oder Verbindlichkeit der etablierten Ordnung erweckt, hat Aussicht auf Kontinuität und eine dauerhafte Sicherung. Nach Weber existieren drei Legitimitätsgründe oder „Typen" der legitimen Herrschaft: die legale Herrschaft kraft Satzung, die traditionale Herrschaft kraft Glaubens an die Heiligkeit der von jeher vorhandenen Ordnungen und Herrengewalten und an die Heiligkeit des Alltäglichen, sowie die charismatische Herrschaft kraft affektueller Hingabe an die Person des Herrschers und Glaubens an die Heiligkeit des Außeralltäglichen.[24] Alle drei Typen von Herrschaft sind Idealtypen, also Kategorien, die das Typische feststellen, durch ihren Idealitätsanspruch die Realität abstrahieren und spezifische Elemente betonen. Ausnahmen bestätigen dabei die Regel.[25]

Max Weber sieht in den Herrschaftstypen eine Art Entwicklung von charismatischer zu traditionaler und schließlich zu rationaler Herrschaft, wobei diese Entwicklung einhergeht mit der „Entzauberung" der Welt, mit der Rationalisierung der Religiosität. Diese „spiritualistische Schlagseite"[26] wird bei Weber ausgeglichen durch die zusätzliche Differenzierung der Herrschaftstypen neben ihren Geltungsgründen bzw. ihrer Legitimitätsgrundlage auch nach der soziologischen Struktur des Verwaltungsstabs und der Verwaltungsmittel. Dabei gilt die Grundannahme, dass sich jede Herrschaft als Verwaltung äußert und jede Verwaltung sich ihrerseits aufspaltet in Befehlende auf der einen und Ausführende auf der anderen Seite. Daraus erwachsen Beziehungen, die entweder locker, häufig wechselnd und nur in geringem Maß institutionalisiert sind,[27] oder es entsteht ein „Apparat", definiert als perennierendes soziales Gebilde.[28]

---

24 Wagner, G., Herrschaft und soziales Handeln – eine Notiz zur Systematisierung zweier soziologischer Grundbegriffe, in: Gostmann, P.; Merz-Benz, P.U. (Hrsg,), Macht und Herrschaft. Zur Revision zweier soziologischer Grundbegriffe, Wiesbaden (2007), S. 19f. Breuer, S., Max Webers Herrschaftssoziologie, Frankfurt (1991), S. 19.

25 Vgl. Jeremias, R., Vernunft und Charisma. Die Begründung der Politischen Theorie bei Dante und Machiavelli – im Blick Max Webers, Konstanz (2005), S. 19.

26 Es ist anzumerken, dass Herrschaft bei Weber spiritualistisch gedeutet wird, denn der Glaube an das Charisma einer Person setzt ein magisches oder religiöses Weltbild voraus; der Glaube an die Heiligkeit einer Tradition die Geltung eines Systems unverbrüchlicher bzw. heiliger Normen, deren Verletzung magische oder religiöse Übel zur Folge hätte. Einzig der Legalitätsglaube liegt jenseits eines magisch-religiösen Weltbildes und geht von einem radikalen Kontingenzbewusstsein aus. Dieses setzt wiederum voraus, dass herrschaftstragende Normen beliebig geschaffen und genauso beliebig abänderbar sind (Breuer, S., Max Webers Herrschaftssoziologie, Frankfurt (1991), S. 20).

27 Für die charismatische Herrschaft wäre das etwa ein Häuptling oder „Zauberer", der Folgebereitschaft erzielt dank der ihm zugeschriebenen magischen Qualitäten, aber in der Regel nicht über einen persönlichen Stab verfügt. Das Charisma wird in diesem System antiautoritär umgedeutet, die bereits vorhandene organisatorische Ausdifferenzierung wird durch plebiszitäre Methoden, Wahlbeamtentum etc. eingeschränkt oder vollständig abgebaut. Im Idealtyp der traditionalen Herrschaft handelt es sich bei solchen Stäben um Formen der Gerontokratie und des primären Patriarchalismus, wo der Herr vom Gehorchen-wollen der Verbandsgenossen abhängig ist. In der legalen Herrschaft besteht kein solcher Verwaltungsstab; die Herrschaft wird vielmehr ausgeübt durch Parlamente, Komitees, kollegiale Körperschaften, Turnus-, Los- und Wahlbeamtentum. Breuer, S., Max Webers Herrschaftssoziologie, Frankfurt (1991), S. 23f.

28 Breuer, S., Max Webers Herrschaftssoziologie, Frankfurt (1991), S 22f.

Die Frage, die dabei bei Weber im Vordergrund steht, lautet: Welche organisatorischen Strukturen erlauben es, dass Befehle der Spitze so gut wie möglich vom Apparat ausgeführt werden? Nach Weber, im Spiegel seiner Zeit, erfüllt nur die moderne, rationale Bürokratie diese Anforderungen völlig und stellt damit den Maßstab für alle anderen Verwaltungsstäbe dar. Ihre Basis ist die Konzentration der Verwaltungsmittel und insbesondere der Gewaltmittel in der Hand des Herrschers, der so die Beamten frei aussuchen und einsetzen, sie einer strengen Amtsdisziplin und Kontrolle unterwerfen, in eine feste Hierarchie einbinden und ihnen klare Kompetenzen zuweisen kann. Ein charismatischer Stab besteht aus Jüngern, Gefolgsleuten oder Vertrauensmännern, die eine starke Bindung an und Festlegung durch den Herrn bzw. Herrscher aufweisen. Doch fehlt einem rein charismatischen Stab die alltägliche, kontinuierliche Versorgung seiner Interessen und Bedürfnisse. Das ist schon begründet durch die Außeralltäglichkeit des Typus der charismatischen Herrschaft. Deswegen sind charismatische Stäbe in der Regel parasitär. Sie erhalten sich nur durch die Ausbeutung existierender traditionaler oder rationaler Alltagsgebilde und stehen ständig vor der Alternative zusammenzubrechen oder sich zu veralltäglichen. Im Falle eines traditionalen Stabes ist zu unterscheiden zwischen dem des reinen Patrimonialismus (z.B. des Sultanismus[29]), in dem die Mitglieder des Stabes in völliger persönlicher Abhängigkeit zum Herrn bzw. Herrscher stehen (etwa Sklaven, Kolonen, Hörige, etc.), und dem ständischen Patrimonialismus bzw. präbendalen Feudalismus, in dem der Stab sich bestimmte Herrengewalten und ökonomische Chancen zu eigen gemacht hat. Der Patrimonialismus kommt auf Dauer nicht ohne eine gewisse Delegation von Kompetenzen aus und muss seine Beamten versorgen, in Form der Zuwendung von Naturalien, Pfründen oder Sporteln. Daraus folgt automatisch, dass diese Privilegierten ein Eigeninteresse an ihrem Amt entwickeln und versuchen, die Eingriffs- und Einflussmöglichkeiten der Zentrale zu minimieren.[30] Folglich gewinnt der Stab an Macht innerhalb des patrimonialen Systems.

1.1.2 Der Patrimonialismus

Obwohl schon titelgebend vom „Charisma“[31] der Könige die Rede ist, sind die Königreiche des Alten Orients nach Weber in den Typus der traditionalen Herrschaft, als Patrimonialstaaten, einzugliedern (und keine Weber’schen „charismatischen Herrschaften“[32]). Deswegen soll der Idealtypus der patrimonialen Herrschaft nun näher erläutert werden.

Patrimonialismus ist eine Variante des Patriarchalismus, der von Weber definitorisch nicht auf einen Hausvater, Ehemann oder Sippenältesten begrenzt, sondern auf Fürsten, die Autorität haben über Hofbeamte, Ministerialen und Vasallen, ausgeweitet wird. Damit hat der Patriarchalismus auch eine politische Bedeutung.[33]

29 Sultanismus ist eine Form des Patrimonialismus, in der die traditionsfreie Willkür des Herrn großen Spielraum hat. Vgl. Breuer, S., Max Webers Herrschaftssoziologie, Frankfurt (1991), S. 86.

30 Breuer, S., Max Webers Herrschaftssoziologie, Frankfurt (1991), S. 24f.

31 Wie sich „Charisma“ in patrimonialen Königtümern ausformt, wird im Kapitel 1.4 „Das Charisma-Konzept“ ausgeführt.

32 Stefan Breuer beschreibt die Stadtstaaten der Frühdynastischen Zeit als „charismatische Staaten“ im Rahmen der Entwicklung eines patrimonialen Stadtkönigtums (Breuer, S., Der charismatische Staat. Ursprünge und Frühformen staatlicher Herrschaft, Darmstadt (2014), S. 218ff.).

33 Breuer, S., Max Webers Herrschaftssoziologie, Frankfurt (1991), S. 85f.

Weber zu Folge impliziert der politische Patrimonialismus die Konzentration strategischer Ressourcen, sowohl ökonomische als auch menschliche wie Geld, Grundbesitz und Arbeitskräfte, in einer monokratischen Herrschaftsorganisation. Damit kann der Patrimonialherrscher äußere Machtmittel und innere Rechtfertigungsgründe der Herrschaft auf seine Person konzentrieren und monopolisieren. So dehnt er seine politische Herrschaft auf andere Hausherren[34] aus und erhält sie durch seine eigene Herrschaftsideologie auch aufrecht.[35] Weiterhin ist die entwickelte Patrimonialherrschaft definiert als autoritäre Einherrschaft mit besonderen Verwaltungs- und Militärstäben. Solche Stäbe sind persönlich dem Patrimonialherrscher untergeben, sie werden von ihm versorgt und ausgerüstet. Ihr Unterhalt ist nur möglich, indem der Patrimonialherr über erhebliche strategische Güter verfügt, die in erster Linie aus dem monopolisierten und konzessionierten Handel erwachsen. Um Verwaltungsgüter zu beschaffen und in einem solchen Ausmaß zu monopolisieren bedarf es einer effizienten Organisation, bei der das Personal zur Erfüllung der Verwaltungsaufgaben über ein Mindestmaß an Schulung verfügen und auch relativ leicht austauschbar sein muss.[36]

Voraussetzung für das Erlangen einer solchen ökonomisch-politischen Machtposition ist die Mobilisierung von Gütern o.Ä. außerhalb der genealogischen Rangstrukturen. Ebenso notwendig sind eine landwirtschaftliche Produktionssteigerung, ein kontinuierliches Bevölkerungswachstum, eine vertiefte Arbeitsteilung und extensive Austauschbeziehungen nach außen.[37] Trotz existierender Faktoren wie Privateigentum, Konkurrenz um Boden und Menschen, Kommerzialisierung und Monetisierung, die eine Ablösung der ökonomischen von der politischen Sphäre bewirken, bleibt die Wirtschaft in zentralen Bereichen reguliert, da die Machtstellung des patrimonialen Herrschers auf der Verfügung über einen substantiellen Anteil an strategischen Gütern wie Land, Arbeitskraft, Geld oder Rohstoffe beruht.[38]

Unabhängig davon kann es natürlich zu einer Trennung kommen zwischen Politik und Religion, und beide können sich als eigenständige Ordnungen – Königtum und Priesterschaft etwa – etablieren. Dabei ist die Stellung des Königtums zur Priesterschaft in der Regel ambivalent, denn der Tempel oder die Kirche kann als Wirtschaftsmacht, als Grundherr, Geldbesitzer und Handelsunternehmer die königliche Position auch wirtschaftlich

34 Das Modell nach Breuer geht davon aus, dass ein Patrimonialstaat theoretisch funktioniert wie ein Haushalt, in dem der Patriarch die Macht über die anderen Haushaltsmitglieder inne hat. Indem eine Linie mit ihrem Patriarchen an Macht gewinnt, kann sie ihre Herrschaft ausweiten und bildet so die Grundlage zur Rangvergesellschaftung usw. bis zum Patrimonialstaat. Näheres bei Breuer, S., Der archaische Staat, Berlin (1990), S. 45–74.

35 Hermes, S., Soziales Handeln und Struktur der Herrschaft. Max Webers verstehende historische Soziologie am Beispiel des Patrimonialismus, Berlin (2003), S. 157.

36 Ebd., S. 158f.

37 Gerade in Mesopotamien herrschen somit ideale Voraussetzungen für die Etablierung eines Patrimonialstaates. Das bürokratische Stadtkönigtum und die Leiturgiemonarchie sind hier zunächst die bestimmenden Herrschaftsstrukturen. Die königliche Gewalt kann sich durch Handelsmonopole und -konzessionen, Erhebung von Zöllen und Abgaben, fiskalische Abschöpfung des gewerblichen und agrarischen Mehrprodukts gut Mittel zur Errichtung von Zwangsstäben verschaffen. Hermes, S., Soziales Handeln und Struktur der Herrschaft. Max Webers verstehende historische Soziologie am Beispiel des Patrimonialismus, Berlin (2003), S. 160f.

38 Hermes, S., Soziales Handeln und Struktur der Herrschaft. Max Webers verstehende historische Soziologie am Beispiel des Patrimonialismus, Berlin (2003), S. 161.

gefährden. Ebenso kann die Priesterschaft als Stabilisationsfaktor des Königtums in Krisenzeiten auftreten, wenn die Legitimation eines – ob neuen oder alten – Königs wegen z.B. militärischer Revolten, Usurpationen oder Eroberungen angezweifelt wird, und daraufhin die Priesterschaft die Legitimität des Königs mit dem ihr eigenen Amtscharisma vertritt und unterstützt. Auf der anderen Seite kann auch der Herrscher die weltliche Machtstellung der Priesterschaft untergraben, indem er sich Legitimierungsleistungen, die eigentlich beim Tempel liegen, aneignet, z.B. durch die Vergöttlichung seiner Person.[39]

Die naturgemäße Tendenz patrimonialer Strukturen zur Expansion wird durch besondere geographische und geopolitische Bedingungen verstärkt. Auf einem begrenzten Raum entsteht eine große Anzahl von dicht besiedelten Städten, die um die Nahrungsgrundlagen konkurrieren. In den Städten selbst sind Beamte, Würdenträger und Soldaten zu versorgen; nicht-erbberechtigte Söhne hoher Beamter und Angehörige der Herrscherfamilie drängen auf Prestige, Macht und Reichtum. So entsteht ein vielversprechendes Betätigungsfeld für militärisches Charisma und die Chance für Militärführer zum sozialen und politischen Aufstieg. Folglich tendieren solche Stadtstaaten zur Expansion und zur Bildung patrimonialer Imperien, um die Zirkulationsprozesse zu kontrollieren und die Gliederung in Zentrum und Peripherie durchzusetzen. Dadurch vergrößert sich der Verwaltungsaufwand. Die zunehmende Komplexität der Verwaltung eines solchen Reiches fördert die Bürokratisierung und lässt sich meist nur für einen kurzen Zeitraum bewältigen. Als wichtigster Subsistenzgrund patrimonialer Imperien gilt deswegen die großräumliche Pazifizierung des Reiches. Dies wiederum kann nur geschehen, wenn eine effiziente Transport- und Kommunikationsstruktur in Form von Straßen, Bewässerungsanlagen sowie von Schrift geschaffen wird, und eine einheitliche Ordnung und Standardisierung von Maßen, Gewichten und auch Währungen gewährleistet sind. Inwieweit diese administrative Vereinheitlichung und ökonomische Ausnutzung für das gesamte Reich zu verwirklichen ist oder in unterschiedlichem Ausmaß in den einzelnen Bereichen bzw. Provinzen geschieht, ist von Fall zu Fall zu untersuchen und hängt ab von der Art und dem Umfang der dem Gewalthaber bzw. dem Patrimonialherrscher verfügbaren militärisch-politischen Zwangsstäbe. Diese Stäbe, die ursprünglich ja patrimonial rekrutiert wurden, d.h. aus Sklaven, Leibeigenen und Kolonen, stützen sich zunehmend auf extrapatrimoniale Rekrutierung, etwa stammes- oder volksfremde Grenzvasallen, Kaufsklaven, Söldner, Ritter, Kleriker oder Literaten. Speziell die Militärmacht kann in diesem Fall aus überwiegend besitzlosen oder nicht-privilegierten, besonders ländlichen Massen bestehen.[40]

Die Versorgung des Stabes, der Beamten und der Soldaten, wird – solange noch keine kontinuierlichen Einkünfte aus Steuern oder anderen Abgaben vorhanden sind – aus dem Staatsschatz finanziert, der v.a. durch verfügbare Rohstoffe und Handelsgewinne gespeist wird. D.h. sowohl das Heer als auch die Verwaltung werden direkt aus den Magazinen des Herrschers verpflegt und ausgerüstet, ein System so genannter Deputatpfründe. Wenn eine systematische Besteuerung der Bevölkerung und ein festes Abgabensystem existieren, werden Revenuerechte (Sportelpfründe) oder Dienstland zur Eigennutzung (Landpfründe) vergeben. Allgemein herrscht im Patrimonialismus eine Tendenz zur erblichen Aneignung

39 Ebd.
40 Ebd., S. 162ff.

dieser ökonomischen Rechte durch militärische sowie zivile Funktionsträger.[41] Damit einher gehen eine Dezentralisierung und ein Machtverlust der zentralen Herrschaft, also nach Weber die Präbendalisierung der patrimonialen Verwaltung durch die Verteilung der Chancen auf solche Sporteln oder Lehen unter den Konkurrenten. Diese setzt eine Festlegung der Kompetenzen voraus und fordert sie, eventuell im Zusammenhang mit einer Vergabe von Titeln.[42] Das infrastrukturelle Unvermögen des Herrschers, auch größere Territorien geordnet zu verwalten und/oder militärisch zu beherrschen zwingt ihn zu Kompromissen mit „Zwischenmächten", also lokalen Verwaltern bzw. Gouverneuren, an die gegen administrative und militärische Dienste ökonomische aber ebenso Herrschaftsrechte, wie die Gerichtshoheit oder Militärgewalten, verliehen werden. Je weiter ein Gebiet vom Zentrum entfernt ist, desto weniger intensiv ist die Macht, desto weniger funktioniert dort die zentrale Verwaltung und desto mehr wächst die Autonomie der lokalen Machthaber in den Gebieten. Das geht soweit, dass patrimoniale Funktionäre in Grenzgebieten oft *de facto* völlig unabhängig vom offiziellen Zentrum agieren können, dass eine von der Zentrale weitgehend unabhängige Appropriation ökonomischer und grundherrlicher Rechte sich ausbildet bzw. weiter voranschreitet, also der Weg zum Feudalismus geebnet wird. Dem versucht die Zentralgewalt entgegenzuwirken, in erster Linie durch eine strikte Trennung von militärischer und ziviler Verwaltung, aber auch durch kurze Amtszeiten, Ortsfremdheit der Gouverneure, eine planmäßige Überwachung, Residenzpflichten der Beamten o.Ä.[43]

Der Patrimonialismus setzt schon eine gewisse Institutionalisierung von Machtbeziehungen bzw. Herrschaft voraus. Dabei wird Institution von Rüdiger Haude definiert als eine Sozialregulation, in der Prinzipien und Geltungsansprüche einer Ordnung symbolisch zum Ausdruck gebracht werden. Sie ist somit eine Vermittlungsinstanz kultureller Sinnproduktion. Im Verlauf der Institutionalisierung löst sich die Institution immer weiter von ihrer ursprünglichen Funktion und erlangt Selbstwert als Institution an sich, sie emanzipiert sich von ihren ursprünglichen räumlichen, zeitlichen und sozialen Kontexten. Somit kann die etablierte Institution normativ auf die Gesellschaft und das System wirken. Durch Institutionen wird Macht im Sinne von Handlungs- und Durchsetzungschancen verteilt und reguliert. In antiken Gesellschaften (also auch in patrimonialen) überwiegen Institutionen personalisierter Herrschaft.[44]

1.1.3 Das Königtum bzw. der König im patrimonialen System

Das Königtum, wie es in Kapitel 1.3 „Königtum als ein welthistorisches Phänomen" allgemein historisch beschrieben wird, kann als eine Institution personalisierter Herrschaft in einem patrimonialen System angesehen werden. Die kontinuierliche, geordnete Herrschaft über ein Territorium und seine Bevölkerung im Rahmen des Königtums setzt die Errich-

41 Ebd., S. 163.

42 Weber, WuG 602. Zitiert nach Hermes, S., Soziales Handeln und Struktur der Herrschaft. Max Webers verstehende historische Soziologie am Beispiel des Patrimonialismus, Berlin (2003), S. 163f.

43 Hermes, S., Soziales Handeln und Struktur der Herrschaft. Max Webers verstehende historische Soziologie am Beispiel des Patrimonialismus, Berlin (2003), S. 164f.

44 Wie eben das Königtum, auch wenn ebenso herrschaftsfeindliche Institutionen existieren. Haude, R., Institutionalisierung von Macht und Herrschaft in antiken Gesellschaften, S. 15–30, in: Sigrist, C. (Hrsg.), Macht und Herrschaft, Münster (2004), S. 15f.

tung einer differenzierten und stetigen Verwaltungsorganisation im Sinne eines Verwaltungs- und Militärstabes voraus, sonst kann der König als Zentrale Anordnungen nicht effektiv durchsetzen und damit auch die Ordnung nach Innen und Außen nicht dauerhaft aufrecht erhalten.[45]

Prinzipiell ist der König der Alleinherrschende in diesem Herrschaftssystem. Faktisch ist er aber abhängig von seinem Stab und von dessen „Gehorchen wollen". Diese Bereitschaft, dem König zu gehorchen, kann sich dem Charisma des Königs verdanken und so von ihm aufrecht gehalten werden. Um das Ganze aber dauerhaft zu sichern, müssen wirtschaftliche Anreize für den Stab hinzukommen. Der König kann sich durch Handelsmonopole und -konzessionen, durch die Erhebung von Zöllen und Abgaben, durch fiskalische Abschöpfung des gewerblichen und agrarischen Mehrprodukts (speziell in Verbindung mit der Entstehung von Geldwirtschaft) gut die Mittel zur Versorgung seiner Zwangsstäbe verschaffen.[46]

Auch wenn durch die in feudalen Patrimonialsystemen übliche Übertragung von Eigentum und herrschaftlicher Kompetenzen an den Stab, etwa an Provinzgouverneure, Privateigentum[47] und eine eigene Autorität der Stabsmitglieder entsteht, sowie eine zunehmende Ablösung und Unabhängigkeit der Verwaltungsinstanzen vom König statt findet, kann der König unter Umständen seine höhere Machtstellung behalten und verteidigen. Strategien hierzu können ganz unterschiedlich ausfallen, sind aber in der Regel stark abhängig von den persönlichen Fähigkeiten des Königs. Entweder ist das Charisma des Königs so über alle Zweifel erhaben, dass es gar nicht zu einer Ablösung kommt, oder es können militärische Mittel eingesetzt werden, um abtrünnige Stabsmitglieder zu bestrafen. Die Durchsetzungsfähigkeit des Königs bemisst sich an der erfolgreichen Kontrolle und Disziplinierung seiner Beamten durch bestimmte Herrschaftstechniken, wie kurze Amtsfristen, Ortsfremdheit, Residenzpflichten, Kontrolle durch Zensoren, etc.[48]

So sind Patrimonialstaaten durch unterschiedliche ökologische, geopolitische, soziale und religiöse Faktoren bedingte, komplexe politische Herrschaftsgebilde mit einer jeweils individuellen Geschichte und Entwicklung. Sie verfügen über eine bemerkenswerte Regenerationsfähigkeit[49], aber gleichzeitig über inhärente Zerfallstendenzen.[50] Der Erfolg der

---

45 Hermes, S., Soziales Handeln und Struktur der Herrschaft. Max Webers verstehende historische Soziologie am Beispiel des Patrimonialismus, Berlin (2003), S. 116f.

46 Ebd., S. 160f.

47 Privateigentum existiert in Mesopotamien wohl spätestens seit dem 3. Jahrtausend v. Chr. (ersichtlich an Hand der Feldkaufurkunden von Šuruppak). Für die Ur-III-Zeit belegen Feldpachturkunden und Grundpfandbestellungen private Versorgungsparzellen, die vom Staat zu Verfügung gestellt werden. Für das assyrische Reich zeigen v.a. private Rechtsurkunden, dass privater Grundbesitz existiert, wobei das königliche Landeigentum aber vorherrscht. Für die mittelbabylonische Zeit ist evident, dass der „Stab" Land durch königliche Vergabe akkumulieren kann. Siehe: Neumann, H., Privateigentum, in: RLA 11 (2008), S. 6f. Zu Grund- und Privateigentum in Mesopotamien vgl. auch z.B. Jahrbuch für Wirtschaftsgeschichte Sonderband 1987: Das Grundeigentum in Mesopotamien, Berlin (1987), zum Grundeigentum von Beamten in Assyrien besonders: Postgate, J.N., Grundeigentum und Nutzung von Land in Assyrien, in: ebd., S. 98.

48 Vgl. Hermes, S., Soziales Handeln und Struktur der Herrschaft. Max Webers verstehende historische Soziologie am Beispiel des Patrimonialismus, Berlin (2003), S. 174.

49 Vgl. Der patrimoniale Zyklus, in: Breuer, S., Max Webers Herrschaftssoziologie, Frankfurt (1991), S. 54–58.

Stabilitäts-sicherenden Maßnahmen gegen eine zunehmende Dezentralisierung und den Machtverlust des Königs gegenüber seinen Stabsmitgliedern ist also abhängig von der Persönlichkeit und Stärke des Königs auf der einen, sowie von den sozialräumlichen Bedingungen auf der anderen Seite.

1.2 Der Begriff Königtum

Nachdem nun die Stellung des Königtums innerhalb der Herrschaftssoziologie erläutert worden ist, soll nun der Begriff selbst einer genaueren Untersuchung unterzogen werden.

Der deutsche Begriff „Königtum" bezieht sich, wie im Folgenden näher erläutert wird, auf die Herrschaft eines Königs bzw. einer Königin. Im Allgemeinen bezeichnet der Titel „König" die Spitzenposition in einem Staat. Jedoch ist der Begriff nicht so eindeutig, wie er im ersten Moment erscheint: In verschiedenen Sprachen und auch Kulturen enthält er unterschiedliche Bedeutungen und Konnotationen. Im Deutschen beinhaltet das Wort „König" eine oft eher willkürliche Interpretation, die Herrscher auf Lebenszeit, meist in Dynastien, beschreibt.

Das deutsche Wort König leitet sich (ebenso wie das englische „king") vom germanischen **kuningaz* bzw. dessen Kurzform **kuniz* ab, das in seiner Grundbedeutung einen „Mann von vornehmer Abkunft, von vornehmem Geschlecht" bezeichnet. In allgemeinerem Zusammenhang wird es auch verwendet für einen „Ersten", einen Anführer, wie einen „Volks- oder Heerkönig" in einem räumlich begrenzten Territorium. Erst ab der Merowinger-Zeit (7. Jahrhundert n. Chr.) bezieht sich **kuniz* auf den Inhaber der höchsten herrscherlichen Würde in einem Land. Merkmale des Königs im Germanischen sind persönliches Ansehen, herausgehobene Herkunft, Verfügung über Ressourcen sowie Richterfunktionen.[51]

Bis etwa zur Wende vom 19. zum 20. Jahrhundert n. Chr. erhält sich eine religiöse Aufladung des Begriffes, der eine besondere Nähe zu Gott impliziert.

Im modernen Sprachgebrauch besteht ein enger Zusammenhang zwischen den Begriffen „Königtum" und „Monarchie". Bei Aristoteles ist Monarchie neben Aristokratie und Demokratie einer der drei Staatstypen. Aristoteles unterscheidet nach der Anzahl der Herrschenden, daneben aber auch nach der Qualität der Herrschaft, ob sie dem Gemeinwohl oder dem Eigennutz des bzw. der Herrschenden dient.[52]

Das Oxford English Dictionary definiert „monarchy" als „undivided rule by a single person, sole rule or sovereignty" bzw. Herrschaft von „a sovereign having the title of king, queen, emperor, or empress, or the equivalent of one of those". Das Königtum wird de-

50 Hermes, S., Soziales Handeln und Struktur der Herrschaft. Max Webers verstehende historische Soziologie am Beispiel des Patrimonialismus, Berlin (2003), S. 167.

51 Pfeiffer, W., Etymologisches Wörterbuch des Deutschen, München (2005), **König*.

52 Nach Gallus, A., Typologisierung von Staatsformen und politischen Systemen in Geschichte und Gegenwart, in: Gallus, A.; Jesse, E., Staatsformen – Modelle politischer Ordnung von der Antike bis zur Gegenwart, Köln (2004), S. 24

finiert als „the office and dignity of a king … the rule of a king; monarchical government" und der König als

> „male sovereign ruler of an independent state, whose position is either purely hereditary, or hereditary under certain legal conditions, or, if elective, is considered to ... [possess] … the same attributes and rank as those of a (purely or partly) hereditary ruler".

Nach Roger Mousnier[53] kann man scharf trennen zwischen Monarchie und Königtum, denn Monarch kann jeder sein, der die Oberhoheit über Entscheidungen ausführt, wie auch immer der legale Titel lautet. Das schließt auch Tyrannen und Diktatoren etc. ein. Der König ist zwar ein Monarch, besitzt aber darüber hinaus legitime Macht, die ihm durch Zustimmung verliehen, aus Tradition abgeleitet sowie durch eine Dynastie weitervererbt wird.[54] Damit wäre ein König immer legitim und Königtum ein engerer Begriff der Monarchie, der zusätzlich eine wie auch immer geartete Heiligkeit impliziert. Von einem König wird nicht nur die Erfüllung seiner Herrschaftsfunktion erwartet, sondern er bedarf noch anderer Qualitäten, „a certain mystique or charisma".[55]

In die gleiche Richtung geht die Definition von Peter Panitschek, der Monarchie als institutionalisierte Beherrschung eines Staatswesens durch eine Einzelperson versteht, die ihre Machtstellung nicht allein auf überlegene Gewalt, sondern auf konsensfähige Legitimationsfaktoren gründet.[56] Da in der Betrachtung der altorientalischen Könige deren Legitimationsstrategien einen großen Raum einnehmen, scheint dieser Aspekt der Definition besonders von Wert zu sein.

Nach Rolf Gundlach ist der König Quelle des Rechts im Staate sowie aller sonstigen staatlichen Gewalt. In Gundlachs Verständnis ist der Begriff des „Staates" schon im Altertum zulässig, denn die Herrschaftssysteme des Altertums kennen außer dem Herrscher oder einem Doppelherrschertum noch Beamte, Behörden, etc., die im Auftrag des Herrschers agieren. So ist im Umkehrschluss laut Gundlach kein Staat denkbar ohne Herrscher, d.h. ohne irgendeine, wenn auch nur formale Staatsspitze.[57] Demnach bedingt ein Königtum als Voraussetzung einen Staat, der von Michael Mann definiert wird als

> „als differenziertes Gefüge von Institutionen und Personen, das insofern Zentralität im Sinne zentraler Macht verkörpert, als die darin implizierten politischen Verhältnisse ausstrahlen auf ein territorial abgegrenztes Gebiet, in dem er, der Staat, gestützt auf physische Gewalt, ein Monopol der verbindlichen und immerwährenden Regelsetzung beansprucht".[58]

---

53 Monarchies et royautés de la préhistoires à nos jours, Paris (1989).

54 Nach Oakley, F., Kingship, Malden (2006), S. 1ff. Natürlich wäre auch z.B. das Wahlkönigtum eine Möglichkeit an das Königsamt zu gelangen, aber auch in diesem Falle müssen spezielle familiäre Abstammungsbedingungen erfüllt sein.

55 Myers, H.A., Medieval Kingship, Chicago (1982), S. 1.

56 Panitschek, P., LUGAL –šarru –βασιλεύς, Frankfurt (2008), S. xvii.

57 Gundlach, R., Der Sakralherrscher als historisches und phänomenologisches Problem, in: Gundlach, R. (Hrsg.), Legitimation und Funktion des Herrschers. Vom Ägyptischen Pharao zum neuzeitlichen Diktator, Stuttgart (1992), S. 11ff.

58 Mann, M., Geschichte der Macht, Frankfurt / New York (1994), S. 71.

Auf diese Überlegungen aufbauend wird Königtum für die folgenden Ausführungen definiert als legitime Herrschaft, im Sinne von einer mit den notwendigen Legitimationen ausgestatteten Herrschaft, eines formal Alleinherrschenden, eines Königs, über einen Staat[59]. Inwieweit es sich in der politischen Realität tatsächlich um eine Alleinherrschaft handelt, soll hierbei zunächst nicht von Bedeutung sein. Folglich ist der König nach dieser Definition ein legitimer Herrscher über einen Staat, dessen Größe keine Rolle spielt.

Der Begriff „Herrscher" wird hier synonym zu „König" verwendet, obwohl er eine allgemeinere Bezeichnung ist. Sie leitet sich vom althochdeutschen Adjektiv *hêr* ab, das mit der Bedeutung „erhaben" ursprünglich auf Vornehmheit verwiesen hat, aber sich später in das deutsche „Herr" (lat. *dominus*) entwickelt und folglich mit „Gebieter" assoziiert wird. Damit nähert es sich der Bedeutung des lateinischen *rex* und somit auch dem Königsbegriff an.[60]

1.3 Königtum als welthistorisches Phänomen

Königtum, also in einfachster Definition die legitime Herrschaft eines Königs, ist eine von Gesellschaften gewählte oder angenommene Form der Organisation, die weltweit in so gut wie allen Epochen vorkommt. Zeitlich betrachtet reicht das Phänomen des Königtums bis zu den ersten von Königen regierten Stadtstaaten des Alten Orients zurück, die anscheinend schon vor Aufkommen der Schrift etabliert waren; und auch noch in der Moderne existieren Königtümer, wie etwa in Saudi-Arabien und in Swasiland. Ebenso kennt Europa noch Könige und Königinnen als Staatsoberhäupter in parlamentarischen Monarchien wie Belgien oder Großbritannien. Somit ist Königtum sowohl ein verbreitetes als auch ein langlebiges Phänomen, das aber in seinen Ausformungen und Funktionen sowie in der Rolle des Königs durchaus unterschiedlich auftreten kann.

1.3.1 Die Entstehung von Königtum bzw. die Entstehung des Staates

Moderne Theorien der sozialen Evolution[61] gehen von Mustern geschichtlichen Wandels aus, die sich in verschiedenen Gesellschaften gleichen und sich in wachsender sozio-kultureller Komplexität äußern. Diese Komplexität wiederum beruht auf ökologischen, demographischen, technologischen und ökonomischen Faktoren, wird aber ebenso durch sozio-politische oder ideologische Umstände beeinflusst. Dabei bauen die Einzelhandlungen der Individuen aufeinander auf und führen zu einem System, das sich in Wechselwirkung mit anderen Systemen ausbildet. Eines der bekanntesten Entwicklungs-

---

59 Zur Entwicklung des Staates und zur Abgrenzung des Königtums vom Häuptlingstum vgl. z.B. Breuer, S., Der charismatische Staat. Ursprünge und Frühformen staatliche Herrschaft, Darmstadt (2014); Service, E.R., Ursprünge des Staates und der Zivilisation. Der Prozeß der kulturellen Evolution, Frankfurt (1977); siehe auch Kapitel 1.3.1 „Die Entstehung von Königtum bzw. die Entstehung des Staates".

60 Grimm, J.; Grimm, W., Deutsches Wörterbuch, Band 10, Leipzig (1877), *hêr.

61 Siehe Llobera, J.R., An Invitation to Anthropology, New York / Oxford (2002), S. 105.

modelle stammt von Elmar R. Service[62] und wird in zum Teil modifizierten Formen von den meisten Sozialwissenschaftlerinnen verwendet. Demnach sind drei typische Entwicklungs-stufen von Gesellschaften zu unterscheiden: ein Familienverband einer (meist) egalitären Gesellschaft, ein „Stamm" in überschaubarem geografischen Rahmen sowie „regionale Politikeinheiten", d.h. Häuptlingstümer und Staaten.

Die Spannweite, ab wann von einem Staat gesprochen werden kann, reicht von Überlegungen amerikanischer Anthropologen, nach denen jede Zusammenfassung von Häuptlingstümern mit über 20.000 Einwohnern bereits als Staat klassifiziert wird, bis zur Festlegung, dass erst im Europa des 16. Jahrhunderts n. Chr. die „Wurzeln des Staates" gesehen werden könnten.[63]

Allgemein wird angenommen, dass die Basis für eine staatliche Organisation in Agrargesellschaften gelegt wird, in denen die Bedeutung von Verwandtschaftsbeziehungen im gesellschaftlichen und wirtschaftlichen Bereich zurückgedrängt wird, die Obrigkeit vertieft in das Leben der Einzelnen eingreift, Arbeitsteilung und Spezialisierung sich verstärken und sich damit verbunden Eliten ausbilden, die Überschuss und Reichtum anhäufen. In den meisten frühen Gesellschaften vollzieht sich diese Stratifizierung in Bevölkerungsverdichtungen (ab 2000 Einwohner pro km^2), also Städten, die ökonomische und politische Funktionen bündeln.[64]

Die Entwicklung der Staatlichkeit und damit des Königtums vollzieht sich nach Elmar R. Service wie folgt: Schon in manchen segmentalen Gesellschaften existieren Tendenzen zur Schaffung einer hierarchischen Gesellschaft. Dabei setzt sich im Regelfall das Charisma als Grundlage der Hierarchiebildung durch. So genannte „big man-Gruppen" beruhen auf einer solchen rein persönlichen Form der Macht, ihre soziale Struktur ist kurzlebig und instabil. Das Machtkapital des „big man" ist sein Charisma, er verfügt in der Regel über keinerlei formelle Mittel zur Machtdurchsetzung. Ist so eine Form persönlicher Macht einmal etabliert und institutionalisiert, entstehen diverse nachgeordnete Ämter und es bildet sich eine Hierarchie: ein Häuptlingstum. Hier unterliegen die hierarchischen Abstufungen gewöhnlich der Erbfolge. So bilden sich durch Statusvererbung dauerhafte soziale Schichten aus und nun besitzt die gesamte Filiationslinie eine charismatische Macht, die durch Heiratspolitik bis in periphere Gebiete verbreitet werden kann. Häufig entwickelt sich durch eine Steigerung der Effizienz der örtlichen Spezialisierung und des Redistributionssystems aus der Häuptlingslinie auch die Priesterlinie. Eine Theokratie entsteht, in der die Linie des Häuptlings als direkte Nachkommen des charismatischen Begründers des Häuptlingstums angesehen wird. Ein Häuptlingstum verfügt nach Service also über erbliche Ungleichheit, eine Dauerhaftigkeit der politischen Führung sowie hierarchisch geordnete Autorität. Ein Häuptlingstum wird als konischer Klan bezeichnet, wenn zudem sämtliche kollaterale Filiationslinien und alle Individuen in den Familien nach der Reihenfolge der Geburt des jeweiligen Familiengründers und nach der Reihenfolge der einzelnen Genera-

62 Service, E.R., Ursprünge des Staates und der Zivilisation. Der Prozeß der kulturellen Evolution, Frankfurt (1977).

63 Vgl. Marquardt, B., Universalgeschichte des Staates. Von der vorstaatlichen Gesellschaft zum Staat der Industriegesellschaft, Berlin (2009), S. 3ff.; und jüngst: Breuer, S., Der charismatische Staat. Ursprünge und Frühformen staatlicher Herrschaft, Darmstadt (2014), S. 9–37.

64 Llobera, J.R., An Invitation to Anthropology. New York/Oxford (2002), S. 135.

tionen in der Hauptabstammungslinie sowie in den progressiv wachsenden Linien der jüngeren Söhne abgestuft werden. So kann sich der konische Klan in seinen Hierarchien zu einer höheren Ordnung entwickeln und schließlich im Königtum staatlich ausgeformt sein.[65]

Der Hauptunterschied zwischen einem Staat und einem Häuptlingstum besteht nach Stefan Breuer[66] im Verfall der relativen Rangbeziehungen. Rang wird im Staat nicht durch Interaktionsbeziehungen gewonnen, sondern ist durch die konische Struktur schon vorgegeben und allein durch sie definiert. Der Herrscher erscheint dabei nicht als Gott, sondern vielmehr als Träger eines von den Göttern eingerichteten Amtes und gegebenenfalls als direkter Abkömmling der obersten Gottheit. Nur über den Herrscher führt der Zugang zum Übernatürlichen, und nur über den Herrscher ist eine Kommunikation mit den unsichtbaren Kräften möglich. Diese Monopolisierung des Kontaktes zum Übernatürlichen und damit des Charismas ebnet den Weg in die Staatlichkeit, denn nach Max Weber ist der Kern aller Staatlichkeit das Monopol der legitimen physischen Gewaltsamkeit, die in diesem Falle eben charismatisch legitimiert erscheint.[67] Im für ihn besten Fall kann der Herrscher dieses Monopol weiter ausbauen; die expansiven Tendenzen und die zunehmende Stratifikation, u.a. auf Grund von Konkurrenz um strategische Ressourcen, führen zur Ausbildung eines Patrimonialstaates[68] als staatliche Grundlage eines Königtums.[69] In seiner jüngsten Definition von Staat als „Herrschaft im Raum, über ein angebbares Gebiet und die darauf lebenden Menschen“[70] stellt Stefan Breuer zunächst die räumliche Dimension des Staatsbegriffes in den Vordergrund, aber er ergänzt ebenso die zeitliche. Denn als weiteren Unterscheidungspunkt nennt Breuer die Instabilität von Häuptlingstümern, also einen zeitlichen Faktor. Politische Verbände (wie eben Häuptlingstümer) sind im Gegensatz zu Staaten kurzlebiger, konkret existieren sie nur über ca. 50–150 Jahre.[71]

Nach Elmar R. Service ist ein Staat zusammenfassend ein auf physischer Gewalt basierender Repressionsmechanismus,[72] und Max Weber definiert einen Staat als politischen Verband. Ein Herrschaftsverband ist wiederum ein politischer Verband, wenn

65 Service, E.R., Ursprünge des Staates und der Zivilisation. Der Prozeß der kulturellen Evolution, Frankfurt (1977), S. 106ff.

66 Breuer, S., Max Webers Herrschaftssoziologie, Frankfurt (1991).

67 Ebd., S. 50f.

68 Vgl. Kapitel 1.1.2 „Patrimonialismus“.

69 Breuer, S., Max Webers Herrschaftssoziologie, Frankfurt (1991), S. 55.

70 Breuer, S., Der charismatische Staat. Ursprünge und Frühformen staatlicher Herrschaft, Darmstadt (2014), S. 37.

71 Ebd., S. 35ff.

72 Ein Staat mit bürgerlichem Recht und formaler politischer Herrschaft unterscheidet sich von Formen politischer Macht in „primitiven Gesellschaften“ (E. Service) dadurch, dass sie institutionalisiert, gesetzlich und amtlich sind, sowie die aktuelle Anwendung von Gewalt beinhalten, androhen oder implizieren. Vgl. Service, E.R., Ursprünge des Staates und der Zivilisation. Der Prozeß der kulturellen Evolution, Frankfurt (1977), S. 38f.

„sein Bestand und die Geltung seiner Ordnungen innerhalb eines angebbaren geographischen Gebiets kontinuierlich durch Anwendung und Androhung physischen Zwangs seitens des Verwaltungsstabes garantiert werden“.[73]

Hauptmerkmale, sowohl des politischen Verbandes als auch speziell des Staates, sind Ordnung, Territorialität und physischer Zwang. Außerdem verfügt ein Staat über eine gesatzte Ordnung, was ihm Anstaltscharakter verleiht, und er monopolisiert die legitime physische Gewaltsamkeit, also den Zwang.[74]

Der Hauptunterschied des Staates zum Häuptlingstum besteht nach Allen W. Johnson und Timothy Earle[75] im Umfang der Integration von verschiedenen Bevölkerungsgruppen und Interessen mit Hilfe einer Bürokratie, und damit verbunden in der Bildung und Ausweitung von Eliten, abgesetzt von der Bevölkerung.

Einigkeit in der Literatur herrscht aber weitgehend darüber, dass die Staatsentstehung mit der Herausbildung von Königen einhergeht, auch wenn sich in Definitionen und Ausformungen des Königtums wohl Unterschiede zeigen.[76]

Nach H.J.M. Claessen[77] kennzeichnen die ersten „Staaten“ in Mesopotamien, Indien usw. zwar jeweils charakteristische, individuelle Merkmale, gleichzeitig aber vergleichbare organisatorische Strukturen – wie institutionalisierte Bürokratien, Herrschaftseliten, Staatsreligionen, stehende Armeen, eine zentralisierte Ökonomie – und eine begrenzte Menge von Lösungsstrategien für die anstehenden Probleme.

Zusammenfassend lassen sich die Bedingungen, unter denen Staaten entstehen können, definieren als: eine Bevölkerung, die groß genug ist, um eine komplexe und stratifizierte Gesellschaft auszubilden; ein Territorium von bestimmter Größe, das kontrolliert wird; ein Wirtschaftssystem, das genug Überschuss produziert und auch Spezialisten und Eliten hervorbringt; sowie eine Ideologie, die die Existenz einer hierarchisch aufgebauten Verwaltung erklärt und rechtfertigt.[78] Ergänzend werden klimatische und ökologische Voraussetzungen[79] und Entwicklungen der Technik berücksichtigt; die Beachtung der wichtigen Rolle von Einzelpersönlichkeiten vervollständigt diesen Ansatz und legt die Herausbildung eines Königtums nahe.

73 WuG, S. 29.

74 Ebd. Ein Monopol der psychischen Gewalt, also etwa religiöser Zwang, wäre dagegen die Grundlage der „Kirche“, aufbauend auf einem hierokratischen Verband (ebd., S. 29f.). Für die hier untersuchten Gesellschaften ist eine so klare Trennung von „Kirche und Staat“, also politischer und religiöser Macht kaum vorzunehmen.

75 Johnson, A.W.; Earle, T., The Evolution of Human Societies. From Foraging Group to Agrarian State, Stanford (2000), S. 304 f.

76 Siehe Trigger, B.G., Understanding early civilizations, Cambridge (2003), S. 73.

77 Claessen, H. J. M., Structural Change. Evolution and Evolutionism in Cultural Anthropology, Leiden (2000).

78 Ebd., S. 188ff.

79 Breuer, S., Der charismatische Staat. Ursprünge und Frühformen staatlicher Herrschaft, Darmstadt (2014), S. 33.

1.3.2 Aspekte des Königtums

Um eine gewisse Übersichtlichkeit und Vergleichbarkeit zu erreichen, wird nun das Königtum in seinen Ausformungen, in der Herrschaftsweise der Könige sowie in seinen grundsätzlichen Legitimations- und Daseinsquellen in drei Aspekte untergliedert, die im Grunde den Erscheinungsformen des Charismas nach Max Weber entsprechen: die magisch-religiöse, die politische und die militärische Ebene. Durch diese Dreiteilung, die im Weber'schen Sinne gewissermaßen „idealtypisch" arbeitet, soll eine bessere Vergleichbarkeit gewährleistet werden, so dass im besten Falle deutlich wird, auf welchem der drei Bereiche jeweils der Schwerpunkt eines bestimmten historischen Königtums liegt.

Religiös

Als erstes soll der religiöse Aspekt des Königtums ausführlicher untersucht werden. Das Königtum als politische Institution ist eine moderne Betrachtungsweise, die daraus resultiert, dass das menschliche Leben als selbstständig angesehen werden kann, der Mensch sein Leben eigenverantwortlich führt. In antiken Gesellschaften hingegen ist der Mensch Teil eines weitverzweigten Netzwerkes, das hinter die lokalen und nationalen Gemeinschaften in die verborgenen Tiefen der Natur und der Naturmächte reicht; damit ist das Königtum primär sakraler Natur.[80]

Nach Francis Oakley entsteht das Königtum in den von ihm untersuchten Gesellschaften[81] aus einer archaischen Mentalität, die keine unüberwindbare Barriere zwischen Menschlichem und Göttlichem wahrnimmt. Das Göttliche wird in den Zyklen der Natur ebenso wie in der menschlichen Gesellschaft wahrgenommen. Somit ist die Primärfunktion des Königtums grundsätzlich religiös. Das beinhaltet die Aufrechterhaltung der irdischen und kosmischen Ordnung sowie die harmonische Einbeziehung der Menschen in die Natur. So werden antike Könige oft als heilige Figuren gesehen, die Kontakt zu den Göttern herstellen oder sogar selbst göttlich sind.[82]

Diese Vorstellung wird konkret verfolgt in der Aufsatzsammlung von Rolf Gundlach, „Legitimation und Funktion des Herrschers. Vom Ägyptischen Pharao zum neuzeitlichen Diktator", in deren Vorwort der Herausgeber schreibt:

> „das sakrale Königtum ist die typische Staatsform der menschlichen Geschichte zwischen dem 4. vorchristlichen Jahrtausend und der Industriellen Revolution des 18. und 19. Jahrhunderts".[83]

Trotz der teilweise unterschiedlichen Aspekte zeigen sich, wie in der Aufsatzsammlung von Gundlach dargelegt, Konstanten in der Auffassung von Königtum, von Herrscherlegitimation und -funktion. Dabei wird ersichtlich, dass Legitimation und Funktion bei den unterschiedlichen monarchischen Herrschaftsformen stets in einem engen Zusammenhang auftreten: Die Funktion muss immer legitimiert werden, und Legitimation definiert sich nie

---

80 Frankfort, H., Kingship and the Gods, Chicago (1948), S. 3.

81 Siehe: Oakley, F., Kingship, Malden (2006).

82 Ebd., S. 7.

83 Gundlach, R., Der Sakralherrscher als historisches und phänomenologisches Problem, in: Gundlach, R. (Hrsg.), Legitimation und Funktion des Herrschers. Vom Ägyptischen Pharao zum neuzeitlichen Diktator, Stuttgart (1992), S. 6.

unter Ausschluss der zielgerichteten Bestimmung. Damit ist Herrschaft nie Macht an sich, sondern steht immer in der Spannung zwischen einer begründeten (Legitimation) und einer zweckerfüllenden (Funktion) Dimension. Voraussetzung einer jeglichen Legitimation ist aber das Vorhandensein eines ideologischen Systems, innerhalb dessen die Legitimation formuliert und wirksam wird; nur solange dieses System in sich geschlossen ist, solange es sowohl von den Herrschenden als auch von den Beherrschten als unanfechtbar empfunden und akzeptiert wird, kann eine solche Art der Legitimation funktionieren. Teil dieser ideologischen Komponente der Legitimation ist deren transzendente Anbindung, die den Herrscher mit der Welt der Götter in Verbindung setzt. Außerdem hat die Einbindung der Herrschaftslegitimation in ein ideologisches System den Effekt, dass die Instanz, die diese Einbindung definiert, z.B. wenn es um eine rituelle Realisierung geht (etwa die Inauguration des Herrschers), die Stabilität dieser Legitimation fördert. Dabei muss diese Instanz nicht immer eine dritte, dem Herrscher und den Beherrschten entgegengesetzte Kraft sein – wie etwa eine Priesterschaft – auch der Herrscher oder die Beherrschten selbst können als solche Instanz auftreten. Um die Herrschaftslegitimation zu vermitteln und die Akzeptanz der Herrschaft zu stärken, werden Formen der Imagination (Verbildlichung) und Repräsentation (Vergegenwärtigung) benötigt. Text, Symbol, Emblem, Signum, Ritus oder Architektur vermitteln eine transzendente Anbindung der Herrschaftslegitimation ebenso wie die Qualifikation des jeweiligen Herrschers zur Amtsausübung (auch im religiösen Bereich).[84]

Der König ist als Vermittler zwischen göttlicher und menschlicher Sphäre verantwortlich für das Wohlergehen seines Volkes und seines Landes. Verhält der König sich richtig und „gut", schenken die Götter dem Land Frieden und Wohlstand. Bricht der König aber Tabus, handelt er unrecht, kann das ganze Land bestraft werden. Die Person des Königs kann also *pars pro toto* für den gesamten Staat stehen, er kann zum „Symbol" des Landes werden.[85]

Damit wird die Religion zum aussagekräftigen Parameter in der Herrschaftssymbolisierung, und das Verhältnis des Königs zur Religion lässt sich nach folgenden zentralen Fragen untersuchen: Tritt der König als oberster religiöser Führer auf? Wie ist seine Beziehung zu den Göttern? Hat er eher eine Vermittlerrolle inne, ist er „Angehöriger" bzw. Sohn eines Gottes, oder gar selbst ein Gott? Welche Aufgaben kommen dem König im Kult zu? Und lassen sich Königsherrschaft und Bauten kultischer Funktion miteinander in Beziehung setzen?

Häufig ist der Herrscher Stellvertreter Gottes auf Erden und damit Repräsentant der göttlichen Macht; er erfüllt die göttlichen Aufgaben in der menschlichen Gesellschaft. In diesem Zusammenhang kann man z.B. das islamische Kalifat sehen. Der Begriff *ḫalīfa* hat seinen Ursprung im Koran, wo er in unterschiedlicher Bedeutung verwendet wird, als Nachfolger, Stellvertreter oder auch Statthalter des Propheten[86], also deutlich in einem religiösen Kontext. Als einzige, die dieses Konzept in der „idealen" Art vertreten, gelten im

84 Weber, H., Rückblick, in: Gundlach, R. (Hrsg.), Legitimation und Funktion des Herrschers. Vom Ägyptischen Pharao zum neuzeitlichen Diktator, Stuttgart (1992), S. 356ff.

85 Vgl. auch Hidding, K.A.H., The High God and the King as Symbols of Totality, in: La Regalità Sacra, Leiden (1959), S. 57.

86 Z.B. Sure 2, 30.

Islam allgemein die so genannten „rechtgeleiteten Kalifen“ (*al-ḫulafā' ar-rāšidūn*), die ersten vier Nachfolger Mohammeds, sowie natürlich der Prophet selbst. In dieser Idealgestalt soll der Islam *dīn wa-daula*, also Religion und Staat zugleich sein.[87]

Wie oben ausgeführt ist auch der sakral verehrte König ein häufiges Phänomen. Schon der antike Euhemerismus, der die Entstehung von Gottesvorstellungen auf eine mythische Überhöhung historisch wichtiger Persönlichkeiten, in erster Linie eben Könige, zurückführt, weist in diese Richtung. Die Vergöttlichung eines regierenden Königs – quasi „naturgegeben“, weil der König als organisatorische Mitte des „Staates“ Lebenserhalter und -spender ist oder entsprechend dem mythischen Denken, das den König leicht mit numinosen Qualitäten ausstatten kann (primäres Gottkönigtum) – ist zu unterscheiden von strukturellen Gründen, etwa bei der Erhebung eines Königs zum Gott in einer akut bedrohlichen Situation oder einer Krise des Reiches (sekundäres Gottkönigtum).[88]

Eine göttliche Verehrung des Königs findet sich außer im Alten Orient zum Beispiel auch bei den ägyptischen Pharaonen, die als Sohn des Sonnengottes verehrt werden. Plutarch stellt die posthume Vergöttlichung Alexanders als siegreichen Feldherrn dar und berichtet ebenso über Cäsar als positives Beispiel eines vergöttlichten Herrschers.[89]

Politisch

Was hier als „politisch“ in der Weber'schen Terminologie aufgeführt ist, sind prinzipiell alle zivilen Aufgaben, die das Königtum umfasst.

Eine der Hauptaufgaben des Königs liegt in der Durchsetzung von Ordnung, um so das Wohlbefinden seines Volkes zu gewährleisten und zu fördern. Dies erreicht der Herrscher durch zivile Maßnahmen wie Rechtsprechung, durch die Bereitstellung einer Infrastruktur, durch Bautätigkeit sowie durch seine Rolle als Spitze des Verwaltungsapparates, kurz: durch seine Politik. Diese Ordnung schaffende und Gerechtigkeit stiftende Aufgabe des Königs legt unter Umständen einen engen Kontakt zur Bevölkerung nahe, die sich in Audienzen und auch Briefen direkt an den König wenden kann.

Eine Rolle spielt bei dieser Idee der Fürsorge für seine Untertanen die Konzeption des Königs als „Hirte“ seines Volkes. Die durch den Hirtenbegriff veranschaulichte pastorale Macht impliziert gute bzw. wohltätige Absichten, sie schützt und beschützt die Bevölkerung – wenn natürlich auch nicht zwingend uneigennützig. Nach Michel Foucault:

---

87 In der Realität gibt es in traditionellen islamischen Staaten aber in der Regel eine relativ strikte Trennung des Religiösen vom Säkularen. Es existieren zwei Herrschaftsprinzipien: das religiöse Prinzip auf Basis der Prophetennähe und das traditionelle Prinzip auf Basis der Stammesnobilität. Der Kalif (oder Sultan) regiert v.a. per Dekret, während die religiöse Führung des Staates bei den Rechtsgelehrten liegt, es gibt also zwei Machtmonopole. Kein islamischer Staat (heute eventuell mit Ausnahme des IS) wird/wurde ausschließlich vom Koran her regiert. Vgl. Hartmann, A., Kalifat und Herrschaft im Islam. Erinnerung an Vergangenes und Zukünftiges, in: dies. (Hrsg.), Geschichte und Erinnerung im Islam, Göttingen (2004), S. 223–242.

88 Holz, H.H., Zur Dialektik des Gottkönigtums, in: La Regalità Sacra, Leiden (1959), S. 19f.

89 Plut.Alex. und Plut.Caes. Obwohl beide über menschliche Schwächen und Charakterfehler verfügen, überwiegen ihre positiven Eigenschaften und ihre Erhebung in göttlichen Status erfolgte zu Recht. Zitiert nach: Dormeyer, D., Augenzeugenschaft, Geschichtsschreibung, Biographie, Autobiographie und Evangelien in der Antike, in: Schröter, J.; Eddelbüttel, E., Konstruktion von Wirklichkeit, Berlin (2004), S. 244f.

„Daß der König, der Gott, das Oberhaupt im Verhältnis zu den Menschen ein Hirte [berger] ist, während die Menschen gleichsam seine Herde sind, ist ein Thema, das sich sehr häufig im gesamten mediterranen Orient[90] findet. [...] Das Pastorat ist ein grundlegender Verhältnistypus zwischen Gott und den Menschen, und der König hat gewissermaßen teil an dieser pastoralen Struktur des Verhältnisses zwischen Gott und den Menschen. [...] Es ist eine Macht religiösen Typs, die ihren Ursprung, ihre Grundlage, ihre Vollendung in der Macht hat, die Gott auf sein Volk ausübt. [...] Die Macht des Hirten ist eine Macht, die nicht auf ein Territorium ausgeübt wird, sondern eine Macht, die per definitionem auf eine Herde ausgeübt wird, genauer auf eine Herde in ihrer Fortbewegung, in der Bewegung, die sie von einem Punkt zu einem anderen laufen läßt. Die Macht des Hirten wird wesentlich auf eine Multiplizität in Bewegung ausgeübt."[91]

Dieser Hirtenaspekt des Königs zeichnet nach Foucault zusammenfassend prinzipiell eine Herrschaft aus, die auf Menschen ausgelegt ist, entsprechend dem Verhältnis der Menschen zu Gott, das ebenso als Herde-Hirten-Beziehung zu verstehen ist.

Bereits im Alten Ägypten zeigt sich dieser Aspekt des Königtums. Das ägyptische Staatswohl ist nur zu erreichen, indem die Weltordnung erhalten bleibt;[92] das liegt im Aufgabenbereich des Pharaos, der die Ordnung im Inneren und die Herrschaft nach außen durchsetzen muss, wie sich auch in dem u.a. in der 18. Dynastie gebräuchlichen Titel des Pharaos als „geliebt von der Weltordnung" zeigt.[93]

Ebenso existiert im christlichen Mittelalter eine solche Vorstellung des Königs als „Hirte" seines Volkes,[94] genau wie seine Rolle als Richter, der ein Recht schafft, das die göttliche Ordnung wiederspiegelt, und damit seinem Volk Gerechtigkeit bringt.[95] Beide

90 Anmerkung der Autorin: Im Gegensatz zu Griechenland oder auch dem Römischen Reich, wo das Verhältnis sowohl der Menschen zu den Göttern als auch des Königs zu den Menschen ein anderes ist. Vgl. Vorlesung 5, Sitzung vom 8. Februar 1978, in: Sennelart, M. (Hrsg.), Michel Foucault: Geschichte der Gouvernementalität I. Sicherheit, Territorium, Bevölkerung. Vorlesung am Collège de France 1977–1978, Frankfurt (2004), S. 187f. Sowie Vorlesung 6, ebd.

91 Vorlesung 5, Sitzung vom 8. Februar 1978, in: Sennelart, M. (Hrsg.), Michel Foucault: Geschichte der Gouvernementalität I. Sicherheit, Territorium, Bevölkerung. Vorlesung am Collège de France 1977–1978, Frankfurt (2004), S. 185ff.

92 Interessanterweise schließt das im Falle Ägyptens die Idee der Weltherrschaft mit ein, da Ägypten als einziger existierender Staat vorgestellt wird. Im Zuge der Expansion Ägyptens ab der Mittelbronzezeit und des Aufeinandertreffens mit anderen Staaten des Alten Orients an der Levante gerät dieses Weltbild ins Wanken; die Folge ist die versuchte Unterwerfung der anderen Staaten, um die eigene Weltvorstellung durchzusetzen. Trotz dem letztendlichen Scheitern beim Erlangen der Weltherrschaft wird das Königtum an sich im Alten Ägypten nie in Frage gestellt. Gundlach, R., Weltherrscher und Weltordnung. Legitimation und Funktion des ägyptischen Königs am Beispiel Thutmosis III. und Amenophis III., in: Gundlach, R. (Hrsg.), Legitimation und Funktion des Herrschers. Vom Ägyptischen Pharao zum neuzeitlichen Diktator, Stuttgart (1992), S. 29.

93 Gundlach, R., Weltherrscher und Weltordnung. Legitimation und Funktion des ägyptischen Königs am Beispiel Thutmosis III. und Amenophis III., in: Gundlach, R. (Hrsg.), Legitimation und Funktion des Herrschers. Vom Ägyptischen Pharao zum neuzeitlichen Diktator, Stuttgart (1992), S. 42ff.

94 Nach Eusebius, dem Panegyricus auf Konstantin. Ehlers, J., Grundlagen der europäischen Monarchie in Spätantike und Mittelalter, in: Majestas 8/9 (2000/2001), S. 57.

95 Ehlers, J., Grundlagen der europäischen Monarchie in Spätantike und Mittelalter, in: Majestas 8/9 (2000/2001), S. 54f.

Aspekte, der des Hirten und der des Richters, begegnen auch in islamischen Konzeptionen von idealen Herrschern. In der persischen „Fürstenspiegel"-Tradition ist die Gerechtigkeit der wichtigste Gesichtspunkt der Anforderungen an einen Herrscher. Dabei stützt sich die Gerechtigkeit moralisch-religiös auf das *ḥadīṯ*, sie betont den ideellen Hintergrund des menschlichen Handelns und ist in der Regel im Glauben begründet. Daneben gibt es eine praktische Auswirkung der Gerechtigkeit eines Herrschers, er empfängt z.B. an bestimmten Tagen persönlich Bitt- und Beschwerdeschriften seiner Untertanen.[96]

Sowohl die Rolle des Hirten als auch die des Richters steht in engem Zusammenhang mit der Sakralität des Königsamtes, denn die Ordnung auf der Welt soll der Ordnung im göttlichen, überirdischen Bereich entsprechen. Der König kann dies erfüllen auf Grund seiner besonderen Beziehung zu den Göttern, er wird als „Zeichen" seines Staates verstanden. Laut Percy Schramm steht der Herrscher für den Staat wie Petrus für die Gesamtkirche.[97] Dabei setzt v.a. der Hirtenbegriff den König in enge Beziehung zur göttlichen Ebene, da – gerade im christlichen Vorstellungsbereich – Gott als „Hirte über die Menschen" betrachtet wird. So nähert sich das Königsbild dem Bild Gottes an.

Abgesondert von der Heiligkeit des Königsamtes erscheint zunächst die Rolle des Herrschers als Spitze der Verwaltung. Das Schaffen eines Verwaltungsapparates ist ein Zeichen der Veralltäglichung der Herrschaft,[98] also der Ent-Mystifizierung. Dieser Vorgang ist unausweichlich, und jeder König nimmt in seinem Reich eine bestimmte, in der Regel herausgehobene Rolle im Verwaltungsapparat ein. So ist es in vielen Königtümern üblich, dass der König staatliche Dekrete persönlich unterschreibt. Damit kommt der König seinen eigentlichen Aufgaben und Befugnissen nach und vermittelt mit der Form der Verwaltung sowie des Stabes einen Einblick in das Verhältnis der Untertanen zu ihm bzw. umgekehrt.

Interessant ist im Zusammenhang mit den universell auftretenden, politischen Eigenschaften eines Königs der alttestamentliche Gerechtigkeitsbegriff צדק. Nach Hans H. Schmid[99] umfasst dieser nämlich alle genannten Aufgaben- und Verantwortungsbereiche des Königs, die mit dem Erhalt der Weltordnung zu tun haben. In der Wurzel צדק sind demzufolge enthalten der Bereich der Rechtsgebung und -sprechung, die Weisheit, der Aspekt der Natur bzw. Fruchtbarkeit, der Sieg über die Feinde im militärischen Rahmen, die Verantwortung für den Kult bzw. das Opfer und eben das Königtum. צדק kann in den schriftlichen Quellen sowohl im Zusammenhang mit Jahwe stehen, als auch mit dem König oder anderen Menschen. Wird der Begriff im Bezug zum König verwendet, wie etwa häufig in den Psalmen, erhält dieser צדק von Jahwe.[100]

Militärisch

Im komplementären Zusammenhang mit der Schaffung von Ordnung steht die Abwehr des Chaos, des Anderen, des Außen durch den König. Um die Ordnung im Inneren zu be-

96 Khalifeh-Soltani, I., Das Bild des idealen Herrschers in der iranischen Fürstenspiegelliteratur dargestellt am Beispiel des Qābūs-Nāmé, Bamberg (1971), S. 103ff.

97 Percy E. Schramm. Zitiert nach: Gussone, N., Herrschaftszeichen und Staatssymbolik. Zum 100. Geburtstag von Percy Ernst Schramm, in: Majestas 2 (1994), S. 93.

98 Vgl. Kapitel 1.1.1 „Theoretische Grundlagen: Macht und Herrschaft".

99 Schmid, H.H., Gerechtigkeit als Weltordnung, Tübingen (1968).

100 Ebd., S. 83ff.

wahren, muss der König sein Reich vor dem Außen, in dem Unordnung, ja Chaos herrscht, schützen, er muss sein Reich abgrenzen von den Anderen, den Feinden. Dies erreicht der Herrscher z.B. durch internationale Diplomatie oder eben durch militärische Aktionen.

Von Ramses II., der seinen Berichten nach im Alleingang das gesamte hethitische Heer zerschlägt, bis zu Napoleon Bonaparte, der seine militärische Karriere als Soldat begann und als Kaiser beendete, ist der König als oberster Heerführer, als Truppenkommandant und starker Kriegsheld eine weitverbreitete Vorstellung. Dahinter steckt zum Einen eine Schutzfunktion, die der König *pars pro toto* für sein Reich und seine Bevölkerung ausübt, zum Anderen der Gedanke des starken und mächtigen Königs, der alle Gegner besiegen kann.

Z.B. im islamischen Herrschaftskonzept findet sich eine solche Vorstellung: Der islamische Kalif ist *amīr al mu'minīn*, „Befehlshaber der Gläubigen", seine Hauptaufgabe besteht in der Verteidigung des Glaubens, auch und gerade mit militärischen Mitteln. Der Name des Kalifen Mansur bedeutet sogar „der Siegreiche".[101]

Außerdem kommen diese Aspekte eines idealen Königs u.a. in mittelalterlichen Dichtungen über Alexander den Großen zum Tragen. Nach dem Alexanderroman von Rudolf von Ems ist Alexander in allen Belangen herausragend, schon von Geburt an zur Weltherrschaft bestimmt[102] und – im Gegensatz zu seinem Kontrahenten, dem nicht-idealen König Dareios – niemals sieglos in der Schlacht.[103]

Ergänzt wird die militärisch-kriegerische Vorstellung eines Königs durch das meist als perfekt angenommene bzw. idealisierte äußere Erscheinungsbild eines Herrschers. Das Aussehen des Königs kann als besonders stark, muskulös und kräftig gepriesen werden, was im Zusammenhang mit seiner Rolle als Krieger bzw. Heerführer steht, oder als schlicht schön und perfekt, was nur folgerichtig erscheint, schließlich ist der König nach dem Vorbild der Götter geschaffen und gleicht ihnen somit auch in den Äußerlichkeiten.

Das ist unter Umständen schon an den Beinamen eines Königs zu erkennen, denkt man etwa an Philipp den Schönen (Philipp IV. von Frankreich, 1285–1314 n. Chr.). Den Beina-

---

101 Clot, A., Harun al-Raschid. Kalif von Bagdad, München / Zürich (1988), S. 14; 21.

102 Dahinter steckt die biblische Idee der vier aufeinanderfolgenden Weltreiche in Dan 2 und 8: das erste Weltreich der Assyrer-Babylonier, das Weltreich der Perser, das Weltreich Alexanders und schließlich das römische Reich (vgl. etwa Wulfram, H., Der Übergang vom persischen zum makedonischen Weltreich bei Curtius Rufus und Walter von Châtillon, in: Mölk, U. (Hrsg.), Herrschaft, Ideologie und Geschichtskonzeption in Alexanderdichtungen des Mittelalters, Göttingen (2002), S. 40–76). Die Prophezeiung Alexanders zur Weltherrschaft findet sich in der Deutung des sog. „Ei-Wunders". Bei der Geburt Alexanders fliegt ein kleiner Vogel auf den Schoß seines Vaters Philipp und legt ein Ei, das zerbricht. Ein Wurm kriecht daraus hervor, einmal ums Ei herum und stirbt an der Stelle, wo er zurück ins Ei kriechen könnte. Das Wunder wird so gedeutet: „Das Ei ist offensichtlich kugelrund; das bedeutet alle Länder der Erde, die seine Hand bezwingen wird. Alle Länder müssen mit ihm über Tribut verhandeln; mit Macht und Gewalt wird das Kind des Heils und der Sælde alle Länder durchfahren." (Rudolf Ems, Alexander V. 1153–60). Nach: Schmitt, S., Alexander monarchus. Heilsgeschichte als Herrschaftslegitimation in Rudolfs von Ems Alexander, in: Mölk, U. (Hrsg.), Herrschaft, Ideologie und Geschichtskonzeption in Alexanderdichtungen des Mittelalters, Göttingen (2002), S. 295.

103 Schmitt, S., Alexander monarchus. Heilsgeschichte als Herrschaftslegitimation in Rudolfs von Ems Alexander, in: Mölk, U. (Hrsg.), Herrschaft, Ideologie und Geschichtskonzeption in Alexanderdichtungen des Mittelalters, Göttingen (2002), S. 295ff.

men „der Schöne“ erhält Philipp auf Grund seiner äußeren Erscheinung, die der des idealen Ritters und Edelmannes entspricht.

Fazit

Das Königtum umfasst folglich den sakralen oder religiösen, den politischen bzw. Ordnung schaffenden und den militärischen Aspekt. Diese dienen vordergründig sowohl der Legitimation als auch der Funktion des Königs. Durch die Erfüllung eben dieser Aufgaben erweist sich ein Herrscher als würdig. Wenn dieser „Pflichtenkanon“ nicht erfüllt wird, muss der König damit rechnen, dass eine Opposition entsteht, oder dass Feinde das Land erobern.[104]

Die Verpflichtung, diese Aufgaben zu übernehmen, wird in der Regel mit der Krönung eingegangen. Im europäischen Mittelalter findet während der Inthronisation ein so genannter Krönungseid statt, in dem der König, meist vage gehalten, die Wahrung des Rechts, den Schutz von Witwen und Waisen sowie Hilfe für die Kirche verspricht,[105] also seiner politischen und religiösen Funktion nachzukommen.

Nur durch die Wahrnehmung und Einhaltung seines Pflichtenkanons kann sich ein Herrscher bewähren und so seine Legitimation unter Beweis stellen. Er muss seine Aufgaben den Vorgaben entsprechend erfüllen, sonst läuft er Gefahr, sich durch andere, erfolgreichere Kandidaten angreifbar zu machen.

1.3.3 Die idealen Könige

In praktisch allen Gesellschaften, die über das Königsamt verfügen, existieren vollkommene Herrscher, in Mythen oder in der historischen Überhöhung, die die oben genannten Aufgaben in perfekter Weise ausführen und beherrschen. Als solche Idealherrscher, die immer wieder als Vorbilder eines idealen, guten Königs herangezogen werden, sei es von anderen Königen oder von den Untertanen, gelten z.B. der „weise König“ Salomo, der „militärisch geniale“ Alexander der Große, der „Traditionsbegründer“ Karl der Große, der „glanzvolle Sonnenkönig“ Ludwig XIV. oder der altorientalische „Held“ Gilgameš.

Für viele europäische Monarchen seiner Zeit war Ludwig XIV. das große Vorbild, was sich etwa in den vielen „Klein-Versailles“ der deutschen Duodezfürsten zeigt. Noch 1887 orientiert sich Ludwig II. von Bayern für sein Portrait, gefertigt von Gabriel Schachinger, an dem Gemälde von Hyacinthe Rigaud von 1701, das den Sonnenkönig in ähnlichem Gewand[106] und vergleichbarer Pose zeigt.

Auch Alexander der Große kann als solcher Idealkönig angesehen werden. Er löste eine umfangreiche Legendenbildung aus. Bereits kurz nach dem Tod des Herrschers werden erste historische Werke über sein Leben verfasst, die in der gesamten damals bekannten Welt sehr beliebt waren. Nach diesen frühen griechischen Schriften über die Herrschaft

---

104 Panitschek, P., LUGAL –šarru –βασιλεύς, Frankfurt (2008), S. xixf.

105 Schramm, P.E., Kaiser, Könige und Päpste. Gesammelte Aufsätze zur Geschichte des Mittelalters. Band 1, Stuttgart (1968), S. 41.

106 Ludwig XIV. trägt einen hermelinbesetzten, mit der Lilie der Bourbonen durchwirkten Krönungsmantel, Ludwig II. das Gewand des Großmeisters des Ordens des heiligen Georgs. Beide Mäntel haben einen Pelz, sind blau und weiß verziert.

Alexanders entsteht im 4. Jahrhundert n. Chr. die erste lateinische Fassung des so genannten Alexanderromans von Julius Valerius. Die bekannteste lateinische Dichtung auf Alexander stammt von Leo von Neapel aus dem 10. Jahrhundert n. Chr. In der islamischen Literatur erfreut sich das Motiv des Königs Alexander ebenfalls großer Beliebtheit, als Beispiel ist zu nennen das persische Werk Iskandarnamah aus dem 12. Jahrhundert n. Chr. Auch im Koran, in Sure 18, wird auf Alexander Bezug genommen. Im europäischen Mittelalter kursieren in Europa, v.a. in Frankreich und Deutschland,[107] volkssprachliche Fassungen der Lebensgeschichte Alexanders, die unter dem Begriff „Romans d'Alexandre" in der Literatur zusammengefasst werden. Bei den genannten Werken, aber v.a. in den Fassungen des europäischen Alexanderromans, wird Alexander als Vorbild für die amtierenden Monarchen dargestellt, an dem sie sich ein Beispiel nehmen sollten. An Eigenschaften Alexanders hervorgehoben wird in erster Linie die *largesse*, also die Freigebigkeit, die die Loyalität der Landsleute sichert, die dem Herrscher als Gegenleistung z.B. im Kriegsfall beistehen. Das zweite Hauptmotiv ist die *noblesse*, die vornehme Herkunft oder auch der Adelsstand; *noblesse* kann aber auch die geistige Haltung, die besonders vornehm und gebildet oder auch weise ist, bezeichnen.[108]

Das Stichwort der Weisheit führt zu einem anderen idealen Herrscher: Salomo. Die legendäre Weisheit des alttestamentlichen Königs hängt wohl einerseits mit einer Epoche der kulturellen Blütezeit Israels, mit der Konsolidierung des Staates, der guten Wirtschaftslage und der friedlichen außenpolitischen Situation zusammen. All diese Faktoren werden im Nachhinein auf die Person des amtierenden Herrschers dieser Zeit, eben Salomo, projiziert.[109] Auf der anderen Seite spielt die Weisheit in Bezug zur Königsideologie eine gewichtige Rolle. Da der König Verbindung zur göttlichen Sphäre hat, verfügt er folgerichtig über göttliche Weisheit; damit stammt auch die Weisheit Salomos von Jahwe.[110] Salomos Weisheit zeigt sich v.a. in der Rechtsprechung, einer politischen Aufgabe des Königs, beim sprichwörtlich gewordenen „Salomonischen Urteil".

Das Motiv der Weisheit taucht aber nicht zum ersten Mal in Israel mit Salomo auf. Dass der Herrscher als besonders weise, ebenso im Sinne der göttlichen Weisheit, betrachtet wird, ist in der altorientalischen Königsideologie, sowohl in Ägypten als auch in Vorderasien, weit verbreitet.

An den drei Beispielen lässt sich erkennen, dass sie dem allgemein definierten Idealbild eines Königs entsprechen; natürlich liegen die Schwerpunkte jeweils den aktuellen Bedürf-

---

107 Z.B. im Französischen von Albéric de Pisançon, im Deutschen von dem „Pfaffen Lamprecht" und Ulrich von Etzenbach.

108 Vgl. etwa Boemke, R., Alexander, frans rois debonaires. Herrschaftsideologie und Gesellschaftsauffassung im Roman d'Alexandre, in: Mölk, U. (Hrsg.), Herrschaft, Ideologie und Geschichtskonzeption in Alexanderdichtungen des Mittelalters, Göttingen (2002), S. 106.

109 Martin Noth. Zitiert nach: Wälchli, S., Der weise König Salomo. Eine Studie zu den Erzählungen von der Weisheit Salomos in ihrem alttestamentlichen und altorientalischen Kontext, Stuttgart (1999), S. 14.

110 Gösta W. Ahlström. Zitiert nach: Wälchli, S., Der weise König Salomo. Eine Studie zu den Erzählungen von der Weisheit Salomos in ihrem alttestamentlichen und altorientalischen Kontext, Stuttgart (1999), S. 19.

nissen der jeweiligen Zeit und Gesellschaft entsprechend auf unterschiedlichen Eigenschaften.

Tatsächlich sind aber die Vorstellungen, die hinter dem Ideal eines Königs stecken, universal gesehen sehr ähnlich und durchaus vergleichbar. Auch werden diese Ideale lange tradiert, und Merkmale großer Herrscher der Vergangenheit immer wieder als Vorbild genutzt. Dabei handelt es sich selten um die tatsächliche „Erfindung" einer Königsgestalt; vielmehr werden historische Herrscher, deren Regierungszeit offenbar in guter Erinnerung geblieben ist und die dem Land Wohlstand und Zufriedenheit gebracht haben – oder sich zumindest dessen gerühmt und diese Botschaft verbreitet haben – im Nachhinein überhöht und idealisiert dargestellt, und dieses Image weitergegeben.

Zusammenfassend lässt sich der ideale König folgendermaßen charakterisieren: Er ist weise, sorgt für Recht und Gerechtigkeit und als guter Hirte für das Wohlergehen seines Volkes, er übernimmt die militärische Führung und verteidigt das Land und sein Volk, er ist erfolgreich in Feldzügen, er führt Kultaktivitäten durch, ist den Göttern gegenüber gehorsam, fungiert als Mittler zwischen Göttern und Menschen, er plant und organisiert den Bau von Städten, Kanälen, Festungen, Straßen und Tempeln.

1.4 Das Charisma-Konzept

Am beschriebenen Idealbild eines Königs konnten drei Hauptaspekte bzw. -eigenschaften des Herrschers aufgezeigt werden: die Rolle, die er im Kontakt mit den Göttern und als über der Gesellschaft stehendes Individuum einnimmt, die Ordnung schaffende, administrative und politische Komponente sowie die des Militärführers, des starken Kriegshelden. Es soll nun gezeigt werden, dass diese drei Hauptpunkte dem zuerst von Max Weber in seinen Grundzügen ausgeführten Charisma-Konzept entsprechen.

Dem altgriechischen Wortursprung (*χάρισμα*) nach ist Charisma eine „Gnadengabe"; charismatisch sein bedeutet „Erfreuliches erweisen, sich gefällig erweisen".[111] Schon durch den Begriff Gnadengabe wird offensichtlich, dass Charisma eine einem Auserwählten aus der übernatürlichen Sphäre gewährte Eigenschaft ist. So ist der Charisma-Begriff in der Bedeutung „Gottesgabe" zunächst v.a. in der Religionssoziologie angesiedelt. Erst mit

111 Nach Jeremias, R., Vernunft und Charisma. Die Begründung der Politischen Theorie bei Dante und Machiavelli – im Blick Max Webers, Konstanz (2005), S. 32; 57. Wobei der Begriff *χάρισμα* eine Ableitung vom Wort *χάρα* (= Freude, die aus dem Wohlergehen der Gemeinde entspringt) sowie den Stadtgöttinnen und Töchtern des Zeus, den Chariten, ist. Dieser Begriff der „Gnadengabe" überträgt sich auf das Christentum und den Islam. Gerade in der altchristlichen Terminologie kommt ihm eine besondere Bedeutung zu. Im 1. Petrusbrief sowie in mehreren Paulusbriefen ist von verschiedenen „Charismen" die Rede, die die Gnade Gottes ausdrücken. Erwähnt sind Wunderkräfte, Heilungs- und Sprachgaben ebenso wie Verwalten und Barmherzigkeit, Prophetie und Auslegekunst. Charismatische Fähigkeiten werden als direkte Offenbarung Gottes angesehen. Vgl. Georgieva, C., Charisma. Theoretische und politisch-kulturelle Aspekte der „Außeralltäglichkeit", Bonn (2006), S. 25f.

Weber, zu Beginn des 20. Jahrhunderts, löst sich der Begriff von der christlichen Terminologie und findet Eingang in die soziologische und politische Diskussion.[112]

Die Eigenschaften des „idealen" Charismatikers[113] sind nach Weber folgende:

> „Der Charismatiker muss ein Held sein, mit Visionen und starkem Rückgrat. Der Charismatiker muss jemand mit großem politischen Machtinstinkt und mit den ausgeprägtesten politischen Führungsqualitäten sein."[114]

Er besitze „magische Fähigkeiten, Offenbarungen oder Heldentum, Macht des Geistes und Rede".[115] Prototypen solcher charismatischen Führer sind etwa Schamanen, Kriegshelden, Demagogen oder Propheten, alle gekennzeichnet durch die einzigartige Fähigkeit starke Emotionen auszulösen sowie selbst zu zeigen.[116] Häufig liegt eine Mythologisierung des charismatischen Führers vor, um seine Autorität zu begründen:

> „he and his claims are legitimated by his ability to draw on himself the mantle of myth."[117]

Diese Mythologisierung wird durchgesetzt durch besondere Fähigkeiten der charismatischen Person, etwa durch Rhetorik, den Gebrauch von mythischen Metaphern, Gesten, Ritualen etc.[118]

Max Weber definiert Charisma als eine als außeralltäglich geltende Qualität einer Persönlichkeit,

> „um derentwillen sie als mit übernatürlichen oder übermenschlichen oder zumindest spezifisch außeralltäglichen, nicht jedem anderen zugänglichen Kräften oder Eigenschaften (begabt) oder als gottgesandt oder als vorbildlich und deshalb als ‚Führer' gewertet wird".[119]

---

112 Georgieva, C., Charisma. Theoretische und politisch-kulturelle Aspekte der „Außeralltäglichkeit", Bonn (2006), S. 27ff.

113 Die „ideale Charismatikerin" scheint es nicht zu geben, Frauen treten anscheinend (bis auf wenige Ausnahmen) nicht als charismatische Führerinnen auf. Ute Bechdolf kommt sogar zu dem Schluss, „dass Charisma und Weiblichkeit letztlich überhaupt nicht zusammen passen, sich zumindest in der Politik gegenseitig ausschließen". Bechdolf, U., Weibliches Charisma? Marlene, Marilyn und Madonna als Heldinnen der Popkultur, in: Häusermann, J., Inszeniertes Charisma. Medien und Persönlichkeit, Tübingen (2001), S. 31–44.

114 Weber, im Vortrag „Politik als Beruf", und Weber, Parlament und Regierung im neugeordneten Deutschland, in: Weber, Zur Politik im Weltkrieg; zitiert nach Jeremias, R., Vernunft und Charisma. Die Begründung der Politischen Theorie bei Dante und Machiavelli – im Blick Max Webers, Konstanz (2005), S. 62.

115 Weber, zitiert nach: Georgieva, C., Charisma. Theoretische und politisch-kulturelle Aspekte der „Außeralltäglichkeit", Bonn (2006), S. 49.

116 Charles Lindholm sieht z.B. auch in Epileptikern ein hohes charismatisches Potential, eben durch deren epileptische Anfälle. Lindholm, C., Charisma, Oxford (1990), S. 25f.

117 Willner, A.R.; Willner, D., The Rise and Role of Charismatic Leaders, in: The Annals of the American Academy of Political and Social Science 358 (1965), S. 77–88.

118 Georgieva, C., Charisma. Theoretische und politisch-kulturelle Aspekte der „Außeralltäglichkeit", Bonn (2006), S. 129.

119 WuG, S. 140.

Als kognitive und symbolische Qualität eines Menschen, die aus Not und/oder Begeisterung[120] entsteht, wird Charisma kulturell und sprachlich vermittelt.[121] Es ist

> „ein wohl universales, die Menschen schon immer in den Bann ziehendes Herrschaftsphänomen, nämlich dasjenige des ‚großen Menschen', dem es gelingt, im Namen einer Idee oder nur kraft seiner Persönlichkeit, eine ihm ergebene Anhängerschaft zu mobilisieren und mit ihr Altes zu überwinden und Neues zu gestalten".[122]

Dabei ist Charisma nicht allein auf die Person eines charismatischen Führers oder Herrschers begrenzt, sondern ein grundlegendes, alles menschliche Handeln durchziehendes soziales Muster.[123]

Wie oben (in Kapitel 1.1.1 „Theoretische Grundlagen: Macht und Herrschaft") bereits ausgeführt, sieht Weber in der Frühzeit der menschlichen Gesellschaften überwiegend rein charismatische Herrschaftsformen, während in der Gegenwart ein Trend zu rein legalen Formen besteht. Damit unterscheidet Weber im Rahmen seiner Idealtypen zwischen der charismatischen Herrschaft und den „weiter entwickelten Formen" der traditionalen (z.B. patrimonialen) und rationalen Herrschaft. Der charismatischen Herrschaft liegt dabei ein Übertragungsphänomen zu Grunde: Die Kräfte oder die Mächte, zu denen die charismatische Person Kontakt aufnimmt bzw. die ihr innewohnen, existieren auch ohne diese, sie hat aber Zugang dazu. Im Falle einer Bewährung können diese Kräfte als persönliche Eigenschaften angesehen werden, aber diese Verbindung kann nachlassen oder verschwinden, woraus sich die Labilität der charismatischen Herrschaft erklärt. Allerdings ist eine Übertragung dieser Kräfte innerhalb der sozialen Sphäre möglich, d.h. der Labilität des Systems kann entgegengewirkt werden, indem charismatische Herrschaftsprinzipien über eine einzelne Persönlichkeit hinaus fortwirken und das System so stabil halten können (s.u.).[124]

Man sollte im Charisma-Konzept aber keineswegs ein unilineares Entwicklungsschema sehen (und auch die Charisma-Idee bei Weber ist meines Erachtens nicht darauf zu beschränken), denn Charisma bezieht sich nicht auf ein spezifisches historisches Stadium, sondern bildet in vielen Gesellschaften eine Grundlage der Herrschaftsstruktur; es ist transepochal und kann sich unter verschiedensten historischen Bedingungen manifestieren. Nach Weber ergibt sich im Zuge des historischen Prozesses der „Entzauberung" und Rationalisierung eine Art Entwicklungsgeschichte des Charismas, vom magischen-religiösen zum politischen und schließlich zum militärischen Charisma. So geschieht mit dem ursprünglich magischen oder prophetischen Charisma eine Versachlichung; die Botschaft wird von einer

---

120 Dabei kann Not sowohl die wirtschaftliche Not bezeichnen als auch abgeleitet die politische (herrschaftliche) Unterdrückung. Begeisterung hingegen ist eine spezifisch kulturelle Signatur von Werten, Wertbetroffenheit und Wertenthusiasmus. Nach: Lipp, W., Charisma – Schuld und Gnade. Soziale Konstruktion, Kulturdynamik, Handlungsdrama, in: Gebhardt, W.; Zingerle, A.; Ebertz, M.N. (Hrsg.), Charisma. Theorie-Religion-Politik, Berlin (1993), S. 16.

121 Breuer, S., Max Webers Herrschaftssoziologie, Frankfurt (1991), S. 37

122 Gebhardt, W., Einleitung: Grundlinien der Entwicklung des Charismakonzeptes in den Sozialwissenschaften, in: Gebhardt, W.; Zingerle, A.; Ebertz, M.N. (Hrsg.), Charisma. Theorie-Religion-Politik, Berlin (1993), S. 1.

123 Ebd.

124 Leuthäusser, W., Die Entwicklung staatlich organisierter Herrschaft in frühen Hochkulturen am Beispiel des Vorderen Orients, Frankfurt (1998), S. 79.

magisch bedingten zu einer religiös bedingten, schließlich zu einer durch die Vernunft bedingten. Dieses Weber'sche Konzept sollte nach Stefan Breuer allerdings modifiziert werden, um die evolutionistischen Aspekte darin weiter abzuschwächen. Charisma ist ebenso kognitiv gesehen ein transepochales Phänomen, weil der Prozess der Rationalisierung die Möglichkeit, sich auf Charisma zu beziehen, nicht aufhebt, da auch das höchste Niveau von Rationalität ontogenetisch erworben werden muss, wobei sich die Ontogenese nach Jean Piaget[125] in Stufen vollzieht. Dabei wird die vorherige Stufe immer in die nächste integriert. Das bedeutet, dass alle Grundformen der „Magie" (etwa begrifflicher Realismus, Animismus, Artifizialismus) trotz fortschreitender „Entzauberung" in der Entwicklung präsent bleiben. Demnach stellt die Entwicklungsgeschichte des Charismas keine stete Stufenfolge dar, bei der die nächste Stufe die vorherige ablöst oder ersetzt. Im Gegenteil bleiben ältere Formen des Charismas immer wirksam, d.h. eine Person kann ihre Herrschaft immer auf mehrere Aspekte des Charismas gründen und auch rationale Herrschaft beruft sich auf Formen des Charismas. Allerdings existieren jeweils gesellschaftliche Bedingungen, die das Vorherrschen der einen oder anderen Form von Charisma bestärken und so erklären.[126] Charisma verliert demnach auch in bürokratischen Gesellschaften oder heutigen Industriegesellschaften nie völlig an Bedeutung.

Nach Weber durchläuft das Charisma einen Prozess der Veralltäglichung[127], der nötig ist, um es dauerhaft zu erhalten und zu stabilisieren. Es löst sich in diesem Prozess von der Person selbst ab, wird übertragen auf das Amt etwa eines Königs und verleiht diesem Amt damit eine besondere, eben charismatische Weihe.[128] Dieser Rationalisierungsprozess ist

125 Modell der kognitiven Entwicklung des Menschen nach Piaget: Ein Übergewicht an „narzisstischer Libido" (wie für charismatische Vergemeinschaftungen typisch) kann vorübergehend eine Dezentrierung, die mit dem Erwachsenenalter eigentlich erreicht sein sollte, rückgängig machen. Der so wiederauflebende Egozentrismus entspricht nicht dem der frühesten Stufe (sensomotorisch) der menschlichen Entwicklung, weil ein Massenhandeln ohne semiotische Funktionen, also begriffliche Intelligenz, nicht denkbar ist. Die erreichte Stufe würde das Kind durch Beherrschung durch das Bild und durch konkrete Assoziationen und Handlungen zu einem begrifflichen Realisten machen, es könnte seinen Anteil an Erkenntnis aber noch nicht erkennen und sähe Eigenschaften, Namen, etc. als von dem jeweiligen Objekt ausströmend an. Die Grenze zwischen Ich und Außenwelt ist somit fließend. Das schwächt das Gefühl für die Eigenständigkeit äußerer Objekte, diese wirken beliebig verfügbar oder gestaltbar (Artifizialismus), aber ebenso, wegen des geringen Ich-Bewusstseins des Kindes, als Quelle mächtiger Kräfte. So erscheinen z.B. die ersten Bezugspersonen (= Eltern) allwissend und allmächtig, was nach Weber ebenso Qualitäten des Charismas politischer Führer sind. Nach Breuer, S., Max Webers Herrschaftssoziologie, Frankfurt (1991), S. 37f.

126 Breuer, S., Max Webers Herrschaftssoziologie, Frankfurt (1991), S. 33ff.

127 Nach Wolfgang Schluchter ist dieser Prozess wiederum in zwei unterschiedliche Prozesse zu unterteilen: 1. Der Prozess der Veralltäglichung, der meint, dass alle charismatischen Bewegungen aus strukturellen Gründen zu einer Rationalisierung und Traditionalisierung tendieren, und 2. der Prozess der Versachlichung, der eine konkrete historische Entwicklung bezeichnet und nicht universal statt findet. So gibt es zwei Wege zur Stabilisierung von Charisma: 1. die Veralltäglichung mit einer zu Grunde liegenden Traditionalisierung und Rationalisierung, die das ursprüngliche Charisma zerstören bzw. es an Rand der Gesellschaft drängen; und 2. die Versachlichung und Entpersönlichung des Charismas, bei der die ursprüngliche Sendung in institutionalisierter (veralltäglichter) Form erhalten bleibt. Zitiert nach: Gebhardt, W., Einleitung: Grundlinien der Entwicklung des Charismakonzeptes in den Sozialwissenschaften, in: Gebhardt, W.; Zingerle, A.; Ebertz, M.N. (Hrsg.), Charisma. Theorie-Religion-Politik, Berlin (1993), S. 6.

128 Vgl. Breuer, S., Max Webers Herrschaftssoziologie, Frankfurt (1991), S. 35.

notwendig. Das außeralltägliche, genuine, das Ursprungscharisma muss und soll in den Alltag integriert und zum dauerhaften Besitz werden, um Bestand zu haben und Stabilität zu gewährleisten. Während dieses Veralltäglichungsprozesses verändert das Charisma seine Funktion und seinen Charakter, es unterliegt einem Bedeutungswandel: Aus dem ursprünglichen genuinen Charisma (wie es im Idealtyp der charismatischen Herrschaft auftritt), der revolutionär wirkenden Kraft außerordentlicher Zeiten und Personen, die eben den Umbruch und etwas Neues will und schafft, wird institutionalisiertes Charisma, ein soziales Dauergebilde mit einer „Rechtsgrundlage", das Herrschaftsbeziehungen religiöser, moralischer, wirtschaftlicher oder politischer Art legitimiert und stabilisiert.[129] An diesem Punkt ist das Charisma als Merkmal der Herrscher auch in patrimonialen Herrschaftsstrukturen angekommen. Zu bemerken ist, dass trotz der Veralltäglichung das Charisma seinen deutlichen Bezug zur Außeralltäglichkeit und zum Außergewöhnlichen, was nicht jedem zugänglich ist, beibehält.[130]

Grund für die nötige Veralltäglichung von Charisma sind neben den offensichtlichen ideellen Interessen und dem dauerhaften Machtanspruch der charismatischen Person selbst vor allem die materiellen Interessen und Bedürfnisse der Anhängerschaft dieser Person, darunter in erster Linie des Verwaltungsstabes. Der Wunsch nach einer gesicherten und geordneten Existenz und Lebensgrundlage führt zur Veralltäglichung der charismatischen Beziehung im Alltag.[131]

Dabei bestehen zwei Möglichkeiten, wie sich Charisma institutionalisieren kann. Zum Einen kann das ursprüngliche, reine Charisma transformiert und neu strukturiert werden; es erscheint dann in neuen und selbstständigen Formen. Zum Anderen kann das reine Charisma selbst als spezifische Institution festgeschrieben werden, damit einher geht eine zeitliche oder räumliche Begrenzung des Charismas, das so in die Institutionenstruktur eingefügt wird.[132]

Nach Weber entsteht wirklich institutionelles Charisma erst dann, wenn Dauergebilde bzw. Institutionen geschaffen werden, die unabhängig von einer Person charismatisch, also völlig „entpersönlicht" sind. Eine erste Stufe der Versachlichung ist aber schon zu erkennen, wenn aus der aktuellen charismatischen Beziehung eines charismatischen Führers zu seiner Gefolgschaft eine Dauerbeziehung wird, die charismatische Gemeinde. Diese gelangt mit dem Tod des charismatischen Führers an einen problematischen Punkt. Die Nachfolgefrage kann gelöst werden durch die Auswahl eines neuen Charisma-Trägers nach den „bewährten" Merkmalen des Verstorbenen, durch eine Führerauslese mittels Offenbarung oder

129 Gebhardt, W., Charisma und Ordnung. Formen des institutionalisierten Charisma – Überlegungen in Anschluss an Max Weber, in: Gebhardt, W.; Zingerle, A.; Ebertz, M.N. (Hrsg.), Charisma. Theorie-Religion-Politik, Berlin (1993), S. 47ff.

130 Siehe: Breuer, S., Der charismatische Staat. Ursprünge und Frühformen staatlicher Herrschaft, Darmstadt 2014), S. 21.

131 Vgl. Georgieva, C., Charisma. Theoretische und politisch-kulturelle Aspekte der „Außeralltäglichkeit", Bonn (2006), S. 91f.

132 Gebhardt, W., Charisma und Ordnung. Formen des institutionalisierten Charisma – Überlegungen in Anschluss an Max Weber, in: Gebhardt, W.; Zingerle, A.; Ebertz, M.N. (Hrsg.), Charisma. Theorie-Religion-Politik, Berlin (1993), S. 53.

durch die Designation eines Nachfolgers durch den bisherigen charismatischen Führer bzw. die enge Führungselite, die charismatische Aristokratie.[133]

Weber erkennt zwei Arten von frühem institutionalisierten Charisma, das v.a. dazu dient, die existierende Herrschaftsstruktur zu bewahren und in den Alltag zu überführen, in erster Linie durch die Festlegung der Nachfolgefrage.

Das Gentil- oder Erbcharisma geht einher mit der Entwicklung eines spezifischen Ahnenkultes und einer dazugehörigen Priesterschaft, einer Vergöttlichung der Ahnen und eventuell auch des lebenden oder bereits toten charismatischen Führers selbst. Bestimmte Symbole, etwa Wappen, können entstehen, die Bezug nehmen auf ein mythisches Ursprungsereignis. Das Erbcharisma stellt eine Heiligkeit des Blutes dar, charismatische Fähigkeiten werden in einer Familie weitergegeben; allein die Zugehörigkeit zu der charismatischen Familie, die Abstammung, umgibt eine Person mit der Aura des Heiligen, unabhängig von den persönlichen Fähigkeiten dieser Person.[134]

Vollkommen losgelöst von Personen ist hingegen das Amtscharisma. Die ursprüngliche magische Qualität des Charismas wird seitens des aktuellen Trägers bzw. dafür Ausgewählter auf andere übertragen oder gar neu erzeugt. Dabei entwickelt sich der Glaube an eine spezifische Begnadung einer sozialen Institution als solcher. Amtscharisma entsteht nur in hierarchisch gegliederten bzw. bürokratischen Organisationsformen, oder in Webers Worten „Anstalten", die ein solches Amt bereitzustellen und in seinem Aufgaben- und Repräsentationsbereich zu definieren vermögen. Damit wäre die Institution des Königtums eine Reinform des Amtscharismas.[135]

Im Königtum liegt eine – zumindest theoretische – Trennung von Person und Amt vor, die in der Theorie nach Ernst H. Kantorowicz deutlich wird durch die „zwei Körper des Königs", den natürlichen und den politischen Körper. Ersterer ist allen natürlichen Gesetzmäßigkeiten wie Krankheit und Tod unterworfen, er ist nicht „vollkommen", nicht zu unterscheiden von dem gewöhnlichen Menschen. Der politische oder amtliche Körper hingegen ist frei von Schwächen oder Unvollkommenheiten, sozusagen übermenschlich.[136] Der politische Körper des Königs repräsentiert dabei nicht einfach die Beständigkeit der souveränen Macht, sondern v.a. auch den Überschuss des heiligen Lebens, bildet also den Kern des absoluten und nicht-menschlichen Wesens der Souveränität des Königsamtes.[137] Es ist also das Amt, das über die heilige, charismatische Qualität verfügt und dessen Charisma sich auf den jeweiligen Amtsträger überträgt. Selbst wenn der Amtsinhaber dem Amte nicht würdig wäre, wenn er selbst ursprünglich kein persönliches Charisma hätte, bliebe das

133 Ebd., S. 53f.

134 Ebd., S. 54.

135 Vgl. etwa Breuer, S., Max Webers Herrschaftssoziologie, Frankfurt (1991), S. 47; und Gebhardt, W., Charisma und Ordnung. Formen des institutionalisierten Charisma – Überlegungen in Anschluss an Max Weber, in: Gebhardt, W.; Zingerle, A.; Ebertz, M.N. (Hrsg.), Charisma. Theorie-Religion-Politik, Berlin (1993), S. 54f.

136 Dieses Konzept von Ernst Kantorowicz geht aus von einer englischen Quelle aus dem 16. Jahrhundert n. Chr., in der der Jurist Edmund Plowden schreibt: „Der König hat an sich zwei Körper, nämlichen den natürlichen (body natural) und den politischen (body politic)." Kantorowicz, E., Die zwei Körper des Königs: Eine Studie zur politischen Theologie des Mittelalters, München (1991).

137 Agamben, G., Homo sacer: Die Souveränität der Macht und das nackte Leben, Frankfurt (2002), S. 111.

Charisma des Amtes an sich erhalten. Das schließt natürlich nicht aus, dass die Person des Amtsinhabers selbst über persönliches Charisma verfügt.

Das Charisma wird auf das Amt bzw. den Amtsinhaber übertragen durch eine Inauguration mit zeremoniellem Ablauf, also etwa eine Salbung, Krönung oder Vereidigung, durch die symbolische Ausstattung des Amtes mit Amtsinsignien, wie einer Krone, einem Zepter oder auch besonderen repräsentativen Bauten, oder durch eine spezifische Schulung des künftigen Amtsinhabers, sei sie rein charismatisch etwa in Form von Askese oder Initiationsriten oder andererseits eine Fachausbildung, die auf das Amt vorbereitet. Alle diese Mittel schaffen eine Aura des Außeralltäglichen, sie heben den jeweiligen Amtsinhaber von der Masse der Menschen ab.[138] Im europäischen Mittelalter des im 13. Jahrhunderts n. Chr. z.B. zeigen sich diese Legitimationsstränge königlicher Heiligkeit in folgender Weise: 1. Die Sakralität des göttlich legitimierten Königtums, 2. die vererbliche Heiligkeit des Geblüts, sowie 3. die Aufladung der Heiligkeit durch den Akt der Salbung durch die Kirche.[139] Diese Heiligkeit des Königsamtes ist ebenso mit dem Begriff des Charismas zu umreißen.

Die dem Charisma ursprünglich eigene revolutionäre Kraft verliert es mit dem Prozess der Veralltäglichung (s.o.). Anstatt dem Alltag entgegengesetzt, also speziell außeralltäglich zu sein, wirkt das Charisma des Amtes auf Grund seiner Legitimität stabilisierend für die bestehende Ordnung.[140]

These

Die folgende Untersuchung geht aufbauend auf dem eben erläuterten Charisma-Konzept von der Annahme aus, dass charismatische Legitimation in den altorientalischen Gesellschaften eine gewichtige Rolle spielt, und dass das institutionelle Charisma sowohl des Königsamtes als auch der Person, die das Amt inne hat, von Bedeutung ist.[141] Das

---

138 Gebhardt, W., Charisma und Ordnung. Formen des institutionalisierten Charisma – Überlegungen in Anschluss an Max Weber, in: Gebhardt, W.; Zingerle, A.; Ebertz, M.N. (Hrsg.), Charisma. Theorie-Religion-Politik, Berlin (1993), S. 56f.

139 Marek, K., Die Körper des Königs. Effigies, Bildpolitik und Heiligkeit, München (2009), S. 149.

140 Nach Weber ist Amtscharisma „Rechtsgrund ‚erworbener Rechte'". Zitiert nach Georgieva, C., Charisma. Theoretische und politisch-kulturelle Aspekte der „Außeralltäglichkeit", Bonn (2006), S. 105.

141 Vgl. auch Victor Turner, Das Ritual – Struktur und Anti-Struktur, Frankfurt (1989). Nach Turner muss jede Gesellschaft, unabhängig von ihrer Stabilität, ihrer Struktur und ihres Institutionengefüges, mit „Schwellenständen" rechnen, die durch das Netz der gesellschaftsinternen Konventionen, Zeremonien, Traditionen und Gesetze schlüpfen, wie etwa Zustände der Unbestimmtheit, der Ambiguität, die ausgelöst werden durch sozialen Wandel, Krisen, etc. Solche „Schwellenstände" aktualisieren die Form der Sozialität, die als latentes Gegenbild alle strukturieren Ordnungen begleitet. Das so entstehende Gegenbild zur traditional oder rational gegliederten Ordnung ist eine spontane „Communitas", in der sich Personen „ekstatisch" aufeinander beziehen, außerhalb der gewohnten alltäglichen Zustände. Die spontane „Communitas" transzendiert die herkömmlichen Normen, häufig kommt es zu einer Affektüberflutung, die als von den Göttern oder den Ahnen stammendes Charisma oder als Gnade betrachtet wird. Alle Gesellschaften, also auch z.B. bürokratische Imperien oder Industriegesellschaften, beziehen sich in ihrem Selbstbild auf zwei Modelle: 1. die Gesellschaft als Struktur rechtlicher, politischer und wirtschaftlicher Positionen, Ämter, Status und Rollen. Das Individuum steht dabei hinter dem sozialen Typus zurück. Es handelt sich um eine differenzierte, hierarchisierte und institutionalisierte Gesellschaftswahrnehmung. 2. Die Gesellschaft wird als eine aus konkret idiosynkratischen Individuen bestehende „Communitas" verstanden, im Menschsein werden alle Mitglieder der Gesellschaft als gleich betrachtet. Damit wird

Charisma, von dem die Rede ist, ist veralltäglicht, institutionalisiert und versachlicht, es ist zur sekundären Herrschaftslegende geworden. So entwickelt sich neben dem Amtscharisma auch der Aspekt des Erbcharismas. Der Erbmonarch ist Nachfolger des genuin charismatischen Herrschers;[142] Dynastien entstehen.

Die drei Aspekte des Charismas

Die charismatischen Gnadengaben eines Herrschers, wie eben eines Königs, können nach Weber unterteilt werden in das magische bzw. religiöse Charisma, das militärische Charisma und das politische Charisma.[143] Diese entsprechen den in Kapitel 1.3.2 „Aspekte des Königtums" beschriebenen drei Aspekten des Königtums.

In allen drei Bereichen muss der König die ihm bzw. seinem Amt zugeschriebenen Eigenschaften beweisen und sich bewähren, um seinen Status als Charisma-Träger nicht zu verlieren:

Religiös

Der sakrale Aspekt des Königtums kann mit dem Begriff des religiösen Charismas umrissen werden, nach dem der Herrscher einen besonderen Kontakt zu der Welt des Übernatürlichen hat und als Verbindung der menschlichen zur göttlichen Ebene fungiert.[144] Eine genaue Definition des magischen oder religiösen Charismas findet sich bei Weber nicht. Er sieht eine gewisse Ambivalenz im teils irrationalen magischen Charakter, der aber doch gewissen Erfahrungsregeln folgt und deswegen wenigstens teilweise rational sein muss und ein durchaus hohes Niveau der Systematisierung[145] erreichen kann. Auf Grund seiner unpräzisen Aussagen sollten Webers naturalistische und emotionalistische Komponenten in den Hintergrund der Überlegungen rücken und der Schwerpunkt mehr auf die Rolle des symbolisch-begrifflichen Denkens gelegt werden. Der magische Glaube entspringt demnach daraus, dass man das Wirken einer übernatürlichen, übermenschlichen, eben magischen Kraft erkennt. Mittels des Begriffes Charisma kann diese Erfahrung des Wirkens nun mit einer Person und deren Leistung verbunden werden.[146]

---

die Gesellschaft undifferenziert und als homogenes Ganzes wahrgenommen. Breuer, S., Max Webers Herrschaftssoziologie, Frankfurt (1991), S. 35f.

142 Damit entsteht ebenso ein patrimoniales Herrschaftssystem. Die Rechte des politischen Herrn sind in charakteristischer Weise eigentumsartig aufgefasst, die Herrschaftslegende zielt auf Ausweisung des traditionalen bzw. erbcharismatischen Eigenrechts des Herrn ab und die Herrengewalt wird zum Eigenrecht des Herrn. Nach Hermes, S., Soziales Handeln und Struktur der Herrschaft. Max Webers verstehende historische Soziologie am Beispiel des Patrimonialismus, Berlin (2003), S. 115f.

143 Vgl. z.B. Breuer, S., Max Webers Herrschaftssoziologie, Frankfurt (1991), S. 34; Jeremias, R., Vernunft und Charisma. Die Begründung der Politischen Theorie bei Dante und Machiavelli – im Blick Max Webers, Konstanz (2005), S. 30; 33.

144 Vgl. z.B. Breuer, S., Max Webers Herrschaftssoziologie, Frankfurt (1991), S. 33f. und 39ff.

145 Webers Beispiel hierfür ist der chinesische Universismus. Nach Breuer, S., Max Webers Herrschaftssoziologie, Frankfurt (1991), S. 41.

146 Dies geschieht in allen Gesellschaften, nur dass solche Erfahrensmomente in „modernen" Gesellschaften sich auf außeralltägliche Situationen und Not- oder Stressereignisse begrenzen, während in vor-modernen Gesellschaften auch im Alltäglichen der magische Glaube greifen kann. Breuer, S., Max Webers Herrschaftssoziologie, Frankfurt (1991), S. 40ff.

In der Folge kann sich im Rahmen der Versachlichung bzw. Veralltäglichung (s.o.) das magische Charisma von der Person, an die es ursprünglich gebunden war, loslösen und auf ein Amt oder eine Institution, wie etwa das Königsamt, übertragen werden.[147] So verfügt dann das Königsamt selbst über magisches bzw. religiöses Charisma, der König als Repräsentant des Amtes übt die Mittlerrolle zwischen der menschlichen Welt und der göttlichen Sphäre aus; seine Legitimation ist göttlich. Da das Königsamt von Gott bzw. den Göttern gewollt und gesetzt ist, kann die Institution selbst nicht in Frage gestellt werden.

Die terminologische Unterscheidung zwischen magischem und religiösem Charisma[148] in den zu behandelnden Kulturen ist nicht eindeutig. Nach Wolfgang Schluchter knüpft die Entwicklung vom magischen zu religiösem Charisma an die Entwicklung vom mythologischen zum theozentrischen Weltbild an, d.h. erst mit der Gottesidee wird die Idee der Sendung konsequent gedacht. Stefan Breuer hingegen stellt das religiöse Charisma in den Zusammenhang mit der Bildung patrimonial-imperialer Herrschaft. Beide Ansätze bedeuten eine Zuordnung des religiösen Charismas zum Typ der entwickelten Hochkultur.[149] Demnach ist bei einem König von religiösem Charisma zu sprechen, da Königtum – wie oben ausgeführt – eine patrimoniale Struktur voraussetzt oder andererseits auch bedingt.

Die Quelle der Macht, die dem religiösen Charisma zu Grunde liegt, ist die ideologische Macht nach Michael Mann.[150] Diese schafft eine heilige Form der Autorität, eben das religiöse Charisma, was wiederum zur Vergrößerung der Macht führt; ein Kreislauf kann entstehen.

Politisch

Dass das Königsamt als primär politische Institution gesehen werden kann, ist deutlich; damit wohnt ihm natürlich auch eine politische Komponente inne, wobei diese v.a. die zivilen Maßnahmen des Herrschers umfasst.

Als ursprüngliches, genuines politisches Charisma wäre die oft zitierte[151] Redegewandtheit eines charismatischen Führers und deren Wirkung zu nennen. Auch Max Weber stattet den charismatischen Führer in seiner Definition mit „großen politischen Machtinstinkt und mit den ausgeprägtesten politischen Führungsqualitäten" aus. Allerdings reicht allein das politische Charisma zur Berufung eines charismatischen Herrschers nicht aus; es müssen andere, religiöse oder militärische Aspekte hinzukommen, um eine Herrschaft zu etablieren. Trotzdem ist das politische Charisma gerade im Zuge der Veralltäglichung wohl der

147 Weber unterscheidet zudem als eine spätere Entwicklungsstufe des magischen Charismas das religiöse und das prophetische Charisma, das mit dem Prozess der Entzauberung aus dem magischen Charisma entsteht. Vgl. Breuer, S., Max Webers Herrschaftssoziologie, Frankfurt (1991), S. 60.

148 Max Weber trennt beide Begriffe ebenfalls nicht scharf voneinander ab, denn beide haben Beziehung zu übersinnlichen Gewalten. Die Magie ist ein zwingender Zauber gegen Geister, die v.a. in der Natur zu finden sind, während Bitten, Opfer und Verehrung zum Bereich der Religion oder des Kultus gehören. Götter sind damit religiös verehrte und angebetete Wesen, Dämonen dagegen werden magisch gezwungen und gebannt. Vgl. Breuer, S., Der charismatische Staat. Ursprünge und Frühformen staatlicher Herrschaft, Darmstadt (2014), S. 17.

149 Leuthäusser, W., Die Entwicklung staatlich organisierter Herrschaft in frühen Hochkulturen am Beispiel des Vorderen Orients, Frankfurt (1998), S. 78.

150 Mann, M., Geschichte der Macht, Frankfurt / New York (1994).

151 Z.B. bei Jeremias, R., Vernunft und Charisma. Die Begründung der Politischen Theorie bei Dante und Machiavelli – im Blick Max Webers, Konstanz (2005), S. 85.

wichtigste der drei Aspekte. Weitere Aufgabenbereiche, die dem Inhaber des Königsamtes zufallen, wie das Schaffen von Ordnung, die Rechtsprechung, seine administrative und diplomatische Rolle sowie seine Bautätigkeit, entstehen erst mit der Zeit, im Prozess der Rationalisierung der charismatischen Herrschaft, sind also keine Berufungs-, wohl aber später Legitimationsgrundlage. Gerade in diesen Bereichen ist ein hoher Bewährungsdruck für den jeweiligen Amtsinhaber zu erkennen, weil er nur durch ein erfolgreiches Ausführen der politischen Komponente seines göttlichen Auftrags der Öffentlichkeit zeigen kann, dass das Wohlwollen der Götter noch auf seiner Seite und er seines Amtes würdig ist.

Als Quelle des politischen Charismas und der daraus entstehenden Macht bzw. als Basis für dessen Legitimierung ist zunächst die ökonomische Macht nach Michael Mann zu sehen. Wenn die Subsistenzsicherung nicht nur gewährleistet, sondern auch die Produktion, die Distribution, der Tausch und der Konsum monopolisiert sind, beweist sich der jeweilige Machthaber, der Inhaber des Charismas, als fähig und befindet sich in der Position des Versorgers der Gesellschaft.[152] Hierbei spielt auch der bereits mehrfach erwähnte Hirtenaspekt eine Rolle.

Durch Monopolisierung kann der Machthaber zusätzlich außerökonomische Macht sammeln, die wiederum zur Mehrung und eventuellen Stabilisierung der Herrschaft führt, die sich weiter ausdehnt und so das politische Charisma des Herrschers festigen kann.

Militärisch

Der von Weber als „Held" charakterisierte charismatische Führer verkörpert idealtypisch den Aspekt des militärischen Charismas. Dieses entsteht nach Weber besonders in Krisensituationen; ein starker Heerführer kann durch militärisches Charisma und dessen revolutionäre Kraft leicht in Notsituationen alte, traditionelle Machtgefüge auflösen und sich selbst als neuen Herrscher einsetzen. Durch den militärischen Erfolgsdruck, der dem Königsamt prinzipiell und ursprünglich inne wohnt, da der von den Göttern auserwählte König selbstverständlich immer siegreich zu sein hat, beweist sich der höhere Anspruch auf das Königsamt beim militärisch Erfolgreicheren. Obwohl die militärische Macht an sich kein ur-menschlicher Trieb ist, zeigt sich in der militärischen Stärke ein wirksames und wichtiges Mittel zur Erfüllung anderer Wünsche, d.h. sie ist ein „allgemeines Mittel", um ein angestrebtes Ziel zu erreichen.[153]

Auch im militärischen Feld muss sich der Inhaber des Königsamtes also besonders bewähren, um die Erwartungen, die an die Institution des Königtums auf militärischer Ebene gestellt sind, zu erfüllen. Unter anderem deswegen ist gerade das militärische Charisma entscheidend für die Etablierung und die Ausdehnung einer dauerhaften Herrschaft, unter Umständen in Form eines militärischen Erzwingungsstabes. Ebenso wie beim politischen Charisma zeigen die militärischen Erfolge eines Königs, dass die Götter ihm gewogen sind; militärische Niederlagen dagegen lassen auf den Entzug der göttlichen Gunst schließen, die sich einem eventuellen Gegner zugewandt hat.

Durch das Monopol der militärischen Macht, durch sein militärisches Charisma, seine Bewährung in Krisenzeiten, kann ein Herrscher auch allgemein als fähig angesehen werden, und so leicht Zugang zu Macht in anderen Bereichen erlangen.

---

152 Mann, M., Geschichte der Macht, Frankfurt / New York (1994), S. 49.
153 T. Parsons. Zitiert nach Mann, M., Geschichte der Macht, Frankfurt / New York (1994), S. 21.

2. Das Königtum im Alten Orient

Dieses Kapitel soll in die Thematik der Arbeit einführen, indem im Rahmen des geschichtlichen Kontexts begriffliche Grundlagen gelegt und idealtypisch altorientalische Ausformungen von „Königtum" vorgestellt werden. Mit der Klärung der Voraussetzungen bzw. der Einbettung des urartäischen Königtums in die altorientalischen Traditionen sollen, ohne einen Anspruch auf Vollständigkeit zu erheben, mögliche Bezüge und Unterschiede deutlich werden. Dabei geht es um das idealtypische Konzept des altorientalischen Königtums in seinen unterschiedlichen Ausformungen und v.a. um die Rolle des Königs.

2.1 Altorientalische Begriffe für „König", Herrschertitel und Epitheta

2.1.1 Altorientalische Begriffe für „König"

Zunächst sollen die mit dem Herrscheramt im Alten Orient im Zusammenhang stehenden Bezeichnungen kurz dargestellt werden.

Der sumerische Titel en (akkadisch *ēnum*), in der einfachsten Übersetzung „Herr", tritt nur in Verbindung mit der Stadt Uruk[1] auf, dabei v.a. in Person- und Götternamen.[2] Nach Gebhard Selz[3] beschreibt der Titel en das sumerische bürokratisch-sakrale Herrschaftskonzept, in dem der en einer Stadt mit einer weiblichen Hauptgottheit der oberste Kultrepräsentant dieser Gottheit, aber ebenso der Herrscher der Stadt ist. Städte mit einer männlichen Hauptgottheit können neben dem „Herrn" auch eine en-Priesterin haben.[4] Die Kultfunktion des oder der en bzw. die Funktion als BegleiterIn einer Gottheit kommt auch außerhalb von Uruk vor, z.B. in Ur, wo eine en-Priesterin von Nanna und ein en-Priester von Ningal belegt sind.[5] Es ist wohl dieser en in seiner Rolle als Herrscher, der ab der Späten Uruk-

---

1 Tafeln aus Ǧemdet-Nasr (MSWO 1, 39 und 83) geben aber Hinweise auf ein en-Amt auch dort. Damit wäre en ein weiter verbreiteter Titel als bisher angenommen. Vgl. Steinkeller, P., On Rulers, Priests and Sacred Marriage. Tracing the Evolution of Early Sumerian Kingship, in: Watanbe, K. (Hrsg.), Priests and Officials in the Ancient Near East, Heidelberg (1999), S. 108f.

2 en in Verbindung mit einem Götternamen bezeichnet einen Priester bzw. eine Priesterin mit einem der Gottheit entgegengesetztem Geschlecht. Edzard, D.O., Herrscher A. Philologisch, in: RLA 4 (1972–75), S. 336.

3 Selz, G., Über mesopotamische Herrschaftskonzepte. Zu den Ursprüngen mesopotamischer Herrscherideologie im 3. Jahrtausend, in: Dietrich, M., Loretz, O., Festschrift für S.H.Ph. Römer zur Vollendung seines 70. Lebensjahres, Münster (1998), S. 303.

4 Panitschek, P., LUGAL –šarru –βασιλεύς, Frankfurt (2008), S. 4. Edzard, D.O., Herrscher A. Philologisch, in: RLA 4 (1972–75), S. 336.

5 Steinkeller, P., On Rulers, Priests and Sacred Marriage. Tracing the Evolution of Early Sumerian

Zeit auf bildlichen Darstellungen als so genannter „Mann im Netzrock" auftaucht. Diese Abbildungen bringen die Person in einen Kontext in Verbindung mit Administration, Wirtschaft, Krieg und Kult, was das Zusammenspiel zwischen säkularen und religiösen Aufgaben unterstreicht.[6]

Uruk könnte daher als eine Art sakrales Königtum gesehen werden, mit einem en an der Spitze, ein Titel, der wohl einen religiösen Herrscher, eingesetzt von der Stadtgottheit beschreibt. Infolge der Einsetzung durch die Stadtgottheit ist der Titel nicht vererbbar.[7]

Ab der Ur-III-Zeit und in der folgenden Isin-Zeit sowie vermutlich in der vor-sargonischen Periode tritt in Uruk allerdings der Titel en Unug^{ki} an die Stelle des einfachen en.[8]

Dagegen bezeichnet der außerhalb von Uruk anstatt en gebrauchte Titel ensí bzw. ensik, akkadisch *iššaku*, meist als „Stadtfürst" übersetzt, der ab der Frühdynastischen Zeit häufig belegt ist, ein eher säkulares[9] Verständnis von Königtum. Der Titel ensí definiert den Status des Herrschers gegenüber seiner Stadtgottheit, etwa „Verwalter" („steward").[10] Vor der Akkad-Zeit ist keine Rangabstufung des ensí gegenüber dem lugal festzustellen; zumindest in Lagaš scheinen beide Begriffe gleichrangig und gleichwertig verwendet worden zu sein.[11] Die Frau eines ensí wird als dam ensí-ka bezeichnet.[12] Ab der Akkad-Zeit aber tritt der ensí-Titel zunehmend gegenüber lugal zurück; eine Entwicklung, die in der Ur-III-Zeit abgeschlossen scheint.[13]

Die sumerische Herrscher-Bezeichnung, die sich letzten Endes „durchsetzt", ist die des lugal. Wortwörtlich bedeutet lugal „großer Mann", die deutsche Übersetzung mit „König" ist bedingt durch die Gleichungskette lugal – *šarru*, *šarru* – *malku* usw. Ursprünglich kann lugal alleinstehend oder auch mit einem folgenden Genitiv als „König" verstanden werden; tritt er mit anderen Appellativa auf, ist der Begriff als „Herr des..." bzw. „Eigen-

Kingship, in: Watanbe, K. (Hrsg.), Priests and Officials in the Ancient Near East, Heidelberg (1999), S. 106.

6 Ebd., S. 104f.

7 Klein, J., Sumerian Kingship and the Gods, in: Beckman, G., Lewis, T.J. (Hrsg.), Text, Artifact, and Image. Revealing Ancient Israelite Religion, Providence (2006), S. 117.

8 Belege siehe: Steinkeller, P., On Rulers, Priests and Sacred Marriage. Tracing the Evolution of Early Sumerian Kingship, in: Watanbe, K. (Hrsg.), Priests and Officials in the Ancient Near East, Heidelberg (1999), S. 105f., Fußnote 4.

9 Vgl. auch die These von Piotr Steinkeller über die politischen und religiösen Zentren der frühdynastischen Stadtstaatenorganisation im Zusammenhang mit den Titeln: ders., On Rulers, Priests and Sacred Marriage. Tracing the Evolution of Early Sumerian Kingship, in: Watanbe, K. (Hrsg.), Priests and Officials in the Ancient Near East, Heidelberg (1999), S. 114ff.

10 Klein, J., Sumerian Kingship and the Gods, in: Beckman, G.; Lewis, T.J. (Hrsg.), Text, Artifact, and Image. Revealing Ancient Israelite Religion, Providence (2006), S. 117.

11 Auch Piotr Steinkeller sieht beide Titel als äquivalent, nur liegt bei ensí die Betonung auf dem religiösen Aspekt, während bei lugal religiöse Komponenten keine Rolle spielen und militärische Aspekte sowie das Verhältnis zu seinen Untertanen betont wird. Ders., On Rulers, Priests and Sacred Marriage. Tracing the Evolution of Early Sumerian Kingship, in: Watanbe, K. (Hrsg.), Priests and Officials in the Ancient Near East, Heidelberg (1999), S. 112.

12 Edzard, D.O., Herrscher A. Philologisch, in: RLA 5 (1976), S. 337.

13 Dietz Otto Edzard erklärt dies durch die Entwicklung, dass mehrere Stadtstaaten zusammenwachsen, kompliziertere Staatsstrukturen und eine gegliederte Verwaltung entstehen. Edzard, D.O., Herrscher A. Philologisch, in: RLA 5 (1976), S. 337.

tümer“ zu übersetzen.[14] Diese Verbindung lässt schon erste Rückschlüsse auf das Herrschaftsverständnis zu (s.u.).

lugal beschreibt die Position des Herrschers in Beziehung zu seinen Untertanen als deren politischer und militärischer Führer; die Grundbedeutung ist „Meister“ („master“). Der Titel lugal wird auch zur Definition des Verhältnisses Herr-Sklave (ìr bzw. *ardu*) oder Stadtgott–Herrscher gebraucht.[15]

Das Sumerogramm lugal steht in vielen altorientalischen Sprachen für den Königsbegriff, darunter im Akkadischen für *šarru*, im Hurritischen für *ewri-/ewirni* und im Hethitischen für *haššu-*. Neuassyrisch und auch Urartäisch steht dagegen das Logogramm man (lúgal).[16]

Eine weibliche Form des Begriffes lugal existiert nicht; die Frau eines Herrschers wird nin („Herrin“) genannt. Die einzige Herrscherin in der Sumerischen Königsliste, Ku-Baba von Kiš, trägt den Titel lugal.[17]

In altsumerischer Zeit tauchen die drei genannten Begriffe für Herrscher wie dargelegt nebeneinander auf, wobei für en bereits gesagt wurde, dass er nur in Uruk vorkommt (allerdings nie im Zusammenhang mit dem Namen der Stadt wie die anderen Titel). So könnte man hypothetisch von zwei monarchischen Konzepten ausgehen: dem ensí von einer Stadt und dem lugal von einer Stadt, wobei beide Begriffe auch gleichzeitig verwendet werden können[18] und eventuell austauschbar sind.[19]

Im Akkadischen ist der gebräuchlichste Terminus für „König“ *šarru*, der auch in akkadischen Texten oft mit dem Sumerogramm lugal geschrieben wird. Der Titel *šarru* setzt sich ab dem Ende des 2. Jahrtausends v. Chr. gegenüber den vormals – v.a. in Anatolien, Babylonien und Assyrien – daneben als Königstitel verwendeten *rubā'um* („Fürst“), *išš(i)akkum* und *waklum* bzw. *uklu* („Betrauter, Vormann“) durch.[20]

2.1.2 Herrschertitulaturen

Herrschertitel werden im Folgenden definiert als: Personenname bzw. Titel (lugal etc.) plus Stadt-, Länder- oder Völkername.[21]

Die Herrschertitulatur ist für heutige Forschende deshalb so bedeutend, weil sie eine unserer Hauptquellen zur Erforschung des Selbstverständnisses der Könige darstellt. Nicht

---

14 Belegt an der akkadischen Gleichsetzung mit *bēlum*. Edzard, D.O., Herrscher A. Philologisch, in: RLA 5 (1976), S. 335.

15 Klein, J., Sumerian Kingship and the Gods, in: Beckman, G.; Lewis, T.J. (Hrsg.), Text, Artifact, and Image. Revealing Ancient Israelite Religion, Providence (2006), S. 117.

16 Edzard, D.O.,Herrscher A. Philologisch, in: RLA 5 (1976), S. 335f.

17 Ebd., S. 336.

18 Z.B. in Lagaš überwiegt ensí, es kommt aber auch lugal vor (immer bei Urnanše, Uruninimgina, bei Eannatum neben ensí). Interessant ist weiterhin, dass sich die Herrscher von Umma selbst lugal nennen, in Lagaš aber als ensí auftauchen. Panitschek, P., LUGAL –šarru –βασιλεύς, Frankfurt (2008), S. 11; 31ff.

19 Klein, J., Sumerian Kingship and the Gods, in: Beckman, G.; Lewis, T.J. (Hrsg.), Text, Artifact, and Image. Revealing Ancient Israelite Religion, Providence (2006), S. 117.

20 Edzard, D.O., Herrscher A. Philologisch, in: RLA 5. (1976), S. 338.

21 Z.B. lugal urí^{ki}ma (König von Ur), ensí lagaš^{ki} (ensí von Lagaš), *šar māt Aššur* (König des Landes Aššur). Nach Edzard, D.O., Herrscher A. Philologisch, in: RLA 5 (1976), S. 339.

nur das Programm der Regierung und die herausgehobenen Fähigkeiten und Besonderheiten der Könige sind an den Titeln abzulesen, v.a. wenn diese gleich zu Beginn der Regierungszeit angenommen werden, sondern es gibt auch Titel, die man sich anscheinend erst verdienen muss, für die sich der König bewähren muss.[22]

Einige Herrschertitel des Alten Orients scheinen von besonderer Bedeutung zu sein. Das betrifft Titel, die über eine einzelne Stadt bzw. ein einzelnes Land hinausgreifen und auf eine lange Tradition zurückblicken. Zu nennen wäre unter anderem lugal an-ub-da limmu$_2$-ba bzw. *šar kibratim arba'im* oder *šar kibrāt erbetti* („König der vier Weltgegenden"), ein Titel, der erstmals bei Naramsîn von Akkad (2254–2218 v. Chr.) auftaucht und noch von Kyros I. (640–600 v. Chr.) in seine Titulatur aufgenommen wird. Zum ersten Mal erscheint für Enmebaragesi der Titel „König von Kiš" (in der Sumerischen Königliste), der über die Akkad-Zeit (Rimuš) bis zur altbabylonischen Zeit (Šamšuiluna) auch von Herrschern, die nicht in Kiš residierten, benutzt wird. Es handelt sich wohl um einen Prestigetitel, der mit der einstigen Vormachtstellung von Kiš zusammenhängt. Kiš steht in diesem Zusammenhang *pars pro toto* für ganz Nordbabylonien.[23] Außerdem ist Kiš die erste babylonische Stadt, zu der nach der Sumerischen Königsliste das Königtum nach der Flut vom Himmel herab kommt (vgl. auch Kapitel 2.2 „Der Ursprung des altorientalischen Königtums"). Aus Bestrebungen nach politischer Expansion kann ein König die Herrschaft über mehrere Territorialstaaten gewinnen und damit den Titel „König von Kiš" erlangen.[24]

Ab der altbabylonischen Zeit ist von einer Begriffsausweitung von Kiš hin zu *kiššatu* („Gesamtheit") auszugehen, so dass der akkadische Titel *šar kiššati* („König der Gesamtheit") als Fortsetzung von lugal kiš^{ki} bzw. *šar* Kiš[25] gesehen werden kann. Der Titel *šar kiššati* befindet sich bis in seleukidische Zeit (Antiochos) in Gebrauch.[26]

Auch lugal ki-en-gi ki-uri$_5$ bzw. *šar māt šumerim u akkadim* („König von Sumer und Akkad") ist ein in der langen Geschichte des Alten Orients durchwegs beliebter Titel. Zuerst von Urnammu und Šulgi in der Ur-III-Zeit gebraucht, benutzen ihn die Herrscher der Isin-Larsa-Zeit sowie Hammurabi von Babylon, einzelne assyrische und babylonische Könige und zuletzt Kyros II.[27]

Exemplarisch soll am Titel *šar tâmti elīti u šupalīti*, „König des Oberen und Unteren Meeres", in assyrischer Zeit gezeigt werden, wie ein Herrschertitel als Teil eines politischen Programms genutzt werden kann und entsprechend dem politischen Programm modifiziert wird. Der erstmals in altakkadischer Zeit auftretende Titel wird von Tukulti-Ninurta I. (1243–1207 v. Chr.) zum ersten Mal im assyrischen Reich nach seinem Sieg über Kaštiliaš IV. und der Eroberung Babylons angenommen. Das Kerngebiet Assyriens grenzte bis zu diesem Zeitpunkt an kein Meer. Doch durch die Eroberung und Kontrolle über Ba-

22 Liverani, M., Prestige and Interest. International Relations in the Near East ca. 1600–1100 B.C., Padova (1990), S. 48.

23 Edzard, D.O., Herrscher A. Philologisch, in: RLA 5 (1976), S. 339.

24 Westenholz, J., The King, the Emperor, and the Empire: Continuity and Discontinuity of Royal Representation in Text and Image, in: Aro, S.; Whiting, R.M. (Hrsg.), The heirs of Assyria, Helsinki (2000), S. 125f.

25 Es wird auch lugal kiš geschrieben, obwohl *šar kiššati* gemeint ist (Edzard, D.O., Herrscher A. Philologisch, in: RLA 5 (1976), S. 339).

26 Edzard, D.O., Herrscher A. Philologisch, in: RLA 5 (1976), S. 339.

27 Ebd., S. 339f.

bylonien und damit dem Ausgreifen bis zum Persischen Golf, dem Unteren Meer, erscheint es für den assyrischen König angemessen, den Titel zu tragen, da schon vorher mit Feldzügen in die Nairi-Länder der Van-See, das Obere Meer, erreicht wurde. Als die assyrische Politik und die Kontrolle über das babylonische Gebiet sich veränderte, und lokale Könige unter indirekter Kontrolle der Assyrer eingesetzt wurden, wird das Untere Meer in der Titulatur der assyrischen Könige nicht mehr erwähnt. Ähnlich stellt sich die Situation bei dem Oberen Meer dar. Für die Assyrer galt zunächst der Van-See als Oberes Meer, obwohl im klassischen, Akkad-zeitlichen Sinn das Mittelmeer das Obere Meer ist. Wegen des zunehmenden Kontaktes mit dem hethitischen Großreich konnte das Mittelmeer als „tatsächliches“ Oberes Meer nicht mehr ignoriert werden. So gewinnt die Überquerung des Euphrats, hin zum Mittelmeer, an Bedeutung. Zu dieser Zeit taucht der Titel „König des Oberen und Unteren Meeres“ dann zum letzten Mal auf.[28]

Dieses Beispiel zeigt, dass die Königstitel nicht immer „leere“ Prahlereien oder Phrasen sind, sondern dass ihnen politische Fakten zu Grunde liegen und sie entsprechend mit Sinn „gefüllt“ werden müssen. Die Öffentlichkeit, zumindest der innere Kreis der Palastbeamten, kennt die politische Situation und die Titel müssen dieser offenbar angemessen sein.[29]

2.1.3 Herrscherepitheta

Abschließend zu den allgemeinen philologischen Quellen soll noch ein kurzer Blick auf die Herrscherepitheta geworfen werden, von denen es nach Dietz Otto Edzard[30] drei Haupttypen gibt:

1. Appellativa mit einem geographischen oder topographischen Begriff, z.B. „rechter Hirte von Sumer“ (sipa-zi ki-en-gi-ra) etwa bei Šulgi, oder auch „Pfleger von Esagila und Ezida“ (*zānin Esagila u Ezida*).
2. Appellativa in Verbindung mit Götternamen, z.B. „der die rechte Milch der Ninhursanga getrunken hat“ (ga-zi-kù-a ^{d}nin-hur-saĝ-á), etwa bei Eanatum von Lagaš, oder auch „Statthalter Dagans“ (*šakin Dagān*), „Geliebter des Sîn und Šamaš“ (*narām Sin u Šamaš*) etwa bei Asarhaddon.
3. Appellativa mit anderen Appellativa oder mit Adjektiven ohne Orts- oder Götternamen, z.B. „mächtiger Mann“ (nita kala-ga) ab Naramsin, oder „der Recht und gerechte Ordnung liebt“ (*rā'im kitti u mīšari*) etwa bei Nebukadnezar II.[31]

Wir sehen thematisch schon an den wenigen hier aufgeführten Epitheta, dass oft auf Eigenschaften angespielt wird, die ganz allgemein als Königsideale entsprechend den im 1. Kapitel festgestellten drei Hauptbereichen gelten:

Erstens der Aspekt des magischen Charismas, die Verbindung des Königs zur Welt des Übernatürlichen und der Götter. Dabei beziehen sich diese Epitheta oft auf die göttliche

28 Liverani, M., Prestige and Interest. International Relations in the Near East ca. 1600–1100 B.C., Padova (1990), S. 48ff.
29 Ebd., S. 50.
30 Edzard, D.O., Herrscher A. Philologisch, in: RLA 5 (1976), S. 340.
31 Für Einzelbelege siehe: Edzard, D.O., Herrscher A. Philologisch, in: RLA 5 (1976), S. 340.

Abstammung der Könige sowie auf ihr besonderes Verhältnis zu dem einen oder anderen Gott, häufig ist dies der Stadtgott oder der obersten Gott des Pantheons. Das Epitheton dumu-dú-da ᵈnin-sun-a-ka-men „Kind, das Ninsun geboren hat, bin ich" kommt etwa in der Ur-III-Zeit häufig vor, z.B. im Hymnus A von Šulgi (Z. 7)[32]. Es beschreibt die Gotteskindschaft der Könige und setzt sie damit in Bezug auch zum mythischen Idealkönig Gilgameš, der ebenfalls als Sohn der Ninsun bezeichnet wird.

Zweitens der Aspekt des politischen Charismas, in dem der König als der Ordnung und Recht Bringende, der das Reich organisiert und sich für seine Untertanen einsetzt, auftritt. Auch Baumaßnahmen fallen unter diesen Gesichtspunkt, z.B. mit dem Epitheton *zāninu*, das ab Hammurabi bis in neuassyrische Zeit häufig in Bauinschriften im Zusammenhang mit verschiedenen Tempelbauten vorkommt.[33] Im politisch-administrativen Bereich zeigt sich auch unabhängig von Tempelbauten des Öfteren ein Bezug zu den Göttern, etwa als göttlicher Auftrag, wie im Fall von *išš(i)akku* („Verwalter") plus Göttername, das v.a. in neuassyrischen Quellen, aber auch im Babylonien des 1. Jahrtausends, auftritt.[34]

Zum politischen Charisma sind ferner alle Epitheta, die den Herrscher mit seiner Stadt bzw. seinem Reich in Verbindung bringen, zu werten, also v.a. der Typus 1 nach Edzard. Auch der Hirtenbegriff, sipad, wie er ab Lugalzagesi auftritt, ist in diesem Zusammenhang zu sehen.

Drittens der Aspekt des militärischen Charismas, in dem der König als starker, körperlich perfekter Mensch auftritt, dessen Kriegskunst unübertrefflich ist. Prinzipiell fallen alle Epitheta, die auf die äußere Erscheinung des Königs, seine Stärke, Kraft, Vollkommenheit, etc. Bezug nehmen, unter diesen Aspekt. Das weitverbreitetste Epitheton ist dabei wohl *šarru dannu*, „starker König", das zuerst von Naramsîn von Akkad verwendet und dann über die Ur-III, altbabylonischen und altassyrischen Könige bis in neuassyrische Zeit tradiert wird.[35] Auch hier zeigt sich in den Epitheta ein göttlicher Bezug: Die Feldzüge werden im Auftrag oder zu Ehren der Götter durchgeführt, das Erscheinungsbild des Königs ist so perfekt wie es ist, weil es den Göttern gleicht, die natürlich vollkommen sind.

2.2 Der Ursprung des altorientalischen Königtums

In der mesopotamischen Vorstellung ist das Königtum eines der me[36]; es wird von Enki im Abzu aufbewahrt. Die me sind nach Brigitte Groneberg[37] die „Summe der Zivilisation", Gaben und Begabungen, die die Götter den Menschen geben. Die Götter können sich der

32 Text siehe z.B. Falkenstein, A., Sumerische religiöse Texte, in: ZA 50 (1951), S. 61–91.

33 Siehe Seux, M.-J., Épithètes Royales Akkadiennes et Sumériennes, Paris (1967), S. 373ff.

34 Ebd., S. 110ff.

35 Ebd., S. 293ff.

36 Weitere me sind u.a. das Amt des en, die Funktion (eines) Gottes, die erhabene Krone, das erhabene Gewand, der Thron des Königtums, das erhabene Zepter, das Nasenseil. Selz, G., „Wer sah je eine königliche Dynastie (für immer) in Führung!" Thronwechsel und gesellschaftlicher Wandel im frühen Mesopotamien als Nahtstelle von microstoria und longue durée, in: Sigrist, C., Macht und Herrschaft, Münster (2004), S. 166.

37 Groneberg, B., Die Götter des Zweistromlandes, Düsseldorf / Zürich (2004), S. 140.

me zur Ausübung der Herrschaft bedienen, aber bei der Berufung irdischer Herrscher bleiben die me in den Städten, wo sie dem jeweiligen König dann durch göttliche Gunst zur Verfügung stehen.[38] Unter den me sind nicht nur Gegenstände und Berufe, sondern auch soziale (wie etwa die Plünderung, das Richten, die Feindschaft) und zivilisatorische (z.B. das Schreiben, das Feueranzünden) Phänomene aufgelistet. So ist an Hand der Liste der me zu erkennen, dass ein Wissen um die soziale Konstruktion der Wirklichkeit besteht. Für das Königtum bedeutet das, dass die Herrscher eine zeitliche Inkarnation in einer ewigen Funktion sind, das Herrschen also dem Ausüben einer Rolle entspricht.[39]

Das Königtum wurde von den Göttern geschaffen, kam einmal vor und noch einmal nach der Flut vom Himmel herab.[40] Die Etablierung des irdischen Königtums bildet also den Abschluss der Welt-, Menschheits- und Kulturschöpfung der Götter in Mesopotamien.[41]
Ein Mythos (VAT 17019), der vermutlich aus dem 1. Jahrtausend v. Chr. stammt,[42] erzählt von der Schaffung des Königs direkt nach der des Menschen. Die Geschichte an sich hat Ähnlichkeit mit dem Atraḫasīs-Mythos, denn auch hier werden die Menschen erschaffen, um den Göttern Arbeit abzunehmen. Danach spricht Ea zu Bēlet-ilī:

> „bilde nun den König, den überlegend-entscheidenden Menschen (*māliku-amēlu*)[43]. Mit Gutem umhülle seine ganze Gestalt, gestalte seine Züge harmonisch, mache schön seinen Leib!“[44]

Daraufhin geben einige Götter dem König ihre Attribute:

> „Anu gab ihm seine Krone, Enlil ga[b ihm seinen Thron], Nergal gab ihm seine Waffen, Ninurta g[ab ihm seinen Schreckensglanz], Belēt-ilī gab ihm [ihr[!?] schönes Aussehen].“[45]

---

38 Panitschek, P., LUGAL –šarru –βασιλεύς, Frankfurt (2008), S. 63.

39 Selz, G., „Wer sah je eine königliche Dynastie (für immer) in Führung!“ Thronwechsel und gesellschaftlicher Wandel im frühen Mesopotamien als Nahtstelle von microstoria und longue durée, in: Sigrist, C., Macht und Herrschaft, Münster (2004), S. 166.

40 Nach der Sumerischen Königsliste. Klein, J., Sumerian Kingship and the Gods, in: Beckman, G., Lewis, T.J. (Hrsg.), Text, Artifact, and Image. Revealing Ancient Israelite Religion, Providence (2006), 115.

41 Aus der Genesis von Eridu (überliefert durch ein Fragment von ca. 1600 v. Chr.) wird diese Schöpfung nachvollziehbar: Die Göttin Nintu macht dem Nomadenleben der Menschen durch die Gründung von Städten (genannt werden Eridu, Badtibira, Larak, Sippar und Šuruppak) ein Ende. In den Städten werden Kulte organisiert und wirtschaftliche Prosperität setzt ein. Jede Stadt bekommt eine Stadtgottheit, die ihren Sitz in dem dortigen Tempel einnimmt. Der Existenzgrund der Städte ist die Besorgung des Kultes der Götter; die Durchführung ihres Willens. Panitschek, P., LUGAL –šarru –βασιλεύς, Frankfurt (2008), S. 59.

42 Mayer, W.R., Ein Mythos von der Erschaffung des Menschen und des Königs, in: OrNS 56 (1987), S. 55–68.

43 Diese Wendung kennen wir auch aus dem Krönungsritual von Assurbanipal (LKA 31, Rs. Z. 16).

44 Mayer, W.R., Ein Mythos von der Erschaffung des Menschen und des Königs, in: OrNS 56 (1987), S. 57, Z. 33`ff.

45 Ebd., S. 58, Z. 37′ff.

Das erinnert an die Übergabe von Waffen etc. an Marduk im *enūma eliš* (IV, Z. 28–31), wobei das Motiv des Gottes, der das Chaos bekämpft und deswegen von den anderen Göttern zu ihrem König erhoben wird, ursprünglich aus der Ninurta-Theologie[46] entlehnt ist.[47]

In diesem Mythos finden wir also eine detailgetreue Beschreibung des Königs: Er ist „überlegend-entscheidend"[48], verfügt über Insignien und Waffen von den Göttern und außerdem über ein schönes Äußeres. Zwar ist er genau wie die Menschen geschaffen worden, aber diese Attribute verleihen ihm eine Sonderstellung.

Nach dem Etana-Mythos erhält der König seine weltlichen Insignien vom Himmelsgott Anu, nämlich Zepter, Krone, Tiara und Stab.[49] Vor der Schöpfung des Königtums liegen diese Insignien bei Anu im Himmel, auf der Erde gibt es noch keine Heiligtümer, obwohl die Vorstellung vorherrscht, dass die Städte schon existieren. Der entscheidende Schritt in der Geschichte der Menschen, der auch ihr Verhältnis zu den Göttern maßgeblich bestimmt, ist die Schaffung der eigenen menschlichen Kultur und Ordnung in Abgrenzung zu der vor-zivilisatorischen Welt und dem dort herrschenden Chaos.[50] Was fehlt ist die Ordnung bzw. eine Ordnung schaffende Instanz als Vermittler zwischen Göttern und den Menschen: das Königtum. Der König vermittelt die Aufgaben der Menschen in der göttlichen Weltordnung, er leitet den Kult an und organisiert den Dienst an den Göttern.[51]

In der Sumerischen Königsliste[52] wird der mythologische Aspekt der Geschichte des Königtums eher vernachlässigt, dagegen wird eine realpolitische Dynamik rekonstruiert, in

---

46 Vgl. auch Lambert, W., Ninurta Mythology in the Babylonian Epic of Creation, in: Hecker, K.; Sommerfeld, W. (Hrsg.), Keilschriftliche Literaturen. Ausgewählte Vorträge des XXXII. Rencontre Internationale, Münster, 8. –12.7.1985, Berlin (1986), S. 56.

47 Maul, S., Der assyrische König. Hüter der Weltordnung, in: Watanabe, K. (Hrsg.), Priests and Officials in the Ancient Near East, Heidelberg (1999), S. 207ff.

48 Eva Cancik-Kirschbaum nimmt für *malāku* dagegen die westsemitische Bedeutung „herrschen" an und übersetzt „ein zur Ausübung von Herrschaft befähigter Mann". Cancik-Kischbaum, E., Konzeption und Legitimation von Herrschaft in neuassyrischer Zeit. Mythos und Ritual in VS 24,92, in: Die Welt des Orients 26 (1995), S. 16f.

49 Frankfort, H., Kingship and the Gods, Chicago (1948), S. 237. Panitschek, P., LUGAL –šarru – βασιλεύς, Frankfurt (2008), S. 58.

50 Die Stadt ist quasi Grundvoraussetzung des mesopotamischen Lebens und wird deshalb als schon in der Urzeit von den Göttern selbst errichtet gedacht. Vgl. Röllig, W., Überlegungen zum Etana-Mythos, in: Gamer-Wallert, I.; Helck, W., (Hrsg.), Gegengabe. Festschrift für Emma Brunner-Traut, Tübingen (1992), S. 284f.

51 Haul, M., Das Etana-Epos. Ein Mythos von der Himmelfahrt des Königs von Kiš, Göttingen (2000), S. 7.

52 Die Sumerische Königsliste (SKL) entsteht vermutlich schon in der Akkad-Zeit, und nicht wie bislang oft angenommen in der Ur-III-Zeit. Darauf weist eine Überlieferung der SKL aus der Ur-III-Zeit (USKL) hin. Eine Entstehung in der Akkad-Zeit würde auch die Idee des Ursprungs des Königtums in Kiš erklären, denn Akkad wäre der logische Nachfolger von Kiš nach einer kurzen Zeit des Königtums in Uruk. Vgl. Steinkeller, P., An Ur III Manuskript of the Sumerian King List, in: Sallaberger, W.; Volk, K.; Zgoll, A. (Hrsg.), Literatur, Politik und Recht in Mesopotamien. Festschrift für Claus Wilcke, Wiesbaden (2003), S. 267–292. Die SKL listet die Könige vor und direkt nach der Flut. Die ausführlichste überlieferte Form der Sumerische Königsliste wird vermutlich im 2. Jahrtausend v. Chr. fertiggestellt, während der II. Dynastie von Isin, die sich durch sie als legitime Nachfolger der Könige der Ur-III-Zeit darstellen wollten. In altbabylonischer Zeit gehörte die Sumerische Königsliste fest in den Stundenplan der Schreiberschulen. Nach George, A., The Epic of Gilgameš. The Babylonian epic poem and other texts in Akkadian and Sumerian, London (1999), S. 101f, und: Rowton, M. B., The Date of the

der das Königtum im Laufe der Jahrhunderte von einer Stadt zur nächsten „wandert".[53] Dabei wird das altorientalische Gebiet von Anfang an als ein einziges „Reich"[54] unter einem einzigen König betrachtet, es existiert immer nur ein Königtum.[55] Auch dynastische Wechsel unterliegen der zyklischen Vorstellung, d.h. das Königtum ist ursprünglich, in der Sumerischen Königsliste, kein vererbbares Recht, ist nicht lebenslang und bleibt nicht in einer Stadt oder einem Stadtstaat. Nach der Flut, die den Beginn der Zivilisation auf Erden markiert, kam das Königtum zu den Menschen, die Flut ist nun aber ein Phänomen, das jederzeit wiederkehren kann. Damit steht die Idee des Königtums außerhalb der Zeit.[56]

So erkennen wir in den mythischen Texten, die sich mit dem Ursprung des altorientalischen Königtums beschäftigen, zwei offenbar auch parallel zueinander kursierende Stränge: das Königtum wurde direkt zu Beginn, mit der Schöpfung des Menschen, etabliert (im Mythos von der Erschaffung des Menschen und des Königs),[57] oder es bildet den Abschluss der Schöpfung und wird von den Göttern nach der Schaffung des Menschen nachträglich als Ordnungs-schaffende Instanz konstituiert (z.B. Etana). In beiden Fällen ist das Königtum aber eine von den Göttern geschaffene und damit unanfechtbare, außerdem abstrakte Institution, und die Person des Königs zur Herrschaft durch göttliche Erwählung vorherbestimmt.

2.3 Quellen für Königtum und Herrschaft im Alten Orient

Als Grundlage der Betrachtung des Königtums im Alten Orient werden schriftliche, bildliche und architektonische Quellen herangezogen. Dabei ist zu berücksichtigen, dass sich die verschiedenen Medien an unterschiedliche Zielgruppen richten können, nicht nur in Bezug auf ihre Zugangsmöglichkeiten, sondern im Blick auf tatsächliche oder beabsichtigte Rezeption.

Sumerian King List, in: JNES19 (1960), S. 156–162. Vgl. auch Jacobsen, T., The Sumerian King List, Chicago (1939), S. 128ff. Claudine-Adrienne Vincente hält auch die Überlieferung in der Bibliothek des Šamši-Adad, also in Assyrien, für möglich, auf Grund der Rezension der SKL aus Tell Leilan. Siehe Vincente, C.-A., The Tall Leilan Recension of the Sumerian King List, in: ZA 85 (1995), S. 267f.

53 Panitschek, P., LUGAL –šarru –βασιλεύς, Frankfurt (2008), S. 60.

54 Der Begriff „Reich" (engl. empire) ist problematisch. Zunächst soll er ganz offen definiert werden nach Joan Westenholz als: „...disparate geographical territories are united under one regime". Westenholz, J., The King, the Emperor, and the Empire: Continuity and Discontinuity of Royal Representation in Text and Image, in: Aro, S.; Whiting, R.M. (Hrsg.), The heirs of Assyria, Helsinki (2000), S. 99.

55 Vincente, C.-A., The Tall Leilan Recension of the Sumerian King List, in: ZA 85 (1995), S. 267. Vgl. auch Steiner, G., Altorientalische „Reichs"-Vorstellungen im 3. Jahrtausend v. Chr., in: Larsen, M.T. (Hrsg.), Power and Propaganda, Kopenhagen (1979), S. 125.

56 Selz, G., „Wer sah je eine königliche Dynastie (für immer) in Führung!" Thronwechsel und gesellschaftlicher Wandel im frühen Mesopotamien als Nahtstelle von microstoria und longue durée, in: Sigrist, C. (Hrsg.), Macht und Herrschaft, Münster (2004), S. 162ff.

57 Vgl. auch Cancik-Kischbaum, E., Konzeption und Legitimation von Herrschaft in neuassyrischer Zeit. Mythos und Ritual in VS 24,92, in: Die Welt des Orients 26 (1995), S. 15.

2.3.1 Texte

Prinzipiell sind Texte das genaueste Medium, mit dem das Verständnis von Königtum vermittelt werden kann, da ein konkreter Wortlaut in der Regel weniger Interpretationsspielraum zulässt als etwa ein Bild oder ein Gebäude.

Alle in dieser Arbeit behandelten Gesellschaften sind prinzipiell literale, nutzen also die Schrift. Hauptfunktion[58] der Schrift als Kommunikationsmedium ist, dass sie die Flüchtigkeit der mündlichen Kommunikation überwindet und die Möglichkeiten menschlicher Aktivität somit erweitert. Im politischen bzw. administrativen Bereich hängt die Qualität der Organisation, v.a. im Finanzsektor, direkt von der Schrift ab. Sie erleichtert zudem die Übermittlung von Informationen zwischen Peripherie und Zentrum und wirkt so Spaltungstendenzen innerhalb des Reiches entgegen. Auch die Organisation des Handels und der Landwirtschaft, v.a. aber die Kommunikation wird durch die Schrift einfacher, es ergeben sich bessere Planungsmöglichkeiten, z.B. bei der Abschätzung von Gewinn und Verlust. Literale Religionen haben im Gegensatz zu nicht-literalen feste Bezugspunkte (etwa eine Heilige Schrift) und verfügen über eine besondere Art der übernatürlichen Kommunikation. Ihre Mitglieder werden nach Jack Goody zu einer „Quasi-Stammesgruppe“, zu Brüdern, so dass die religiösen Beziehungen über den natürlichen Verwandtschaftsbeziehungen stehen können.[59] Dabei existieren durchaus Unterschiede in der Literalität von Gesellschaften: Papier ist z.B. flexibler als Ton oder Stein, und je mehr das phonetische Prinzip der Schrift zur Regel wird, desto flexibler ist ein Zeichensystem. Durch das Alphabet können schließlich alle Sprachen transkribiert werden und ein größerer Teil der Gesellschaft lernt lesen und schreiben. Historisch und global betrachtet werden die Möglichkeiten des Mediums „Schrift“ nicht überall im gleichen Maß ausgeschöpft, daher ist eine detaillierte Untersuchung der Verwendungsweisen der Schrift in einer bestimmten Gesellschaft nötig. In diesem Zusammenhang ist zu bedenken, dass es Gruppen oder Gesellschaften gibt, die „am Rande der Literalität“ leben, sie sind beeinflusst durch Menschen, die lesen und schreiben können, ohne selbst über diese Fähigkeiten zu verfügen.[60]

---

58 Neben der phonetischen Kodierung kann die Schrift eine weitergehende, sinnliche Bedeutung haben, z.B. bei der im antiken Ägypten häufig verwendeten Rebus-Schreibung. Damit erhält das Geschriebene über die konkrete Bedeutung hinaus einen zusätzlichen Sinn, eine sakrale Dimension. Auch in der Keilschrift sind solche Schreibungen möglich, z.B. die Kodierung des Götternamens von Inanna mit zwei Schilfringbündeln, v.a. in der Uruk-Zeit (Siehe Steinkeller, P., Inannas Archaic Symbol, in: Braun, J. (Hrsg.), Written on Clay and Stone. Ancient Near Eastern Studies presented to Krystyna Szarzynaska on the Occasion of her 80th Birthday, Warschau (1998), S. 87–100). Bei einer solchen sinnträchtigen Kodierung soll ein über die gewöhnliche Orthographie hinausgehender Sinn vermittelt werden, mit stärkeren Konnotationen als im alltäglichen Schriftgebrauch. Zusätzlich zu den vielfältig möglichen Konnotationen kann auch ein spielerischer Aspekt einer solchen Schreibweise eine Rolle spielen. Siehe: Morenz, L.D., Neuassyrische visuell-poetische Bilder-Schrift und ihr Vor-Bild, in: Morenz, L.D.; Bosshard-Nepustil, E. (Hrsg.), Herrscherpräsentation und Kulturkontakte Ägypten-Levante-Mesopotamien. Acht Fallstudien, Münster (2003), S. 197f. Im Gegensatz zu den gängigen kryptographischen Schreibungen dient die im Alten Orient, speziell in neuassyrischer Zeit, genutzte höchstwahrscheinlich nicht der Verschleierung des Textgehaltes, sondern sie gibt dem Ganzen einen zusätzlichen, meist in eine sakrale Ebene gehörenden Sinn (ebd., S. 222).

59 Goody, J., Einleitung, in: Goody, J. (Hrsg.), Literalität in traditionalen Gesellschaften, Frankfurt (1981), S. 7ff.

60 Ebd., S. 10ff.

Im Hinblick auf den Schriftgebrauch in einer Gesellschaft bleiben soziale Beschränkungen oft bestehen. So gibt es Faktoren, die die Ausdehnung von Literalität auf die ganze Gesellschaft verhindern. Eine Tendenz zur Geheimhaltung und eine Beschränkung der Verbreitung von Texten oder Büchern sollen den Anschein einer besonderen, vielleicht übermenschlichen Bedeutung dieser erwecken. Solche Texte dienen womöglich eher der Kommunikation zwischen Menschen und Göttern und sollen nicht jedermann zugänglich sein. Zugleich dient eine solche Beschränkung dem Monopolerhalt der herrschenden Gruppe.[61]

Im Zusammenhang mit magisch-religiösen Praktiken hat Schrift eine konservative Funktion, das „Einfrieren" der Tradition. Dabei kann die Schrift die Zunahme magisch-religiöser Praktiken begünstigen. Ein Priester ist in der Regel gebildet, d.h. er kann lesen und schreiben, ist also fähig zur Kommunikation, auch und gerade mit dem Übernatürlichen.[62]

In Mesopotamien entwickelt sich die Schrift aus einem Alltags-, nicht aus einem zeremoniellen Kontext. Die Hauptfunktion der frühen Schrift liegt demnach im Verwaltungsbereich, erst nachträglich wird die Schriftlichkeit in Funktionsbereiche des „kulturellen Gedächtnisses" einbezogen. Das von Jan Assman definierte „kulturelle Gedächtnis"[63] verbindet die Themen Erinnerung (Vergangenheitsbezug), Identität (politische Imagination) und kulturelle Kontinuierung (Traditionsbildung), um eine „konnektive Struktur" zu schaffen. Diese „konnektive Struktur" verknüpft die Sozialdimension, die den Menschen an den Mitmenschen bindet, indem sie eine symbolische Sinnwelt auf Grundlage eines gemeinsamen Erfahrungs-, Erwartungs- und Handlungsraumes schafft und Vertrauen ebenso wie Orientierung ermöglicht, mit der Zeitdimension, die das Gestern mit dem Heute in Zusammenhang stellt, prägende Erfahrungen und Erinnerungen der Vergangenheit vergegenwärtigt und formt, Hoffnung und Erinnerung stiftet. Sowohl der normative als auch der narrative Aspekt eines Textes bilden die Basis für die Identitätsstiftung des Publikums und schaffen ein „Wir"-Gefühl. Gestützt ist diese konnektive, das „Wir"-Gefühl bildende Struktur auf gemeinsame Regeln und Werte sowie auf die Erinnerung an eine gemeinsame Vergangenheit. Das Grundprinzip der „konnektiven Struktur" ist die Wiederholung, jede Nennung oder Begehung von etwas wird an das vorangegangene geknüpft. So entsteht – am besten im rituellen Kontext zu erkennen – eine unendliche Wiederholung und Vergegenwärtigung.[64] Dabei spielt die Schriftlichkeit eine große Rolle, um Vergangenes festzuhalten und immer wieder wiederholungsfähig zu machen, wie z.B. bei der Fixierung exakter Angaben zur Durchführung von Ritualen.

Neben den reinen Gebrauchstexten existieren Texte normativen und formativen Anspruchs; diese entstehen nicht als Vertextung mündlicher Überlieferung, sondern nach Assmann „aus dem Geist der Schrift heraus". Einige Texte erlangen einen besonderen Rang, andere werden vergessen. Es entstehen „Klassiker" normativer und formativer Werte. Dabei bilden in Mesopotamien die Schreiberschulen („Edubba") den institutionellen

61 Ebd., S. 21f.
62 Ebd., S. 27f.
63 Assmann, J., Das kulturelle Gedächtnis. Schrift, Erinnerung und politische Identität in frühen Hochkulturen, München (1992).
64 Ebd., S. 16, 91.

Rahmen für das Kopieren, in Umlauf bringen und Archivieren der Texte.[65] In den Schreiberschulen wird außerdem mit den Schreibern die künftige Verwaltungselite des Landes, die Beamten, ausgebildet. An Hand der Textauswahl der Schulen kann dieser Elite ein bestimmtes Bild des Königs und des Königtums vermittelt werden.[66]

Es obliegt dem „Meister" der Schreiberschulen die Texte zu redigieren und sie den sich verändernden religiösen Vorstellungen anzupassen. In der Regel werden hierfür normative Texte entworfen, eventuell eine akkadische Übersetzung beigegeben und eben auch bewusst ausgewählt, was tradiert wird.[67] Dabei hat der König durchaus Eingriffsmöglichkeiten, was das Curriculum der Schulen angeht.[68] Šulgi rühmt sich etwa in Hymne B nicht nur der Neugründung von mehreren Edubba, sondern dass er selbst Gut der religiösen Tradition besonders gepflegt habe, was eine direkte Einflussnahme auf die Textauswahl der Schreiberschulen nahe legt. Überhaupt stellt Šulgis Hymne B einen überaus lang tradierten Text dar, in dem die perfekten Eigenschaften eines Königs beschrieben werden.[69]

Einige der Königshymnen sind wohl im Rahmen der Edubbas entstanden, und die Preisung des Königs im Edubba ist häufig Thema der Hymnen, wie z.B. bei Hammurabi: ár-nam-lugal-la-zu é-dub-ba-a ka-ka ì-ĝál, „Der Ruhm deines Königtums wird in (jedermanns) Mund im Edubba sein."[70]

Des Weiteren kann vorausgesetzt werden, dass die in den Edubba ausgebildeten Schreiber auch in einer königlichen Kanzlei arbeiten, also in Schreiberzentren unter königlicher Kontrolle. Dabei ist von einer Existenz von Schreiberschulen und kanonisierten Texten schon ab der Frühdynastischen Zeit auszugehen (das altsumerische Korpus), der Höhepunkt dieser Entwicklung wird in Form des neusumerischen Korpus in der Ur-III-Zeit erreicht. Diese Korpus enthalten neben den tradierten originären Texten u.a. Abschriften von Monumentalinschriften und ebenso reine Schultexte, die speziell für den Gebrauch in einem Edubba komponiert werden.[71]

Als Hauptquelle[72] der Erforschung der Königsideologie[73] dienen die Königsinschriften, die das Selbstbild eines Herrschers deutlich wiedergeben. Königsinschriften werden definiert

65 Ebd., S. 92.

66 Z.B. über die Königshymnen. Vgl. Tinney, S., On the Poetry for King Išme Dagan, in: OLZ 90 (1995), S. 8.

67 Ein gutes Beispiel für eine Kanonisierung von Texten ist der Weltschöpfungsmythos *enuma eliš*, der ja ab dem 2. Jahrtausend v. Chr. die einzige umfassende Schöpfungsgeschichte im Umlauf darstellt. Falkenstein, A., Die babylonische Schule, in: Saeculum 4 (1953), S. 135.

68 A. Falkenstein spricht sogar davon, dass die Schulen „im königlichen Dienste" gewesen wären. Nach: Sjöberg, Å.W., The Old Babylonian Edubba, in: Liebermann, S.J. (Hrsg.), Sumerological Studies in Honor of Thorkild Jacobsen on his Seventieth Birthday, AS 20 (1975), S. 172.

69 Volk, K., Edubba'a und Edubba'a-Literatur. Rätsel und Lösungen, in: ZA 90 (2000), S. 10, Anm. 52 und S. 12, Anm. 57.

70 Hammurabi, ISET I 112, Ni. 4577, rev. Ii4. Sjöberg, Å.W., The Old Babylonian Edubba, in: Liebermann, S.J. (Hrsg.), Sumerological Studies in Honor of Thorkild Jacobsen on his Seventieth Birthday, AS 20 (1975), S. 171f.

71 Hallo, W.W., A Sumerian Apocryphon? The Royal Correspondence of Ur Reconsidered, in: Michalowski, P.; Veldhuis, N. (Hrsg.), Approaches to Sumerian Literature. Studies in Honour of Stip (H.L.J. Vanstiphout), Leiden / Boston (2006), S. 88ff.

72 Natürlich geben ebenso archivalische und private Texte, v.a. Briefe, Auskunft über den König, vermut-

als Inschriften, die ein Herrscher oder ein Mitglied der Familie des Herrschers anlässlich eines offiziellen Vorhabens verfasst und die auf Dauer Geltung haben sollen. Gewöhnlich werden für Königsinschriften keine „alltäglichen" Schriftträger wie etwa Tontafeln verwendet. Auch Inschriften, die ein Dritter für den Herrscher oder ein Mitglied des Herrscherhauses anfertigen lässt, gelten als Königsinschriften.[74] Solche Inschriften dienen dazu, eine dauerhafte Beziehung zwischen dem Genannten (das geweihte Objekt, das Bauvorhaben, etc.) und dem Herrscher zu schaffen, das Wohlwollen der Götter bzw. des Königs zu sichern oder schlicht als Eigentumsvermerke oder königliche Garantien.[75]

Mit den Inschriften will sich der Herrscher „einen Namen setzen", d.h. dass in den Königsinschriften nur dafür relevante Tätigkeiten festgehalten werden. So zeigt die Thematik der Inschriften, also was aufgeschrieben wird und was nicht, die Sicht des Königs auf seine Taten, welche Prioritäten er setzt. Als Beispiel sei hier kurz auf den Unterschied in der thematischen Auswahl der assyrischen und der frühen sumerischen Königsinschriften verwiesen. Während die Assyrer v.a. von Feldzügen und kriegerischen Aktivitäten berichten, sind für das frühe Mesopotamien in erster Linie Bau- und Weihinschriften belegt. Dahinter steckt eine andere Sicht auf die Welt, ein verschiedenartiges Königsbild, das durch die Inschriften für die heutige Forschung greifbar wird.[76]

Die Bedeutung des „Setzens des Namens" wird schon im Gilgameš-Epos[77] deutlich. Indem sich ein König einen Namen setzt, kann er in seinen Taten weiterleben. Dabei besteht allerdings v.a. bei Inschriften die Gefahr, dass der Name in späterer Zeit absichtlich ausgelöscht und die Werke des Königs damit ebenso vernichtet werden. Das erklärt auch das Anbringen von Inschriften an verborgenen, für die Menschen nicht sichtbaren Stellen, wie etwa die auf verbauten Ziegeln angebrachten Bauinschriften.[78]

Innerhalb der Königsinschriften kann man für die sumerischen Belege sechs Gattungen unterscheiden. Standardinschriften sind sehr kurze Inschriften von nur ein bis drei Zeilen Länge ohne finite Verbalform, genannt werden nur der Herrschername und der Titel. Es handelt sich überwiegend um Eigentumsvermerke, v.a. auf Ziegeln, Türangelsteinen, Grün-

---

lich auch wahrheitsgetreuer als die offiziellen Inschriften. Aber zur Untersuchung der propagierten Ideologie und des Konzeptes des Königsbildes erscheinen die öffentlichen Texte doch weit aussagekräftiger. Des Weiteren wird in dieser Arbeit der Vergleich mit Urartu angestrebt, wo Königsinschriften den weitaus größten Teil des Korpus ausmachen, weswegen eine solche Einschränkung gerechtfertigt scheint.

73 Der Begriff Königsideologie wird für diese Arbeit definiert als die Struktur der öffentlichen Bilder, Äußerungen und Manifestationen, durch die das königliche Regime sich selbst darstellt, behauptet und legitimiert. Nach: Fowler, R.; Hekster, O., Imagining Kings: From Persia to Rome, in: dies. (Hrsg.), Imaginary Kings. Royal Images in the Ancient Near East, Greece and Rome, Stuttgart (2005), S. 16.

74 Edzard, D.O., Königsinschriften A. Sumerisch, in: RLA 6 (1980), S. 59.

75 Ebd., S. 63.

76 Sallaberger, W., Von politischem Handeln zu rituellem Königtum. Wie im Frühen Mesopotamien ein Herrscher seine Taten darstellt, in: Porter, B.N. (Hrsg.), Ritual and Politics in Ancient Mesopotamia, New Haven (2005), S. 64.

77 Dazu Zgoll, A., „Einen Namen will ich mir machen". Die Sehnsucht nach Unsterblichkeit im Alten Orient, in: Saeculum 54 (2003), 1–11. Sowie Matouš, L., Les rapports entre la version sumérienne et la version akkadienne de l'épopée de Gilgameš, in: Garelli, P. (Hrsg.) Gilgameš et sa légende, Paris (1960), S. 86.

78 Ausführlich zur Bedeutung des „Setzens eines Namens" und des „geschriebenen Namens" vgl. Radner, K., Die Macht des Namens. Altorientalische Strategien zur Selbsterhaltung, Wiesbaden (2005).

dungstafeln, Gefäßen, Perlen oder Ähnlichem. Auch Gewichts- und Siegelbeschriftungen fallen unter diese Kategorie. Die häufigste Gattung der sumerischen Königsinschriften stellen die Bauinschriften dar. Sie bestehen aus der Verbalform plus dem Bauobjekt, etwa Tempel, Altäre, Paläste, Stadtmauern oder Bewässerungsanlagen. Inschriftenträger sind in erster Linie Ziegel, Türangelsteine, Gründungstafeln und Tonnägel, also alles Bestandteile des Bauwerkes oder in unmittelbarem Bezug zum Bauwerk. Es kann sich ein historischer Exkurs anschließen. Weihinschriften enthalten immer die Verbalform mit dem Götternamen, gelegentlich zusätzliche Anmerkungen zu der Anfertigung des zu weihenden Gegenstandes. Sie finden sich v.a. auf Stelen, Statuen, Ziegeln, Weihplatten, Statuenbestandteilen, Votivtafeln und -nägeln, Perlen, Amuletten und Votivsiegeln. Nur aus der Gewichtsangabe, dem Königsnamen und eventuell einem Verb bestehen so genannte Gewichtinschriften, die auf Gewichtsteinen angebracht sind. Siegelinschriften nennen den Herrscher oder ein Mitglied der Herrscherfamilie als Siegelbesitzer oder sie sind einem Herrscher gewidmet bzw. vom Herrscher einem Untertanen geschenkt. Als sechster Typ der Königsinschriften zählen Denkmalsbeischriften, die eine figürliche Darstellung mit einer identifizierenden Namensinschrift versehen. Natürlich gibt es etliche Texte, die unter die Definition von Königsinschriften fallen, ohne dass sie sich in die genannten Gattungen einordnen lassen, so z.B. Rechenschaftsberichte, Berichte über mehrere vollendete Vorhaben eines Herrschers, kommemorative Inschriften und Berichte über Grenzziehungen.[79]

Diese Einteilung in sechs Typen kann im Großen und Ganzen für die akkadischsprachigen Inschriften übernommen werden, wobei die Zahl der nicht einzuordnenden Königsinschriften stetig ansteigt. Diese Entwicklung gipfelt in den neuassyrischen Inschriften.

Hauptsächlich historische Berichte kommen hinzu bzw. werden den „Formulartypen" angefügt. Im Vordergrund stehen dabei die militärischen Taten des Herrschers, aber auch Jagderfolge werden erwähnt, dagegen fallen die Bautätigkeiten eher zurück. Ebenso erreicht die Verbindung von Text und Bild in der Zeit der neuassyrischen Könige einen Höhepunkt in Form der Orthostaten, die die Palastwände schmücken. Die Annalen der Könige, eine in diesem Umfang neue „Erfindung" der neuassyrischen Herrscher, stehen ebenfalls oft in Verbindung mit bildlichen Darstellungen. Die Komposition assyrischer Inschriften ist relativ formelhaft: Zu Beginn steht der Name des/der feindlichen Herrscher bzw. des feindlichen Landes, eventuell mit Epitheta, der Grund für das assyrische Eingreifen, sei es ein Vertragsbruch, eine Verweigerung von Tributzahlungen oder Ähnliches. Darauf folgen ein Gebet um göttlichen Beistand, die Musterung und schließlich der Aufbruch des Heeres und die Vernichtung des Feindes, teils in grausamen Einzelheiten. Abschließend wird der Umfang an Beute genannt und/oder die Zerstörung der jeweiligen Stadt bzw. des Landes sowie die Tributleistungen, die der Unterlegene nun an Assyrien zu leisten hat, bzw. die Eingliederung des feindlichen Gebietes in das assyrische Provinzsystem.[80]

Gehäuft treten Königsinschriften ab der Frühdynastischen Zeit IIIb auf, ab diesem Zeitpunkt sind sie außerdem mehr als eine bloße Auflistung von Namen und Titeln und haben einen primären Bezug auf historisch-militärische Ereignisse. Dabei werden die historiogra-

79 Edzard, D.O., Königsinschriften A. Sumerisch, in: RLA 6 (1980), S. 60ff.

80 Renger, J., Königsinschriften B. Akkadisch, in: RLA 6 (1980), S. 73ff.

phischen Berichte in der Frühdynastischen und der Akkad-Zeit sowie unter den Gutäern und Utuḫegal von Uruk mit präzisen Orts- und Namensangaben versehen, die in den Texten der Ur-III- und Isin-Larsa-Zeit fehlen.[81] Insgesamt kann postuliert werden, dass Bezüge auf konkrete Personen und Ereignisse in den Königsinschriften abnehmen, dafür herrschaftliche Leistungen durch vage und unkonkrete Anspielungen sowie stereotype, idealtypische Wendungen dargestellt werden. Es entsteht also ein König als Typus, was als Ausdruck einer sich ändernden Auffassung der Stellung, des Amtes und der Aufgaben des Herrschers gewertet werden kann. Dabei befindet sich der Wendepunkt in der mesopotamischen Geschichte nach Walther Sallaberger bei Uruinimgina von Lagaš, der auf die ehemals stets übliche Filiation verzichtet und sich lugal nennt. Als Ausdruck dieses Wandels kann wohl auch die Umgestaltung der Eigentumsverhältnisse des Landes in Form der Reformtexte von Uruinimgina verstanden werden, durch die der Herrscher die alte Ordnung abschafft und eine neue, durch Ningirsu verkündete, einführt.[82]

Ab Naramsîn von Akkad und seiner Vergöttlichung beherrscht die Nähe zur Götterwelt die Königsinschriften, das historische Element verblasst demgegenüber. Alltagsgeschäfte werden nicht mehr thematisiert, sondern die wichtigsten politischen Ereignisse in eine überirdische, zeit- und ortlose Ebene transferiert. Die historischen Ereignisse müssen stilistisch in die Form oder Ebene der Königsinschriften übertragen werden, sie werden nach Sallaberger in die „zeitlose Ideologie des Königtums“ eingepasst. Erst in neuassyrischer Zeit geschieht eine Abkehr von dieser bewusst unhistorischen Stilisierung der Königsinschriften zurück zu historischen Berichten mit exakt beschriebenen Einzelheiten, Namen und Orten.[83]

Königsinschriften sind eigentlich Teil eines Rituals bzw. selbst ein Ritual[84]: In dieser Inschriftengattung zeigt sich der König als idealer Monarch, als modellhaft, idealtypisch. Die Inschriften sollen nicht die historische Wirklichkeit bezeugen, sondern die Tugenden des Königs aufzeigen und wie diese zu positiven Entwicklungen geführt und positive Ereignisse ausgelöst haben. In den neuassyrischen Königsinschriften ist der Herrscher gleichzeitig ein vollendeter Krieger, ein ehrenwerter Richter, das Ebenbild von Šamaš, ein legitimer Erbe. Er setzt die ununterbrochene Dynastie, die bis auf Flut zurückreicht, fort. Kurz: Er ist das Spiegelbild Aššurs, Herrscher, Vater, Beschützer, Eroberer, er hält die Dunkelheit vom Reich fern.[85] Um das Idealbild des Königs, was schon im 1. Kapitel thematisiert wurde, zu übermitteln, sind die Königsinschriften also nicht nur ein ideales, sondern auch ein häufig genutztes Medium.

Da das Hauptüberlieferungsmedium, das dem heutigen Forschenden zur Verfügung steht, das Geschriebene ist, neigen wir dazu, dieses überzubewerten. Der Großteil der Bevöl-

81 Sallaberger, W., Von politischem Handeln zu rituellem Königtum. Wie im Frühen Mesopotamien ein Herrscher seine Taten darstellt, in: Porter, B.N. (Hrsg.), Ritual and Politics in Ancient Mesopotamia, New Haven (2005), S. 67ff.

82 Ebd., S. 85f.

83 Ebd., S. 86f.

84 Zu „Ritual" vgl. die Definition von Stanley J. Tambiah, s.u. Kapitel 4.2 „Die Herrschaft des altorientalischen Königs, Fußnote 25.

85 Talon, P., Cases of Deviation in Neo-Assyrian Annals and Foundation, in: Porter, B.N. (Hrsg.), Ritual and Politics in Ancient Mesopotamia, New Haven (2005), S. 100ff.

kerung der behandelten Gesellschaften kann nicht lesen und die Anbringungsorte der Inschriften lassen oft nicht auf Kommunikationsmedien schließen (z.B. Gründungsinschriften in Fundamenten etc.). Deswegen werden geschriebene Botschaften durch andere Medien vervollständigt, z.B. visuell durch Wandreliefs oder mündlich durch das Vorlesen bestimmter Texte zu speziellen Anlässen. Die Details eines solchen komplexen Textes sind nichtsdestotrotz nur einer Minderheit zugänglich, den eigentlichen Autoren bzw. der „herrschenden Klasse“ (Palast- und Peripheriebeamte, Schreiber, Priester).[86]

Am aussagekräftigsten sind die kommunizierten Botschaften, wenn – wie etwa auf den neuassyrischen Orthostaten – ein geschriebener Text mit einem Bild zusammen erscheint. Durch die begleitenden Texte wird klar, dass „all of these images speak the praises of the king.“[87] Das Bild gibt dabei die spezifische physiognomische Konstellation wieder, während das „künstliche“ Wort, dessen Aussagekraft auf sich ständig ändernden Codes und Konventionen beruht, die Spiegelung der Wirklichkeit klassifiziert, individualisiert und mit einer Souveränität und Klarheit urteilt, über die das Bild allein nicht verfügt. Dagegen hat das Bild wiederum den Vorteil, dass es eine vorhandene Wirklichkeit darstellt, eine Nachbildung zeigt, die kulturübergreifend erkannt werden kann.[88]

2.3.2 Bilder

Die im Verhältnis von Kunst und Politik angelegte Kommunikationsstruktur bietet effektive Möglichkeiten, sowohl die Untertanen als auch die „höfische Elite“ zu beeinflussen, so dass kaum ein politisches System auf diese Möglichkeiten der Einflussnahme verzichtet.[89] Dies mag im Einzelfall bis zu einer Art von staatlich verordnetem „Kunstprogramm“ führen.

Neben dieser staatlichen Involvierung in den Prozess des „Kunst-“ bzw. des Bildschaffens ist außerdem ein zu untersuchender Aspekt die bildliche Darstellung des Königs selbst. Diese reflektiert das Selbstbild des Herrschers und wie er von seinen Untertanen wahrgenommen werden will.

Schon bei Aristoteles wird dieser Gedanke greifbar: Er spricht an die Regierenden eine Warnung aus, die künstlerische Freiheit zu beschränken und keine Standbilder oder Gemälde solcher Götter zu gestatten, bei denen das Gesetz Ausgelassenheit zulasse. Kunst ist

86 Liverani, M., The Ideology of the Assyrian Empire, in: Larsen, M.T., Power and Propaganda, Kopenhagen (1979), S. 302.

87 Russell, J.M., The Writing on the Wall. Studies in the Architectural Context of Late Assyrian Palace Inscriptions, Winona Lake (1999), S. 230. Das ist auch der Fall, wenn das Bild und der Text von der Handlung her nicht unmittelbar zusammenhängen, wie i.d.R. bei den Orthostaten von Assurnasirpal II. der Fall. Ebd.

88 Keel, O.; Uehlinger, C., Göttinnen, Götter und Gottessymbole. Neue Erkenntnisse zur Religionsgeschichte Kanaans und Israels aufgrund bislang unerschlossener ikonographischer Quellen, Fribourg (1992), S. 453ff.

89 Vgl. Mühleisen, H.-O., Kunst und Macht im politischen Prozess – Prolegomena einer Theorie politischer Bildlichkeit, in: Hofmann, W.; Mühleisen, H.-O. (Hrsg.), Kunst und Macht – Politik und Herrschaft im Medium der bildenden Kunst, Münster (2005), S. 3.

damit ein funktionaler Bestandteil der normativen Theorie des Staates und dient als Mittel zu dessen Stärkung.[90]

In diesem Sinn arbeiten Hofkünstler im Auftrag des Königs – meist wohl aber angestoßen durch bestimmte „Vermittler“ wie Berater oder Programmdirektoren – an repräsentativen Darstellungen des Herrschers oder der Herrschaft, z.B. in Form von Allegorien, Erzählungen von Ereignissen oder historischen Begebenheiten. Ist nicht der Herrscher oder die herrschende Gruppe selbst Adressat der Bildwerke, sondern das Volk oder fremde Gesandte, fungiert die Kunst im Rahmen eines „Propagandaprogrammes“. Dabei hängt die Rezeptionsweise ebenso von der räumlichen und zeitlichen Nähe oder Distanz ab, wie sie sich in verschiedenen kulturellen Milieus unterscheidet.[91]

Nach Pierre Bourdieu[92] impliziert jede Betrachtung von Kunst(werken) eine bewusste oder unbewusste Dekodierung. Ein unmittelbares und adäquates Verstehen des Bildes ist nur möglich, wenn der kulturelle Schlüssel zur Dekodierung, der dem Werk zu Grunde liegt, dem Betrachter vollständig verfügbar ist. In diesem Fall versteht sich das Verständnis des Bildes von selbst, die Frage nach dem Sinn, nach der Entschlüsselung des Werkes stellt sich für den Betrachtenden erst gar nicht. Verhält es sich dagegen anders, ist dem Betrachtenden der Schlüssel zur Dekodierung nicht vollständig zugänglich, da er aus einem anderen kulturellen Hintergrund stammt als das Bild, sind Missverständnisse die Regel. Es kommt höchstens zu einem illusorischen Verständnis auf Grund eines falschen Schlüssels. Da das Werk meist nicht als kodiert begriffen wird, wendet der Betrachtende seine eigene kulturell bedingte Entschlüsselung an, die zwangsläufig zu Fehlern in der Interpretation führt. Der erwähnte künstlerische Code, also das System der möglichen Unterteilungsprinzipien von Darstellungen einer Gesellschaft, hat den Charakter einer gesellschaftlichen Institution. Die Gesamtheit der Wahrnehmungsinstrumente bedingt dabei die Art der Aneignung der Kunst- und Kulturgüter einer Gesellschaft zu einem bestimmten Zeitpunkt und ist nicht vom Willen oder Bewusstsein des Individuums abhängig. Vielmehr zwingt sie sich dem Einzelnen auf, meist unbewusst, und bildet so die Grundlage für die möglichen Unterscheidungen. So wird Kunst eigentlich erst durch die Bildung der Betrachtenden wirklich interpretierbar. Das Kunstschaffen erscheint als Mittel zur Unterscheidung von Klassen und als Mittel zur Herrschaftslegitimation. Das Kunst- oder Bildwerk steht im Gegensatz zur alltäglichen Welt, es erhält eine sakrale Aura. Daraus entwickelt sich ein Kreislauf: Wenn das Bild eine solche sakrale Weihe hat, verleiht es wiederum denen Weihe oder magisches Charisma[93], die es zu deuten wissen.[94]

Ausgehend von diesen Überlegungen ist die Aufnahme und Interpretation von „Kunst“ oder Bildwerken abhängig vom Wissen der Betrachtenden, ihrer Vorbildung. Bei entsprechenden Hintergrundkenntnissen lässt daher das Kunstschaffen Rückschlüsse auf die spezifische Ausformung der jeweiligen Herrschaft zu. So ist der Grad der königlichen

90 Nach Mühleisen, H.-O., Kunst und Macht im politischen Prozess – Prolegomena einer Theorie politischer Bildlichkeit, in: Hofmann, W.; Mühleisen, H.-O. (Hrsg.), Kunst und Macht – Politik und Herrschaft im Medium der bildenden Kunst, Münster (2005), S. 3.

91 von Beyme, K., Die Kunst der Macht und die Gegenmacht der Kunst. Studien zum Spannungsverhältnis von Kunst und Politik, Frankfurt (1998), S. 56ff; 22f.

92 Bourdieu, P., Zur Soziologie der symbolischen Formen, Frankfurt (2000).

93 Zum magischen Charisma siehe oben, Kapitel 1.4 „Das Charisma-Konzept“.

94 Bourdieu, P., Zur Soziologie der symbolischen Formen, Frankfurt (2000), S. 159ff.

Einflussnahme auf das Bildschaffen einzuschätzen und Hinweisen auf das inszenierte Selbstbild bzw. die Art und Weise, wie der König von Anderen wahrgenommen werden will, nachzugehen, um daraus etwa die Rolle von Bildwerken als Mittel der Herrschaftslegitimation und -repräsentation abzuleiten.

Es scheint mesopotamische Tradition zu sein, dass sich Monumentalkunst, Skulpturen und Wandmalereinen auf die Person des Königs und seine Errungenschaften konzentrieren; Themen sind u.a. der König im Gebet, Reihen von Tributbringern oder Höflingen vor dem König, das Recht-Sprechen des Königs, der siegreiche König, der König beim Triumph oder Festmahl und der König bei der Jagd auf wilde Tiere.[95]

Am Beispiel der neuassyrischen Reliefs hat Irene Winter die allgemeinen Merkmale der Königsdarstellungen aufgezeigt. Auf den Reliefs sind immer die Assyrer die siegreiche Partei in einer Schlacht und der König steht dabei immer im Mittelpunkt. Selbst wenn der König auf einer Darstellung nicht abgebildet ist, muss seine Person immer mitgedacht werden, denn das abschließende Ziel eines jeden Feldzuges o.Ä. ist, die Beute, Gefangene und den Kopf des feindlichen Herrschers dem eigenen König zu bringen. Sowohl auf Reliefs als auch in der Plastik wird der König idealisiert dargestellt, da er als von den Göttern geformt von perfekter Gestalt sein muss. Es existiert auch die Vorstellung, dass die Götter den König im Zuge der Amtserhebung physisch verändern, um sein Aussehen zu perfektionieren.[96] Somit lassen sich von den Königsdarstellungen kaum Rückschlüsse auf das tatsächliche Aussehen der Herrscher ziehen; es geht vielmehr um die Vorstellung der Bildschaffenden, wie ein König an sich auszusehen habe. So ähneln die Königsdarstellungen – gerade die Statuen – oft den Götterbildern, was für den Herrscher insofern relativ einfach zu beeinflussen ist, da er neben der Herstellung seiner eigenen Statuen ebenso die der Götterbilder überwacht.[97]

Bildliche Darstellungen, eventuell in Verbindung mit Texten, erschließen auch dem illiteraten Betrachter die königliche Herkunft der Stelen oder ähnlicher Werke, ebenso wie eventuell die göttliche Legitimation des Herrschers.[98]

2.3.3 Architektur

> „Die alte, auf Aristoteles aufbauende Einteilung systematischen Denkens in die theoretische und praktische Philosophie umfasst mit letzterer die Politik und mit ihr die Idee von der Vollendung des menschlichen Wesens als *zoon politikon* in der Polis, in staatlich verfasster und als Stadt behauster Gemeinschaft. Durch Gebäude schafft sich der Mensch dafür den funktional-praktischen Rahmen, den realen Raum

---

95 Reade, J., Ideology and Propaganda in Assyrian Art, in: Larsen, M.T. (Hrsg.), Power and Propaganda, Kopenhagen (1979), S. 229ff.

96 Z.B. Adad-Nerari II. Vgl. Winter, I.: Art in Empire – The Royal Image and the Visual Dimensions of Assyrian Ideology, in: Parpola, S.; Whiting, R.M. (Hrsg.), Assyria 1995, Helsinki (1997), S. 372.

97 Winter, I.: Art in Empire – The Royal Image and the Visual Dimensions of Assyrian Ideology, in: Parpola, S.; Whiting, R.M. (Hrsg.), Assyria 1995, Helsinki (1997), S. 359–381.

98 Vgl. zum Beispiel die Stele des Codex Hammurabi: Bosshard-Nepustil, E., Zur Darstellung des Rings in der altorientalischen Ikonographie, in: Morenz, L.D.; Bosshard-Nepustil, E. (Hrsg.), Herrscherpräsentation und Kulturkontakte Ägypten-Levante-Mesopotamien. Acht Fallstudien, Münster (2003), S. 62f.

politischer Öffentlichkeit. Architektur vergegenwärtigt so deren theoretisch formuliertes Weltbild.“[99]

Architektur ist die öffentlichste aller Kunstformen und so gleichermaßen die politischste. Dahinter steckt der Gedanke, dass ein vom „Staat“ bzw. vom König errichtetes öffentliches Gebäude, etwa eine Residenz, über seine reine Zweckmäßigkeit hinaus immer in einer wie auch immer gearteten Weise repräsentativ ist,[100] über eine bestimmte Bedeutung verfügt und diese kommunizieren soll.

Durch die spezifische Gestaltung von Architektur wird ein ikonischer Code entwickelt, das Bauwerk wird zum Gegenstand einer kommunikativen Beziehung, in der der Betrachter des Bauwerkes eine Botschaft vom Erbauer bzw. Nutzer desselben erhält. Dabei muss es sich nicht zwingend um ein einzelnes Gebäude handeln, auch ein Ensemble von Bauten und deren räumliche Gliederung kann eine Botschaft beinhalten. Wenn z.B. der Tempel einer Stadt größer ist als der Palast und im Mittelpunkt steht, weist das auf eine Überordnung der göttlichen Sphäre über die weltliche hin. Eine planmäßig angelegte Stadt ist also wie ein Kunstwerk zu betrachten, sie ist ein kommunikatives Element, die als Botschaft zu dekodieren ist. Absender dieser Botschaft ist das politische System, die herrschende Institution, in unserem Fall wohl der König. Medium bzw. Vermittler der Botschaft ist der Stadtplaner oder Architekt, er setzt diese architektonisch um und entwickelt dabei den ikonischen Code. Schwieriger ist die Frage nach dem Adressaten: Wer kann diese Botschaft überhaupt lesen? Mirko Novák schlägt eine Kombination des transzendentalen und psychologischen Modells vor: Die Botschaft ist sowohl an die Götter adressiert, als Rechenschafts- oder Tüchtigkeitszeugnis der Könige, als auch an die Bevölkerung, als Übermittlung der vom König gewährleisteten Weltordnung ebenso wie seiner Macht.[101]

Die zugrundeliegenden Hauptfragen bei der Beschäftigung mit Architektur lauten also: Mit welchem Ziel planen und bauen die Auftraggeber und welcher Mittel bedienen sie sich? Und dann in zweiter Instanz: Welche Auswirkungen hat die Architektur auf den Benutzer und wie beeinflusst sie sein Handeln, also wie erfolgreich war das Konzept der Bauenden?[102]

Dabei geht es in erster Linie um öffentliche Gebäude und weniger um Privat- bzw. Wohnhäuser, obwohl Joseph Maran[103] die Bedeutung der Architektur nicht-öffentlicher, nicht-monumentaler Bauten betont. Denn nach Pierre Bourdieu formt jeder Raum das Verhalten und den Habitus der Bewohner sowie deren Weltsicht durch die räumliche Visualisierung von Unterschieden, z.B. Eltern-Kinder, Essen-Schlafen, innen-außen, sauber-

---

99 Hipp, H.; Seidl, E., Architektur als politische Kultur, Berlin (1996), S. 7.

100 Himmerlein, V., Die Selbstdarstellung von Dynastie und Staat in ihren Bauten. Architektur und Kunst der Residenzen Südwestdeutschlands, in: Andermann, K. (Hrsg.), Residenzen – Aspekte neustädtischer Zentralität von der frühen Neuzeit bis zum Ende der Monarchie, Sigmaringen (1992), S. 47.

101 Novák, M., Herrschaftsform und Stadtbaukunst, Saarbrücken (1999), S. 20ff.

102 Nach Hoffmann, A., Macht der Architektur – Architektur der Macht, in: Schwandner, E.-L.; Rheidt, K. (Hrsg.), Macht der Architektur – Architektur der Macht. Bauforschungskolloquium in Berlin vom 30. Oktober bis 2. November 2002 veranstaltet vom Architektur-Referat des DAI, Mainz (2004), S. 6.

103 Maran, J., Architecture, Power and Social Practice – An Introduction, in: Maran, J.; Juwig, C.; Schwengel, H.; Thaler, U. (Hrsg.), Constructing Power: Architecture, Ideology and Social Practice – Konstruktion der Macht: Architektur, Ideologie und soziales Handeln, Münster (2006), S. 9–14.

unsauber, arm-reich, heilig-profan. Der Platz eines Individuums im physischen Raum zeigt seine Position im sozialen Raum.[104]

Wo Herrschaft entsteht, wird öffentlicher Raum geschaffen, in dem Sinne, dass dieser „Raum" einer Öffentlichkeit zugänglich ist, von dieser wahrgenommen und beurteilt werden kann. Die Schaffung von solchem Raum, etwa eines Palastes oder eines Tempels, die von der Öffentlichkeit zumindest von außen wahrgenommen werden, oder einer ganzen Stadt durch den/die Herrschenden impliziert eine (wohl in der Regel intendierte) Beeinflussung derer, die diesen Raum nutzen und erleben.

Der öffentliche Raum ist multifunktional. Er verfügt erstens über kulturelle Aspekte, nämlich seine ästhetische Qualität und Nutzbarkeit, die das Stadtbild prägen und eine wichtige Bedeutung für die Außendarstellung, das „Image" der Stadt haben. Als zweites sind soziale Prozesse der Aneignung, Kommunikation und Sozialisation zu nennen. Auf der anderen Seite kann der öffentliche Raum bzw. seine Architektur auch negative Empfindungen auslösen wie Bedrohung, Unsicherheit und Ausgrenzung[105]. Der öffentliche Raum erfüllt, vor allem in modernen Städten, eine ökologische Funktion, etwa durch Grünanlagen, die das Klima der Stadt verbessern. Viertens kann die Politik ihre Aktivitäten und deren Ergebnisse durch die Gestaltung und Pflege des öffentlichen Raumes demonstrieren. Im Mittelalter wird z.B. von sauberen Straßen und einem guten Zustand der öffentlichen Plätze auf eine gute Regierung geschlossen. Als letztes wäre die ökonomische Funktion des öffentlichen Raumes zu nennen, als Umschlagplatz für Waren, etwa durch Märkte oder Straßenverkauf etc.[106]

Öffentliche Bauten reflektieren den Einsatz sozialer Ressourcen durch die Herrschenden und werden – von Zeitgenossen wie auch heute – als Ausdruck politischer, sozialer, religiöser und wirtschaftlicher Macht interpretiert, indem sie symbolisch auf die soziale Ordnung sowie die darin aufscheinende staatliche Macht verweisen.[107] Dabei wirken Architektur und Raumordnung im gesellschaftlichen Zusammenhang dialektisch. Auf der einen Seite beeinflussen sie die Wahrnehmung und damit das Denken und Handeln der Menschen, während auf der anderen Seite der Mensch selbst die räumliche Ordnung bestimmt, durch seine Bautätigkeit und durch grundsätzliche Eingriffe in die Umwelt. Dadurch kann Architektur von den Mächtigen benutzt werden, um ihre Macht zu legitimieren, zu repräsentieren und in diesem Zusammenhang aufrecht zu erhalten. Die von den Machthabern propagierte Weltsicht kann durch Architektur der Bevölkerung nahe gebracht werden, wodurch die Bevölkerung an die Elite gebunden werden kann. Eine gemeinsame Identität wird geschaffen.[108]

---

104 Ebd., S. 12.

105 Walter Siebel postuliert etwa, dass es nie einen tatsächlich „öffentlichen" Raum gibt, es ginge vielmehr immer um einen beschränkten Zutritt zu diesem „Raum". Diese Beschränkung unterscheidet sich lokal und epochal, so wurde z.B. im 19. Jahrhundert n. Chr. Frauen der Zutritt zum öffentlichen Raum verwehrt, heute Obdachlosen und Drogenabhängigen. Nach Reicher, C.; Kemme, T., Der öffentliche Raum, Berlin (2009), S. 12.

106 Reicher, C.; Kemme, T., Der öffentliche Raum, Berlin (2009), S. 15f.

107 Bretschneider, J.; Driessen, J.; van Lerberghe, K., Power and Architecture – Monumental Public Architecture in the Bronze Age Near East and Aegean., in: dies. (Hrsg.), Power and Architecture – Monumental Public Architecture in the Bronze Age Near East and Aegean, Leuven (2007), S. 1.

108 Heinz, M., Architektur und Raumordnung. Symbole der Macht, Zeichen der Mächtigen, in: Maran, J.;

Die Gebäude des öffentlichen Raumes werden angelegt in der Absicht, ein Gemisch aus Erhebung und Einschüchterung bei den Betrachtern auszulösen. Erreicht wird dies v.a. durch die schiere Baumasse, also die Monumentalität, die die umgebende Welt „verzwergt", durch die Wahl eines besonderen Bauplatzes sowie durch den Einsatz von respekteinflößenden Symbolen und politischen Ikonographien.[109] Auch die Baustoffe spielen eine Rolle, wenn etwa besonders wertvolles, seltenes oder importiertes Material verbaut wird. Der Beschaffung von wertvollen Ressourcen z.B. als Baumaterial durch den Herrscher haftet eine ideologische und auch politische Symbolik an.[110] Könige sind definiert durch ihre Fähigkeit, sozial wünschenswerte, besondere Dinge zu beschaffen, denn das zeigt, dass sie die Kräfte des Außen zu manipulieren und zu transformieren vermögen.[111] Aber auch rein praktisch erfordern Bauvorhaben grundsätzlich einen finanziellen und „menschlichen" Überschuss, also genügend Ressourcen und Arbeitskraft. Der Zugang zu einem solchen Überschuss setzt politische Macht voraus.[112]

Überhaupt wird die Bautätigkeit an öffentlichen Gebäuden der Macht und Größe des Königs zugeschrieben. Am Beispiel der persischen Hauptstadt Persepolis zeigt sich das an der überdimensionierten Architektur, die bei einem Besucher oder auch Untertanen den Eindruck erweckt haben muss, klein und winzig vor der Allmacht des Königs zu sein. Diese Architektur fordert die absolute Unterwerfung unter die über unbeschränkte Mittel verfügende Macht des Großkönigs.[113]

Dies gilt nicht nur die Neuanlage von Gebäuden oder ganzen Städten, sondern ebenso für Restaurationsprojekte und den gezielten Wiederaufbau von älteren, vielleicht traditionell bedeutenden Gebäuden.[114]

Als eines der wichtigsten Mittel, derer sich der König im Rahmen der Repräsentation durch Architektur bedienen kann, gilt, wie oben bereits angemerkt, die Monumentalität. Durch die besondere Größe der Bauwerke kommt die besondere Stellung des Herrschers zum Ausdruck, der mehr vermag als andere Menschen. Damit werden Assoziationen und Emotionen beim Betrachtenden ausgelöst, die weitestgehend unabhängig von der

Juwig, C.; Schwengel, H., Thaler, U. (Hrsg.), Constructing Power: Architecture, Ideology and Social Practice. Konstruktion der Macht: Architektur, Ideologie und soziales Handeln, Münster (2006), S. 137.

109 von Beyme, K., Die Kunst der Macht und die Gegenmacht der Kunst. Studien zum Spannungsverhältnis von Kunst und Politik, Frankfurt (1998), S. 242.

110 Helms, M., Craft and the Kingly Ideal. Art, Trade and Power, Austin (1993), S. 3.

111 Ebd., S. 160ff. Vgl. auch den Aspekt des Königs als Bewahrer vor dem und Bezwinger des Chaos im „Außen" in Kapitel 1.3.2 „Aspekte des Königtums".

112 Vgl. Markus, T.A., Piranesi's Paradox: To Build is to Create Asymmetries of Power, in: Maran, J.; Juwig, C.; Schwengel, H., Thaler, U. (Hrsg.), Constructing Power. Architecture, Ideology and Social Practice. Konstruktion der Macht: Architektur, Ideologie und soziales Handeln, Münster (2006), S. 322.

113 Hoffmann, A., Macht der Architektur – Architektur der Macht, in: Schwandner, E.-L.; Rheidt, K. (Hrsg.), Macht der Architektur – Architektur der Macht. Bauforschungskolloquium in Berlin vom 30. Oktober bis 2. November 2002 veranstaltet vom Architektur-Referat des DAI, Mainz (2004), S. 7.

114 Das Einbinden der traditionellen Formen oder ganzer Gebäude in ein Stadtbild lässt Rückschlüsse auf den Umgang der Herrschenden mit dem „Alten, Traditionellen" allgemein zu. Vgl. Heinz, M., Architektur und Raumordnung. Symbole der Macht, Zeichen der Mächtigen, in: Maran, J.; Juwig, C.; Schwengel, H., Thaler, U. (Hrsg.), Constructing Power. Architecture, Ideology and Social Practice. Konstruktion der Macht: Architektur, Ideologie und soziales Handeln, Münster (2006), S. 138ff.

kulturellen Prägung des Einzelnen sind. Noch Jahrhunderte nach seiner Fertigstellung galt etwa der Turm zu Babel in der biblischen Überlieferung als Symbol für die Hybris des erbauenden Volkes und seiner Könige.[115] Ein Thema, das auch in der mittelalterlichen Kunst[116] noch nachhallt.

Architektur kann für die „Bewertung" einer Gesellschaft bzw. eines Staates sogar eine so bedeutende Rolle spielen, dass spezifische bauliche Hinterlassenschaften stellvertretend für die Kultur an sich stehen, wie eben der Babylonische Turm oder die Pyramiden Ägyptens. In jedem Falle sind diese beeindruckenden Bauwerke Ausdruck der Macht des Staates oder des exzentrischen Willens eines Individuums.[117] Monumentale bzw. besonders repräsentative Bauwerke können ebenso als negativ empfunden werden, gerade von Feinden. Deswegen ist Monumentalarchitektur häufig Ziel mutwilliger Zerstörung, vom Turm zu Babel bis zum World Trade Center in New York. Denn diese Gebäude repräsentieren die Gesellschaft sowie deren Macht, und mit ihrer Zerstörung wird gleichzeitig der Ausdruck ihrer (ehemaligen) Macht zerstört.[118] Dabei müssen die Zerstörer nicht zwangsläufig Feinde von Außen sein, auch intern können neue Könige oder Dynastien versuchen ihre Macht zu legitimieren und zu zeigen, indem sie Bauwerke der Vorgänger zerstören.

Welche Bedeutung Bautätigkeit im Alten Orient für die Könige hatte, lässt sich schon daran erkennen, dass ein Großteil der Königsinschriften sich mit der Errichtung von Gebäuden beschäftigt, in erster Linie Tempel, und auch in den Jahresnamen werden Bauprojekte aufgeführt.[119] Somit stellt die Errichtung von Architektur in der Propaganda der Herrscher, in ihrem Kommunizieren des eigenen Prestiges, einen grundlegenden Aspekt dar. Neben dem erwünschten Propagandaeffekt, dem Gewinn an königlichem Ansehen, verdient aber ebenso der tatsächliche Aufwand an Arbeitskraft, Material und Zeit Beachtung, der verdeutlicht, wie viel Kapital ein Staat bzw. König von subsistenziellen Arbeiten entbehren und für solche Bauprojekte einsetzen kann.[120] Damit zeigt der Herrscher seinen Wohlstand und sein Vermögen, sowohl an Kapital als auch an Leistungsfähigkeit.

---

115 Gen 11, 1–9.

116 Z.B. „Der Turmbau zu Babel" von Pieter Brueghel d. Ä.

117 Bretschneider, J.; Driessen, J.; van Lerberghe, K., Power and Monument: Past and Present, in: dies. (Hrsg.), Power and Architecture – Monumental Public Architecture in the Bronze Age Near East and Aegean, Leuven (2007), S. 3. Eine Reflektion eines Bauvorhabens im letzteren Sinne erkennt man z.B. an der Bewertung des Schlosses Neuschwanstein durch Zeitgenossen, v.a. wegen der sowieso schon hohen Verschuldung Bayerns zu diesem Zeitpunkt, die in den Augen der Bevölkerung und auch einiger politischer Gegner durch eben solche riesigen Bauprojekte noch vorangetrieben wurde. Vgl. etwa Büttner, F., Neuschwanstein, S. 330–353, in: Schmid, A., Weigand, K. (Hrsg.), Schauplätze der Geschichte Bayerns, München (2003).

118 Bretschneider, J.; Driessen, J.; van Lerberghe, K., Power and Monument: Past and Present, in: dies. (Hrsg.), Power and Architecture – Monumental Public Architecture in the Bronze Age Near East and Aegean, Leuven (2007), S. 8.

119 Ebd., S. 1.

120 Ristvet, L., The Third Millennium City Wall at Tell Leilan, Syria: Identity, Authority and Urbanism, in: Bretschneider, J.; Driessen, J.; van Lerberghe, K. (Hrsg.), Power and Architecture – Monumental Public Architecture in the Bronze Age Near East and Aegean, Leuven (2007), S. 198.

2.4 Die Aspekte der Herrschaft des altorientalischen Königs

2.4.1 Die Verbindung des Königs zu den Göttern

Nach Ivan Engnell gibt es drei mögliche Varianten der Beziehung des Königs zu den Göttern: 1. der König selbst ist göttlich oder göttlicher Herkunft, 2. der König ist Statthalter der Götter auf Erden, und 3. der König ist für seine Untertanen der „Kanal der göttlichen Gnade und Kraft".[121] Alle drei sind für den Alten Orient, teilweise auch gleichzeitig mit unterschiedlicher Gewichtung, von Bedeutung, denn ganz allgemein ist die Herrschaft im Alten Orient religiös bzw. sakral legitimiert. Herrschaftsinstitutionen und -praxis sind eng mit den religiösen Strukturen und Vorstellungswelten der altorientalischen Gesellschaften verbunden, der Bezug auf die göttliche Macht ist ein notwendiges Element für die Herrschaftsausübung, unabhängig davon, ob der Herrscher vergöttlicht ist. Damit wird sichergestellt, dass bestehende Herrschaftsstrukturen nicht in Frage gestellt werden, denn das wäre gleichbedeutend mit einem Infrage stellen der Weltordnung und des Willens der Götter. Schließlich wurde das Königtum von den Göttern geschaffen.[122]

Im Alten Orient existiert die Vorstellung vom göttlichen Mandat der Herrschaft. Eine der Hauptaufgaben des Herrschers ist dabei, dass er persönlich verantwortlich ist für die von den Göttern an die Menschen delegierten Arbeiten, nämlich die Versorgung der Heiligtümer und den Kult der Gemeinde.[123]

Das mesopotamische Menschenbild sieht den Menschen als Kompositwesen, so kann der König leicht als göttlich gelten ohne Gott zu sein, allein auf Grund seiner persönlichen, gottgleichen Qualitäten. Damit hätte der König, schlicht weil er König ist, eine funktionale Göttlichkeit.[124]

Trotz dieser allgemein gültigen Aussagen ist die religiöse Konzeption des Königs und der Herrschaft für den Alten Orient differenzierter zu betrachten. Die Formen der Herrscherverehrung sowie die Stellung des Königs im Kult etc. ändern sich im Laufe der Zeit bzw. sind in verschiedenen Regionen unterschiedlich. Im Folgenden soll ein kurzer Überblick mit einer Fokussierung auf die Gemeinsamkeiten des Konzeptes des sakralen Königtums im Alten Orient gegeben werden, um sich dann ausführlicher mit dem sakralen Aspekt des assyrischen Königs zu befassen, da der assyrische Kulturkreis den urartäischen am meisten beeinflusst zu haben scheint, sowie mit dem religiösen Herrscherbild bei den Hethitern und den Achämeniden.

Die frühe sumerische Gesellschaft der Ǧemdet-Nasr-, Uruk- und auch Frühdynastischen Zeit ist geprägt durch die Herrschaft der Tempel, an deren Spitze ein Herrscher, en, ensí oder lugal[125] genannt, steht, dem eine zentrale Rolle im Kult zukommt. Der Herrscher ist

121 Engnell, I., Studies in Divine Kingship in the Ancient Near East, Uppsala (1943); Röllig, W., Zum „Sakralen Königtum" im Alten Orient, in: Gladigow, B. (Hrsg.), Staat und Religion, Düsseldorf (1981), S. 114.

122 Vgl. Kapitel 2.2 „Der Ursprung des altorientalischen Königtums". Winter, I., Touched by the Gods: Visual Evidence for the Divine Status of Rulers in the Ancient Near East, in: Brisch, N. (Hrsg.), Religion and Power. Divine Kingship in the Ancient World and Beyond, Chicago (2008), S. 76.

123 Panitschek, P., LUGAL –šarru –βασιλεύς, Frankfurt (2008), S. 64.

124 Selz, G., The Divine Prototypes, in: Brisch, N. (Hrsg.), Religion and Power. Divine Kingship in the Ancient World and Beyond, Chicago (2008), S. 24f.

125 Vgl. Kapitel 2.1 „Altorientalische Begriffe für „König", Herrschertitel und Epitheta".

kein Gott, hat aber eine den Göttern gegenüber herausgehobene Stellung unter den Menschen.

Nach Adam Falkenstein besteht in den genannten mesopotamischen Gesellschaften eine „theokratische Despotie“, in der der Gott der jeweils bedeutendsten Stadt zum höchsten Gott des Pantheons erhoben wird. Dagegen argumentieren Thorkild Jacobsen und Igor M. Diakonoff für eine „primitive Demokratie“ mit einer Versammlung der Ältesten als Herrschaftsform der Frühzeit Mesopotamiens. Beide Konzepte sind so nicht auf ganz Mesopotamien übertragbar, v.a. da das Gebiet zu diesem Zeitpunkt ja keine Einheit ist. So muss man sicherlich Unterschiede sowohl zwischen dem Norden und Süden als auch zwischen den einzelnen Stadtstaaten voraussetzen.[126]

In den Stadtstaaten Südmesopotamiens sind für die Frühzeit keine Paläste nachweisbar, sondern nur Tempelkomplexe, die (auch) die Wirtschaft organisieren. Bildlich tritt der Herrscher als „Mann im Netzrock“ auf, als Beschützer der Herden, bei der Löwenjagd und ebenso in kultischen Funktionen, etwa als oberster Priester auf der Urukvase (IM19606).[127] Die Entwicklung im sumerischen Königtum ist nach Jacob Klein bedingt durch Veränderungen in der Religion und im Kult. In archaischer Zeit dominieren Muttergottheiten in den Stadtstaaten, die als Schutzgöttinnen von männlichen Priesterherrschern, den menschlichen „Ehemännern“ der Göttinnen, fungieren. Diese weiblichen Gottheiten werden später ersetzt durch männliche Stadtgötter, was eine Veränderung in der Form der Regierung mit sich bringt: Der en-Priester bzw. -Herrscher wird ausgetauscht durch einen säkularen, politisch-militärischen Führer (ensí bzw. lugal) als Verwalter der Stadtgötter auf Erden. Seine Residenz befindet sich im Palast (é gal) außerhalb des Tempels.[128]

Ab der Frühdynastischen Zeit I ist für die sumerischen Stadtstaaten die Existenz des nam lugal, des Königtums, schriftlich belegt. Nach der Sumerischen Königsliste hat der lugal eine nominale Hegemonie über die Stadtstaaten mit ihren Fürsten, er vermittelt in Konflikten unter den einzelnen Stadtstaaten. Zu seinem Pflichtenkanon gehören außerdem kultische Aufgaben, so reist er z.B. zu großen religiösen Festen von Stadt zu Stadt. Der König ist auch Herrscher über einen eigenen Stadtstaat, in dem zu diesem Zeitpunkt das Königtum residiert, bis es mit Waffengewalt in einen anderen Stadtstaat übergeführt[129] wird. Der lugal wird von Enlil in Nippur ernannt, erfährt seine Legitimation also vom obersten Gott des Pantheons in dessen Stadt.[130]

Die Erwählung der Könige durch die Götter stellt ein zentrales Element in den Legitimationsstrategien dar. So werden in der Frühdynastischen Zeit Herrscher als Kind eines Gottes / einer Göttin[131] bezeichnet. Dabei ist das Motiv der Geburt durch eine Göttin häu-

126 Falkenstein, A., The Sumerian Temple City, Los Angeles (1974); Röllig, W., Zum „Sakralen Königtum“ im Alten Orient, in: Gladigow, B. (Hrsg.), Staat und Religion, Düsseldorf (1981), S. 116.

127 Röllig, W., Zum „Sakralen Königtum“ im Alten Orient, in: Gladigow, B. (Hrsg.), Staat und Religion, Düsseldorf (1981), S. 117.

128 Klein, J., Sumerian Kingship and the Gods, in: Beckman, G.; Lewis, T.J. (Hrsg.), Text, Artifact, and Image. Revealing Ancient Israelite Religion, Providence (2006), S. 118.

129 Jedenfalls nach der Sumerischen Königsliste. Ob die Verhältnisse zu dieser Zeit tatsächlich so waren, kann nicht gesichert geklärt werden.

130 Westenholz, A., The Old Akkadian Empire in Contemporary Opinion, in: Larsen, M.T. (Hrsg.), Power and Propaganda, Kopenhagen (1979), S. 109.

131 Z.B. Enmetena: „leiblicher Sohn der Göttin Gatumdug“ (Ent. 25, 9f.), Lugalzagesi: „leiblicher Sohn

figer als das der Zeugung durch einen Gott. Basierend auf einer Untersuchung der Personennamen dieser Zeit kommt Josef Bauer zu dem Schluss, dass die frühdynastischen Herrscher tatsächlich einen gewissen Grad der Verehrung in der Bevölkerung besaßen und durchaus als „göttlich“ verstanden wurden.[132]

Allerdings begründet dieses Argument der göttlichen Erwählung durch Gotteskindschaft schlecht eine Oberherrschaft über alle Stadtstaaten, denn jeder Herrscher jedes Stadtstaates könnte sich darauf berufen. So werden außerdem noch andere Legitimationsgrundlagen benötigt, meist die Familie bzw. Dynastie.[133]

Tatsächlich göttlich sind die mythischen Könige der Frühzeit wie Gilgameš, Etana, Lugalbanda und Dumuzi. Trotzdem bleiben diese Herrscher, solange sie leben, Menschen, die Vergöttlichung findet erst posthum statt. Diese Könige dienen, dem Prinzip des Euhemerismus folgend, als Prototypen aller Könige, ihre Vergöttlichung erfolgt auf Grund ihrer großen Taten, die sowohl von den Menschen als auch von den Göttern anerkannt werden.[134]

Mit der Herrschaftsübernahme der Dynastie von Akkad ändern sich die gesellschaftlichen Verhältnisse sowie das Königsbild zunächst nicht. Sargon ist zuerst ein weiterer Großkönig, der die Hegemonialstellung des Großkönigtums nach Akkad bringt. Sargon und seine Söhne versuchen die Tradition der Hegemonialstellung eines Großkönigs zu erhalten, erfahren aber trotzdem eine gewaltige Opposition, denn zum Einen ist Sargon kein Sumerer und wird somit von der Liga der sumerischen Stadtstaaten als Fremdkörper empfunden, und zum Anderen wird schnell klar, dass Sargon mehr will, nämlich ein Imperium aufbauen, das die ideologische Basis der Existenz der anderen Stadtkönige bedroht und sie der akkadischen imperialen Bürokratie unterordnet. Akkad soll eine Art Nationalstaat werden, der ehemals autonome Gebiete unter einer zentralisierten Regierung vereinigt. Diese politischen Veränderungen gehen einher mit einer Veränderung des Status’ des Königs, das Politische verschmilzt mit dem Religiösen. Zentrum des politischen und wirtschaftlichen Geschehens ist nun der Palast, die Tempel verlieren in dieser Hinsicht an Bedeutung.[135]

Die Situation spitzt sich unter Naramsîn zu, der die Idee der Weltherrschaft offen vertritt, sich anscheinend in religiöse Angelegenheiten einmischt und lokale Kulte nach Akkad verlagern will. Außerdem vernachlässigt Naramsîn offenbar seine kultischen Pflichten als Großkönig der Stadtstaaten. Daraus resultierende Rebellionen werden zwar niedergeschlagen, aber die Stimmung im Staat ist schlecht.[136] Als Lösung dieser Situation scheint die Vergöttlichung des Königs zu dienen. Aus den Inschriften Naramsîns ist ersichtlich, dass

---

der Nisabak“ (Luzag. 1 I 26f.), Mesalim: „der geliebte Sohn der Göttin Ninḫursaga“ (Mes. 3, 3f.).

132 Bauer, J.; Englund, R.K.; Krebernik, M., Mesopotamien. Späturuk-Zeit und Frühdynastische Zeit, Fribourg (1998), S. 518f.

133 Lambert, W.G., The Seed of Kingship, in: Garelli, P. (Hrsg.), Le Palais et la royauté – Archéologie et Civilisation, Paris (1974), S. 427.

134 Vgl. Kapitel 2.4.4 „Die mythischen Idealkönige“.

135 Vgl. Winter, I., Touched by the Gods: Visual Evidence for the Divine Status of Rulers in the Ancient Near East, in: Brisch, N. (Hrsg.), Religion and Power. Divine Kingship in the Ancient World and Beyond, Chicago (2008), S. 76. Westenholz, A., The Old Akkadian Empire in Contemporary Opinion, in: Larsen, M.T., Power and Propaganda, Kopenhagen (1979), S. 110f.

136 Westenholz, A., The Old Akkadian Empire in Contemporary Opinion, in: Larsen, M.T. (Hrs.), Power and Propaganda, Kopenhagen (1979), S. 110ff.

seine Göttlichkeit zunächst situativ begründet ist, d.h. der König schlüpft in die Rolle des Gottes. Erst mit der Inschrift auf der Bassetki-Statue (IM77823, s.u.) wird der König wirklich zum Gott auf Grund seiner außergewöhnlichen, übermenschlichen Taten.[137] Die Vergöttlichung Naramsîns wird in der späteren Literatur Mesopotamiens bzw. auch schon zur Zeit seiner Regierung von der Priesterschaft in Nippur negativ bewertet, als Hybris empfunden, wie der Text „Fluch über Akkad" belegt. In diesem Text wird Nippurs Herabsetzung durch Akkad bzw. die zu Grunde liegende Vergöttlichung Naramsîns als Grund für die Zerstörung der Hauptstadt Akkad und für den Zusammenbruch des ganzen akkadischen Reiches genannt.[138]

Eine Vergöttlichung des Herrschers ist nach Reinhard Bernbeck nur unter bestimmten Bedingungen der religiösen Vorstellungswelt möglich. Wenn der transzendente Bereich als grundsätzlich verschieden vom menschlichen empfunden wird, kann der König so gut wie nie vergöttlicht werden. Wenn dagegen die Götterwelt der der Menschen sehr ähnlich ist, wie im Alten Orient der Fall, ist das einfacher. Hat die Vergöttlichung des Königs stattgefunden, entsteht eine größere soziale Distanz zwischen ihm und seinen Untertanen im Allgemeinen, wichtig ist sie aber v.a. zwischen dem König und seiner direkten Umgebung, den Palastbeamten und natürlich den Priestern.[139] Nicht nur das religiöse Umfeld, eingebettet in die soziale Wirklichkeit der Zeit, muss günstig sein: Nach Bernbeck entscheidet auch die Persönlichkeit des Königs über die Möglichkeit einer Vergöttlichung. Die Einzelfälle von vergöttlichten Königen im Alten Orient zeigen, dass die betreffenden Herrscher als sehr charismatisch empfunden werden, sie während einer Krise zur Macht aufsteigen und politisch erfolgreich sind. Somit sind die besonderen und außerweltlichen Qualitäten des göttlichen Königs in diesem Fall nicht automatisch ans Amt gebunden, sondern kommen bestimmten Machtinhabern zu bzw. werden als persönliche Fähigkeiten schon mit ins Amt mitgebracht. Die Vergöttlichung setzt nach Bernbeck also zwingend persönliches Charisma des Herrschers voraus, außerdem Selbstvertrauen und eine narzisstische Persönlichkeit. In Kombination mit speziellen Umständen wie einer politischen, militärischen oder wirtschaftlichen Krise und deren erfolgreicher Überwindung kann es so zur Vergöttlichung des Königs kommen.[140]

Im Falle Naramsîns geschieht die Vergöttlichung aus einer ebensolchen Krise heraus. Verschiedene Teile des Landes haben sich gegen seine Herrschaft aufgelehnt, es gibt Rebellionen. Somit handelt es sich hier um ein sekundäres Gottkönigtum.[141] In der Bassetki-Inschrift behauptet Naramsîn, er habe sich auf Wunsch der Bevölkerung von Akkad vergöttlicht:

137 Edelmann, B., Religiöse Herrschaftslegitimation in der Antike. Die religiöse Legitimation orientalisch-ägyptischer und griechisch-hellenistischer Herrscher im Vergleich, St. Katharinen (2007), S. 29.

138 Klein, J., Sumerian Kingship and the Gods, in: Beckman, G.; Lewis, T.J. (Hrsg.), Text, Artifact, and Image. Revealing Ancient Israelite Religion, Providence (2006), S. 130.

139 Bernbeck, R., Royal Deification: An Ambiguation Mechanism for the Creation of Courtier Subjectivities, in: Brisch, N. (Hrsg.), Religion and Power. Divine Kingship in the Ancient World and Beyond, Chicago (2008), S. 158.

140 Ebd., S. 159.

141 Vgl. Kapitel 1.3.2 „Aspekte des Königtums".

„Weil er in d(ies)er Notlage die (Macht)basis seiner Stadt gefestigt hat, haben (die Bürger) seine(r) Stadt bei Ištar in E'anna, bei Enlil in Nippur, bei Dagān in Tuttul, bei Ninḫursag in Keš, bei Enki in Eridu, bei Sîn in Ur, bei Šamaš in Sippar, bei Nergal in Kutha zum Gott ihrer Stadt Akkade ihn (Narāmsîn) sich erbeten und inmitten von Akkade seinen Tempel errichtet."[142]

Damit wäre der König nicht selbst Ursprung der Vergöttlichung, sondern der Wunsch seiner Untertanen, eine „ultimative" ideologische Legitimation seiner Göttlichkeit. Naramsîn fungiert demnach laut Peter Panitschek als „kollektiver Schutzgott"[143] seiner Bevölkerung. Interessanterweise gibt es keinen begleitenden Mythos zur Vergöttlichung Naramsîns.

Offen bleibt ganz allgemein wie hier im Falle Naramsîns: Kann ein König sich vergöttlichen auf Grund seiner herausragenden Leistungen und der daraus resultierenden Unterstützung in der Bevölkerung und Priesterschaft? Oder muss ein König sich vergöttlichen, als *ultima ratio*, da alle anderen Mittel, sich durchzusetzen, bereits ausgereizt sind?

Der Schritt eines Königs sich selbst zu vergöttlichen und somit selbst zum Gegenstand eines Kultes zu werden ist vom „ursprünglichen" Konzept des mesopotamischen Königtums nicht so weit entfernt, wie man auf den ersten Blick denken möchte. Wie schon mehrfach ausgeführt, beinhaltet das Königtum eine sakrale Komponente, es hat seinen Ursprung bei den Göttern und ist daher umgeben von einer göttlichen Aura. Wenn das Amt an sich göttlich ist, ist der Schritt zur Göttlichkeit des Königs als Person nicht mehr so groß. Der König hat als Amtsträger des von den Göttern stammenden Amtes schon von Grund auf eine „funktionale Göttlichkeit".[144] Die Vergöttlichung selbst ist also nur ein Extremfall der Sakralisierung des Herrscheramtes, die an sich schon besteht. In diesem Extremfall ändern sich die tatsächlichen Bedingungen der Herrschaft kaum. Betroffen ist v.a. der innere Kreis, der direkt mit dem König zu tun hat. Da Regieren immer ein Ritual[145] impliziert, und der Umgang mit dem König von Haus aus rituell geregelt ist, ändert sich das Ritual dem König gegenüber mit der Vergöttlichung, denn nun muss er wie ein Gott behandelt werden. Da-

142 Text der Bassetki-Statue, Übersetzung nach Gelb I.J.; Kienast, B., Die Altakkadischen Königsinschriften des dritten Jahrtausends v. Chr., in: FAOS 7 (1990), S. 81f.

143 Panitschek, P., LUGAL –šarru –βασιλεύς, Frankfurt (2008), S. 218ff.

144 Vgl. Selz, G., The Divine Prototypes, in: Brisch, N. (Hrsg.), Religion and Power. Divine Kingship in the Ancient World and Beyond, Chicago (2008), S. 25.

145 Nach Stanley J. Tambiah liegen einem Ritual zwei Dimensionen zu Grunde; ein politisches Ritual ist eine Einheit, die den Kosmos symbolisch und/oder bildlich repräsentiert und gleichzeitig soziale Hierarchien legitimiert und realisiert, d.h. in Ritualen entwickeln herrschende Eliten Konzepte kosmischer Ordnung und Hierarchie, und vermitteln diese, um ihr eigenes weltliches Herrschaftsgebiet zu ordnen und ihre irdischen Machtansprüche zu legitimieren. Religiöse Rituale, Politik und Wirtschaft liegen in alten, traditionellen Gesellschaften eng zusammen, dabei ist das Ritual operativ im Bestimmen sozialer Beziehungen. Zweck der Rituale ist zum Einen auf der persönlichen Ebene die Kommunikation und das Verstärken von Doktrinen, zum Anderen auf der sozialen Ebene der Moment der Kollektiverfahrung, der Gemeinsamkeit und damit Identität stiftet. Der Umgang mit dem Herrscher ist dabei meist rituell geregelt, um den erhöhten Status und die Außeralltäglichkeit des Herrschers zu symbolisieren. Vgl. Cohen, A.C., Death Rituals, Ideology, and the Development of Early Mesopotamian Kingship. Toward an Understanding of Iraq's Royal Cemetery of Ur, Leiden / Boston (2005), S. 4ff. Gilan, A., Sakrale Ordnung und politische Herrschaft im hethitischen Anatolien, in: Hutter, M. (Hrsg.), Offizielle Religion, lokale Kulte und individuelle Religiosität, Münster (2004), S. 189ff.

durch vergrößert sich die Distanz zwischen Herrscher und Untertanen, der König wird endgültig zum Teil der höheren, göttlichen Ebene, damit auch zunehmend unantastbar.[146] Durch die geänderten Rituale wird diese neue Ebene – die des göttlichen Herrschers – gefestigt und für die Bevölkerung sowie v.a. die Palastbeamten, die im direkten Umgang mit dem König stehen, greifbar.

Bemerkenswert ist in dieser Hinsicht das Ritual der „Heiligen Hochzeit" in Ur[147] während der Ur-III-Zeit. Der Kult der „Heiligen Hochzeit" ist mit der besonderen Rolle des Königs bzw. des Königtums verbunden. Im Hintergrund steht die Entscheidung über das Geschick des Königs, *pars pro toto* für das Geschick des ganzen Staates, durch die Wiederholung des mythischen Geschehens zwischen Dumuzi und Inanna. Der König tritt in diesem Ritual als Repräsentant des Staates, nicht als individuelle Person auf. Es handelt sich um einen Ritus der Schicksalsbestimmung, nicht primär um einen Fruchtbarkeitsritus. Durch die „Heilige Hochzeit" bestärkt der König außerdem seine Legitimation, abgeleitet von seiner Verbindung zu den Göttern, in diesem Fall speziell zu Inanna.[148]

Die göttliche Legitimation der Ur-III-Könige wird außerdem betont durch die Inthronisationsrituale, während derer der König zu den Hauptheiligtümern des Landes, nämlich dem des Enlil in Nippur, dem der Inanna in Uruk und dem des Nanna in Ur reist. Ibbi-Suen wird etwa zunächst in Nippur gekrönt, feiert dann die Heilige Hochzeit in Uruk und wird schlussendlich im Nanna-Tempel zu Ur erneut gekrönt.[149] Somit erhält der König in den wichtigsten Kultzentren seines Reiches die Schicksalsbekundung, eine Form der Segnung und damit ebenso Legitimation durch die „Haupt"-Götter des Pantheons, symbolisiert durch die wohl in diesem Zusammenhang verliehenen Insignien. Diese verkörpern die göttliche Macht der Institution des Königtums, durch sie wird die Herrschaft überhaupt erst möglich. Theoretisch führen die Götter diese Übergabe der Insignien durch, praktisch ist davon auszugehen, dass diese Zeremonien von Priestern vollzogen wird.[150]

In der Ur-III-Zeit werden die Könige mit der Vergöttlichung zum Gegenstand des Kultes, Schreine bzw. Tempel werden für sie errichtet und sie empfangen Opfer. Die Statue des Herrschers wird ^{d}lama genannt und spielt im Kult der toten wie der lebenden Herrscher eine Rolle, auch als Inschriftenträger. Außerdem erhalten die vergöttlichten Könige Bittbriefe ihrer Untertanen. Die Initiative für den Königskult geht scheinbar von den Untertanen aus. Die Vergöttlichung Šulgis etwa wird begründet durch seine Ernennung zur ^{d}lama, zur Schutzgottheit, durch Enlil, seine kultische Verehrung geschieht in eben dieser

146 Vgl. auch Bernbeck, R., Royal Deification: An Ambiguation Mechanism for the Creation of Courtier Subjectivities, in: Brisch, N. (Hrsg.), Religion and Power. Divine Kingship in the Ancient World and Beyond, Chicago (2008), S. 159f.

147 Inwieweit die „Heilige Hochzeit" tatsächlich statt gefunden hat oder nur literarische „Erfindung" war ist umstritten (Vgl. Kraus, F.R., Das Altbabylonische Königtum, S. 235–261, in: Garelli, P. (Hrsg.), Le Palais et la royauté – Archéologie et Civilisation, Paris (1974)). In diesem Zusammenhang ist das aber unerheblich, da es um die Transportierung der Botschaft einer „Heiligen Hochzeit" geht, also um die Ideologie und Propaganda, die Auswirkung auf das Königsbild, die ja in jedem Fall gewollt ist und auch geschieht.

148 Röllig, W., Zum „Sakralen Königtum" im Alten Orient, in: Gladigow, B. (Hrsg.), Staat und Religion, Düsseldorf (1981), S. 120f. Kraus, F.R., Das Altbabylonische Königtum, in: Garelli, P. (Hrsg.), Le Palais et la royauté – Archéologie et Civilisation, Paris (1974), S. 244.

149 Text: siehe Römer, W.H.Ph., in: ZDMG Suppl. 1 (1970), S. 131f.

150 Renger, J., Inthronisation, in: RLA 5 (1976), S. 129f.

Eigenschaft. Trotz dem Kult des lebenden Königs und seiner Annäherung an Gottheiten in Hymnen werden die Könige aber nie in Götterlisten genannt und nehmen ebenso wie nicht-vergöttlichte Könige selbst ihren Dienst an den Göttern wahr.[151]

Ein besonderes Element der neusumerischen Königsideologie sind die Königshymnen, bekannt aus der Ur-III-Zeit sowie aus Isin und Larsa. Sie sind angelehnt an die Götterhymnen, in denen alle Elemente königlicher Legitimierung durch Göttlichkeit auftreten. So erklären sie die Voraussetzungen, dass der Herrscher bestimmte, dem Pflichtenkanon entsprechende Leistungen vollbringen kann: die göttliche Geburt, die Erwählung durch die obersten Götter, die dynastische Komponente, das Bild des vollkommenen Kriegers, die perfekte äußere Erscheinung, Weisheit und Bildung als Spiegel der göttlichen Herkunft und Erwählung sowie die Rolle als Tempelbauherr, als höchster Wächter der Justiz und Beschützer der Schwachen. Anscheinend findet die Vermittlung der Herrschaftspropaganda schwerpunktmäßig eben über die Königshymnen statt, sie werden auch öffentlich vorgetragen.[152]

Die Hymnen sind prinzipiell Schultexte, aber einige sind ursprünglich monumental auf Stein angebracht gewesen, so ist eine Gattungsunterscheidung zwischen „Hymne" und „Königsinschrift" oft nicht leicht zu treffen. Nach Nicole Brisch[153] kann man die Königshymnen aus verschiedenen Reichen voneinander unterscheiden. So kommen z.B. die so genannten „Königsepen" nur in der Ur-III-Zeit vor, bei Urnammu und Šulgi. Außerdem stellen in den Ur-III-zeitlichen Hymnen Preisungen oder Selbstpreisungen den Hauptteil der Königshymnen dar, was in Isin wiederum selten ist, und in Larsa kommen Selbstpreisungen gar nicht vor. Dagegen preisen die meisten Hymnen aus Isin die Götter und schließen dabei den König mit ein, und alle der Königshymnen aus Larsa haben als gemeinsames Motiv die Beschreibung der Erfüllung der kultischen Pflichten durch den König. Diese königlichen Pflichten repräsentieren sowohl einen wichtigen Teil der königlichen Ideologie als auch der Ideologie des vergöttlichten Königs. Bemerkenswert ist, dass laut Brisch alle Hymnen, die das übermenschliche Bild eines Königs preisen (v.a. bei Šulgi), sich um Könige drehen, die zum Zeitpunkt der Kopie des Textes durch die Schreiberschüler schon lange tot sind. Sie handeln also von Charakteristiken des transzendenten natürlichen Körpers und machen damit den politischen Körper des Königs unsterblich. Dagegen thematisieren Texte über erst kürzlich verstorbene Könige v.a. die besondere Beziehung des Königs zu den Göttern, also das religiöse Charisma des Königs, und dabei in erster Linie die Erfüllung der kultischen Pflichten durch den König. Aus diesen Unter-

151 Edelmann, B., Religiöse Herrschaftslegitimation in der Antike. Die religiöse Legitimation orientalisch-ägyptischer und griechisch-hellenistischer Herrscher im Vergleich, St. Katharinen (2007), S. 31. Panitschek, P., LUGAL –šarru –βασιλεύς, Frankfurt (2008), S. 515ff.

152 Edelmann, B., Religiöse Herrschaftslegitimation in der Antike. Die religiöse Legitimation orientalisch-ägyptischer und griechisch-hellenistischer Herrscher im Vergleich, St. Katharinen (2007), S. 31. Klein, J., Sumerian Kingship and the Gods, in: Beckman, G.; Lewis, T.J. (Hrsg.), Text, Artifact, and Image. Revealing Ancient Israelite Religion, Providence (2006), S. 122ff. Panitschek, P., LUGAL –šarru –βασιλεύς, Frankfurt (2008), S. 515f.

153 Brisch, N., In Praise of the Kings of Larsa, in: Michalowski, P.; Veldhuis, N. (Hrsg.), Approaches to Sumerian Literature. Studies in Honour of Stip (H.L.J. Vanstiphout), Leiden / Boston (2006), S. 37–45.

schieden lässt sich nach Brisch schließen, dass die Königshymnen bestimmten „Trends" unterliegen und je nach Zeitpunkt der Komposition andere Schwerpunkte setzen. So sind z.B. die Isin-Texte meist kurz, prägnant und auf den Punkt, während die Larsa-Texte in narrativem Stil häufig historische Details hinzufügen.[154]

Das Element der Gotteskindschaft, die göttliche Geburt des Königs, gewinnt in der Ur-III-Zeit wieder an Bedeutung. In der Hymne von Urnammu wird vom „Samen des Königtums" („seed of kingship"[155]) gesprochen, was sich nicht auf die irdische Dynastie, also die Familie des Herrschers, bezieht, sondern auf die Geburt Urnammus durch die göttliche Mutter Ninsun.[156]

Obwohl von einer Dynastie ausgegangen wird, legitimieren sich die Könige in offiziellen Texten nicht über ihre irdische dynastische Abstammung, außer in wenigen Hymnen, sondern meist wird die Abstammung von Ninsun (und damit von Lugalbanda) und über diese von Gilgameš betont. Es existiert die Vorstellung, dass, wenn Enlil das Oberkönigtum in eine andere Stadt „tragen" will, er den Flutsturm[157] in Form der Bergvölker nach Mesopotamien sendet, um die me zu verwirren. Wenn der König nun gegen die Barbaren kämpft und die Zivilisation so verteidigt bzw. Schäden rächt, bewährt er sich persönlich, zeigt seine heldenhaften Fähigkeiten. So wird das Kriegsthema intensiv mit den religiösen Komponenten des Königsbildes verflochten.[158]

Im Gegensatz zu Naramsîn werden die vergöttlichten Könige der Ur-III-Zeit nicht im Nachhinein „verteufelt". Im Gegenteil wird z.B. Šulgi in späterer Überlieferung als großer, idealer Herrscher in eine Reihe mit Gilgameš und Sargon gestellt.[159]

Anders zeigt sich der sakrale Aspekt des Königtums in der Epoche zwischen den großen Reichen von Akkad und der Ur-III-Zeit. Von insgesamt drei Stadtfürsten bzw. Königen, von denen wir ausführliche Quellen haben, nämlich Gudea von Lagaš, Utuḫeğal von Uruk und Urnammu von Ur, kann oder will zunächst keiner seine Herrschaft über das gesamte Gebiet Südmesopotamiens ausdehnen. Der gebräuchlichste Titel dieser Herrscher ist wieder ensí. Epitheta werden insgesamt weit weniger genutzt als in der Frühdynastischen oder auch der Akkad-Zeit.[160] Am Beispiel des Gudea von Lagaš soll die religiöse Legitimation der Könige dieser Zeit kurz dargestellt werden.

---

154 Ebd., S. 37ff.

155 „Brother of great Gilgameš am I, [Son] born to Ninsun am I, seed of lordship am I." TCL 15, pl. xxxvii 112f., zitiert nach Lambert, W.G., The Seed of Kingship, in: Garelli, P. (Hrsg.), Le Palais et la royauté – Archéologie et Civilisation, Paris (1974), S. 428.

156 Lambert, W.G., The Seed of Kingship, in: Garelli, P. (Hrsg.), Le Palais et la royauté – Archéologie et Civilisation, Paris (1974), S. 427f.

157 Die „Flut" kann ebenso eine positive Konnotation haben, denn auch der König kann im Feindesland seine Gegner „wie eine Flut niederwalzen", *abūb(ān)iš sapānu* (CAD A/I, S. 77a). Diese Formulierung hat einen engen Bezug zum mythischen Kampf von Ninurta in lugal-e oder Marduk im *enuma eliš*, wo das gleiche Bild auftaucht. Vgl. Maul, S., Der assyrische König. Hüter der Weltordnung, in: Watanabe, K. (Hrsg.), Priests and Officials in the Ancient Near East, Heidelberg (1999), S. 210.

158 Panitschek, P., LUGAL –šarru –βασιλεύς, Frankfurt (2008), S. 516ff.

159 Vgl. auch Klein, J., Sumerian Kingship and the Gods, in: Beckman, G., Lewis, T.J. (Hrsg.), Text, Artifact, and Image. Revealing Ancient Israelite Religion, Providence (2006), S. 130.

160 Panitschek, P., LUGAL –šarru –βασιλεύς, Frankfurt (2008), S. 291.

Bei den Epitheta steht die Gotteskindschaft Gudeas im Vordergrund, eine explizite Vergöttlichung findet aber nicht statt. Dafür tritt der König hier in intensive Kommunikation mit den Göttern, für die er qualifiziert ist auf Grund seiner Erwähltheit durch die Götter und seiner geistigen Qualitäten, sprich seiner Weisheit. Der König erscheint als unersetzlicher Mittler zwischen dem göttlichen und dem menschlichen Bereich. Die Götter sprechen im Traum zu ihm, wie im Falle des Baus des Eninnu, das Gudea auf Befehl des Gottes Ningirsu errichtet, übermittelt durch Nanše, die ihm die Worte Ningirsus im Traum deutet (Gudea Zylinder A). Somit wird das Handeln eines aktuell regierenden Königs integriert in einen universalen, mythisch-kultischen Zusammenhang.[161] Praktisch alle Elemente der realen Herrschaft Gudeas, auch Bau- und Weihtätigkeiten sowie Handelsbeziehungen, werden in diese kultisch-religiösen Metaphern übersetzt, geschehen also durch den Gott, nicht durch den König.[162]

In der Zeit nach den Ur-III-Königen, der altbabylonischen Zeit, sind die tatsächlich vergöttlichten Könige in der Minderzahl, nur in Isin scheint diese Tradition konsequent fortgeführt worden zu sein. Die Göttlichkeit sowie die Verwendung des Titels lugal sollte in Isin nach Fritz R. Kraus[163] als bewusstes Aufnehmen von Ur-III-Merkmalen des Königtums gewertet werden, also als Mittel deren Nachfolge anzutreten und als öffentliche Kundgebung dieser Nachfolge. Es handelt sich mehr um eine Fiktion von Göttlichkeit als um eine tatsächliche. So gibt es keine Hinweise auf eine kultische Verehrung der Isin-Könige, obwohl das Ritual der „Heiligen Hochzeit" textlich in Isin belegt ist.[164]

Die göttliche Legitimation der Herrscher Isins ist sehr ausgeprägt, wie sich in der Königstitulatur zeigt: Ab Išme-Dagan werden in der Titulatur die vier Hauptkultorte des Reiches, Nippur, Ur, Uruk und Eridu, genannt, eine Tradition, die auch nach Verlust der politischen Macht über einige dieser Städte beibehalten wird.[165]

In altbabylonischer Zeit existiert wohl nur eine Königsideologie, die religiösen und säkularen Elemente des Königtums sind nur äußerlich verschiedene Erscheinungsformen einer einheitlichen Institution. Dabei umfasst die religiöse Komponente v.a. die Hofetikette und Bereiche des Protokolls, ist also eher in der gedanklich-literarischen Sphäre anzusiedeln.[166]

In den Texten, v.a. den Hymnen (z.B. von Lipiteštar) sowie dem Codex Hammurabi, zeigt sich der König als begünstigt von den Göttern, als Kultversorger, als Mensch von höchstem Ansehen, und im Falle Lipiteštars als Gemahl der Inanna.[167]

Damit gleicht dieses altbabylonische Idealbild des Königs stark den vorher beschriebenen.

161 Ebd., S. 300ff.

162 Ebd., S. 306.

163 Kraus, F.R., Das Altbabylonische Königtum, in: Garelli, P. (Hrsg.), Le Palais et la royauté – Archéologie et Civilisation, Paris (1974), S. 235–261.

164 Ebd., S. 242ff.

165 Siehe Renger, J., Inthronisation, in: RLA 5 (1976), S. 130f.

166 Kraus, F.R., Das Altbabylonische Königtum, in: Garelli, P. (Hrsg.), Le Palais et la royauté – Archéologie et Civilisation, Paris (1974), S. 247.

167 Ebd., S. 250f.

Das assyrische Königtum

Die Stadt und später das Reich Aššur sind formal eine Theokratie, in der der Gott Aššur als König herrscht und einen irdischen Obmann als Stellvertreter und Repräsentanten bestimmt. Diese Berufung durch den Gott ist nicht nur ein legitimatorisches Ritual, sondern garantiert v.a. das Wohlergehen des Landes und seiner Bevölkerung. Der assyrische König herrscht nicht nur im Auftrag Aššurs, sondern er ist auch Garant der Weltordnung und wehrt das Chaos durch adäquates Verhalten den Göttern und Menschen gegenüber ab.[168]

Als oberster Priester des Aššur hat der König für Restaurierungs- und sonstige Bauarbeiten an dessen Heiligtum Sorge zu tragen, außerdem an bestimmten Festen und Ritualen teilzunehmen und die regelmäßigen Opfer zu gewährleisten. Diese Opfergaben (*ginā'u*) gewinnen spätestens während der Regierungszeit von Tukulti-Ninurta I. (1243–1207 v. Chr.) an Bedeutung, denn die einzelnen Regierungsbezirke Assyriens erhalten nun die Pflicht, solche Abgaben für den Tempel regelmäßig zu erbringen. Dieses Vorgehen sichert nicht nur die Versorgung des Kultes und des Tempels, sondern ebenso übt der König damit Kontrolle über die Provinzgouverneure aus, denn durch die Teilnahme der Provinzen am zentralen Aššur-Kult drücken diese ihre Zugehörigkeit zum System aus. Bleibt hingegen die Opferzahlung aus, kann das als ein Missachten der königlichen Autorität gewertet werden.[169]

Deutlich wird der religiöse Aufgabenkomplex der assyrischen Könige v.a. in der Titulatur. Ab dem 2. Jahrtausend v. Chr. sind für Assyrien folgende Königstitel mit explizit religiösem Bezug auffällig: *iššak* ᵈ*Aššur*, *šakin* ᵈ*Enlil* und sanga; sie kommen auch häufig gemeinsam vor. *iššak* bedeutet der König ist Verwalter, Handelnder für den Gott[170], während *šangu* (sanga) die Rolle des assyrischen Königs als Hohepriester beschreibt.[171] Der Titel *šakin* ᵈ*Enlil* („Beauftragter des Enlil") bezieht sich mit Enlil auf einen universelleren, nicht spezifisch assyrischen Gott, und stellt somit eine Art Ausweitung der Titulatur dar.[172]

Hinter allen drei Titeln steckt aber prinzipiell die Idee des Königs als Verwalter der Götter, in erster Linie Aššur, eine Vorstellung, die im Süden, in Babylonien, so nicht existiert. Der assyrische Staat bzw. das assyrische Reich ist also Herrschaftsbereich von Aššur, der König ist nur der irdische Verwalter. Als eigentlicher König tritt Aššur auf, der menschliche König ist Vermittler zwischen Gott und Untertanen, der administrative Repräsentant

168 Vgl. Edelmann, B., Religiöse Herrschaftslegitimation in der Antike. Die religiöse Legitimation orientalisch-ägyptischer und griechisch-hellenistischer Herrscher im Vergleich, St. Katharinen (2007), S. 32.

169 Jakob, S., Mittelassyrische Verwaltung und Sozialstruktur. Untersuchungen, Leiden (2003), S. 19f.

170 Wobei zu vermuten ist, dass der Titel *iššak* ⁽ᵈ⁾Aššur zunächst auch den Verwalter der Stadt Aššur, also *iššak* Aššur[ki], bezeichnet hat. H.D. Galter nimmt einen Bruch in der Schrifttradition am Beginn des 2. Jahrtausends v. Chr. an, nach dem die Determinative im Zusammenhang mit Aššur nicht mehr regelhaft gesetzt werden. Das würde bedeuten, dass der assyrische Herrscher vom Statthalter (in) der Stadt Aššur zum Statthalter der Gottes Aššur wird. Vgl. Galter, H.D., Gott, König, Vaterland. Orthographisches zu Aššur in altassyrischer Zeit, in: WZKM 86 (1996), S. 127–141.

171 Altbabylonisch ist *šangû* das namensgebende Wort für den, der an der Spitze des Tempels oder der Verwaltung steht, jedenfalls ein Kultbeauftragter. Mittelassyrisch hat jede Gottheit des Pantheons anscheinend seinen eigenen *šangû*, mit administrativen und kultischen Aufgaben, er wird vom König ernannt und ist dem König in Zeremonien untergeordnet. Vgl. Seux, M.-J., Königtum B. II. und I. Jahrtausend, in: RLA 6 (1980), S. 169.

172 Seux, M.-J., Königtum B. II. und I. Jahrtausend, in: RLA 6 (1980), S. 168.

des Gottes.[173] Von Šamši-Adad I. (1813–1781 v. Chr.) bis Erība-Adad I. (1390–1364 v. Chr.) steht vor dem Titel *iššak* ^{d}*Aššur* immer *šakin/šakni* ^{d}*Enlil* („Beauftragter des Enlil"),[174] d.h. in altassyrischer bis zu Beginn der mittelassyrischen Zeit besteht ein deutlicher Bezug auf einen „universelleren" Gott als den Stadtgott Aššur und damit natürlich auch eine weiterreichende Legitimation durch einen im gesamten mesopotamischen Raum als „Königsmacher" angesehenen Gott.

Ab Tukulti-Ninurta I. (1243–1207 v. Chr.) verändert sich laut Peter Machinist[175] die Titulatur, u.a. bedingt dadurch, dass Assyrien zum Großreich wird. Die königliche Macht konsolidiert und vergrößert sich, in den Titeln steht die Nähe zu Aššur im Vordergrund, wie bei *migru* = „Liebling" oder *narāmu* = „geliebt". Auf Grund der v.a. kriegerischen Aktivitäten des Königs kommen Vergleiche mit Kriegsgöttern (etwa Adad und Ninurta) auf. Der König wird als *ṣalmu*, als Bild von Enlil beschrieben, das die Präsenz des Gottes auf Erden symbolisiert. Diese Tradition stammt wohl aus dem Süden, mit ihr geht aber keine Vergöttlichung des Herrschers einher.[176] Nach Tukulti-Ninurta I. herrscht Kontinuität was Titulatur und das daraus resultierende Herrschaftsverständnis angeht. Häufig wird vom „(Schreckens-)Glanz des Königs" (*melammu*, *namurratu*, *puluḫtu*) gesprochen, der Terror bekämpft, Ehrfurcht verleiht und ursprünglich göttlich war. Dieser Glanz wird dem König von den Göttern verliehen. Auch die *ṣalmu* von Königen kommen weiterhin vor, diese Könige könnten nach Machinist Objekt kultischer Verehrung gewesen sein, denn es gibt Hinweise für Opferungen vor Königsbildern. Allerdings tritt der König bei diesen Belegen wiederum selbst als Opfernder vor einer Gottheit auf, ist also Vermittler zwischen Mensch und Götterwelt (s.u.).[177] Die enge Verbindung zwischen dem assyrischen König und den Göttern wird v.a. auf den Stelen deutlich, wo die menschliche Figur zusammen mit den Symbolen der wichtigsten Götter des Landes abgebildet ist.[178]

Der assyrische König selbst scheint nicht als Gott verstanden worden zu sein, zu deutlich ist die Betonung seiner Verwalterrolle für Aššur.[179] Die Hauptaspekte im religiösen

173 Machinist, P., Kingship and Divinity in Imperial Assyria, in: Beckman, G.; Lewis, T.J. (Hrsg.), Text, Artifact, and Image. Revealing Ancient Israelite Religion, Providence (2006), S. 153ff.

174 Seux, M.-J., Königtum B. II. und I. Jahrtausend, in: RLA 6 (1980), S. 168.

175 Machinist, P., Kingship and Divinity in Imperial Assyria, in: Beckman, G.; Lewis, T.J. (Hrsg.), Text, Artifact, and Image. Revealing Ancient Israelite Religion, Providence (2006), S. 152–188.

176 Ebd., S. 160ff.

177 Ebd., S. 165ff.

178 Vgl. auch Radner, K., Assyrian and non-Assyrian Kingship in the First Millennium BC, in: Lanfranchi, G.B.; Rollinger, R. (Hrsg.), Concepts of Kingship in Antiquity, Padova (2010), S. 25.

179 Dabei existieren durchaus Anzeichen, dass der König nicht nur ein herausragender Mann war, sondern auch einen Platz in der göttlichen Welt hatte. Alle seine Merkmale sind exklusiv für den König und gelten für keinen anderen Menschen, gelegentlich wird auch dingir im Zusammenhang mit dem König benutzt, aber sehr selten und meist (und auch da nicht konsequent) beim Terminus „Bild des Königs" = *ṣalam šarri*. Also ist wohl nur das Bild des Königs vergöttlicht, nicht der König selbst. Auch die Götter treten nicht tatsächlich als Eltern des Herrschers auf, sondern ziehen ihn auf „wie" Eltern; in Babylonien ist die Vergöttlichung dagegen sehr explizit. Vgl. Machinist, P., Kingship and Divinity in Imperial Assyria, in: Beckman, G.; Lewis, T.J. (Hrsg.), Text, Artifact, and Image. Revealing Ancient Israelite Religion, Providence (2006), S. 184f. Einzig Sargon II. schreibt seinen Namen gelegentlich mit dem Götterdeterminativ. Vgl. Seux, M.-J., Königtum B. II. und I. Jahrtausend, in: RLA 6 (1980), S. 171.

Kontext liegen auf der erwähnten Verwalter- bzw. Repräsentantenrolle des Königs, seinem göttlichen Glanz, dem König als Liebling des Gottes und/oder als Bild des Gottes.

Wesentlich für die Konzeption des assyrischen Königtums ist folglich der assyrische Hauptgott Aššur. Aššur unterscheidet sich von den anderen großen Göttern Mesopotamiens, ist eben spezifisch assyrisch und in anderen Gesellschaften kaum zu fassen. Ab dem 2. Jahrtausend v. Chr. taucht Aššur in den schriftlichen Quellen auf, als unumstrittener höchster Gott des assyrischen Pantheons. Über seine Herkunft oder Identität werden keine Aussagen gemacht; im Gegensatz zu den anderen Göttern des mesopotamischen Pantheons verfügt Aššur nicht über eine Partnerin[180] oder eine Familienzugehörigkeit. Es existiert offenbar auch kein anthropomorphes Götterbild von Aššur. Demnach fehlen Aššur die grundsätzlichen Attribute mesopotamischer Gottheiten sowie die Verbindung mit Naturkräften. Während der gesamten altassyrischen Zeit ist in den Texten, v.a. Eides- und Schwurformeln, kaum nachzuvollziehen, ob Aššur als Gott oder die Stadt Aššur gemeint ist. Anscheinend war keine klare Unterscheidung zwischen Gott und Stadt möglich, Aššur meinte wohl ursprünglich die vergöttlichte Stadt; es ist nach Walter Mayer[181] eine göttliche Einheit anzunehmen. Der Gott Aššur nimmt folglich den Charakter der Bevölkerung der Stadt an, zunächst, in der ersten Hälfte des 2. Jahrtausends v. Chr., ausschließlich kaufmännisch, später militärisch-kriegerisch bis imperialistisch, als Kriegsgott. Wesenszüge anderer Götter gehen in Aššur auf, so wird er im 18. Jahrhundert v. Chr. zunehmend mit dem sumerischen „Königsmacher" Enlil identifiziert.[182]

Damit geht eine höhere und weitreichendere Legitimation der assyrischen Könige einher. Indem ihr eigener Stadtgott nun auch der „allgemeine Königsmacher" ist, sind und bleiben sie die einzigen göttlich legitimierten Herrscher. Im Rahmen der Außenwirkung ihrer Legitimation ist dieser Schritt also prinzipiell unumgänglich. Für die Assyrer selbst löst sich die Identifikation des Gottes mit der Stadt anscheinend allmählich, da im Laufe der neuassyrischen Zeit die Hauptstadt offenbar beliebig verlegt werden kann. Trotzdem bleibt die Stadt Aššur immer Kultzentrum und Hauptkultort des Gottes Aššur.

Wie beschrieben liegt die Hauptaufgabe des assyrischen Königs in seiner Tätigkeit als Verwalter für Aššur auf Erden, d.h. in seiner Mittlerrolle zwischen dem himmlischen und dem irdischen Bereich. Impliziert ist dabei eine duale Sichtweise: Für die Götter ist der König der göttliche Hauptbotschafter auf Erden; für die Menschen auf der anderen Seite ist er der Hauptbotschafter der Gesellschaft im Pantheon. Im Rahmen der Kommunikation zwischen den Göttern und dem König kann zusätzlich ein weiteres Zwischenglied, in Form von Spezialisten für Weissagung oder Ähnliches, nötig sein.[183]

Durch die Weltreichsbildung wird der assyrische König tatsächlich zum Herrscher über die gesamte bekannte Welt. Nach der ideologischen Konstruktion, wie sie in der Ikono-

---

180 Die zeitweilige Zuteilung der Ištar von Ninive erfolgt wohl aus Systemzwang. Mayer, W., Der Gott Aššur und die Erben Assyriens, in: Albertz, R. (Hrsg.), Religion und Gesellschaft. Studien zu ihrer Wechselbeziehung in den Kulturen des antiken Vorderen Orients, Münster (1997), S. 15.

181 Mayer, W., Der Gott Aššur und die Erben Assyriens, in: Albertz, R. (Hrsg.), Religion und Gesellschaft. Studien zu ihrer Wechselbeziehung in den Kulturen des antiken Vorderen Orients, Münster (1997), S. 15–23.

182 Ebd., S. 15ff.

183 Vgl. Pongratz-Leisten, B., Herrschaftswissen in Mesopotamien. Formen der Kommunikation zwischen Gott und König im 2. und 1. Jahrtausend v.Chr., Helsinki (1999), S. 5.

graphie und den Texten verkündet wird, ist die Expansion allein Aufgabe des Königs, damit führt er den Willen von Aššur aus, erweist sich seines Verwalter-Amtes als würdig.[184] Alle Taten des Königs, seien sie noch so „profan", geschehen in seiner Funktion als Repräsentant Aššurs, also auf göttlichen Auftrag hin, das schließt neben Kriegen[185] auch die Bautätigkeit mit ein.[186]

In der Innenpolitik stellt sich der König als Tempelbauherr dar, der die Kulte erhält und Götterstatuen restauriert, während der Umgang mit der Götterwelt in der Außenpolitik gänzlich anders aussieht. Im Ausland verbrennt der König Tempel, schafft Kulte ab und deportiert Götterstatuen. Der politisch-ideologische Hintergrund dieses Auslöschens des nationalen Kultes eines Landes und der Gefangennahme der Götterstatuen ist offensichtlich: Die Ordnung wurde weggeführt und das Chaos hält Einzug, in dieses Chaos kann der assyrische König einen Marionetten-Herrscher einsetzen, der ihm verpflichtet ist. Das Wegbringen der Götterstatuen, das einer Entführung gleichkommt, ist eine Lehre für den Ungehorsam des Feindes gegen die assyrische Oberherrschaft, also eine Strafe. Auf der anderen Seite besteht die Möglichkeit der Rückgabe der Statuen im Austausch für Güter, d.h. es ergeben sich gleichzeitig wirtschaftliche Vorteile für Assyrien.[187]

Die ideologische Grundlage für diese Politik, und v.a. für die Kriege und Feldzüge, bildet ein zweigeteiltes Verständnis der Welt: Es gibt auf der einen Seite Assyrien und die von ihm abhängigen bzw. ihm unterworfenen Länder, auf der anderen Seite „die Anderen", die Nicht-Assyrer. In Assyrien ist der König von den Göttern zur Herrschaft eingesetzt, alles nicht-Assyrische gilt als „Chaos", das es zu bekämpfen gilt, um die Ordnung auch in Assyrien selbst zu erhalten. Prinzipiell wird das Chaos in dem Moment zur Ordnung, wo das feindliche Land Assyrien einverleibt wird.[188]

Wie eng die Verbindung des Königs, des Statthalters von Aššur, mit seinem Land ist, zeigt sich unter anderem im „Ersatzkönigritual", das v.a. aus neuassyrischer Zeit[189] belegt

---

184 Machinist, P., Kingship and Divinity in Imperial Assyria, in: Beckman, G.; Lewis, T.J. (Hrsg.), Text, Artifact, and Image. Revealing Ancient Israelite Religion, Providence (2006), S. 186f.

185 Ein Feldzug wird laut den Inschriften nie „willkürlich" oder gar aus assyrischer Aggressivität heraus geführt. Grund ist entweder der Wille Aššurs oder ein vorangegangener Vertragsbruch bzw. eine Tributverweigerung des Feindes. Vgl. Röllig, W., Aktion oder Reaktion? Politisches Handeln assyrischer Könige, in: Raaflaub, K. (Hrsg.), Anfänge politischen Denkens in der Antike, München (1993), 106f.

186 Larsen, M.T., The City and its King. On the Old Assyrian Notion of Kingship, in: Garelli, P. (Hrsg.), Le Palais et la royauté – Archéologie et Civilisation, Paris (1974), S. 287f.

187 Vgl. Holloway, S.W., Aššur is King! Aššur is King! Religion in the Exercise of Power in the Neo-Assyrian Empire, Leiden (2002), S. 195f.

188 Dabei gibt es drei Arten der Integration des eroberten Gebietes (belegt bei Tiglat-Pilesar III.): 1. Das eroberte Gebiet wird als Staat mit dem lokalen Herrscher erhalten, er folgt ein Loyalitätsschwur, Vasallentum und Tribute. 2. Das Gebiet verliert seine eigene politische Form und Herrschaft, es wird assyrische Provinz mit einem assyrischen Beamten als Aufseher; z.B. bei Vasallen, die ihren Pflichten nicht nachkommen und/oder rebellieren. 3. Deportationen, die anscheinend v.a. in die neugebauten assyrischen Hauptstädte gerichtet sind. Vgl. Machinist, P., Assyrians on Assyria in the First Millennium B.C., in: Raaflaub, K. (Hrsg.), Anfänge politischen Denkens in der Antike, München (1993), S. 84ff.

189 Neuassyrisch belegt in den Briefen ABL 735, LAS 25–28, 30–32, 77, 134–139, 166f., 179, 185, 205, 232, 235f., 249, 257, 278–280, 292, 298f., 317 und 334, sowie in zwei Ritualserien. Vgl. Lambert, W., A Part of the Ritual of the Substitute King, in: AfO 18 (1957/58), S. 109. Älteste Belege

ist. Gibt es ungünstige Vorzeichen, schlechte Omina, wird der König durch einen „Ersatzkönig" (meist ein Kriegsgefangener oder ein zum Tode Verurteilter) ersetzt, der für eine bestimmte Zeit seine „Rolle" übernimmt und – im Extremfall – für den „echten" König sterben muss. Das Ritual beinhaltet unter anderem eine Inthronisation des Ersatzkönigs und die Übertragung der schlechten Omen, der Sünden auf ihn, womit dieser zum „Sündenbock" wird. Die Absetzung des Ersatzkönigs erfolgt in der Regel durch dessen Tötung, womit alle Sünden und schlechten Vorzeichen eliminiert werden. Schließlich wird der ursprüngliche König wiedereingesetzt und das Reich befindet sich wieder im Gleichgewicht.[190]

Die bildliche Darstellung des Königs, das *ṣalmu*, zeigt laut Irene Winter[191] nicht den individuellen König als Person, sondern eher das Amt mit seinen konventionellen Merkmalen. Es herrscht die Vorstellung, dass die Götter das Aussehen des Königs bei der Inthronisation verändern, damit er königlich aussieht, wobei das Aussehen bei den Assyrern wohl auch die externen Attribute wie Kleidung und Kopfbedeckung, als Insignien des Königsamtes, umfasst. Die idealisierte Darstellung des Königs beruht auf seiner Gestalt, seiner Formung durch die Götter. Das bedeutet weiterhin, dass das Portrait nicht unbedingt die physischen Merkmale der Person des Königs wiedergibt, sondern eben die idealen Merkmale eines Königs. Das Bild eines Königs gleicht also dem Bild eines Gottes, was die äußere Perfektion angeht. Der Herrscher sucht diese Ähnlichkeit zu erreichen, indem er nicht nur die Erstellung seiner eigenen Bilder, sondern auch die von Götterbildern beeinflusst.[192] Wegen seines andauernden, überpersönlichen Charakters kann das Amt des Königtums als göttlich gesehen werden, deswegen steht vor *ṣalmu šarri*, wo das Bild als Repräsentant des Amtes auftritt, d i n g i r.[193] Diese vergöttlichten Königsbilder können auch Opfer empfangen, obwohl sie selbst nicht in das Pantheon aufgenommen werden.[194]

Das hethitische Königtum

In der hethitischen Großreichszeit ist der offizielle Königstitel T/Labarna plus Name des Königs. Die ersten beiden historisch belegten hethitischen Könige nennen sich Labarna, dabei stellt sich die Frage, ob sie den Titel als Thronnamen angenommen haben oder ob der Name im späteren Verlauf der hethitischen Großreichszeit zum Titel wird, vergleichbar mit dem römischen „Cäsar", was insgesamt wahrscheinlicher erscheint.[195] Des Weiteren kommt der im 2. Jahrtausend v. Chr. im Alten Orient sehr weitverbreitete, zum Standardrepertoire der Königstitulatur gehörende Titel „großer König" in hethitischen Inschriften, v.a. in der

---

stammen aus altbabylonischer Zeit und auch im hethitischen Raum ist ein solches Ritual belegt.

190 Vgl. Huber, I., Rituale der Seuchen- und Schadensabwehr im Vorderen Orient und Griechenland. Formen kollektiver Krisenbewältigung in der Antike, Wiesbaden (2005), S. 156ff.

191 Winter, I.J., Art in Empire – The Royal Image and the Visual Dimensions of Assyrian Ideology, in: Parpola, S.; Whiting, R.M. (Hrsg.), Assyria 1995, Helsinki (1997), S. 359–381.

192 Ebd., S. 364ff.

193 Machinist, P., Kingship and Divinity in Imperial Assyria, in: Beckman, G.; Lewis, T.J. (Hrsg.), Text, Artifact, and Image. Revealing Ancient Israelite Religion, Providence (2006), S. 187f.

194 Holloway, S.W., Aššur is King! Aššur is King! Religion in the Exercise of Power in the Neo-Assyrian Empire, Leiden (2002), S. 185ff.

195 Vgl. Beckman, G.M., Royal Ideology and State Administration in Hittite Anatolia, in: Sasson, J. (Hrsg.), Civilizations of the Ancient Near East I, New York (1995), S. 532f.

Korrespondenz, also im Rahmen der diplomatischen Terminologie, vor. Titel bzw. Epitheta wie „Held“ oder auch „Geliebter der/des GN“ stehen im Zusammenhang mit dem göttlichen Schutz, der auch im Kampf Erfolg verspricht.[196] Auffallend ist der Königstitel ^{d}utu-*ši*, „meine Sonne“ bzw. „mein Sonnengott“, der schon in althethitischer Zeit gebräuchlich ist, also nicht erst durch Kontakte mit Ägypten aufkommt, sondern wohl aus Nordsyrien, genauer gesagt aus Mari, übernommen wird.[197]

Das hethitische Wort für König, *haššuš*, ist anscheinend indogermanischen Ursprungs.[198]

Die Texte setzen alle Taten des Königs in einen göttlichen Bezug. So wird etwa die Usurpation Hattušilis gerechtfertigt durch das Wirken Ištars, die ihn bei der Thronbesteigung unterstützt hat.[199] Auch in Hatti – parallel zu Assyrien – ist der König nicht selbst Eigentümer des Landes, sondern ein von den Göttern erwählter Stellvertreter bzw. Statthalter (*maniyaḫḫatallaš*), der unter göttlichem Schutz steht. Die Person des Königs ist der göttlichen Sphäre dabei so nah, dass er bestimmten Tabus unterliegt; er ist kultisch rein und diese Reinheit darf unter keinen Umständen verletzt werden.[200]

Der König fungiert als göttliches Werkzeug, seine Rechtmäßigkeit steht außer Zweifel. In der Rolle des Statthalters der Götter auf Erden ist der hethitische König oberster Priester, also Kontaktperson zwischen Menschen und Göttern, aber im Rahmen seines Königsamtes ebenso verantwortlich für die Verteidigung des Landes und dessen Bewirtschaftung zum Wohle der Götter, die von den Gaben der Menschen abhängig sind.[201]

---

196 Ebd., S. 533ff.

197 Hoffner, H.A., The Royal Cult in Ḫatti, in: Beckman, G.M.; Lewis, T.J. (Hrsg.), Text, Artifact, and Image. Revealing Ancient Israelite Religion, Providence (2006), S. 145f. Beckman, G.M., Royal Ideology and State Administration in Hittite Anatolia, in: Sasson, J. (Hrsg.), Civilizations of the Ancient Near East I, New York (1995), S. 532ff.

198 Cornelius, F., Das Hethitische Königtum verglichen mit dem Königtum des sprachverwandten Völker, in: Garelli, P. (Hrsg.), Le Palais et la royauté – Archéologie et Civilisation, Paris (1974), S. 323.

199 Im so genannten „Großen Text“ von Hattušili I. Vgl. Güterbock, H.G., Hethitische Literatur, in: Hoffner, H.A.; Diamond, I.L. (Hrsg.), Perspectives on Hittite Civilization. Selected Writings of Hans Gustav Güterbock, Chicago (1997), S. 23.

200 Gurney, O.R., Hittite Kingship, in: Hooke, S.H. (Hrsg.), Myth, Ritual, and Kingship. Essays on the Theory and Practice of Kingship in the Ancient Near East and in Israel, Oxford (1958), S. 114f.

201 Edelmann, B., Religiöse Herrschaftslegitimation in der Antike. Die religiöse Legitimation orientalisch-ägyptischer und griechisch-hellenistischer Herrscher im Vergleich, St. Katharinen (2007), S. 34.

Abb. 1: Šarruma und Tutḫaliya IV., Relief aus Yazılıkaya
Quelle: Foto Julia Linke

Ein besonderes Verhältnis hat der König dabei zum Wettergott und zur Sonnengöttin von Arinna, von denen er eingesetzt wird und die in den Inschriften als sein Vater und seine Mutter angesprochen werden. So lautet ein gängiges Epitheton des hethitischen Königs naram ^{d}im „Geliebter des Wettergottes".[202] Die Sonnengöttin von Arinna fungiert als Schutzgottheit des Königtums, wobei einzelne Könige auch andere, persönliche Schutzgötter, haben können, wie etwa Telipinu von Muršili II. oder Šarruma von Tutḫaliya IV. Die besondere Beziehung zwischen dem König und seinem Schutzgott findet in der Reliefkunst ihren Ausdruck. In Yazılıkaya gibt es etwa eine Darstellung des letzteren

202 Vgl. Szabó, G., Herrscher §7.2 Epitheta, in: RLA 5 (1976), S. 344.

„Paares", auf der die enge Verbindung schon durch die Körperhaltung und die Interaktion des Gottes mit dem König offensichtlich wird (siehe Abb. 1).

Ebenso existieren bestimmte Schutzmächte, die einzelne Eigenschaften des Königs bestärken und schützen, z.B. seine Stärke, sein Leben oder seine sexuelle Potenz. Auf Grund der Einsetzung des Königs durch die Götter, die ihm seine charismatischen Eigenschaften übergeben, ist das hethitische Königtum ein sakrales, der König und seine Frau, in ihrer Rolle als Tawananna[203], fungieren als oberste Priester, sie stehen damit allen Kulthandlungen vor.[204]

Eine wichtige Rolle nehmen dabei die Feste ein, die vom König und seiner Familie als oberste Zelebranten durchgeführt werden. Zweck dieser Feste ist v.a. die Ehrung der Götter, um den göttlichen Schutz für das hethitische Reich sowie die Dynastie des Königs zu erhalten, die Fruchtbarkeit des Landes und der Tiere sowie den Erfolg der militärischen Unternehmungen zu sichern. Dabei muss sich während des Festablaufes streng an den Ritualablauf[205] gehalten werden, da die korrekte Ausführung des Kultes Voraussetzung für den Erhalt des Staates ist. Einige Feste sind „beständig" und kehren im Jahresrhythmus wieder, während andere Feste nur alle sechs oder neun Jahre stattfinden. Zu ersterer Gruppe gehören die Feste zu bestimmten Jahreszeiten, wie Frühlingsanfang und Herbstbeginn, das an.taḫ.šum^{sar}-Fest („Fest des Krokus'(?)") und das *nuntarrijasḫa*-Fest („Fest der Eile"), die jeweils mit einer Kultreise des Königspaares durch das ganze Land verbunden sind. Auf diese Weise werden auch die Lokalgötter des Pantheons in die Verehrung durch den König mit einbezogen. Zusätzlich wirkt durch die Anwesenheit des Königs in der Peripherie seine Autorität auf das gesamte hethitische Reich und bekräftigt somit die Legitimation seiner Macht.[206]

Der Kult im hethitischen Reich steht nach Amir Gilan[207] in Diskrepanz zur Realität: Die politische Wirklichkeit des hethitischen Reiches war geprägt von innerem Streit und häufigen Herrscherwechseln. Dagegen bezieht sich der Kult nicht auf diese realen Gegebenheiten, sondern auf die ewige, unveränderliche Welt der Götter, was gleichzeitig auf Erden die Möglichkeit ausschließt, die soziale Ordnung durch menschliches Handeln zu verändern. Auf diese Weise wirkt der Kult herrschaftslegitimierend und -festigend.[208] Gilan stellt die

---

203 Dabei wird das Amt der Tawananna unabhängig vom Königsamt weitervererbt, es geht erst auf die neue Königin über, wenn die frühere Tawananna gestorben ist. Beckman, G.M., Royal Ideology and State Administration in Hittite Anatolia, in: Sasson, J. (Hrsg.), Civilizations of the Ancient Near East I, New York (1995), S. 535ff.

204 Haas, V., Geschichte der hethitischen Religion, Leiden (1994), S. 188ff.

205 Die hethitischen Rituale sind in vielen Kopien überliefert, weil der Kult nicht nur in der Hauptstadt, sondern ebenso in der Peripherie durchgeführt wurde und deswegen auch dort Texte in den Tempelarchiven gelagert waren. Außerdem wurden die betreffenden Texte über hunderte Jahre hinweg mehrfach kopiert, da die Feste auf alte Traditionen zurückgehen und auf Grund der Erweiterungen des hethitischen Pantheons verändert werden mussten. Vgl. de Martino, S., Kult- und Festliturgie im hethitischen Reich, in: Kunst- und Ausstellungshalle der Bundesrepublik Deutschland GmbH (Hrsg.): Die Hethiter und ihr Reich, Bochum (2002), S. 118.

206 de Martino, S., Kult- und Festliturgie im hethitischen Reich, in: Kunst- und Ausstellungshalle der Bundesrepublik Deutschland GmbH (Hrsg.): Die Hethiter und ihr Reich, Bochum (2002), S. 118ff.

207 Gilan, A., Sakrale Ordnung und politische Herrschaft im hethitischen Anatolien, in: Hutter, M. (Hrsg.), Offizielle Religion, lokale Kulte und individuelle Religiosität, Münster (2004), S. 189–205.

208 Ebd., S. 195ff.

These auf, dass die hethitischen Könige ganz bewusst von dieser Eigenschaft des Kultrituals Gebrauch machen. Davon ausgehend, dass eine wichtige Eigenschaft des Rituals seine Anpassungsfähigkeit an wechselnde Herrschaftssysteme ist,[209] kann ein Ritual praktisch jede Art von Autorität legitimieren, also immer die jeweils aktuellen Machthaber. Formal ändern sich die symbolischen Aspekte des Rituals kaum, es werden keine neuen Rituale erfunden, um neue Macht zu legitimieren, sondern die neuen Machthaber nutzen bereits vorhandene, in der Bevölkerung verankerte Rituale und Kulte für ihre eigenen Zwecke, v.a. dadurch, dass der König und seine Familie, statt wie ehemals die lokalen Fürsten, nun die zentralen Rollen in diesen Ritualen besetzen.[210]

Eine eigene Variante stellt die Vergöttlichung im hethitischen Kulturkreis dar. Trotz der engen Verbindung mit dem Sonnengott ist der hethitische König von Haus aus nicht göttlich. Wenn er stirbt, wird das als „Gott werden" bezeichnet, was impliziert, dass er vorher kein Gott war und erst mit dem Tod zu einem „Ahnengott" wird. Durch das Totenritual wird der natürliche vom politischen Körper getrennt, ein Wechsel zwischen der menschlichen Gesellschaft und dem Bereich der Ahnen findet statt. „Gott werden" bedeutet, dass der König im Jenseits weiterlebt und auch Opfer bekommt, in Form eines Kultes. Dafür werden auch bestimmte Kultstätten, die so genannten *ḫekur*-Häuser errichtet.[211]

Ikonographisch wird der König schon zu Lebzeiten den Göttern, allen voran dem Sonnengott, sehr ähnlich dargestellt. Beide tragen auf Bildwerken die gleiche Kleidung: eine lange Robe, eine runde Kappe und in der Hand einen *lituus*. Diese Ähnlichkeiten gehen so weit, dass in einigen Fällen unklar ist, ob die Darstellung den König oder den Sonnengott zeigt, z.B. bei einem Relief an der Wand der Kammer 2 in der Südburg von Hattuša.[212] Als Unterscheidungsmarker dient wohl die Flügelsonne, die in der Regel bei Darstellungen des Sonnengottes über dessen Kopf schwebt.[213]

Das achämenidische Königtum

Im achämenidischen Iran ist Ahuramazda der Schöpfergott, er verleiht dem König die Herrschaft und übergibt ihm sein Reich. Als Legitimationsformel der Könige gilt „nach dem Willen Ahuramazdas", es besteht also eine Art Abhängigkeitsverhältnis zwischen Herrscher und Gott, wobei ersterer ausschließlich entsprechend dem Willen des Gottes handelt. Neben seinen persönlichen Fähigkeiten gründet die Erwählung des Königs durch Ahuramazda auf seiner äußeren Erscheinung, seiner Größe und Schönheit. Andere Götter

---

209 Amir Gilan begründet das mit einem ethnologischen Beispiel, dem von Maurice Bloch untersuchten Beschneidungsritual der Merina in Madagaskar. Vgl. Gilan, A., Sakrale Ordnung und politische Herrschaft im hethitischen Anatolien, in: Hutter, M. (Hrsg.), Offizielle Religion, lokale Kulte und individuelle Religiosität, Münster (2004), S. 196ff.

210 Ebd., S. 202ff.

211 Vgl. Auch Hoffner, H.A., The Royal Cult in Ḫatti, in: Beckman, G.M.; Lewis, T.J. (Hrsg.), Text, Artifact, and Image. Revealing Ancient Israelite Religion, Providence (2006), S. 144ff. Haas, V., Geschichte der hethitischen Religion, Leiden (1994), S. 216ff.

212 Siehe: Neve, Peter, Ḫattuša – Stadt der Götter und Tempel. Neue Ausgrabungen in der Hauptstadt der Hethiter, Mainz (1993), Abb. 214.

213 So Güterbock, H.G., Sungod or King?, in: Mellink, M.J.; Porada, E.; Özgüç, T. (Hrsg.), Aspects of Art and Iconography, Ankara (1993), S. 225ff.

finden spätestens seit Dareios I. (521–486 v. Chr.)[214] kaum noch Erwähnung[215], während z.B. der Dynastiegründer Kyros I. (640–600 v. Chr.) sich noch jeweils auf die Götter beruft, die in dem Landesteil verehrt werden, für den die Texte bestimmt sind. Als Beispiel wäre der Kyros-Zylinder zu nennen, der klar Bezug auf den babylonischen Hauptgott Marduk nimmt, der Kyros bei der Eroberung der Stadt unterstützt haben soll und ihn zum König nicht nur über Babylon, sondern über die gesamte Welt macht.[216] Überhaupt zeichnen sich die achämenidischen Könige durch eine religiöse Toleranz und Flexibilität aus, auch Bautätigkeiten in Form von Tempeln anderer als persischer Gottheiten werden durchgeführt und in den Inschriften genannt sowie Opfergaben an verschiedene Gottheiten vom König dargebracht.[217]

Hinter der religiösen persischen Königsideologie steckt die Vorstellung von der Gespaltenheit der Welt in einen guten und einen bösen Teil (ähnlich der assyrischen Konzeption), wobei die Aufgabe des Königs darin liegt, die Lüge zu bekämpfen und der Wahrheit zur Herrschaft zu verhelfen. Dazu benötigt der König eine göttliche Inspiration, die ihm bei der Investitur in Form des x^{v}*aranah*[218] von Ahuramazda verliehen wird. Damit wäre x^{v}*aranah* Bestandteil des Amtes, nicht der Person des Königs, aber es setzt den Herrscher in eine enge Beziehung zur göttlichen Sphäre, es verleiht ihm also religiöses Charisma.[219] Dabei ist der König selbst vermutlich nicht Gegenstand einer göttlichen Verehrung, er wird nicht als Gott angesehen. Auch ein Totenkult für verstorbene Könige, wie etwa bei den Hethitern, ist achämenidisch nicht belegt.[220]

---

214 So ist es heute in der Forschung üblich, die Achämeniden ab Dareios I. als Zarathustra-Anhänger zu bezeichnen. Zur Diskussion hierzu siehe: Koch, K., Weltordnung und Reichsidee im alten Iran und ihre Auswirkungen auf die Provinz Jehud, in: Frei, P.; Koch, K., Reichsidee und Reichsorganisation im Perserreich, Fribourg (1996), S. 142, v.a. auch Fußnote 4.

215 Ab Artaxerxes II. (404–359 v. Chr.) tauchen aber in Königsinschriften auch Mithra und Anahita auf, allerdings in einer Ahuramazda untergeordneten Rolle. Jacobs, B., Die Religion der Achämeniden, in: Historisches Museum der Pfalz Speyer (Hrsg.), Das persische Weltreich. Pracht und Prunk der Großkönige, Stuttgart (2006), S. 215.

216 Matthiae, P., Geschichte der Kunst im Alten Orient, Stuttgart (1999), S. 211ff. Schaudig, H.-P., Der Einzug Kyros' des Großen in Babylon im Jahre 539 v. Chr., in: Historisches Museum der Pfalz Speyer (Hrsg.), Das persische Weltreich. Pracht und Prunk der Großkönige, Stuttgart (2006), S. 34.

217 Vgl. Koch, K., Weltordnung und Reichsidee im alten Iran und ihre Auswirkungen auf die Provinz Jehud, in: Frei, P.; Koch, K., Reichsidee und Reichsorganisation im Perserreich, Fribourg (1996), S. 140f, 149.

218 x^{v}*arana* ist nach Shapiro das Geschick, das dem Herrscher von den Göttern gegeben wird, während Duchesne-Guillemin darunter nicht die Glücksgüter der Welt, sondern deren Ursache versteht, die vom Menschen nicht beeinflussbar ist und verliehen oder wieder entzogen werden kann. Im Hofzeremoniell ist x^{v}*aranah* symbolisiert durch ein ewiges Feuer, das während der Inthronisation des Königs entzündet und erst mit seinem Tod wieder gelöscht wird. Die ikonographische Entsprechung von x^{v}*aranah* könnte man in der Flügelsonne sehen. Edelmann, B., Religiöse Herrschaftslegitimation in der Antike. Die religiöse Legitimation orientalisch-ägyptischer und griechisch-hellenistischer Herrscher im Vergleich, St. Katharinen (2007), S. 42f.

219 Vgl. auch Panaino, A., The Mesopotamian Heritage of Achaemenian Kingship, in: Aro, S.; Whiting, R.M. (Hrsg.), The heirs of Assyria, Helsinki (2000), S. 35–49. Edelmann, B., Religiöse Herrschaftslegitimation in der Antike. Die religiöse Legitimation orientalisch-ägyptischer und griechisch-hellenistischer Herrscher im Vergleich, St. Katharinen (2007), S. 39ff.

220 Root, M., The King and Kingship in Achaemenid Art. Essays on the Creation of an Iconography of Empire, Leiden (1979), S. 171.

Auf bildlichen Darstellungen wird die enge Bindung des Königs an die religiöse Sphäre und v.a. an den Gott Ahuramazda ausgedrückt. Die Verehrung des Gottes ist gleichzusetzen mit der Verehrung des Königs. So überrascht die gemeinsame Darstellung des Königs und Ahuramazdas ebenso wenig wie deren meist identische Porträtierung (z.B. auf dem Behistun-Relief). Ein häufiges Motiv ist etwa das des Königs vor einem Feueraltar, über dem Ahuramazda, in der Regel in der Flügelsonne,[221] abgebildet ist. Diese Szene mit dem Feueraltar ist insofern besonders aussagekräftig für das Verhältnis des achämenidischen Königs zur Religion, da es soweit ersichtlich nicht von einer anderen Kultur übernommen wird, sondern vielmehr eigen-achämenidisch ist.[222]

Ahuramazda tritt als Schutzpatron des Königs auf, der König kann nicht fehlgehen, da er auf Geheiß und zum Wohlwollen des Gottes handelt. Auch erhält der König, wie im assyrischen Raum von Aššur, von Ahuramazda den Ring, der wohl als Symbol des Königtums zu verstehen ist.[223] Auf dem Grabmal des Dareios in Naqsh-i Rustam[224] ist eine besondere Darstellungsart im Zusammenspiel König-Gott zu erkennen. Statt dem (z.B. im Neuassyrischen) gebräuchlichen Verehrungs- oder Gebetsgestus des Königs dem Gott gegenüber scheinen beide sich gleichberechtigt[225] zu grüßen oder zu segnen. Dies spricht doch für eine andere Gewichtung des Königsstatus' im achämenidischen Raum, der sich – zumindest in der bildlichen Darstellung – völlig dem des Gottes anpasst.[226] Dareios hat die Legitimität von Ahuramazda erhalten, im Gegensatz zu allen anderen Königen handelt er auf ausdrücklichen „Willen" des Gottes (*vašnā Auramazdāha*) hin.[227]

Zusammenfassung

Im vorangegangen Kapitel wurde aufgezeigt, dass sich durch alle beschriebenen altorientalischen Gesellschaften die Idee der göttlichen Erwählung der Könige zieht. Eine göttliche Herkunft wird ebenso in den meisten Fällen von den Königen beansprucht, auch wenn dabei oft eher einer Inschriftentradition gefolgt bzw. ein Formular befolgt wird, als dass eine tatsächliche Abstammung von den Göttern ideologisch verbreitet werden soll. Besonders im assyrischen Reich kommt der Aspekt des Königs als Statthalter der Götter auf Erden zum Tragen, der aber ebenso in anderen Epochen oder Staaten anklingt. Die Königsinschriften lassen im Allgemeinen den Eindruck entstehen, der Herrscher handle stets auf Wunsch einer (oder mehrerer) Gottheit(en).

---

221 Zur Diskussion, ob die Figur in der Flügelsonne wirklich Ahuramazda darstellt oder nicht, vgl. z.B. Root, M., The King and Kingship in Achaemenid Art. Essays on the Creation of an Iconography of Empire, Leiden (1979), S. 169ff. Das Motiv des Gottes in der Flügelsonne stammt wohl aus dem assyrischen Raum. Siehe zur Deutung als *x*^{v}*aranah*: Ahn, G., Religiöse Herrscherlegitimation im achämenidischen Iran, Leiden (1996), S. 199ff.

222 Root, M., The King and Kingship in Achaemenid Art. Essays on the Creation of an Iconography of Empire, Leiden (1979), S. 162ff.

223 Ebd., S. 170ff.

224 Siehe z.B. Historisches Museum der Pfalz Speyer (Hrsg.), Das persische Weltreich. Pracht und Prunk der Großkönige, Stuttgart (2006), Abb. 4.

225 Vgl. auch Kuhrt, A., Achaemenid Images of Royalty and Empire, in: Lanfranchi, G.B.; Rollinger, R. (Hrsg.), Concepts of Kingship in Antiquity, Padova (2010), S. 92.

226 Root, M., The King and Kingship in Achaemenid Art. Essays on the Creation of an Iconography of Empire, Leiden (1979), S. 173ff.

227 Ahn, G., Religiöse Herrscherlegitimation im achämenidischen Iran, Leiden (1996), S. 196ff.

Das religiöse Charisma des altorientalischen Königs lässt sich also zusammenfassen als bedingt durch seine Erwähltheit durch die Götter oder durch einen Gott, in der Regel durch den höchsten Gott des jeweiligen Pantheons. Dieser Erwähltheit und der damit verbundenen Aufgabe als Vermittler zwischen menschlicher und göttlicher Ebene muss er sich würdig erweisen, er muss sich bewähren und zeigen, dass er seinen von den Göttern gestellten Pflichten nachkommen kann und er seinem Amt somit gewachsen ist. In den Inschriften wird das deutlich, da der Großteil der Taten des Königs, auch solche, die ansonst keinen religiösen Bezug haben, mit dem ausdrücklichen Wunsch der Götter begründet oder ihnen zu Ehren ausgeführt werden. Darunter fallen u.a. militärische Aktivitäten sowie Richteraufgaben (s.u.). Sollte der König seinen Pflichten nicht gerecht werden, vielleicht nicht gerecht werden können, wird das als ein Entzug der göttlichen Gnade, des magischen Charismas, gesehen und kann schwerwiegende Konsequenzen für seine Herrschaft haben.

2.4.2 Die politische Verantwortung des Königs

Den Auftrag zur Verwaltung und Regierung seines Reiches erhält der König in altorientalischen Gesellschaften von den Göttern. Das bedeutet, dass das politische Charisma des Herrschers seinen Ursprung im sakralen Bereich hat, nur die Bewährung, die Erfüllung seiner diesbezüglichen Pflichten zeigt sein politisches Charisma. Dieses umfasst die gesamte Verwaltungstätigkeit im Reich, die Schaffung und/oder Aufrechterhaltung einer Infrastruktur, gerade in Verbindung mit der Bautätigkeit, sowie die Funktion des Königs als Richter.

Ein häufiges Bild in diesem Zusammenhang ist das des Hirten[228], sipa(d) bzw. *rē'u*[229]. Wie der Hirte seine Herde soll der König seine Untertanen führen, beschützen, ernähren usw. Erstmals taucht dieser Beiname unter Lugalzagesi von Uruk auf[230], und auch die Könige der 1. Dynastie von Lagaš erhalten von den Göttern den Auftrag zum Hirtentum. Es heißt „Baba schuf Uruinimgina zum Hirtentum“ (nam-sipa)[231]. Im Reich von Akkad kommt der Hirtenbegriff nicht vor, aber von dem hurritischen König Atalsen wird gesagt, er sei *rê ālim*, der „Hirte der Stadt“[232]. In neusumerischer Zeit erfreut sich der Hirtenbegriff großer Beliebtheit, Gudea und die Ur-III-Könige nennen sich so. In Isin steht der Titel „Hirte“ stets am Anfang der Titulatur, weniger häufig kommt er in Larsa vor. Eine altbabylonische Wendung besagt lugal nu-me-a udu sipa-bi in-nu, „ein Volk ohne König (ist) eine Herde ohne Hirte“[233]. Assyrisch erscheint der Hirtenbegriff erstmals unter Salmanassar I. (1273–1244 v. Chr.) und wird ab Asarhaddon (680–669 v. Chr.) fortlaufend bis zum Ende des Reiches gebraucht. Außer dem üblichen *rē'û* steht in Assyrien auch *utul abrāti*, der „oberste Hirte der Menschen“, oder auch, z.B. bei Asarhaddon, *nāqidu*. Neben den genannten Begriffen für „Hirte“ wird eine solche Rolle des Königs noch in anderen

228 Vgl. Kapitel 1.3.2 „Aspekte des Königtums“.
229 Ursprünglich steht der Begriff allgemein für den Tierwärter, den Hirten von Tieren, v.a. für Schafe und Ziegen. Siehe Waetzold, H., Hirte, in: RLA 5 (1978), S. 421.
230 ABW II, 320, 325.
231 ABW I, 354f.
232 IRSA 128, II H 1a.
233 Nach: Lambert, W.G., Babylonian Wisdom Literature, Oxford (1960), S. 229, 232.

Phrasen ausgedrückt: der König „hütet sein Land“, die „Götter haben den König ernannt…“ oder „…erhoben zum Hirtentum“[234], haben ihm „das Zepter für das Hirtentum gegeben“, der König soll „die Menschen auf die grüne Weide bringen“.[235]

Im Hirtenbegriff zeigt sich also ein enger Zusammenhang zwischen der religiösen und weltlichen Sphäre, denn er verweist als eine Art von Gleichsetzung „König – Gott“ nicht nur symbolisch auf eine Gottesvorstellung als „Hirte“, also als schützender und fürsorglicher Macht, sondern wird darüberhinaus explizit als Auftrag von den Göttern an den König erteilt.

2.4.2.1 Der König als Recht sprechende und Recht setzende Instanz

Aus dem Hirtentum ableiten lässt sich die Pflicht des Königs, Gerechtigkeit auszuüben, die rechte Ordnung auf Erden zu bewahren. Ausgedrückt ist diese Verbindung z.B. durch den Titel sipa-nì-si-sá, „Hirte der Gerechtigkeit“ von Warad-Sin[236], sipa nì-si-sá ki-ága, „Hirte, der die Gerechtigkeit liebt“ aus einer Hymne von Išme-Dagan[237], *rē'ûti mīšari*, das „Hirtentum der Gerechtigkeit“ bei Assurbanipal[238], „ich lasse weiden ihre (der Götter) Untertanen in Rechtlichkeit und Gerechtigkeit“ (*ina kitte u mīšari*) bei Asarhaddon[239], oder „ich lasse weiden die Untertanen des Enlil in Fülle und Gerechtigkeit“ in einer Hymne für Assurbanipal[240]. Außerdem werden die Begriffe nam-sipa und nam-si-sá auch direkt gegenübergestellt, etwa in einem Text von Warad-Sin[241], ebenso wie die akkadischen Ausdrücke *rē'û* (Hirte) und *šar mīšari* (König der Gerechtigkeit)[242], z.B. bei Nebukadnezar I., Simbar-Šipak, Assurbanipal, Nabupolassar und Nebukadnezar II.[243]

Der konkrete Titel „Richter“ ist selten. Sumerisch (di-ku$_5$) taucht er nur in literarischen Texten auf, das akkadische *dajjānu* nur bei Nid-nuša von Dēr, Kurigalzu II. und Sin-šar-iškun. Häufiger geht es um das „Sprechen“ von Recht und/oder Gerechtigkeit[244]. In Babylonien ist der König Richter *ex officio*, er führt Prozesse, setzt Recht, ist die letzte Instanz der Rechtsprechung und von ihm eingesetzte Richter sprechen in seinem Namen

---

234 CH, R XXIV 13–14.

235 Seux, M.-J., Königtum B. II. und I. Jahrtausend, in: RLA 6 (1980), S. 162ff. Vgl. auch Westenholz, J.G., The Good Shepard, in: Panaino, A.; Piras, A. (Hrsg.), Schools of Oriental studies and the development of modern historiography: Proceedings of the Fourth Annual Symposium of the Assyrian and Babylonian Intellectual Heritage Project held in Ravenna, Italy, October 13–17, 2001, Mailand (2004), S. 281–310.

236 ÉR 443.

237 Seux, M.-J., Königtum B. II. und I. Jahrtausend, in: RLA 6 (1980), S. 162ff.

238 AHw 978b.

239 Ash. 26, Ep. 39, 14–16.

240 CAD B 183a, b.

241 UET I, S. 128. Siehe Seux, M.-J., Épithètes Royales Akkadiennes et Sumériennes, Paris (1967), S. 443.

242 *šar mīšari* ist eher ein babylonischer Titel, in Assyrien taucht er nur bei Assurbanipal auf. Vgl. Seux, M.-J., Épithètes Royales Akkadiennes et Sumériennes, Paris (1967), S. 316f.

243 Seux, M.-J., Königtum B. II. und I. Jahrtausend, in: RLA 6 (1980), S. 163f.

244 *ša dīn mīšari* („der den Rechtssatz spricht“) bei Nebukadnezar I., und *dā'in dēn mīšarim* (ebenfalls: „der den Rechtssatz spricht“) bei Sin-šar-iškun, *dābib kīnātu* („der mit Rechtlichkeit spricht“) bei Marduk-appla-iddina II. und *dābib kitti u mīšari* („der mit Rechtlichkeit und Gerechtigkeit spricht“) bei Sin-šar-iškun. Seux, M.-J., Königtum B. II. und I. Jahrtausend, in: RLA 6 (1980), S. 165.

Recht. Wenn der König sich nicht explizit „Richter“ nennt, liegt das vielleicht daran, dass das Richtertum ein integraler Bestandteil des Königtums ist und keiner gesonderten Erwähnung bedarf. Ende des 2. Jahrtausends und zu Beginn des 1. Jahrtausends v. Chr. bleibt der König die personifizierte Schlüsselinstanz der Judikative, die letzte Instanz bei Rechtsentscheidungen (v.a. bei Land- und Grundangelegenheiten) und seine persönliche Anwesenheit ist erforderlich für die Gültigkeit von Akten (z.B. bei Landverkauf, Steuerbefreiungen). Im 1. Jahrtausend v. Chr. haben die Bürger der wichtigsten Städte des Reiches das Recht, ihre Rechtsangelegenheiten direkt vom König richten zu lassen. In Assyrien dagegen ist die Situation nicht so klar; es ist zu vermuten, dass der König die oberste Gerichtshoheit hat, aber die alltägliche Rechtsprechung von Funktionären ausgeführt wird; es gibt keine konkreten Belege für die persönliche Intervention des Königs.[245]

Gerade die Richterfunktion des Königs hängt eng mit seinem göttlichen Mandat zur Herrschaft zusammen. Die Ordnung auf Erden reflektiert die göttliche Ordnung und jedes Individuum muss seine Pflichten gemäß seinem Platz in dieser Ordnung erfüllen. Das Königtum und damit der König ist Garant dieser Ordnung, er gibt Schutz und sichert das Vorherrschen der Gerechtigkeit. Ab dem Ende des 3. Jahrtausends v. Chr., und dann v.a. mit dem Codex Hammurabi, wird die Perspektive auf Gerechtigkeit als tatsächliches „Recht“ erkennbar, auf das jeder Bürger (*awīlum*) einen Anspruch hat.[246]

Traditionell gehört seit den frühesten Belegen die Rechtsentscheidung und -sprechung zu den Pflichten bzw. den Privilegien des Königs.[247] Die Rolle des Herrschers beim Umsetzen von Gerechtigkeit (*mīšarum*) manifestiert sich in den königlichen Rechtsakten. Deutlich wird dieser Zusammenhang in den Codices[248], den Rechtssammlungen, in denen Gesetze im Namen des Königs aufgeschrieben und festgelegt werden. Dabei steht neben dem „inneren“ Zweck der Codices, d.h. ihrer archivierend-memorierenden Aufgabe, auch der „äußere“ Zweck, nämlich der demonstrativ-publizierende Charakter solcher Texte im Vordergrund.[249] Ihrem äußeren Zwecke nach wären Rechtscodices also Übermittler der Königsideologie. Dabei gelten als die wichtigsten der Codex Urnammu, der Codex Lipiteštar und der Codex Hammurabi. In allen drei dieser Rechtsspruchsammlungen wird im Pro- bzw. Epilog der Bezug zur göttlichen Welt deutlich: Segensformeln werden über denjenigen gesprochen, der die Gesetze achtet, während derjenige, der dagegen verstößt, die Inschrift ändert oder zerstört, verflucht wird. Ebenso im Pro- oder Epilog werden die Codices den einzelnen Königen zugeschrieben, dabei stellt sich die Frage, ob ein konkreter Anlass, wie eine Reform oder eine Rechtsvereinheitlichung, zu deren Verkündigung ge-

245 Vgl. Seux, M.-J., Königtum B. II. und I. Jahrtausend, in: RLA 6 (1980), S. 164ff.

246 Raaflaub, K.A., Influence, Adaptation, and Interaction: Near Eastern and Early Greek Political Thought, in: Aro, S.; Whiting, R.M. (Hrsg.), The heirs of Assyria, Helsinki (2000), S. 55f.

247 Natürlich kann dieses vom König auch delegiert werden, an Provinzgouverneure oder sonstige Beamte.

248 Die altorientalischen Codices haben im Gegensatz zum modernen Wortverständnis keinen Anspruch, das gesamt Rechtsleben umfassend und lückenlos zu regeln. Tatsächlich kommen in den uns überlieferten Codices in erster Linie außergewöhnliche Rechtsfälle vor, während das Alltägliche meist unberücksichtigt bleibt. Vgl. Boecker, H.-J., Recht und Gesetz im Alten Testament und im Alten Orient, Neukirchen-Vluyn (1976), S. 46.

249 Nach Gehrke, H.J. (Hrsg.), Rechtskodifizierung und soziale Normen im interkulturellen Vergleich, Tübingen (1994), S. 10.

führt hat oder ob sie nicht eher aus einem intellektuellen Milieu etwa der Schreiberschulen stammen (was einen tatsächlichen Gesetzescharakter aber nicht zwingend ausschlösse). Einige Forscher[250] sehen die Codices als wirkliche Gesetzestexte, als beispielhafte Musterentscheidungen in Rechtsfragen. Dagegen könnten die Codices ebenso reine Dokumente zum Selbstpreis der Herrscher darstellen, also ein politisches Manifest, oder in erster Linie im Rahmen der Juristenausbildung in den Schreiberschulen eine Rolle spielen. Zusammen mit dem Prolog und Epilog würde sich die königliche Rechtspropaganda so die Schulliteratur zu Nutzen machen. Johannes Renger stellt die These auf, dass die Codices als Kommemorativ-Inschriften zu werten sind, denn z.B. im Codex Hammurabi nehmen die Rechtssätze den Platz ein, der bei Weihinschriften den weiteren Taten des Herrschers eingeräumt würde. So geschähe die Schaffung der Stele mit den Gesetzestexten nicht primär um der Rechtssätze willen, sondern die Paragraphen wären nur ein Teil von dem, was der Herrscher der Nachwelt mittels der Stele hinterlassen will.[251] Damit wären die Gesetzestexte als Königsinschriften zu werten und transportierten die königliche Propaganda.

Exemplarisch soll der Codex Hammurabi im Hinblick auf das vermittelte Königsbild näher untersucht werden. Die Kernaussage des Codex Hammurabi ist, dass der König eine aktive Rolle in der Aufrechterhaltung von Recht und Gerechtigkeit inne hat, dass es der König ist, der verbindliche Normen und Anordnungen festsetzt. Außerdem steht der Herrscher selbst über dem Gesetz und ist somit die letzte Zuflucht des Recht Suchenden. Sein Wort hat rechtlich verbindliche Qualität. Trotzdem ist der König in seinen Entscheidungen daran gebunden, was allgemein als rechtens gilt, also an das von den Göttern festgelegte Gesetz.[252]

Der Aufbau des Codex Hammurabi mit den Teilen Prolog und Epilog, die die eigentliche Rechtssammlung einklammern, entspricht dem Schema der ausführlicheren königlichen Bauinschriften, wobei das Bauprojekt durch die Paragraphen ersetzt wird. Im Prolog wird auf politisch-religiöser Ebene begonnen. Als Babylon unter Hammurabi zur führenden Stadt Mesopotamiens wird, geht damit eine Erhöhung des Stadtgottes von Babylon, Marduk, einher. Dieser erhält von Enlil und Anu, den Hauptgöttern des mesopotamischen Pantheons, die „Enlil-Würde", womit er Enlil gleichrangig wird. Dabei sollte man im Hinterkopf behalten, dass Enlil traditionell als „Königsmacher" in Mesopotamien gilt. Hammurabi verweist im Prolog nun explizit auf seine Erwählung durch Anu und Enlil. Es folgt eine Auflistung aller von Babylon erst eroberten und dann kontrollierten Städte samt den Leistungen des Königs für die dortigen Kulte und Tempel. Eine ältere Variante des Codex Hammurabi lässt dabei interessanterweise eine Erhöhung Marduks völlig außen vor, dagegen spielt Enlil durchgehend die Hauptrolle. In dieser Fassung findet die Legitimation Hammurabis also rein religiös statt, die gesamten militärischen Eroberungen werden ausgeklammert. Vermutlich entstand die Variante der bekannten Stele aus Susa mit der Erhö-

---

250 Z.B. W.F. Leemans, King Ḫammurapi as Judge, in: Ankum, J.A.; Feenstra, R.; Leemans, W.F. (Hrsg.), Symbolae iuridicae et historicae Martino David dedicatae II, Leiden (1968), S. 107–129.

251 Vgl. Renger, J., Noch einmal: Was war der „Kodex" Ḫammurapi – ein erlassenes Gesetz oder ein Rechtsbuch?, in: Gehrke, H.J. (Hrsg.), Rechtskodifizierung und soziale Normen im interkulturellen Vergleich, Tübingen (1994), S. 27–59.

252 Ebd., S. 45ff.

hung Marduks erst nach dem endgültigen Sieg Babylons über Larsa, als die Hegemonialstellung gefestigt und gesichert war.[253]

Der Prolog besteht fast ausschließlich aus Epitheta und Titeln. Neben der göttlichen Legitimation, dass Anu und Enlil ihn „mit meinem Namen genannt" (I, 49)[254] haben, stehen bei den Eigenschaften Hammurabis Hinweise auf das politische Charisma im Vordergrund. Er macht „Gerechtigkeit im Lande sichtbar" (I, 32ff.), lässt „den Schwachen vom Starken nicht schädigen" (I, 37ff.), er trägt „für das Wohlergehen der Menschen Sorge" (I, 47f.). Des Weiteren geht es um Tempelrestaurierungen, reiche Opfergaben und Kultaktivitäten im gesamten mesopotamischen Reich, in Tempeln aller Götter, auch außerhalb von Babylon. Dazu wird mit der „Weisheit" eine weitere in diesem Zusammenhang hervorstechende Eigenschaft des Königs benannt. Hammurabi schreibt von sich als „der Gott unter den Königen, mit Weisheit vertraut, [...] der Weise, der Verwalter, der die Urquelle der Weisheit erreichte" (III, 16f. und IV, 7ff.). Diese Weisheit macht den König unvergleichlich, zum „Erste(n) unter den Königen" (IV, 23). Auf den Aspekt des Richters wiederum verweist der Vergleich Hammurabis mit dem Sonnengott, der im mesopotamischen Pantheon die Richterfunktion erfüllt. Der König nennt sich „Sonnengott von Babel, der Licht aufgehen ließ über das Land Sumer und Akkad" (IV, 4ff.). Diese enge Verbindung mit Šamaš zeigt sich auch ikonographisch auf der Stele: Der Sonnengott hält dem Herrscher Ring und den Stab entgegen. Die Deutung der beiden „Insignien" ist dabei nicht ganz eindeutig. Nach der Interpretation von Erich Bosshard-Nepustil[255] handelt es sich um Ring und Griffel bzw. Keil, damit gibt Šamaš dem König symbolisch Gerechtigkeit und legitimiert ihn zur Niederschrift der Gesetze mit eben dem Schreibrohr/Griffel.

Auch militärische Taten werden genannt.[256] Im letzten Abschnitt des Prologs wird der göttliche Auftrag zur politischen Aktivität des Königs noch einmal explizit ausgesprochen:

> „als Marduk mich beauftragte, die Menschen zu lenken und dem Lande Sitte angedeihen zu lassen, legte ich Recht und Gerechtigkeit in den Mund des Landes und trug Sorge für das Wohlergehen der Menschen." (IV, 14ff.)

Auf den Prolog folgen die Rechtssätze, die, wie im Epilog zu lesen ist, „dem Lande feste Sitte und gute Führung angedeihen" (XLVII, 6ff.) lassen sollen. Ebenso wird auf den Zweck der Stele selbst eingegangen:

> „Damit der Starke den Schwachen nicht schädigt, um der Waise und der Witwe zu ihrem Recht zu verhelfen, habe ich in Babel, der Stadt, deren Haupt Anu und Enlil erhoben haben, in Esagil, dem Tempel, dessen Grundfesten wie Himmel und Erde fest sind, um dem Lande Recht zu schaffen, um die Entscheidung(en) des Landes zu fällen, um dem Geschädigten Recht zu verschaffen, meine überaus wertvollen Worte

253 Borger, R., Rechts- und Wirtschaftsurkunden. Historisch-chronologische Texte, Rechtsbücher, Gütersloh (1982), S. 39f.

254 Textzitate aus Borger, R., Rechts- und Wirtschaftsurkunden. Historisch-chronologische Texte, Rechtsbücher, Gütersloh (1982), S. 40ff.

255 Bosshard-Nepustil, E., Zur Darstellung des Rings in der altorientalischen Ikonographie, in: Morenz, L.D.; Bosshard-Nepustil, E. (Hrsg.), Herrscherpräsentation und Kulturkontakte Ägypten-Levante-Mesopotamien. Acht Fallstudien, Münster (2003), S. 58ff.

256 Vgl. Kapitel 2.4.3 „Die militärischen Errungenschaften des Königs".

auf (m)eine Stele geschrieben und vor meiner Statue (namens) ‚König der Gerechtigkeit' aufgestellt". (XLVII, 59ff.)

In die Zukunft weist die Empfehlung für nachfolgende Könige, diese Worte zu beherzigen, sowie Fluchformeln für den, der sie missachtet und ihnen zuwider handelt. Unter den Strafen, die diesen König treffen sollen, ist, dass Anu ihm „den Glanz seines Königtums wegnehmen, sein Zepter zerbrechen, seine Geschicke verfluchen" (XLIX, 45ff.) soll. Auch andere Götter, darunter Enlil und der Sonnengott, mögen einen so verfehlten Herrscher sanktionieren.

Ganz deutlich wird im Pro- und Epilog des Codex Hammurabi, dass die Durchsetzung von Gerechtigkeit auf Befehl und im Auftrag der Götter geschieht. Die göttliche Legitimation ist die Grundlage der Herrschaft und allen Handelns des Königs. Dabei spielen alle Götter des Pantheons eine Rolle, hervorgehoben sind naturgemäß die höchsten, d.h. Anu und der „Königsmacher" Enlil, und da es sich hier um den Text eines babylonischen Herrschers handelt, auch Marduk. Auf Grund des Rechtsbezuges des Textes kommt Šamaš darüber hinaus eine herausragende Rolle zu.

Alle Codices haben einen sehr ähnlichen Aufbau. Sowohl im Codex Urnammu, als auch im Codex Lipiteštar und Codex Hammurabi stehen die eigentlichen Rechtssprüche im Mittelteil und werden von einem Prolog und Epilog quasi „umrahmt". So fallen etwa im Codex Lipiteštar, in dem die Rechtsentscheidungen im Mittelteil als Worte des Sonnengottes aufgefasst werden und deren Zielsetzung über eine Verlautbarung des Enlil legitimiert wird, die Parallelen zum oben beschriebenen Codex Hammurabi klar ins Auge. Für den Codex Urnammu, der leider weit weniger gut überliefert ist als die anderen beiden, kann man annehmen, dass er in Teilen wortwörtlich im Codex Hammurabi übersetzt worden ist. Die Einleitung der Rechtssätze im Codex Lipiteštar u_4.bi-a findet eine wörtliche Entsprechung in Form des akkadischen *i-nu-mi-šu* im Codex Hammurabi. Somit kann sicherlich von einer Tradition der Codices gesprochen werden, wenn nicht gar von einem formularischen Aufbau.[257] Die späteren Herrscher kennen die Texte ihrer „Vorgänger", schreiben teilweise sogar von ihnen ab. Damit stellt sich vermutlich auch Hammurabi in eine ältere, eine sumerische Tradition, und übernimmt altbewährte Legitimationsstrategien und Bewährungsbeweise. Umso erstaunlicher ist, dass diese Tradition im 1. Jahrtausend v. Chr. augenscheinlich abbricht, jedenfalls sind aus dieser Epoche keinerlei Codices erhalten, dennoch bleibt der König weiterhin in der Rolle des Richters.[258]

Das assyrische Königtum

Die Richterfunktion hat auch im assyrischen Raum des 2. Jahrtausends v. Chr. eine Bedeutung im Pflichtenkanon der Herrscher. Im altassyrischen Reich ist die Rolle als oberster Richter für den König belegt, allerdings durchlaufen alle Rechtsentscheide ebenso die Stadtversammlung (*ālum*), der der König aber wiederum vorsteht.[259] Für die mittel-

257 Steible, H., Zu den Nahtstellen in den altmesopotamischen Codices, in: Marzahn, J.; Neumann, H. (Hrsg.), Assyriologica et Semitica. Festschrift für Joachim Oelsner, Münster (1999), S. 447–455.

258 Der Titel *šar mīšarim* taucht auch in der neubabylonischen Zeit häufig auf. Vgl. Seux, M.-J., Königtum B. II. und I. Jahrtausend, in: RLA 6 (1980), §80, S. 164.

259 Larsen, M.T., The City and its King. On the Old Assyrian Notion of Kingship, in: Garelli, P. (Hrsg.), Le Palais et la royauté – Archéologie et Civilisation, Paris (1974), S. 296f.

assyrische Zeit ist eine Richterfunktion des Herrschers ebenfalls nachzuweisen, so kann der König selbst alternativ zum Richter angerufen werden und ein Gerichtsverfahren leiten.[260] Im Gegensatz zur altassyrischen Zeit ist der Herrscher aber nicht mehr direkt involviert in die Gesetzespraxis oder spricht Recht (*dīnu*), außer es geht direkt um königliche Belange. Ideologisch hat der König demnach die oberste juristische Autorität inne, wie man auch an den Epitheta erkennen kann, z.B. „Sonnengott von allen Menschen" etwa bei Tukulti-Ninurta I.[261] In drei Paragraphen der mittelassyrischen Gesetze wird der König explizit als juristische Instanz genannt, dabei geht es um Ehebruch, Hexerei und um den Diebstahl von Kriegsbeute.[262] Allerdings ist der König in mittelassyrischer Zeit selbst nicht mehr Teil des Gerichts. Hier steht dem König nun ein Beamtenapparat zu Seite; trotzdem verfügt er über das Recht, jederzeit einzugreifen, durch Befehl „nach des Königs Wort" (*ina abat šarri*) oder durch ein Dekret (*riksu*).[263]

In den neuassyrischen Prozessurkunden gibt es keine Anzeichen für eine direkte königliche Intervention in das Gerichtsgeschehen. Verantwortlich sind Verwaltungsangestellte, die aber dem König unterstehen. Der König ist die oberste juristische Autorität, er könnte jederzeit eingreifen, delegiert solche Aufgaben allerdings meist. In Briefen wird der König häufig um Gerechtigkeit gebeten, dabei weniger im juristischen, als im Sinne von Hilfe und Beistand. Die große Mehrheit dieser Briefe stammt von Privatpersonen aus dem babylonischen Süden, wo der Rolle des Königs als Gerechtigkeit stiftend für die Bevölkerung traditionell eine größere Bedeutung als im assyrischen Kernland zukommt. Die Briefe belegen nichtsdestotrotz, dass sich die Untertanen an ihren König wenden können, sollten sie sich von der Verwaltung ungerecht behandelt fühlen, und dass der König über Interventionsmöglichkeiten verfügt.[264]

Insgesamt sind Epitheta mit Gerechtigkeitsaspekt im assyrischen Reich eher selten, v.a. im Vergleich mit dem babylonischen Raum. Als Ausnahme erscheinen die Sargoniden, die häufig den Titel „Bewahrer von Gesetz und die Gerechtigkeit liebend" o.Ä. führen,[265] was wohl auf den verstärkten Kontakt zum babylonischen Kulturraum zurückzuführen ist. Ebenso könnte man aber von einem ganz bewussten Aufnehmen dieses Aspektes ausgehen, der darauf abzielt, den Ansprüchen des babylonischen Südens entsprechend aufzutreten.[266]

---

260 Jakob, S., Mittelassyrische Verwaltung und Sozialstruktur. Untersuchungen, Leiden (2003), S. 20f.

261 Faist, B., Kingship and Institutional Development in the Middle Assyrian Period, in: Lanfranchi, Giovanni B.; Rollinger, Robert (Hrsg.), Concepts of Kingship in Antiquity, Padova (2010), S. 18.

262 Tablet A § 15, Tablet A § 47, Tablet C § 8. Siehe Roth, M.T., Law Collections from Mesopotamia and Asia Minor, Atlanta (1997), S. 158, 172f., 184.

263 Faist, B., Kingship and institutional Development in the Middle Assyrian Period, in: Lanfranchi, G.B.; Rollinger, R., Concepts of Kingship in Antiquity, Padova (2010), S. 18. Vgl. auch die mittelassyrischen Palastdekrete bei Roth, M.T., Law Collections from Mesopotamia and Asia Minor, Atlanta (1997), S. 195–209.

264 Siehe Postgate, J.N., Royal Exercise of Justice under the Assyrian Empire, in: Garelli, P. (Hrsg.), Le Palais et la royauté – Archéologie et Civilisation, Paris (1974), S. 417ff.

265 *nāṣir kitti* („der die Rechtlichkeit bewacht") bei Sanherib, *rā'im kināti/kitti* („der die Rechtlichkeit liebt") bei Sanherib und Assurbanipal, *rā'im mīšari* („der die Gerechtigkeit liebt") bei Sanherib, *ana nāṣār kitti u mīšari* („um die Rechtlichkeit und Gerechtigkeit zu bewachen") bei Sargon, *multēšir nišē* („der die Leute in rechter Ordnung hält") bei Tukulti-Ninurta I. Seux, M.-J., Königtum B. II. und I. Jahrtausend, in: RLA 6 (1980), §81, S. 164f.

266 Postgate, J.N., Royal Exercise of Justice under the Assyrian Empire, in: Garelli, P. (Hrsg.), Le Palais

Die Begriffe Recht und Gerechtigkeit sind dabei im Rahmen der politisch-sozialen Ordnung zu verstehen. Diese herzustellen und zu sichern ist Aufgabe des Königs, wobei vorausgesetzt sein muss, dass auch im Kosmos Ordnung herrscht. Eine Inschrift von Asarhaddon verdeutlicht diesen Aspekt:

> „[Sîn und Ša]maš, die Zwillingsgötter, hielten u[m] einen Rechtsentscheid nach Recht und Gerechtigkeit (*dēn kītte u mīšari*) de[m Land] und den Leuten zu schenken, Monat für Monat die Bahn von Recht und Gerechtigkeit ein."[267]

Recht und Gerechtigkeit sind nur deswegen möglich, weil sich Sonne und Mond auf ihrer angestammten Bahn bewegen. In diesem Zusammenhang ist das Epitheton *ᵈšamšu kiššat nišē* „Sonne/Sonnengott aller Leute"[268] zu verstehen, das den Königs mit dem Sonnengott gleichsetzt;[269] ein Phänomen, das auch im Hethitischen Reich auftritt.

Festzuhalten ist, dass das Bild des Königs als Richter oder als Gerechtigkeit stiftend im assyrischen Raum in den Königsinschriften oder -darstellungen keine prominente Stellung einnimmt, auch wenn diese Aspekte faktisch eine Rolle spielen und als Epitheta gelegentlich auftreten.

Das hethitische Königtum

Für den hethitischen Raum kann durch die Nähe zum Sonnengott eine Richterfunktion des Königs angenommen werden, schließlich trägt der Herrscher auf Darstellungen auch den *lituus* des Sonnengottes, der traditionell als Emblem des Richters gilt.[270] Doch im hethitischen Reich scheint es, ähnlich wie in Assyrien, eine Versammlung gegeben zu haben, die in Streitsachen zuständig ist. Jedenfalls ermahnt Hattušili seinen Nachfolger Muršili, den *panku(š)*, die Adelsversammlung, zu befragen, sollte jemand ein Verbrechen begehen.[271]

Der König verfügt sicherlich über einen Weisheitsaspekt[272], wie man am so genannten „Testament" Hattušilis I. erkennen kann, der sagt:

> „...But you [des Königs Diener und Adelige, Anm.d.A], who already know my will and my wisdom, guide my son towards wisdom."[273]

---

et la royauté – Archéologie et Civilisation, Paris (1974), S. 417.

267 Borger, R., Die Inschriften Asarhaddons, Königs von Assyrien, in: AfO Beiheft 9, Graz (1956), S. 2, Kol. I., 31–36.

268 U.a. bei Tukulti-Ninurta I., Adad-Nerari II., Tukulti-Ninurta II., Assurnasirpal II., Salmanassar III. und Asarhaddon. Belege vgl. Seux, M.-J., Épithètes Royales Akkadiennes et Sumériennes, Paris (1967), S. 284.

269 Maul, S., Der assyrische König. Hüter der Weltordnung, in: Watanabe, K. (Hrsg.), Priests and Officials in the Ancient Near East. Papers of the Second Colloquium on the Ancient Near East – The City and its Life held at the Middle Eastern Culture Center in Japan (Mitaka, Tokyo) March 22–24, 1996, Heidelberg (1999), S. 202ff.

270 Vgl. Haas, V., Geschichte der hethitischen Religion, Leiden (1994), S. 201f.

271 Klengel, H.; Klengel, E., Die Hethiter und ihre Nachbarn, Leipzig (1975), S. 110.

272 Vgl. Hutter, M., Weisheit und „Weisheitsliteratur" im hethitischen Kleinasien, in: Tatišvili, I.; Hvedelidze, M.; Gordeziani, L. (Hrsg.), Caucasian and Near Eastern Studies XIII. Giorgi Melikishvili memorial volume, Tiblisi (2009), S. 63–67.

273 Testament §10, zitiert nach Bryce, T., The Kingdom of the Hittites, Oxford (1998), S. 95. Vgl. auch Hutter, M., Weisheit und „Weisheitsliteratur" im hethitischen Kleinasien, in: Tatišvili, I.; Hvedelidze,

Über das tatsächliche juristische Vorgehen geben die Rechtssätze Auskunft. Der König ist offensichtlich Urheber der Gesetze, kann sie erlassen, ändern oder abschaffen. Dabei unterliegt er anscheinend – soweit aus den Gesetzestexten ersichtlich – keinen Einschränkungen durch andere Staatsorgane.[274] So heißt es in einem hethitischen Gesetzestext z.B. explizit:

> „Wenn jemand den Kopf eines Menschen verletzt, pflegte man früher 6 Sekel Silber zu geben, und der Verletzte nimmt 3 Sekel Silber, in den Palast pflegte man 3 Sekel Silber zu nehmen. Und jetzt hat der König die (Abgabe an den) Palast abgeschafft, und nur der Verletzte nimmt 3 Sekel Silber."[275]

Aus dieser Textpassage wird deutlich, dass es in der Macht des Königs liegt, Gesetze zu ändern.

Auch Gerichtsprotokolle existieren und geben einen Einblick in die Rechtspraxis. Prozesse können vor königlichen Beamten oder direkt am Königsgericht stattfinden, unter Umständen vor den Ältesten einer Siedlung.[276] Einige Rechtsverstöße werden ausschließlich vom König bzw. dem Königsgericht geahndet, dazu zählen v.a. Verstöße gegen den König oder den Palast selbst sowie Verstöße gegen sexuelle Tabuvorschriften (Ehebruch oder Sodomie).[277]

Auffällig ist, dass hethitische Rechtssätze über keinen Rahmen wie die vergleichbaren mesopotamischen Texte verfügen, d.h. es gibt weder einen Pro- noch einen Epilog, der die Gesetze selbst umrahmt und die Absichten des Schreibenden erklärt. Es handelt sich schlicht um Rechtssätze, die wohl im Gegensatz zum mesopotamischen Raum für die Königsideologie nicht im selben Maße bedeutsam sind. Insgesamt ergibt sich für den hethitischen Kulturraum also der Eindruck, dass das Rechtsprechen zwar durchaus eingeschränkt zum Aufgabengebiet des Herrschers gehört, aber für die königliche Propaganda nicht wirklich genutzt wird.

Das achämenidische Königtum

Ob der achämenidische König konkrete Aufgaben im Bereich der Rechtsprechung erfüllt hat, kann nicht belegt werden, erscheint aber, wenn man von den Befunden der anderen altorientalischen Staaten ausgeht, als wahrscheinlich. Gerade in den Satrapien knüpft der achämenidische Fremdherrscher auch im Bereich der Richtertätigkeit an die dort vorhandene Tradition der königlichen Rechtsprechung an, wie einzelne Beispiele, v.a. aus Ägypten, verdeutlichen. Von Dareios I. wird sogar überliefert, er hätte eine ägyptische Gesetzessammlung verfasst.[278] Insgesamt ist eine direkte Involvierung des achämenidischen Herrschers in die Rechtsprechung und Gesetzgebung der einzelnen Satrapien aber

---

M.; Gordeziani, L. (Hrsg.), Caucasian and Near Eastern Studies XIII. Giorgi Melikishvili memorial volume, Tbilisi (2009), S. 63–67.

274 Grothus, J., Die Rechtsordnung der Hethiter, Wiesbaden (1973), S. 17.

275 Friedrich, J., Die hethitischen Gesetze, Leiden (1959), Tafel I §9.

276 Klengel, H.; Klengel, E., Die Hethiter und ihre Nachbarn, Leipzig (1975), S. 121f.

277 Haase, R., Zur sachlichen Zuständigkeit der Königsgerichts (DI.KUD LUGAL) in der hethitischen Rechtssatzung, in: Beckman, G. et al. (Hrsg.), Hittite Studies in Honor of Harry A. Hoffner Jr. on the Occasion of his 65th Birthday, Winona Lake (2003), S. 143–147.

278 Grätz, S., Das Edikt des Artaxerxes. Eine Untersuchung zum religionspolitischen und historischen Umfeld von Esra 7, 12 – 26, Berlin / New York (2004), S. 223ff.

durchaus zweifelhaft; dies wird wohl in der Regel an die Satrapen bzw. Gouverneure delegiert.[279]

Bezug genommen wird in den Inschriften allerdings häufig auf das Gesetz Ahuramazdas (*dāta-*), das in engem Zusammenhang mit der kosmischen Ordnung steht. Wer dieses befolgt, dem soll es gut gehen. Die Aufgabe des Königs dabei ist, diese göttliche Ordnung bzw. dieses göttliche Gesetz an seine Untertanen weiterzugeben, es auf Erden herzustellen und es zu sichern. Er übernimmt also die Mittlerrolle zwischen göttlicher und menschlicher Sphäre (vgl. oben, Kapitel 2.4.1 „Die Verbindung zu den Göttern – Das achämenidische Königtum").[280]

2.4.2.2 Der König als Bauherr

Ebenso wie der Richtertätigkeit liegt der Bautätigkeit des Königs sein göttlicher Auftrag zum Schaffen, Verwalten und Sichern der irdischen Ordnung zu Grunde: Durch Bauen schafft der Herrscher eine Infrastruktur, er ordnet die Welt. Vollendete Bauprojekte zeigen die Fähigkeit des Königs, seiner ihm von den Göttern gegebenen Aufgabe nachzukommen, die Welt zu ordnen; sie sind ein sichtbarer Marker seiner Tüchtigkeit und Pflichterfüllung. Bauprojekte werden in den Königsinschriften sehr häufig genannt, in der Regel geschehen sie zu Ehren der Götter. Die regelmäßigen Hinweise auf Bauwerke in den Inschriften sind gleichwohl Ausdruck des Erfolgsdruckes der Könige; damit dokumentieren sie ihre Werke schriftlich, sowohl gegenüber ihren Untertanen als auch gegenüber ihren göttlichen Auftraggebern. Die Bauten selbst sind Erinnerungsmarker, sie überdauern lange Zeit und dienen somit dem kulturellen Gedächtnis der jeweiligen Gesellschaft.

In allen altorientalischen Gesellschaften bilden Bauunternehmen einen teils ausgeprägten Schwerpunkt der Königsinschriften. Dabei enthalten die in den Inschriften erwähnten Baumaßnahmen v.a. Bewässerungsprojekte, den Bau von Tempeln und die Errichtung von Stadtmauern. Diese Themenpalette zeigt u.a. deutlich den ordnungsschaffenden Aspekt der königlichen Bauaktivität.

Bewässerungsprojekte schaffen die Voraussetzung für die Versorgung der Bevölkerung. Durch sie kommt der König seinem göttlichen Auftrag nach, sich um die Menschen zu kümmern. Kanäle dienen nicht allein der Bewässerung, sondern können darüber hinaus für die Schifffahrt genutzt werden, d.h. sie sind ebenso wie Straßen, deren Anlegen in den Inschriften in der Regel nicht auftaucht, Teil der Infrastruktur, die den Handel erleichtert und die Versorgung mit Rohstoffen und Gütern aller Art verbessert bzw. erst ermöglicht. Die Infrastruktur erscheint zentral im Hinblick auf den ordnungsschaffenden Auftrag des Herrschers. Im „chaotischen", „wilden" Land werden Wegenetze und Kanäle angelegt,

---

279 Klinkott, H., Der Großkönig und seine Satrapen. Zur Verwaltung im Achämenidenreich, in: Historisches Museum der Pfalz Speyer (Hrsg.), Das persische Weltreich. Pracht und Prunk der Großkönige, Stuttgart (2006), S. 63. Inwieweit auch lokale Autoritäten Einfluss auf Rechtsgebung haben diskutiert Frei, P., Zentralgewalt und Lokalautonomie im Achämenidenreich, in: Frei, P.; Koch, K., Reichsidee und Reichsorganisation im Perserreich, Fribourg (1996), S. 7–43.

280 Koch, K., Weltordnung und Reichsidee im alten Iran und ihre Auswirkungen auf die Provinz Jehud, in: Frei, P.; Koch, K., Reichsidee und Reichsorganisation im Perserreich, Fribourg (1996), S. 151f.

Tempel, Paläste und ganze Städte errichtet. Die Stadtmauern[281] begrenzen die Stadt und schirmen die Ordnung innerhalb vom Chaos außerhalb ab, dienen aber gleichzeitig ganz pragmatisch zur Befestigung der Stadt, also zum Schutz vor Feinden.

In den sumerischen Königsinschriften überwiegen Bauinschriften als häufigste Gattung. Dabei wird das Bauobjekt jeweils konkret einem Gott zugeschrieben: Die Verbalform lautet „GN hat gebaut", darauf folgt das Bauobjekt. Die Inschriftenträger der Bauinschriften, Ziegel, Türangelsteine, deponierte Gründungstafeln und Tonnägel, sind alle Bestand des Bauwerkes und in der Regel darin verbaut, also von außen nicht sicht- oder lesbar.[282] Zweck dieser Inschriften ist also, die Erfüllung der königlichen Aufgaben auf Erden den Göttern, nicht etwa der Bevölkerung gegenüber zu demonstrieren.

Auch die bildlichen Darstellungen zeigen den König als Bauherrn. Als Beispiel der älteren mesopotamischen Geschichte soll Urnanše von Girsu dienen. Sowohl in der Plastik als auch der Reliefkunst lässt sich der König nicht nur als Bauherr, sondern als aktiv am Baugeschehen beteiligt darstellen. Auf der so genannten „Weihplatte des Urnanše" (Louvre, AO 2344) trägt der Herrscher einen Korb mit Lehmziegeln auf dem Kopf, was ihn als königlichen Bauherrn kennzeichnet. Diese Interpretation bestätigen Texte, wie sie etwa von Gudea aus neusumerischer Zeit überliefert sind:

> „Den reinen Tragkorb nahm er hoch, er trat an die Ziegelform. Gudea legte Lehm in die Form, vollführte das kultisch Geziemende, ließ den Ziegel des Hauses strahlend aufgehen."[283]

Auf der Weihplatte des Urnanše befindet sich auch eine begleitende Inschrift, die die Bautätigkeit des Königs rühmt: „Urnanše, König von Lagaš, Sohn des Gunidu, baute den Tempel von Ningirsu; er baute den Tempel von Nanše; er baute den Apsubanda."

Dieses Motiv des Herrschers mit dem Korb mit Baumaterial gehört in der Ur-III-Zeit zu den häufigsten Darstellungsarten der Könige in der Bildkunst. Die Gründungsfigur des Urnammu aus Nippur (IM 45429) zeigt dieses Motiv in der Plastik. Bis in neubabylonische Zeit wird diese Darstellungsart des Königs als Korbträger tradiert, z.B. bei der Stele des Šamaš-šum-ukin (BM 90866).

Das assyrische Königtum

Im neuassyrischen Reich liegt nach Mario Liverani[284] der Bautätigkeit noch deutlicher der göttliche Auftrag des Königs, Ordnung ins Chaos zu bringen, zu Grunde. Werden neue Gebiete erobert und dem assyrischen Reich eingegliedert, muss der König diese Peripherie in den quasi kosmischen Status überführen, er muss Ordnung schaffen. Das geschieht nach Liverani durch Prozesse der Vereinigung und Assimilierung der Bevölkerung, durch die Kultivierung bislang unproduktiver Länder, durch den Bau von Bewässerungsanlagen und durch allgemeine Bauprogramme in bisher unbewohnten Gebieten. So verbreitet sich in den

281 Vgl. u.a. Novák, M., H Herrschaftsform und Stadtbaukunst. Programmatik im mesopotamischen Residenzstadtbau von Agade bis Surra man ra'ā, Saarbrücken (1999), S. 283.

282 Edzard, D.O., Königsinschriften A. Sumerisch, in: RLA 6 (1980), S. 60.

283 Zitiert nach Orthmann, W., Der Alte Orient, Propyläen Kunstgeschichte 18, Frankfurt (1985), S. 179.

284 Liverani, M., The Ideology of the Assyrian Empire, in: Larsen, M.T. (Hrsg.), Power and Propaganda, Kopenhagen (1979), S. 297–317.

„neuen" Provinzen das assyrische Verwaltungsmuster, die sprachliche und die gesetzliche Vereinheitlichung wird eingeleitet. In den Königsinschriften folgen die Bauaktivitäten dem Muster bzw. den Direktiven „öffnen" (*petû*), „vergrößern" (*rapāšu* D, *šadālu* D), „begradigen" (*ešēru* D), „konsolidieren" (*kânu* D, *danānu* D), „schmücken" (*nakālu* D), usw.[285] Dabei werden die lokalen Merkmale ausgelöscht und gleichzeitig die universale Ausweitung des assyrischen Reiches und der damit verbundenen Ordnung vorangetrieben, sprich: Der König bringt durch die Bautätigkeit Ordnung und Zivilisation in diese Gebiete, er erscheint in der Rolle des Gründungshelden. Deutlich wird diese (Selbst-)Einschätzung der Herrscher in der oft in Bauinschriften vorkommenden Phrase „keiner hat das vor mir getan".[286]

So ist der König der erste, der etwas vollbringt, ihm kommt eine den Göttern vergleichbare Rolle zu, und gleichzeitig erfüllt er seinen göttlichen Auftrag, Ordnung zu stiften.

Einen Höhepunkt erreicht dieser „Gründer- und Schöpferaspekt" des Herrschers, wenn eine neue Haupt- bzw. Residenzstadt[287] errichtet wird. In diesem Moment beschränkt sich die umgestaltende Hand des Königs nicht mehr allein auf die Peripherie, es wird also nicht nur aus Chaos Ordnung geschaffen, sondern die Veränderung findet im assyrischen Zentrum statt.[288] Die Neuanlage von Residenz- bzw. Hauptstädten geschieht wohl in erster Linie aus geopolitischen Gründen. Aššur selbst verliert dabei nie völlig an Bedeutung. So führen die neuassyrischen Herrscher stets auch dort Bauprojekte durch und lassen sich in der Regel in Aššur bestatten. Die neu errichteten oder ausgebauten Städte wie Dur-Šarrukin oder Kalḫu sind Abbild der Weltordnung, sie grenzen sich in einer rechten und geordneten Weise vom chaotischen Außen ab.[289]

Die älteste belegte Neugründung einer Residenzstadt im assyrischen Reich geschieht unter Tukulti-Ninurta I. (1243–1207 v. Chr.) mit Kar-Tukulti-Ninurta. Diese Stadt weist einen geometrischen Grundplan auf, es gibt einen separaten Repräsentations- und Kultbereich mit Königspalast und Haupttempel am Rand der Stadt. Der Repräsentationsbereich ist durch eine Mauer vom übrigen Stadtgebiet getrennt, was eine sichtbare Distanz schafft zwischen der Bevölkerung und dem Herrscher sowie dem Tempelbereich und damit den

285 Ebd., S. 307f.

286 Ebd. Natürlich finden solche neuen Residenz- oder Hauptstadtgründungen auch außerhalb des assyrischen Reiches statt. Als erste solche Gründung kann man wohl Akkad ansprechen, aber ebenso die kassitische Neugründung Dur-Kurigalzu. Vgl. Novák, M., Die orientalische Residenzstadt. Funktion, Entwicklung und Form, in: Wilhelm, G. (Hrsg.), Die orientalische Stadt. Kontinuität, Wandel, Bruch, Saarbrücken (1997), S. 173.

287 Die Abgrenzung der Begriffe Hauptstadt und Residenzstadt ist schwierig, da im heutigen Sprachgebrauch kaum unterschieden wird. Nach Mirko Novák ist eine Hauptstadt durch die Vielfalt an bedeutenden Funktionen charakterisiert, sie ist das Zentrum eines Siedlungssystems, während sich in der Residenzstadt v.a. die Residenz des Herrschers bzw. Hofes befindet, sie also primär Verwaltungs- und Repräsentationsfunktion hat. Eine Residenzstadt kann sich natürlich jederzeit zur Hauptstadt transformieren bzw. transformiert werden. Vgl. Novák, M., Die orientalische Residenzstadt. Funktion, Entwicklung und Form, in: Wilhelm, G. (Hrsg.), Die orientalische Stadt. Kontinuität, Wandel, Bruch, Saarbrücken (1997), S. 170ff.

288 Liverani, M., The Ideology of the Assyrian Empire, in: Larsen, M.T. (Hrsg.), Power and Propaganda, Kopenhagen (1979), S. 309.

289 Vgl. u.a. Maul, S. M., Die altorientalische Hauptstadt. Abbild und Nabel der Welt, in: Wilhelm, G. (Hrsg.), Die orientalische Stadt. Kontinuität, Wandel, Bruch, Saarbrücken (1997), S. 123f.

Göttern. Zu Grunde mag diesem Umstand liegen, dass die Bevölkerung von Kar-Tukulti-Ninurta zum größten Teil nicht aus Assyrern, sondern aus Deportierten und Kriegsgefangenen besteht, die dem König wohl nicht besonders gewogen sind, wodurch aus sicherheitspolitischen Gründen eine Ummauerung der Residenz sinnvoll erscheint. Dagegen ist der Standort des Königspalastes auf das gesteigerte Selbstverständnis des assyrischen Herrschers zurückzuführen; er befindet sich am prestigeträchtigsten Platz der Stadt, unmittelbar am Flussufer, gegenüber dem Haupttempel auf einer Erhöhung und übertrifft diesen auch an Größe.[290]

Keine Neugründung, sondern der intensive Ausbau der Stadt Kalḫu lässt Assurnasirpal II. (883–859 v. Chr.) zu einem Residenzstadtgründer werden. Der Grundriss von Kalḫu ist gleichermaßen geometrisch wie an die topologischen Verhältnisse angepasst. Wie in Kar-Tukulti-Ninurta ist der Palast- und Tempelbereich von der Wohnstadt abgetrennt; er befindet sich auf einer erhöhten Zitadelle, die durch dessen Errichtung auf der „alten", schon vorher existenten Stadt entstanden ist.[291]

Sargon II. (721–705 v. Chr.) errichtet seine neue Residenzstadt Dur-Šarrukin auf bislang unbebautem Gebiet, was eine Anlage nach streng geometrischen Mustern erlaubt, die sich im Groben an Kalḫu orientiert. Aber im Gegensatz zu dem in vielen Jahren gewachsenen Kalḫu wird Dur-Šarrukin in einem Zug angelegt, die Standortbestimmungen des älteren Vorbilds werden bewusst kopiert, was zu einer strengeren Axialität und einer klareren Gliederung führt. Wie in Kalḫu gibt es in Dur-Šarrukin zwei voneinander unabhängig am Rande der Stadt liegende Zitadellen. Auf der größeren der beiden befindet sich der Königspalast und daran angeschlossen die Tempel. Auch hier ist die Zitadelle durch eine eigene Mauer von der Wohnstadt abgetrennt. Die Position des Königspalastes ist in Dur-Šarrukin gegenüber dem Tempel deutlich herausgehoben, während beide in Kalḫu gleichberechtigt nebeneinander stehen. Es geschieht also eine merkliche Akzentverlagerung hin zum Königtum und dessen zentraler Rolle.[292]

Die Stadt Ninive wird ab der Herrschaft von Sanherib (704–681 v. Chr.) zur Residenzstadt ausgebaut. Auch hier befinden sich die Hauptpaläste und -tempel auf der Zitadelle. Schon die riesigen Dimensionen Ninives verdeutlichen den imperialen Anspruch der assyrischen Könige dieser Zeit. Ebenso dient die Anlage königlicher Gärten[293] weniger einem landwirtschaftlichen Anspruch oder Bedarf als programmatisch-propagandistischen Zwecken. Sie symbolisieren nicht nur den Universalcharakter der jeweiligen Stadt, sondern die schöpferische, Ordnungs schaffende Macht des Königs, der Pflanzen und Tiere aus fremden Ländern dort einführt. Gärten sind auch ein beliebtes Thema der Reliefs innerhalb der assyrischen Paläste.[294]

---

290 Novák, M., Die orientalische Residenzstadt. Funktion, Entwicklung und Form, in: Wilhelm, G. (Hrsg.), Die orientalische Stadt. Kontinuität, Wandel, Bruch, Saarbrücken (1997), S. 175.

291 Ebd., S. 178.

292 Ebd., S. 178ff.

293 Erstmals unter Tukulti-apil-Ešarra I. (Novák, M., Die orientalische Residenzstadt. Funktion, Entwicklung und Form, in: Wilhelm, G. (Hrsg.), Die orientalische Stadt. Kontinuität, Wandel, Bruch, Saarbrücken (1997), S. 182).

294 Novák, M., Die orientalische Residenzstadt. Funktion, Entwicklung und Form, in: Wilhelm, G. (Hrsg.), Die orientalische Stadt. Kontinuität, Wandel, Bruch, Saarbrücken (1997), S. 182f. Z.B. die Parklandschaft mit Aquädukt, Ninive, Nord-Palast, Assurbanipal (BM: ME124939A).

Die erwähnte klare Abgrenzung der geordneten Stadt vom chaotischen Äußeren zeigt sich in dem streng geometrischen Grundriss, wie bei den Neugründungen, natürlich deutlicher als bei gewachsenen Städten. Damit kann sich der König als von den Göttern mit der Ordnung der Welt Beauftragter darstellen. Durch die unmittelbare Nähe von Palast und Kultbauten auf den Zitadellen dieser neuen Städte zeigt der König bildhaft seine Nähe zu den Göttern, seine Position als oberster Priester des Staates. Im Laufe des assyrischen Reiches dominiert zunehmend der Palast das Stadtbild anstelle des Tempels, was eine wachsende Vormachtstellung des Königs und des gesamten säkularen Bereiches ausdrückt. Die Trennung der Zitadelle mit den öffentlichen Gebäuden zur Wohnstadt und der Bevölkerung der Stadt stärkt das übernatürliche Charisma des Königs, er erscheint unerreichbar, in der Sphäre des Göttlichen angesiedelt.[295]

Das hethitische Königtum

Im hethitischen Raum ist die Bautätigkeit anscheinend kein Bestandteil der Königsideologie, sie wird in den offiziellen Texten kaum erwähnt und es gibt auch keine speziellen Bau- oder Gründungsinschriften. Trotzdem sind einige Könige sehr engagiert in Bautätigkeiten, wie z.B. Tudḫaliya IV., der die Hauptstadt Hattuša aus- und umbaut. Aber im Vergleich zu etwa den mesopotamischen Königen spielen Bauaktivitäten bei den Hethitern kaum eine Rolle in der Selbstrepräsentation der Herrscher durch die Königsinschriften.[296]

Das achämenidische Königtum

Die achämenidischen Könige nutzen Bautätigkeit als Element der Königsideologie v.a. im mesopotamischen Raum, wo dieser Aspekt der politischen Verantwortung des Königs eine lange Tradition hat (s.o.). Auf dem so genannten Kyros-Zylinder greift eben dieser Herrscher auf die Tradition und den Kanon der babylonischen Bauinschriften zurück, bringt aber nichts „Eigenes", Achämenidisches ein. Die Knappheit an Inschriften im Allgemeinen und damit natürlich auch von Bauinschriften aus dem Kerngebiet des achämenidischen Reiches lässt eine Beurteilung, ob es eine eigene persische Tradition von Bauinschriften gibt bzw. ob die Bautätigkeit Teil der achämenidischen Königsideologie ist und somit zum Pflichtenkanon des Herrschers gehört, nicht zu. Realiter können große Bauprogramme, wie etwa in Persepolis, natürlich nur durch Involvierung des Königs bzw. des Palastes stattfinden, aber im Gesamtbild scheint der Bauaktivität im achämenidischen Reich eine eher untergeordnete Stellung im Rahmen des Königsbildes und der Königsideologie zuzukommen.

Natürlich kommen für die großen königlichen Bauprojekte im Zentralgebiet des achämenidischen Reiches sowohl Material als auch Arbeiter aus allen Teilen des Landes, womit die persischen Könige erreichen, dass jeder Besucher der Hauptstadt, egal woher aus dem riesigen Reich er oder sie stammen mag, einen Bezug zu sich und seiner Heimat finden kann. Damit gehen die achämenidischen Herrscher bewusst und kalkuliert eklektisch vor, sie nutzen vergangene bzw. fremde Kunstformen als „Zitate" sowie für Kontraste und Botschaften, indem sie von den traditionellen Schemata abweichen.[297] Architektur wird

295 Ebd., S. 185ff.

296 Vgl. etwa Bryce, T., Life and society in the Hittite world, Oxford (2002), S. 30.

297 Nylander, C., Achaemenid Imperial Art, in: Larsen, M.T., Power and Propaganda, Kopenhagen

also intentional eingesetzt, um dem weit verbreiteten, aus vielen verschiedenen kulturellen Hintergründen stammenden Volk einen Bezugspunkt zu geben, mit dem es sich mit dem achämenidischen Königtum identifizieren kann.

2.4.2.3 Der König als Spitze der Verwaltung

Im Gegensatz zur Richterrolle und der des Bauherrn spielen administrative Tätigkeiten der Könige in den Königsinschriften eine deutlich untergeordnete bzw. meist überhaupt keine Rolle. Auskunft über diese Aktivitäten geben „profane" Alltagstexte, wie Urkunden etc.

Besonders gut belegt sind solche bürokratischen Texte in der Ur-III-Zeit, weswegen dieses Königtum als erstes Beispiel herangezogen werden soll.

Die gesamte Administration agiert im Namen bzw. im Auftrag des Königs. Sämtliche Einlieferungen und Abbuchungen werden mit königlichen Termini versehen. So verzeichnen Urkunden aus dem Viehzentrum von Puzriš-Dagan Einlieferungen als mu ku$_x$(du) lugal „Einlieferung des Königs", Abbuchungen als zi-ga lugal „königliche Ausgaben" und nì-ba lugal „königliche Geschenke". Beamte treten als reine Bevollmächtigte des Herrschers auf.[298]

Auffällig ist, dass die Beamten anscheinend bei einem Dynastiewechsel komplett ersetzt werden. Für einen so plötzlichen Wechsel in den Positionen bedarf es eines massiven Trainings für die neu eingesetzten Beamten und es kann in der Übergangszeit leicht zu chaotischen Verhältnissen kommen. So gibt es gerade für die Ur-III-Zeit auch Belege für vererbbare Beamtenpositionen. Dabei spielt im Verwaltungsapparat grundsätzlich die Familie des Königs eine wichtige Rolle, d.h. Familienmitglieder des Königshauses besetzen zentrale Posten in der zivilen und militärischen Verwaltung sowie in der Tempelhierarchie.[299]

Zum Aufbau einer zentralisierten Verwaltung ist die Festlegung einer einheitlichen Sprache für die administrativen Texte notwendig. In der Ur-III-Zeit wird – nach dem „Intermezzo" des Reiches von Akkad – das Sumerische als Verwaltungssprache wieder eingeführt, im Alltagsleben gibt es aber kaum Hinweise darauf, dass Sumerisch tatsächlich gesprochen wurde. Anscheinend ist Sumerisch zu diesem Zeitpunkt schon in erster Linie Verwaltungssprache, wie man es später auch in neuassyrischer Zeit für das Akkadische annehmen kann.[300] Offenbar gibt es eine Präferenz, im Alltag nicht mehr gebräuchliche, sogar tote Sprachen in Gesellschaften, in denen ein Großteil der Bevölkerung illiterat ist, als Verwaltungssprache zu nutzen.[301] Die Veränderung der offiziellen Sprache ist in diesem

---

(1979), S. 355f.

298 Sallaberger, W.; Westenholz, A., Mesopotamien. Akkade-Zeit und Ur-III-Zeit, Fribourg (1999), S. 181.

299 Michalowski, P., Charisma and Control: On Continuity and Change in Early Mesopotamian Bureaucratic Systems, in: Gibson, M. (Hrsg.), The Organisation of Power Aspects of Bureaucracy in the Ancient Near East, Chicago (1987), S. 58ff.

300 Ebd., S. 60.

301 Ong, W.J., Interfaces of the Word, Ithaca (1977), S. 22–34. Solche Sprachen wären „Vater-Sprachen", da sie von Männern gelehrt werden, sozusagen Zweitsprachen sind, im Gegensatz zur Muttersprache, die in der Regel von der Mutter dem Kind gelehrt werden. Die Zweitsprachen werden eher geschrieben als gesprochen und bevorzugt für die Verwaltung o.Ä. eingesetzt (ebd.).

Zusammenhang eine Gelegenheit zur Veränderung der lokalen Verwaltungspraxis und Verantwortlichkeiten im gesamten Reich.[302] Ausgebildet werden die Beamten in den Schreiberschulen. Die Traditionen, die in diesen Schulen weitergegeben werden, schaffen eine ideologische Kontinuität für die bürokratische Klasse, die in einem gewissen Grad sogar unabhängig von Schwankungen an der Spitze sind, also unberührt vom Wechsel des Königs. Je nachdem, welche Texte kopiert und weitergegeben werden, können die Schreiber, als Beamte ja auch in Machtpositionen und so Teil der künftigen des Lesens und Schreibens kundigen Elite des Staates, beeinflusst und indoktriniert werden; ihr Verhältnis zum König und ihre Möglichkeiten der Meinungsbildung in eine Richtung gelenkt werden.[303]

Durch alle Epochen des Alten Orients hinweg sind Edikte zum Schuldenerlass beliebt und werden häufig angewandt. Der Schuldenerlass steht im Zusammenhang mit der Hirten-Rolle (sipad) des Herrschers und damit in Beziehung zum Ordnung- und Gerechtigkeit-Schaffen. Bei Missständen liegt es also beim König auch konkret in die Wirtschaft einzugreifen und dies erfolgt durch den Erlass einer Verordnung, eines Ediktes. Für die altbabylonische Zeit zum Beispiel nimmt Dominique Chapin[304] an, dass jeder König kurz nach seiner Thronbesteigung einen solchen Schuldenerlass erwirkt: Für die Regierungszeit von Hammurabi sind allein vier solche Edikte belegt. Diese Schuldenerlasse sollen das soziale Gleichgewicht wiederherstellen, so wird der Vorgang auch „Gerechtigkeit setzen" (*mīšarum šakānum*) genannt.[305]

Das assyrische Königtum

Durch die Rolle des Königs als Verwalter des Gottes Aššur auf Erden, die mit dem Titel *iššiak* ^{d}*Aššur* ausgedrückt wird, sind Verwaltungsaufgaben im assyrischen Königsverständnis anzunehmen. Weitere politische Tätigkeiten des assyrischen Herrschers finden sich in seiner Funktion als Oberhaupt der Stadtversammlung von Aššur schon in altassyrischer Zeit. Der für die altassyrische Zeit belegte Titel *waklum* für den assyrischen König taucht v.a. in Briefen, später auch in Bauinschriften auf. An Hand der Belege in den Briefen ist ersichtlich, dass der *waklum* eine eingeschränkte, nicht allumfassende Macht hat und die Entscheidungen der Stadtversammlung ausführt. Der Titel *bēlum* beschreibt wohl ebenfalls die Stellung des Königs als Vorsitzender der Stadtversammlung von Aššur.[306]

Auch für die mittelassyrische Zeit ist eine Involvierung – in jedem Fall „offiziell" – des Königs in die Verwaltung belegt. Die Macht des Königs wächst auf Kosten der anderen politischen Körperschaften. So existiert die Stadtversammlung nicht mehr, dafür gibt es königliche Beamte („königliche Diener" = *urad šarri*), die direkt abhängig vom König sind.

302 Michalowski, P., Charisma and Control: On Continuity and Change in Early Mesopotamian Bureaucratic Systems, in: Gibson, M. (Hrsg.), The Organisation of Power Aspects of Bureaucracy in the Ancient Near East, Chicago (1987), S. 61.

303 Ebd., S. 62ff.

304 Charpin, D.; Edzard, D.O.; Stol, M., Mesopotamien. Die altbabylonische Zeit, Fribourg (2004), S. 865ff.

305 Maul, S., Der assyrische König. Hüter der Weltordnung, in: Watanabe, K. (Hrsg.), Priests and Officials in the Ancient Near East, Heidelberg (1999), S. 206.

306 Siehe: Larsen, M.T. (Hrsg.), The City and its King. On the Old Assyrian Notion of Kingship, in: Garelli, P. (Hrsg.), Le Palais et la royauté – Archéologie et Civilisation, Paris (1974), S. 289ff.

Die Stadthalle lebt – in begrenzter Funktion – fort; sie ist verantwortlich für die standardisierten Gewichte, aber als Verwaltungs- und Wirtschaftszentrum fungiert nun der Palast. Die höhere königliche Macht ist unter anderem erkennbar an den Titeln: So wird z.B. der Königsbegriff nicht mehr auf den Gott Aššur beschränkt, sondern auch für den weltlichen Herrscher gebraucht.[307]

Der König verfügt über einen eigenen Geschäftsbereich (*pittu*), der bestimmte Verwaltungsvorgänge wie die Organisation öffentlicher Arbeiten und die Ausgabe von Verpflegungsrationen regelt. Allerdings muss davon ausgegangen werden, dass realiter viele dieser Aufgaben nur dem Namen nach vom König wahrgenommen und eigentlich an andere Beamte delegiert werden.[308] Ausdruck für die gewichtige Rolle des mittelassyrischen Königs in der Administration ist das so genannte Krönungsritual. Während dieser Zeremonie geben alle Hofbeamten ihre Amtsinsignien ab und werden anschließend vom König wieder in ihr Amt eingeführt. Ob dieses Ritual nur bei der Inthronisation eines neuen Herrschers oder jährlich stattgefunden hat, ist bis dato nicht sicher geklärt, wobei letzteres als wahrscheinlicher erscheint.[309]

Einen konkreten Bezug zur Stadt Aššur zeigen Epitheta wie *pere' Baltil*^{ki} *šuqūru*, „wertvoller Sprössling von Aššur", bei Tiglat-Pilesar III. und Asarhaddon, *ša durugšu Baltil*^{ki}, „dessen Herkunft Aššur ist", bei Sargon II. und Asarhaddon, sowie *zēr Baltil*^{ki}, „der Samen Aššurs", bei Sargon und eventuell Assurbanipal.[310] So zeigt sich, trotz der Gründung von zahlreichen neuen Residenzen und auch eventueller Verlagerung der Hauptstadt in diese, dass Aššur durch die gesamte Zeit des assyrischen Reiches, bis Assurbanipal, von herausragender Bedeutung für die Herrscher ist.

Im neuassyrischen Reich basiert die Verwaltung auf einem Provinzsystem, das vom Zentrum aus koordiniert wird, also dem König untersteht. Leider gibt es kaum direkte Quellen über die Verbindung zwischen der Zentral- und der Provinzverwaltung; überhaupt ist die Quellenlage schwierig und die meisten Texte stammen aus der letzten Phase des assyrischen Reiches.[311] Die Verwaltung obliegt den Beamten, die zum Palast im weitesten Sinne gehören. Im Gegensatz zur mittelassyrischen Zeit, in der wohl keine zivile Verwaltung unabhängig vom Palast existiert, kann man nach Postgate im neuassyrischen Reich von einer Differenzierung zwischen Palast- und dem jeweiligen Regierungssektor mit zugehöriger Verwaltung sprechen. Im Rahmen des Provinzsystems ist für jede Provinz ein Gouverneur mit zugehörigen Beamten verantwortlich für die Steuereintreibung und für die Verfügung über Soldaten und Arbeiter. Die Provinzverwaltung wird zentral kontrolliert und untersteht somit dem König.[312]

---

307 Faist, B., Kingship and institutional Development in the Middle Assyrian Period, in: Lanfranchi, G.B.; Rollinger, R. (Hrsg.), Concepts of Kingship in Antiquity, Padova (2010), S. 17.

308 Jakob, S., Mittelassyrische Verwaltung und Sozialstruktur. Untersuchungen, Leiden (2003), S. 21.

309 Auf Grund der Geringfügigkeit der Opfergaben für die Götter. Vgl. Jakob, S., Mittelassyrische Verwaltung und Sozialstruktur. Untersuchungen, Leiden (2003), S. 22.

310 Für die Einzelbelege siehe: Seux, M.-J., Königtum B. II. und I. Jahrtausend, in: RLA 6 (1980), S. 145f.

311 Postgate, J.N., The Economic Structure of the Assyrian Empire, in: Larsen, M.T. (Hrsg.), Power and Propaganda, Kopenhagen (1979), S. 193ff.

312 Ebd., S. 202f.

Die Güter werden vom Gouverneur der Provinz in deren Hauptstadt gesammelt. Damit ergeben sich Zentrum-Peripherie-Beziehungen in beide Richtungen: Die Stadt sammelt vom Dorf und das Dorf braucht die Stadt zur Erfüllung seiner Bedürfnisse. Das System[313] konzentriert den Wohlstand und die wirtschaftliche Aktivität auf die Provinzhauptstadt. In der politischen Sphäre scheint die assyrische Oberherrschaft lokale Unterschiede auszugleichen und dabei lokale Loyalitäten zu zerstören. Ein ähnlicher Effekt resultiert aus den Bedingungen der Landbesitzverhältnisse, die an Herren gebundene Arbeiter hervorbringen (Sklaven, Kriegsgefangene oder Schuldner).[314]

Das hethitische Königtum

Der hethitische Staat wird als „Körper des Königs" verstanden, mit dem Herrscher als Kopf und der königlichen Sippe bzw. Gemeinschaft, der Adelsversammlung (*panku*) als Körper. Als Kopf des Staates ist der König Sachwalter des Wettergottes und der Sonnengöttin von Arinna, denen das Land gehört, er schuldet ihnen jährlich Rechenschaft, was die Verwaltung des Reiches betrifft. Der König steht offiziell der Verwaltung vor, delegiert aber *de facto* die meisten Aufgaben an einen hierarchisch gegliederten Beamtenapparat.[315]

Die überlieferten königlichen Erlasse haben im hethitischen Reich meist den Zweck, bestimmte Liegenschaften oder Individuen von Steuern, Abgaben bzw. Pflichten zu befreien oder sie im Gegenteil zu erhöhen bzw. den Besitz zu konfiszieren. Als Grund für das Wohlwollen oder auch für den Entzug des Wohlwollens gilt das Verhalten der Betreffenden gegenüber dem König.[316]

Verwaltungstätigkeit scheint im hethitischen Raum keinen Beitrag für die Königsideologie zu liefern, nicht einmal in Form eines Epithetons wie etwa „Verwalter".

Das achämenidische Königtum

Das Satrapen-System im achämenidischen Reich lässt ganz allgemein auf einen Feudalstaat mit dem König als Spitze der Verwaltung schließen. Ein einziges städtisches Zentrum existiert dabei nicht, der König bewegt sich mit seinem Hofstaat zwischen den Residenzen in Ekbatana, Persepolis, Susa und Babylon. Es ist anzunehmen, dass der achämenidische König die ihm untergeordneten Könige bzw. Satrapen ernennt, in den bedeutendsten Satrapien meist Mitglieder des Königshauses, die ihm in der Regel tributpflichtig sind. Solche Tributgaben sind wohl auf den Apadana-Reliefs in Persepolis dargestellt. Die einzelnen Satrapien behalten aber ihre eigene Binnenstruktur bei, und werden nur oberflächlich in den persischen Verwaltungsapparat integriert. Der achämenidische Großkönig ist dabei „König der Könige", er ist König von Persien, König von Babylon, Pharao von Ägypten etc.[317]

---

313 Ausgegangen wird von Zuständen nach der Reform von Tiglat-Pilesar III.

314 Postgate, J.N., The Economic Structure of the Assyrian Empire, in: Larsen, M.T. (Hrsg.), Power and Propaganda, Kopenhagen (1979), S. 216f.

315 Haase, R., Recht im Hethiter-Reich, in: Manthe, U. (Hrsg.), Die Rechtskulturen der Antike: Vom Alten Orient bis zum Römischen Reich, München (2003), S. 128ff.

316 Güterbock, H.G., Hethitische Literatur, in: Hoffner, H.A.; Diamond, I.L. (Hrsg.), Perspectives on Hittite Civilization. Selected Writings of Hans Gustav Güterbock, Chicago (1997), S. 23.

317 Klinkott, H., Der Großkönig und seine Satrapen. Zur Verwaltung im Achämenidenreich, in: Historisches Museum der Pfalz Speyer (Hrsg.), Das persische Weltreich. Pracht und Prunk der Großkönige, Stuttgart (2006), S. 57.

Der in einigen achämenidischen Inschriften propagierte strenge Schematismus des Reiches kann realiter wohl kaum durchgesetzt worden sein. Vielmehr ist davon auszugehen, dass in den einzelnen Provinzen des Reiches bereits vorhandene Verwaltungsstrukturen übernommen werden.

Abb. 2: Statue des Dareios I., gestützt auf seine Untertanen (Susa)

Quelle: Kuhrt, A., The Persian Empire. A Corpus of Sources from the Achaemenid Period, London/New York (2007), Fig. 11.4 (Zeichnung: H. Gonnet).

In der achämenidischen Kunst sind Darstellungen des Königs, der von seinen Untertanen gestützt wird, relativ häufig, wie etwa im Fall der Statue des Dareios (siehe Abb. 2) oder auch auf Reliefs des Xerxes.[318]

Solche Bilder zeigen das imperiale Verständnis des Königtums, das Verhältnis des Königs zu seinen Untertanen. Der König wird gestützt von der Bevölkerung, seine Herrschaft gründet auf eben diese Unterstützung.[319] Diese Darstellungsart impliziert ein positives, nicht auf Unterdrückung und Zwang basierendes Verhältnis zwischen König und Untertanen, sie sind die Basis seiner Herrschaft. Dieses Bild „versinnbildlicht auf eine eindrückliche Art das Vertrauensverhältnis zwischen Untertanen und Monarchen, der sich auf die stützende Kraft der Reichsvölker verlassen kann“[320]. Man sollte allerdings beachten, dass das hier beschriebene das vom König propagierte Bild ist und mit den faktischen Zuständen im Reich nicht viel gemeinsam haben dürfte.

Wird der König ohne narrativen Kontext dargestellt, also ganz reduziert auf sein Königsamt, trägt er meist ein verziertes, langes Gewand, einen Stab in der rechten und eine Lotusblüte in der linken Hand. Hinter ihm steht in der Regel ein Schirmträger. Dem Schirm kommt neben dem praktischen Nutzen als Schutz gegen Sonne oder Regen wohl auch eine metaphorische Bedeutung als Königssymbol zu. Häufig taucht die Flügelsonne über den Figuren auf.[321]

Nach dem offiziell in Darstellungen und Inschriften propagierten Bild ist der König die zentrale Figur des Reiches, allerdings lassen die Tributszenen Rückschlüsse auf die Hierarchie der Satrapen, Gouverneure etc. zu. Die tatsächliche Natur des achämenidischen Reiches als Zentralstaat, der den König ganz bildlich stützt, ist sicherlich weit weniger gefestigt als in den Inschriften und Bildern der Anschein erweckt werden soll.

Zusammenfassung

In den Königsinschriften oder sonstigen ideologisch bedeutsamen Texten wird die Verwaltungstätigkeit kaum genannt. Das erstaunt, zumal eine wichtige Legitimationsgrundlage und auch ein bedeutendes Auswahlkriterium eines Herrschers seine Funktion als Statthalter oder Verwalter der Götter auf Erden ist. Die das politische Charisma des Herrschers stützende Propaganda nutzt v.a. die Bautätigkeit und die Richter- bzw. Gerechtigkeit stiftende Funktion (meist in Form von Epitheta), wobei Bauaktivitäten im mesopotamischen Raum v.a. in der Frühzeit stark im Vordergrund stehen, eventuell weil Bauprojekte durch ihre weitreichende Sichtbarkeit ein breiteres Publikum erreichen.

---

318 Zum Unterschied zwischen den Darstellungen des lebenden Königs und denen auf Grabdenkmälern siehe Koch, K., Weltordnung und Reichsidee im alten Iran und ihre Auswirkungen auf die Provinz Jehud, in: Frei, P.; Koch, K., Reichsidee und Reichsorganisation im Perserreich, Fribourg (1996), S. 159–197.

319 Vgl., auch zu den mesopotamischen Vorläufern: Root, M., The King and Kingship in Achaemenid Art. Essays on the Creation of an Iconography of Empire, Leiden (1979), S. 131ff.

320 Walser, zitiert nach Koch, K., Weltordnung und Reichsidee im alten Iran und ihre Auswirkungen auf die Provinz Jehud, in: Frei, P.; Koch, K., Reichsidee und Reichsorganisation im Perserreich, Fribourg (1996), S. 178.

321 Root, M., The King and Kingship in Achaemenid Art. Essays on the Creation of an Iconography of Empire, Leiden (1979), S. 287ff.

Zu bedenken ist, dass – selbst wenn der Themenkomplex der Verwaltung in der Inszenierung des Königsbildes offenbar keine vordergründige Rolle spielt – die Verwaltungsaufgaben in der geschichtlichen „Realität" sicher ein Hauptaufgabengebiet des Königs darstellen, wie aus zahlreichen Urkunden und Briefen über verschiedene altorientalische Epochen hinweg deutlich wird.[322]

Die zivilen Maßnahmen des Königs stehen vor dem Hintergrund seines von den Göttern erhaltenen Auftrages zur Gewährleistung der Ordnung auf Erden. Durch die Erfüllung seiner Aufgaben erweist sich der Herrscher als würdig. Die Umsetzung der Gerechtigkeit spielt dabei eine bedeutende Rolle, denn so garantiert der König die von den Göttern gesetzte Ordnung innerhalb seines Reiches. Wie der Herrscher die Ordnung nach außen, vor die Grenzen des eigenen Reiches bringt, ist Thema des Kapitels 2.4.3 „Die militärischen Errungenschaften des Königs".

2.4.2.4 Ein Sonderfall: Die Löwenjagd

Einen besonderen Platz gerade im Hinblick auf die Propaganda nimmt die königliche Jagd ein. In diesem häufig dargestellten Themenkreis offenbart sich die Fähigkeit des Herrschers Arbeitskräfte, Militär und Individuen zu dirigieren. Der König zeigt sein hartes Durchgreifen, was zu einer effektiven Stärkung seiner Stellung und zur Bestätigung seiner Fähigkeit zu regieren führt. Königliche Jagden sind Großprojekte, genau wie Feste oder auch Tempeleinweihungen.[323]

Der griechische Schriftsteller Xenophon (~426–355 v. Chr.) sieht im Jagen und den damit verbundenen Gefahren eine besondere Herausforderung, die ein König erfüllen muss; Jagd sei das beste Maß für Männlichkeit. Talent und Mut in der Jagd zeugten von Ehrlichkeit, dem Willen zu lernen, Selbstdisziplin und Fairness.[324] In der Jagd zeigt sich die königliche Kontrolle über Tiere, politische Autorität nimmt Gestalt an, indem die Position des Königs an der Spitze dieser dramatischen Aktion vorgeführt wird. Daneben spielt die Idee, dass der König das „chaotische Wilde" zähmen kann, zwischen Natur und Kultur vermitteln kann, eine zentrale Rolle.[325]

So beweist sich in der Jagd politisches und militärisches Charisma: Der König tritt auf als starker Held mit großer physischer Kraft im Kampf, gerade gegen Löwen, gegen die Bedrohung durch das „Außen", gegen das Wilde und Chaotische. Damit erfüllt er gleichzeitig seine politische, von den Göttern gestellte Pflicht, die Weltordnung zu sichern und zu erhalten. Dieser Ordnung erhaltende oder schaffende Aspekt ist nach der oben genannten Definition dem politischen Charisma zuzuordnen. Genauso in diesen Bereich fällt, dass der König durch die Jagd auf wilde Tiere symbolisch zum Schutze der Herden beiträgt, was wiederum auf den Hirten-Aspekt des Königtums verweist.

Im Alten Orient wird der König in der Regel bei der Löwenjagd dargestellt, auf Bildern und in Texten; Jagden auf andere Tiere sind seltener und werden in der königlichen Propa-

322 Vgl. z.B. jüngst den Sammelband: Kogan, L. (Hrsg.), City administration in the Ancient Near East, Winona Lake (2010).

323 Allsen, T.T., The Royal Hunt in Eurasian History, Philadelphia (2006), S. 8.

324 Ebd., S. 126.

325 Ebd., S. 157f.

ganda weit weniger genutzt. Der Löwe ist in Mesopotamien eng identifiziert mit Göttern und Königen, am häufigsten mit den Gottheiten Inanna/Ištar und Ninurta sowie dem Herrscher Šulgi. Gleichwohl steht der Löwe auf der anderen Seite als Symbol für die wilde Kraft der Natur und die davon ausgehende Gefahr, v.a. für die Herden. So entsteht ein ambivalentes Bild des Löwen: Einerseits ist er bedrohlich, ein Feind, aber auf der anderen Seite verleihen ihm seine offensichtliche Stärke sowie seine oft erwähnte Furchtlosigkeit apotropäische Kraft. Im Kampf mit dem Löwen übernimmt der König diese Fähigkeiten des Tieres für den Krieg: Mut, Stärke und auch Wildheit. Da der Löwe der König der ungezähmten, chaotischen Welt ist, wird der Herrscher mit seinem Sieg über ihn im gleichen Zug zum König über die Wildnis. Die Löwenjagd kann als Mechanismus zur Erhaltung der Weltordnung, des Gleichgewichts, gesehen werden, denn in ihrem Verlauf bekämpft der König die Unordnung und verteidigt die Ordnung.[326]

Die älteste für den Alten Orient bekannte bildliche Darstellung einer Löwenjagd findet sich auf der so genannten Löwenjagdstele (IM 23477). Dargestellt sind zwei Männer, die gegen Löwen kämpfen bzw. diese töten; der eine mit einem Speer, der andere mit Pfeil und Bogen. Ob es sich dabei um König(e) handelt, kann nicht mit Sicherheit formuliert werden. Winfried Orthmann[327] geht davon aus, dass es sich bei der dargestellten Person um den en handelt, der in Uruk als König gilt. Als ältester schriftlicher Beleg liegt die Löwenjagd in der Hymne B von Šulgi[328] vor, in der sich der Herrscher der Erlegung von u.a. Löwen mit Lanze und Keule rühmt. Hintergrund der Jagd sei laut Šulgi, dass die Löwen Hirten und deren Herden bedroht hätten. Als besondere Motive die Fähigkeiten des Königs betreffend werden seine Treffsicherheit mit dem Wurfholz, sein Umgang mit dem ^{giš}ellag und seine Schnelligkeit genannt.[329]

Ab der Ur-III-Zeit bis in neuassyrische Zeit berichten außerdem Urkunden und Briefe über Angriffe von Löwen auf Herden oder sogar Dörfer und Städte. Zuständig für die Abwendung dieser Bedrohung ist durchweg der König.[330]

Gerade auf Rollsiegeln wird oft ein „Held", eventuell als ein mythisches Königsvorbild zu interpretieren, im Kampf gegen Löwen gezeigt.[331]

Das assyrische Königtum

In der Frühzeit des assyrischen Reiches stehen Jagden anscheinend im Zusammenhang mit Feldzügen, denn die Jagderfolge der Könige von Tiglat-Pilesar I. (1115–1077 v. Chr.) bis Salmanassar III. (858–824 v. Chr.) werden in den Kriegsberichten beschrieben.[332] Auch die Jagd geschieht, wie die Kriege, im Auftrag der Götter:

---

326 Vgl. Artikel: Löwe, in RLA 7 (1990), S. 80–94. Allsen, T.T., The Royal Hunt in Eurasian History, Philadelphia (2006), S. 161.

327 Orthmann, W., Der Alte Orient, Propyläen Kunstgeschichte 18, Frankfurt (1985), S. 182.

328 The Electronic Text Corpus of Sumerian Literature, A praise poem of Shulgi (Shulgi B).

329 Nach Heimpel, W., Jagd A. Philologisch, in: RLA 5 (1980), S. 234.

330 Heimpel, W., Löwe, in: RLA 7 (1990), S. 81f.

331 Diese Figur wird neben „Held" auch oft „Tierbezwinger" genannt. Vgl. Braun-Holzinger, E., Löwe B. Archäologisch, in: RLA 7 (1990), S. 88f.

332 Z.B. die große Prismainschrift von Tiglat-Pilesar I. aus Aššur (AKA 27–108). Galter, H.D., Paradies und Palmentod. Ökologische Aspekte im Weltbild der assyrischen Könige, in: Scholz, B. (Hrsg.), Der Orientalische Mensch und seine Beziehungen zur Umwelt, Graz (1989), S. 243.

> "The gods Ninurta and Nergal, who love my priesthood, gave me the wild beasts and commanded me to hunt. I killed sixty strong lions from my … chariot with my wildly vigorous assault with the spear."[333]

Danach berichten, mit Ausnahme von Assurbanipal, die neuassyrischen Herrscher nicht mehr inschriftlich von ihren Jagderfolgen. Bei Assurbanipal taucht ebenfalls nur die Jagd auf Löwen auf, die er – wie schon Šulgi – mit dem Schutz der gefährdeten Hirten und Herden begründet.[334]

In neuassyrischer Zeit geht das Jagdmotiv dann verstärkt in die Bildkunst ein, v.a. unter Assurnasirpal II. und Assurbanipal. Die Innenwände mehrerer Räume des Nordpalastes in Ninive etwa sind mit Jagdszenen ausgeschmückt.

Ebenfalls in neuassyrischer Zeit tritt eine Sonderform der Jagd auf: die öffentliche Löwenjagd des Königs. Dabei kämpft der Herrscher in einem abgesperrten Gebiet alleine gegen das Tier, wodurch er seine Stärke und Macht beweist.[335] Wahrscheinlich ist eine solche Szene auf den Reliefplatten der so genannten „Kleinen Löwenjagd“ Assurbanipals (BM ME 124886; ME 124887) zu sehen. Die begleitende Inschrift lautet:

> „Ich, Assurbanipal, König der Welt, König von Assur, habe zu meiner fürstlichen Belustigung einem grimmigen Steppenlöwen, den man aus dem Käfig gelassen hatte, seinen Leib mit einem Pfeil durchbohrt, sein Leben war aber noch nicht zu Ende. Auf Geheiß des Nergal, des Königs der Steppe, der mir männliche Kraft verliehen hat, durchbohrte ich ihn darauf mit dem eisernen Schwert aus meinem Gürtel, das Leben ließ er.“[336]

Die Betonung liegt in diesem Spezialfall der Jagd stark auf der Kraft und Männlichkeit des Königs; ebenso wie die Waffen (in erster Linie der Bogen) beweist das eher einen militärischen Aspekt des Charismas.

Das achämenidische Königtum

In der achämenidischen Bildkunst taucht eine Figur im Kampf gegen den Löwen auf, die in der Forschung oft als „(königlicher) Held“ bezeichnet wird. Diese Darstellungen gehen anscheinend auf eine alte mesopotamische Tradition von Genien und auch auf Gilgameš zurück, die in dieser Weise dargestellt werden. Während sich allerdings im assyrischen Reich die Jagd bzw. der Kampf des Königs nur auf reale Wesen, in erster Linie eben Löwen, bezieht, kämpft der achämenidische „Held“ ebenso gegen Fabelwesen. Margaret Root[337] geht davon aus, dass dieser „Held“ symbolisch für das Königtum, den Idealkönig, steht, also keine individuelle Person darstellt, genau wie es eigentlich von allen Königsdarstellungen der achämenidischen sowie der assyrischen Zeit zu vermuten ist (vgl. Kapitel 2.4.1 „Die Verbindung zu den Göttern – Das assyrische Königtum“).[338]

---

333 Tukulti-Ninurta II., A.0.100.5, Z. 134f. (RIMA 2, S. 178).

334 Heimpel, W., Jagd A. Philologisch, in: RLA 5 (1980), S. 234f.

335 Trümpelmann, L., Jagd B. Archäologisch, in: RLA 7 (1990), S. 237.

336 Übersetzung nach Orthmann, W., Der Alte Orient, Frankfurt (1985), S. 324f.

337 Root, M., The King and Kingship in Achaemenid Art. Essays on the Creation of an Iconography of Empire, Leiden (1979).

338 Ebd., S. 303ff.

Wie in Assyrien ist die königliche Jagd ist bei den Achämeniden üblich. So beschreibt der griechische Geschichtsschreiber Xenophon (~426–355 v. Chr.) die Vorliebe des Kyros (I.) für die Jagd schon in jungem Alter.[339]

2.4.3 Die militärischen Errungenschaften des Königs

Wie die politischen Aufgaben stehen die militärischen Errungenschaften des Königs im Zusammenhang mit seinem göttlichen Auftrag auf der Erde Ordnung zu halten bzw. zu schaffen. Die militärische Stärke des Königs gehört in dieser Hinsicht zum Pflichtenkanon der Herrschers, er muss sich in diesem Feld bewähren, sie kann aber ebenso Berufungsgrund sein, wenn sich ein militärischer Führer über Konkurrenten hinwegsetzt und so die Oberhoheit erlangt.

Neben der Schaffung und Erhaltung von Ordnung spielt die Erweiterung des Landes (*murappiš* bzw. *miṣir māti*) durch den König eine Rolle. Im mittelassyrischen Krönungsritual[340] etwa erhält der König eine entsprechende Order, als mit seinem Amt zusammenhängend: *mātka rappiš*. Dieses Streben nach einer Ausweitung des Herrschaftsbereiches ist im assyrischen Reich nicht neu, schon Jaḫdun-Lim von Mari schrieb: *mātī urappiš*, „ich erweiterte mein Land"[341]. Gründe können in der Sicherung der Unabhängigkeit des eigenen Landes, der Abwehr von Angreifern und/oder dem Bedürfnis, neue Ressourcen zu erschließen (auch in Form von Tribut), liegen. Ebenso spielen persönliche Ambitionen des jeweiligen Herrschers sicher eine bedeutende Rolle, wie die Faszination, fremde Länder zu erobern oder etwa der Prestigefaktor ans Mittelmeer zu gelangen, sein Gebiet bis an die Grenzen der bekannten Welt auszudehnen.[342]

In zwei frühdynastischen Texten[343] drohen Fluchformeln eidbrüchigen gegnerischen Fürsten, dass sie von der Bevölkerung ihrer eigenen Stadt erschlagen werden sollen. Auf einen ähnlichen Fall verweist eine Passage der Geierstele[344], in der den unterlegenen Stadtfürsten von Umma eben dieses Schicksal ereilt.[345] Erfüllt ein König also die von ihm erwarteten militärischen Pflichten nicht und kann er im Kampf nicht siegen, wird das als ein Entzug der göttlichen Gunst gewertet, damit ist die Legitimationsgrundlage dieses Herrschers verloren, ihm fehlt die charismatische Ausstrahlung, ein Grund für die Absetzung oder sogar Tötung eines Herrschers.

Als Beispiel für militärisches Charisma als Berufungsgrund eines Herrschers im Alten Orient soll der Fall des Urnammu von Ur (2112–2095 v. Chr.) näher beschrieben werden. Urnammu wurde von Utuḫegal von Uruk, der zu dieser Zeit die Vorherrschaft über die

339 Rehm, E., Jagd, in: Historisches Museum der Pfalz Speyer (Hrsg.), Das persische Weltreich. Pracht und Prunk der Großkönige, Stuttgart (2006), S. 54.

340 §26 des Krönungsrituals, KAR 135 II 11–12.

341 Vgl. RA 33 (1936), II 24, S. 52.

342 Seux, M.-J., Königtum B. II. und I. Jahrtausend, in: RLA 6 (1980), 165f.

343 Ean. 63 III 3'–4'; Ent. 28/29 VI 26–29.

344 Jacobsen, T., Stele of the Vultures col I-X, in: Eichler, B.L. (Hrsg.), Kramer Anniversary Volume: Cuneiform Studies in Honor of Samuel Noah Kramer, Neukirchen-Vluyn (1976), S. 247–259.

345 Bauer, J.; Englund, R.K.; Krebernik, M., Mesopotamien. Späturuk-Zeit und Frühdynastische Zeit, Fribourg (1998), S. 521.

südmesopotamischen Stadtstaaten inne hatte, als Statthalter bzw. Militärgouverneur von Ur eingesetzt. Noch während Utuḫegal an der Macht ist, sagt sich Urnammu in Ur von der Vorherrschaft Uruks los. Von Bedeutung ist, dass Urnammu vermutlich der Bruder Utuḫegals ist und damit ebenfalls aus der Dynastie von Uruk stammt.[346] Als General steigt Urnammu zum Herrscher über ganz Südmesopotamien auf, er unternimmt erfolgreiche Feldzüge in alle Himmelsrichtungen. Nach seinen Siegen über die Gutäer und Elam gehört zum Gebiet von Ur eine Region von Umma über das Osttigrisland und Diyala bis Nordbabylonien. Seine militärischen Siege schließt Urnammu ab mit der Verheiratung seines Sohnes Šulgi mit der Tochter des Königs von Mari, wodurch die Beziehungen zu diesem Teil des Landes diplomatisch geregelt werden.[347]

Durch seine militärischen Siege gewinnt Urnammu mit seiner Dynastie an Ansehen und seine Stadt Ur wird zum „Sitz des Königtums“, dabei wird legitimatorisch aber Uruk nicht ausgelassen: In der Titulatur bezeichnen sich die Könige der Ur-III-Zeit als Sohn der Ninsun und damit als Bruder von Gilgameš, was eine Abstammung aus Uruk impliziert.[348]

Militärisch-politische Kommemorativinschriften stammen wohl ursprünglich aus Lagaš;[349] denn die Tendenz, den Baubericht hinter der Aufzählung anderer Leistungen zu platzieren, ist erstmals dort erkennbar. In Lagaš behandeln Inschriften mit militärischem Schwerpunkt immer den Konflikt mit Umma, wobei die Feldzüge stets der Initiative des Stadtgottes zugeschrieben werden. Die Kriegsführung, sowohl zu Offensiv- als auch zu Defensivzwecken, wird als wichtige Aufgabe dem Herrscher zugewiesen, u.a. mit dem Hintergrund der Erweiterung des Herrschaftsgebietes.[350]

In vielen Bildwerken steht der Stadtgott dem König in der Schlacht bei. Auf der so genannten Geierstele[351] führt zwar der König Eanatum auf einem Streitwagen die Phalanx der Kämpfer von Lagaš an, aber auf der Rückseite ist der Gott Ningirsu dargestellt, der die Feinde aus Umma in einem Netz gefangen hält und sie mit einer Keule erschlägt. So zieht der König also an vorderster Front in die Schlacht, seine militärischen Errungenschaften dienen aber dem Ruhm der Götter und sind auch nur durch deren Unterstützung erreichbar.

Von zentraler Bedeutung ist der militärische Aspekt in der Akkad-Zeit, wenn erstmals eine Hegemonie im gesamten mesopotamischen Raum durchgesetzt wird.

In diesem Zusammenhang wird das Äußere der Könige besonders hervorgehoben Auf der Siegesstele des Naramsîn[352] etwa hebt sich der Herrscher deutlich von den anderen dargestellten Personen ab. Er erscheint muskulöser und größer als seine Gegner oder Mitstreiter. Seine gesamte Gestaltung auf diesem Bildwerk drückt das Epitheton *šarrum dannum*, „starker König“, aus, z.B. stellt die Haltung, mit dem Fuß auf dem bezwungenen

346 Wilcke, C., Zum Königtum in der Ur III-Zeit, in: Garelli, P. (Hrsg.), Le Palais et la royauté – Archéologie et Civilisation, Paris (1974), S. 192f. Anm. 67.

347 Sallaberger, W.; Westenholz, A., Mesopotamien. Akkade-Zeit und Ur III-Zeit, Fribourg (1999), S. 134.

348 Ebd., S. 132.

349 Wie in Kapitel 2.4.2.2 „Der König als Bauherr“ erwähnt, stellen in den sumerischen Königsinschriften die Bauberichte die häufigste Gattung dar. SARI I, S. 11.

350 Panitschek, P., LUGAL –šarru –βασιλεύς, Frankfurt (2008), S. 33.

351 Louvre AO 16109, AO 50, AO 2346, AO 2348.

352 Louvre, Sb4.

Gegner, die Stärke Naramsîns dar. Durch die Hörnerkrone wird der Herrscher auf dieser Stele in den Bereich des Göttlichen gerückt, seine Stärke gleicht der der Götter.

Auch in der Ur-III-Zeit ist der König der geborene Krieger, wie z.B. das Epitheton Šulgis lugal-men šà-ta ursaĝ-men[353], „ich bin König, von Mutterleib an schon ein Krieger", deutlich macht.

In altbabylonischer Zeit belegen zahlreiche Epitheta, u.a. aus dem Codex Hammurabi, das militärische Charisma des Königs und wie er seiner von den Göttern auferlegten Pflicht zur Verteidigung des Landes nachkommt. Er ist wie ein Stier (*rīmu*), er schlägt (*maḫāṣu*) die Feinde des Landes, in der Schlacht ist er wie ein Netz für seine Feinde. Trotz dieser kriegerischen Konnotationen ist die Rolle des Königs als Friedensstifter ebenso augenscheinlich: Er beendet Kriege, er ist milde (*gamālu*) und er unterdrückt nicht.[354]

Das assyrische Königtum

Im assyrischen Reich stehen die militärischen Aufgaben des Königs in engem Zusammenhang mit seinem Verhältnis zu Aššur. Dabei spielt sicher die Konzeption von Aššur als eher kriegerischem Gott eine Rolle. Durch den Oberbefehl des Königs über die Streitkräfte vertritt er die Interessen des Gottes nach außen. Jegliche Aktion gegen das assyrische Reich, seien es Aufstände oder Tributverweigerungen, wird als Affront gegen Aššur gewertet und vom König stellvertretend für den Gott geahndet.[355]

Sowohl in den Königsinschriften als auch in der Bildkunst nehmen die militärischen Aktionen der Könige einen großen, wenn nicht den größten Raum ein. Ausgehend von den Reliefs entsteht der Eindruck, dass der König bei Feldzügen und Belagerungen selbst anwesend ist. Als aktiv in die Schlacht eingreifend wird er zwar kaum gezeigt, aber er ist sicherlich am Platz anwesend, denn die Unterwerfungsszenen zeigen ihn im Geschehen oder auf dem Weg zum Kampfplatz.

Als Beispiel soll das Bronzetor von Balawat von Salmanassar III. (858–824 v. Chr.)[356] aus neuassyrischer Zeit dienen. In jedem Register der Bilderfolge ist die Person des Königs mindestens einmal abgebildet und stellt in der Regel den Mittelpunkt des Geschehens dar. Wenn Salmanassar als Angreifer in konkreter Kriegshandlung auftritt, steht er entweder auf einem Wagen und schießt gerade mit seinem Bogen oder er tut selbiges auf dem Boden stehend.[357] Dabei ist er von den Soldaten zu unterscheiden durch sein Gewand, seine Kopfbedeckung und die Körperhaltung. Eine weitere mit militärischen Aktionen in Zusammenhang stehende Handlung des Königs, die auf den Bronzebeschlägen – und auch sonst im neuassyrischen Reich häufig – dargestellt ist, zeigt den Herrscher beim Empfang von Tribut bzw. von Gefangenen oder sich Unterwerfenden. Auch hier hat der König seinen Bogen zur Hand, seine rechte Hand ist darauf gestützt, während er in der Linken Pfeile

---

353 Šulgi Hymnus A, Zeile 1. The Electronic Text Corpus of Sumerian Literature.

354 Nach Garelli, P., La Conception de la Royauté en Assyrie, in: Fales, F.M. (Hrsg.), Assyrian Royal Inscriptions: New Horizons in literary, ideological, and historical analysis, Rom (1981), S. 2.

355 Jakob, S., Mittelassyrische Verwaltung und Sozialstruktur, Leiden (2003), S. 20.

356 Mehrere Bronzebeschläge, die ehemals an einem aus Holz gefertigten Tor im Bereich des Mamu-Tempels angebracht waren, wurden 1956 in Imgur-Enlil (Balawat) gefunden. Die insgesamt zwei mal acht Bänder befinden sich heute größtenteils im British Museum, London (BM 124667–8).

357 Diese Darstellungsweise des kämpfenden Königs findet sich auch bei Assurnasirpal II., auf dem so genannten Weißen Obelisk.

hält. Hinter dem König steht oft ein Schirmträger. Ebenso ist die Berichterstattung an den König während der laufenden Schlacht abgebildet. Diese Darstellungen zeigen einen klaren Gegensatz zum kämpfenden König, denn hier hält Salmanassar deutlich Abstand vom eigentlichen Kampfgeschehen und erteilt anscheinend Anweisungen aus dem Hintergrund. Auch bei diesem Motiv trägt der König seinen Bogen stets bei sich.[358]

Salmanassar zeigt sich also sowohl konkret als starker Held in das Kampfgeschehen integriert, indem er aktiv bogenschießend an der Schlacht teilnimmt, als auch als weiser Militärstratege im Hintergrund, der die Anweisungen erteilt, und als mächtiger König, vor den die Feinde geführt werden und dem Tribut gebracht wird. Dabei ist die Physiognomie des Königs nicht verschieden zu der der anderen Assyrer, herausgehoben wird seine Stellung durch seine Kleidung sowie seine meist exponierte Darstellung.

Abb. 3: Balawat: Der kämpfende König
Quelle: Schachner, A., Bilder eines Weltreichs, Turnhout (2007), S. 142, Abb. 64 (Zeichnung: Cornelie Wolff).

Im Kampfgeschehen erscheint der Herrscher stets mit gespanntem Bogen, wobei dem Bogen offenbar eine besondere Rolle zukommt. Zu vermuten ist ganz allgemein eine Assoziierung des Bogens mit Männlichkeit, Tapferkeit und der Identität des Mannes als Krieger. Auf einem Relief des Assurbanipal[359] zerbricht der besiegte Ituni kurz vor seinem Tod seinen Bogen. Durch das Zerbrechen des Bogens wird die Niederlage offensichtlich, der Bogen steht *pars pro toto* für den Krieger.[360]

Bei den neuassyrischen Kampfdarstellungen ist der König nicht größer dargestellt als seine Landsleute, v.a. durch seine Kopfbedeckung, die Fez-artige Kappe mit der heraus-

358 Schachner, A., Bilder eines Weltreiches. Kunst- und kulturgeschichtliche Untersuchungen zu den Verzierungen eines Tores aus Balawat (Imgur-Enlil) aus der Zeit von Salmanassar III., König von Assyrien. Turnhout (2007), S. 139.

359 Barnett, R.D., Assyrian Palace Reliefs and their Influence on the Sculptures of Babylonia and Persia, London (1960), Plate 128.

360 Root, M., The King and Kingship in Achaemenid Art. Essays on the Creation of an Iconography of Empire, Leiden (1979), S. 164ff.

stehenden Spitze[361], kann er identifiziert werden. Die häufigste Darstellungsart ist der König auf dem Wagen, von dem aus er, meist von zwei weiteren Assyrern begleitet, die Feinde mit Pfeil und Bogen tötet. Unter dem Wagen liegen oft tote oder sterbende Gegner (siehe Abb. 3). Der persönliche Erfolg des Herrschers in der Schlacht wird also auf diesen Bildern sichtbar gemacht. Dabei liegt die Leistung Salmanassars nicht nur in der Planung und Durchführung eines Feldzuges, sondern auch in der konkreten Teilnahme am Kampfgeschehen. Das vermittelte Bild ist das eines starken, kampferprobten Herrschers, der selbst entscheidend zum Ausgang der Schlacht beiträgt.

Abb. 4: Balawat: Der König empfängt Tribut

Quelle: Schachner, A., Bilder eines Weltreichs. Turnhout (2007), S. 143, Abb. 68 (Zeichnung: Cornelie Wolff).

Auch im Bildkomplex des Königs, der Tribut empfängt oder dem sich Feinde unterwerfen (Abb. 4),[362] spielt der Bogen anscheinend eine gewichtige Rolle. Mit der linken Hand hält Salmanassar den Bogen, dessen Sehne dem Feind bzw. Tributbringer zugewandt ist, was als nicht-aggressive, friedliche Geste gewertet werden kann. In der rechten Hand hält der König Pfeile[363]. Diese Art von Szenen, die Tributdarstellungen, sind eine sehr häufige Variante der Darstellung der Erfolge der assyrischen Könige auf militärischem Gebiet. Die Assyrer sind in der Regel mit Heerbaum dargestellt, die Begleiter des Königs tragen Sonnenschirme und/oder Wedel, die sie über den König halten. Angeführt wird die Reihe der Assyrer meist von einem Bärtigen mit Stirnbinde, an ihrem Ende steht bzw. geht ein Winkender. Die fremdländische Tributdelegation besteht aus einem Anführer, der gelegentlich auch prosternierend vor dem König liegt, und den Tributbringern.[364]

361 Boehmer, R.M., Kopfbedeckung B. in der Bildkunst, in: RLA 6 (1982), S. 208.

362 Ein Themenkomplex, der zu den ältesten der Siegesdarstellungen gehört und z.B. in Frühdynastischer Zeit auf der Standarte von Ur vorkommt, seinen Höhepunkt aber im neuassyrischen Reich erfährt.

363 Andreas Schachner geht davon aus, dass die Pfeile in den Fällen, in denen sie nicht dargestellt sind, schlicht vergessen wurden. Vgl. Schachner, A., Bilder eines Weltreiches. Kunst- und kulturgeschichtliche Untersuchungen zu den verzierten Verzierungen eines Tores aus Balawat (Imgur-Enlil) aus der Zeit von Salmanassar III., König von Assyrien. Turnhout (2007), S. 139.

364 Bär, J., Der assyrische Tribut und seine Darstellung, Neukirchen-Vluyn (1996), S. 244.

Dabei verkörpert der Tribut einen Bestandteil eines vertraglich geregelten Abkommens zweier ungleichberechtigter Staaten, also die materielle Form der Vertragserfüllung. Auf den Bildern wird der Moment gezeigt, wo der Vasall dem König den Tribut bringt, somit zeigt sich hier die Überlegenheit des assyrischen Systems. Es existieren nach Jürgen Bär zwei Arten von Tribut: Zum Einen der Jahrestribut, bei dem der Empfangsort jede assyrische Stadt sein kann, die bildlich durch eine Architekturdarstellung symbolisiert wird, vor der der König posiert. Der Name der betreffenden Stadt wird oft in der Beischrift der Darstellung genannt. Zum Zweiten gibt es den Feldzugstribut, der während einer Kampagne vor Ort eingenommen wird, in der Hauptstadt des tributpflichtigen Staates oder einer anderen abhängigen Stadt. Dort steht eventuell ein assyrischer Palast, wo die Tributübergabe stattfindet, oder auf freiem Gelände, z.B. zwischen dem assyrischem Heerlager und der tributpflichtigen Stadt. Im letzteren Fall wird dann ein Zelt für den König aufgestellt, das auf den Bildern mittels eines Heerbaums dargestellt wird (z.B. eben auf dem Balawat-Tor). Interessant ist, dass sowohl auf Darstellungen als auch in den Inschriften, in der Regel Annalen, stets der König selbst den Tribut empfängt, sich also dieser Leistung rühmt, realiter aber wohl ebenfalls der Kronprinz sowie bestimmte Beamte zum Tributempfang berechtigt sind. Die Einnahmen aus den Tributen gelangen nach Bär in die Staatskasse und werden v.a. für Bauprojekte, Dedikationen an Götter sowie die Finanzierung von Hof und Armee ausgegeben. Einen Höhepunkt erreichen Tributdarstellungen unter den Herrschern Assurnasirpal II. und Salmanassar III., also in der Konsolidierungsphase des neuassyrischen Reiches, in der das Vasallentum eine wichtige Stütze der Expansion darstellt. Nach Sargon II. fehlen Tributszenen auf Bildern völlig. Das mag an der veränderten politischen Situation liegen, in der statt dem altbewährten Vasallensystem neu eroberte Gebiete nun sukzessive als Provinzen dem Reich einverleibt werden, was in der Kunst neue Themen und Motive hervorbringt und alte abschafft.[365]

Abb. 5: Der König als Beobachter bzw. Berichterstattung an den König während der Schlacht
Quelle: Schachner, A., Bilder eines Weltreichs, Turnhout (2007), S. 143, Abb. 72 (Zeichnung: Cornelie Wolff).

365 Ebd., S. 240ff.

Bemerkenswert ist auch die Darstellungsart des Königs als „stiller Beobachter" im Hintergrund der Schlacht (Abb. 5). Konkret handelt es sich wohl um Berichterstattungen, die während einer Schlacht oder einer Belagerung stattfinden. Der König sitzt oder steht, stets von einem Schirmträger gefolgt und häufig mit dem Bogen bei sich, und empfängt eine Reihe assyrischer Beamte oder Soldaten. Die hier dargestellte Aufgabe des Königs ist also taktisch, er gibt aus dem Hintergrund Anweisungen und wird über das aktuelle Kampfgeschehen informiert. Dabei ist davon auszugehen, dass – gerade im Falle des Balawat-Tores – Salmanassar direkt vor Ort anwesend ist, aber offensichtlich nicht an jeder Schlacht aktiv teilnimmt.

In den Königsinschriften stellen sich die militärischen Aktionen des assyrischen Reiches als allein vom König geplant und auf seinen Befehl hin durchgeführt dar. Inwieweit dies als real zu werten ist, sei dahingestellt. Jedenfalls ist aus den textlichen Hinterlassenschaften des assyrischen Reiches kein Diskurs zu erkennen, den der König vor einem Feldzug etwa mit einer Opposition oder einem Rat o.Ä. führen muss. Allein den Göttern ist er Rechenschaft schuldig, und es sind auch die Götter, meist Aššur, die den Befehl oder Anstoß zu einer Militäraktion geben. Dabei stellt sich eine solche Handlung als passives Reagieren dar. In der Regel wird nicht gesagt, dass der König aus eigenem Antrieb einen Feldzug durchführt, vielmehr bewegen ihn Götter dazu und als Begründung für die Feldzüge steht oft der Vertragsbruch des Feindes bzw. eine Tributverweigerung. Damit geschieht eine Versachlichung des Angriffsgrundes, der militärische Schlag erscheint als legitimes Eingreifen des assyrischen Königs und seines Heeres gegen eine Provokation von außen. Voraussetzung für jede militärische Handlung ist die göttliche Rückversicherung durch das Beobachten von Vorzeichen. So handelt es sich stets um eine Reaktion des Königs, keine aggressive Aktion.[366] An Hand der Briefe ist erkennbar, dass sich dieser Umstand ebenso auf das Selbstbild des Königs übertragen lässt: Auch in dieser Textgattung wird die Initiative für Militäraktionen in der Regel den Göttern zugeschrieben, d.h. der König begreift sich auch hier selbst nicht als aktiv, sondern erkennt das göttliche Eingreifen an und handelt auf göttlichen Befehl hin.[367]

Wie oben bereits erwähnt, stehen die Feldzüge des Königs unter der Devise „Ordnung ins Chaos bringen". Assyrien und seine Provinzen stellen die geordnete, positiv konnotierte Welt dar, während alles nicht-Assyrische Chaos bedeutet, das potentiell die Ordnung bedroht und deswegen bekämpft werden muss. Kampf ist dabei ein legitimes Mittel, um die Ordnung herzustellen bzw. zu bewahren.[368]

Schon in den Inschriften der mittelassyrischen Zeit fällt der starke Militärbezug bei den Epitheta des Königs auf. Er ist ein majestätischer Held, von fulminanter Größe, der keinerlei Milde zeigt (*lā gamālu*), sondern die Feinde verflucht (*arāru*), entkräftet (*lakû*) und gefügig macht (*rabābu*). Daran zeigt sich das Wesen des assyrischen Reiches als Militär-

366 Röllig, W., Aktion oder Reaktion? Politisches Handeln assyrischer Könige, in: Raaflaub, K. (Hrsg.), Anfänge politischen Denkens in der Antike, München (1993), S. 105–113.

367 Ebd.

368 Vgl. auch Cancik-Kirschbaum, E., Rechtfertigung von politischem Handeln in Assyrien im 13./12. Jh. v. Chr., in: Pongratz-Leisten, B.; Kühne, H.; Xella, P. (Hrsg.), Ana šadî Labnāni lū allik. Beiträge zu altorientalischen und mittelmeerischen Kulturen Festschrift für Wolfgang Röllig, Neukirchen-Vluyn (1997), S. 69; 74f.

staat.[369] Auch in neuassyrischer Zeit setzt sich dieser Schwerpunkt hinsichtlich der militärischen Leistungen und körperlichen Fähigkeiten des Königs fort. Der Herrscher ist Kriegsherr (*mā'u*), heldenhaft (*qitrudu*) und streckt seine Feinde durch Feuer nieder.[370]

Das hethitische Königtum

Im hethitischen Raum ist der Aspekt des militärischen Charismas des Herrschers v.a. als Bewährungsgrund zu finden; für das Heranziehen militärischer Leistungen als Legitimationsgrundlage fehlen die Quellen.

In den Texten tauchen die Epitheta ur.sag = *qarrādu* „Held" und lugal-*uš* = *šarkuš* „mächtiger König" auf.[371] Beide Epitheta sind aus dem mesopotamischen Raum bekannt und dort ebenfalls gebräuchlich. Aus den Texten, hauptsächlich königlichen Annalen sowie Orakeln, wird außerdem deutlich, dass der König Oberbefehlshaber der Armee ist und direkte Kontrolle über die Militäroffiziere im ganzen Reich hat. Diese müssen feindliche Truppenbewegungen melden, ebenso wie alles, was sie selbst unternehmen. Alle Anfragen können anscheinend direkt an den König gestellt werden, unabhängig vom Rang des jeweiligen Offiziers. Bei Feldzügen ist der König meist in Person vor Ort, er beobachtet oder leitet die Schlacht.[372]

Bildliche Darstellungen des Königs als Krieger oder Heerführer in der Schlacht sind nicht bekannt. Wie im Kapitel 2.4.1 ausgeführt, gleicht der König in seiner Darstellungsart den Göttern, allen voran dem Sonnengott. Speziell kriegerische Aspekte oder auch solche der körperlichen Stärke sind an Hand der Ikonographie aber nicht auszumachen.

Hethitische Texte, v.a. natürlich Annalen, setzen die militärischen Aktivitäten in einen engen Zusammenhang zur göttlichen Sphäre, sie geschehen zu Ehren der Götter. So heißt es in einer Bilingue von Hattušili I. (CTH 4), er habe die feindlichen Städte mit Feuer niedergebrannt und den so entstandenen Rauch dem Wettergott und dem Sonnengott gezeigt.[373]

Das achämenidische Königtum

Der achämenidische König tritt als starker Feldherr auf, der seine Feinde gegebenenfalls auch selbst bezwingt, wie etwa Dareios I. in seiner Behistun-Inschrift. Hier rühmt sich der König, die Revolte der Skythen höchstpersönlich niedergeschlagen zu haben, eine Behauptung, die insofern als realistisch angenommen werden darf, da die zuvor genannte Revolte der Elamiter der Inschrift nach von einem Feldherrn Dareios' beendet worden ist. Das Bild des immer siegreichen Herrschers wird durchgehend vermittelt, von den Niederlagen der Anfangsjahre des Dareios ist nie die Rede.[374] Kopien dieser Inschrift in aramäischer Sprache, der *lingua franca* der Zeit, werden von Dareios über das ganze Land verbreitet, was die Bedeutung dieses Textes für die Königsideologie des Dareios verdeutlicht.

---

369 Garelli, P., La Conception de la Royauté en Assyrie, in: Fales, F.M. (Hrsg.), Assyrian Royal Inscriptions: New Horizons in literary, ideological, and historical analysis, Rom (1981), S. 2f.

370 Ebd., S. 4.

371 Einzelbelege siehe: Szabó, G., Herrscher §7.2 Epitheta, in: RLA 4 (1975), S. 344.

372 Beal, R.H., The Organisation of the Hittite Military, Heidelberg (1992), S. 297–317.

373 Nach: Güterbock, H.G., Hethitische Literatur, in: Hoffner, H.A.; Diamond, I.L. (Hrsg.), Perspectives on Hittite Civilization. Selected Writings of Hans Gustav Güterbock, Chicago (1997), S. 19.

374 Dandamaev, M.A., A political History of the Achaemenid Empire, Leiden (1989), S. 90ff.

Dareios legitimiert seinen Herrschaftsanspruch, wie an der Behistun-Inschrift erkennbar, in erster Linie an Hand seiner militärischen Taten, seinen Siegen über die so genannten „Lügenkönige", wobei diese Nomenklatur seine Legitimation als gerechter Herrscher noch unterstreicht.

Bildlich kommen auch im achämenidischen Reich häufig Darstellungen des Königs mit dem Bogen vor, der ja, wie oben erläutert, zumindest im assyrischen Raum für Männlichkeit und Tapferkeit steht, und tatsächlich ist ein Epitheton von Dareios *τοξαρχος*, der „erste Bogenschütze seines Volkes".[375]

Explizite Siegesdarstellungen sind dagegen ausgesprochen selten, in der Monumentalskulptur gibt es sogar nur eine[376], das Felsrelief des Dareios I. in Behistun, auf dem besiegte Rebellen vor Dareios geführt werden. Der König ist als größte Figur dargestellt, er empfängt den Ring der Herrschaft von Ahuramazda, der dieses „Siegesritual" zu überwachen scheint. Auffällig ist, dass bei dieser achämenidischen Darstellung eines militärischen Sieges im Gegensatz zu den mesopotamischen, v.a. natürlich den assyrischen, keinerlei Brutalität oder Grausamkeit dargestellt wird.[377] Obwohl der König siegreich, tapfer und von herausragender Stärke und Größe ist sowie außerdem den Fuß auf den besiegten Gegner setzt, zeigt er seinen besiegten Feinden gegenüber Milde.[378] Das transportierte Bild des achämenidischen Königs ist also, sogar in den militärischen Aspekten, nicht aggressiv. Der Bezug besteht eher zur kosmischen Ordnung, was auch die Bezeichnung der besiegten Gegner als „Lügenkönige" nahelegt; die Implikation ist durchweg friedlich statt klar militärisch-imperialistisch, wie etwa im neuassyrischen Reich.[379] Das imperiale Bildprogramm der Achämeniden drückt demnach eine Vision des Königtums und Reiches aus, die friedvoll und harmonisch ist, während die dynamischen Aspekte der Unterwerfung weitgehend ignoriert werden. Es entsteht das Bild eines wohlwollenden Königtums, indem eher Religion und Ritual im Vordergrund stehen als Terror und Unterwerfung.

Zusammenfassung

Es überrascht nicht, dass militärische Aktivitäten in den altorientalischen Gesellschaften einen großen Anteil in der Selbstdarstellung der Könige einnehmen. Durch die von den Göttern übertragene Aufgabe des Sicherns und Schaffens der göttlichen Ordnung auf Erden

---

375 Root, M., The King and Kingship in Achaemenid Art. Essays on the Creation of an Iconography of Empire, Leiden (1979), S. 164f.

376 In der Bildkunst sind ansonsten nur Tributempfänge belegt (etwa auf dem Apadana-Relief in Persepolis), die denen aus neuassyrischer Zeit ähneln (s.o.). Allerdings sind diese achämenidischen Darstellungen wohl eher symbolisch zu verstehen, sie zeigen eine „idealized version of the conceptual structure oft he Achaemenid Empire", mit dem König als zentraler Gestalt. Root, M., The King and Kingship in Achaemenid Art. Essays on the Creation of an Iconography of Empire, Leiden (1979), S. 282.

377 Einzig der akkadisch abgefasste Text der begleitenden Inschrift befasst sich auch mit den Brutalitäten und Grausamkeiten, die den Rebellen als Bestrafung zukommen werden. Anscheinend geht die achämenidische Propaganda hier sehr Zielgruppen-orientiert vor.

378 Root, M., The King and Kingship in Achaemenid Art. Essays on the Creation of an Iconography of Empire, Leiden (1979), S. 182ff.

379 Vgl. Kuhrt, A., Achaemenid Images of Royalty and Empire, in: Lanfranchi, G.B.; Rollinger, R. (Hrsg.), Concepts of Kingship in Antiquity, Padova (2010), S. 100. Root, M., The King and Kingship in Achaemenid Art. Essays on the Creation of an Iconography of Empire, Leiden (1979), S. 309ff.

sind militärische Aktionen ideologisch gerechtfertigt und begründet. Dabei ist zu unterscheiden zwischen defensiven Maßnahmen, die die Ordnung im eigenen Reich erhalten, und offensiven Aktionen, die die eigene Ordnung verbreiten, wobei beide gleichermaßen durch den erwähnten göttlichen Auftrag legitimiert werden.

Ganz allgemein zeichnet den König seine Stärke aus, eines der am häufigsten gebrauchten Epitheta in der altorientalischen Geschichte dürfte *šarru dannu* sein. Das äußere Erscheinungsbild des Königs sowie seine Kriegserfolge sind Ausdruck seines militärischen Charismas. Wäre ein Herrscher nicht siegreich, bedeutete das den Verlust seiner göttlichen Erwähltheit. Somit geht mit dem Verlust des militärischen Charismas ein allgemeiner Charisma-Verlust einher. Durch militärischen Erfolg zeigt der König sowohl den Fremd-Königen als auch der eigenen Bevölkerung, dass er über das Wohlwollen und die Unterstützung der Götter verfügt, eine Bewährung in diesem Bereich scheint von höchster Bedeutung zu sein.

2.4.4 Die mythischen Idealkönige im Alten Orient

Das ideale Königsbild des Alten Orients lässt sich wohl am besten nachvollziehen an Hand der mythischen, schon zu damaligen Zeiten als Vorbilder geltenden Könige, wie z.B. Gilgameš, Etana, Lugalbanda, Dumuzi oder später Sargon von Akkad.

Mythische, ideale Könige gibt es in den Überlieferungen des Alten Orients in verhältnismäßig großer Anzahl. Durch die Beeinflussung des Curriculums der Schreiberschulen[380] kann der jeweilige König[381] die Tradierung bestimmter Texte gezielt fördern und die Indoktrinierung der Schreiber als der künftigen Elite vorantreiben.

Als berühmtester König der mesopotamischen Frühzeit ist wohl Gilgameš anzusehen. Im „Poem of Early Rulers"[382] wird dieser Herrscher als Beispiel eines großen Königs genannt, dessen Errungenschaften aber, wie es für Sterbliche üblich ist, am Ende null und nichtig sind. Auch andere sumerische Texte berichten über Gilgameš, den König von Uruk, wie die Sumerische Königsliste, die Epen „Bilgames und Akka" sowie „Bilgames und Ḫuwawa" und die so genannte Tummal-Chronik. In der Sumerischen Königsliste ist Gilgameš der sechste König von Uruk. Gilgameš wird als en kul.la.ab.ba.ke$_4$ bezeichnet, also mit dem für Uruk spezifischen Begriff für „König"[383], und er begründet eine Dynastie: Nach ihm herrschen sein Sohn und danach sein Enkel.[384] Es erscheint insgesamt wahrscheinlich, dass es einst tatsächlich einen König Bilgames/Gilgameš von Uruk gegeben hat, der in die mythische Tradition der sumerischen und akkadischen Texte als idealer Herrscher eingeht.

380 Vgl. Kapitel 2.3.1 „Texte".

381 Šulgi rühmt sich z.B. in Hymne B, er hätte traditionelles Gut der religiösen Kultur besonders gepflegt, was auf eine direkte Einflussnahme des Herrschers auf das Curriculum schließen lässt. Vgl. Volk, K., Edubba'a und Edubba'a-Literartur. Rätsel und Lösungen, in: ZA 90 (2000), S. 10, Anm. 52.

382 Siehe: The Electronic Text Corpus of Sumerian Literature, The Poem of Early Rulers.

383 Wörtlich: „en von Kullab", einem Stadtteil von Uruk. Vgl. Jacobsen, T., The Sumerian King List, Chicago (1939), S. 90f., Fußnote 132.

384 George, A., The Epic of Gilgameš. The Babylonian epic poem and other texts in Akkadian and Sumerian, London (1999), S. 102f.

In Form des Gilgameš-Epos ist die Geschichte dieses Königs von altbabylonischer bis in die neuassyrische Zeit überliefert, was aber nicht ausschließt, dass der Text an sich weit älter ist. Trotzdem zeugt schon diese lange Tradierung von der immensen Bedeutung des Stoffes für die altorientalischen Herrscher. Gilgameš gilt als König der Stadt Uruk, der Jahrtausende vor der Zeit der mesopotamischen Reiche, direkt nach der Sintflut gelebt und insgesamt 126 Jahre geherrscht hat.[385] Seine Herkunft liegt im Dunkeln. Das altbabylonische Epos nennt die Göttin Ninsun als seine Mutter, während im babylonischen Standardtext außerdem seine Herkunft aus Uruk und Lugalbanda als sein Vater angegeben werden, wohl auch im Zusammenhang damit, dass Lugalbanda traditionell mit Ninsun ein Götterpaar bildet. Dem hingegen tritt Lugalbanda in anderen Fassungen als persönlicher Schutzgott Gilgameš' auf.[386]

Der König Gilgameš, schon von Geburt an zu zwei Dritteln göttlich und nur zu einem Drittel menschlich, wird ab Mitte des 3. Jahrtausends v. Chr. als Gott verehrt, er erhält Opfer und Weihgeschenke. Auf den ersten Blick scheint dies der Tatsache zu widersprechen, dass Gilgameš die Unsterblichkeit nie tatsächlich erlangt hat. Aber nach dem Tod des Gilgameš erheben die Götter ihn zu einem der ihren und setzen ihn zum Herrscher über die Unterwelt ein sowie zum Richter über die Verstorbenen. Grund für diese „göttliche Vergöttlichung" ist die Vorbildfunktion Gilgameš', der u.a. mit der Sorge um seinen toten Freund Enkidu ein Beispiel für die Menschen darstellt, was die Ausführung des Totenkultes angeht.[387]

Man schreibt Gilgameš im altbabylonischen Epos großartige Bauwerke zu, nämlich die Stadtmauer von Uruk, innerhalb derer die Zivilisation der Menschen nach der Flut wieder gedeihen kann. Auch Straßen und Pässe, also eine Infrastruktur, schafft Gilgameš nach den Zerstörungen der Flut und versorgt so seine Stadt Uruk mit (Luxus-)Gütern aus fernen Ländern. Zu seinen bedeutendsten Bauprojekten zählen neben der Stadtmauer die Restaurierung der durch die Flut zerstörten Tempel und die damit verbundene Wiederbelebung des Kultes für die Götter. Durch diese Bautätigkeit versöhnt Gilgameš die Götter.[388] Schon in der sumerischen Tummal-Chronik wird Gilgameš als Bauherr genannt: Er soll den númun.bur.ra, den „Mound of Rushes" errichtet haben.[389]

Dazu ist Gilgameš ein erfolgreicher Feldherr, er macht sich die mächtigsten Fürsten der Welt untertan.[390] Nach sumerischen Quellen besiegt er Enmebaragesi und seinen Sohn Akka von Kiš[391] und bringt damit das Königtum von Kiš nach Uruk. Laut der Sumerischen Königsliste stellt Gilgameš Enmebaragesi sogar alleine im Zweikampf.[392] Auch das Äußere

385 Maul, S.M., Das Gilgamesch-Epos, München (2008), S. 16.

386 Für Belege vgl. George, A., The Epic of Gilgameš. The Babylonian epic poem and other texts in Akkadian and Sumerian, London (1999), S. 106f.

387 Maul, S.M., Das Gilgamesch-Epos, München (2008), S. 16f.

388 Ebd., S. 16ff.

389 George, A., The Epic of Gilgameš. The Babylonian epic poem and other texts in Akkadian and Sumerian, London (1999), S. 104f.

390 Maul, S.M., Das Gilgamesch-Epos, München (2008), S. 16ff.

391 Vgl. Bilgames und Akka. Etwa bei Römer, W.H.Ph., Das sumerische Kurzepos „Bilgames und Akka". Versuch einer Neubearbeitung, Neukirchen-Vluyn (1980).

392 George, A., The Epic of Gilgameš. The Babylonian epic poem and other texts in Akkadian and Sumerian, London (1999), S. 103f.

des Gilgameš wird als perfekt geschildert; er ist „hochgewachsen, vollkommen und furchteinflößend“.[393]

An dieser kurzen Zusammenschau zeigt sich, dass Gilgameš den Anforderungen an einen idealen Herrscher, an religiöses, politisches und militärisches Charisma, gerecht wird. So ist er nicht ohne Grund Vorbild vieler Könige des Alten Orients, und nicht umsonst berufen sich andere „große“ Könige wie Šulgi in der Ur-III-Zeit auf ihn als ihren Bruder.

Dennoch scheitert Gilgameš bei seiner Aufgabe, zu Lebzeiten erlangt er die Unsterblichkeit nicht, und das, obwohl er zu zwei Dritteln Gott ist! Ihm bleibt nur die Einsicht, dass der Tod nicht vermeidbar ist und der Mensch, auch der König, nur durch seine Taten unsterblich werden kann.[394] Darin könnte man durchaus einen Hinweis sehen, dass zum Zeitpunkt der Konzeption des Gilgameš-Epos die Idee der Trennung des Königs in zwei Körper, den menschlichen und den politischen, existiert hat, denn Gilgameš zeigt sich eben doch ganz und gar menschlich, er ist nicht unfehlbar und nicht vollkommen, auch wenn der Anspruch durchaus besteht.

Als ein weiterer idealtypischer Herrscher gilt Etana aus der Vorzeit der mesopotamischen Geschichte. Wie Gilgameš findet Etana von Kiš Erwähnung in der Sumerischen Königsliste, mit einer Regierungszeit von stolzen 1560 Jahren. Überliefert ist von diesem Herrscher in erster Linie ein Epos, der schriftlich aus altbabylonischer, mittel- und neuassyrischer Zeit vorliegt und in dem der von Ištar und Enlil eingesetzte Etana mit Hilfe eines Adlers zum Himmel fliegt, um seiner Frau das magische Gebärkraut zu beschaffen, das ihr bei der Entbindung helfen soll.[395] Hintergrund der Geschichte ist also die Sicherung der Nachfolge, die Festigung der Dynastie Etanas.

Im Epos taucht Etana häufig mit dem Beinamen „Hirte“ auf. Das Hirtenmotiv in der altorientalischen Königsideologie wurde ja schon ausführlich dargelegt. Hier, bei Etana, stellt sich aber die Frage, ob der Ausdruck eventuell wörtlich genommen werden kann. Bildliche Darstellungen Etanas, etwa auf Rollsiegeln, legen diese Vermutung nahe.[396] Neben dem Hirtenmotiv ist auch das des Baumeisters im Etana-Epos ausgeführt;[397] das politische Charisma steht hier also im Mittelpunkt bei der Beschreibung dieses idealen Herrschers.

In der nach-altbabylonischen schriftlichen Tradition gilt Etana meist als eine Unterweltsgottheit, und er taucht häufig im Zusammenhang mit Gilgameš auf. Neben der Gemeinsamkeit, dass beide Könige bedeutende Helden von Epen sind, verbindet beide die

393 *šīḫu* [d]*gilgāmeš gitmālu rašubbu*, I 37. Siehe Mittermayer, C., Gilgameš im Wandel der Zeit, in: Steymans, H.U. (Hrsg.), Gilgamesch. Ikonographie eines Helden, Fribourg (2010), S. 135.

394 Vgl. auch Mittermayer, C., Gilgameš im Wandel der Zeit, in: Steymans, H.U. (Hrsg.), Gilgamesch. Ikonographie eines Helden, Fribourg (2010), S. 135f.

395 Nach neueren Textkollationen geht man davon aus, dass Etana tatsächlich den Himmel erreichte und von Ištar das Gebärkraut erhielt. Somit ist das Epos keine Warnung vor der menschlichen Hybris, wie etwa der griechische Mythos von Dädalus und Ikarus, sondern zeigt tatsächlich die herausragende Tat eines altorientalischen Herrschers. Vgl. u.a. Haul, M., Das Etana-Epos. Ein Mythos von der Himmelfahrt des Königs von Kiš, Göttingen (2000), S. 2.

396 Vgl. u.a. Frankfort, H., Cylinder Seals. A Documentary Essay on the Art and Religion of the Ancient Near East, London (1939), S. 138.

397 Haul, M., Das Etana-Epos. Ein Mythos von der Himmelfahrt des Königs von Kiš, Göttingen (2000), S. 8ff.

Suche nach dem ewigen Leben. Sowohl Gilgameš als auch Etana erfüllen in der Unterwelt administrative Aufgaben. Gilgameš wird ensí kur-ra („Fürst der Unterwelt") genannt, Etana nu-bànda kur-ra („Inspektor der Unterwelt"). Auch das Epitheton šagin, Statthalter, kommt in diesem Zusammenhang vor.[398]

Im Hinblick auf das militärische Charisma aufschlussreich ist der mythische Herrscher Lugalbanda, dessen Geschichte im Lugalbanda-Epos[399] überliefert ist. Als Heerführer des Enmerkar von Uruk zieht Lugalbanda in das wilde Bergland. Dort offenbart sich, dass er in der besonderen Gunst der Götter steht. Im Epos „Lugalbanda und Anzu" versorgt Lugalbanda die Jungen des Anzu-Vogels in dessen Abwesenheit und gewinnt so dessen Vertrauen und Gunst. Dafür möchte Anzu ihm Waffen, Edelmetalle oder reiche landwirtschaftliche Erträge geben, doch Lugalbanda erbittet stattdessen die Fähigkeit, besonders schnell laufen zu können. Das nutzt er sogleich und eilt seinen „Brüdern" zu Hilfe, die die Stadt Aratta belagern. Allerdings kann die Stadt nicht eingenommen werden, die Hilfe Inannas ist von Nöten. Lugalbanda läuft nach Uruk, betet zur Göttin und erfährt von ihr den Ritus, mit dessen Hilfe sie die Schlacht gewinnen können; außerdem rät Inanna Lugalbanda, das Schmiedehandwerk und die Steinscheidekunst von Aratta nach Uruk zu bringen. Somit begründet Lugalbanda das Metallhandwerk in Uruk. Er gilt in der sumerischen Tradition außerdem als Vater des Gilgameš und als Gemahl der Ninsun, während er in akkadischer Tradition als persönlicher Schutzgott Gilgameš' auftritt.[400]

Ab der Ur-III-Zeit ist eine kultische Verehrung Lugalbandas als Gott nachzuweisen. Seine Verehrung zu dieser Zeit wird besonders deutlich dadurch, dass sich die ersten beiden Könige der dritten Dynastie von Ur auf ihn als Vater beziehen und damit sich in eine etablierte, erfolgreiche Dynastie einreihen, sich durch den göttlichen Ahnen religiös legitimieren.[401]

Das Motiv des „schnell-laufen-Könnens" spielt auf besondere körperliche Fähigkeiten des Königs an, die Lugalbanda dann ja auch in der Schlacht den entscheidenden Vorteil bringen. Hier zeigt sich klar die Verbindung von körperlicher Fitness mit dem militärischen Bereich der königlichen Qualitäten.

Die lange Tradierung der genannten Texte und Epen und der mit ihnen verbundenen Inhalte, eben was das Bild eines idealen Königs betrifft, offenbart die Kontinuität und Beständigkeit des Königsbildes im Alten Orient. Alle genannten mythischen Herrscher werden sowohl von den Königen der neusumerischen, altbabylonischen Zeit als auch von den assyrischen Herrschern als Vorbild angesehen und verehrt, sowie ihre Taten weiter tradiert. In den großen Bibliotheken, wie etwa in der des Assurbanipal in Ninive, finden sich diese Epen und werden zum Teil sogar bis in seleukidische Zeit überliefert.

---

398 Ebd., S. 44f.

399 Wilcke, C., Das Lugalbandaepos, Wiesbaden (1969).

400 Sallaberger, W., Das Gilgamesch-Epos. Mythos, Werk und Tradition, München (2008), S. 52ff.

401 Vgl. auch Wilcke, C., Lugalbanda, in: RLA 7 (2007), S. 117–132.

3. Allgemeine Einführung zu Urartu

3.1 Die Geographie Urartus

Die naturräumlichen Gegebenheiten des durch hohe Bergzüge geprägten Gebietes (vgl. die Topographische Karte: Abb. 6), in denen das urartäische Königreich entsteht, beeinflussen eine Staatsbildung bzw. stellen sie vor besondere Herausforderungen. Deswegen soll in diesem einführenden Kapitel der spezielle Naturraum Urartus beschrieben werden, um in den folgenden Kapiteln die daraus für eine Zentralmacht resultierenden Bedürfnisse und Anforderungen aufzuzeigen.

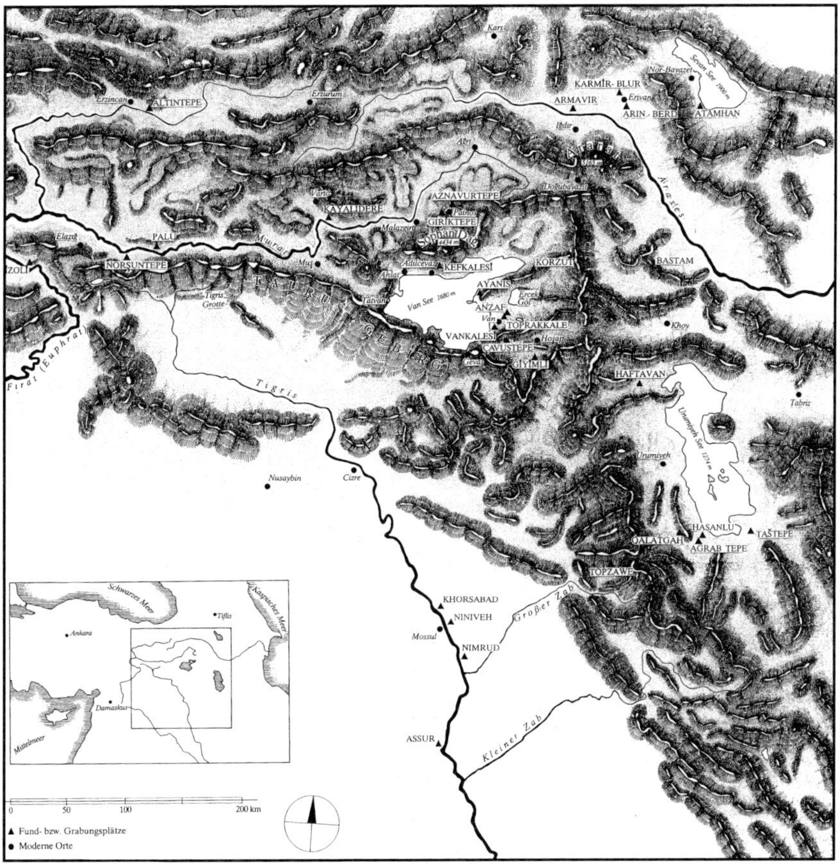

Abb. 6: Topographische Karte von Urartu

Quelle: Seidl, U., Bronzekunst Urartus, Mainz (2004), S. 1, Abb. 1 (Zeichnung: J. Denkinger).

Zur Zeit seiner größten Ausdehnung umfasst das Reich Urartu ein Gebiet vom Urmia-See im heutigen Iran im Südosten, bis zum Sevan-See im heutigen Armenien im Norden, im Nordosten bis zum Berg Ararat und dem Araxes, im Südwesten bis zum Euphrat in der heutigen Türkei, und im Süden bis in das Zagros-Gebirge im heutigen Irak. Die Gesamtfläche, auf der urartäische Siedlungsspuren gefunden wurden, beträgt auf ca. 220.000 km^2, wobei dieses riesige Gebiet vermutlich nie gleichzeitig unter urartäischer Kontrolle stand. Das Land besteht v.a. aus Bergketten, die die wechselnd gut für den Ackerbau geeigneten Täler voneinander trennen; nur nach Westen und Osten hin läuft das Gelände flacher aus.

Die geographische Beschaffenheit des beschriebenen Gebietes ist für die Etablierung eines zentralisierten Staates wenig geeignet, und es scheint auch schwer vorstellbar, wie eine größere Bevölkerung unter diesen Bedingungen ernährt und v.a. kontrolliert werden soll.

Das Kerngebiet des urartäischen Staates liegt in Ostanatolien, am Ostufer des Van-Sees. Dort kontrollieren die Urartäer von Anfang an wichtige Rohstoffgebiete und deren Zugänge. Auf Grund der vulkanischen Beschaffenheit des urartäischen Kernlandes ist landwirtschaftlich nutzbares Land selten und die wenigen fruchtbaren Täler sind durch zum Teil sehr hohe Berge voneinander getrennt. Verbindungen zwischen den Tälern sind nur über Pässe möglich, von denen die meisten im Winter nicht zu passieren sind.[1] Auch die Wasserversorgung des Gebietes ist schwierig, denn das Wasser des Van-Sees ist stark Sodium-haltig und daher zur Trinkwassergewinnung nicht geeignet. Welche Bedeutung die urartäischen Könige der Wasserversorgung beimessen, zeigt sich an den großen Kanalprojekten, wie zum Beispiel dem so genannten Minua-Kanal, der, von Minua um 800 v. Chr. gebaut, bis in die Gegenwart die Ebene von Van mit Wasser versorgt.

Im heute türkischen Teil Urartus kann man nach Sirri Erinç und Necdet Tunçdilek[2] hinsichtlich der landwirtschaftlichen Nutzbarkeit drei Regionen unterscheiden: Das Gebiet um Kars und Erzurum verfügt über fruchtbaren Boden, hier ist zum Betreiben von Landwirtschaft keine zusätzliche Bewässerung nötig. Das Tal des Araxes liegt niedriger, das Klima dort ist wärmer und für eine ertragreiche landwirtschaftliche Produktion wird eine künstliche Wasserzufuhr gebraucht. Noch extremer ist die Lage in der Region von Van und Tunceli. Hier ist das Land sehr trocken, so dass der Feldanbau grundsätzlich der Viehzucht untergeordnet ist. Eine Ausnahme bilden die Täler direkt am Ufer des Van-Sees, wo viel Ackerbau betrieben wird, wofür aber eine intensive Bewässerung nötig ist.[3]

Auch die Teile des urartäischen Reiches, die sich im Staatsgebiet des heutigen Iran befinden, sind relativ niedrig gelegen, und Landwirtschaft ist hier nur durch künstliche Bewässerung möglich. Im heutigen Grenzgebiet, zwischen Van und Urmia, gibt es keine Wasser-führenden Oasen oder größere Anbaugebiete im bergigen Land.[4] Die Bewässerung beschränkte sich in urartäischer Zeit vermutlich auf die zentrale Siedlung des jeweiligen

1 Zimansky, P., Ecology and Empire, Chicago (1985), S. 9.
2 Erinç, S.; Tunçdilek, N., The Agricultural Regions of Turkey, in: Geographical Review 42 (1957), S. 188ff.
3 Vgl. auch Zimansky, P., Ecology and Empire, Chicago (1985), S. 17.
4 Ebd.

Tales und deren direkte Umgebung, während die Viehhaltung prinzipiell im gesamten Gebiet, sei es in der Ebene oder im Bergland, betrieben werden kann.[5]

Ohne weitere künstliche Bewässerung ist Landwirtschaft möglich in den fruchtbaren Tälern am West- und Südufer des Urmia-Sees sowie in der Region vom Fuß des Zagros nach Osten hin, wo ebenfalls große Täler bis zu den Hochebenen der Region südlich des Araxes liegen, in denen Anbau möglich ist.[6]

Die urartäische Subsistenzwirtschaft konzentriert sich wegen der genannten Probleme im landwirtschaftlichen Anbau und der sehr kurzen Anbauperioden hauptsächlich auf die Viehzucht. Gehalten werden vor allem Rinder, Schafe und Ziegen, die sowohl auf den Wiesen der Täler als auch in den hochgelegenen Steppenregionen in den Sommermonaten eine gute Futtergrundlage finden. Im Winter wird das Vieh in Ställen nahe oder innerhalb der Siedlungen untergebracht.[7] Der Vorteil der Viehhaltung gegenüber einer in erster Linie auf Anbau basierenden Subsistenz liegt sicherlich auch darin, dass die Herden im Falle eines feindlichen Angriffes schnell in die Fluchtburgen und Festungen geschafft werden können, so dass, selbst wenn der Feind die Ernten auf den Feldern zerstört, der Fleischvorrat in Form des Viehs und die in den Befestigungen gelagerten Lebensmittel noch ausreichen, um über den Winter zu kommen.

Insgesamt darf von einer geringen Bevölkerungsdichte ausgegangen werden.[8]

Das urartäischen Gebiet ist reich an Rohstoffen. Im Kernland Urartus, in Ostanatolien, gibt es Eisen, verschiedene Kiese, Gips, Salz, Kupfer, Zinn, Zink und Blei. Damit ist Bronzeerzeugung aus eigenen Mitteln möglich. Südlich des Van-Sees, also direkt am Kerngebiet Urartus, kann Eisenerz abgebaut werden.[9] Durch ihre Kriegszüge erlangen die Urartäer die Kontrolle über weitere Rohstoffe, darunter Silber.[10] Auch Baumaterial, wie Holz und Stein, sind im urartäischen Gebiet – im Gegensatz zu Mesopotamien – reichlich vorhanden.

Durch seine Lage bildet das Kernland Urartus eine Art „natürliche Festung“, es ist vor allem im Norden und Süden von hohen Bergen umgeben, während im Osten und Westen die Berge leichter zu überschreiten sind.[11] Bis auf den Euphrat sind sämtliche Flüsse des urartäischen Gebietes nicht schiffbar. So sind die Zugangsmöglichkeiten nach Urartu und

5 Burney, C., The Economic Basis of Settled Communities in North-Western Iran, in: Levine, L.D., Young, T.C. (Hrsg.), Mountains and Lowlands: Essays in the Archaeology of Greater Mesopotamia, Malibu (1977), S. 4.

6 Pecorella, P.E.; Salvini, M., Researches in the region between the Zagros Mountains and Urmia Lake, in: Persica 10 (1982), S. 1f.

7 Wartke, R.B., Urartu – Das Reich am Ararat, Mainz (1993), S. 82.

8 Siehe Zimansky, P., Urartian Kingdom and Topography, in: Özdem, F. (Hrsg.), Urartu – Savaş ve Estetik. Urartu: War and Aesthetics, Istanbul (2003), S. 81.

9 Forbes, T.B., Urartian Architecture, Oxford (1983), S. 5. Belli, O., Ore Deposits and Mining in Eastern Anatolia in the Urartian Period, in: Merhav, R. (Hrsg.), Urartu – A Metalworking Center in the first Millennium B.C.E., Jerusalem (1991), Map 3.

10 Salvini, M., Geschichte und Kultur der Urartäer, Darmstadt (1995), S. 16f. Die reichsten Vorkommen liegen südlich des Schwarzen Meeres, aber auch im Gebiet um Malatya kann Silber abgebaut werden (vgl. Belli, O., Ore Deposits and Mining in Eastern Anatolia in the Urartian Period, in: Merhav, R. (Hrsg.), Urartu – A Metalworking Center in the first Millennium B.C.E., Jerusalem (1991), S. 17, Map 1).

11 Zimansky, P., Ecology and Empire, Chicago (1985), S. 13ff.

damit die möglichen Wege, die Angreifer nehmen könnten, beschränkt, und das Land kann mit relativ einfachen Mitteln und geringem Aufwand an Soldaten vor Feinden verteidigt werden. Eine feindliche Armee könnte zwar durch das Land ziehen und auch Verwüstungen anrichten, aber es nicht dauerhaft erobern, während die Urartäer diese Feldzüge in ihren Festungen aussitzen können.[12] Für den Übergang zur Staatlichkeit ist eine solche, eher eingeschlossene geographische Position mit starken natürlichen Grenzen laut Robert Carneiro[13] eher förderlich: Bei eventuellen Konflikten innerhalb der hier lebenden Bevölkerung wird eben durch die natürlichen Grenzen eine Abwanderung verhindert, was wiederum eine vertikale Staffelung der Gesellschaft begünstigt.[14]

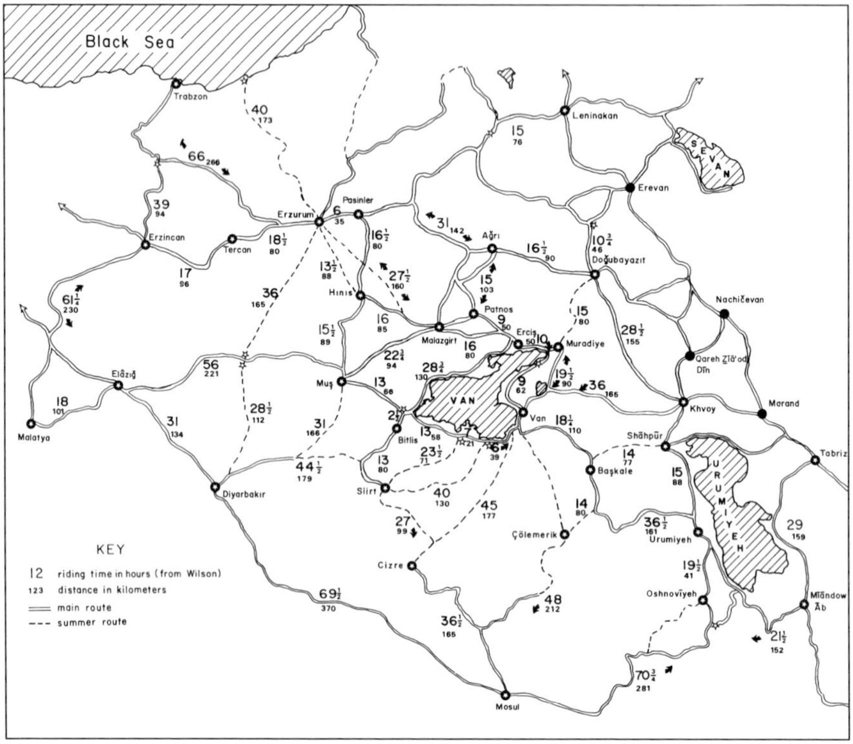

Abb. 7: Straßennetz und Kommunikationsverbindungen

Quelle: Zimansky, P., Ecology and Empire, Chicago (1985), Fig. 5.

12 Zimansky, P., Urartian Kingdom and Topography, in: Özdem, F. (Hrsg.), Urartu – Savaş ve Estetik. Urartu: War and Aesthetics, Istanbul (2003), S. 82.

13 Carneiro, R., Eine Theorie zur Entstehung des Staates, in: Eder, K. (Hrsg.), Die Entstehung von Klassengesellschaften, Frankfurt (1973), S. 160ff. Wobei im urartäischen Gebiet das ausreichende Ackerland, was eine weitere Voraussetzung für die Entstehung der Staatlichkeit laut Carneiro wäre, eher knapp ist.

14 Vgl. auch den Begriff des „caging“ bei Michael Mann (Geschichte der Macht, Frankfurt / New York (1994), S. 127ff.).

Doch die Gebirge haben nicht nur Vorteile für den urartäischen Staat; die Kommunikation und Verbindung der Täler untereinander ist für die Herrschenden schwierig. Die Kontrolle der einzelnen Täler erfolgt wahrscheinlich von mindestens einer größeren „Hauptfestung“ oder nach Wolfram Kleiss von einem so genannten „Hauptort“[15] pro Tal aus. So kann dieses System allerdings leicht durch einen Feind zerstört werden, der das Wegenetz nur an einer Stelle kappen müsste, um ganze Teile des Landes vom Zentrum zu trennen. Deswegen gibt es in den zentralen Gebieten mit der höchsten staatlichen Kontrolle jeweils mehrere Verbindungen zu benachbarten Tälern (zu den Straßenverbindungen siehe Abb. 7), so dass, sollte der Feind eine Verbindungsstrecke abschneiden, das Tal noch lange nicht vom Rest des Reiches isoliert ist. In den Randregionen Urartus ist dieses Straßennetz weniger gut ausgebaut; hier laufen die Verbindungen meist entlang nur einer Straße, weswegen diese Landesteile auch anfälliger für Eroberungen sind.[16]

Burgen entlang der Straßen dienen nicht nur dem Schutz der Kommunikationswege, sondern ebenso zur Sicherung und Kontrolle des Handels, und erleichtern das Verhindern von Angriffen auf die Gebiete selbst. Sie liegen oft in Sichtweite zueinander, nicht weiter als eine Tagesreise voneinander entfernt, um visuelle Kommunikation durch Feuerzeichen oder Ähnliches zu ermöglichen.[17]

Die „Inselposition“ Urartus könnte des Weiteren eine Ursache dafür sein, dass das Reich eine Art natürliche Grenze der maximalen Ausdehnung hat. Sobald sich die urartäischen Expansionen über den Zagros oder den Taurus hinaus richten (etwa nach Nordsyrien im 8. Jahrhundert v. Chr. oder nach Mana kurz darauf), sind diese Feldzüge nicht dauerhaft erfolgreich. Auch der Niedergang Urartus folgt nicht etwa auf eine Invasion der Assyrer aus dem Süden, sondern durch Angriffe anderer Bergvölker, von Osten bzw. Nordosten.[18]

3.2 Geschichtlicher Überblick

Das Gebiet des späteren Urartu ist wohl seit der Halaf-Zeit von mehr oder weniger sesshaften Gruppen besiedelt, wie Funde aus Tilki Tepe bei Van belegen. Hethitische Quellen aus der Großreichszeit berichten von Königtümern im späteren Südwestteil Urartus, wo anscheinend eine hurritische[19] Bevölkerung lebt, die eventuell auch bis zum Van-See vorgestoßen sein könnte. Bronzezeitliche Siedlungsbelege wurden v.a. im Gebiet des Urmia-Sees gefunden.[20] Vermutlich aus der Späten Bronzezeit stammen die in Hakkâri

15 Kleiss, W., Urartäische Plätze im Iran, in: AMI 9 (1976), S. 41. Vgl. auch Kapitel 4.3.2.10 „Das Ergebnis der königlichen Bauaktivität: Siedlungsverbreitung“.

16 Zimansky, P., Ecology and Empire, Chicago (1985), S. 30.

17 Forbes, T.B., Urartian Architecture, Oxford (1983), S. 5ff. Vgl. auch Kapitel 4.3.2.10 „Das Ergebnis der königlichen Bauaktivität: Siedlungsverbreitung“.

18 Zimansky, P., Urartian Kingdom and Topography, in: Özdem, F. (Hrsg.), Urartu – Savaş ve Estetik. Urartu: War and Aesthetics, Istanbul (2003), S. 82f.

19 Zur sprachlichen Verwandtschaft des Hurritischen mit dem Urartäischen vgl. Kapitel 4.1.1 „Schriftsysteme in Urartu“.

20 Barnett, R.D., Urartu, in: Boardman, J. (Hrsg.), The Prehistory of the Balkan and the Middle East and the Aegean World, 10.–8. Centuries B.C., Cambridge (1982), S. 328f.

gefundenen Stelen mit bildlichen Darstellungen, die eher eurasische als mesopotamische Traditionen erkennen lassen.[21]

Über die Anfänge Urartus als Staat existieren keine schriftlichen Hinterlassenschaften. Eine politische Einheit entsteht wohl nicht vor dem 9. Jahrhundert v. Chr., wahrscheinlich durch eine Art Konföderation kleinerer Stadt- und Dorfgemeinschaften um den Van-See herum und nördlich davon.[22]

Die erste schriftliche Erwähnung Urartus findet sich in den Aufzeichnungen des 3. Feldzuges des assyrischen Königs Salmanassar I. (1273–1244 v. Chr.), wo eine Unternehmung gegen das feindliche Land „Uruaṭri" erwähnt wird. Der Bericht zählt acht Länder von „Uruaṭri" auf: Ḫimme, Uatqun, Mašgun, Salua, Ḫalila, Luḫa, Nilipaḫri und Zingun.[23] In späteren assyrischen Inschriften, z.B. unter Tukultī-Ninurta I. (1243–1207 v. Chr.), werden „Könige von Nairi" genannt, womit Herrscher aus dem Gebiet des Van-Sees gemeint sind. Die verschiedenen Benennungen lassen sich wie folgt konkretisieren: Während man ursprünglich unter „Uruaṭri" eher die Landschaft verstanden hat, meint „Nairi" eine Art Stammeskonföderation im Gebiet des späteren Urartu – d.h. eine Koalition von Klans[24], die sich in Kriegszeiten zusammenfinden, aber an sich nicht hoch organisiert sind und von denen kaum archäologische Befunde überliefert sind. Ab dem 9. Jahrhundert v. Chr. werden beide Begriffe in den assyrischen Quellen zunehmend gleichgesetzt. Diese Situation ändert sich im 8. Jahrhundert v. Chr.: „Nairi" bezeichnet dann einen selbstständigen Pufferstaat zwischen Assyrien und Urartu. Die Urartäer selbst verwenden für ihr Land zunächst ebenfalls „Nairi"[25] und dann in der Regel den Begriff „Biainili".[26]

---

21 Vgl. Sevin, V., Hakkari Stelleri: Zap irmağı kıyısında Bozkır Göçebeleri – The Hakkari stelae: a nomadic impact on the River Zap, in: TÜBA-AR 4 (2001), S. 79–88. Ähnliche Stelen wurden bei einem archäologischen Survey in Irakisch-Kurdistan gefunden. Siehe Marf, D.A., The temple and the city of Muṣaṣir/Ardini. New aspects in the light of new Archaeological Evidence, in: Subartu Journal 8 (2014), S. 22. Der Autor verweist in Fußnote 50 auf eine geplante Publikation der Stelen (Funeral statues/steles from the land of Muṣaṣir and its surrounding areas).

22 Burney, C.; Lang, D.M., Die Bergvölker Vorderasiens – Armenien und der Kaukasus von der Vorzeit bis zum Mongolensturm, London (1985), S. 256. Vgl. auch Batmaz, A., War and Identity in the early History of Urartu, in: Çilingiroğlu, A.; Sagona, A. (Hrsg.), Anatolian Iron Ages 7, Leuven (2012), S. 28ff. Ich möchte Dr. Atilla Batmaz an dieser Stelle herzlich danken, dass er mir den Proof seines Artikels schon vorab zu Verfügung gestellt hat.

23 Diese „Länder" zu lokalisieren ist ein großes Problem der Forschung. Darauf soll hier nicht näher eingegangen werden. Zu einer Diskussion vgl. z.B. Salvini, M., Geschichte und Kultur der Urartäer, Darmstadt (1995), S. 19ff.

24 Nach Atilla Batmaz ist die Organisation dieser Klans oder Stämme als *Aširet*-System, wie in Osmanischer Zeit für das ostanatolische Gebiet belegt, zu verstehen. Diese Art von Gemeinschaft ist gekennzeichnet durch eine weitgehend homogene Linguistik und Kultur und besteht in der Regel aus mehreren Familien, die durch ethnische, wirtschaftliche, religiöse, verwandtschaftliche oder Heiratsbeziehungen verbunden sind. *Aširet*-Gruppen verfügen über eine nomadische oder semi-nomadische Lebensweise, können eventuell aber auch sesshaft sein, in letzterem Fall in einem gemeinsamen Gebiet. Ihre Subsistenz sichern sie durch Viehzucht und Landwirtschaft. *Aširet*-Gruppen kommen v.a. in Eurasien, dem Mittleren Osten und Nordafrika vor. Sie sind auch als politische Gemeinschaft mit Defensivkräften zu sehen. Batmaz, A., War and Identity in the early History of Urartu, in: ANES Supp. 39, S. 25f.

25 Bis zur Kelišin-Stele, also der „Ko-Regenz" zwischen Minua und Išpuini, scheint „Nairi" auch für die Urartäer der gebräuchliche Begriff für ihr Land gewesen zu sein; Rusa, Sohn des Sardure, verwendet dann Biainili. Siehe: Salvini, M., Neuassyrische Schrift und Sprache in den urartäischen Königsinschriften (9.-7. Jahrhundert v. Chr.), in: Cancik-Kirschbaum, E.; Klinger, J.; Müller, G. (Hrsg.), Diver-

Auch in der Folgezeit kommt, neben in erster Linie Grabfunden[27] aus dem Gebiet des späteren Urartu selbst,[28] ein Großteil der Informationen über Urartu aus Assyrien. So berichten die Annalen[29] von Salmanassar III. (858–824 v. Chr.) von einem König „Aramu/e[30], dem Urartäer", gegen den er Krieg führt. Aramu/e's „feste Stadt" Sugunia[31] wird 858 v. Chr. von den Assyrern zerstört, ebenso zwei Jahre später seine Residenz Arṣaškun. Die Lokalisierung dieser ersten belegten urartäischen Städte ist umstritten.[32]

Mirjo Salvini schlägt das Land Muṣaṣir bzw. dessen nähere Umgebung vor,[33] eine Lokalisierung, die Christian K. Piller auf Grund der Ähnlichkeiten in der Tracht und Bewaffnung der urartäischen und der iranischen Soldaten in den Darstellungen des 9. Jahrhunderts unterstützt.[34] Dargestellt sind die Feldzüge Salmanassars gegen Urartu auf dem Bronzetor von Balawat. Dieser Aramu/e hinterlässt selbst keine Inschriften und keiner der späteren Könige Urartus bezieht sich auf ihn als Ahnherrn.[35] Anscheinend ist zu seiner Zeit der urartäische Staat aber schon weitgehend ausgebildet und es finden sich Festungen und Städte, wie die in den assyrischen Inschriften genannten Sugunia und Arṣaškun.[36] Auch einige Bildwerke mit typisch urartäischen Stilmerkmalen könnten in diese Zeit datieren,

---

sity and Standardization, Berlin (2013), S. 119–128.

26 Wartke, R.B., Urartu – Das Reich am Ararat, Mainz (1993), S. 36ff. Dazu und zu einer Diskussion des Verhältnisses von „Nairi – Urarṭu" vgl. Salvini, M., Geschichte und Kultur der Urartäer, Darmstadt (1995), S. 21ff., und Salvini, M., Nairi e Ur(u)aṭri – Contributo alla storia della formazione del regno di Urartu, Rom (1967). Siehe auch Miller, Jared L., The Location of Niḫriya and its Disassociation from Na'iri, in: Baker, H.D.; Kaniuth, K.; Otto, A. (Hrsg.): Stories of Long Ago. Festschrift für Michael D. Roaf, Münster (2012), S. 359–366.

27 V.a. die Keramik aus Karagündüz zeigt dabei enge Parallelen zum späteren urartäischen Keramikrepertoire. Vgl. Sevin, V.; Kavaklı, E.I., Van / Karagündüz: Bir Erken Demir Çağ Nekropolü / An Early Iron Age Cemetery, Istanbul (1996).

28 Vgl. z.B. Belli, O., Historical Development of the Kingdom of Urartu, in: Özdem, F. (Hrsg.), Urartu – Savaş ve Estetik. Urartu: War and Aesthetics, Istanbul (2003), S. 49ff.

29 Z.B. A.0.102.2, auf einer Stele aus Kalḫu (RIMA 3).

30 Der Wortursprung des Namens „Aramu" oder „Arame" ist nicht geklärt. Eventuell besteht ein Zusammenhang zu der urartäischen Gottheit Ara, die auch in der Inschrift von Meher Kapısı (CTU A 3-1) auftaucht. Andere Überlegungen setzen Aramu in Zusammenhang mit „Aramäer", oder auch mit der Stadt / dem Land dieses Namens. Fuchs, A., Urarṭu in der Zeit, in: Kroll, S. et al. (Hrsg.), Biainili-Urartu, Leuven (2012), S. 59, s. Kapitel 4.6 „Die urartäische Königsdynastie".

31 Salvini hält für Sugunia eine Lokalisierung im Gebirge westlich des Urmia-Sees für wahrscheinlich (Salvini, M., Geschichte und Kultur der Urartäer, Darmstadt (1995), S. 28).

32 Charles Burney vermutet Arṣaškun in der Nähe des oberen Murat-Tals, bei Bulanik zwischen Malazgirt und Liz. Dafür spricht auch, dass Tiglat-Pilesar I. gegen 23 Nairi-Fürsten kämpfte und im Murat-Tal in Yoncalu eine Siegesstele errichten ließ (Burney, C.; Lang, D.M., Die Bergvölker Vorderasiens – Armenien und der Kaukasus von der Vorzeit bis zum Mongolensturm, London (1985), S. 261). Belck schlägt eine Gleichsetzung von Arṣaškun mit Adılcevaz auf Grund der altarmenischen Etymologie Ardzke für Adılcevaz vor (Belck, W., Die Kelischin-Stele und ihre chaldisch-assyrischen Keilschriften, Anatole Heft 1 (1904), S. 47f.).

33 Salvini, M., Geschichte und Kultur der Urartäer, Darmstadt (1995), S. 30ff.

34 Piller, C.K., Bewaffnung und Tracht Urartäischer und Nordwestiranischer Krieger des 9. Jahrhunderts v. Chr.: Ein Beitrag zur Historischen Geographie des Frühen Urartu, in: Kroll, S. et al. (Hrsg.), Biainili-Urartu, Leuven (2012), S. 379–390.

35 Salvini, M., Geschichte und Kultur der Urartäer, Darmstadt (1995), S. 26.

36 Vgl. auch Kroll, S., Salmanassar III. und das frühe Urartu, in: Kroll, S. et al. (Hrsg.), Biainili-Urartu, Leuven (2012), S. 163–168.

wie etwa das Felsrelief von Eski Doğubayazıt[37] (s.u., Abb. 35) und eine Stele mit der Abbildung eines leeren Wagens (Abb. 8).[38] Aramu erscheint also als erster „König" Urartus, jedenfalls aus assyrischer Sicht.

Abb. 8: Stele mit der Darstellung eines leeren Wagens, Museum Van
Quelle: Foto Julia Linke.

Zur Zeit des Aramu scheint der assyrische Einfluss auf Urartu bestimmend zu sein. Es ist davon auszugehen, dass viele der Parallelen, die sich zwischen dem urartäischen und dem assyrischen Reich finden lassen, sich in dieser Zeit durch Übernahmen assyrischer Elemente durch die Urartäer herausgebildet haben. So entsteht z.B. die Schnittvermei-

37 Wobei für diese „Königs"-Darstellung meines Erachtens eher eine Datierung in die Spätzeit Urartus in Frage kommt, nach Rusa, Sohn des Argišti. Vgl. Exkurs 2: „Königsdarstellungen im Bild".
38 Salvini, M., Geschichte und Kultur der Urartäer, Darmstadt (1995), S. 33f.

dung[39], die in einem Großteil der urartäischen Inschriften von Minua bis Rusa, Sohn des Sardure, auftritt, wohl in Anlehnung an die Paläographie Assyriens des 9. Jahrhunderts v. Chr.[40]

Aus eigenen Quellen fassbar wird Urartu mit dem König Sardure I. (~840–830 v. Chr.)[41], der von der Forschung im Allgemeinen als Gründer des urartäischen Staates angesehen wird.[42] „Sardure, der Urartäer“ wird auf dem Schwarzen Obelisk von Salmanassar III. erwähnt.[43] Wahrscheinlich wird die Entwicklung einer eigenen Staatlichkeit durch die wiederholten Eroberungsversuche Assyriens beeinflusst und gefördert, die einen Zusammenschluss unter der militärischen Oberhoheit eines Klans fördern, da so effektiverer Widerstand geleistet werden kann. Aufbauend auf allgemeinen Überlegungen zur Entstehung des Königtums (siehe Kapitel 1.3.1 „Die Entstehung von Königtum bzw. die Entstehung des Staates“) könnte man postulieren, dass Sardure, oder eventuell auch schon Arame/u, einer der oben angesprochenen Klanführer ist und sich gegen seine Konkurrenten durchsetzt, vielleicht durch eine militärische Überlegenheit, die durch eine wie auch immer geartete Akkumulation von Ressourcen zu Stande gekommen ist.

Die eigenen Inschriften Sardures befinden sich auf den Kalksteinblöcken der „Sardursburg“ am Van-Felsen; sie sind in akkadischer Sprache geschrieben und zeigen nicht nur dadurch assyrischen Einfluss. Vielmehr entspricht auch die Titulatur Sardures,

> „Sohn des Lutipri, der große König, der mächtige König, der König von Nairi, der König der Gesamtheit, der König, der seinesgleichen nicht hat, der bewunderungswürdige Hirte, der den Kampf nicht fürchtet, der König, der zur Unterwerfung zwingt, die sich ihm nicht beugen“[44],

---

39 Schnittvermeidung ist ein v.a. mittelassyrisch bekanntes Phänomen für Steininschriften. Hier wird bei der Anbringung der einzelnen Keile vermieden, dass diese sich überschneiden; stattdessen werden die Keile unterbrochen und setzen nach dem möglichen Schnitt-„punkt“ neu an. Vgl. Wilhelm, G., Bemerkungen zur urartäischen Paläographie, in: AoF 21 (1994), S. 352–358.

40 Vgl. Wilhelm, G., Bemerkungen zur urartäischen Paläographie, in: AoF 21 (1994), S. 352ff.

41 Paul Zimansky spricht sich dagegen aus, konkrete oder auch nur ungefähre Daten für die Regierungszeiten der urartäischen Könige anzugeben. (Zimansky, P., Ecology and Empire, Chicago (1985), S. 100). Die gesicherten Synchronisierungen der urartäischen mit den assyrischen Königen finden sich am Ende dieses Kapitels.

42 Mirjo Salvini hingegen plädiert eher für Išpuini als Gründer des Reiches, weil erst unter dem Nachfolger Sardures I. einige typischen Merkmale des urartäischen Staates, wie der Hauptgott Ḫaldi, in den Texten auftauchen (Salvini, M., Geschichte und Kultur der Urartäer, Darmstadt (1995), S. 38ff.). Allerdings könnte dies ebenso gut an der Quellenlage liegen; schließlich sind von Sardure I. deutlich weniger Inschriften erhalten als von Išpuini.

43 „When Sēduru (^{m}se-e-du-ri), the Urarṭian, heard (of this [das Näherkommen der assyrischen Armee, J.L.]), relying on the might of his mighty army he attacked to wage war and battle. He [Salmanassers *turtānu*, J.L.] fought with him, defeated him, (and) filled the wide plain with the corpses of his warriors.“ A.0.102.14, 27. Jahr, Z. 144ff. (RIMA 3).

44 CTU A 1-1, deutsche Übersetzung nach Salvini, M., Neuassyrische Schrift und Sprache in den urartäischen Königsinschriften (9.-7. Jahrhundert v. Chr.), in: Cancik-Kirschbaum, E.; Klinger, J.; Müller, G. (Hrsg.), Diversity and Standardization, Berlin (2013), S. 121.

der, die auch von Assurnasirpal II.[45] verwendet wird – außer dem von Sardure benutzten „König von Nairi", das bei Assurnasirpal natürlich „König von Assur" lautet. Von Bedeutung ist weiterhin, dass sich Sardure bereits in eine Herrschertradition stellt und seinen Vater Lutipri nennt, von dem selbst aber keine Inschriften bekannt sind. Der Bezug auf den königlichen Vater entspricht ebenfalls mesopotamisch-assyrischen Inschriftentraditionen. Der weitere Teil der Titulatur mit „König, der seinesgleichen nicht hat" ist vermutlich nicht als Variante mit „universalistischem" Anspruch sondern eher als Erfolgsmeldung zu verstehen, die ihn aus der Reihe rivalisierender lokaler Potentaten bzw. Klanführer heraushebt, die er bezwungen hat,[46] und damit gleichzeitig auf sein Selbstbewusstsein als charismatischer Anführer verweist.

Es ist wahrscheinlich Sardure, der die urartäische Hauptstadt Tušpa (Van) gründet und zum Regierungssitz macht, darauf lässt zumindest schließen, dass in Tušpa keine Inschriften oder Belege von etwaigen früheren Herrschern gefunden wurden.[47]

Mit Beginn der Regierungszeit von Sardures Sohn und Nachfolger Išpuini (~830–810 v. Chr.) gibt es Inschriften in urartäischer Sprache. Išpuini nimmt in manchen seiner Inschriften die Namen seines Sohnes Minua und seines Enkels Inušpa[48] auf, offenbar um die herrschende Dynastie und damit die Thronfolge abzusichern. Dem gleichen Zweck könnte die offizielle Vorstellung des Kronprinzen vor dem hier erstmals auftauchenden Staatsgott Ḫaldi in Muṣaṣir bzw. urartäisch Ardini dienen, die auf der Stele von Kelišin (CTU A 3-11) festgehalten ist. Ab einem nicht näher bestimmbaren Zeitpunkt tauchen in den Inschriften sogar immer Išpuini und Minua zusammen auf, so dass man auf eine Ko-Regenz von Vater und Sohn schließen kann.[49] Išpuini nutzt die Schwäche Assyriens zur Erweiterung seines Gebietes nach Nordosten, in das Tal des Araxes, und Südosten, Richtung Urmia-See.[50] In einer Inschrift von Minua aus Taštepe (CTU A 5-10) wird von der Zerstörung der mannäischen Stadt Mešta, die vielleicht mit Hasanlu zu identifizieren ist, berichtet.[51] Weiterhin werden Gebiete östlich von Hasanlu, die Ebenen des Gadar Čay und von Solduz, erobert.[52] Auch Muṣaṣir gehört zu dieser Zeit schon fest zum urartäischen Gebiet,[53] ebenso wie im Westen die Ebene von Muş und die Gegend um Kayalıdere.[54]

Eine Schwächephase des neuassyrischen Reiches kann Minua (~810–780 v. Chr.) nutzen und in allen Himmelsrichtungen Gebietsgewinne verzeichnen. Im Westen reicht die Ausdehnung Urartus jetzt bis an den Euphrat, im Norden wird die Herrschaft über die Ara-

45 Zimansky, P., Ecology and Empire, Chicago (1985), S. 51.
46 So auch Mirjo Salvini, der weiter übersetzt: „der ich den Tribut aller Könige empfing", was auf die Unterwerfung und Vereinigung vorher rivalisierender Könige durch Sardure verweist. Salvini, M., Neuassyrische Schrift und Sprache in den urartäischen Königsinschriften (9.-7. Jahrhundert v. Chr.), in: Cancik-Kirschbaum, E.; Klinger, J.; Müller, G. (Hrsg.), Diversity and Standardization, Berlin (2013), S. 121.
47 Siehe Salvini, M., Geschichte und Kultur der Urartäer, Darmstadt (1995), S. 34.
48 U.a. in der Felsinschrift von Tabriz Kapısı (CTU A 4-1).
49 Salvini, M., Geschichte und Kultur der Urartäer, Darmstadt (1995), S. 38f. und 48f.
50 Ersichtlich durch die Stele von Karagündüz beim Erçek-See (CTU A 3-9).
51 Das könnte mit dem Zerstörungshorizont der Schicht Hasanlu IV übereinstimmen. (Salvini, M., Geschichte und Kultur der Urartäer, Darmstadt (1995), S. 41).
52 Salvini, M., Geschichte und Kultur der Urartäer, Darmstadt (1995), S. 42.
53 Ebd., S. 45.
54 Ebd., S. 51.

xes-Ebene endgültig gefestigt und die Gegend kolonisiert, die Ostausbreitung gelangt bis in mannäisches Gebiet und im Süden wird am oberen Tigris die Grenze Assyriens erreicht.[55] Dadurch und durch die urartäische Expansion nach Westen, wo unter anderem Malatya tributpflichtig wird, kommt Urartu zunehmend in Konflikt mit Assyrien, das eigene Interessen in Nordsyrien vertritt. Auf Grund der versuchten weiteren Südausdehnung bis hinein in assyrisches Gebiet verschärft sich diese Lage weiter. Um die neuen Landesteile zu sichern, baut Minua das Straßennetz großflächig aus und befestigt es.[56]

Minuas Sohn und Nachfolger Argišti I. (~785–760 v. Chr.) berichtet in seinen Annalen von weiteren Feldzügen. Die Annalen finden sich am Eingang zu den Felskammern von Ḫorḫor, die mit der Grabkammer Argištis I. identifiziert werden. Seine Feldzüge führen in das Gebiet des heutigen Armenien bis zum Sevan-See, und Argišti I. schlägt in ihnen unter anderem den Aufstand des Königs von Diaueḫi nieder, gegen den schon Minua Krieg geführt hat. Auch in die Gebiete der späthethitischen Fürstentümer, jenseits des Euphrats, und nach Mana werden Feldzüge unternommen. Im Mannäerland gelangt Argišti I. bis zum Zagros-Gebirge.[57]

Unter Sardure II. (~760–730 bzw. nach Salvini[58] ab 755 v. Chr.) erreicht Urartu seine größte Ausdehnung. Sardures Eroberungen sind in seinen Annalen am Freiluftheiligtum Hazıne Kapısı in Van festgehalten. Gen Norden unternimmt Sardure II. Feldzüge in das bergige Gebiet südlich des Schwarzen Meeres, u.a. gegen Qulḫa, das klassische Kolchis, sowie jährlich nach Transkaukasien. Im Osten werden nicht nur Feldzüge unternommen, wie gegen das Land Puluadi, sondern Sardure II. baut hier eigene Festungen, so z.B. Seqindel.[59] Im Westen erstreckt sich das Reich nun bis zu den späthethitischen Fürstentümern; u.a. erkennen Karkemiš und Malatya die Oberhoheit Urartus an. Diese Gebiete werden dem Reich allerdings nicht einverleibt, sondern lediglich tributpflichtig gemacht. Dadurch zerstört Urartu allerdings assyrische Handelsrouten, wodurch sich der Konflikt mit dem Nachbarland, das unter Tiglat-Pilesar III. (744–727 v. Chr.) an Macht gewinnt, verstärkt. 743 v. Chr. kommt es deswegen zu den Schlachten von Kištan und Ḫalpi, dabei tragen die Assyrer den Sieg über die Koalition der späthethitische Kleinstaaten und Sardure II. davon. Das bedeutet einen immensen Gebietsverlust für den urartäischen König und hindert Urartu an einer weiteren Expansion westlich des Euphrats.[60] Tiglat-Pilesar III. behauptet sogar, er habe Tušpa belagert.[61] Wahrscheinlich kommt es aber wegen der Gebirgsbarriere zwischen den beiden Mächten nicht zu einer direkten Konfrontation im Zentrum Urartus.

Die problematische Chronologie der Könige nach Sardure II.

Die Chronologie der Könige, die auf Sardure II. folgen, ist u.a. seit dem Fund der Stele von Gövelek (CTU A 14-1), die die Errichtung von Toprakkale eindeutig Rusa, Sohn des Eri-

---

55 Ebd., S. 49.
56 Belli, O., The Capital of Urartu – Van, Istanbul (1986), S. 21.
57 Salvini, M., Geschichte und Kultur der Urartäer, Darmstadt (1995), S. 59ff.
58 Ebd., S. 67.
59 Ebd., S. 70ff.
60 Ebd.
61 In einer so genannten „Summary Inscription“ aus Kalḫu, Summ. 3, Z. 21´ff. Siehe Tadmor, H., The Inscriptions of Tiglath-Pileser III King of Assyria, Jerusalem (1994), S. 134f.

mena, zuschreibt, und wegen einiger kunstgeschichtlicher Überlegungen von Ursula Seidl[62] nicht mehr so eindeutig, wie es lange in der Forschung als gesichert galt (vgl. Kapitel 4.6 „Die urartäische Königsdynastie").

Ab Sardure II. sind noch als Könige belegt: drei Herrscher namens Rusa, und zwar Rusa, Sohn des Sardure, Rusa, Sohn des Erimena, sowie Rusa, Sohn des Argišti; ein weiterer König namens Argišti, Sohn des Rusa (= Argišti II.), sowie eventuell ein Sardure, Sohn des Sardure, der aber nur durch die Nennung auf einem Bronzeschild aus Karmir-Blur (CTU B 16-1)[63] bekannt ist und offenbar keine Monumentalinschriften hinterlässt. Ob dieser Sardure tatsächlich auf den Thron gelangt und wenn ja, wie lange er regiert, ist unsicher.

Im Folgenden wird nun ein chronologisches Szenario geschildert, das alles andere als sicher ist, aber den historischen Quellen nach, v.a. auch den assyrischen, wahrscheinlich erscheint.[64] Abweichende Chronologien bzw. Abläufe werden in den Fußnoten erwähnt sowie in der Tabelle am Ende des Kapitels gelistet.

Nach Sardure II. kommt ein Rusa[65] an die Macht, nach der hier bevorzugten Chronologie ist es Rusa, Sohn des Erimena.[66]

Auffällig ist das hier erstmalige Durchbrechen der Vater-Sohn-Abfolge in der urartäischen Dynastie (vgl. auch Kapitel 4.6 „Die urartäische Königsdynastie"). Interessant erscheint dabei natürlich die Rolle des Erimena. Erimena ist kein typisch königlicher Name, woraus man auf einen Putsch seines Sohnes Rusa schließen könnte. Allerdings sind rein hypothetisch, auf Grundlage des Fehlens von eindeutigen Quellen, noch andere Optionen möglich. Dass ein König dieses Namens nicht bekannt ist, könnte ebenso an einer extrem kurzen Regierungszeit liegen. Oder Erimena ist tatsächlich niemals selbst König gewesen, sondern vielleicht der Bruder eines Königs, dessen Sohn den Thron besteigt, weil der eigentliche Kronprinz noch zu jung ist. Ein ganz anderer Ansatz könnte – ebenso spekulativ – sein, dass eben dieser Rusa, Sohn des Erimena, selbst als Vormund eines unmündigen Kronprinzen zu sehen ist, oder tatsächlich ein Usurpator, der – vielleicht mit, vielleicht ohne Gewalt – an die Herrschaft gelangt.

Die wie auch immer geartete Thronbesteigung von Rusa, Sohn des Erimena, findet noch vor Beginn der Regierungszeit Sargons II., also vor 721 v. Chr. statt, vielleicht nach der –

62 Siehe Seidl, U., Bronzekunst Urartus, Mainz (2004), S. 124, und dies., Rusa Son of Erimena, Rusa Son of Argišti, and Rusahinili/Toprakkale, in: Kroll, S. et al. (Hrsg.), Biainili-Urartu, Leuven (2012), S. 177–181.

63 Auch Inušpa, Sohn des Minua, weiht z.B. Bronzescheiben (Seidl, U., Bronzekunst Urartus, Mainz (2004), Nr. D. 1–3, CTU B 7) und von ihm wird keine Thronbesteigung angenommen, wobei auch das nicht auszuschließen ist. Der Unterschied liegt natürlich auch darin, dass Sardure, Sohn des Sardure, eine Königstitulatur führt: „starker König, großer König, Herr von Tušpa-Stadt".

64 Die Chronologie orientiert sich an: Roaf, M., Could Rusa Son of Erimena have been king of Urartu during Sargon's Eighth Campaign?, in: Kroll, S. et al. (Hrsg.), Biainili-Urartu, Leuven (2012), S. 187–216.

65 Alle assyrischen Quellen nennen entweder nur einen „Urartäerkönig" oder Rusa bzw. Ursa ohne Patronym, weswegen keinesfalls ausgeschlossen werden kann, dass es sich beim Gegner Sargons in der 8. Kampagne um Rusa, Sohn des Sardure, handelt.

66 Für eine so frühe Einordnung von Rusa, Sohn des Erimena, spricht sich auch Ursula Seidl auf Grund von kunstgeschichtlichen Beobachtungen, v.a. der Stilisierung der Löwen auf Bronzegegenständen, aus. Seidl, U., Bronzekunst Urartus, Mainz (2004), S. 124.

von den Assyrern propagierten – Belagerung Tušpas durch Tiglat-Pilesar III. (sollte diese stattgefunden haben); jedenfalls wäre eine solche Situation eine gute Gelegenheit für jemanden außerhalb der direkten Thronfolge auf den Thron zu gelangen.[67]

Laut der Inschrift von Gövelek (CTU A 14-1) gründet Rusa, Sohn des Erimena, Toprakkale (Rusaḫinili) und führt eine Reihe ziviler Maßnahmen durch, um diese Gegend urbar zu machen und seine Neugründung mit Wasser zu versorgen.

Im Laufe der Regierungszeit dieses Rusa, der hier als Sohn des Erimena angenommen wird, wachsen die Spannungen mit dem unter Sargon II. (721–705 v. Chr.) erstarkten Assyrien. Sargon zieht 714 v. Chr. in seiner 8. Kampagne durch große Teile des urartäischen Reiches.[68] Schlussendlich erobert und zerstört er den Hauptkultort des Staatsgottes Ḫaldi, Muṣaṣir. Laut dem Bericht Sargons stirbt ein Rusa, nach dieser These der Sohn des Erimena, auf Grund einer Krankheit, die seiner Niederlage folgt,[69] während andere assyrische Quellen[70] sogar vom Selbstmord des Urartäerkönigs sprechen.

Auf dem Thron folgt Rusa, Sohn des Erimena, ein weiterer Rusa[71], hier wird der Sohn des Sardure angenommen, wobei Sardure II. als Vater zu vermuten ist. Das hieße, dass nun wieder ein König aus der Hauptlinie den Thron inne hat. Dieses Szenario macht eine Art „Stellvertreterherrschaft" von Rusa, Sohn des Erimena, als Vormund eines unmündigen Rusa, Sohn des Sardure, wahrscheinlich.

Rusa, Sohn des Sardure, konsolidiert laut seiner Inschriften (u.a. CTU A 10-1 und -2) das Reich im Norden Urartus und erobert neue Länder, v.a. im Gebiet um den Sevan-See.[72] Die drei Bilinguen-Stelen (CTU A 10-3–A 10-5) von Rusa, Sohn des Sardure, berichten, dass der urartäische König nach Muṣaṣir zieht, wo aber Urzana, der König von Muṣaṣir, vor ihm das Tor des Tempels verschließt und nach Assyrien flieht. Daraufhin greift Rusa Muṣaṣir an, besiegt Urzana und nimmt ihn gefangen. Aus unklaren Gründen setzt er den untreuen Vasall dann aber wieder als König von Muṣaṣir ein, legt jedoch fest, dass die urartäischen Könige das Recht haben, dort jederzeit religiöse Zeremonien auszuüben. Auf Grund des historischen Ablaufs erscheint es wahrscheinlich, dass die auf den Bilinguen Rusas, Sohn des Sardures, beschriebene Auseinandersetzung mit Muṣaṣir eine Wiedereroberung der Kultstadt nach der 8. Kampagne Sargons darstellt, was die hier vorgeschlagene Chronologie stützt.[73]

---

67 Roaf, M., Could Rusa Son of Erimena have been king of Urartu during Sargon's Eighth Campaign?, in: Kroll, S. et al. (Hrsg.), Biainili-Urartu, Leuven (2012), S. 214.

68 Die Rekonstruktion der Route Sargons ist umstritten. Vgl. Salvini, M., Geschichte und Kultur der Urartäer, Darmstadt (1995), S. 27ff. und 91ff., sowie Thureau-Dangin, F., Une relation de la huitième campagne de Sargon, TCL 3 (1912), und Zimansky, P., Urartian Geography and Sargon's Eighth Campaign, in: JNES 48/1 (1990), S. 1–21.

69 8. Kampagne Sargons, Z. 140, 148ff.

70 V.a. die Annalen Sargons, 8. Jahr, Z. 135 (Fuchs, A., Die Inschriften Sargons aus Khorsabad, Göttingen (1994)).

71 Die Annalen von Sargon (Z. 198) sprechen klar dafür, dass zwei Könige namens Rusa aufeinander folgen. Denn nach dem Tode eines Rusa von Urartu im Verlauf der 8. Kampagne berichtet Sargon in seinem 9. Jahr von einem Rusa von Urartu, der sich gegen ihn verschwört. Vgl. Fuchs, A., Die Inschriften Sargons aus Khorsabad, Göttingen (1994).

72 Salvini, M., Geschichte und Kultur der Urartäer, Darmstadt (1995), S. 80f.

73 Mirjo Salvini geht von einer anderen zeitlichen Abfolge aus, dass nämlich die Attacke von Rusa, Sohn des Sardure, auf Muṣaṣir vor der 8. Kampagne statt findet. Dafür muss man aber eine vorangegangene

Schwierigkeiten für Urartu ergeben sich in der Regierungszeit von Rusa, Sohn des Sardure, durch erste Einfälle der Kimmerier.[74] Das Stammgebiet der Kimmerier befindet sich vermutlich im Norden oder Nordosten des Sevan-Sees, denn die Tsovinar-Inschrift (CTU A 10-2) nennt einen Sieg von Rusa, Sohn des Sardure, über den Herrscher von Guriaini, und nach einem neuassyrischen Brief (SAA 5 92) ist Guriaini eine Region zwischen Urartu und den Kimmeriern, die Urartu Tribut zahlt und wo sich die urartäischen Truppen gegen die Kimmerier sammeln.

Mehrere assyrische Briefe[75] berichten von einer verheerenden Niederlage Urartus gegen die Kimmerier. Dabei ist deren Datierung und die Frage, welcher urartäische König zu dieser Zeit an der Macht ist, unsicher, in Frage kommen Rusa, Sohn des Sardure, und Argišti, Sohn des Rusa.[76] Nach dieser Niederlage im Konflikt mit den Kimmeriern wird laut den assyrischen Quellen anscheinend direkt im Feldlager ein neuer König bestimmt, weil man vom Tode des urartäischen Herrschers, der aber namentlich nicht genannt wird, ausgeht:

> „Ihr König aber ist von seiner Seite (des Schlachtfeldes) ganz alleine entkommen und hat sich ins Gebirge davongemacht. Als nun diejenigen, die sich hinten im Feldlager befanden, ihren König nicht mehr sahen und [nicht] wussten, dass er sich hatte retten können, da erhoben sie den Melarṭua und machten ihn [am] Wegesrand zum König.“[77]

Eroberung Muṣaṣirs durch die Assyrer rekonstruieren. Roaf, M., Could Rusa Son of Erimena have been king of Urartu during Sargon’s Eighth Campaign?, in: Kroll, S. et al. (Hrsg.), Biainili-Urartu, Leuven (2012), S. 207.

74 Von diesen Einfällen wissen wir in erster Linie durch Briefe aus Kuyunjik (Deller, K., Ausgewählte neuassyrische Briefe betreffend Urartu zur Zeit Sargons II., in: Pecorella, P.E.; Salvini, M., Tra lo Zagros e l’Urmia, Rom (1984), S. 97–122). Das erste Auftreten dieser Stämme (nach SAA 5 145) ist nicht im Kaukasus, sondern am Urmia-See im Mannäerland zu lokalisieren (Salvini, M., Geschichte und Kultur der Urartäer, Darmstadt (1995), S. 85ff.).

75 SAA 1 30, SAA 1 31, SAA 1 32.

76 Es gibt drei mögliche Datierungen für diese Niederlage: 1. Sie findet vor 713 v. Chr. statt. Diese These stützt sich auf einen assyrischen Brief, der von dieser Niederlage berichtet und in dem ein Nabu-le’i von Tabal vorkommt. Dieser ist Majordomus von Aḫat-abīša, die als Tochter von Sargon gesehen wird. Wir wissen zwar, dass Sargons Tochter mit Ambaris von Tabal verheiratet war, aber ihren Namen kennen wir nicht. Die Identifizierung von Ahat-abīša als Tochter Sargons ist also spekulativ. Sicher ist, dass dieser Ambaris wegen seiner Allianz mit Rusa und Mita von Muški 713 aus Tabal deportiert wurde. Das spricht aber noch lange nicht für eine Datierung der Niederlage vor 713: Natürlich könnte seine Frau nach der Deportation Ambaris’ in Tabal geblieben sein, v.a. wenn sie die Tochter Sargons war, bzw. auch ihr Majordomus könnte dort zur Erledigung ihrer Geschäfte geblieben sein. Möglich wäre ebenso, dass Ambaris und seine Familie später zurück nach Tabal gehen durften. Was zu der meines Erachtens wahrscheinlicheren 2. These führt, dass diese Niederlage nach 714 v. Chr. statt gefunden hat, das ist auch die Variante, die im Fließtext Anwendung findet. Die Berichte über die Niederlage stammen von Urzana von Muṣaṣir und Ša-Aššur-dubbu, der 707 v. Chr. als Eponym belegt ist. Auch 3. ein sehr spätes Ansetzen der Niederlage bereits unter Argišti II. wäre denkbar. Dieses Szenario würde erklären, wieso die Informationen ihren Weg zu Sargon über Sanherib finden, denn zwischen 710 und 707 v. Chr. war Sargon nicht in Assyrien und seine Korrespondenz lief über den Kronprinzen. Vgl. Roaf, M., Could Rusa Son of Erimena have been king of Urartu during Sargon’s Eighth Campaign?, in: Kroll, S. et al. (Hrsg.), Biainili-Urartu, Leuven (2012), S. 209ff.

77 SAA 5 90, r. Z. 1–9.

Von einem König Melarṭua wissen wir weiter nichts, auch ist das kein typischer Königsname der Urartäer. Der Name Melarṭua kommt in urartäischen Inschriften selbst nie vor, aber ein weiterer assyrischer Brief (SAA 5 114, Z. 7) nennt Melarṭua als Sohn eines urartäischen Königs. Ob es der Geburtsname eines späteren urartäischen Königs ist, der bei Regierungsantritt einen Thronnamen annimmt, muss auf Grund der kargen Quellenlage offen bleiben.[78] Offenbar wird seine Krönung durch das Wiederauftauchen des eigentlichen Königs aber hinfällig, falls der assyrische Bericht überhaupt Tatsachen wiedergibt. Ebenfalls aus assyrischen Briefen erfahren wir, dass in Tušpa – wahrscheinlich nach diesem Ereignis – ein Putsch statt findet, den Rusa aber niederschlagen kann.[79] Wie die Regierung von Rusa, Sohn des Sardure, schließlich wirklich endet, bleibt offen.

Der Sohn eines Rusa, Argišti II., der nach assyrischen Quellen im Jahr 708 v. Chr. den urartäischen Thron inne hat, kann das Reich nach den turbulenten Jahren[80] wieder stabilisieren. Er befestigt vor allem das Kerngebiet gegen die Angriffe der Kimmerier und Skythen von Norden und Osten und versucht sich in der Westpolitik in Nordsyrien erfolglos gegen Assyrien durchzusetzen, indem er ein Bündnis mit Midas von Phrygien eingeht und den König von Kummuḫ, dem antiken Kommagene, unterstützt. Das Bündnis mit Phrygien scheitert aber und auch die Gebiete östlich und südöstlich des Urmia-Sees sind nicht mehr wiederzugewinnen. Deswegen verlagert Argišti seine Expansionsrichtung, und Armenien rückt wieder verstärkt in den Fokus: Das Reich wird fast bis ans Kaspische Meer ausgedehnt.[81]

Der Sohn von Argišti II. ist wiederum ein König namens Rusa, der v.a. durch seine Bautätigkeit heraussticht. Ein assyrischer Beleg berichtet, dass dieser Rusa, Sohn des Argišti, im Jahr 655 v. Chr. den urartäischen Thron inne hat. Von seiner immensen Bauaktivität zeugen Städte wie Karmir-Blur, Ayanis, Adılcevaz und Bastam, die auf eine lange und von Wohlstand geprägte Regierungszeit dieses Königs schließen lassen. Über seine militärischen Kampagnen, die an die Feldzugstraditionen des 8. Jahrhunderts v. Chr. anschließen, erfahren wir aus der Tempelinschrift von Ayanis (CTU A 12-1).[82]

Das Ende des Königtums in Urartu

Fast alle urartäischen Fundstätten zeigen Hinweise auf eine gewaltsame Zerstörung, die – zumindest an einigen Orten – den oben genannten Nomaden, Kimmerier und/oder Skythen,

---

78 Fuchs, A., Urarṭu in der Zeit, in: Kroll, S. et al. (Hrsg.), Biainili-Urartu, Leuven (2012), S. 157.

79 Salvini, M., Geschichte und Kultur der Urartäer, Darmstadt (1995), S. 89f. Vgl. Deller 6.1 (ABL 144): „Die zwanzig Eunuchen, seiner Entourage, die gegen den (Urartäer-)König konspiriert haben, sind arretiert." Nach: Deller, K., Ausgewählte neuassyrische Briefe betreffend Urarṭu zur Zeit Sargons II., in: Pecorella, P.E.; Salvini, M. (Hrsg.), Tra lo Zagros e l'Urmia. Ricerche storiche ed archeologiche nell' Azerbaigian iraniano, Rom (1984), S. 117.

80 Es kann nicht ausgeschlossen werden, dass die kimmerische Niederlage unter Argišti II. stattfindet, zwischen 710 und 707 v. Chr., als Sargon nicht in Assyrien ist, weswegen die Korrespondenz auch über den Kronprinzen Sanherib von statten geht. Siehe Roaf, M., Could Rusa Son of Erimena have been king of Urartu during Sargon's Eighth Campaign?, in: Kroll, S. et al. (Hrsg.), Biainili-Urartu, Leuven (2012), S. 212.

81 Salvini, M., Geschichte und Kultur der Urartäer, Darmstadt (1995), S. 100ff.

82 Sagona, A.; Zimansky, P., Ancient Turkey, London (2009), S. 329ff.

zugeschrieben wird.[83] Diese Zerstörungen finden sich in der Regel in den Schichten von Rusa, Sohn des Argišti,[84] ein weiterer Anhaltpunkt für die in der vorliegenden Arbeit favorisierte Chronologie mit Rusa, Sohn des Argišti, am Ende des Reiches.

Die letzte gesicherte Nennung eines urartäischen Königs stammt aus dem Jahr 643 v. Chr., in dem die Gesandtschaft eines Sardures am assyrischen Hof Assurbanipals genannt wird.[85] Die Stellung dieses Sardure, von dem wir keine Belege aus Urartu selbst[86] haben, ist mit Sicherheit nicht mehr vergleichbar mit der der früheren urartäischen Könige, was auch der assyrische Beleg deutlich macht:

> „Ištar-dûri, king of Urarṭu, whose royal fathers had addressed (messages of) brotherhood to my fathers, – at this time Ištar-dûri heard of the mighty deeds which the great gods had appointed as my lot, and, as a son sends (messengers recognizing) authority to his father, so he, after his manner, sent (a message) to me, saying: ‘Greeting(s) to the king, my lord.’ In fear and submission he had his costly (lit. heavy) gifts brought to me.”[87]

Die Inschrift sagt klar aus, dass die königlichen Väter dieses Sardure „Brüder“ des assyrischen Herrschers waren, nun aber Sardure sich ihm unterwirft.

In den urartäischen Quellen selbst gibt es keine gesicherten Hinweise auf die Existenz von weiteren Herrschern nach Rusa, Sohn des Argišti, so dass spätestens nach 640 v. Chr. entsprechend den Quellen kein urartäisches Königshaus mehr nachzuweisen ist.[88] So gehen auch Antonio Sagona und Paul Zimansky von einem Ende der Staatlichkeit Urartus in der Mitte des 7. Jahrhunderts v. Chr. aus, wonach die Meder im 6. Jahrhundert v. Chr. „nothing but ruins“ in Besitz genommen hätten, was auch erklärt, wieso Urartu in späterer Überlieferung nicht mehr vorkommt.[89]

83 V.a. Karmir-Blur, Ayanis, aber auch Çavuştepe. Vgl. Hellwag, U., Der Niedergang Urartus, in: Kroll, S. et al. (Hrsg.), Biainili-Urartu, Leuven (2012), S. 236; Zimansky, P., Ancient Ararat. A Handbook of Urartian Studies, Delmar (1998), S. 37; und Rolle, R., Urartu und die Reiternomaden, in: Saeculum 28 (1977), S. 291–340.

84 Das Keramikinventar zum Zeitpunkt der Zerstörung ist gleich in Ayanis, Karmir-Blur, Bastam, und sogar Horom weist diese rotpolierte Ware im Auflassungshorizont auf. Außerdem zeigen die so genannten „skythischen“ Pfeilspitzen die Gleichzeitigkeit der Zerstörung von Çavuştepe, Toprakkale, Ayanis, Kef Kalesi, Artashat, Armavir, Karmir-Blur und Arin-Berd. In Bastam und Ayanis sind die Siegelfunde von Rusa, Sohn des Argišti, die letzten Belege für einen König. Kroll, S., Rusa Erimena in archäologischem Kontext, in: Kroll, S. et al. (Hrsg.), Biainili-Urartu, Leuven (2012), S. 183.

85 Grayson, A.K., The Chronology of the Reign of Ashurbanipal, in: ZA 70 (1980), S. 235, 244.

86 Hier Sardure, Sohn des Sardure, zu vermuten, der den Bronzeschild aus Karmir-Blur (CTU B 16-1) weiht, macht keinen Sinn, da Karmir-Blur während der Regierungszeit von Rusa, Sohn des Argišti, zerstört wird, dieser Sardure also vor Rusa, Sohn des Argišti, angesetzt werden muss. Also müsste man hier einen weiteren Sardure annehmen, eventuell einen Sohn des Rusa (Sohn des Argišti).

87 Der so genannte Rassam-Zylinder von Assurbanipal, Übersetzung: Luckenbill, D.D., Ancient Records of Assyria and Babylonia 2, Chicago (1927), S. 320f.

88 Die Belege in der Babylonischen Chronik wären dann wie die in der Genesis und bei Darius I. in Behistun als geographische Begriffe zu verstehen (Kroll, S., Urartus Untergang in anderer Sicht, in: IstMit 34 (1984), S. 169). Zur Forschungsgeschichte und verschiedenen Ansätzen zur Datierung des Untergangs Urartus vgl. Hellwag, U., Der Niedergang Urartus, in: Kroll, S. et al. (Hrsg.), Biainili-Urartu, Leuven (2012), S. 227–241.

89 Sagona, A.; Zimansky, P., Ancient Turkey, London (2009), S. 345.

Das Erlöschen des Königshauses bedingt aber nicht automatisch das Verschwinden alles Urartäischen oder aller Urartäer. So wird der Name Urašṭu in achämenidischen Inschriften (z.B. der Behistun-Inschrift) wieder verwendet und urartäische Namen tauchen in neubabylonischen Texten auf.[90]

Chronologietabelle der urartäischen Könige[91]

Sardure I. Sohn des Lutipri	831 v. Chr.	Salmanassar III. (858–824 v. Chr.)
Išpuini Sohn des Sardure	ca. 818 v. Chr.	Šamši-Adad V. (823–811 v. Chr.)
Minua Sohn des Išpuini (Inušpa, Sohn des Minua) Argišti I. Sohn des Minua Sardure II. Sohn des Argišti	*turtānu* von Adad-Nerari (Šamši-ilu) nennt Argišti von Urartu[92] 743 v. Chr.	Adad-Nerari III. (810–783 v. Chr.) Salmanassar IV. (782–773 v. Chr.) Aššur-dan III. (772–755 v. Chr.) Aššur-nerari V. (754–745 v. Chr.) Tiglat-Pilesar III. (744–727 v. Chr.) Salmanassar V. (726–722 v. Chr.)

90 Salvini, M., Geschichte und Kultur der Urartäer, Darmstadt (1995), S. 119f.

91 Nach: Sagona, A.; Zimansky, P., Ancient Turkey, London (2009), S. 322, Table 9.1. Die erste Spalte nennt den urartäischen Königsnamen, die zweite den Zeitpunkt des assyrischen Belegs für diesen und die dritte Spalte die assyrischen Könige.

92 A.0.104.2010 (RIMA 3).

mögliche Abfolgen der Könige nach Sardure II.:[93]

(Sardure Sohn d. Sardure)[94]	(Sardure Sohn des Sardure)			
Rusa Sohn des Erimena	Rusa, Sohn des Sardure	Rusa Sohn des Sardure	714 v. Chr.	Sargon II. (721–705 v. Chr.)
Rusa Sohn des Sardure				
Argišti II. Sohn des Rusa	Argišti II. Sohn des Rusa	Argišti II. Sohn des Rusa	708 v. Chr.	Sanherib (704–681 v. Chr.)
Rusa Sohn des Argišti	Rusa Sohn des Erimena	Rusa Sohn des Argišti	673 v. Chr.	Asarhaddon (680–669 v. Chr.)
	Rusa, Sohn des Argišti	Rusa Sohn des Erimena	ein Rusa 665 v. Chr.	Assur-banipal (668–627 v. Chr.)
			ein Sardure ca. 639 v. Chr.	

3.3 Quellenlage und kurze neuere Forschungsgeschichte[95]

Betrachtet man die schriftlichen Quellen, dann fällt zunächst auf, dass die Geschichte Urartus hauptsächlich von außen, nämlich von assyrischer Seite aus, erzählt wird. Das Repertoire der urartäischen Texte selbst ist sehr begrenzt. Es handelt sich in erster Linie um Bau- und Weihinschriften sowie um wenige Kriegsberichte und Annalen einzelner Könige,

93 Die erste Spalte folgt der hier verwendeten Chronologie nach Michael Roaf, die zweite der nach Ursula Seidl, und die dritte Spalte nennt die traditionelle Chronologie.

94 Wenn man ihn als König annehmen möchte.

95 Für die ältere Forschungsgeschichte siehe z.B. Salvini, M., Geschichte und Kultur der Urartäer, S. 5ff.

weswegen diese urartäischen Inschriften für die Rekonstruktion der Geschichte Urartus nicht von großer Hilfe sind. Das Fehlen von Urkunden oder ähnlicher Verwaltungsdokumentation lässt sich durch die Verwendung vergänglicher Materialien wie Papyrus, Tierhaut oder Holz[96] erklären,[97] die Witterungsverhältnisse, wie sie in Urartu vorzufinden sind, nicht auf längere Zeit überstehen.

Also ist unser Blick auf Urartu vornehmlich einer von Assyrien aus und der propagandistische Charakter solcher assyrischer Königsinschriften über den „Feind Urartu“ ist zu berücksichtigen. Dennoch geben diese Texte Auskunft über die Außenwirkung der urartäischen Könige, aber die Rekonstruktion des urartäischen Königtums und der Selbstwahrnehmung der Könige in Urartu gestaltet sich als schwierig. Zur Klärung wird in folgendem 4. Kapitel v.a. auf die offiziellen Königsinschriften und die wenigen bildlichen Darstellungen (auf Rollsiegeln) zurückgegriffen, dazu werden Rückschlüsse aus der Bautätigkeit gezogen, an Hand derer man die Zuständigkeiten und auch die Prestigeprojekte der urartäischen Könige nachvollziehen kann.

In archäologischer Hinsicht liegt der allgemeine Forschungsschwerpunkt vor allem bei der Untersuchung von Festungen, sowohl Siedlungen als auch Friedhöfen wurde bislang eher wenig Aufmerksamkeit geschenkt. Wohnhäuser kennen wir aus Karmir-Blur, Zernaki Tepe, Armavir, Bastam und Ayanis.[98] Siedlungen wurden zwar oft durch Surveys entdeckt, aber meist nicht ergraben. In der Türkei fanden bereits in den 50er Jahren des 20. Jahrhunderts unter Charles Burney etliche Surveys[99] statt, die Anfang der 90er Jahre von Oktay Belli[100] fortgeführt worden sind. Ab 2002 unternahmen in einer Kooperation die Yüzüncu Yıl Universität und der CNRS einen Survey in Ostanatolien, v.a. in den Provinzen Ağrı, Iğdır und Van, der sich auf die vor-klassischen Epochen konzentrierte.[101] Problema-

96 Einen Hinweis darauf könnte die Tontafel CTU CB Ba-6 geben, wo Mirjo Salvini ^{giš}zu^{meš} als „Holztafeln“ liest. Salvini, M., Die urartäischen Schriftdenkmäler aus Bastam (1977–1978), in: Kleiss, W., Bastam II, Berlin (1988), S. 135.

97 Salvini, M., Geschichte und Kultur der Urartäer, Darmstadt (1995), S. 69f. Die Verwendung solcher Materialien kennen wir auch aus Assyrien (Zimansky, P., Ecology and Empire, Chicago (1985), S. 6). Außerdem werden auch bei den Hethitern Holztafeln für administrative Zwecke vermutet, auch auf Grund des Befundes, der erstaunlich viele Tonbullen zeigt, die der These nach an diesen Holztafeln befestigt gewesen waren, sowie der Bezeichnung „Holztafelschreiber“ in den Texten. Vgl. z.B. Klinger, J., Die Hethiter, München (2007), S. 85f., und Bossert, H.Th., Schreibstoff und Schreibgerät der Hethiter, in: Belleten 16 (1952), S. 9–16.

98 Eventuell ist dieser Auflistung noch die Stätte Zaviyeh hinzuzufügen, die dort gefundene Keramik datiert jedenfalls ins 1. Jahrtausend v. Chr., ist aber nicht sicher urartäisch. Vgl. Forbes, T.B., Urartian Architecture, Oxford (1983), S. 115–133.

99 Burney, C., Urartian Fortresses and Towers in the Van Region, AnSt 7 (1957), S. 37–53, und Burney, C., Measured Plans of Urartian Fortresses, AnSt 10 (1960), S. 177–196.

100 Belli, O., Ruinen monumentaler Bauten südlich des Van-Sees in Ostanatolien, IstMit 43 (1993), S. 255–265.

101 Siehe u.a. Marro, C.; Özfırat, A., Pre-classical Survey in Eastern Turkey. First Preliminary Report: the Ağrı Dağ (Mount Ararat) region, in: Anatolia Antiqua XI (2003), S. 385–422; dies., Pre-classical Survey in Eastern Turkey. Second Preliminary Report: the Erciş region, in: Anatolia Antiqua XII (2004), S. 227–265; dies., Pre-classical Survey in Eastern Turkey. Third Preliminary Report: Doğubayazıt and the Eastern shore of Lake Van, in: Anatolia Antiqua XIII (2005), S. 319–356; Özfırat, A., Pre-classical sites in Eastern Turkey. Fourth Preliminary Report: The Eastern Shore of Lake Van, ANES XLIV (2007), S. 113–140; dies., Pre-classical Survey in Eastern Turkey. Fifth

tisch bleibt dennoch die Datierung der Wohnsiedlungen in die urartäische Epoche, da das dort gefundene Keramikinventar häufig eher lokale als wirklich „urartäische“ Merkmale zeigt.

Im Iran forschte in den 60er und 70er Jahren des 20. Jahrhunderts vor allem Wolfram Kleiss[102], und von 1994 bis 2004 unternahm Stephan Kroll von der Ludwigs-Maximilian-Universität München Surveys in Armenien. Oktay Belli erforscht seit 1997 frühe eisenzeitliche Grabarchitektur in Ostanatolien,[103] und die Region im Westen Armeniens, v.a. der Bronzezeit, wird gegenwärtig untersucht durch das ArAGATS (Archaeology and Geography of Ancient Transcaucasian Societies)-Projekt von Ruben Badaylan und Adam T. Smith von der Universität Chicago.[104]

Doch nicht nur bei den Siedlungen zeigt sich die Datierung der Fundorte problematisch. Wo keine Inschriften zu finden sind, ist es schwer, die Gründung der Stätte einem König zuzuweisen. An Hand von Keramik oder Architekturform ist zwar oft eine grobe Datierung innerhalb der urartäischen Zeit möglich, aber da sich an den Fundstätten relativ häufig gar keine bis sehr wenig Keramik findet, sind die Möglichkeiten der Datierung insgesamt sehr begrenzt. Auch eine Stratigraphie ist wegen der felsigen Bauplätze selten erstellbar.

Der Großteil der Architekturreste der erforschten Plätze, darunter vor allem Burgen, datiert ins 8. oder 7. Jahrhundert,[105] was Aussagen über die früheren urartäischen Bauten schwierig macht. Außerdem fällt bei Betrachtung des archäologischen Befundes auf, dass vor-urartäische Baureste kaum bekannt sind. Die Urartäer scheinen sich für ihre Bauprojekte „neue“ Plätze erschlossen oder die älteren Reste vollständig beseitigt zu haben.

Zu guter Letzt bleibt das Problem, dass die bedeutendste Stadt im Kerngebiet Urartus, Van, in ihrem archäologischen Forschungsstand mehr als schlecht belegt ist. Zu der fast absoluten Fundleere und der späteren Überbauung kommt noch hinzu, dass im Gegensatz zu den meisten anderen urartäischen Stätten durch die touristische Erschließung an der Burg selbst kaum Grabungen möglich sind. Seit 2010 forscht allerdings die Universität Istanbul unter Leitung von Erkan Konyar in der Unterstadt von Van. Wie aufschlussreich für die Forschung neue Grabungen sein können, bewies Altan Çilingiroğlu mit seinen Arbeiten an der Burg Ayanis, die Erkenntnisse für die Regierungszeit von Rusa, Sohn des Argišti, lieferten und langdiskutierte Fragen der Forschung klärten, wie z.B. nach dem ^{giš}*šuri*. Es wäre wünschenswert, dass auch an Stätten aus der Frühzeit des urartäischen Reiches vermehrt neue Grabungen stattfinden.

Preliminary Report: Van Lake Basin and Mt. Ağrı Region, SMEA XLVIII (2006), S. 177–207; und zuletzt: dies., Pre-classical Survey in Eastern Turkey. Sixth Preliminary Report: Van Lake Basin and Mt. Ağrı Region, in: AMIT 41 (2009), S. 211–232. Zusammengefasst in: Özfırat, A., Archaeological Investigations in the Mt. Ağrı Region: Bronze and Iron Ages, in: Matthiae, P. et al (Hrsg.), Proceedings of the 6th ICAANE Volume 2: Excavations, Surveys and Restorations: Reports on Recent Field Archaeology in the Near East, Wiesbaden (2010), S. 525–538.

102 Kleiss, W., Urartäische Plätze in Iran, AMI 9 (1976), AMI 10 (1977), AMI 11 (1978), AMI 12 (1979).

103 Vgl. z.B. Belli, O., Research on Early Iron Age Fortresses and Necropoleis in Eastern Anatolia, in: Çilingiroğlu, A.; Darbyshire, G. (Hrsg.), Anatolian Iron Ages 5, London (2005), S. 1–13.

104 http://aragats.net.

105 Forbes, T.B., Urartian Architecture, Oxford (1983), S. 1.

4. Der urartäische König

4.1 Sprachliches

4.1.1 Schriftsysteme in Urartu

Für die Etablierung und Festigung eines Herrschaftssystems, mit einer funktionierenden Verwaltung, ist ein Schriftsystem als Kommunikationsmedium unerlässlich. In Urartu sind zwei verschiedene Schriftsysteme gebräuchlich: die urartäische Hieroglyphenschrift und die aus Assyrien übernommene Keilschrift, wobei ausschließlich letztere für monumentale Inschriften benutzt wird und damit vorherrschendes Medium der textlichen Verbreitung der Königsideologie ist.

Die Hieroglyphenschrift

Die Erforschung der urartäischen Hieroglyphenschrift steht auf Grund der wenigen, meist sehr kurzen Inschriften immer noch am Anfang. Anscheinend werden die Zeichen von links nach rechts geschrieben, allerdings ist nicht völlig auszuschließen, dass urartäische Hieroglyphen von oben nach unten zu lesen sind. Ob es sich um ein syllabisches, wie im Falle der hethitischen Hieroglyphen, oder um ein ideographisches Schriftsystem handelt, kann nicht festgestellt werden. Richard D. Barnett erscheint ein syllabischer Schreibtypus wahrscheinlicher.[1] Altan Çilingiroğlu stellte auf Grund der in erster Linie auf (Vorrats-)Gefäße beschränkten Inschriftenträger die These auf, dass die urartäische Hieroglyphenschrift nur für das Aufnehmen von Mengen genutzt wird.[2] Betrachtet man jedoch die Zeichenliste der urartäischen Hieroglyphen, so scheint ein komplettes Schriftsystem wahrscheinlicher, v.a. wegen der Hieroglyphen auf Siegeln, die meist in Dreiergruppen auftauchen, was eine syllabische Lesung vermuten lässt, z.B. für die Namen der Siegelbesitzer.[3]

Bislang gibt es keine Belege für die Verwendung der Hieroglyphenschrift vor Minua.[4]

1 Barnett, R.D., The Hieroglyphic Writing of Urartu, in: Bittel, K. (Hrsg.), Anatolian Studies presented to Hans Gustav Güterbock on the Occasion of his 65th Birthday, Istanbul (1974), S. 47.

2 Çilingiroğlu, A., Urartu ve Kuzey Suriye Siyasal ve Kültürsel Ilişkileri, Izmir (1984), S. 83.

3 Payne, M., Urartian Measures of Volume, Leuven (2005), S. 4.

4 Richard D. Barnett vermutet allerdings in einer Gruppe von drei Stempelsiegeln und einem Rollsiegel (Berlin VA 4882, Boston Museum of Fine Arts – ursprünglich in der Tyskiewicz Sammlung, Louvre A.927 und Louvre AO.20138) aus dem 14. Jahrhundert v. Chr. frühe Vorläufer für die urartäische Hieroglyphenschrift. Stilistisch sind die genannten Stempelsiegel von den bekannten hethitischen Siegeln zu unterscheiden, aber sie selbst sind nicht markant genug, um sie völlig vom Hethitischen loszulösen. Die hier vorhandene Verbindung in Stil und Form verweist nach Barnett auf spätere urartäische Stempelsiegel, damit wären die Hieroglyphen auf diesen älteren Siegeln eine alte Form des Urartäischen („hurritischer Prototyp") oder die Urartäer der Eisenzeit modeln ihre Siegel nach dem Vorbild von Siegeln der hethitischen Großreichszeit. Barnett, R.D., The Hieroglyphic Writing of Urartu, in: Bittel, K. (Hrsg.), Anatolian Studies presented to Hans Gustav Güterbock on the Occasion of his 65th Birthday, Istanbul (1974), S. 51ff., Plate XII.

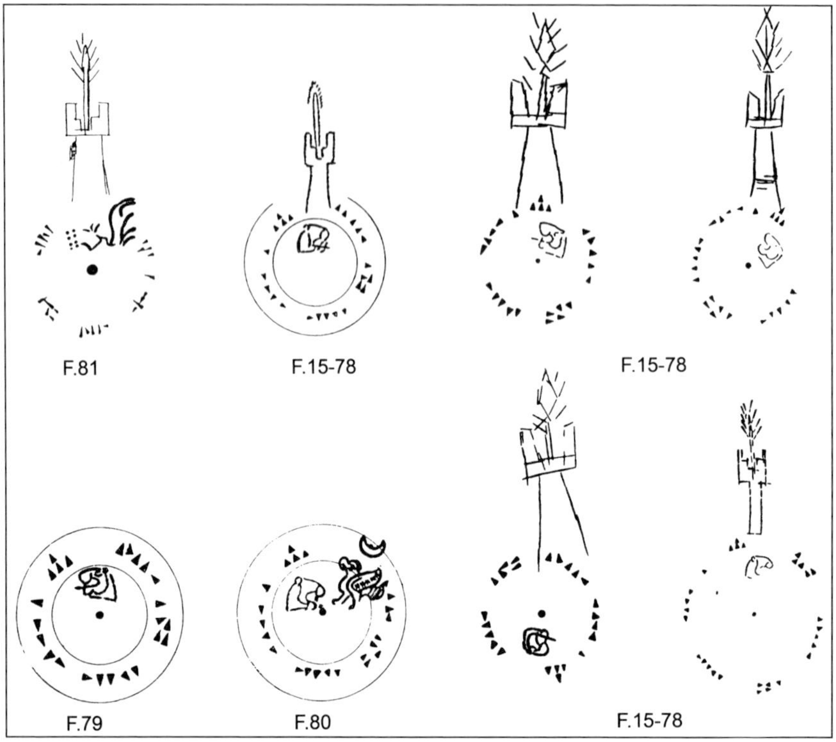

Abb. 9: Darstellung des „Turm mit Pflanzen"-Zeichens aus Karmir-Blur
Quelle: Kroll, S. et al. (Hrsg.), Biainili-Urartu, Leiden (2012), S. 356, Fig. 24.06. (nach Piotrovskij, B.B., Karmir-Blur II, Erevan (1952), Fig. 57f.).

Es existieren einige Objekte, auf denen eine wohl königliche Hieroglypheninschrift angebracht ist, der zusätzlich ein Königsname, der wiederum in der Regel in Keilschrift geschrieben ist, beigestellt ist. Alle solchen Objekte sind dem Gott Ḫaldi geweiht und viele davon sind assoziiert mit dem so genannten „Turm mit Pflanze"-Zeichen[5] (siehe Abb. 9). Bisher stammen Belege für diese Zeichenfolge von Schalen aus Karmir-Blur von Sardure II. und Rusa, Sohn des Sardure, sowie von einigen Keramikgefäßen aus Karmir-Blur, Toprakkale, Armavir, Çavuştepe, Arin-Berd und jüngst aus Horom. Der größte Fundkomplex dieser Zeichen stammt von Bronzeschüsseln aus Karmir-Blur, die insgesamt zwei unterschiedliche Typen von Keilschriftlegenden umfassen: eine Besitzinschrift mit níg.ga oder šá (= níg), also „Eigentum von" plus Königsname, oder der Königsname plus *urišḫi* in verschiedenen Varianten. Die Gleichsetzung von *urišḫi* mit dem assyrischem *tilli* auf der

5 Dazu jüngst: Roaf, M., Towers with Plants or Spears on Altars: Some thoughts in an Urartian Motif, in: Kroll, S. et al. (Hrsg.), Biainili-Urartu, Leuven (2012), S. 351–372. Roaf stellt die These auf, in der „Pflanze" auf dem Turm eben keine Pflanze oder einen Baum zu sehen, sondern eine Lanze als Symbol des Ḫaldi.

Kelišin-Stele lässt auf einen Bezug zu Militärequipment schließen bzw. „militärische Ausrüstung“. Da *urišḫi* mit, wie ohne Determinativ é vorkommen kann, ist der Begriff Arsenal wohl am passendsten, da dieser ebenfalls sowohl die Ausrüstung selbst als auch den Ort, wo diese aufbewahrt wird, bezeichnen kann.[6] Mirjo Salvini übersetzt *urišḫi* als „Eigentum“ und ^é^*urišḫi* als „Vermögen/Schatzkammer“.[7] Von der Zeichenkombination „Turm mit Pflanze“ gibt es zahlreiche, unterschiedlich aussehende Varianten, sie ist demnach anscheinend für den Schreibenden frei gestaltbar.

Wegen der häufigen Gemeinsamen Vorkommens, gibt es die Interpretation, dass die Zeichenfolge „Turm mit Pflanze“ das ^é^*urišḫi* als Aufbewahrungsort angibt. Daneben wurde der Baum mit dem Turm auch als Kennzeichnung von Libationsgeschirr für Ḫaldi[8] oder als Symbol für den Staat[9] gedeutet. Letzteres läuft auf den gleichen Effekt hinaus wie die erste Interpretation, nämlich dass die in dieser Weise markierten Gefäße Teil der offiziellen, königlichen Magazine sind.

Auch die Hieroglyphen-Piktogramme Löwenkopf, Stierkopf und Vogelkopf sind anscheinend eng mit dem Königtum verbunden, denn sie tauchen ebenfalls – jeweils einzeln – häufig mit einem in Keilschrift geschriebenen Königsnamen auf. Der Löwenkopf ist belegt für Minua, Inušpa sowie Argišti I., und kommt in Karmir-Blur häufig zusammen mit dem „Turm mit Pflanze“-Zeichen vor; der Stierkopf für Išpuini, Minua, Argišti I., Sardure II. und Rusa, Sohn des Sardure; und der Vogelkopf selten bei Argišti I. sowie bei Sardure II. Im Falle dieser Kombination des Königsnamens in Keilschrift mit den Hieroglyphenzeichen werden sie vermutlich zu unterschiedlichen Zeitpunkten angebracht.[10] Dabei bleibt ihre Darstellungsart stereotyp und weder auf einen bestimmten König noch auf eine Objektgattung beschränkt. Allerdings kann man bei den verschiedenen mit dem Königtum verbundenen Piktogrammen durchaus eine unterschiedliche Verwendung feststellen: Der Löwenkopf findet sich v.a. auf Pferdegeschirr und auf Schalen aus Palastkontext, der Stierkopf ist dagegen meist auf Standardhelmen und Standardgürteln dargestellt. Dabei sind letztere vielleicht Teil der Ausrüstung, die an die Soldaten ausgegeben wird, während der Löwenkopf Gegenstände des unmittelbaren königlichen bzw. Palastbesitzes kennzeichnet.

6 Roaf, M., Towers with Plants or Spears on Altars: Some thoughts in an Urartian Motif, in: Kroll, S. et al. (Hrsg.), Biainili-Urartu, Leuven (2012), S. 351ff.

7 Z.B. CTU B 9-19: ^mD^*sar₅-du-ri-e* ^é^*u-ri-iš-ḫi* „Tesoro/patrimonio di Sarduri“.

8 Barnett, R.D., The Hieroglyphic Writing of Urartu, in: Bittel, K. (Hrsg.), Anatolian Studies presented to Hans Gustav Güterbock on the Occasion of his 65th Birthday, Istanbul (1974), S. 51; und Seidl, U., Bronzekunst Urartus, Mainz (2004), S. 45, 48f., 53. Nach Seidl waren die Schalen ursprünglich im Zusammenhang mit dem *urišḫi* vorgesehen und wurden nachträglich einem Tempelinventar hinzugefügt, belegt durch die nachträgliche Anbringung des „Turm mit Pflanze“-Zeichens. Ihre „heiligen Qualitäten“ seien der Grund, warum sie in Karmir-Blur alle zusammen in einem Pithos gelagert wurden.

9 Smith, A.T., Rendering the Political Aesthetic: Political Legitimacy in Urartian Representations of Built Environment, in: JAA 19 (2000), S. 144.

10 Der Löwenkopf auf den Bronzen von Karmir-Blur ist im Verhältnis zur Keilschriftlegende häufig schief oder verkehrt herum dargestellt und die Hieroglyphenzeichen „Turm mit Pflanze“ in der Regel über dem Löwenkopf, am Anfang bzw. gerade außerhalb der Keilschriftinschrift (vgl. auch Abb. 9). Siehe Roaf, M., Towers with Plants or Spears on Altars: Some thoughts in an Urartian Motif, in: Kroll, S. et al. (Hrsg.), Biainili-Urartu, Leuven (2012), S. 356.

Des Weiteren kann der Stierkopf ebenso ohne den Königsnamen als Hieroglyphe auftreten, während der Löwenkopf ausschließlich in diesem Zusammenhang vorkommt.[11]

Es gibt ausgehend von den Inschriften auf der urartäischen Keramik Überlegungen, ob die Hieroglyphenschrift im Zuge der zunehmenden Zentralisierung Urartus im 7. Jahrhundert v. Chr. mehr und mehr durch Keilschriftangaben auf den Gefäßen ersetzt wird. Dafür spricht die ausschließliche Verwendung der Piktogramme in Kayalıdere, das nur im 8. Jahrhundert v. Chr. besiedelt ist, während Stätten, die im 8. Jahrhundert gegründet worden sind, aber bis ins 7. Jahrhundert v. Chr. hinein besiedelt werden, wie Çavuştepe, Gefäßmarkierungen mit beiden Schriftsystemen aufweisen. Fundorte aus dem 7. Jahrhundert v. Chr., wie Ayanis, Toprakkale und Bastam, zeigen einen vermehrten Gebrauch der Keilschrift auf Gefäßen.[12]

Soweit aus dem jetzigen Befund erkennbar, beschränkt sich der Gebrauch der Hieroglyphen insgesamt in erster Linie auf kürzere Gebrauchsinschriften und spielt in der Verbreitung der Königsideologie keine nennenswerte Rolle. Ali M. und Belkıs Dinçol[13] sowie jüngst Mirjo Salvini[14] vermuten sogar, dass die Hieroglyphen als leicht einprägsame Symbole für eine untere Beamtenschicht, die die Keilschrift nicht lesen kann, eingeführt worden sein könnten.

Dennoch wird die Hieroglyphenschrift offenbar im Zusammenhang mit Aktivitäten des Königs genutzt. Nach den oben beschriebenen Belegen kann man von einer Eigentumsanzeige ausgehen, wobei auffällig ist, dass der Eigentümer selbst, nämlich der König, stets in Keilschrift angegeben wird und vermutlich eher der Ort der Aufbewahrung durch die Hieroglyphenzeichen dargestellt ist. Das weist auf einen enge Verbindung zwischen der Keilschrift und dem Königtum hin (s.u., Fazit).

Die Keilschrift

Die keilschriftlichen Hinterlassenschaften im urartäischen Gebiet beschränken sich weitestgehend auf Monumentalinschriften auf Stein. Seltener kommen Keilschriftinschriften auf Metallgegenständen vor. Tontafeln stellen den weitaus kleinsten Korpus dar, darunter v.a. Briefe. Von der Existenz von Archiven oder Bibliotheken kann bis dato nicht ausgegangen werden.[15]

Durchgehend formelhaft ist die Sprache der Inschriften. In den Annalen der urartäischen Könige finden sich zum Beispiel in erster Linie Aneinanderreihungen von stets

11 Seidl, U., Bronzekunst Urartus, Mainz (2004), S. 49ff. Man denke z.B. an den Schild mit dem Löwenkopf, der am Ḫaldi-Tempel in Ayanis gefunden wurde, und einen Zusammenhang zum Tempelgeschehen, zum Krieg sowie zu Ḫaldi andeutet. Vgl. auch Batmaz, A., A Lion-Headed Shield from Ayanis: An Identifier of the Urartian Culture?, in: Bombardieri, L. et al. (Hrsg.), SOMA 2012. Identity and Connectivity, Oxford (2013), S. 243–252.

12 Vgl. Kozbe, G.; Sağlamtimur, H.; Çevik, Ö., Pottery, in: Çilingiroğlu, A.; Salvini, M., Ayanis I, Rom (2001), S. 105.

13 Dinçol, A.M.; Dinçol, B., Urartian Language and Writing, in: Özdem, F. (Hrsg.), Urartu – Savaş ve Estetik. Urartu: War and Aesthetics, Istanbul (2003), S. 125.

14 Salvini, M., Das Corpus der urartäischen Inschriften, in: Kroll, S. et al. (Hrsg.), Biainili-Urartu, Leuven (2012), S. 126.

15 Wilhelm, G., Urartu als Region der Keilschrift-Kultur, in: Haas, V. (Hrsg.), Das Reich Urartu. Ein altorientalischer Staat im 1. Jahrtausend v. Chr., Konstanz (1986), S. 97.

gleichen Wendungen, die sich lediglich in den Orts- und Personennamen unterscheiden. Dabei zeigen sich die in Urartu verwendeten Formeln durchaus als recht selbstständig, nur gelegentlich scheint ein assyrischer Einfluss durch, wie etwa bei der Phrase „das Land verbrannte ich, die Städte zerstörte ich, Mann (und) Frau brachte ich daraus fort" (*ebani amaštubi* uru.meš *ḫarḫaršubi 'aše* sal*lutu ištinini parubi*).[16] Texte, wie sie in Mesopotamien typischerweise in Schreiberschulen tradiert und gelehrt werden, z.B. lexikalische und Zeichenlisten, mythische oder epische Texte, Beschwörungssammlungen, Omenkompendien o.Ä. sind überaus selten, bis dato ist nur einer bekannt, ein Schultext aus Ayanis (CT Ay-1), auf dessen Rückseite sich interessanterweise eine leider fragmentarische Anordnung des Königs (lugal-*še*) findet. Außerdem ist in Urartu kein einziges Schreiberquartier archäologisch identifiziert oder in Texten genannt. Sollte es in Urartu Schreiberschüler geben, arbeiten sie vielleicht hauptsächlich mit mit Wachs überzogenen Tafeln, eine Form des Lernens, die auch in Assyrien belegt ist.[17]

Die Frage nach der Herkunft der urartäischen Keilschrift wurde stark diskutiert. Laut Igor M. Diakonoff[18] zeigt die urartäische Keilschrift Merkmale der Mitanni-Keilschrift, v.a. in der besonderen Schreibung der Vokale. Dagegen spricht sich W.C. Benedict[19] aus, der hierfür keine ausreichenden Belege sieht, sowie Mirjo Salvini[20], der eher einen neuassyrischen Einfluss auf das urartäische Keilschriftsystem sieht. Die Frage ist deswegen komplex, weil das Hurritische und Hurro-Akkadische sicherlich Einflüsse auf das Neuassyrische hatten, deswegen könnten eventuelle Parallelen auch indirekt, über die neuassyrische Keilschrift und Schriftsprache, begründet sein.[21] Jüngst sprach Mirjo Salvini sich klar für eine assyrische Herkunft der urartäischen Keilschrift aus, wenn die Zwischenetappen, über die der Kontakt bzw. Einfluss stattgefunden hat, auch fehlten.[22]

Die urartäische Sprache selbst hingegen kann eindeutig mit dem Hurritischen in Verbindung gebracht werden, vermutlich handelt es sich bei Hurritisch und Urartäisch um zwei Sprachstufen derselben Sprache.[23]

Fazit

Die beiden unterschiedlichen Schriftsysteme, die in Urartu gebraucht werden, treten in unterschiedlichen Kontexten auf, so dass man von einer funktionalen Differenzierung sprechen kann. Die Hieroglyphenschrift erscheint als ein reines Verwaltungsmedium, v.a. zur Aufnahme und Kennzeichnung von Waren, während die Keilschrift zunächst exklusiv Medium der Königsideologie ist, aber im Laufe der Ausformung der patrimonialen Struktur

16 Ebd., S. 98.
17 Ebd.
18 Diakonoff, I.M., Hurrisch und Urartäisch, München (1971).
19 Benedict, W.C., Urartian Phonology and Morphology, Ann Arbor (1958).
20 Salvini, M., Hourrite et Urarteen, in: RHA 36 (1978), S. 157–172.
21 Wilhelm, G., Urartu als Region der Keilschrift-Kultur, in: Haas, V. (Hrsg.), Das Reich Urartu. Ein altorientalischer Staat im 1. Jahrtausend v. Chr., Konstanz (1986), S. 98ff.
22 Salvini, M., Neuassyrische Schrift und Sprache in den urartäischen Königsinschriften (9.-7. Jahrhundert v. Chr.), in: Cancik-Kirschbaum, E.; Klinger, J.; Müller, G. (Hrsg.), Diversity and Standardization, Berlin (2013), S. 119f.
23 Salvini, M., Geschichte und Kultur der Urartäer, Darmstadt (1995), S. 3.

und der Vereinheitlichung der Bürokratie auch zunehmend in der Verwaltung genutzt wird, also ein Mittel zur Zentralisierung und Vereinheitlichung des Staates ist.

Dass die urartäischen Könige für ihre Selbstdarstellung in den Inschriften die assyrische Keilschrift wählen, kann folgende Hintergründe haben:

1. Die assyrische Keilschrift ist diejenige Schrift, mit der die Mitglieder der urartäischen Königsdynastie vertraut sind. Das würde bedeuten, dass die Dynastie aus einem Gebiet stammt, in dem Keilschrift in Gebrauch gewesen ist. In der Forschung[24] wurde häufig die These vertreten, dass die urartäische Dynastie aus dem Gebiet um Muṣaṣir in das spätere Kernland östlich des Van-Sees eingewandert ist, was u.a. die Wahl des Ḫaldi als Staatsgott sowie die Sonderstellung der Provinz Muṣaṣir begründen würde (vgl. Kapitel 4.3.3.1 „Die Verwaltung"). Wenn der frühe Kontakt zwischen den Nairi-Ländern und Assyrien über die einfachste Route, den Kelišin-Pass und damit über die Gegend von Muṣaṣir, stattfindet,[25] wäre die urartäischen Dynastie auf diesem Wege mit der Keilschrift in Kontakt gekommen. Abgesehen von den genannten Indizien ist diese These aber bislang ohne konkrete Belege. Deswegen sollte man ebenso (zusätzlich?) in Betracht ziehen, dass

2. sich die urartäische Dynastie in der Anfertigung monumentaler, zur Übermittlung der Königsideologie konzipierter Inschriften an einem der „großen" Königtümer ihrer Zeit orientiert – den Assyrern. Damit hätten wir es mit einer bewussten Traditionsschaffung mittels Entlehnung fremder Mittel zu tun.

Die Übernahme eines Schriftsystems, wie etwa der Keilschrift durch die Urartäer, erfolgt in der Regel in drei Schritten. Zunächst wird das Schriftsystem für die Wiedergabe der Sprache, zu der es ursprünglich gehört hat, verwendet, danach auch auf die eigene Sprache angewandt, wobei Texte in beiden Systemen und Sprachen festgehalten werden; und im dritten Schritt wird die Fremdsprache völlig aufgegeben und das Schriftsystem für die eigene Sprache benutzt.[26] In Urartu kann man diese Entwicklung fast idealtypisch nachvollziehen: von den ersten Inschriften Sardures I. in assyrischer Sprache, zu den Bilinguen Išpuinis, bis hin zu den langen und ausführlichen Annalentexten Argištis I. oder Sardures II. und schließlich zur Verwendung der adaptierten Keilschrift auch im alltäglichen Gebrauch, nämlich in der Verwaltung in Form der Briefe, Listen und Pithoi-Markierungen ab spätestens Rusa, Sohn des Argišti.

Ob mit der Einführung der Schrift zu Beginn des urartäischen Königreiches auch externe Inhalte bzw. weitere Elemente für die Königsideologie übernommen worden sind, soll in den folgenden Kapiteln untersucht werden.

---

24 U.a. Pecorella, P.E.; Salvini, M., Researches in the Region between the Zagros Mountains and Urmia Lake, in: Persica 10 (1982), S. 1–35; Salvini, M., Geschichte und Kultur der Urartäer, Darmstadt (1995); Piller, C.K., Bewaffnung und Tracht Urartäischer und Nordwestiranischer Krieger des 9. Jahrhunderts v. Chr.: Ein Beitrag zur Historischen Geographie des Frühen Urartu, in: Kroll, S. et al. (Hrsg.), Biainili-Urartu, Leuven (2012), S. 389.

25 Siehe: Kessler, K., Zu den Beziehungen zwischen Urartu und Mesopotamien, in: Haas, V. (Hrsg.), Das Reich Urartu – Ein altorientalischer Staat im 1. Jahrtausend v. Chr., Konstanz (1986), S. 64.

26 Dinçol, A.M.; Dinçol, B., Urartian Language and Writing, in: Özdem, F. (Hrsg.), Urartu – Savaş ve Estetik. Urartu: War and Aesthetics, Istanbul (2003), S. 124. Vergleichbar wäre auch die Einführung des lateinischen Alphabetes für das Türkische in Form des „Neuen Türkischen Alphabetes", das innerhalb von einem Jahr die zuvor übliche arabische Schrift ablöste. Siehe: Duda, Herbert W., Die neue türkische Lateinschrift – I. Historisches, in: Orientalistische Literaturzeitung 32 (1929), Spalten 441–453.

4.1.2 Königstitulatur

Die in Keilschrift geschriebenen Monumentalinschriften sind ein erstes Indiz für eine Orientierung des urartäischen Königtums an assyrischen Vorbildern und enthalten aussagekräftigste Informationen über dessen sozio-politischen Aufbau. Ihr Zweck ist in erster Linie die Glorifizierung des Monarchen, dabei stellen der Name des Königs sowie das Patronym wichtige Elemente dar. So soll in folgendem Kapitel untersucht werden, welche Titel die urartäischen Könige benutzen, ob bei diesen eine Beeinflussung bzw. Übernahme aus dem assyrischen Raum festzustellen ist und inwieweit ein eigener urartäischer Titelkanon entsteht.

Als Epitheta kommen in den urartäischen Königsinschriften vor: „starker König" als man *dannu* oder urartäisch man *taraə*, „großer König" meist als man *alsuinə* oder als man gal-*ni*, „König der (*šuri*-)Länder" als man kur(.kur^{meš}) oder als man ^{kur}*šurau̯e* (**šurinau̯e*) bzw. man *šurau̯e*, „König von Biainili", „König der Könige" als man man^{meš} oder als man *erəlaue*, „Herr von Tušpa" als *alusi* ^{uru}*Ṭušpa*-uru sowie weit weniger häufig „der starke König, der Biainili regiert" als man dannu *aluše* ^{kur}*Biainili nulduali*, „Diener des Ḫaldi, Hirte der Menschen" als ^{d}*Ḫaldiei* ^{lú}*burani* ^{lú}*sie muṣi* ^{lú}un^{meš} und „starker König von Tušpa-Stadt" als man dannu ^{uru}*Ṭušpae* uru.[27] Viele Epitheta zielen also auf politische Aspekte ab; die Macht des Königs bzw. die Herrschaft über das Land Urartu bzw. die Stadt Tušpa wird betont. Nur ein einziger Titel greift einen religiösen Aspekt auf: „Diener des Ḫaldi, Hirte der Menschen". Bemerkenswert ist, dass auch in den urartäisch-sprachigen Inschriften die Titel meistens in Logogrammen wiedergegeben werden, die urartäischen Schreibungen (wie etwa *taraə* für „groß" oder *patari* für „Stadt") sind weitaus seltener, bei den Weihinschriften auf den Bronzen sogar eher die Ausnahme (nur CTU B 12-1 schreibt eventuell, das Schild ist hier schlecht erhalten, man *taraə*, man *alsuinə* ist dagegen gängiger). Dabei hat die Verwendung des Logogrammes bzw. des urartäischen Wortes offensichtlich nichts mit dem Herkunftsort oder der Zeitstellung der Inschrift zu tun: Auch in eigentlich gleichlautenden Inschriften wie CTU A 5-58, die dreimal am Van-Felsen angebracht ist, wird für „starker König" in Version A urartäisch man *taraə*, in B und C dagegen man *dannu* geschrieben.

Im Vergleich der Titulatur in den Monumental- und den Weihinschriften auf Bronzen fällt auf, dass bei letzteren häufiger auf sie verzichtet wird; es gibt auch einige kürzere Inschriften, in denen nicht einmal das Patronym steht, was bei den Monumentalinschriften nie vorkommt. Steht eine Titulatur auf den Weihgegenständen, so greift diese in aller Regel Elemente der Standardtitulatur (s.u.) auf: „starker König, großer König, König von Biainili, Herr von Tušpa-Stadt". Nur Išpuini verwendet in einer assyrischen Inschrift „König der Gesamtheit, König von Nairi" (CTU B 2-7A–D), und nur Rusa, Sohn des Argišti, „König der (šuri)-Länder" (CTU B 12-1, B 12-4).

---

27 Nach Zimansky, P., Ecology and Empire, Chicago (1985), Table 5, S. 52. Vgl. auch die Tabelle auf den folgenden Seiten.

Tabelle der häufigeren Titel und Epitheta der urartäischen Könige[28]*:*

„starker König“	**man** *dannu*	**man** *taraə*
	Sardure I. A 1-1	
	Išpuini A 2-6A–C B 2-2, B 2-7 A–D	
	Išpuini und Minua A 3-2, A 3-11 (assyr.+urart.)	
	Minua A 5-2A–F, A 5-4, A 5-5, A 5-10, A 5-12A–C, A 5-16, A 5-17, A 5-24, A 5-25, A 5-26, A 5-32, A 5-33, A 5-35, A 5-36, A 5-40, A 5-41, A 5-52, A 5-58B–C, A 5-59A–D, A 5-61, A 5-67, A 5-73, A 5-74, A 5-77, A 5-78, A 5-81, A 5-82, A 5-83, A 5-84, A 5-85, A 5-96, A 5-97 B 5-9	Minua A 5-8, A 5-20, A 5-22, A 5-39, A 5-51, A 5-58A, A 5-75, A 5-83, A 5-94
	Argišti I. A 8-1, A 8-6, A 8-7, A 8-8, A 8-11, A 8-13, A 8-15, A 8-16, A 8-17A–B, A 8-18, A 8-20, A 8-21A–B, A 8-22, A 8-35, A 8-36, A 8-38, A 8-42 B 8-1, B 8-2, B 8-3, B 8-4, B 8-5, B 8-6	
	Sardure II. A 9-1, A 9-3, A 9-4, A 9-7, A 9-8, A 9-9, A 9-10, A 9-14, A 9-15, A 9-16, A 9-17, A 9-19, A 9-20, A 9-21, A 9-39 B 9-1, B 9-2, B 9-3,	
	Rusa, Sohn des Erimena A 14-1, A 14-2 B 14-1, B 14-2, B 14-3, B 14-4, B 14-5, B 14-6, B 14-7, B 14-8, B 14-9, B 14-11	
	Rusa, Sohn des Sardure A 10-1 B 10-1	
	Argišti II. A 11-2, A 11-3, A 11-3, A 11-4, A 11-8 B 11-2, B 11-4	
	Rusa, Sohn des Argišti A 12-1, A 12-4, A 12-7, A 12-8, A 12-9 B 12-1, B 12-2, B 12-4, B 12-5, B 12-8	Rusa, Sohn des Argišti B 12-1
	Sardure, Sohn des Sardure B 16-1	

28 Auf Grund der Tatsache, dass einige Inschriften nur fragmentarisch erhalten sind, ist diese Tabelle sicher nicht vollständig für den Korpus der bis dato bekannten urartäischen Keilschriftinschriften. Jeder auch nur mit einzelnen Zeichen erhaltene Titel wurde aufgenommen, allerdings wurden z.B. die zu erwartenden weiteren Teile der Standardtitulatur hier nicht ergänzt.

„großer König"	**man gal**-*ni* / -*u* Sardure I. A 1-1 Išpuini B 2-7A–D Išpuini und Minua A 3-11 (assyr.) Sardure II. A 9-7, A 9-15	**man** *al(a)s(u)inə* Išpuini A 2-6A–C Išpuini und Minua A 3-2 Minua A 5-2A–F, A 5-4, A 5-5, A 5-8, A 5-12A–C, A 5-16, A 5-17, A 5-20, A 5-22, A 5-24, A 5-25, A 5-33, A 5-35, A 5-39, A 5-40, A 5-41, A 5-51, A 5-52, A 5-58A–C, A 5-59A–D, A 5-61, A 5-74, A 5-75, A 5-78, A 5-82, A 5-83, A 5-84. A 5-85, A 5-94, A 5-96 Argišti I. A 8-1, A 8-8, A 8-16, A 8-20, A 8-21A–B, A 8-22, A 8-35, A 8-36, A 8-42 B 8-1, B 8-2, B 8-4, B 8-5, B 8-6 Sardure II. A 9-1, A 9-3, A 9-4, A 9-8, A 9-9, A 9-10, A 9-14, A 9-17, A 9-21 B 9-3 Rusa, Sohn des Sardure B 10-1 Argišti II. A 11-8 Rusa, Sohn des Argišti A 12-1, A 12-4, A 12-8, A 12-9 B 12-1, B 12-2, B 12-4

„König von Biainili“		**man** ^{kur}***Biainau̯e*** Išpuini A 2-6A–C Išpuini und Minua A 3-2, A 3-10, A 3-11 (urart.) Minua A 5-2A–F, A 5-4, A 5-5, A 5-8, A 5-12A–C, A 5-16, A 5-17, A 5-20, A 5-22, A 5-24, A 5-25, A 5-26, A 5-32, A 5-33, A 5-35, A 5-36, A 5-39, A 5-40, A 5-41, A 5-51, A 5-52, A 5-56, A 5-58A–C, A 5-59A–D, A 5-61, A 5-67, A 5-73, A 5-74, A 5-75, A 5-77, A 5-78, A 5-81, A 5-82, A 5-83, A 5-84, A 5-85, A 5-94, A 5-97, A 5-100 B 5-9 Argišti II. A 8-1, A 8-6, A 8-7, A 8-8, A 8-11, A 8-15, A 8-16, A 8-17A–B, A 8-18, A 8-20, A 8-21A–B, A 8-22, A 8-35, A 8-36 B 8-1, B 8-2, B 8-3, B 8-4, B 8-5, B 8-6 Sardure II. A 9-1, A 9-3, A 9-4, A 9-8, A 9-9, A 9-10, A 9-14, A 9-15, A 9-17, A 9-19, A 9-20, A 9-21 B 9-1, B 9-2, B 9-3 Rusa, Sohn des Erimena A 14-1, A 14-2 Rusa, Sohn des Sardure B 10-1 Argišti II. A 11-2, A 11-3, A 11-4, A 11-8 Rusa, Sohn des Argišti A 12-1, A 12-4, A 12-7, A 12-8, A 12-9 B 12-1, B 12-4

„Herr von Tušpa-Stadt“	**gar** ***Ṭušpan*-uru** Išpuini und Minua A 3-11 (assyr.)	***alusi*** ^{uru} ***Ṭušpa*-uru** Išpuini und Minua A 3-2, A 3-11 (urart.) Minua A 5-2A–F, A 5-4, A 5-5, A 5-8, A 5-10, A 5-12A–C, A 5-16, A 5-17, A 5-22, A 5-25, A 5-26, A 5-32, A 5-33, A 5-35, A 5-36, A 5-39, A 5-40, A 5-41, A 5-52, A 5-56, A 5-58A–C, A 5-59A–D, A 5-61, A 5-67, A 5-73, A 5-74, A 5-75, A 5-77, A 5-78, A 5-81, A 5-82, A 5-83, A 5-84, A 5-85, A 5-94, A 5-97 Argišti I. A 8-1, A 8-6, A 8-7, A 8-8, A 8-11, A 8-13, A 8-15, A 8-16, A 8-17A–B, A 8-18, A 8-20, A 8-21A–B, A 8-22, A 8-35, A 8-36, A 8-38 B 8-1, B 8-2, B 8-3, B 8-4, B 8-5, B 8-6 Sardure II. A 9-1, A 9-3, A 9-4, A 9-7, A 9-8, A 9-9, A 9-10, A 9-14, A 9-15, A 9-17, A 9-19, A 9-20, A 9-21, A 9-39 B 9-1, B 9-2, B 9-3 Rusa, Sohn des Erimena B 14-1, B 14-2, B 14-3, B 14-4, B 14-5, B 14-6, B 14-7, B 14-8, B 14-9, B 14-10, B 14-11 Rusa, Sohn des Sardure B 10-1 Argišti II. A 11-3, A 11-4, A 11-8 B 11-2, B 11-4 Rusa, Sohn des Argišti A 12-1, A 12-4, A 12-7, A 12-9 B 12-1, B 12-4, B 12-5, B 12-6, B 12-8 Sardure, Sohn des Sardure B 16-1
		alusi ^{uru} ***Ṭušpa patari*** Minua A 5-20, A 5-51 Rusa, Sohn des Argišti A 12-8

„König der (*šuri-*)Länder“	**man kur.kur / man kur.kur**^{meš} Sardure II. A 9-7, A 9-8, A 9-15, A 9-21, A 12-7	**man** ^{kur}***šurau̯e*** Išpuini A 2-6C Išpuini und Minua A 3-11 (urart.) Minua A 5-25, A 5-51 Sardure II. A 9-1, A 9-3, A 9-10, A 9-14 Argišti II. A 11-4 Rusa, Sohn des Argišti A 12-1, A 12-4, A 12-8 B 12-1, B 12-4
„König der Könige“	**man man**^{meš} Sardure I. A 1-1 Argišti I. A 8-1 Sardure II. A 9-1, A 9-3, A 9-7, A 9-15 Rusa, Sohn des Sardure A 11-4, A 11-8 Argišti II. A 12-1, A 12-4, A 12-7, A 12-8	**man *erəlaue*** Minua A 5-51 Sardure II. A 9-10
„Diener des Ḫaldi“	^{d}***Ḫaldiei*** ^{lú}**ìr /** ^{lú}**ìr *ša*** ^{d}***Ḫaldi*** Rusa, Sohn des Sardure A 10-3 (urart.+assyr.), A 10-4 (assyr.), A 10-5 (assyr.) Argišti II. A 11-1, A 14-1	^{d}***Ḫaldiei*** ^{lú}***burani*** Rusa, Sohn des Sardure A 10-5 (urart.) Argišti II. A 11-2
„Hirte der Menschen“	^{lú}**sipa *kenu ša niše*** Rusa, Sohn des Sardure A 10-3 (assyr.), A 10-5 (assyr.)	^{lú}***sie muṣi*** ^{lú}**un**^{meš} Rusa, Sohn des Sardure A 10-3 (urart.), A 10-5 (urart.) Argišti II. A 11-2
„König von Nairi“	**man** ^{kur}***Nairi*** Sardure I. A 1-1 Išpuini B 2-7A–D Išpuini und Minua A 3-11 (assyr.)	

„König der Gesamtheit“	**man šú** Sardure I. A 1-1 Išpuini B 2-7A–D Išpuini und Minua A 3-11 (assyr.)	

Allgemein – auch für die assyrisch-sprachigen Inschriften – kann man sagen, dass die Königs[29]-Epitheta v.a. in der Frühzeit die mesopotamische, in erster Linie die neuassyrische, Tradition reflektieren. So nennt sich Sardure I.

> „Sohn des Lutipri, der große König, der mächtige König, der König des Universums, König von Nairi, König, der seinesgleichen nicht hat, wunderbarer Hirte, der die Schlacht nicht fürchtet, König, der die Aufsässigen unterwirft“. (CTU A 1-1)

Genau die gleiche Titulatur (nur statt „König von Nairi“ „König von Aššur“) findet sich etwa bei Assurnasirpal II.[30] Im Falle Sardures fällt die Herausstellung der eigenen charakterlichen Fähigkeiten und militärischen Leistungen mit dem erreichten Erfolg einer Reichseinigung besonders ins Auge. Mit der Wahl seiner Titel und der engen Anlehnung an – wenn nicht Kopie von – den assyrischen Inschriften will Sardure offenbar den Anspruch erheben, mit Herrschern anderer Großmächte gleichgestellt zu sein. Insgesamt zeichnet sich seine Inschrift durch eine eher säkulare Ausrichtung aus: Das deutliche Eigenlob und die Betonung des militärischen Aspekts zielen ganz auf die herausragende Stärke des Königs ab. Zwar lässt die historische Situation einen über die Grenzen „Nairis“ hinausgehenden imperialen Anspruch realiter wohl kaum zu, doch zeigt sich in der Titulatur deutlich das Vertrauen in die eigene Stärke, so dass sie in der Folge stilbildend auf seine Nachfolger wirkt.

Insgesamt betrachtet nimmt die urartäische Königstitulatur weit weniger häufig Bezug auf die Götter als die assyrische und zeigt sich nicht so vielfältig. Außerdem fügen die urartäischen Könige nach Sardure I. eigene Begriffe dem assyrisch beeinflussten Kanon hinzu. Als wichtigstes Beispiel ist *alusi* ^{uru}*Ṭušpa*-uru mit Bezug zur urartäischen Hauptstadt Tušpa zu nennen. Nach Friedrich W. König zeigt sich hier eine Reflexion von pastoralen und feudalen Institutionen: Er übersetzt *alusi* mit „Hirte“, so werde eine Verbindung zwischen der älteren nomadischen Lebensweise und der herrschenden Dynastie geschaffen.[31] Diese Interpretation scheint etwas zu viel in das Epitheton „Hirte“ hineinzulesen. Wie in Kapitel 2.2.2 „Die politische und administrative Verantwortung des Königs“ ausgeführt, ist der Hirtenbegriff ein in den altorientalischen Gesellschaften lang tradierter und sehr beliebter Titel im Rahmen des politischen Charismas des Königtums. Von ihm lässt sich in keiner Weise zwingend auf eine nomadische Lebensweise schließen. Wenn sich der urartäische König „Hirte von Tušpa“ nennt, zeigt das also in erster Linie die besondere Sorge des

29 Das urartäische Wort für „König“ ist *erelə*, das in der Regel in assyrischer Tradition als man, also als lúgal geschrieben ist.

30 Zimansky, P., Ecology and Empire, Chicago (1985), S. 51.

31 König, F.W., Gesellschaftliche Verhältnisse Armeniens zur Zeit der Chalder-Dynastie, in: AfV 9 (1954), S. 25f.

Herrschers für diese Stadt. Tušpa scheint eine herausragende Rolle im urartäischen Reich zu spielen,[32] als einzige Stadt wird sie in die Titulatur aufgenommen. Darüber hinaus wird *alusi* mittlerweile eher als „Verwalter“ oder schlicht „Herr“ übersetzt, was v.a. wegen der Entsprechung in den Bilinguen mit dem assyrischen gar (*šakin*) *Tušpan*-uru (z.B. auf der Kelišin-Stele, CTU A 3-11) plausibel erscheint.

Entwicklung der Titulatur

Die aufgeführten Titel, die die urartäischen Könige verwenden, zeigen, dass im Laufe der Geschichte des Reiches nicht einfach die assyrischen Titel der Inschrift von Sardure I. ins Urartäische übersetzt und fortgeführt werden, sondern dass vielmehr eine eigene Tradition von Königsinschriften und -titulatur entsteht.

Sardures Nachfolger, Išpuini, führt nur in den einsprachig urartäischen Inschriften aus Karahan (CTU A 2-6) überhaupt einen Herrschertitel, nämlich „starker König, großer König, König von Biainili“, in Variante C ergänzt um „König der (*šuri-*)Länder“; der Titel „Herr von Tušpa-Stadt“ taucht ebenfalls erstmals unter Išpuini auf dem Anzaf-Schild auf. Die zweisprachige Kelišin-Stele von Išpuini und seinem Sohn Minua enthält eine Königstitulatur, die in der assyrischen Fassung der von Sardure I. gleicht, allerdings erweitert um eben *šakin Tušpan*-uru („Verwalter von Tušpa-Stadt“), also um einen einheimischen Aspekt in Form der Nennung der Hauptstadt. In der urartäischen Fassung der Kelišin-Stele wird dagegen der Titel *šarru rabû* nicht aufgegriffen, und auch die meisten Toponyme für Urartu der assyrisch-sprachigen Inschriften, wie eben „Urartu“, „das Land Bia“ oder „das Land Nairi“, werden im urartäisch-sprachigen Teil nicht übernommen. Mit Išpuini (und Minua) entwickelt sich offenbar der Prototyp der urartäischen Königstitulatur, ergänzt um man gal („großer König“), ein aus den assyrischen Inschriften übernommenes Epitheton, das aber anders als in Assyrien erst an zweiter Stelle nach man *dannu* steht. Letzterer Titel wird lediglich unter Minua gelegentlich urartäisch als man *taraə* geschrieben und stellt den häufigsten Titel der urartäischen Königsinschriften dar.[33]

In der verkürzten Titulatur ist *alusi* uru*Tušpa*-uru / *patari*, das unter Išpuini eingeführt wird, ein fester Bestandteil. Unter Argišti I. existiert außerdem eine noch weiter verkürzte Titulatur, die nur aus man dannu man kur*biainau̯e alusi* uru*Tušpa*-uru besteht und den Titel „großer König“ auslässt. Sardure II. kehrt dagegen zur vollen Titulatur zurück und fügt dieser zwei weitere Titel hinzu: „König der Könige“, was in Assyrien seit Assurnasirpal II. nicht mehr belegt ist und seit der Zeit Sardures I. auch in Urartu nur gelegentlich, sowie „König der Länder“, was in Assyrien nie in offiziellen Königsinschriften, dafür aber in Briefen der Sargoniden, eine Generation nach Sardure II., häufiger vorkommt. Eventuell wird das „König der Länder“ in Assyrien vermieden, da es sich dabei dort von Haus aus um einen Göttertitel handelt und damit diesen vorbehalten ist. Beide von Sardure II. eingeführten Titel finden unter Rusa, Sohn des Argišti, weiter Verwendung und kommen noch in der altpersischen Königstitulatur vor. „König der Länder“ ist wohl nicht als „König der beiden Länder“, also der Šuri- und Bia-Länder, zu verstehen, da der Titel gleichzeitig mit „König (der Länder) von Bia“ in Inschriften auftritt. Vielmehr ersetzt er anscheinend man

32 Vgl. auch Kapitel 4.3.3.2 „Tušpa – (Einzige) Hauptstadt Urartus?“.

33 Wilhelm, G., Urartu als Region der Keilschrift-Kultur, in: Haas, V. (Hrsg.), Das Reich Urartu. Ein altorientalischer Staat im 1. Jahrtausend v. Chr., Konstanz (1986), S. 106f.

[kur]*šuraue*, was für die Gleichsetzung des letzteren mit *šar kiššati* und gegen einen Zusammenhang mit dem [giš]*šuri* („Waffe")[34] spricht. So kann man vom Titel „König der *šuri*-Länder" auf einen ausgreifenden Herrschaftsanspruch der urartäischen Könige schließen, vergleichbar mit dem assyrischen imperialen Gedanken.

Auf der Stele von Topzawä (CTU A 10-5) von Rusa, Sohn des Sardure, entspricht das akkadische [lú]sipa *kēnu* [*ša nīšē*] dem urartäischen lú s(*i*)*e muṣi* [lú]un[meš]-*ue* „der rechte Hirte der Menschen". Dieser Titel ist sonst nur noch einmal, bei Argišti II. (CTU A 11-2), in der späteren Phase des urartäischen Reiches belegt. In assyrischen Königsinschriften findet sich dafür keine exakte Entsprechung, aber das einfache *rē'u kēnu* kommt von der mittelassyrischen Zeit bis zur Regierungszeit Salmanassars III. (858–824 v. Chr.) häufig vor und dann wieder ab Sargon II. (721–705 v. Chr.). Vermutlich wird der Titel von Rusa, Sohn des Sardure, direkt aus zu seiner Zeit aktuellen assyrischen Königsinschriften übernommen.[35]

Was die urartäisch-assyrischen Bilinguen angeht, so sind sie nicht als exakte Übersetzungen zu verstehen, denn die assyrischen Abschnitte enthalten oft Phrasen, die direkt aus der assyrischen Königsideologie und deren Inschriften übernommen wurden, während die parallelen urartäischen Texte häufig eigene Epitheta einfügen.

Die Königinnen

Aus den urartäischen Inschriften sind uns nur zwei Königinnen namentlich bekannt: Minuas Frau Tariria, der ein nach ihr benannter Weinberg gehört, und deren Titel schlicht „Ehefrau", [munus]*silae* (CTU A 5A-1) lautet. Den Titel „Königin", munus.lugal (CTU B 12A), trägt Qaquli, die Frau von Rusa, Sohn des Argišti. Ihr Name findet sich auf einem goldenen Stab, der in Ayanis ausgegraben wurde; eigene Gründungsinschriften o.Ä. hat sie nicht. Ausführlichere Titulaturen, wie einige assyrische Königinnen sie tragen,[36] sind für die urartäischen Königinnen nicht belegt.

Fazit

Die Titulatur der urartäischen Könige folgt, wie zu sehen war, zunächst – in den Inschriften Sardures I. – dem assyrischen Vorbild. Sein Nachfolger Išpuini nutzt kaum Epitheta, verwendet aber, genau wie alle Könige vor und nach ihm, in den Monumentalinschriften stets ein Patronym. In der Umsetzung der Königsinschriften in die eigene Sprache ab Išpuini und vermehrt unter Minua entwickeln die urartäischen Könige einen eigenen Titelkanon, der am Höhepunkt der urartäischen Macht unter Sardure II. um weitere assyrisch-stämmige Titel erweitert wird. Die durch die urartäische Geschichte häufigsten Titel sind „starker König, großer König, König von Biainili, Herr von Tušpa-Stadt", so dass man diese Kombination als Standardtitulatur bezeichnen kann. Sie kommt in 124 der 296 Steininschriften, die in

34 F.W. König ist der Ansicht, dass *šuri* von dem hurritischen Wort für „Wagen" stammt, und mit dem Titel folglich die Herrschaft über die „Wagen-Länder" gemeint sei. Diese These ist hinfällig, seit mit dem Fund eines *šuri* in Ayanis es sicher als Lanze identifiziert werden kann. Vgl. auch Zimansky, P., Ecology and Empire, Chicago (1985), S. 51.

35 Wilhelm, G., Urartu als Region der Keilschrift-Kultur, in: Haas, V. (Hrsg.), Das Reich Urartu. Ein altorientalischer Staat im 1. Jahrtausend v. Chr., Konstanz (1986), S. 108ff.

36 Salvini, M., Appendix: An Urartian Queen of the VIIth Century BC, in: Çilingiroğlu, A.; Sagona, A. (Hrsg.), Anatolian Iron Ages 7, Leuven (2012), S. 107.

CTU konkret einem König zugeordnet werden konnten, vor, nur zweimal in der Ko-Regenz-Zeit von Minua und Išpuini, aber häufig unter Minua, sowie ebenfalls bei Argišti I., Sardure II. und Rusa, Sohn des Argišti. Außer dem Titel „Herr von Tušpa-Stadt" sind alle diese Titel auch in der assyrischen Titulatur häufig zu finden, ein Indiz für die durchgängige Orientierung am Nachbarn, aber auch für den vergleichbaren Herrschaftsanspruch. Auf die Bedeutung des Hauptstadt-Aspektes wird im Kapitel 4.3.3.2 „Tušpa – (Einzige) Hauptstadt Urartus?" noch gesondert eingegangen, ebenso auf die Besonderheit des Titels „Diener des Ḫaldi" im folgenden Kapitel.

Vorwegzunehmen ist der Untersuchung des Titels „Diener des Ḫaldi", dass damit ein im Assyrischen nur in Briefen gebräuchliches Epitheton seinen Eingang in die urartäischen Monumentalinschriften findet. Daraus ließe sich die Hypothese aufstellen, dass die Übernahme der Schrift in den urartäischen Raum durch das Medium der Briefe und eben nicht der assyrischen Monumentalinschriften geschieht. Dafür spricht außerdem die Verwendung der Einleitung im *šá* ^{md}*Sardure*, wörtlich: „Tontafel des Sardure", auf der Inschrift der Sardursburg in Van (CTU A 1-1), sowie der Passus *ini* im (wörtlich: „diese Tontafel") in der Fluchformel der Inschrift von Argišti I. aus Ajabšir (CTU A 8-13). Diese Phrase wird in Assyrien nur für Briefe gebraucht und erscheint für Steininschriften auch wenig passend. Grund könnte ein Austausch von Brief-Schreibern sein, entweder freiwillig, indem sie vom assyrischen Königshaus bzw. wahrscheinlicher einer Provinzverwaltung[37] geschickt worden sind, um die Kommunikation zu gewährleisten, oder unfreiwillig, indem sie zu einem Zeitpunkt als Gefangene nach Urartu verschleppt worden sind, und die Schriftlichkeit auf diese Art nach Urartu gelangt. Für letztere Möglichkeit, die der Gefangennahme von assyrischen Schreibern, spricht, dass keinerlei Briefwechsel zwischen Urartu und Assyrien belegt ist. Wie die Keilschrift nach Urartu gelangte, ist nach jetziger Befundlage aber nicht eindeutig zu klären und so bleibt die Frage zunächst offen.

4.2 Die Verbindung des urartäischen Königs zu den Göttern

Im 2. Kapitel wurde dargelegt, dass Religion und die Verbindung des Königs zu den Göttern ein zentrales Element der altorientalischen Königskonzepte darstellt und für das Charisma des Königsamtes insofern von Bedeutung ist, da die besonders enge Bindung an die Götter den König von den anderen Menschen abhebt und ihm Charisma verleiht. Zu untersuchen ist folglich, wie das Verhältnis zwischen den Göttern und dem König in Urartu konzipiert ist bzw. wie sich der Herrscher in Bezug zu den Göttern darstellt.

---

37 Die frühen Inschriften, v.a. die des Sardure I. an der Sardursburg, zeigen wie erwähnt Briefcharakter. Die Sprache erinnert deutlich an den neuassyrischen Dialekt, weswegen nach Gernot Wilhelm der verfassende Schreiber wohl nicht vom assyrischen Hof stammt, wo die Hochsprache verwendet wird. Vielmehr ist die assyrische Provinz, am wahrscheinlichsten die Region um Arba'ilu, als Herkunft des/der Schreiber/s in Betracht zu ziehen. Wilhelm, G., Urartu als Region der Keilschrift-Kultur in: Haas, V. (Hrsg.), Das Reich Urartu – Ein altorientalischer Staat im 1. Jahrtausend v. Chr., Konstanz (1986), S. 106.

4.2.1 Ḫaldi und die urartäische Staatsreligion

Im Vergleich zum assyrischen Reich tauchen in Urartu sehr wenige Epitheta mit Götterbezug auf – tatsächlich ist nur ein einziges überliefert, nämlich das des „Dieners“ einer Gottheit, belegt unter Rusa, Sohn des Erimena, Argišti II. sowie Rusa, Sohn des Argišti.

Auf der Topzawä-Stele (sowie auf deren Duplikattexten aus Movana und Mergeh Karvan, CTU A 10-3 bis -5), aber auch in zwei einsprachigen Inschriften von Argišti II. (CTU A 11-1 und -2) und zwei Texten von Rusa, Sohn des Erimena (CTU A 14-1 und -2) steht das Epitheton ^{d}*Ḫaldi-i* ^{lú}ìr, „Diener des Ḫaldi“[38], wobei neben dem Sumerogramm ìr gelegentlich das urartäische *bura(ni)* verwendet wird. Im Text von Topzawä bezeichnet sich z.B. Rusa, Sohn des Sardure, als „der Diener des Ḫaldi, der wahre Hirte der Menschen“; in der urartäischen Fassung ^{d}*Ḫaldie*[*i*] ^{lú}*buran*[*i* ^{lú}*s*]*ie muṣi* ^{lú}un^{meš}, in der assyrischen [^{lú}i]r ^{lú}⸢*si*⸣-*e mu-ṣi* ^{lú}un^{meš}-*ú-e* ^{d}*Ḫal-di-e-*⸢*i*⸣. Dieser Passus ist ohne Parallele in assyrischen Königsinschriften. Vorbild hierfür könnte die Gebetssprache der Sargoniden-Zeit sein, wo der König häufig als „Diener“ eines Gottes bezeichnet wird.[39] Auffällig ist, dass alle Inschriften, die den Diener-Aspekt nennen, von Feldzügen berichten. Es ist also seine militärische Rolle, in der der König als Diener des Ḫaldi auftritt.

Ḫaldi

Trotz dem weitgehenden Fehlen in den konkreten Epitheta wird der urartäische Hauptgott Ḫaldi ab Išpuini regelhaft in den Königsinschriften genannt; es ist Ḫaldi, mit dessen Hilfe Kriege geführt, zu dessen Ehren und auf Grund dessen Macht gebaut wird. So scheint es lohnenswert, zunächst einen Blick auf die Gottheit Ḫaldi zu werfen und anschließend die sich auf eben diesen Gott gründende urartäische Staatsreligion zu betrachten, um den religiösen Legitimationsstrang der Königsideologie zu untersuchen.

Charles Burney schreibt, man sollte Urartu „Ḫaldistan” nennen,[40] so groß schätzt er die Rolle des obersten Gottes im urartäischen Reich ein, und Friedrich W. König spricht statt vom Urartäischen vom „Chaldischen“[41]. Die Götterfigur des Ḫaldi ist speziell urartäisch, sie ist kaum vergleichbar mit anderen altorientalischen Göttern – mit Ausnahme Aššurs.[42] So wie Aššur der Gott Assyriens ist, ist Ḫaldi der Gott Urartus, auf den so gut wie alle Königsinschriften Bezug nehmen.

Über die Aspekte Ḫaldis wurde viel diskutiert; am deutlichsten zu Tage tritt ein kriegerischer, der sich in der häufigen Widmung von Waffen an ihn und in seiner Rolle in den Feldzugsinschriften zeigt.[43] Auch ein Bezug zur Fruchtbarkeit des Landes sowie eine

38 Zu „Diener des Šebitu“ s.u.

39 Wilhelm, G., Urartu als Region der Keilschrift-Kultur, in: Haas, V. (Hrsg.), Das Reich Urartu. Ein altorientalischer Staat im 1. Jahrtausend v. Chr., Konstanz (1986), S. 110.

40 Burney, C., The God Haldi and the Urartian State, in: Mellink, M.J.; Porada, E.; Özgüç, T. (Hrsg.), Aspects of Art and Iconography, Ankara (1993), S. 107.

41 König, F.W., Handbuch der chaldischen Inschriften, Graz (1955–57).

42 Auf die markanten Besonderheiten Aššurs wurde in Kapitel 2.2.1 „Die Verbindung des Königs zu den Göttern – Das assyrische Königtum“ schon eingegangen.

43 Zuletzt etwa Batmaz, A., A New Ceremonial Practice at Ayanis Fortress: The Urartian Sacred Tree Ritual on the Eastern Shore of Lake Van, in: JNES 72-1 (2013), S. 65f. Siehe auch Kapitel 4.4.1 „Urartäische Selbstdarstellung in den Feldzugsberichten und Annalen“.

Verbindung zu Feuer bzw. einem Feuerkult scheinen gegeben, v.a. auf Grund der Befunde am Ḫaldi-Tempel in Ayanis.[44]

Der Hauptkultort Ḫaldis ist die Stadt Muṣaṣir, die außerhalb des eigentlichen urartäischen Kerngebietes liegt. Als Ḫaldis Gefährtin tritt in Muṣaṣir Bagbartu auf, ein Name mit iranischen Affinitäten, was eventuell Rückschlüsse auf die Herkunft bzw. die Verbindungen des Herrscherhauses von Muṣaṣir zulässt.[45] Urartäisch wird Bagbartu 'Arubani genannt.[46] In Muṣaṣir finden offenbar für das Königtum bedeutende Kulthandlungen der Herrscher statt (s.u., Kapitel 4.2.3 „Religiöse Rechte und Pflichten des urartäischen Königs") und laut der 8. Kampagne von Sargon wird der Kronprinz Urartus in Muṣaṣir vor Ḫaldi eingeführt.[47]

Bis dato ist in Urartu selbst nur ein einziger Personenname mit dem Namensteil „Ḫaldi" belegt: Ḫaldi-bura, ein Beamter (^{lú}kù^{meš}) in Karmir-Blur (CTU CT Kb-3), und eventuell auch ein Beamter ^{lú}níg.šid im gleichen Ort, wobei in dem zweiten Text (CTU CT Kb-2) der Name nicht vollständig erhalten ist. Bekannte Ortsnamen mit Ḫaldi sind „Garnison des Ḫaldi" (im Text aus Shisheh, CTU A 11-6, sowie in Qalatgah, CTU A 3-10) und die „Stadt des Ḫaldi", u.a. Karahan (CTU A 2-9) und Kef Kalesi „im Land Ziuquni" (CTU A 12-4).[48]

Die Bildlosigkeit Ḫaldis

Auf Grund der auffallend wenigen mit Ḫaldi identifizierten Figuren in den bildlichen Darstellungen wird oft eine Bildlosigkeit des Ḫaldi postuliert.[49] Diese besteht, wenn überhaupt, nicht von Beginn des urartäischen Reiches an. Auf dem so genannten Anzaf-Schild (s.u., Abb. 21) aus der Ko-Regenz-Zeit von Išpuini und Minua wird der Gott in anthropomorpher Gestalt[50] gezeigt, in der späteren Darstellung steht für Ḫaldi nur noch ein Symbol, die *šuri*-Waffe (^{giš}*šuri*)[51], vermutlich eine Lanze. Allerdings ist auch die spätere Bildlosigkeit Ḫaldis umstritten, und viele Forscher identifizieren Götterdarstellungen, die chronologisch nach dem Anzaf-Schild einzuordnen sind, mit Ḫaldi.[52]

---

44 Siehe z.B. Çilingiroğlu, A., Ritual ceremonies in the temple area of Ayanis, in: Çilingiroğlu, A.; Darbyshire, Gareth (Hrsg.), Anatolian Iron Ages 5, London (2005), S. 31–37.

45 Burney, C., The God Haldi and the Urartian State, in: Mellink, M.J.; Porada, E.; Özgüç, T. (Hrsg.), Aspects of Art and Iconography, Ankara (1993), S. 108.

46 Salvini, M., Geschichte und Kultur der Urartäer, Darmstadt (1995), S. 39.

47 Vgl. 8. Kampagne, Z. 339f. Hinweise darauf gibt es auch auf der Kelišin-Stele (CTU A 3-11).

48 Eine „Stadt des Ḫaldi" ohne weitere Spezifikation wird außerdem erwähnt auf zwei Steinen im sekundären Fundkontext, in CTU A 5-36 aus Köşk und CTU A 5-52 aus Başkale.

49 So z.B. von Margarete Riemschneider (Die urartäischen Gottheiten, in: Orientalia 32 (1963), S. 148–169). Als Grund nennt Riemschneider v.a. die Tatsache, dass in der 8. Kampagne unter der Beute von Sargon II. keine Götterstatue Ḫaldis genannt wird.

50 Es gibt allerdings auch die Überlegung, wonach hier nicht Ḫaldi, sondern der König gezeigt ist. S.u., Fußnote 34.

51 ^{giš}*šuri* bezeichnet eine Waffe und nicht, wie ursprünglich angenommen, den Wagen des Ḫaldi. Darauf lässt der Fund einer Lanzenspitze mit der Inschrift ^{giš}*šuri* in Ayanis schließen. Das Determinativ „giš" ist wohl durch den Holzgriff der Lanze zu begründen. Vgl. Çilingiroğlu, A.; Salvini, M., When was the castle of Ayanıs built and what is the meaning of the word ‚šuri'?, in: Çilingiroğlu, A.; Matthews, R (Hrsg.), Anatolian Iron Ages 4, Ankara (1999), S. 56.

52 Zur Diskussion vgl. Salvini, M., Geschichte und Kultur der Urartäer, Darmstadt (1995), S. 189f. oder zuletzt Zimansky, P., Imagining Haldi, in: Baker, H.D.; Kaniuth, K.; Otto, A. (Hrsg.): Stories of Long Ago. Festschrift für Michael D. Roaf, Münster (2012), S. 713–723.

In Frage käme vor allem der Gott im Inneren des geflügelten Ringes, der besonders in der Frühzeit Urartus sehr häufig auf Bronzen, in erster Linie auf Pferdegeschirr oder Wagenbeschlägen, dargestellt wird,[53] dessen Identifizierung aber umstritten ist. Für eine Interpretation dieser Gottheit als Ḫaldi plädiert etwa Sayyare Eichler[54], die einen Zusammenhang zwischen der Darstellung des Gottes in der Flügelsonne und dem Eingangspassus „Ḫaldi fuhr aus mit seiner eigenen Waffe" (^{d}*Ḫaldi uštabi masini* ^{giš}*šuri*) der Feldzugsberichte (z.B. die Inschrift von Minua aus Yazılıtaş, CTU A 5-3) sieht, da diese Einleitungsformel nur aus der Zeit von Išpuini bis Sardure II. stammt, und die datierten Darstellungen des Gottes in der Flügelsonne ebenfalls ausnahmslos unter Išpuini oder Minua belegt sind.

Problematisch an Eichlers Argumentation ist, dass viele der Bronzen aus dem Kunsthandel stammen und weder deren Originalität noch Datierung gesichert sind. Was den zeitlichen Zusammenhang mit dem Passus von Ḫaldi, der mit seiner Waffe in den Krieg zieht, angeht, nennen tatsächlich sämtliche Feldzugsberichte nach Sardure II. diesen nicht. Obwohl das konkrete sprachliche Bild, dass der Gott mit seiner Waffe dem urartäischen Herr voraus in die Schlacht ausfährt, in der Zeit nach Sardure II. fehlt, wird dennoch der Sieg stets der Größe Ḫaldis zugerechnet bzw. ihm gewidmet.[55] Von einem „Verschwinden" Ḫaldis kann in den Inschriften also nicht die Rede sein.

Das Problem, welcher Gott in der Flügelsonne gezeigt wird, sollte daher, wie es auch Ursula Seidl[56] vorschlägt, aus urartäischen und assyrischen Quellen heraus angegangen werden. In Urartu taucht diese Gottheit im Flügelring in verschiedensten Darstellungsarten auf: mit und ohne Stier, auf Bergen stehend oder schwebend, bärtig oder bartlos. Die rechte Hand des Gottes ist stets grüßend ausgestreckt und seine linke Hand trägt einen Bogen oder Ring. Die Grundform einer Gottheit im Flügelring hat assyrische Vorbilder, wobei sie dort nie in Verbindung mit einem Stier auftritt; nach mesopotamischer Tradition stehen nur „große" Götter auf Tieren. In Urartu können dagegen ebenso „niedere Gottheiten" oder z.B. Genien in dieser Darstellungsart vorkommen. Die einfache Flügelsonne ist in Assyrien das Symbol des Sonnengottes Šamaš und tritt häufig in Verbindung mit dem Königtum auf. Ab dem 9. Jahrhundert v. Chr. gibt es assyrische Darstellungen eines anthropomorphen Gottes in der Flügelsonne, der dem betenden König die Hand entgegenhält oder im Kampfgetümmel über dem König schwebt. Diese Figur der assyrischen Kunst interpretiert Seidl als Schutzgeist des Königs bzw. des Königtums.[57]

In Urartu finden sich die Darstellungen des Gottes in der Flügelsonne wie erwähnt häufig auf Bronzen, die vermutlich zur offiziellen Ausstattung der königlichen Truppen, v.a. von Wagen und Pferden (Pektorale), dienen. Aus diesem Grund ist auch für Urartu eine Deutung des Gottes in der Flügelsonne als „Genius des Königtums"[58] näherliegend als die eines großen Gottes wie etwa Ḫaldi. Weiterhin ist der Sonnengott Šiuini auf dem Anzaf-Schild in einer Art Flügelsonne um den Leib dargestellt, womit eine Interpretation des

53 Eichler, S., Frühe Kunst Urartus, in: Haas, V. (Hrsg.), Das Reich Urartu – Ein altorientalischer Staat im 1. Jahrtausend v. Chr., Konstanz (1986), S. 117.
54 Ebd., S. 117ff.
55 Vgl. Kapitel 4.4.1 „Urartäische Selbstdarstellung in den Feldzugsberichten und Annalen".
56 Born, H.; Seidl, U., Schutzwaffen aus Assyrien und Urartu, Mainz (1995), S. 79ff.
57 Ebd., S. 80f.
58 Ebd., S. 81.

Gottes in der Flügelsonne als Šiuini ebenfalls in Betracht kommt, wie auch Ursula Seidl 2004[59] vorschlägt. Trotzdem interpretiert Seidl die Kombination Gott plus Flügelsonne als Symbol für die „Macht“ oder „Kraft“, was der Deutung als „Genius des Königtums“ dann nicht entgegen steht. Somit gibt es außer dem Anzaf-Schild tatsächlich keine überzeugend identifizierte anthropomorphe Darstellung des Ḫaldi.

Davon ausgehend bietet Ursula Seidl eine andere Interpretation der auffällig seltenen Darstellungen Ḫaldis. Sie erklärt das Fehlen der Bilder des Gottes auf den Gürteln und Ähnlichem durch die zu Grunde liegende Unterscheidung in Volks- und Staatskunst. In der Volkskunst, zu denen z.B. die Gürtel gehören, die ja den Hauptteil der überlieferten Kunst Urartus ausmachen, werde Ḫaldi nicht dargestellt, da er kein originär urartäischer Gott ist, sondern eher der Gott der „fremden Herrscherdynastie“, weswegen er in der Bevölkerung selbst eher unpopulär bliebe. Gleiches träfe für den hurritisch beeinflussten Teišeba zu.[60] Dieser Ansatz bietet eine überzeugende Erklärung für das Fehlen der anthropomorphen Darstellung des Gottes auf den Gürteln und Votivblechen, aber nicht für sein Fehlen auf z.B. Königssiegeln und Reliefs[61].

Die Anfänge der urartäischen Staatsreligion

Über das religiöse Leben und die Kulte vor-urartäischer Zeit ist so gut wie nichts bekannt; ebenso über Gottheiten bzw. Religion aus der Zeit des Reichsgründers Sardure I., und für Ḫaldi gibt es aus diesem Zeitraum keinerlei Belege.

Einzig eine Inschrift vom Van-Felsen (CTU A 1-2), die offenbar eine Opferliste beinhaltet, berichtet von religiösen Aktivitäten vor Išpuini. Der Text dieser Inschrift ist nur durch einen Abklatsch von Carl Friedrich Lehmann-Haupt überliefert. Mirjo Salvini hat die Opferliste 1982 in der Festschrift für Igor M. Diakonoff neu publiziert,[62] sowie in CTU aufgenommen, dort allerdings ohne Übersetzung. Der Text ist im typisch urartäischen Keilschriftduktus in assyrischer Sprache verfasst und gleicht stark der Inschrift Sardures I. an der Sardursburg in Van, weswegen auch die Opferliste in die Frühzeit Urartus datiert wird, entweder in die Zeit von Sardure I. oder sogar noch früher. Diese Vermutung wird gestützt durch die für eine urartäische Opferliste gänzlich untypische Terminologie sowie sonst in Urartu nicht vorkommende Opfergaben, wie einen Täuberich und zerbröseltes Brot. Diese Besonderheiten lassen sich hingegen durchaus in assyrischen oder babylonischen Texten wiederfinden.[63] Hier scheint ein Hinweis darauf vorzuliegen, dass – gerade in der Gründungszeit des urartäischen Königtums – die mesopotamischen Anleihen groß sind.

Ab dem zweiten bekannten Herrscher Urartus, Išpuini, tritt Ḫaldi inschriftlich in Erscheinung, ihm sind nach der Inschrift von Meher Kapısı bzw. laut dem Anzaf-Schild alle anderen Götter untergeordnet. Beide genannten Quellen, Meher Kapısı als Text und der

59 Seidl, U., Bronzekunst Urartus, Mainz (2004), S. 200f.

60 Ebd., S. 201.

61 Wobei die großformatige Reliefkunst in Urartu prinzipiell nicht verbreitet ist und die Wandmalereien in der Regel nicht gut genug erhalten sind, um explizite Aussagen über die Motivik zu treffen.

62 Salvini, M., Eine vergessene Felsinschrift mit einem assyrischen Opfertext, in: Diakonoff, I.M. (Hrsg.), Societies and Languages of the Ancient Near East. Studies in Honour of I.M. Diakonoff, Warminster (1982), S. 327–332.

63 Ebd., S. 327ff.

Anzaf-Schild als ikonographischer Befund, sind die Grundlagen zur Interpretation der urartäischen Staatsreligion.

Meher Kapısı

Die Inschrift von Meher Kapısı (CTU A 3-1) besteht aus einer Opferliste für mindestens 79 Götter, Göttinnen, göttliche Erscheinungsformen und Hypostasen. In hierarchischer Reihenfolge sind alle Götter des urartäischen Pantheons mit der Art und Anzahl der Tiere, die jedem Gott in Tušpa geopfert werden sollen, gelistet. Diese Opferliste ist Teil eines *open-air* Schreines am Fuß des Zimzim Dağ, zwischen Van und den Burgen von Anzaf. Solche Heiligtümer tauchen in den urartäischen Texten als „Ḫaldi-Tore" auf, und sehen tatsächlich von Weitem aus wie eine Tür im Felsen (siehe Abb. 10).

Laut der Inschrift wurde Meher Kapısı zu Ehren des Gottes Ḫaldi von Išpuini und Minua erbaut, die damit „eine (Ver-)Ordnung bestimmen"[64], also Rituale festsetzen. Der Großteil der genannten Götter und göttlichen Erscheinungsformen, knapp dreiviertel, sind als männlich zu identifizieren. Einige der genannten Gottheiten verkörpern vergöttlichte Naturphänomene, etwa Länder, Berge, Bergpässe und Seen, manche reflektieren konkrete oder abstrakte Attribute von Ḫaldi, z.B. seine Größe, Jugend, Langlebigkeit, sein Licht, seine Waffe, militärische Stärke etc. Klar an der Spitze des hier dargestellten Pantheons steht dann auch Ḫaldi, dem sechs Lämmer, 17 Rinder, und 34 Schafe geopfert werden sollen; seine Attribute erhalten nochmals Opfergaben. Auf Ḫaldi folgt Teišeba, der Wettergott, der dem hurritischen Teššup entspricht. Ihm werden sechs Rinder und 12 Schafe geopfert, dazu sind wohl außerdem zwei Rinder und vier Schafe für den „Hof des Gottes Teišeba" zu zählen. An dritter Stelle findet sich Šiuini, der Sonnengott, entsprechend dem hurritischen Šimigi. Er erhält vier Rinder und acht Schafe. Alle genannten Opfer, für alle Gottheiten insgesamt 110 Rinder und 310 Schafe, finden jährlich im Monat des Sonnengottes Šiuini statt. Sie werden wohl auf der Felsterrasse am Fuß von Meher Kapısı geschlachtet.[65] Die in Meher Kapısı gelisteten Götter reflektieren die weit reichenden Ansprüche ideologischer Autorität der urartäischen Könige als Folge von Eroberungszügen und der damit verbundenen Eingliederung von Göttern in das urartäische Pantheon. Man kann hier von einer Kanonisierung von ritueller Praxis sprechen.[66]

Eine schriftliche Fixierung dieser Rituale wird wahrscheinlich notwendig auf Grund der Komplexität der Rituale ebenso wie deren relativ plötzlicher Einführung. Neben den auf Meher Kapısı festgehaltenen Opferritualen findet anscheinend auch die Einführung anderer religiöser Neuerungen unter Išpuini und Minua statt: die Etablierung der *susi*-Tempel sowie die Anlage von Felstoren und von Stelenheiligtümern (z.B. Karahan). Die Hinterlassenschaften der frühen urartäischen Könige sind also weitgehend religiöser Natur, die *susi*-Tempel und die Felstore sind als „religiös-ideologische Innovationen des späten 9. Jahrhunderts"[67] zu sehen, ebenso wie die neu geschaffene Götterikonographie, wie sie auf dem Anzaf-Schild zu sehen ist.[68]

---

64 CTU A 3-1, Z. 2. Übersetzung nach König HChI.

65 Belli, O., The Anzaf Fortresses and the Gods of Urartu, Istanbul (1999), S. 29ff.

66 Bernbeck, R., Politische Struktur und Ideologie in Urartu, in: AMIT 35–36 (2003–2004), S. 284ff.

67 Ebd., S. 288.

68 Ebd., S. 287ff.

Abb. 10: Meher Kapısı
Quelle: Foto Julia Linke

Der Anzaf-Schild

Der so genannte Anzaf-Schild wurde in einem kleinen Raum der Oberen Burg von Anzaf, zusammen mit einigen anderen dem Ḫaldi geweihten Metallobjekten und Waffen gefunden. Leider ist er nicht vollständig erhalten, sein ursprünglicher Durchmesser betrug wohl ca. einen Meter. Auf dem Schild ist eine Dedikations-Inschrift Išpuinis (CTU B 3-1) angebracht, die auf Grund einer großen Lücke vermutlich auch seinen Sohn Minua und eventuell sogar auch seinen Enkel Inušpa nennt[69], und laut Oktay Belli[70] einer Inschrift auf einem Votivbronzering von Išpuini, Minua und Inušpa aus demselben Raum gleicht. Damit kann man den Schild ins Ende des 9. Jahrhunderts v. Chr. datieren. Folglich handelt es sich beim Schild aus Anzaf um den nachgewiesen ältesten Schild Urartus. Die darauf abgebildete Szene zeigt urartäische Götter, angeführt von Ḫaldi. Keine der Gottheiten gleicht in ihrer Darstellung einer anderen (siehe Abb. 11). Variiert werden in erster Linie die Tiere bzw. Mischwesen der Götter, während Kleidung und Waffen sich durchaus wiederholen. Nur der erste Gott, Ḫaldi, trägt einen Helm ohne Hörnerkrone, was die Ausnahmestellung dieses Gottes, eben durch das Fehlen standardisierter göttlicher Attribute, noch zusätzlich hervorhebt.[71] Ḫaldi ist nur durch spezielle Attribute wie seinen Glanz bzw. sein Licht (*daši*, das auch in Z. 15 von Meher Kapısı beopfert wird) gekennzeichnet. Des Weiteren stehen alle Götter außer Ḫaldi auf Tieren bzw. Mischwesen, ein typisches Merkmal hurritischer Gottheiten, weswegen es umso bemerkenswerter ist, dass Ḫaldi hier die Ausnahme bleibt. Nur Teišeba und Šiuini, der zweite und der dritte Gott der Reihe, sind auf wirklichen Tieren dargestellt, auf einem Löwen bzw. einem Stier, alle anderen Götter auf Mischwesen. Dabei scheint die Reihenfolge der der Meher Kapısı-Inschrift zu entsprechen, was die dort gegebene Hierarchie bestätigt, obwohl auf dem begrenzten Rahmen des Schildes wohl sicherlich nicht sämtliche Gottheiten der Inschrift Platz gefunden haben. Für die Götter wird eine nicht-identische, trotzdem standardisierte Darstellungsweise entwickelt, also eine komplexe neue Götterikonographie eingeführt, die sich an der hurritischen orientiert. Ausnahme bleibt der oberste Gott Ḫaldi.[72]

69 So Mirjo Salvini, CTU B 3-1, S. 23.

70 Belli, O., The Anzaf Fortresses and the Gods of Urartu, Istanbul (1999), S. 34f.

71 Paul Zimansky vermutet dagegen in dieser ersten Figur eben auf Grund des Fehlens von göttlichen Attributen statt Ḫaldi eine Darstellung des Königs. Zimansky, P., Urartu as Empire. Cultural Integration in the Kingdom of Van, in: Kroll, S. et al. (Hrsg.), Biainili-Urartu, Leuven (2012), S. 105, Fußnote 10; und ders., Imagining Haldi, in: Baker, H.D.; Kaniuth, K.; Otto, A. (Hrsg.): Stories of Long Ago. Festschrift für Michael D. Roaf, Münster (2012), S. 713–723.

72 Vgl. Bernbeck, R., Politische Struktur und Ideologie in Urartu, in: AMIT 35–36 (2003–2004), S. 287ff., und Belli, O., The Anzaf Fortresses and the Gods of Urartu, Istanbul (1999), S. 35ff.

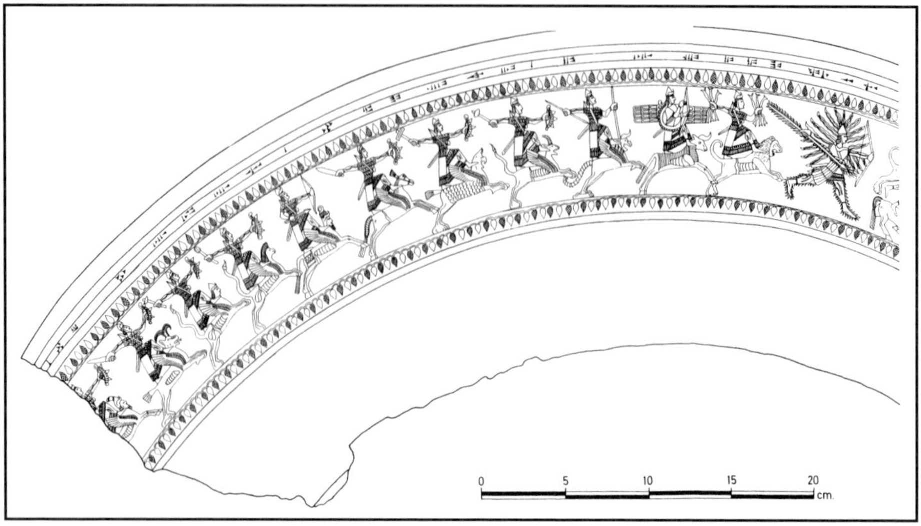

Abb. 11: Die Götter auf dem Anzaf-Schild: Ḫaldi, Teišeba, Šiuini, Hutuini, Turani, Ua, Nalaini, Šebitu, Arsimela (Artu'arasau), Anapša, Dieduani, Šeraldi[73]

Quelle: Belli, O., The Anzaf Fortresses and the Gods of Urartu, Istanbul (1999), Figure 18–29.

Die Einführung und Entwicklung der Staatsreligion

Die meisten der genannten religiösen Innovationen sind nicht exakt zu datieren, aber man kann von einer Einführung der neuen Religion während der Regierung von Išpuini bzw. der Ko-Regenz mit seinem Sohn Minua, also innerhalb eines Zeitraums von 20–30 Jahren ausgehen. Es handelt sich offenbar um eine von der Herrscherdynastie strategisch eingesetzte Ideologie, die „Erfindung einer Tradition“, um die Oberherrschaft über ihr Gebiet zunächst zu erlangen und dann zu festigen.

Dabei ist diese Ideologie zunächst v.a. ein politisches Programm. Im Rahmen der Etablierung einer Königsherrschaft über das urartäische Gebiet mit sicherlich EinwohnerInnen unterschiedlichster religiöser Gruppen ist die Schaffung einer solchen religiösen Grundlage der Herrschaft notwendig, wie schon im Kapitel 1.3.2 „Aspekte des Königtums – Religiös“ anklang, denn zur Ausübung von Herrschaft gehört deren legitimatorischer Aspekt (genau wie deren funktionaler Aspekt). Ein möglichst verbindliches und damit gemeinsames ideologisches System ist die Basis jeglicher Legitimation.

Ein solches ideologisches System ist dem Modell von Hermann Weber[74] nach am wirkungsvollsten, wenn eine transzendente Anbindung des Herrschers an die göttliche

73 Von rechts nach links. Zuweisung der Götternamen nach: Belli, O., The Anzaf Fortresses and the Gods of Urartu, Istanbul (1999).

74 Weber, H., Rückblick, in: Gundlach, R. (Hrsg.), Legitimation und Funktion des Herrschers. Vom Ägyptischen Pharao zum neuzeitlichen Diktator, Stuttgart (1992), S. 356ff.

Ebene geschieht. Die Schaffung der urartäischen Staatsreligion fügt sich beinahe idealtypisch in dieses Modell ein.[75]

Die urartäische Staatsreligion prägt insgesamt im weiteren Verlauf der urartäischen Geschichte eine erstaunliche Kontinuität. Ḫaldi bleibt bis zum Ende des urartäischen Reiches Hauptgott (danach verschwindet er[76]) und auch die Götterrangfolge wird bis zum Ende Urartus beibehalten, was im Vergleich der Inschriften von Meher Kapısı und der weit späteren Tempelinschrift von Ayanis deutlich wird. Ebenso kontinuierlich zeigt sich die religiöse Architektur: Der Grundriss der *susi*-Tempel[77] verändert sich nicht, eher könnte man von einer immer genaueren Einhaltung der Maße und Vorschriften die *susi* betreffend sprechen. Die Bauform der *susi*-Tempel spricht einen größeren Personenkreis an, denn die Tempel sind in Urartu in der Regel weithin sichtbar, auf Grund ihrer Position in der Siedlung und der Turmhöhe. Diese weite Sichtbarkeit, die Simplizität der Form und der Grad der Standardisierung sind ideale Symbole der Staatsreligion, die die gesamte Bevölkerung erreichen.[78] Ebenso lässt die Uniformität der Ritualdarstellungen auf Siegeln verschiedener Herkunft auf eine gewisse Einheitlichkeit des Kultes in Urartu schließen, dessen Wurzeln vermutlich schon in der Frühzeit Urartus zu finden sind.[79]

Dagegen zeigen sich Veränderungen v.a. bei den Felstoren und der Götterikonographie. Aus dem späten 9. Jahrhundert v. Chr. sind drei Felstore[80] belegt: Meher Kapısı, Yeşilalıç und Tabriz, alle verfügen über religiöse Inschriften. Nur ein jüngeres Beispiel ist bekannt, nämlich Hazıne Kapısı mit den Annalen von Sardure II. Diese Anlage ist formal anders aufgebaut als die älteren Felstore und erinnert eher an eine Kombination aus diesen und einem Stelenheiligtum, wie es z.B. in Altıntepe gefunden wurde.[81]

Schutzgottheiten des Königtums

Zwei Inschriften von Argišti II. und Rusa, Sohn des Erimena, zeigen weitere Aspekte der Religion der urartäischen Könige. Die Gövelek-Stele (CTU A 14-1) von Rusa, Sohn des Erimena, nennt Opfer an verschiedene Gottheiten, darunter sind Ḫaldi, der Wetter- und der Sonnengott. Im weiteren Verlauf tauchen als Opfer ein Ochse für d i n g i r-*gi*[82] des Rusa und

75 Problematisch bleibt natürlich die Einschätzung der Reichweite dieser religiösen „Reform". Es ist nach jetziger Quellenlage nicht feststellbar, inwieweit die Bevölkerung selbst in den Ḫaldi-Kult involviert war und ob dieser überhaupt auf eine breite Akzeptanz in der Bevölkerung gestoßen ist.

76 Es gibt einen aramäischen Beleg, die Stele von Tappeh Qalayci bei Bukan, der Ḫaldi in der Fluchformel nennt. Diese Stele datiert aber – trotz der aramäischen Schrift und Sprache – ins 8./7. Jahrhundert v. Chr., und stellt vermutlich einen Friedensvertrag zwischen Urartu und einer lokalen (mannäischen?) Gruppe dar. Siehe: Salvini, M., Die Einwirkung des Reiches Urartu auf die politischen Verhältnisse auf dem Iranischen Plateau, in: Eichmann, R.; Parzinger, H. (Hrsg.), Migration und Kulturtransfer. Der Wandel vorder und zentralasiatischer Kulturen im Umbruch vom 2. zum 1. vorchristlichen Jahrtausend, Bonn (2001), S. 352.

77 Vgl. auch Kapitel 4.3.2.4 „Tempel / religiöse Bauwerke".

78 Bernbeck, R., Politische Struktur und Ideologie in Urartu, in: AMIT 35–36 (2003–2004), S. 297f.

79 Obwohl natürlich die Mehrheit der Siegel aus dem 7. Jahrhundert v. Chr. stammt. Vgl. Ayvazian, A., Urartian glyptic: New perspectives, Online Publikation (2007), S. 227.

80 Zum Aufbau der Felstore oder Ḫaldi-Tore s.u. Kapitel 4.3.2.4 „Tempel / religiöse Bauwerke".

81 Bernbeck, R., Politische Struktur und Ideologie in Urartu, in: AMIT 35–36 (2003–2004), S. 293ff. Zu den Felstoren vgl. Kapitel 4.3.2.4 „Tempel / religiöse Bauwerke", zum Stelenheiligtum von Altıntepe Kapitel 4.2.4 „Vergöttlichte Könige oder ein Ahnenkult in Urartu?".

82 In CTU schlägt Mirjo Salvini noch die Lesung ^{d}g i vor, doch in einem Gespräch in Ayanis 2011 spricht sich Salvini für die Lesung d i n g i r-*gi* aus, wobei –*gi*- der Genitivmarker wäre. Ich möchte Prof. Salvini

eine Kuh für ^{d}nin des Rusa auf. Mirjo Salvini übersetzt die Zeilen sinngemäß mit: „ein Ochse für den Gott des Rusa, eine Kuh für die (göttliche) Herrin des Rusa". Derselbe Passus findet sich auch in der Inschrift von Argišti II. aus Çelebibağı (CTU A 11-1), natürlich steht hier statt Rusa Argišti. Sollte die Übersetzung mit dem Gott und der Göttin des Rusa bzw. Argišti korrekt sein, ist das insofern verwunderlich, da bereits in der Zeile davor Opfer für alle männlichen Götter sowie für die Göttinnen festgesetzt werden. Warum also eine weitere Spezifizierung für den Gott und die Göttin des Königs? Außerdem wäre der „Gott des Königs" aller Wahrscheinlichkeit nach doch Ḫaldi, und auch dieser wurde in der Opferliste schon genannt. Folglich erscheint es wahrscheinlich, dass es sich hier um andere, ganz persönliche Schutzgötter des Königs bzw. des Königtums handelt. Ein solches Phänomen ist zum Beispiel bei den Hethitern bekannt, wo die Könige persönliche Götter haben, zu denen sie eine besondere Beziehung pflegen. Die bildliche Darstellung einer solchen Schutzgottheit des Königtums vermutet Ursula Seidl in der urartäischen Erscheinungsform des Gottes in der Flügelsonne.[83]

Fazit zur Staatsreligion Urartus

Wie bereits erläutert, kann man die urartäische Religion als Schöpfung von Išpuini bzw. Minua sehen, um die inhomogene Bevölkerung im urartäischen Reich ideologisch zu vereinen und sie auf eine gemeinsame ideologische Grundlage einzuschwören. Dies entspricht dem funktionalistischen Ansatz der Religionstheorie von Emile Durkheim, nach dem eine Gesellschaft das Bedürfnis hat, gemeinsame Grundlagen herauszubilden und zu bekräftigen. Die Konstituierung der Identität und die Festigung bzw. Erneuerung der Gemeinschaft erfolgt demnach idealerweise bei religiösen Festen oder Zeremonien. Gleichzeitig werden die bestehenden Autoritätsstrukturen innerhalb der Gruppe bestätigt, die Religion erfüllt damit eine sozial-integrative Funktion.[84]

Mit der Stiftung einer Staatsreligion monopolisieren die urartäischen Könige das Recht auf die religiöse Sinngebung und erzeugen ein Zusammengehörigkeitsgefühl auf neuer Basis.[85] Die Macht, die sie damit ausüben, lässt sich als eine Art „Zwang"[86] in Form der Veränderung von Werten und Haltungen mittels der Religion kennzeichnen, und stattet sie

---

für seine Hilfe an dieser Stelle herzlich danken.

83 Vgl. oben, Kapitel 4.2.1 „Ḫaldi und die urartäische Staatsreligion – Die Bildlosigkeit Ḫaldis", sowie Born, H.; Seidl, U., Schutzwaffen aus Assyrien und Urartu, Mainz (1995), S. 79ff.

84 Nach Lang, B., Kleine Soziologie religiöser Rituale, in: Zinser, H. (Hrsg.), Religionswissenschaft. Eine Einführung, Berlin (1988), S. 79f. Das Problem ist, dass diese funktionalistische Betrachtungsweise im Prinzip nur eine Funktion religiöser Rituale kennt, nämlich die erwähnte Förderung von Gruppensolidarität und die damit verbundene Bestätigung der Autoritätsstrukturen innerhalb von Gruppen. Diese sozial-integrative Funktion ist aber oft zu wenig spezifisch, um einen bestimmten Brauch oder eine Institution verständlich zu machen. Für religiöse Rituale gibt es nach Bernhard Lang neben der sozial-integrativen Funktion noch mindestens die Funktionen der Krisenbewältigung, der sozialen Umstrukturierung oder des Spiels. (ebd.). Für den hier behandelten Fall der Schaffung einer Staatsreligion in Urartu scheint aber der eng gefasste funktionalistische Ansatz durchaus passend.

85 Vgl. Kapitel 1.1.1 „Theoretische Grundlagen: Macht und Herrschaft", und Mann, M., Geschichte der Macht, Frankfurt / New York (1994), S. 48.

86 Zu „Zwang" vgl. Imbusch, P., Macht und Herrschaft in der Diskussion, in: ders. (Hrsg.), Macht und Herrschaft. Sozialwissenschaftliche Konzeptionen und Theorien, Opladen (1998), S. 13, und Kapitel 1.1.1 „Theoretische Grundlagen: Macht und Herrschaft".

gleichzeitig mit religiösem Charisma aus, das ihre Herrschaftsausübung abzusichern und zu legitimieren hilft und sich im Laufe der Erbfolge veralltäglicht.

Das Schaffen einer Staatsreligion setzt außeralltägliche Fähigkeiten der urartäischen Könige voraus, es bringt sie nah an die göttliche Ebene, kurz: ist Ausdruck des religiösen Charismas. Offenbar sind (oder setzen sich) die Herrscher nah genug an der göttlichen Sphäre, um eine ganze Religion inklusive obersten Gott, Götterikonographie und Tempelbaurichtlinien zu erschaffen.

Das Ergebnis ist die Stabilität einer Dynastie, die den Staat – solange er existiert – beherrscht.[87] Der König steht dem Hauptgott Ḫaldi nahe, erfüllt alle Aufgaben auf Erden als sein „Diener" und ihm zu Ehren, er ist der „Hirte" der Menschen. Das bedeutet weiterhin, dass der urartäische König, wie in vielen altorientalischen Gesellschaften, die Geschicke auf Erden auf Befehl des Gottes und aus dessen Willen heraus erfüllt. Beachtenswert ist in diesem Zusammenhang auch, dass Ḫaldi für das gesamte Reich stehen kann, z.B. wenn es heißt, dass Ḫaldi mit seiner Waffe die urartäische Armee in den Krieg führt[88].

4.2.2 Der König und sein Verhältnis zu „fremden" Gottheiten

Das urartäische Pantheon zeigt sich insgesamt offen für neue Gottheiten, die in die offiziellen Götterlisten aufgenommen werden und königliche Opfer empfangen. In diesem Kapitel soll an Hand von zwei konkreten Beispielen versucht werden nachzuvollziehen, worin die Gründe für diese Offenheit der urartäischen Herrscher gegenüber den Göttern „fremder" Länder liegen.

Nach der Einverleibung neuer Landesteile in das urartäische Reich werden ehemals lokale Gottheiten in das offizielle Pantheon mit einbezogen, wie etwa die Gottheiten Irmušini wohl aus der Gürpınar-Ebene um Çavuştepe[89], Iubša aus Arin-Berd, der für Ayanis belegte Berggott Eiduru sowie der Berggott Ziuquni, der u.a. auf Meher Kapısı gelistet ist (Nr. 29) und der im Zusammenhang mit der „Stadt des Ḫaldi im Land Ziuquni" (Kef Kalesi) gesehen werden kann.[90] Auf Meher Kapısı sind außerdem konkrete Opfer für heilige Städte belegt, wie Tušpa, Ardini, Qumeni und Aršuniuini.[91] Eventuell vergleichbar mit dem hethitischen Umgang mit Religion werden auch in Urartu hurritische bzw. den hurritischen Erscheinungsformen ähnliche Götter an hoher Stelle in das Pantheon integriert: In der Inschrift von Meher Kapısı stehen der Wettergott Teišeba (hurritisch Teššup) und der Sonnengott Šiuini (hurritisch Šimigi) an zweiter bzw. dritter Stelle. Diese augenscheinliche „Toleranz" gegenüber lokalen bzw. fremden Kulten und Gottheiten kann als Versuch gesehen werden, sich mittels der Religion die Loyalität der Untertanen in den neu eroberten Gebieten zu sichern.[92] Trotz dieser Aufgeschlossenheit gegenüber anderen Gottheiten bleibt

---

87 Vgl. Kapitel 4.6 „Die urartäische Königsdynastie".

88 Dazu vgl. Kapitel 4.4 „Die militärischen Errungenschaften des urartäischen Königs".

89 Dieser Gottheit wird hier ein *susi*-Tempel geweiht und sie taucht an 19. Stelle der Opferliste von Meher Kapısı auf.

90 Salvini, M., Reflections about the Urartian Shrines of the Stelae, in: Mellink, M.J.; Porada, E.; Özgüç, T. (Hrsg.), Aspects of Art and Iconography, Ankara (1993), S. 547.

91 Belli, O., The Anzaf Fortresses and the Gods of Urartu, Istanbul (1999), S. 32.

92 Vgl. auch Tanyeri-Erdemir, T., The Temple and the King: Urartian Ritual Spaces and their Role in Royal Ideology, in: Cheng, J. (Hrsg.), Ancient Near Eastern Art in Context. Studies in Honor of Irene J.

die Vorrangstellung Ḫaldis unangefochten, was sich in seiner Nennung in so gut wie allen Inschriften zeigt. Die Ausnahme dieser Regel bilden einige wenige Inschriften, in denen ausschließlich andere Gottheiten genannt werden, meist Inschriften über die Errichtung einer Stele für die betreffende Gottheit.

Drei Inschriften von Minua berichten über die Errichtung von Stelen: für den Wettergott aus Yedilkilise (CTU A 5-81), für Ḫutuini aus Korşun bei Van (CTU A 5-79) und für Šiuini aus Karahan (CTU A 5-80). Außerdem findet Ḫaldi keine Erwähnung in der Inschrift über die Errichtung eines *susi*-Tempels für Iubša in Arin-Berd durch Argišti I. (CTU A 8-21) sowie in zwei Inschriften von Rusa, Sohn des Sardure, von denen die erste (CTU A 10-7) nur fragmentarisch erhalten ist, und deswegen nicht ausgeschlossen werden kann, dass Ḫaldi im weiteren Verlauf des Textes noch vorkommt.

Aber die zweite Inschrift Rusas, Sohn des Sardure, aus Mahmud Abad über die Einführung bestimmter Opferrituale (CTU A 10-6) verdient nähere Betrachtung, v.a. deswegen, weil sie nicht nur Ḫaldi außen vor lässt, sondern weil sich Rusa hier als „Diener des Šebitu“ (^{d}*še-bi-tú-i* ^{lú}ìr) bezeichnet. Dieses Diener-Herr-Verhältnis urartäischer Könige ist ansonsten exklusiv auf Ḫaldi beschränkt. Šebitu ist auf Meher Kapısı als achte Gottheit gelistet, und schon Minua errichtet ihm zu Ehren eine Stele, die in Keçikıran gefunden wurde (CTU A 5-84). Auf Grund des Beleges aus Mahmud Abad kann man Šebitu wohl als lokale Gottheit, vermutlich der Urmia-Ebene[93], betrachten. Doch warum nennt sich Rusa, Sohn des Sardure, nun „Diener des Šebitu“ und ignoriert damit alle gängigen Konventionen? Als These kann man annehmen, dass sich in Mahmud Abad eine noch Jahre nach der Eingliederung des Gebietes in das urartäische Reich mächtige lokale (religiöse) Elite befindet, der Rusa mit dieser Inschrift und den darin festgelegten Opfern für Šebitu und dessen Gefährtin Arṭuarasau entgegenkommen will. Es geht hierbei wohl um eine besondere, religionspolitische Strategie, die Rusa über alle traditionellen Bindungen des urartäischen Königshauses zu Ḫaldi hinwegsehen lässt. Die Frage, ob dieser Affront gegen Ḫaldi eventuell negative Folgen für ihn hat, kann auf Grund der schlechten Quellenlage der Zeit nicht einfach beantwortet werden. Assyrische Briefe[94] berichten ja von einem Putsch gegen einen Rusa, nach seiner Niederlage gegen die Kimmerier. Ob dieser Putsch gegen Rusa, Sohn des Sardure, gerichtet ist, und eventuell im Zusammenhang mit der Religionspolitik dieses Königs steht, kann nicht belegt werden, ist aber eine theoretische Möglichkeit. Rusa wäre nicht der letzte altorientalische Herrscher, der über seine Religionspolitik stolpert, denken wir etwa an Nabonid in neubabylonischer Zeit, dem seine Verehrung des Gottes Sîn im Zusammenhang mit der vermeintlichen Zurücksetzung des traditionellen babylonischen Hauptgottes Marduk zum Verhängnis wird.

Besonders zu erwähnen ist fernerhin die Nennung des Gottes Aššur auf der Gövelek-Stele (CTU A 14-1) von Rusa, Sohn des Erimena. Bei aller bereits postulierten Offenheit der Urartäer, was die Gottheiten benachbarter Kulturen angeht, ist eine Opfergabe (ein Schaf und ein dickes Schaf) an den Hauptgott des assyrischen „Erzfeindes“ trotzdem auffällig. Zwar belegt eine Inschrift von Rusa, Sohn des Argišti, aus Ayanis (CTU A 12-1), dass auch Assyrer unter den Deportierten und innerhalb Urartus wiederangesiedelten Men-

Winter by her students, Leiden (2007), S. 208f.

93 So auch Salvini, M., Geschichte und Kultur der Urartäer, Darmstadt (1995), S. 45.

94 Vgl. ebd., S. 89. SAA 5 90.

schen sind, doch erscheint eine Verehrung des assyrischen Aššur, der außerdem in vielen Belangen dem urartäischen Hauptgott Ḫaldi ähnelt, ungewöhnlich. Ob mit der genannten Opfergabe an Aššur tatsächlich eine Übernahme in das urartäische Pantheon verbunden ist, bleibt auf Grund des Fehlens eines Textes – vergleichbar mit der Opferliste aus Meher Kapısı – aus der betroffenen Zeit unklar und erscheint meines Erachtens unwahrscheinlich, vor allem deswegen, da Aššur als kriegerischer Hauptgott eines feindlichen Landes, gegen das eben erst einige militärische Erfolge errungen worden sind, wohl keine große Huldigung zu erwarten hat und eine Stärkung seiner Position kaum im Interesse der urartäischen Machthaber liegt. Andererseits ist z.B. für das neuassyrische Reich die Einbeziehung des traditionellen babylonischen Königsmachers Enlil in die Staatsreligion belegt,[95] wobei auch in diesem Fall die Beziehungen zwischen dem ursprünglichen Reich des Gottes Enlil und dem aufnehmenden assyrischen Königreich ambivalent und nicht durchgehend friedlich sind. Demzufolge, und gerade im Zusammenhang mit der Ansiedlung von assyrischen Kriegsgefangenen auf urartäischem Gebiet, ist es nicht völlig abwegig, dass Rusa, Sohn des Erimena, dem Gott Aššur Opfer darbringt, um entweder sein Verhältnis zum assyrischen Feind zu verbessern und sich angesichts der angespannten außenpolitischen Lage Urartus wenigstens von Süden her vor erneuten Angriffen abzusichern, oder um seine Position gegenüber den assyrischen Immigranten zu festigen, die sicherlich eine wichtige wirtschaftliche bzw. handwerkliche Funktion im Reich erfüllen.

Fazit

Die Aufnahme eines „fremden" Gottes in das Pantheon und die Festsetzung von Opfern für einen „fremden" Gott sind – so lassen die beiden Beispiele vermuten – religionspolitische Schachzüge der urartäischen Könige. Ähnlich wie die Hethiter zeigen sich die Urartäer in Religionsfragen anpassungsfähig. Das geht sogar so weit, dass strikte Konventionen der Titulatur, wie „Diener des Ḫaldi", abgewandelt und angepasst werden können, etwa zu „Diener des Šebitu". Durch diese Religionspolitik festigen die urartäischen Könige ihre Position zum Einen in „fremden" Landesteilen, die dem Reich neu einverleibt werden, zum Anderen bei den Kriegsgefangenen und Umgesiedelten, denen Opfer für die Götter ihrer Heimat auch an den neuen Wohn- bzw. Arbeitsstätten ermöglicht werden. Auf der anderen Seite ergeben sich dadurch natürlich potentielle Konflikte mit den alteingesessenen religiösen Eliten, allen voran der Ḫaldi-Priesterschaft, wobei für Urartu bis dato aber gänzlich ungeklärt ist, wie deren Machtbeziehungen aussehen.

4.2.3 Religiöse Rechte und Pflichten des urartäischen Königs

Um sichtbar zu machen, dass der König als Person mit dem religiösen Charisma seines Amtes ausgestattet ist, muss er bestimmte Aufgaben erfüllen, er verfügt aber auf Grund dieser Gott gegebenen Gnadengaben auch über besondere Rechte. Wie der urartäische König diese Rolle erfüllt, wie er im Kult agiert, ist Thema dieses Kapitels.

95 Vgl. Kapitel 2.2.1 „Die Verbindung des Königs zu den Göttern – Das assyrische Königtum".

Inschriftliche Belege für Kulthandlungen

Im Gegensatz zum assyrischen König, der *iššiāk Aššur*, also „Verwalter Aššurs", ist, bezeichnet sich der urartäische König als „Diener" Ḫaldis. Argišti II. nennt sich ^{d}*Ḫaldie[i]* ^{lú}*buran*[*i*...] (CTU A 11-7), Rusa, Sohn des Sardure, auf der Stele von Topzawä ^{d}*Ḫaldi-i* ^{lú}ìr (CTU A 10-5) ebenso wie Rusa, Sohn des Erimena, u.a. auf der Gövelek-Stele (CTU A 14-1). Allerdings ist dieser „Diener"-Aspekt der einzige, der den König in eine so direkte Beziehung zum Gott setzt, und dieser tritt in der Anfangszeit des Reiches noch nicht auf. Der „Diener"-Begriff geht einen ganzen Schritt weiter als der des „Verwalters", als Diener erfüllt der König alle Aufgaben auf Geheiß des Ḫaldi, das impliziert kaum eine Eigenverantwortung. So sind die Bauinschriften regelhaft eingeleitet mit der Phrase „durch die Größe (*alsu(i)šə*) bzw. Macht (*ušmašinə*) des Ḫaldi", oder „für Ḫaldi, den/seinen Herrn" (^{d}*Ḫaldi eu̯r(i)ə*). Das bedeutet, dass alle Bautätigkeit auf Ḫaldi bezogen ist bzw. sogar erst auf Grund seines Zutuns oder seiner Unterstützung möglich wird. Hier zeigt sich klar der Bezug des urartäischen Königs zur religiösen, außeralltäglichen Ebene: Durch seine Vermittlerposition zwischen Ḫaldi und den Menschen kann gebaut werden. Dabei liegt in Urartu die Macht (falls *ušmašinə* tatsächlich so übersetzt werden kann[96]) stets bei Ḫaldi; alle Taten des Königs werden auf diese Macht zurückgeführt, wobei im Zusammenhang mit der Person des Königs der Machtbegriff nie auftaucht. Es entsteht der Eindruck, der König beziehe all seine Macht aus der des Ḫaldi.

Über die Kultpraxis an sich ist für Urartu so gut wie nichts bekannt, deswegen kann kaum eine Aussage über die Rolle des Königs in diesem Zusammenhang getroffen werden. Sicher existieren königliche Opfer, wie u.a. die Inschrift von Meher Kapısı, die Kelišin-Stele und auch die Annalen von Argišti I.[97] belegen, und auch die Krönungszeremonien der Könige finden im Tempelumfeld statt. Die Kelišin-Inschrift lässt darauf schließen, dass die Kronprinzen Urartus im Ḫaldi-Tempel in Muṣaṣir, also im Hauptheiligtum des obersten Gottes des Reiches, zeremoniell in ihr Amt eingeführt werden bzw. anlässlich ihres Status' ebenso wie ihr königlicher Vater Ḫaldi Opfer darbringen:

> „When Ishpuini Sardurihi (and) Menua Ishpuinihi came before Haldi to the town of Ardini, they brought (a[?]) *niribe* for dedication to Haldi…"[98]

Aus der assyrischen Überlieferung der 8. Kampagne von Sargon wissen wir außerdem, dass im Ḫaldi-Tempel von Muṣaṣir Statuen der urartäischen Könige aufgestellt gewesen sind und die Herrscher sich dort krönen lassen. Gemäß der Inschrift der 8. Kampagne nimmt die ganze Bevölkerung von Muṣaṣir an diesen Zeremonien teil, zu denen u.a. Tieropfer gehören. Feierlichkeiten zur Erinnerung an den Besuch des urartäischen Königs in Muṣaṣir

---

96 Jüngst schlug Mirjo Salvini für *ušmašinə* die Übersetzung „Schutz" vor, auf Grund der Gleichsetzung mit dem assyrischen *ṣilli* auf den Bronzeringen mit Inschrift Išpuinis aus Anzaf (CTU B 2-7), er übersetzt also „durch den Schutz / dank dem Schutz des Ḫaldi". Salvini, M., Neuassyrische Schrift und Sprache in den urartäischen Königsinschriften (9.-7. Jahrhundert v. Chr.), in: Cancik-Kirschbaum, E.; Klinger, J.; Müller, G. (Hrsg.), Diversity and Standardization, Berlin (2013), S. 133.

97 In den Annalen (CTU A 8-3) wird davon gesprochen, dass das Opferfest in Muṣaṣir unterbrochen werden musste: „Argišti spricht: Ich hörte (Böses) vom (Land) Etiu(ni), (so dass) das der (Stadt) Ardini gehörige Opferfest unterbrochen[?] wurde." Übersetzung nach König HchI Nr. 80.

98 Zeilen 25f. der urartäischen Version nach: Benedict, W., The Urartian-Assyrian Inscription of Kelishin, in: JAOS 81 (1961), S. 383.

werden ebenso in den Bilinguen von Rusa, Sohn des Sardure, genannt (Topzawä-Inschrift, CTU A 10-5, und Mergeh Karavan, CTU A 10-4).

Die Krönungszeremonie betont die starken Fundamente der Dynastie, deren Kontinuität durch die Thronbesteigung des neuen Königs gesichert wird. In diesem Zusammenhang ist auch die in den Königsinschriften – bei Sardure II. (CTU A 9-1) und Rusa, Sohn des Argišti (CTU A 12-1) – vorkommende Phrase „ich saß auf dem Thron meiner Väter“ zu sehen. Sie kann metaphorisch verstanden werden, als Hervorhebung der Legitimität des neuen Königs durch den Vater-Bezug, kann aber ebenso auf einen tatsächlichen Thron verweisen, denn die Besitztümer der Vorfahren wurden bekanntlich zum Teil lange behalten, v.a. in Falle von Weihgaben an Ḫaldi.[99]

Diese ausgeprägte Weihtradition belegen zahlreiche beschriftete Bronzeobjekte (CTU B). Alle urartäischen Könige weihen verschiedene Metallgegenstände, darunter v.a. Schilde, Ringe, Pferdegeschirr, Helme, und Schalen, an Ḫaldi.[100] Die Handlung des Weihens wird dabei in der Regel mit dem urartäischen Verb *uštu-* ausgedrückt, weit seltener mit dem Sumerogramm n í g . b a[101]. Die geweihten Objekte lassen auf eine besonders enge, persönliche Beziehung von Ḫaldi und dem jeweiligen König schließen, denn hier ist es – ganz im Gegensatz zu den Monumentalinschriften – die Regel, dass nicht nur der Name des Gottes steht, sondern außerdem der Zusatz „sein Herr“ (*e̯ur(i)ə* bzw. e n-*šu*).[102]

Diese geweihten Gegenstände werden, wie Befunde aus Toprakkale und v.a. Ayanis sowie die Darstellung des Tempels von Muṣaṣir auf dem assyrischen Relief (s.u., Abb. 27) deutlich machen, auf Plattformen in der Tempelcella dargebracht oder an deren Wänden angebracht, und anschließend in der Regel in den Tempelmagazinen gelagert.[103] Zweck der Weihungen ist, die Unterstützung Ḫaldis in der Schlacht zu sichern. Einen Hinweis darauf gibt der in den Feldzugsberichten häufige einleitende Passus:

> „Ich betete zu Ḫaldi, (meinen Herrn), dem Wettergott, dem Sonnengott und allen Göttern von Biainili, dass durch die Größe des Ḫaldi ich siegreich werde (*ali abadi*); es erhörten (mich) die Götter“[104],

der vor der Beschreibung der einzelnen Feldzüge steht. Teil der erwähnten Gebetshandlungen könnte eben die Weihung der Bronzegegenstände sein, die in der Nähe der Tempel bzw. in deren Magazinen gefunden worden sind. Ebenso werden Metallgegenstände als Dankopfer nach einem Sieg geweiht, wie die Inschrift von Išpuini, Minua und Inušpa auf

---

99 Taffet, A., A Tentative Reconstruction of the Urartian Calendar of Festivals, in: Anadolu Araştırmaları 15 (1999), S. 373ff. Z.B. ein Helm aus Ayanis (CTU B 12-9), der von Rusa, Sohn des Argišti, dem Ḫaldi geweiht ist, aber ebenso den Vermerk „Eigentum des Išpuini“ trägt.

100 In CTU B sind insgesamt 88 Objekte aufgeführt, die Ḫaldi geweiht sind.

101 Zu der Beziehung beider Begriffe siehe CTU B, S. 37.

102 Von den 79 Inschriften auf Metallgegenständen in CTU B, die eine Weihe an Ḫaldi nennen, ergänzt die deutliche Mehrheit, nämlich 70 Inschriften, „(sein) Herr“. Bei den Monumentalinschriften ist das Verhältnis 200:48.

103 Çilingiroğlu, A., Urartian Religion, in: Köroğlu, K.; Konyar, E. (Hrsg.), Urartu – Transformation in the East, Istanbul (2011), S. 198.

104 Z.B. CTU A 8-2, Z. 1–3. Deutsche Übersetzung der Autorin (nach CTU und HchI Nr. 82).

einem Bronzering aus Anzaf verdeutlicht, der zum Anlass der Eroberung des Landes der Stadt Amuša Ḫaldi dargebracht wurde (CTU B 4-1).

Die Inschrift von Meher Kapısı sowie einige weitere Texte nennen außerdem Zeremonien im Zusammenhang mit der Einweihung von Obst- oder Weingärten und der Aussaat (z.B. CTU A 9-11 aus Karataş). Auch nach der Traubenernte bzw. nach der Fertigstellung des Weines finden Libationen[105] bei „Toren des Ḫaldi“[106] statt (CTU 3-1 und CTU A 5-14C):

> „Wenn die Früchte der Bäume geerntet werden, soll man dem Haldi drei Schafe schlachten, (und) drei Schafe der … Götterversammlung; wenn der Wein gekeltert, soll man dem Haldi drei Schafe schlachten (und) drei Schafe der Götterversammlung und Wein soll man libieren.“[107]

Opferhandlungen durch den König sind weiterhin belegt bei der Gründung neuer Städte (z.B. CTU A 5-65A) sowie deren Namensgebung und der Einweihung neuer Bewässerungskanäle (z.B. CTU A 8-16). Teil dieser Namensgebungszeremonien ist wohl das Festhalten des Namens auf eben den Steininschriften, die uns von diesen Opfern berichten.[108]

Bildliche Belege für Kulthandlungen

Auf Siegeln, die prinzipiell die einzige Artefaktgruppe sind, auf der sich Königsdarstellungen finden, kommen als kultisch einstufbare Handlungen des Königs vor.

Die Königssiegel, die nach jetzigem Befund alle von Rusa, Sohn des Argišti, stammen, zeigen den König am häufigsten zusammen mit einem Schirm, meist mit Träger, einem Löwen und einem Dreizack (s.u., Abb. 34). Ob hier ein kultischer Zusammenhang, etwa eine Prozession, besteht, kann nicht sicher gesagt werden.[109]

Die Darstellung des Königs unter der Flügelsonne auf Stempel- oder Rollstempelsiegeln, rechteckig umgeben von einem Keilschriftband, impliziert dagegen konkreten Bezug zu einer Kultaktivität. Die Rechteckform zusammen mit dem abgesetzten Schriftband weist starke Ähnlichkeiten zu den Felstoren wie Meher Kapısı auf, wo der König, nimmt man diese Deutung des Motives an, Zeremonien durchführt. So spricht die Inschrift von Meher Kapısı auch von dort stattfindenden Opferhandlungen. Die Darstellungsart auf den Siegelbildern orientiert sich an hethitischen Vorbildern, wo sich auf dem Königssiegel die Flügelsonne, der Königsname und sein Bild finden.[110]

Auf einer Siegelabrollung aus Toprakkale steht ein Wagen im Mittelpunkt der Darstellung (Abb. 12). Hinter dem Wagen bzw. auf ihn zu geht eine Gestalt, die durch die Armhaltung, den Stab, den sie in der Hand hält, und v.a. die Beischrift des Siegels „des Rusa“

105 Dass in Urartu Libationen durch die Könige vorgenommen werden, untermauert auch die 8. Kampagne, wo von Kesseln zur Libation der Könige vor Ḫaldi in Muṣaṣir die Rede ist (Z. 397f.).

106 Zu den so genannten „Ḫaldi-Toren” siehe unten, Kapitel 4.3.2.4 „Tempel / religiöse Bauwerke“.

107 Meher Kapısı (CTU A 3-1), Z. 29f., Übersetzung nach König HchI Nr. 10.

108 Taffet, A., A Tentative Reconstruction of the Urartian Calendar of Festivals, in: Anadolu Araştırmaları 15 (1999), S. 375ff.

109 Vgl. Exkurs 2: „Königsdarstellungen im Bild“.

110 V.a. Siegel aus Ayanis: AY 05, AY 05, AY 19. Ayvazian, A., Urartian glyptic. New perspectives, Online Publikation (2007), S. 159.

als König identifiziert werden kann. Dieser Figur folgt ein geflügelter Stier bzw. ein Greif.[111] Es handelt sich augenscheinlich um eine Prozessionsszene, eventuell im Zusammenhang mit einem Bestattungsritual.[112] Diese explizite Darstellung könnte auf eine Teilnahme des Herrschers an Prozessionen, vielleicht im Zusammenhang mit bestimmten Festen für die Ahnen, hindeuten, obwohl uns keinerlei schriftliche Belege für solche Prozessionen aus Urartu vorliegen. Ein Zusammenhang mit militärischen Wagen und somit mit dem auf der Stele im Van-Museum dargestellten leeren Wagen (siehe Abb. 8) scheint nicht gegeben, denn der Wagen auf den Siegeln ist nicht offensichtlich „leer", sondern mit einer Plane abgedeckt.

Abb. 12: Siegelabrollung aus Toprakkale (TK 23)

Quelle: Ayvazian, A., Urartian glyptic: New perspectives, Online Publikation (2007), TK 23, S. 1041.

Eine weitere Kulthandlung findet sich auf einem Siegelabdruck aus Ayanis (Abb. 13). Dieser zeigt zwei Figurengruppen, die von einem Keilschriftband umgeben sind. Eine der Figurengruppen, bestehend aus zwei gleich gestalteten Personen, führt eine Art Befruchtungsritual mit einem Heiligen Baum durch, während die zwei männlichen Figuren der zweiten Gruppe unter einer Flügelsonne stehen. Zwischen letzteren befindet sich ein Gefäß, sie halten in der linken Hand jeweils einen Stab, wie die Figuren am Heiligen Baum, und haben die andere Hand grüßend erhoben. Alle auf der Siegelabrollung dargestellten Personen tragen das gleiche lange Gewand und konische Helme. Die umlaufende Inschrift lautet: „dies ist das Siegel des x-Hauses" (CTU Sig. 21-1). Eine Parallele für ein solches Ritual findet sich auf einem Siegel aus Toprakkale, wo ebenfalls eine menschliche Figur an

111 Ebd., S. 1042.

112 Darauf lassen achämenidische Parallelen wie die Stelen von Dascylium schließen, wo der Beerdigungskontext deutlich wird (Ayvazian, A., Urartian glyptic. New perspectives, Online Publikation (2007), S. 158). Vgl. auch Linke, J., The Kings of Urartu in the Visual World, zu erscheinen in: Proceedings of the 9th ICAANE. Es gibt noch einen weiteren Abdruck aus Toprakkale, der ein ähnliches Motiv zeigt. S.u., Exkurs 2: „Königsdarstellungen im Bild".

einem Gefäß abgebildet ist, und dessen Inschrift „Haus des Siegels des? Ru[sa(?)]“ (CTU Sig. 19-2) lautet. Qualität und Stil lassen hierbei auf Königssiegel schließen, ebenso wie die Darstellungsart der Figuren, die der des Königs gleicht.[113] So sind hier vermutlich Könige dargestellt, vielleicht jeweils symmetrische Duplikate des gleichen Königs in zwei verschiedenen Ritualhandlungen, der Befruchtung des Heiligen Baumes und einer Art Trankopferhandlung. Zu bemerken ist allerdings, dass eine Figur jeweils kleiner dargestellt wird als die andere, was auf einen Statusunterschied hinweisen könnte.[114]

Abb. 13: Siegelabrollung aus Ayanis
Quelle: Abay, E.; Seals and Sealings, in: Çilingiroğlu, A.; Salvini, M., Ayanis I, Rom (2001), S. 329, Fig. 7.

Einen Hinweis auf den auf diesen Siegeln dargestellten Zusammenhang von einem Heiligen Baum und Trankopfern ergibt ein Befund der Ausgrabungen in Ayanis, wo ein Lebensbaum im Fundkontext mit mehreren Gefäßen auftrat. Südwestlich des Tempels, in der so genannten „ceremonial aisle“ (Raum 10), kamen – neben einer Vielzahl an Kleinfunden, darunter über 30 goldene Rosetten – eine Kalkstein-Basis, die als Träger eines tatsächlichen „Heiligen Baumes“ fungiert haben könnte, und drei Kleeblattgefäßen in typisch urartäischem rotpolierten Ton zu Tage.[115] Das spricht für eine Kombination der Riten am Heiligen Baum mit Libationshandlungen.

Das Ritual am Heiligen Baum könnte nach Atilla Batmaz im Zusammenhang nicht nur mit Erneuerung im Allgemeinen, sondern speziell mit der Erneuerung des Königtums stehen,[116] was eine Beteiligung des Herrschers bzw. der königlichen Familie sehr wahrscheinlich machen würde. Diese Überlegung wird gefestigt durch die Inschriften, die Gebete für

113 Diese Darstellungsart der urartäischen Könige wurde von Dietrich Huff an Hand des Reliefs von Eski Doğubayazıt untersucht. Demnach wird in der urartäischen Kunst der König mit der rechten Hand grüßend erhoben, mit einem Stab in der linken Hand und mit einem spitzen Helm und langem Gewand dargestellt. Huff, D., Das Felsgrab von Eski Doğubayazıt, in: IstMit 18 (1968), S. 58–86. Vgl. auch Exkurs 2: „Königsdarstellungen im Bild“.

114 Abay, E.; Seals and Sealings, in: Çilingiroğlu, A.; Salvini, M., Ayanis I, Rom (2001), S. 329f. Dagegen vermutet Alina Ayvazian hier eine Darstellung des Königs zusammen mit dem Kronprinzen (Ayvazian, A., Urartian glyptic. New perspectives, Online Publikation (2007), S. 63).

115 Batmaz, A., A New Ceremonial Practice at Ayanis Fortress, in: JNES 72-1 (2013), S. 68ff., Figure 8.

116 Ebd., S. 77, und Hančar, F., Das urartäische Lebensbaummotiv. Eine neue Bedeutungstradition?, in: IranAnt 6 (1966), S. 92–108.

die Erneuerung bzw. Erhaltung des Lebens der Herrscher nennen, z.B. in Zeile 24 der Inschrift von Meher Kapısı:

> „von Seiten des Gottes Ḫaldi, von Seiten aller Götter, möge Leben für Išpuini, Sohn des Sardure, und Minua, Sohn des Išpuini, sein".[117]

In diesem Zusammenhang könnte auch die Lebensbaummotivik auf den ^{lú}*aṣuli*-Siegeln (s.u., Abb. 31), die sehr wahrscheinlich Mitgliedern der königlichen Familie gehören,[118] stehen. Auf der anderen Seite gibt es zahlreiche bildliche Darstellungen von Zeremonien am Lebensbaum, die mit Sicherheit nicht den König oder seine Familie zeigen, sondern v.a. geflügelte Genien.[119]

Insgesamt wäre eine Involvierung des Königs in das tatsächliche Kultgeschehen auf Grund der Befunde in anderen altorientalischen Gesellschaften zu erwarten, aber die urartäischen Belege sind bisher nicht aussagekräftig genug, um allgemeine Aussagen aus den formulierten Beispielen abzuleiten.

Fazit: Religiöse Rechte und Pflichten des urartäischen Königs

Die konkreten Belege für Aktivitäten des Königs in der Kultpraxis sind in Urartu dürftig, aber doch vorhanden. Königliche Opfer gibt es für verschiedene Gottheiten, prominenteste Stellung nimmt – wie zu erwarten – Ḫaldi ein. Eine besondere Rolle spielen wohl die Krönungsfeierlichkeiten in Muṣaṣir, wobei der König hier sicher nicht der Hauptakteur ist, die Existenz einer Priesterschaft Ḫaldis kann vorausgesetzt werden (über die Sonderstellung Muṣaṣirs s.u., Kapitel 4.3.3.1 „Die Verwaltung"). Für die Aufrechterhaltung dieser Zeremonien riskiert Rusa, Sohn des Sardure, sogar einen offenen Konflikt mit Muṣaṣir.[120]

Es entsteht im Allgemeinen nicht der Eindruck, dass die Opfer oder Kultaktivitäten der Könige direkt für ideologische Zwecke genutzt werden. Weder sind sie so hervorgehoben in den Texten, noch ist die bildliche Darstellung der Könige in Kulthandlungen auf den Siegeln explizit genug, dass man den kultliturgischen Rahmen speziell als Teil der Königsideologie ansprechen könnte. Die herausragende Stellung des Königs bei Kulthandlungen wird nicht in dem Maße sichtbar, wie wir es bei anderen altorientalischen Gesellschaften, z.B. den Hethitern mit dem König als obersten Priester und Festakteur des Reiches, beobachten können. Trotzdem werden fast alle Handlungen des Königs, seien sie militärisch oder zivil, religiös durch Ḫaldi begründet, was die enge Bindung des Königs zur Gottheit und die Bedeutung der religiösen Legitimation deutlich macht.

Am besten belegt im Bereich der kultischen Handlungen des Königs ist in Urartu das Weihen von Objekten, das nach jetziger Befundlage exklusiv für Ḫaldi statt findet. Die geweihten Objekte werden in den Tempeln / Tempelmagazinen noch über mehrere Generationen aufbewahrt, was deren hohe Bedeutung wiederspiegelt. Außerdem scheint aus-

---

117 CTU A 3-1, vgl. Batmaz, A., A New Ceremonial Practice at Ayanis Fortress, in: JNES 72-1 (2013), S. 82.

118 Zu den ^{lú}*aṣuli* als Mitglieder der königlichen Familie siehe Kapitel 4.3.3.1 „Die Verwaltung – Weitere Beamte in Urartu".

119 Z.B. das Kef Kalesi-Relief (Abb. 17).

120 Laut den Bilinguen von Movana, Mergeh Karcan und Topzawä (CTU A 10-3–A 10-5), die die erfolgreiche Einnahme Muṣaṣirs durch Rusa, Sohn des Sardure beschreiben, der festsetzt, dass die urartäischen Könige die Rituale im Ḫaldi-Tempel stets durchführen können.

schließlich der König[121] die Gegenstände für Ḫaldi zu weihen, was seine besondere Rolle und außergewöhnliche Nähe zu der Gottheit zeigt.

4.2.4 Vergöttlichte Könige oder ein Ahnenkult in Urartu?

In einigen Gesellschaften geht die außeralltägliche Stellung des Königs so weit, dass er selbst als Gott verehrt wird. Dies geschieht nicht zwingend schon im Falle des lebenden Herrschers, sondern in einigen Fällen erst nach dem Ableben des Königs, wie bei den Hethitern, wo der König mit seinem Tod zum Gott wird.

Für eine göttliche Verehrung des urartäischen Königs gibt es bislang keine konkreten Belege. Allerdings hat M. Taner Tarhan[122] die These entwickelt, dass im urartäischen Reich ein Ahnenkult für die verstorbenen Könige existiert. Ein Ort dieser Ahnenverehrung könnte das Gebäude am höchsten Punkt der Hauptstadt Tušpa darstellen, ein Tempel, der von der typischen urartäischen Grundrissform des *susi*-Tempels abweicht und über zwei Cellae verfügt.[123] Laut Tarhan könnte dieser Tempel vor der religiösen Reform von Išpuini und Minua entstanden sein, und seine Nähe zu den Felsgräbern der so genannten „Großen Plattform" lässt auf eine enge Verbindung zu den Verstorbenen schließen, was eine Interpretation als Ort des Ahnenkultes logisch erscheinen lässt. Einen ähnlichen Aufbau wie dieser Tempel in Tušpa zeigt das so genannte Uç Kale[124] in Çavuştepe, denn auch diese Struktur verfügt über zwei Räume, ist extrem sorgfältig gearbeitet, seine Fassade ist durch Risalite gegliedert und an den Wänden wurden Fragmente von Fresken mit floralen und geometrischen Motiven gefunden. Alles das deutet auf eine besondere Funktion hin, und Tarhan vermutet hier den Ort des Ahnenkultes des Gründers von Çavuştepe, Sardure II.[125]

Auch die monumentale Felsnische Hazıne Kapısı („Treasure Gate") von Sardure II., die einst eine Inschrift auf einer Basaltstele enthielt, könnte auf einen etwaigen Ahnenkult hinweisen: Die dort niedergeschrieben Annalen Sardures II. (CTU A 9-1) nennen ausschließlich militärische Errungenschaften des Königs. In Zeile 12–14 liest man

> „Sardure spricht: Ich gab einen Befehl: Es soll als Opfer gebracht werden ein Schaf an Ḫaldi, ein Schaf an die Göttlichkeit des Sardure [...]".

Sollte die Lesung d i n g i r-*i-e* als „Göttlichkeit" korrekt sein,[126] wovon Tarhan ausgeht, dann stellt diese Inschrift den Beleg für die Göttlichkeit eines urartäischen Königs dar.[127]

---

121 In einigen Fällen könnten eventuell andere Mitglieder der Königsfamilie solche Weihungen vornehmen, z.B. Inušpa, von dem nicht belegt ist, dass er den Thron tatsächlich zu irgendeinem Zeitpunkt inne hat.

122 Tarhan, M.T., A Third Temple at Çavuştepe-Sardurihinili? Uç Kale, in: Çilingiroğlu, A.; Sagona, A. (Hrsg.), Anatolian Iron Ages 6, Leuven (2007), S. 275f.

123 Vgl. Kapitel 4.3.2.4 „Tempel / religiöse Bauwerke".

124 Vgl. Kapitel 4.3.2.4 „Tempel / religiöse Bauwerke".

125 Tarhan, M.T., A Third Temple at Çavuştepe-Sardurihinili? Uç Kale, in: Çilingiroğlu, A.; Sagona, A. (Hrsg.), Anatolian Iron Ages 6, Leuven (2007), S. 268ff., 278.

126 Die Alternativlesung wäre „ein Schaf an den Gott (des Königs) Sardure", was auch die von Mirjo Salvini in CTU vorgeschlagene Übersetzung ist, wobei sich die Frage stellt, welche Gottheit damit gemeint ist. Am wahrscheinlichsten erschiene in diesem Fall Irmušini, der Sardure einen Tempel in Çavuştepe baut. Vgl. Tarhan, M.T., A Third Temple at Çavuştepe-Sardurihinili? Uç Kale, in: Çilingiroğlu, A.; Sagona, A. (Hrsg.), Anatolian Iron Ages 6, Leuven (2007), S. 277.

Selbst wenn diese Lesung angenommen werden kann, sollte meines Erachtens aber nicht unbedingt von einer Vergöttlichung Sardures II. ausgegangen werden. Ebenso, wenn nicht viel eher denkbar, wäre eine Verehrung des Gründers des urartäischen Reiches, Sardure I., im Rahmen eines Ahnenkultes, wie er etwa für das Hethitische Reich belegt ist. Eventuell könnte man auch in den ungewöhnlichen Tempeln mit zwei Cellae, wie Tarhan sie in Van und Çavuştepe vermutet, dem hethitischen *ḫekur*-Haus[128] funktional ähnliche Gebäude sehen, die entweder der Ahnenverehrung im Allgemeinen oder der Verehrung speziell von Sardure I. dienen.

Im Stelenheiligtum von Altıntepe meinen die Ausgräber ebenfalls, v.a. auf Grund der direkten Nähe zu den Kammergräbern, einen Ort des Ahnenkultes zu erkennen. Die vier Stelen mit einer Höhe von jeweils 2,30 m stehen auf flachen Steinbasen an einem Ende eines langen, künstlich geebneten Gebiets und tragen keine Inschriften. Vor ihnen befindet sich ein runder Altar mit einem Loch. Die gesamte Plattform ist von einer Steinmauer umgeben.[129] Im Zusammenhang mit den nahe gelegenen Grabkammern erscheint die Interpretation als Ort für Totenopfer plausibel.

Einen weiteren Anhaltspunkt für die Verehrung des Dynastiegründers Sardure I. legt Ursula Seidl dar. Auf Bronzegegenständen, v.a. Gürtelblechen, findet sich die Darstellung einer bärtigen Gestalt in einem Wagen (siehe das Detail eines Helmes aus Karmir-Blur, Abb. 14), was insofern ungewöhnlich ist, da in Urartu alle menschlichen Akteure stets bartlos gezeigt werden, hier also mit einer göttlichen Figur gerechnet werden kann, der dann aber die zu erwartenden weiteren Attribute von Göttlichkeit, wie die Hörnerkrone o.Ä., fehlen. Die bärtige Figur steht meist zusammen mit einem Wagenlenker in einem Wagen und hat eine Hand erhoben. Vor dem Wagen befinden sich in der Regel Mischwesen und gelegentlich kommen in diesem Zusammenhang auch der Heilige Baum und Genien vor, was die Szene von einer realen abhebt und überhöht. Ebenso wird oft ein Aufmarsch von Soldaten (Speerwerfer, Bogenschützen, Lanzenkämpfer, Schleuderer) in Verbindung mit dem bärtigen Mann im Wagen gezeigt. So werden in dieser Darstellung Symbole des Königtums mit der militärischen Realität verflochten. Nach Seidl kann die einzige Interpretation des bärtigen Mannes die eines schon verstorbenen Königs sein, der menschliche und übermenschliche Attribute aufweist, also eine Art „heroischer Ahnherr".[130]

127 Tarhan, M.T., A Third Temple at Çavuştepe-Sardurihinili? Uç Kale, in: Çilingiroğlu, A.; Sagona, A. (Hrsg.), Anatolian Iron Ages 6, Leuven (2007), S. 176ff.

128 Das Wort *ḫekur* trägt im Hethitischen das Determinativ für Stein (na_4), weswegen von einer Felsanlage ausgegangen wird. Zum *ḫekur* haben nur direkte Mitglieder der Dynastie Zugang; dort wurden auch Statuen der verstorbenen Könige aufgestellt, wie ein Beleg von Šuppiluliuma II. (KBo 12.38) berichtet. Haas, V., Geschichte der hethitischen Religion, Leiden (1994), S. 245f.

129 Özgüç, T., The Urartian Architecture on the summit of Altıntepe, in: Anatolia 7 (1963), S. 48f., ders. Altıntepe II, Ankara (1969), S. 73f., sowie Salvini, M., Geschichte und Kultur der Urartäer, Darmstadt (1995), S. 169.

130 Seidl, U., Bronzekunst Urartus, Mainz (2004), S. 203f. Vgl. auch Exkurs 2: „Königsdarstellungen im Bild".

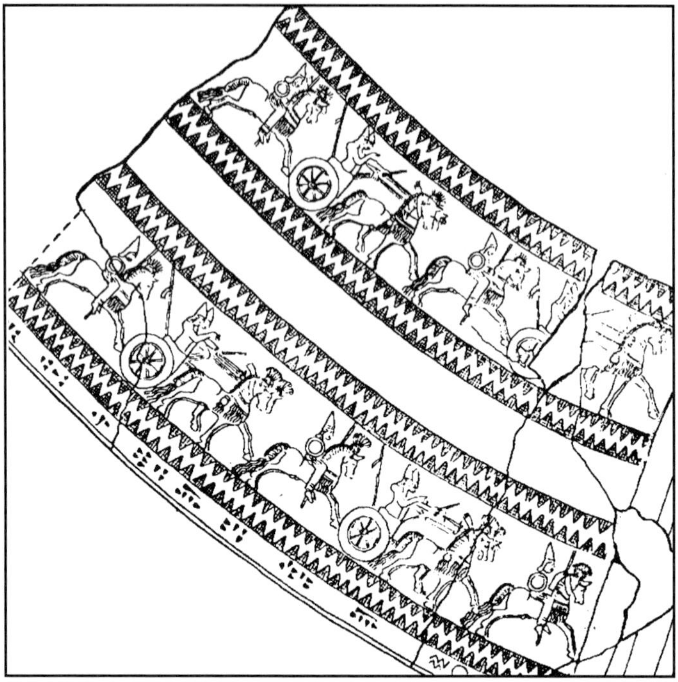

Abb. 14: Detail eines Helmes aus Karmir-Blur
Quelle: Piotrovskij, B.B., Karmir-Blur 1, Erevan (1950), Abb. 40.

Diese Figur taucht nach Alina Ayvazian[131] auch auf Siegeln (z.B. KB 42, Abb. 15) auf – dann zusammen mit einem Lebensbaum –, wobei eine solche Figurengruppe (Lebensbaum und eine Figur in assyrischem Hofgewand mit Helm) ebenso auf einem Relieffragment aus Toprakkale (Abb. 16) zu sehen ist. Ayvazian schließt bei dieser ungewöhnlich dargestellten Figur genau wie Ursula Seidl im Falle der Bronzen auf einen Ahnherrn, und auf Grund der Herkunft des Relieffragmentes auf Toprakkale als Zentrum des urartäischen Ahnenkultes.[132] Eindeutige Belege für Toprakkale als Ort der Ahnenverehrung gibt es aber nicht, und die Grabungen dort haben bislang auch kein Gebäude erbracht, das für solche Aktivitäten genutzt worden zu sein scheint. Vielmehr scheint Tušpa der logische Ort für einen zentralen Ahnenkult, sowie eventuell auch Çavuştepe mit dem Uç Kale (s.o.).

131 Ayvazian, A., Urartian glyptic: New perspectives, Online Publikation (2007).
132 Ebd., S. 218f.

Abb. 15: Siegelabrollung aus Karmir-Blur KB 42

Quelle: Payne, M., Urartian Measures of Volume, ANES Supplement 16, Leuven (2005), S.B.22, S. 365 (Zeichnung nach Piotrovskij).

Abb. 16: Relief-Fragment aus Toprakkale mit der „bärtigen Figur“

Quelle: Wartke, R.-B., Toprakkale. Untersuchungen zu den Metallobjekten im Vorderasiatischen Museum zu Berlin, Berlin (1990), Tafel XXV.

Die Interpretation der bärtigen Figur, die zumindest auf den Bronzen eindeutig auftritt, als Ahnherrn wird untermauert durch den Text der 8. Kampagne Sargons, der eine Inschrift eines Rusas auf einer Statue, die im Ḫaldi-Tempel von Muṣaṣir aufgestellt gewesen ist, erwähnt. Diese Statue zeigt laut Sargon den urartäischen König Rusa mit seinen zwei Reitpferden und trägt folgende Inschrift:

> „mit meinen zwei Pferden und meinem einen Wagenlenker[133] hat meine Hand die Königsherrschaft über Urartu erlangt“[134].

Hier ist der Zusammenhang mit den bildlichen Darstellungen der Figur im Wagen deutlich. Darüber hinaus wäre der betreffende König durch eine herausragende Tat zum Königtum gekommen, ein Topos, der in urartäischen Inschriften so nicht auftritt. Die 8. Kampagne schreibt diese Aussage nun Rusa selbst zu (wobei es sich um Rusa, Sohn des Erimena, oder Rusa, Sohn des Sardure, handeln könnte), allerdings wäre so eine Aussage eher vom Begründer von etwas Neuem oder einem Rebell zu erwarten. Deswegen liegt die Vermutung nahe, dass die erwähnte Statue mit der Weihung Rusas eigentlich Sardure I. zeigt und die Assyrer auf dem Bild nur missverständlich den weihenden König selbst sehen. Dann handelte es sich vielmehr um eine Darstellung des Dynastiegründers Sardure I., die von Rusa im Tempel des urartäischen Hauptgottes Ḫaldi aufgestellt worden ist. Dazu würde außerdem die Erwähnung der Übernahme des Königsamtes durch eine reine Eigenleistung und ohne Zuhilfenahme Ḫaldis passen,[135] denn prinzipiell nennen alle Texte ab der Regierungszeit des Išpuini Ḫaldi als Berufungsgrund für ihr Königtum, auch die von Rusa, Sohn des Erimena, der noch am wahrscheinlichsten als Usurpator gesehen werden könnte (vgl. Kapitel 4.6 „Die urartäische Königsdynastie“).

Zu beachten ist in diesem Zusammenhang auch die Schreibung des Namens Sardure in den Inschriften von Sardure I. (und ebenso Sardure II.), die stets mit Götterdeterminativ erfolgt. Die logographische Schreibweise[136] des Namens lautet ^{md}*sar*$_5$*-dūri* (bàd), wobei sar$_5$ eine gängige Schreibung der assyrischen Göttin Ištar ist, weswegen ein dingir voransteht. Mit diesem schreiberischen Kniff setzt Sardure sich selbst also einen Göttlichkeitsmarker voran, wobei dies allein natürlich in keiner Weise einen Indikator für eine tatsächliche göttliche Verehrung des Königs darstellt.

---

133 Dabei ist „Wagenlenker“ (lú ^{giš}gigir) wohl ein älteres Wort, das auf einen Reiter bzw. in der Reiterei wesentlichen Funktionsträger übertragen wird. So benötigen z.B. Bogenschützen einen zweiten Mitreiter, der beide Pferde lenkt, also muss nicht zwingend ein Wagen dargestellt sein. Allerdings gibt es keinerlei Darstellungen eines reitenden Königs, weder in Urartu noch im Assyrien des 9. bis 7. Jahrhunderts (erst Assurbanipal wird als Reiter gezeigt, allerdings auf der Jagd, nicht in der Schlacht). Also sollte man sich die Statuengruppe nach Seidl folgendermaßen vorstellen: ein stehender König, zwei Pferde und ein Begleiter. Vgl. Seid., U., Bronzekunst Urartus, Mainz (2004), S. 127.

134 8. Kampagne, Z. 404.

135 Seidl, U., Bronzekunst Urartus, Mainz (2004), S. 127f.

136 Auch die phonetische Schreibung als ^{m}*Sa-ar-du-ri*, die in assyrischen Quellen, z.B. von Tiglat-Pilesar III. auftaucht, kann mit einer Gottheit, nämlich der urartäischen Göttin Sardī aus der Meher Kapısı-Inschrift in Verbindung gebracht werden, wobei interessant ist, dass die Assyrer den eigentlich gängigen assyrischen Namen ^{d}Ištar-dûri eben nicht in dieser Weise schreiben, wenn es um den urartäischen König geht.

Fazit: Ein Ahnenkult in Urartu!
In Kapitel 1.4 „Das Charisma-Konzept“ wurde dargelegt, dass gerade das Gentil- oder Erbcharisma, das im Königtum eine bedeutende Rolle spielt, mit der Entwicklung eines spezifischen Ahnenkultes bzw. einer Vergöttlichung der Ahnen verbunden ist. Die Ahnenverehrung unterstreicht die Heiligkeit des Blutes, mit der die charismatischen Fähigkeiten innerhalb der Dynastie weitergegeben werden. Dabei ist die Ahnenverehrung „eine der ältesten fassbaren religiösen Äußerungen des Menschen“[137]. Für Urartu sprechen einige Indizien für einen Ahnenkult bzw. eine mythische Verehrung eines Königs. Zum Einen wäre zu nennen die ungewöhnlichen Tempel- / Gebäudeform in Tušpa und Çavuştepe, die nicht dem typischen *susi*-Tempel der Urartäer entspricht und eventuell eine dem hethitischen *ḫekur* ähnliche Funktion für den Ahnenkult einnimmt. Des Weiteren deutet die Nähe des Stelenheiligtums von Altıntepe zu den dortigen Grabanlagen ebenfalls auf eine Ahnenverehrung hin. Zweitens ist die Darstellung des bärtigen Kriegers auf den Bronzen ungewöhnlich und könnte einen vergöttlichten Ahnherrn zeigen. Nicht zuletzt sprechen die Annalen von Sardure II. mit der Formulierung dingir-*i-e* wahrscheinlich von der „Göttlichkeit“ eines Sardure, der Opfer darzubringen sind, wobei dieser Sardure meines Erachtens mit dem Dynastiegründer Sardure I. zu identifizieren ist. Als erster in der Reihe der urartäischen Königsdynastie, zumindest wie sie uns überliefert ist, gründet Sardure I. das Fundament der Linie und schafft durch die Statusvererbung eine dauerhafte soziale Trennung. Die gesamte Filiationslinie verfügt Dank ihres Gründers über eine charismatische Macht, und eben diese Monopolisierung des Charismas ebnet den Weg in die Staatlichkeit, zum Königtum.[138] Somit ist Sardure I. als Begründer der Linie sicher der bedeutendste Ahnherr der urartäischen Könige und seine Verehrung als solcher durchaus wahrscheinlich.

Genauso denkbar wäre natürlich, dass in Urartu ähnlich wie im hethitischen Kulturkreis alle Herrscher eine posthume Verehrung genießen, denn eine Passage aus der 8. Kampagne Sargons spricht davon, dass eine Statue von Argišti mit „dem Stern der Göttlichkeit gekrönt“[139] worden sei.[140]

Für eine Ahnenverehrung sprechen weiterhin die zahlreichen Felsgräber in Tušpa, die eingebunden in die Strukturen mitten auf der Zitadelle liegen, z.T. mit großen Plattformen davor, die kultische Handlungen erlauben. Die enge Verbindung zwischen den baulichen Strukturen der Zitadelle und den Kammergräbern, also der lebenden Könige mit den verstorbenen, könnte ein zusätzliches Indiz für einen hier verorteten Ahnenkult sein.

4.3 Die politische Verantwortung des urartäischen Königs

Wie in den meisten der in Kapitel 2 beschriebenen altorientalischen Gesellschaften erklärt sich die politische Verantwortung des urartäischen Königs in erster Linie aus seinem göttlichen Auftrag zur Sorge für sein Land. So gut wie alle Inschriften, die eine zivile Aktivität

137 Haas, V., Geschichte der hethitischen Religion, Leiden (1994), S. 238.
138 Vgl. Stefan Breuer in Kapitel 1.3.1 „Die Entstehung von Königtum bzw. die Entstehung des Staates“.
139 8. Kampagne, Z. 402.
140 Vgl. Ayvazian, A., Urartian glyptic: New perspectives, Online Publikation (2007), S. 14.

des Königs nennen, nehmen Bezug auf Ḫaldi. Auch der „Hirten"-Begriff ist für den urartäischen König belegt. Schon Sardure I. nennt sich ^{lú}sipa *tabrate* („wunderbarer Hirte") auf der Inschrift an der Sardursburg am Van-Felsen (CTU A 1-1), ebenso kommt der Hirtenaspekt (als ^{lú}*si-e*) in der bereits in Kapitel 4.2 beschriebenen Phrase „Diener des Ḫaldi, der wahre Hirte der Menschen" vor. Wie etwa im neuassyrischen Reich kann man für Urartu eine Art Verwaltertätigkeit für den Gott, die hinter diesem Hirten-Begriff steckt, annehmen.

Weitere Hinweise darauf gibt z.B. das Epitheton *šakin* Tušpan-uru, das, auch als *alusi* ^{uru}*Tušpa(i)*-uru, häufig in der urartäischen Königstitulatur auftaucht. Die enge Bindung des urartäischen Herrschers an sein Land wird demnach v.a. dadurch deutlich, dass der Großteil der Epitheta den Landesaspekt bzw. die Stadt Tušpa aufgreift, und in der verkürzten Titulatur, die etwa unter Argišti I. gebräuchlich ist, steht sogar nur man dannu man ^{kur}*biainaue alusi* ^{uru}*Tušpa(i)*-uru (z.B. CTU A 8-1, Z.5–7).

Zur politischen Verantwortung eines Königs, wie sie im 1. Kapitel definiert wurde, gehören die Bereiche des Recht- und Gerechtigkeit-Setzens, also eine eventuelle Richterfunktion, infrastrukturelle Maßnahmen, z.B. durch Bauaktivität das Land zu entwickeln und die Umwelt nutzbar zu machen, sowie die Aufgaben des Königs in der Verwaltung. Diese drei Aspekte sollen in den folgenden Kapiteln beschrieben werden, um zum Einen die faktische Rolle des urartäischen Königs in den genannten Bereichen zu ermitteln und zum Anderen festzustellen, inwieweit diese Aufgaben und Kompetenzen im v.a. durch die Inschriften propagierten Königsbild Urartus eine Rolle spielen.

4.3.1 Der König als Recht sprechende und Recht setzende Instanz

Als ein Aspekt der politischen Verantwortung des Königs wurde im 1. Kapitel seine Gerechtigkeit stiftende bzw. Richter-Rolle definiert.

In den Königsinschriften Urartus spielt die Richterrolle des Königs keinerlei Rolle, ebenso wenig kommt ein Gerechtigkeitsaspekt in der Titulatur vor. Dennoch gibt es einige wenige Briefe, die die Involvierung des Königs bzw. eines ^{lú}*aṣuli* in Rechtsstreitigkeiten belegen, auch wenn diese Tätigkeiten für die Königsideologie nicht genutzt werden.

Ein Rusa, Sohn des Sardure, siegelt als ^{lú}*aṣuli* einen Brief (CTU CT Ba-1), der in Bastam gefunden wurde und in dem es um die Rechte an einer bestimmten Art von Feld oder Pflanzung (^{giš}*udue*) geht. In diesem Brief veranlasst der König, der namentlich nicht genannt wird, dass die ^{giš}*udue* an den Mann zurückgegeben werden, dem er ihn ursprünglich gegeben hatte, einen ^{lú}é.gal. Dieser hat ihn anscheinend an einen Rivalen verloren. Um die Angelegenheit vor Ort kümmern soll sich ein ^{lú}na$_4$.dib.[141]

Weitere Briefe, die ebenso wie der beschriebene aus der Spätzeit des Reiches stammen, nennen eine Einmischung der Verwaltung bzw. auch direkt des Königs in scheinbar trivialere Rechtsangelegenheiten, wie die Bestätigung von Heiratsverträgen (CTU CT Kb-3, nennt den König als Absender), die Übergabe bestimmter Güter an verschiedene „Leute" (CTU CT Ba-2, nennt den König als Absender), die Sicherung der Rückkehr von Flüchtlingen (CTU CT Kb-4, der Absender ist abgebrochen), die Verteilung spezieller Güter und das Sammeln bestimmter Mengen von Vieh (CTU CT Kb-2 und CTU CT Kb-7,

---

141 Vgl. Zimansky, P., Ecology and Empire, Chicago (1985), S. 82.

beim Absendernamen steht kein Königstitel).[142] Alle diese Tafeln sind mit so genannten „Prinzensiegeln" von ^{lú}*aṣuli*[143] gesiegelt, deren Besitzer aller Wahrscheinlichkeit nach keine Könige sind, trotzdem wird der König als Absender der Briefe bzw. Ursprung der Anordnungen in den aufgeführten Fällen konkret genannt. Auch wenn der Königstitel als konkreter Absender fehlt und stattdessen Personennamen stehen, kann man davon ausgehen, dass alle diese Briefe auf die Autorität des Königs zurückzuführen sind. Die Formulierung „PN hat das Wort" (PN *bauše šiuni*) kann auf den Boten bezogen werden, der die Botschaft des Königs mündlich verkündet.[144]

Es lässt sich folgern, dass wenigstens Teile der Rechtssprechung und -entscheidungen, die sich keineswegs auf Kapitaldelikte beschränken, Sache des Königs sind. Gerade beim Fall des oben genannten ^{giš}*udue* könnte man davon ausgehen, dass es sich hier um einen Fall handelt, wie er im babylonischen Herrschaftsgebiet häufig vorkommt: Ein Untertan wendet sich in einer Rechtsangelegenheit an den König, nachdem vielleicht ein lokales „Gericht" anders entschieden hat. Das würde das urartäische Königsverständnis vom assyrischen unterscheiden, wo solche Fälle eher die Ausnahme[145] sind. Festzuhalten bleibt aber, dass der Gerechtigkeitsaspekt, wie er von assyrischen oder babylonischen Herrschern bekannt ist, in Urartu nicht in den Königsepitheta und -darstellungen auftritt, ebenso wenig wie eine eventuelle Richterrolle. Das mag im Zusammenhang mit dem föderalen Aufbau des urartäischen Staates stehen, in dem diese Kompetenzen im Allgemeinen eher an die Gouverneure delegiert werden (s.u., Kapitel 4.3.3 „Der König an der Spitze der Verwaltung").

4.3.2 Der König als Bauherr

Bei der Betrachtung des Königtums in Urartu ist die Beschäftigung mit den baulichen Hinterlassenschaften des Königs von entscheidender Aussagekraft, da sie – neben der Bronzekunst – die archäologische Hauptquelle im Hinblick auf das urartäische Königtum darstellen. Bautätigkeit vermittelt einen tiefen Einblick in Königtum und Herrschaft, gerade in Urartu, wo laut den Inschriften allein der König als Urheber der Bauwerke auftritt.[146] Bauen scheint gleichzeitig ein Privileg und eine Verantwortung des Königs zu sein, der sowohl Sakral- als auch Profanbauten, stets Ḫaldi zu Ehren, errichten lässt.

Zwei unterschiedliche Quellenstränge sind für die Untersuchung der königlichen Bautätigkeit bedeutend: erstens die Inszenierung der Bautätigkeit in den Königsinschriften sowie zweitems die archäologischen Befunde der baulichen Strukturen, die Aufschluss über die Involvierung der Zentralmacht in das Bauwesen geben. In Urartu geschieht die Selbstinszenierung der Könige hinsichtlich ihrer Bautätigkeit ausschließlich in den

142 Ebd. S. 81ff.

143 Siehe dazu unten: Kapitel 4.3.3.1 „Die Verwaltung – Weitere Beamte in Urartu".

144 So auch Salvini, M., Die urartäischen Tontafeln, in: Kleiss, W., Bastam I, Berlin (1979), S. 116f.

145 Vgl. Kapitel 2.2.2 „Die politische und administrative Verantwortung des Königs – Das assyrische Königtum".

146 Ein Beleg berichtet von der Anlage eines Weingartens durch Tariria, der Ehefrau Minuas (CTU A 5A-1). Eventuell ist diese Anlage vergleichbar mit der Stiftung etwa von Moscheen durch die Mütter oder Ehefrauen der osmanischen Sultane, wie die Yeni Cami in Istanbul durch Safiye Sultan, der Ehefrau von Murad III.

Inschriften, bildliche Darstellungen des Königs als Bauherr existieren nicht.[147] So werden in dem diesen Vorbemerkungen folgenden Unter-Kapitel über die Bautätigkeit der urartäischen Könige zunächst die Bauinschriften vorgestellt und hinsichtlich des vermittelten Bildes des königlichen Bauherrn untersucht. In den anschließenden Kapiteln werden die verschiedenen königlichen Bauprojekte, die in Inschriften Erwähnung finden, ihrem archäologischen und philologischen Befund nach beschrieben.[148] Dabei steht neben der äußeren Erscheinungsform der Bauten vor allem die Frage im Vordergrund, welche Bedeutung diese einzelnen Bauprojekte im Rahmen des Bauprogramms des Herrschers haben, also wie der König durch diese Projekte das Land gestaltet. Nach einer zusammenfassenden Darstellung der Bauprojekte und des in den Inschriften vermittelten Königsbildes im Hinblick auf die Bautätigkeit wird im abschließenden Unterkapitel das Ergebnis des königlichen Bauprogramms in Form der Siedlungsverbreitung im urartäischen Reich behandelt.

Der Großteil der Architekturreste der erforschten Plätze, darunter vor allem Burgen, datiert ins 8. und 7. Jahrhundert v. Chr.,[149] was Aussagen über frühere urartäische Bauten schwierig macht. Außerdem fällt bei Betrachtung des archäologischen Befundes auf, dass vor-urartäische Baureste kaum bekannt sind. Die Urartäer scheinen sich für ihre Bauprojekte „neue“ Plätze erschlossen oder ältere Reste vollständig beseitigt zu haben. Problematisch ist ebenfalls, dass viele der urartäischen Plätze und vor allem Festungen noch in späterer Zeit besiedelt waren und in der Folge die bestehenden urartäischen Architekturreste häufig baulich in einem Ausmaß verändert wurden, das die Rekonstruktion des originalen urartäischen Zustandes nicht mehr zulässt.

Nur der König führt offizielle Bauprojekte durch. Die neugegründeten Anlagen tragen daher oftmals den Namen des Königs, wie Minuaḫinili, Argištiḫinili, Sardurḫinili und Rusaḫinili, oder den Namen einer Gottheit, die in dem Landesteil, in dem das betreffende Bauprojekt stattfindet, besonders verehrt wird, z.B. Teišebai-uru (Karmir-Blur).

Ein häufiger Topos in den Inschriften ist, dass, bevor die urartäischen Könige hier bauten, die Erde öde (*qi-i-ú-ra-a-ni-e qu-ul-di-i-ni-e ma-a-nu*) oder der Fels schroff (*qar-bi sal-zi ma-nu*) war. Argišti II. führt in der Inschrift von Çelebibağı noch näher aus, dass die kulturellen Errungenschaften erst durch seine Bautätigkeit im Land Einzug halten:

> ki^{meš} qu-ul-di-ni ma-nu ú-i gi-i [(a)]b-si-i gá[(n ^{gi})]^{š}ú.še ul-di za-⌜a-ri⌝ iš-ti-ni ma-nu-ri ú-i pa$_5$ iš-[(ti-ni)]
>
> „die Erde war öde, überhaupt nichts, weder ein Feld, noch ein Weinberg, noch ein Obstgarten waren dort, kein Kanal war geführt“.[150]

Dieser Topos, der oft im Zusammenhang mit Neugründungen auftaucht, verweist auf das Selbstverständnis der urartäischen Könige und ihr ideologisches Programm zur Kultivierung des eroberten Landes. Des Weiteren bestärkt er den Eindruck, dass man für die Anlage

147 Vgl. Exkurs 2: „Königsdarstellungen im Bild“.
148 Dabei werden Felsgräber und -kammern nicht behandelt, weil sie in den Inschriften nicht auftauchen.
149 Forbes, T.B., Urartian Architecture, Oxford (1983), S. 1.
150 CTU A 11-1, Z. 27ff. Deutsche Übersetzung der Autorin.

von Bauten offensichtlich neue Standorte bevorzugt und nicht schon bestehende Anlagen weiter nutzt. Wird an einer schon vorhandenen Siedlung gebaut, tragen die Urartäer vor dem Bau ältere Siedlungsstrukturen bzw. -spuren ab. Das zeigt sich am Befund von Horom, wo die urartäischen Strukturen direkt auf die frühbronzezeitlichen Mauern aufbauen und Keramik der so genannten Kura-Araxes Ware zerbrochen unter den untersten Levels der urartäischen Mauern gefunden wurde.[151] Das heißt, dass die restlichen 2000 Jahre an Siedlungsstrukturen, die hier vorhanden gewesen sein sollten, offenbar entfernt wurden. Ideologisch entspricht das einer „Leerung" der eroberten Regionen, der ursprüngliche Status wird wiederhergestellt. Das unterbricht einerseits die historische Kontinuität für die Bevölkerung und zeigt andererseits den König als Erzeuger der Ordnung.[152]

Mit der Anwesenheit der urartäischen Könige ändert sich also etwas: Wo vorher nichts war, gibt Ḫaldi dem König den Auftrag zu bauen (^{d}*Ḫal-di-ni-ni ba-ú-ši-ni*[153]). Es werden Wein- und Obstgärten angelegt, Kanäle und Lagerhäuser errichtet, um das Land wirtschaftlich und verwaltungstechnisch zu erschließen.

4.3.2.1 Die Bauinschriften

Die urartäischen Könige halten ihre Bauprojekte in monumentalen Inschriften fest, wobei der Herrscher der einzig vorkommende Bauherr ist. Jeder urartäische König hinterlässt Bauinschriften, allerdings sind diese von jedem Herrscher in unterschiedlicher Menge überliefert. Bauinschriften sind in der Regel in Keilschrift und in urartäischer Sprache verfasst, in der Frühzeit Urartus gibt es einige Ausnahmen[154] in akkadischer Sprache. Die aus Urartu bekannte Hieroglyphenschrift wird nie für Monumentalinschriften verwendet und taucht nur auf Siegeln oder Vorratsgefäßen auf.

In einigen Fällen werden auch in Königsannalen bzw. Feldzugsberichten Bauprojekte erwähnt.

Durch die Inschriften ist es uns möglich, Bauprojekte einem König zuzuordnen und zu datieren. Außerdem werden durch die Inschriften Bezüge zwischen einzelnen Bauprojekten hergestellt, wodurch sie Rückschlüsse über das Ausmaß der urartäischen Bauprogramme ermöglichen.

Adam T. Smith[155] unterscheidet zwei Arten von Bauinschriften: Das sind erstens Inschriften, die sich mehr oder weniger ausführlich auf den Bericht über die Gründung einer Stätte oder die Errichtung eines Gebäudes beschränken. Feste Bestandteile sind der Name des Herrschers, die Filiation und die Art des errichteten Gebäudes. Diese tauchen auch in den extrem knapp gehaltenen Inschriften, wie auf einem Zylinder aus der Umgebung von Van, stets auf:

---

151 Smith, A., Archaeology in the Borderland: Investigations in the Caucasus and Beyond, Los Angeles (2003), 165ff.

152 So auch jüngst: Smith, A., The Prehistory of an Urartian Landscape, in: Kroll, S. et al. (Hrsg.), Biainili-Urartu, Leuven (2012), S. 39–52.

153 Z.B. in CTU A 8-15 von Argišti I. aus Karakala, Z. 4.

154 Z.B. die Inschrift von Sardure I. auf dem Van-Felsen (CTU A 1A–F).

155 Smith, A.T., The Political Landscape: Constellations of Authority in Early Complex Polities, Berkeley (2003), S. 161f.

^{m}mì-nu-ú-a-še ^{m}iš-pu-ʼ-i-ni-ḫi-ni-še i-ni ^{é}a-ši-ḫu-ú-si-e za-a-du-ú-ni

„Minua, Sohn des Išpuini, hat dieses *ašiḫusi*-Gebäude gebaut."[156]

Solche extrem verkürzten Inschriften sind aber verhältnismäßig selten. Häufiger werden diese Basiselemente noch durch die Widmung für einen Gott, in erster Linie Ḫaldi, und eine Titulatur des Königs ergänzt, wie zum Beispiel in der etwas ausführlicheren Gründungsinschrift von Minuaḫinili, die in Başbulak bei Taşburun gefunden wurde:

1. ^{d}[Ḫal]-di-e e-ú-[ri-e]
2. [i]-ni é ba-[du]-ú-[si-e]
3. [^{m}Mì]-nu-a-še ^{m}iš-pu-u-ni-ḫi-ni-[še]
4. [ši]-di-iš-tú-ni é.gal
5. [ši]-di-iš-tú-ni ba-du-ú-[ši-e]
6. [te]-ru-ni ^{m}Mì-nu-a-ḫi-ni-[li]
7. [ti-i]-ni ^{d}Ḫal-di-ni-[ni]
8. [al-s]u-ši-i-ni ^{m}Mì-nu-a-[ni]
9. [^{m}i]š-pu-ú-ni-[ḫi]
10. [man dan]-nu man ^{kur}Bi-a-na-[ú-e]
11. [a-lu-si ^{uru}Ṭu-uš-pa-e uru]

„Für Ḫaldi, den Herrn, hat Minua, Sohn des Išpuini, dieses Gebäude perfekt gebaut, hat eine Festung perfekt gebaut, hat ihr den Namen Minuaḫinili gegeben. Dank der Größe des Ḫaldi (bin ich) Minua, Sohn des Išpuini, starker König, König von Biainili, [Herr von Tušpa-Stadt]."[157]

Für die vorliegende Arbeit aussagekräftiger sind die nach Smith so genannten „landscape inscriptions", die zwar ebenfalls von der Gründung einer Stätte und/oder der Errichtung einzelner Gebäude berichten, aber zusätzlich noch auf weitere Aspekte der Macht des Königs, Land zu kultivieren, eingehen.

Als Beispiel dient hier die Torinschrift von Ayanis (CTU A 12-9) in der Transliteration und Übersetzung von Mirjo Salvini:

1 ^{d}ḫal-di-ni-ni al-su-i-ši-ni ^{m}ru-sa-a-še
2 ^{m}ar-giš-te-ḫi-ni-še i-ni é.gal ba-du-si-i-e
3 ši-di-iš-tú-ni ^{kur}e-i-du-ru-ka-i ^{m}ru-sa-a-še
4 a-li ^{na4}qar-bi <sal-zi> ma-nu ú-i gi-i iš-ti-ni
5 ši-da-ú-ri i-e-še e-ʼa é.bára e-ʼa é.gal
6 ba-du-si-i-e ši-di-iš-tú-ú-bi
7
8 ^{giš}ul-di ^{giš}za-a-ri šú-ú-ḫi te-ru-ú-bi uru šú-ú-ḫi

156 CTU A 5-65. Der Text wird auf dem Zylinder dreimal wiederholt. Deutsche Übersetzung der Autorin.

157 CTU A 5-26. Deutsche Übersetzung der Autorin in Anlehnung an CTU A.

9 iš-ti-ni ši-di-iš-tú-ú-bi tar-gi-i-ni-lí
10 ar-ni-ú-ši-ni-li iš-ti-ni za-du-bi te-ru-bi
11 ti-ni ^{m}ru-sa-ḫi-ni-li ^{d}ḫal-di-ni-ni al-su-i-ši-ni
12 ^{m}ru-sa-a-ni ^{m}ar-ğiš-te-ḫi lugál dan.nu lugál al-su-i-ni
13 lugál ^{kur}bi-a-i-na-ú-e a-lu-si ^{uru}ṭu-uš-pa-e uru
14 ^{m}ru-sa-a-še a-li a-lu-še ti-ni-ni tú-li-e ma-a-si
15 ti-ni te-li-e tú-ri-ni-ni ^{d}ḫal-di-še ^{d}im-še ^{d}utu-še

1–3 Through the greatness of Ḫaldi, Rusa, son of Argišti, has built this fortress to perfection in front of the mountain Eiduru.

3–6 Rusa says: the rock was <untouched>, nothing was built here (before). I built a shrine as well as a fortress, perfectly.

7–8 I set new vineyards and orchards and founded a new town (settlement) here.

8–9 Strong accomplishments I made here. (I) imposed (the) name (of) Rusaḫinili.

10–13 Through the greatness of Ḫaldi (I am) Rusa, the son of Argišti, mighty king, great king, king of the land of Biainili, lord of Tušpa-City.

14–15 Rusa says: whoever my name erases (and) puts his (own) name, may Ḫaldi and the Storm God and the Sun God annihilate him.[158]

Daraus kann man einen exemplarischen Aufbau mit folgenden Elementen und deren Bedeutung für das Königskonzept ableiten:

Element	**Bedeutung für die Selbstdarstellung des Königs**
Widmung für den Gott	Die Widmung in Form der Berufung auf Ḫaldi ist natürlich eine Formalie, die auftauchen „muss“. Sie bedeutet auf der anderen Seite aber auch eine Legitimation des Königs, der als Vermittler zwischen dem Willen des Gottes und dem Leben auf Erden auftritt. Dabei steht der König, wenn man rein von dem in den Texten vermittelten Bild ausgeht, sogar in einer gewissen Abhängigkeit zu Ḫaldi, denn allein auf Grund der Macht des Gottes wird gebaut.

158 Salvini, M., The Inscriptions of Ayanis. Monumental Stone Inscriptions, in: Çilingiroğlu, A.; Salvini, M. (Hrsg.), Ayanis I, Rom (2001), S. 251f., CTU A 12-9.

Name des Herrschers, Filiation	Die Filiation stellt den König in eine Familien-Tradition, was seine Legitimität untermauert und sein Erbcharisma offensichtlich macht.
Art und Ort des Bauprojektes	Zu der Beschreibung der Art des Bauprojektes und des Ortes kommt, auch in den kürzeren Bauinschriften, häufig der Topos der „Perfektion" (*badusə*[159]). Das wirkt wie Eigenlob, belegt aber wieder die Legitimität des Königs, denn nur er, als von den Göttern eingesetzter Herrscher, kann etwas so perfektes schaffen. Daneben wird der unbebaut–bebaut Gegensatz betont, genauso wie die eigenen großen Taten herausgestellt werden. Nicht zuletzt haben Art und Ort eines Baus natürlich einen Sachbezug, der auf den faktischen Nutzen der Anlagen verweist.
Zusatz	Als Zusatz stehen oft die Formel über die „öde Erde", die erst durch die Bauaktivität des Königs urbar gemacht worden ist, sowie weitere Bauprojekte, die der König am selben Ort durchführt. Der Gegensatz vom Ausgangs- zum bebauten Zustand zeigt den König als Bezwinger der Wildnis, ein altorientalisch häufiger Topos[160], der hier betont und auf den Punkt gebracht wird. Die weiteren an dem gleichen Ort durchgeführten Bauprojekte stellen das eigentliche Objekt der Inschrift in einen größeren Zusammenhang.

159 Zur Übersetzung von *badusə* mit „zur Perfektion" (im Dativ) siehe: Salvini, M., Neuassyrische Schrift und Sprache in den urartäischen Königsinschriften (9.-7. Jahrhundert v. Chr.), in: Cancik-Kirschbaum, E.; Klinger, J.; Müller, G. (Hrsg.), Diversity and Standardization, Berlin (2013), S. 129f.

160 In den neuassyrischen Inschriften etwa wird ein solcher Topos weit weniger akzentuiert. Zwar nennt Sargon II. sich z.B. in der Inschrift auf den Stierkolossen aus Ḫorsabad einen König, „der sein Augenmerk auf die Besiedlung brachliegender Steppengebiete, sowie auf Kultivierung des Ödlandes (und) auf das Anpflanzen von Obstgärten richtete", aber die Aktion der Stadtgründung wird ganz pragmatisch beschrieben: „Damals errichtete ich über der Quelle am Fuß des Berges Muṣri, oberhalb von Ninive eine Stadt und gab ihr den Namen Dūr-Šarru-ukīn." (Z. 37–41). Nach Fuchs, A., Die Inschriften Sargons II. aus Khorsabad, Göttingen (1993), S. 66; 304.

Titulatur	Die Titulatur dient zum Selbstpreis des Königs und entspricht in der Regel dem Standardformular der verkürzten Titulatur.[161]
Fluchformel	Die abschließende Fluchformel stellt den König in eine in die Zukunft reichende Ahnenreihe und deutet damit gleichzeitig ein historisches Bewusstsein an, denn der König will erinnert werden.

Für Adam T. Smith[162] sind drei Aspekte in diesen längeren Bauinschriften, den „landscape inscriptions", von besonderer Bedeutung:

Die Leere („evacuation") betont die Ödnis, die im Land vor der Bauaktivität des Königs herrschte, ausgedrückt z.B. durch die Formel „es war ein Felsen, die Erde (war) öde, nicht hier war etwas (vorher) gebaut worden"[163]. Obwohl diese Aussage prinzipiell als Teil einer Königsinschrift eher bildlich zu verstehen ist, enthält sie doch eine reale Grundlage, schließlich sind viele urartäische Stätten tatsächlich Neugründungen und an Orten errichtet, an denen es zuvor keine Bebauung gab. Im Zusammenwirken beider Ebenen verweist der Gegensatz zwischen der „Wildnis / Ödnis" vor dem Eingriff des Königs und der von diesem geschaffenen „Ordnung" durch seine Bautätigkeit auf die pflichtgemäße Ausfüllung der Herrscherrolle.

Die Reduktion nach Smith („reduction") bezieht sich auf die Ausklammerung des Verwaltungs- und bautechnischen Apparates und die Konzentration auf den König, der als einziger Akteur auftritt. Diese Fokussierung auf den König erhält noch mehr Gewicht durch die Filiation und die Fluchformel. Dabei stellt die Angabe des Vaters den Herrscher in eine lange (Dynastie-)Tradition von Bauherren. Die Fluchformel macht gerade bei kürzeren Inschriften einen Hauptbestandteil des Textes aus. In ihr kündigt der König göttliche Strafen durch Ḫaldi, oft in Verbindung mit dem Wetter- und Sonnengott, für denjenigen an, der zum Beispiel den Namen des Königs entfernt und/oder von sich selbst behauptet, er habe die in der Inschrift genannten Taten vollbracht.

In der Einbindung nach Smith („integration") geben die Könige genau an, welcher Art das errichtete Bauwerk ist und stellen es dadurch in einen größeren Zusammenhang. So wird zum Beispiel in der Gövelek-Stele (CTU A 14-1) von Rusa, Sohn des Erimena, hinzugefügt, dass der gebaute Kanal die Wasserversorgung für Rusaḫinili sichern sollte. Letztlich dienen alle Bauprojekte so dem Ruhme und Wohlergehen des gesamten Landes.[164]

161 Die lautet: „starker König, großer König, König von Biainili, Herr von Tušpa-Stadt". Vgl. Kapitel 4.1.2 „Königstitulatur".

162 Smith, A.T., The Political Landscape: Constellations of Authority in Early Complex Polities, Berkeley (2003), S. 161ff.

163 Aus der Standardinschrift Rusas, Sohn des Argišti, (CTU A 12-1, 12-2, 12-3, 12-4, 12-5, 12-5a, 12-11) in der Übersetzung von Mirjo Salvini. Salvini, M., Die urartäische Tontafel VAT 7770 aus Toprakkale, in: AoF 34 (2007) S. 37ff.

164 Smith, A.T., The Political Landscape: Constellations of Authority in Early Complex Polities,

Zweck der genannten Mittel ist es, eine erzählerische Form zu erzeugen, die von der Urbarmachung des Gebietes bis zur Entwicklung des urartäischen Reiches durch die Bauten reicht, wobei der König für sich allein in Anspruch nimmt, kraft seines Charismas die Wildnis, also das gegebene Chaos, in eine Ordnung überzuführen, mit der er dem Willen der Götter entspricht.

Wie bei der Vermittlung der Religion zeigen sich auch bei den Bauinschriften Machtanspruch und -ausübung nur indirekt, durch Überzeugung[165]. Der wünschenswerte Zustand eines urbaren, fruchtbaren Landes wird als Anreiz genommen und durch die „landscape inscriptions" kommuniziert. Dabei können von den 211 in CTU A aufgeführten reinen Bauinschriften[166] 46 als „landscape inscriptions" bezeichnet werden. 16 dieser Inschriften weisen beide Zusatzaspekte auf, wobei von diesen nur die so genannte Standardinschrift (CTU A 12-1–12-5) von Rusa, Sohn des Argišti, und die Gövelek-Inschrift (CTU A 14-1) von Ritualen, die in diesem Zusammenhang etabliert werden, berichten, während die anderen weitere Bauwerke nennen. Insgesamt haben 26 der „landscape inscriptions" den Zusatz über die „öde Erde" bzw. den „unberührten Fels" bzw. den Topos, dass hier „nichts vorher gebaut" war, sowie insgesamt 36 den Zusatz über weitere Bauprojekte oder das Festlegen von Ritualen.

Bauprojekte der Bauinschriften

Die Bauten, die in den Texten erwähnt werden, sind unterschiedlicher Natur. Neben Kultgebäuden (*susi* und ká^{meš} = *šeištili*) kommen Paläste bzw. Befestigungen (é.gal) und Städte (uru, urartäisch *patari*) vor, sowie landwirtschaftliche Projekte wie Lagerhäuser (*gie*, *'ari*), Wasserbauten (*pili*) und Nutzflächen (^{giš}*uldi*, ^{giš}*zare*, $^{gan.giš}$*uše*), die in den folgenden Kapiteln näher beschrieben werden.

Seltener, und deswegen hier nicht gesondert bearbeitet, finden sich folgende Bauwerke:

In der akkadischen Inschrift von Sardure I. auf dem Van-Felsen (CTU A 1-1) berichtet er vom Bau eines bàd, akkadisch *dûru*, was wörtlich übersetzt soviel wie „Mauer" heißt und hier anscheinend die Struktur der so genannten Sardursburg bezeichnet, deren Funktion nicht sicher geklärt ist.[167] Die *tarmanili* in einigen Bauinschriften von Minua (z.B. CTU A

Berkeley (2003), S. 163ff. Vgl. auch Smith, A.T., Rendering the Political Aesthetic: Political Legitimacy in Urartian Representations of Built Environment, in: JAA 19 (2000), S. 141ff.

165 Im Rahmen des Stichwortes „Zwang" nach Peter Imbusch. Vgl. Kapitel 1.1.1 „Theoretische Grundlagen: Macht und Herrschaft".

166 Von insgesamt 296, wobei nur die Inschriften, die konkret einem König zugeordnet werden können und deren Erhaltungszustand wenigstens oberflächliche Aussagen über ihren Inhalt zulässt, gezählt wurden. Diejenigen Inschriften über die Errichtung von Stelen (ohne weitere Gebäude) sowie Annalen und diejenigen Texte, die vordergründig über Feldzüge oder Eroberungen berichten, wurden nicht als reine Bauinschriften gewertet.

167 Die Struktur besteht aus einigen Reihen von kyklopischen Kalksteinquadern und ist L-förmig angelegt. In der Ecke des Mauerzuges befindet sich eine viereckige Plattform. In Frage käme eine Anlegestelle für Schiffe, da das Seeniveau des Van-Sees in urartäischer Zeit vermutlich viel höher war und bis an die Sardursburg heranreichte, oder eine Art Propyläen zum Aufgang in die oben auf dem Van-Felsen gelegene Zitadelle, die mit der Sardursburg durch eine Treppe verbunden ist (Salvini, M., Tušpa, die Hauptstadt von Urartu, in: Haas, V. (Hrsg.), Das Reich Urartu – Ein altorientalischer Staat im 1. Jahrtausend v. Chr., Konstanz (1986), S. 33).

5-58A–C) bezeichnen wahrscheinlich „Brunnenanlagen".[168] Ebenfalls von Minua werden in Inschriften *siršine*, was wohl Viehställe bezeichnet,[169] sowie é*ṭulurini* und é*barzidibiduni*[170] genannt, wobei die genaue Bedeutung der beiden letzteren Begriffe unklar ist.

Oft auf Säulenbasen[171] findet sich der Begriff é*aši̮huše*, deswegen ist dabei wohl ein Gebäude mit Säulen zu vermuten.[172] Eine Inschrift von Sardure II. aus Arin-Berd (CTU A 9-20) nennt den Bau eines é*aši̮huše* im Zusammenhang mit zwei *'ari*-Gebäuden und eine Bullen-Inschrift aus Ayanis (CTU CB Ay-51) dokumentiert den Bau eines é*aši̮huše* durch Rusa, Sohn des Argišti, wobei nicht klar ist, ob ein Bau in Ayanis oder anderswo gemeint ist. Der Begriff *aši̮huše* tritt außerdem noch in der Kef Kalesi-Inschrift (CTU A 12-10) auf, wo auf den Bau eines solche Gebäudes durch Rusa, Sohn des Argišti, eingegangen wird. Nach den Indizien erscheint es wahrscheinlich, dass é*aši̮huše* eine Säulenhalle mit Vorratsräumen[173] bezeichnet.

Selten belegt, und zwar vor allem in der Früh- und Spätzeit Urartus (z.B. auf der Kelišin-Stele, CTU A 3-11), ist é.bára, akkadisch *parakku* und urartäisch *iarani*, das aus dem Akkadischen in der Regel mit „Kultsockel" oder „Heiligtum" übersetzt wird, aber auch den Thron des Königs bezeichnen kann.[174] Einen Hinweis auf die urartäische Konnotation können die drei Bilinguen aus Movana, Mergeh Karcan und Topzawä (CTU A 10-3–A 10-5) von Rusa, Sohn des Sardure, liefern, hier geht es – wie auf der Kelišin-Stele auch – um Muṣaṣir und Urzana. Der Begriff é.bara ist dabei in der assyrischen Version gleichgesetzt mit é dingir^{meš}, was laut Mirjo Salvini den Tempel in Muṣaṣir meint,[175] womit é.bara ein Heiligtum bezeichnen würde.

---

168 Vgl. Salvini, M., Geschichte und Kultur der Urartäer, Darmstadt (1995), S. 148. Bei den Ausgrabungen am so genannten „Minua-Brunnen" in Van, wo einige der *tarmanili*-Inschriften angebracht sind, wurde in einer matschig-feuchten Schicht eine große Anzahl von Tierknochen zusammen mit urartäischer Keramik gefunden. Eine wirkliche „Brunnenstruktur" konnte dagegen am so genannten „Ḫorḫor-fountain" ergraben werden, der – auf Grund der Ähnlichkeit mit einem urartäischen Brunnen in Ain-e Rum, der ebenfalls über eine *tarmanili*-Inschrift von Minua verfügt – in die urartäische Epoche datiert wird (Konyar, E. et al., Excavations at the Van Fortress, the Mound and the Old City of Van in 2012, in: Colloquium Anatolicum 12 (2013), S. 197ff.).

169 Salvini, M., Menua, in: RlA 8 (1999), S. 64. Belege in CTU A 5-68ff., alle von Minua. Hingegen vermutet Margarete Riemschneider unter dem Begriff eine kultische Anlage (Riemschneider, M., Urartäische Bauten in den Königsinschriften, in: Orientalia 34 (1965), S. 333).

170 Ein é*barzidibidu(ni)* taucht außerdem auf in Inschriften Minuas aus Kohbants (CTU A 5-60), aus Qalatgah (CTU A 5-61), aus Anzaf (CTU A 5-62), aus Yedikilise (CTU A 5-63) und aus Değirmanköy nahe Keşiş Göl (CTU A 5-64). Alle diese Gebäude tragen den Namen des Minua („*barzudibiduni* von Minua"). Auch ein Beleg von Sardure II. aus Armavir nennt den Bau einen *barzudib(i)duni*, im Zusammenhang mit einem Lagerraum (CTU A 9-19).

171 Älteste Belege stammen von Minua, CTU A 5-65A–C.

172 Andere Deutungen lauten: „place of cult for drinking sacrifices" von E. Bilgiç und B. Öğün, „Tempel des Göttertums" und „Kultraum für die Trankopfer" von F.W. König. Margarete Riemschneider übersetzt den Terminus mit „Schildhalle". Hierzu: Salvini, M., The Inscription of the Urartian King Rusa II at Kefkalesi (Adilcevaz), in: SMEA 40 (1998), S. 124f.

173 Vgl. Çilingiroğlu, A., Properties of the Urartian Temple at Ayanis, in: ders.; Sagona, A. (Hrsg.), Anatolian Iron Ages 6, Leuven (2007), S. 44. Und: Salvini, M., The Inscription of the Urartian King Rusa II at Kefkalesi (Adilcevaz), in: SMEA 40 (1998), S. 126f.

174 AHw parakku(m), S. 287f. und CAD parakku, S. 152ff (insbesondere Beleg 12`b).

175 Salvini, M., Die urartäische Tontafel VAT 7770 aus Toprakkale, in: AoF 34 (2007), S. 42.

Der Terminus *burganani*, der u.a. auf der Kelišin-Stele (CTU A 3-11) vorkommt und früher oft als eine Art Heiligtum oder auch „Palast“ gedeutet wurde, hat wahrscheinlich eher eine Bedeutung im Zusammenhang mit Viehzucht, wie „Weidebezirk“[176], denn häufig werden diese *burganani* zusammen mit Wein- und Obstgärten (z.B. CTU A 5-29) genannt, so dass ein Zusammenhang zur Landkultivierung im weitesten Sinne plausibel erscheint.

In der Regel sind die Inschriften direkt auf dem Bauobjekt angebracht und stellen einen unmittelbaren Bezug zum König her.

4.3.2.2 Paläste / é.gal

Der Palast[177] als Residenz und Wohnsitz des Königs kann schon aus diesem Grund zu den persönlich initiierten und kontrollierten königlichen Bauprojekten gezählt werden. Allgemein dient ein Palast als Wohnsitz und zur Repräsentation sowohl derer, die ihn errichtet haben, als auch derer, die darin leben. Daneben fungiert er aber auch als Ort der Organisation, v.a. wirtschaftlicher Natur, und der Verwaltung.

Philologische Belege und Begriffsklärung

Das urartäische Wort für Palast kennen wir bislang nicht, weil in den urartäischen Bauinschriften immer das sumerische Lehnwort é.gal, das ebenfalls in akkadisch-sprachigen Inschriften verwendet wird, auftritt. é.gal bzw. akkadisch *ekallu* hat in Mesopotamien die Bedeutung von „Palast“ sowohl im Sinne der physischen Struktur als auch des königlichen Besitzes, also der administrativen Autorität.[178] Es stellt sich allerdings die Frage, was der Begriff é.gal in Urartu bezeichnet.

Die Tatsache, dass viele Inschriften, die vom Bau eines é.gal berichten, sich auf Bauten an den Grenzen des Reiches, vor allem am Sevan-See, im Gebiet südlich des Urmia-Sees und in der Umgebung von Sarab, beziehen, lässt vermuten, dass sich é.gal in Urartu nicht ausschließlich auf eine königliche Residenz bezieht.[179] Auch die Residenzen von Gouverneuren kommen in Frage. Andererseits käme natürlich auch eine ausgiebige Reisetätigkeit der Könige in Frage, vergleichbar mit den mittelalterlichen Kaiserpfalzen, so dass der Herrscher nicht in einer einzigen königlichen Residenz bleibt, sondern mit einem Teil seines Hofstaates von einer Residenz zur nächsten zieht.

Des Weiteren berichten die Urartäer häufig, dass sie é.gal von anderen Herrschern zerstört hätten. Deswegen geht Johannes Friedrich davon aus, dass die Urartäer mit é.gal eine „Festung“ an sich bezeichnen.[180] Konstandin Oganesjan nimmt dagegen an, dass é.gal eine spezifischere Bedeutung als „Festung“ beinhaltet, wenn nicht sogar tatsächlich „Palast“, denn in den assyrischen Kriegsberichten werden in Bezug auf Urartu weniger

176 Vgl. König, F.W., Handbuch der chaldischen Inschriften, Graz (1955–57), S. 179, und Salvini, M., Geschichte und Kultur der Urartäer, Darmstadt (1995), S. 148f. Weitere Belege von Minua stammen aus Karahan (CTU A 5–28ff.).

177 Das deutsche Wort Palast leitet sich ab vom Mittelhochdeutschen *palas* = „Hauptgebäude (einer Burg) mit Fest- und Speisesaal“, „königliches oder fürstliches Schloss“ (nach: Duden – das Herkunftswörterbuch. Etymologie der deutschen Sprache, Mannheim (2006), *Palast).

178 CAD, Volume 4: ekallu(m), S. 52ff.

179 Zimansky, P., Ecology and Empire, Chicago (1985), S. 62.

180 Friedrich, J., Beträge zu Grammatik und Lexikon des Chaldischen, in: Caucasia 7 (1931), S. 84.

é.gal als *ālāni* oder *birāte* aufgeführt, d.h. dass nur bestimmte Orte ein é.gal enthielten und deswegen so genannt werden konnten. Das würde bedeuten, dass Stätten, die mit é.gal bezeichnet werden, wirklich als Residenz eines Königs oder Provinzgouverneurs dienen.[181] Dagegen hat Paul Zimansky berechtigte Zweifel, ob die Assyrer den Terminus in derselben Art und mit demselben Bedeutungshintergrund wie die Urartäer benutzen, selbst wenn sie von Palästen in Urartu sprechen;[182] die assyrischen Quellen mit der urartäischen Wirklichkeit gleichzusetzen ist grundsätzlich fragwürdig.[183]

Mirjo Salvini kommt zu dem Schluss, dass die Urartäer mit dem Logogramm é.gal „einen Baukomplex, der eher als Festung oder befestigte Residenz, denn als Palast in einer Stadt nach mesopotamischen Muster, anzusehen ist“[184], bezeichnen. Salvinis These wird durch den archäologischen Befund gestützt, denn die einzige *in situ* gefundene Bauinschrift eines é.gal stammt aus Arin-Berd.[185] Der Kontext hier lässt vermuten, dass hier mit é.gal die gesamte Anlage der Zitadelle gemeint ist.[186]

Wenn die Residenz des Königs oder auch eines Provinzgouverneurs mit allen Repräsentations-, Wirtschafts- und Verwaltungseinheiten – in unserem Sprachgebrauch der „Palast“ – mit der gesamten befestigten Zitadelle in engem Verbund steht, erscheint es konsequent, dass beide in den königlichen Bauinschriften nicht unterschieden und ergo beide é.gal genannt werden.

Im Detail entsteht der Eindruck, dass der Begriff é.gal große Residenz- und Administrativgebäude oder die gesamte Anlage innerhalb einer befestigten Zitadelle, einschließlich Tempel, Magazine und andere Räume, bezeichnet.[187] Die Inschriften nennen so auch in der Regel noch weitere Gebäude, die der König an diesen Stätten baut, wie v.a. *susi*-Tempel[188] und Ḫaldi-Tore[189], aber auch Weingärten und Obstgärten. Außerdem wird häufig der Name der Stätte[190] festgehalten.

---

181 Oganesjan, K.L., Arin-Berd 1, Erevan (1961), S. 26f., und Piotrovskij, B.B.; Oganesjan, K.L., Die Ausgrabungen in Arin-Berd und Karmir-Blur (Armenien). Die urartäischen Festungen Erebuni und Teišebaini, Moskau (1960), S. 6.

182 Zimansky, P., Ecology and Empire, Chicago (1985), S. 63.

183 Überhaupt ist es zweifelhaft, ob die Urartäer selbst das Logogramm konsequent einsetzen. Tatsächlich existieren zwei unterschiedliche phonetische Komplemente dafür, und Georgji Melikišvili vermutet, dass diesen verschiedene urartäische Wörter zu Grunde liegen: é.gal^{meš}-*aši* und é.gal^{meš}-*ria* können nicht vom selben Wort abstammen (CTU A 5-25, UKN II, Fußnote 121).

184 Salvini, M., Palast.A.IX.Urartu, in: RlA 10 (2005), S. 230.

185 CTU A 8-17B. Sie befand sich auf einem Stein, der Teil des Mauerwerks des Eingangs eines großen Komplexes von Räumen war, mit Höfen, Lagerräumen und einem *susi*-Tempel, der ebenfalls durch eine Inschrift gekennzeichnet war (Zimansky, P., Ecology and Empire, Chicago (1985), S. 62).

186 Salvini, M., Palast.A.IX.Urartu, in: RlA 10 (2005), S. 231.

187 Im Gegensatz zu der Unterstadt uru. Beide Begriffe tauchen in Inschriften nebeneinander auf. Die Aussage stützt sich v.a. auf die Grabungen in Ayanis. (Salvini, M., Palast.A.IX.Urartu, in: RlA 10 (2005), S. 231).

188 CTU A 5-42, A 5-43, A 5-51, A 5-47, A 5-52, A 9-18.

189 CTU A 2-9A+B, A 5-27, A 5-33, A 5-36, A 5-25, A 5-47, A 5-11A+B, A 5-37, A 5-38, A 5-39, A 5-30, A 10-1, A 12-1.

190 „Stadt des Ḫaldi“: CTU A 2-9A+B, A 5-33, A 5-36, A 5-52, A 10-1; Minuaḫinili: CTU A 5-25, A 5-26; Aludiri: A 5-11A+B, A 5-37, A 5-38, A 5-39; Arṣuniuini: CTU A 5-30, A 5-31; Argištiḫinili: CTU A 8-16; Erebuni: CTU A 8-17A, A 8-17B, A 8-18 -20; Sardurḫinili: CTU A 9-17, A 9-18; „Stadt des Wettergottes“: CTU A 10-2; „Garnison des Argišti“: CTU A 11-4; „Garnison des Ḫaldi“:

Archäologische Belege
Archäologisch gesehen haben größere Festungen palastartige Bereiche, in denen die Gebäude einzelne Einheiten darstellen, die durch Gänge und Höfe miteinander verbunden sind.[191] Urartäische Paläste umfassen in der Regel neben den Repräsentationsräumen auch Magazine und Wirtschaftsräume. So verfügt der Palast in Çavuştepe über eine Bäckerei, eine Küche und Lagerräume,[192] und das Erdgeschoss in Karmir-Blur besteht ausschließlich aus Werkstätten und Lagerräumen.[193]

Die Größe des Palastes hängt von den topologischen Gegebenheiten der Stätte ab, so sind die Paläste in Arin-Berd und Altıntepe ungefähr gleich groß, während der Palast in Giriktepe – allein schon auf Grund der Größe der Stätte – deutlich kleiner ist.[194]

Urartäische Paläste werden in der Regel aus sonnengetrockneten, mit Putz überzogenen Lehmziegeln gebaut.[195] Die Wände der Paläste sind mit Wandmalereien geschmückt;[196] man fand Reste von solchen z.B. in Ayanis sowie auch größere und zusammenhängende Fragmente in Altıntepe und Arin-Berd, wobei die urartäische Datierung der letzteren zweifelhaft ist.[197]

Das früheste Beispiel für einen urartäischen Palast findet sich in Arin-Berd, wo die verschiedenen Bereiche der Anlage durch Kammern und Höfe miteinander verbunden sind. Hier besteht schon räumlich eine enge Verknüpfung zwischen den Repräsentationsräumen des Palastes und den Tempeln der Stätte. Der *susi*-Tempel bildet das Herzstück des Palastes, umgeben von formellen Räumen, die nicht für jeden leicht zugänglich waren.[198] Diese Verbindung zwischen Palast und Tempel ist ebenso in Çavuştepe erkennbar, wo der Palast mit dem Zentrum der Festung durch eine lange Straße verbunden ist.[199] Ähnliche Strukturen zeigen die Paläste von Armavir, Karmir-Blur und Bastam.[200]

Ein großflächiges Einebnen des Bodens vor dem Bau der Palastgebäude gibt es nur in der frühen Phase, in Arin-Berd, Altıntepe und Giriktepe, später werden die Gebäude direkt auf den natürlichen Erdboden oder auf individuell geebnete bzw. terrassierte Gebiete gebaut, wie etwa in Bastam.[201]

Das Beispiel Bastam zeigt außerdem, dass anscheinend regionale Unterschiede die Raumgestaltung bestimmten, denn hier sind die einzelnen Gebäude des Palastes über die ganze Stätte verteilt. Eventuell hatten einige Palastteile zwar auch in Bastam ein geschlossenes Äußeres, aber der Gesamteindruck ist eher weiträumig und terrassiert als kon-

---

CTU A 11-6; Rusaḫinili: CTU A 12-1, A 12-9; Name abgebrochen: CTU A 5-27.

191 Forbes, T.B., Urartian Architecture, Oxford (1983), S. 41.
192 Ebd., S. 42.
193 Ebd.
194 Ebd.
195 Ebd., S. 46.
196 Seidl, U., Palast B §8.3.4 Urartu, in: RlA 10, S. 269f.
197 Die urartäische Datierung der gefundenen Malereien ist zweifelhaft, vermutlich datieren sie posturartäisch. Siehe: Nunn, A., Wandmalerei in Urartu, in: Kroll, S. et al. (Hrsg.), Biainili-Urartu, Leuven (2012), S. 321–337. Das schließt natürlich nicht aus, dass auch die urartäischen Paläste über Wandmalereien verfügen.
198 Forbes, T.B., Urartian Architecture, Oxford (1983), S. 42.
199 Ebd.
200 Ebd.
201 Ebd., S. 43.

zentriert und massiv.[202] Anders ist die Erscheinung der Paläste im heutigen Armenien, v.a. in Karmir-Blur, denn hier zeigt sich ein

> „considerable contrast to the eighth century B.C. plans of Arin-Berd and Argishtihinili, not only because of the massiveness of Karmir-Blur but the external appearance, which Soviet archaeologists argue has a more Mesopotamian character than other Urartian palaces in the Armenian S.S.R. (Martirosian, 1958, 163), an assumption based primarily on the extensive use of mud-brick in construction in an area where stone is readily available.“[203]

Trotzdem meint Thomas Forbes, dieser Palast wäre nur „slightly a variance with the usual Urartian methods of construction. The predominant use of mud-brick may have been a regional architectural style peculiar to this area.“[204]

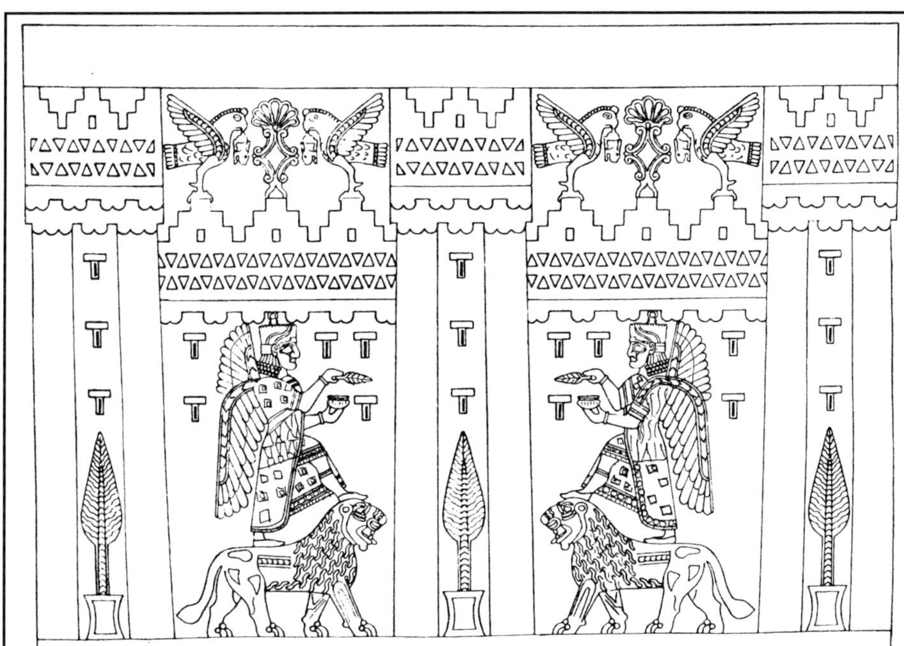

Abb. 17: Kef Kalesi-Relief

Quelle: Calmeyer, P., Zu den Eisen-Lanzenspitzen und der „Lanze des Haldi“, in: Kleiss, W. (Hrsg.), Zum Stand der Urartu-Forschung in Iran (1979), Fig. 4.

Für die meisten Paläste, nämlich in Bastam, Karmir-Blur, Armavir und Çavuştepe, ist ein Obergeschoss belegt, das man auch an Hand von bildlichen Darstellungen der Architektur

202 Ebd.
203 Ebd., S. 42.
204 Ebd.

auf Metallartefakten (s.u., Abb. 22) oder dem Kef Kalesi-Relief (Abb. 17) rekonstruieren kann.[205] In Karmir-Blur lagen die gesamten Repräsentationsräume im Stockwerk über den ausgegrabenen Kellerräumen. Die Böden in diesen Obergeschossen bestanden aus Holzbalken, die mit Matten belegt waren.[206]

Genau wie in achämenidischen Palästen der *apadāna*[207] kommen in Urartu Säulenhallen im Palastzusammenhang vor, allerdings ist ihre genaue Funktion noch weitgehend ungeklärt.[208] Säulenhallen in Verbindung mit Palästen finden sich in Ayanis, Bastam, Armavir, Çavuştepe, Altıntepe und Kef Kalesi, vielleicht im Obergeschoss von Karmir-Blur.[209] Verbreitet sind v.a. zwei- und dreischiffige Säulenhallen, die allerdings verschiedene Funktionen auch außerhalb der Repräsentation erfüllen können: als Vorratsräume, Stallungen oder Kasernenräume, wie z.B. in Bastam. Es kommen Höfe sowie überdachte Säle mit Pfeilern oder Säulen vor.[210] Die Säulenhallen finden sich oft direkt an den bzw. um die *susi*-Tempel herum.[211]

Den archäologischen Belegen nach ist der Palast Teil der befestigten Zitadelle und enthält Tempel und Säulenhallen sowie Magazin- und Wirtschaftsräume, die alle im Erdgeschoss des Palastes zu finden sind, während die repräsentativen Räume wohl im ersten Stock lagen. Die Raumunterteilung der einzelnen Paläste folgt keinem Muster, sie ist vielmehr den natürlichen Gegebenheiten der jeweiligen Stätte angepasst.[212] Ebenso verhält es sich mit der Größe, die stark variiert. Aus den Annalen Sardures II. (CTU A 9-3) geht hervor, dass der König in einigen Orten[213] mehr als einen é.gal baute, was speziell für diese Bauten etwas geringere Ausmaße wahrscheinlich erscheinen lässt.

Verteilung der é.gal-Projekte unter den urartäischen Königen[214]

König	**Text Nummer (CTU)**	**Stätte / Herkunft**
Išpuini	A 2-9A+B A 2-6	Karahan Anzaf

205 Ebd., S. 46.

206 Ebd.

207 Koch, H., Palast.A.X.Achämeniden, in: RlA 10, S. 231.

208 Bei den Achämeniden dient der *apadāna* für den Empfang von Gästen sowie zur Repräsentation des Königs, seiner Beamten und Würdenträger (Koch, H., Palast.A.X.Achämeniden, in: RlA 10 (2005), S. 232; vgl. auch ausführlicher Khatchadourian, L., Social Logics Under Empire. The Armenian "highland Satrapy" and Achaemenid Rule, Ca. 600–300 BC, Online Publikation (2008), S. 418ff.

209 Forbes, T.B., Urartian Architecture, Oxford (1983), S. 52.

210 Kleiss, W., Aspekte urartäischer Architektur, in: IranAnt 23 (1988), S. 185f.

211 Siehe Kapitel 2.3.2.4 „Tempel / religiöse Bauwerke".

212 Seidl, U., Palast B §8.3.4 Urartu, in: RlA 10, S. 269f.

213 Nämlich Eriahi und Puladi.

214 Die Tabellen zur Verteilung der einzelnen Bauwerke basieren, auch in den folgenden Kapiteln, auf Zimansky, P., Ecology and Empire, Chicago (1985).

Minua	A 5-10 A 5-27 A 5-33, A 5-36 A 5-35, A 5-100 A 5-41B A 5-26, A 5-25 A 5-42 A+B, A 5-43, A 5-62, A 5-102A–C A 5-51 A 5-47 A 5-34 A 5-11A+B, A 5-37, A 5-38, A 5-39 A 5-61 A 5-41A A 5-28, 5-30, A 5-31 A 5-40 A 5-52 A 5-67 A 5-103	Taštepe Çölegert/Tsolakert Güsak Körzüt Pasinler/Hasankale Başbulak Anzaf Malazgirt Kohbants/Kobanıs Kevenli Aznavurtepe Qalatgah Delibaba Karahan Pirabat Başkale (?) Bostankaya Patnos
Argišti I.	A 8-16 A 8-22 A 8-17A+B, A 8-18–20	Armavir Kepenek[215] Arin-Berd
Sardure II.	A 9-3 A 9-13 A 9-17, A 9-18	Van Armavir Çavuştepe
Rusa, Sohn des Sardure	A 10-1 A 10-2	Kamo/Nor-Bayazet Tsovinar/Kolagran
Argišti II.	A 11-4 A 11-6	Razliq Shisheh
Rusa, Sohn des Argišti	A 12-1, A 12-9 A 12-4	Ayanis Adilcevaz

Die Verteilung der é.gal-Bauten unter den verschiedenen urartäischen Königen ist alles andere als ausgeglichen. Nur zwei Inschriften berichten vom Bau eines é.gal vor Minua, nämlich Išpuini in Karahan und Anzaf. Bedauerlich ist, dass keine der Stätten, in denen Minua einen é.gal gebaut hat, ausgegraben wurde.

Argišti I. nennt trotz seiner vielen Eroberungen und der damit einhergehenden Bauaktivität nur zwei é.gal, die beide in Verbindung mit seinen Hauptbauprojekten im Araxes-Tal stehen.

Sardure II. berichtet vom Bau dreier é.gal in neu eroberten Gebieten. Den Bauort kann man in zwei Fällen ungefähr bestimmen.[216] Der Palast von Eriahi wird in der Gegend von

---

215 Die Inschrift stammt aus Kepenek bei Muş. Roberto Dan vermutet eine sekundäre Nutzung dort und stellt die These auf, dass die hier genannte Stätte Argištiḫinili mit Kayalıdere zu identifizieren sei. Dan, R., Una probabile fondazione di Argisti I, re di Urartu, sul corso del Murad Su (Eufrate orientale), con Addendum di Mirjo Salvini, in: Parola del Passato 381 (2011), S. 431–441.

216 Durch *in situ* gefundene Kriegsberichte, die die Namen der Länder, gegen die Feldzüge unternommen

Leninakan[217] lokalisiert, und der Sieg über den König von Puladi steht in der Inschrift von Seqindel (CTU A 9-8), womit Puladi dort zu vermuten ist. Beides sind eher abgelegene Gebiete.[218] Auch in der nach ihm benannten (Residenz-)Stadt Çavuştepe errichtet Sardure II. ein é.gal.

Rusa, Sohn des Sardure, hinterlässt Inschriften, die von dem Bau je eines é.gal an zwei Stätten am Sevan-See berichten.[219]

Bei Argišti II. wird der Wiederaufbau eines é.gal in einer Inschrift aus der Nähe von Sarab sowie der Bau eines weiteren é.gal in der Inschrift von Shisheh, weit weg von irgendwelchen anderen urartäisch zu nennenden Überresten, erwähnt.

Von Rusa, Sohn des Argišti, haben wir die Inschriften aus Ayanis und Adilcevaz, in denen er vom Bau eines é.gal berichtet. Da es sich dabei aber um die so genannte Standardinschrift handelt, die außer in Ayanis und Adilcevaz noch in Toprakkale, Bastam, Karmir-Blur und Armavir nachgewiesen und im Text anscheinend gleichlautend ist, kann man davon ausgehen, dass auch die letzteren Stätten é.gal genannt werden bzw. über eines verfügen. Es fällt also auf, dass der Terminus auch für die Hauptadministrationszentren des 7. Jahrhunderts v. Chr.[220] wie Toprakkale, Bastam, Karmir-Blur oder für Gebäude in diesen Zentren gebraucht wurde, genau wie für die älteren Zentren Armavir und Çavuştepe.

4.3.2.3 Befestigungen

Die Entwicklung und der Ausbau eines Befestigungssystems gehören zum Aufgabengebiet des Königs, denn der Zweck solcher Anlagen ist

> „to impress the populace with the might of the king and the Urartian nation in general. They were visible signs that the people, land and routes of communication were protected. The regional centres relied upon their outposts for support and retained control through communication from one centre to the next. The capital could rapidly be advised of any development."[221]

So sind Befestigungen Ausdruck des königlichen Bauprogramms und damit Teil der Selbstdarstellung der Könige. Inwieweit aber diesbezüglich in den Inschriften eine Inszenierung königlicher Macht geleistet wird, ist schwer zu sagen, denn Burgen und Paläste werden im Urartäischen sprachlich nicht unterschieden.[222] Im Folgenden werden die Befestigungen mit rein militärischer Funktion behandelt, sowie die äußeren Befestigungsanlagen von „Palast" zu nennenden Strukturen. Außer den zahlreichen Burgen,

---

werden, nennen.

217 Nach Zimansky, P., Ecology and Empire, Chicago (1985), Fußnote 124, S. 119.

218 Zimansky, P., Ecology and Empire, Chicago (1985), S. 63.

219 Ebd., S. 63f.

220 Definiert v.a. durch die Funde von Königssiegeln auf Bullen und Tontafeln mit königlicher oder offizieller Korrespondenz.

221 Forbes, T.B., Urartian Architecture, Oxford (1983), S. 39.

222 Salvini, M., Geschichte und Kultur der Urartäer, Darmstadt (1995), S. 132. In diesem Kapitel über Befestigungen werden die Burgen und Festungen rein vom archäologischen Standpunkt aus betrachtet. Eine nähere Analyse des Begriffes é.gal findet sich in Kapitel 4.3.2.2 „Paläste / é.gal".

die oft in mehreren Verteidigungsringen befestigt sind, gibt es in Urartu auch befestigte Unterstädte.[223]

Archäologische Belege

Bei den Befestigungsanlagen verlassen sich die Urartäer bevorzugt auf die natürliche Verteidigungsposition einer Anlage und errichten ihre Burgen auf hohen Felskämmen, unzugänglich an bis zu drei Seiten. Als zusätzliche Verteidigungsmaßnahme wurden in Van und Çavuştepe tiefe Einschnitte bzw. Gräben in den Felsen geschlagen. Der Zugang zur befestigten Anlage selbst geschieht durch einen Aufweg, der am Ende durch ein Tor gesichert ist. Diese Tore sind in der Regel von Risaliten oder von Türmen flankiert. Oft sind zum Torgang hin Rampen angelegt, die das Tor auch für Wagen leichter passierbar machen.[224]

Grundsätzlich werden vor der Errichtung der Mauern, wenn der Bau nicht auf horizontal anstehendem Felsen steht, stufenförmige Felsabtreppungen angelegt, die die Standfestigkeit der Mauern gewährleisten. In regelmäßigen Abständen verlaufen im Mauerfundament 15–20 cm breite und 10–15 cm tiefe Entwässerungskanäle, die die Mauern für Nässe weniger anfällig machen. Die einzelnen Steine des Fundamentes werden in der Regel ohne Mörtel miteinander verbunden und die Fugen mit kleinen Steinchen oder Steinsplittern aufgefüllt. Bevor über dem Steinsockel der Lehmziegelaufbau errichtet wird, werden die unterschiedlichen Höhen des Fundaments durch kleinere Steine horizontal ausgeglichen und eine Streuschicht aus Kalk aufgetragen, damit weniger Feuchtigkeit aus dem Steinsockel in die aufgebaute Lehmziegelmauer aufsteigen kann. Die äußeren Befestigungsmauern sind zwischen 4,5 und 5 m stark.[225] Es handelt sich in der Regel um Schalenmauern, mit großen, meist behauenen Steinblöcken an den Außenseiten und kleineren Steinen und Schutt als Füllung.[226]

Zumindest im östlichen Gebiet Urartus ist eine Entwicklung der Mauersysteme festzustellen. Im 8. Jahrhundert v. Chr. bestehen Befestigungsmauern aus in gewissen Abständen zueinander gesetzten, großen, rechteckigen Türmen, zwischen denen in der Regel zwei bis drei, in Ausnahmen aber auch mehr oder weniger Risalite in regelmäßigen Abständen gesetzt sind. Diese Art der Mauerkonstruktion ist z.B. in Danalu zu finden (Abb. 18). Bei der Gesamtanlage einer Befestigung wird in dieser älteren Phase „wie auf dem Reißbrett geplant“ gebaut, mit rechten Winkeln und mit wenig Rücksicht auf die Geländeverhältnisse.[227]

---

223 Z.B. Die Siedlung des Oberen Anzaf Kale. Belli, O., The Anzaf Fortresses and the Gods of Urartu, Istanbul (1999), S. 18.

224 Vgl. auch Kleiss, W., Urartäische Architektur, in: Kellner, H.-J. (Hrsg.), Urartu – Ein wiederentdeckter Rivale Assyriens, München (1976), S. 36.

225 Ebd., S. 29ff.

226 Ebd., S. 28ff.

227 Ebd., S. 35f. Vgl. auch Kleiss, W., Notes on the Chronology of Urartian Defensive Architecture, in: AIA 3 (1994), S. 131.

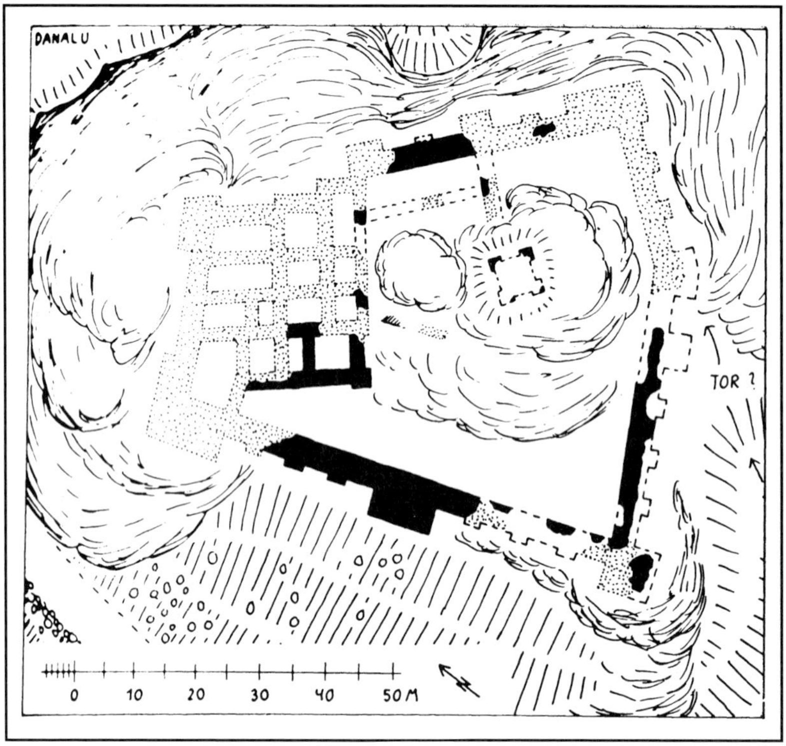

Abb. 18: Mauerkonstruktion von Danalu

Quelle: W. Kleiss, Planaufnahmen urartäischer Burgen in Iranisch-Azerbaidjan im Jahre 1974, in: AMI 8 (1975), Abb. 12.

Im 7. Jahrhundert v. Chr. werden die Mauern von kleineren Burganlagen durch lange Reihungen von Risaliten gegliedert, die Ecken der Anlagen sind durch Turmbauten besonders hervorgehoben, wie am Beispiel Kuh-i Sambil zu sehen (Abb. 19). Dabei sind die Risalite kleiner als bei älteren Anlagen und springen weniger weit vor die Mauerflucht vor. Die Gesamtanlage passt sich eher dem Baugrund an. Bei Burgen, die im 9. oder 8. Jahrhundert gegründet und im Laufe des 7. Jahrhunderts v. Chr. ausgebaut wurden, z.B. Qal'eh Siah (Abb. 20), vereinen sich beide Konstruktionsweisen. Häufig kommen bei dieser Art von Burgen Anlagen mit Vorburg vor, d.h., dass im Laufe der Zeit die Befestigung durch einen zweiten Mauerring noch verstärkt worden ist. Dabei zeigt die innere Anlage die für die ältere Phase typische Gliederung mit starken Risaliten und Ecktürmen, während die Konstruktionstechnik des zweiten Befestigungsringes der des 7. Jahrhunderts v. Chr. mit gleichwertigen und weniger stark vorspringenden Risaliten entspricht.[228]

228 Kleiss, W., Urartäische Architektur, in: Kellner, H.-J. (Hrsg.), Urartu – Ein wiederentdeckter Rivale Assyriens, München (1976), S. 36. Kleiss, W., Notes on the Chronology of Urartian Defensive Architecture, in: AIA 3 (1994), S. 132.

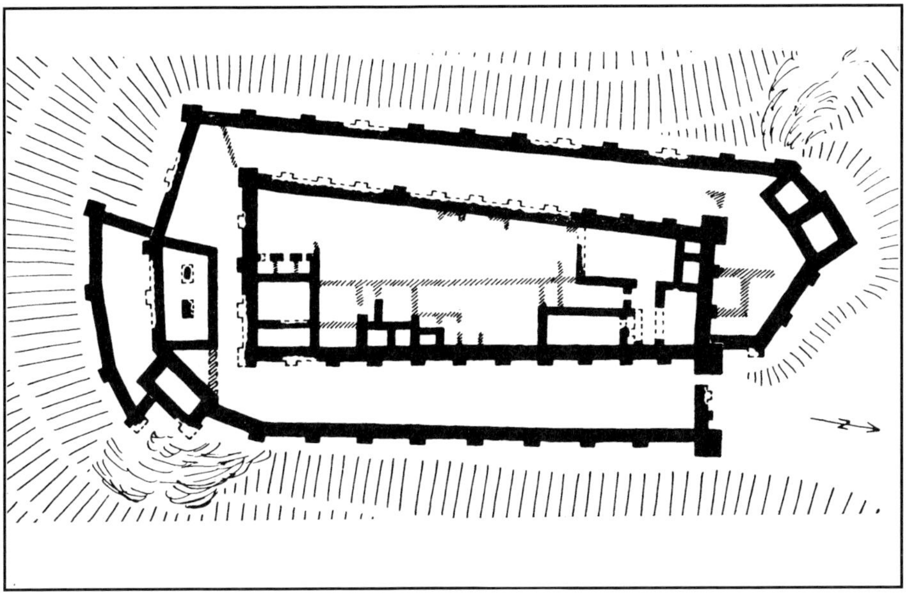

Abb. 19: Kuh-i Sambil

Quelle: Kleiss, W., Planaufnahmen urartäischer Burgen in Iranisch-Azerbaidjan im Jahre 1974, in: AMI 8 (1975), Abb. 2.

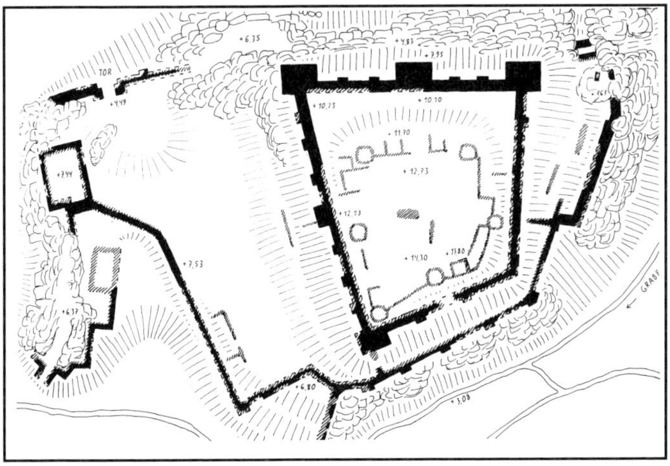

Abb. 20: Qal'eh Siah

Quelle: Kleiss, Planaufnahmen urartäischer Burgen in Iranisch-Azerbaidjan im Jahre 1972, in: AMI 6 (1973), Abb. 3.

Bei großen Festungen aus dem 7. Jahrhundert v. Chr. kann ebenfalls eine Aufteilung in Bastionen und Kurtinen festgestellt werden, bei der die Risalite in gleichmäßigen Abständen stehen, allerdings haben die Risalite hier in der Regel einen größeren Vorsprung vor die Mauerflucht als in der älteren Phase, was man in Bastam und Qal'eh Ismail Ağa beobachten kann (vgl. Abb. 21).[229]

Nach Wolfram Kleiss ist eine weitere Entwicklung des Befestigungssystems an Hand der Residenzburgen von Van Kale, Toprakkale, Çavuştepe und Bastam festzustellen. Während die Festungen auf dem Van-Felsen und von Çavuştepe aus dem späten 9. bzw. frühen 8. Jahrhundert v. Chr. wenig Rücksicht auf die Geländeverhältnisse nehmen und große Terrassierungen aufweisen, ist an der Anlage von Bastam durch schrittweise Erweiterung der Außenbefestigung die Entwicklung der urartäischen Befestigungstechnik zu verfolgen.[230] Die älteste Befestigung bestand wahrscheinlich nur aus einer kleinen Burg, während die Anlage im 7. Jahrhundert, zum Zeitpunkt ihrer Zerstörung, mehrere auf Terrassen angelegte Befestigungen und Burgen umfasste.[231]

Es gibt einige Ausnahmen zu den oben genannten Konstruktionsweisen (siehe Abb. 21): Die Türme der Mauern der Burg Qiz Qal'eh bei Evoğlu, die aus dem 7. Jahrhundert v. Chr. stammt, erinnern an Bauten aus dem 8. Jahrhundert v. Chr., weil sie nur minimal vor die Mauerflucht vorragen und nach der Innenseite stark ausladen. Auch Werachram, eine Anlage aus dem 8. Jahrhundert, zeigt Anzeichen der für das 7. Jahrhundert typischen Risalite, nämlich an der Terrassenmauer der inneren Burg, während an der äußeren Umfassungsmauer Türme gleichermaßen nach innen und außen vorspringen. In Aznavur findet sich die Besonderheit, dass die Risalite nicht versetzt, wie z.B. in Werachram, sondern auf gleicher Höhe nach innen und außen vorspringen. Die Türme der Mauern von Çavuştepe zeigen eine weitere Untergliederung in Risalite am Turm selbst.[232]

Auf dem Unteren Anzaf Kale findet sich eine Burg mit weitgehend rechteckigem Grundriss; die Siedlung liegt am südlichen Fuß der Festung. Im Gegensatz zu den meisten urartäischen Anlagen weist die Außenfassade keine Risalitgliederung, Pfeiler oder Türme auf,[233] höchstens an den Toren könnten Türme gestanden haben. Ungewöhnlich ist auch die Neigung in der Mauer, die insgesamt bis zu 60 cm Schräge beträgt.[234]

---

229 Kleiss, W., Urartäische Architektur, in: Kellner, H.-J. (Hrsg.), Urartu – Ein wiederentdeckter Rivale Assyriens, München (1976), S. 36.

230 Kleiss, W., Größenvergleiche urartäischer Burgen und Siedlungen, in: Boehmer, R.M.; Hauptmann, H. (Hrsg.), Beiträge zur Altertumskunde Kleinasiens. Festschrift für Kurt Bittel, Band 1: Text, Mainz (1983), S. 288.

231 Kleiss, W., Bastam I, Berlin (1979), S. 18f.

232 Kleiss, W., Urartäische Architektur, in: Kellner, H.-J. (Hrsg.), Urartu – Ein wiederentdeckter Rivale Assyriens, München (1976), S. 36.

233 Vielleicht handelt es sich um eine frühe Form der urartäischen Befestigung, die diese Gliederung noch nicht kannte. Das Untere Anzaf Kale stammt aus der Frühzeit der Ko-Regenz von Išpuini und Minua.

234 Belli, O., The Anzaf Fortresses and the Gods of Urartu, Istanbul (1999), S. 11.

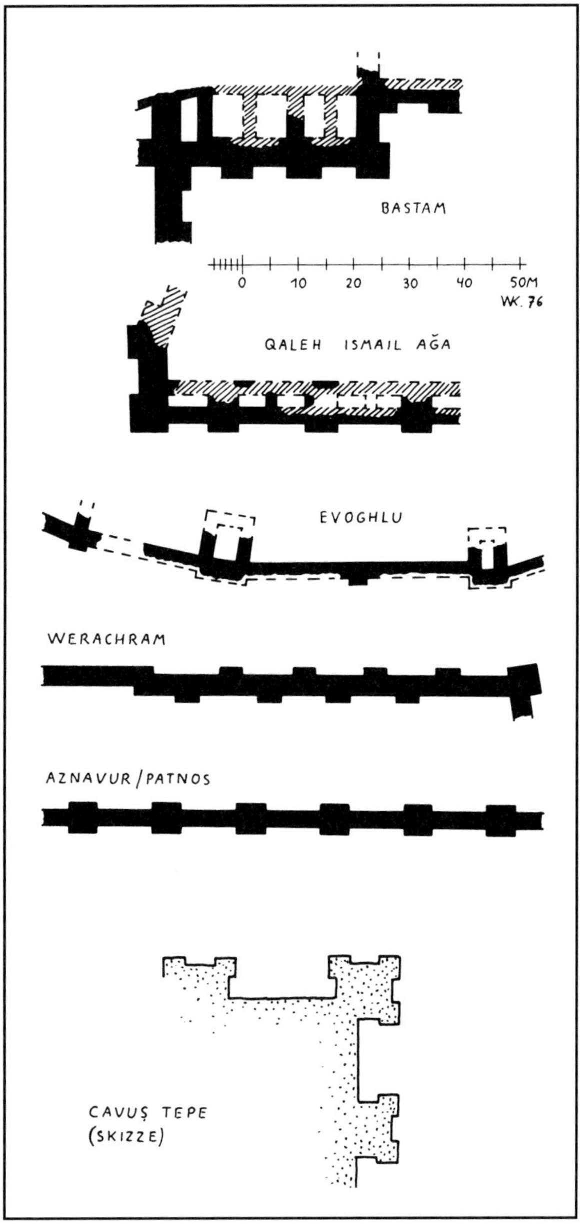

Abb. 21: Urartäische Mauersysteme nach Wolfram Kleiss

Quelle: Kleiss, W., Urartäische Architektur, in: Kellner, H.-J. (Hrsg.), Urartu – Ein wiederentdeckter Rivale Assyriens, München (1976), Abb. 19.

Eine besondere Ausnahme bildet die Anlage von Čeraqayeh Amir, die zu dem sehr seltenen Typ einer urartäischen Burg im flachen Land gehört. Obwohl diese Burg nicht über natürliche Verteidigungsmaßnahmen verfügt, sind die Mauern nicht stärker als an anderen urartäischen Burgen. Auffällig ist höchstens die für die relativ kleine Anlage ungewöhnliche zweite Verteidigungslinie.[235]

Bildliche Darstellungen von Festungen

Zur Rekonstruktion der Befestigungsmauern der großen Festungen kann man die zahlreichen Architekturdarstellungen auf Metallgegenständen heranziehen, z.B. auf Gürteln (siehe Abb. 22). Demnach hätten die sehr hohen Mauern Fenster bzw. Schießscharten und wären von Zinnen gekrönt, die Rundbogentore von Türmen flankiert.[236] Wolfram Kleiss hält diese Darstellungen allerdings für symbolhaft und geht nicht davon aus, dass sie die Realität genau wiedergeben,

> „denn wollte man diese hohen und dabei vergleichsweise schmalen Türme auf die tatsächlich vorhandene Architektur übertragen, hätte man unbedingt große statische und konstruktive Schwierigkeiten. Die schmalen aber hohen Türme können keine inneren Treppen aufnehmen, die aber notwendig wären, um die Kampfplattformen zu erreichen."[237]

Bildliche Darstellungen von Festungen zeigen diese in unterschiedlicher Ausformung: 1. einzelne Elemente von Festungen, wie Zinnen oder ein Turm, 2. komplette Abbilder von Festungen oder 3. Festungsszenen, in denen die Architektur in einen größeren Zusammenhang eingebettet wird. Dabei liegt bei allen genannten Darstellungsformen der Fokus auf den stilisierten Türmen und den abgestuften Zinnen der Bauwerke.[238]

Am häufigsten finden sich besonders auf Bronzeblechen einfache Architektur- bzw. Befestigungsdarstellungen. Als entscheidende Gemeinsamkeit vereint diese der Aufbau der Befestigungen, v.a. das Verhältnis von Türmen zu Kurtinen. Die Türme ragen hoch über die Mauern auf, was nicht zwingend die urartäische Wirklichkeit zeigt, da so hohe Türme fortifikatorisch nicht nötig sind und durch ihre Lehmziegelarchitektur besonders anfällig für die Witterung wären. Diese Darstellungsart begründet sich vermutlich eher dadurch, dass sehr hohe Türme verteidigungsbereiter und abschreckender wirken als niedriger dargestellte.[239]

---

235 Vgl. Kleiss, W., Planaufnahmen urartäischer Burgen und Neufunde urartäischer Anlagen in Iranisch-Azerbaidjan im Jahre 1974, in: AMI 8 (1975), S. 60f.

236 Vgl. dazu auch Kleiss, W., Darstellungen urartäischer Architektur, in: AMI 15 (1982), S. 53–77.

237 Kleiss, W., Zur Rekonstruktion des urartäischen Tempels, in: IstMit 39 (1989), S. 269.

238 Smith, A.T., Rendering the Political Aesthetic: Political Legitimacy in Urartian Representations of Built Environment, in: JAA 19 (2000), S. 143f.

239 Kleiss, W., Darstellungen urartäischer Architektur, in: AMI 15 (1982), S. 54.

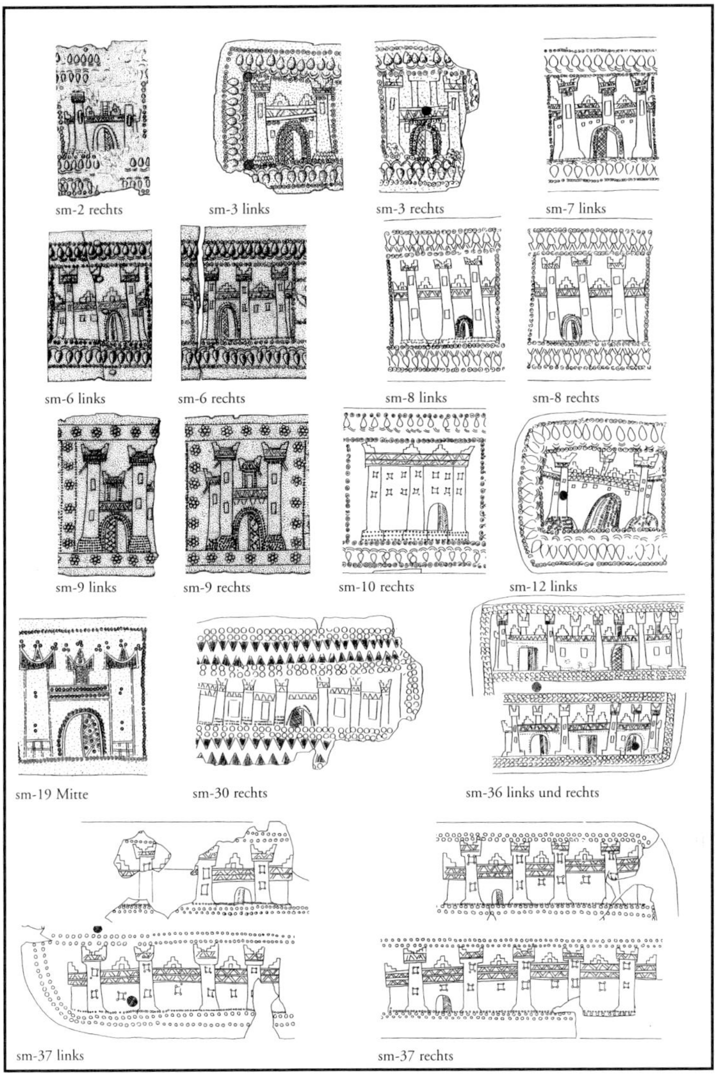

Abb. 22: Beispiele für Architekturdarstellungen in der urartäischen Bronzekunst

Quelle: Seidl, U., Bronzekunst Urartus, Mainz (2005), S. 146, Abb. 104 (Zeichnung: Archäologische Staatssammlung München, U. Seidl).

In einigen Fällen werden Elemente der Festung zusammen mit sakralen Szenen abgebildet, z.B. auf dem Kef Kalesi-Relief (s.o., Abb. 17). Häufig ist z.B. der Heilige Baum dargestellt, und es kommen ebenso Inschriften mit der Angabe des Königsnamens in diesem Zusammenhang vor. Der Verbund von „Turm und Pflanze“ findet sich auch gestempelt auf

Keramikhenkeln.[240] Diese Bildkombination zeigt die enge Verbindung zwischen dem Staatsapparat und der Festung bzw. Elementen der Festung und lässt darauf schließen, dass der politische Apparat durch sein nach Außen hin auffälligstes architektonisches Merkmal, eben die Festung, dargestellt wird.[241]

Strikt frontal sind die Darstellungen ganzer Festungen (s.o., Abb. 22). In diesem Zusammenhang erscheint nur ein begrenztes Repertoire an Motiven, die zusammen mit der Festung abgebildet werden. Auf Gürteln[242] sind das v.a. Fische, geflügelte Fabeltiere, auch menschliche Figuren, eventuell mit einem Gefäß, Schafe, eine Figur (vielleicht eine Gottheit) auf einem Thron, sowie gelegentlich Szenen, die Rituale zeigen. Die Tiere im Zusammenhang mit der Festung könnten Hinweise auf die konkrete Geographie und Lage des Bauwerkes geben, aber ebenso gut könnten sie die Festungen in den Symbolismus der Natur einbetten. Die meisten der gezeigten Aktivitäten, die in direkter Nähe zu der Festung stattfinden, sind religiöser Art und werden von Gottheiten ausgeführt. Aber nur in einem Beispiel aus dem Kunsthandel (Kellner[243], Nr. 282) ist die Festung selbst Teil des religiösen Aktes, in diesem Fall einer Prozession, einem Bankett sowie einer Handlung vor einem Altar; meist jedoch trennen Linien oder Felder die Darstellung der Festung von den anderen Szenen und schaffen so eine thematische Grenze.[244]

Alle dargestellten Festungen haben die abgestuften Zinnen, die Zickzack-Friese auf dem Gesims sowie die hohen und engen vorspringenden Türme gemeinsam; Elemente, die nach Wolfram Kleiss[245] die Kernmerkmale urartäischer Architektur ausmachen. Kleiss sieht des Weiteren die Bilder von Festungen als symbolische Darstellungen der Stärke des Staates, was Peter Calmeyer[246] für unwahrscheinlich hält, da die Tore in der Regel halboffen gezeigt werden, was wohl kaum von Unverwundbarkeit zeugt. Außerdem ist bislang nur ein Beispiel bekannt, wo eine Festung zusammen mit Soldaten, also im militärischen Kontext abgebildet ist (BM 1989-12-9.2). Bei der Darstellung von Festungen geht es folglich weniger um den militärischen Aspekt und um die Macht des Staates als vielmehr um deren Einbettung in die natürliche Umgebung und in die übernatürliche Welt der Götter.[247]

Im Gegensatz zu den Darstellungen von Festungen in Totalansicht sind die so genannten Festungsszenen nicht statisch. Hier dienen die Festungen nur als Hintergrund für die gezeigten Figuren, wie z.B. auf dem Kef Kalesi-Relief (s.o., Abb. 17), wo Genien auf Löwen vor einer Festung stehend ihren Segen und Schutz spenden. Damit wird die Festung

240 Siehe auch oben, Kapitel 4.1.1 „Schriftsysteme in Urartu".
241 Vgl. auch Smith, A.T., Rendering the Political Aesthetic: Political Legitimacy in Urartian Representations of Built Environment, in: JAA 19 (2000), S. 144ff.
242 Z.B. bei Seidl, U., Bronzekunst Urartus, Mainz (2004): Gürtel sm-12, sm-36, sm-37.
243 Kellner, H-J., Gürtelbleche aus Urartu, Stuttgart (1991).
244 Smith, A.T., Rendering the Political Aesthetic: Political Legitimacy in Urartian Representations of Built Environment, in: JAA 19 (2000), S. 147ff.
245 Kleiss, W., Darstellungen urartäischer Architektur, in: AMI 15 (1982), S. 54ff.
246 Calmeyer, P., Some Remarks on Iconography, in: Merhav, R. (Hrsg.), Urartu: A Metalworking Center in the First Millennium B.C.E., Jerusalem (1991), S. 311–319.
247 Smith, A.T., Rendering the Political Aesthetic: Political Legitimacy in Urartian Representations of Built Environment, in: JAA 19 (2000), S. 150f.

auch hier vom ursprünglich politisch-militärischen Ort – vermittelt durch die Genien – in eine Beziehung zum „Kosmos“ gesetzt, d.h. religiös aufgeladen.[248]

In den vorangegangenen Ausführungen wurde deutlich, dass sich sowohl die Botschaft der bildlichen Darstellung von Bauwerken als auch deren Narrative von der Darstellung von Bauprojekten in den Texten[249] teilweise unterscheidet. Adam T. Smith[250] sieht bei den Bildern wie bei den Inschriften drei Stufen des Erzählverlaufs:

Die Ausdehnung („extension“) nach Smith bedeutet, dass einzelne architektonische Elemente den Staat symbolisieren können. Demnach manifestiert sich der Staat in seiner bebauten Umwelt, wie z.B. eben den Festungen. Bei der Narrative der bildlichen Darstellungen findet ebenso wie in der Erzählform der Texte eine Reduktion („reduction“) statt. Auch hier wird der Staat reduziert, und zwar auf sein prominentestes Merkmal: die Festung bzw. einzelne Elemente derselben. Darauf folgt, wie in den Texten, die Einbindung („integration“). Die Festungen werden aus dem politischen Bereich herausgenommen, mit dem sakralen Bereich verbunden und so in einen transzendenten Gesamtzusammenhang eingebunden.[251] Bei den Texten war dagegen vielmehr eine Integration in einen größeren Zusammenhang zum ganzen Reich und der Leistungen des Königs darin feststellbar.

So fehlt bei den bildlichen Darstellungen von Festungen der König selbst; er tritt nur indirekt, durch Symbole seiner Herrschaft, eben der Festung, in Erscheinung. Im Vordergrund steht bei den Bildern folglich die heilige Aura, die durch die Götter erzeugt wird.[252]

4.3.2.4 Tempel / religiöse Bauwerke

Ein wichtiges Aufgabengebiet eines jeden Herrschers stellt in den altorientalischen Reichen die Aufrechterhaltung und Ausübung des Kultes bzw. der Religion dar. Deswegen liegt bei den Bauaktivitäten ein Hauptaugenmerk der Könige auf der Errichtung und Erhaltung von Tempeln. Auch in Urartu zählt dieser Bereich zum Aufgabengebiet des Königs, wie wir aus den königlichen Bauinschriften wissen, die häufig den Bau von Tempeln nennen. Vom ersten urartäischen König Sardure I. kennen wir keine Tempelgründungsinschriften.[253] Ab Išpuini und seinem Sohn Minua nimmt der Bau von Tempeln und Felstoren als Heiligtümer jedoch auffällig zu. Reinhard Bernbeck vermutet hierin einen Versuch, eine Art Staatsideologie zu schaffen, um der herrschenden Dynastie die Macht zu sichern.[254] Wie Religion als Mittel der Herrschaft[255] eingesetzt wird, zeigt u.a. das Beispiel von Argišti I., der, als er

248 Ebd., S. 151ff.

249 Vgl. Kapitel 4.3.2.1 „Die Bauinschriften“.

250 Smith, A.T., Rendering the Political Aesthetic: Political Legitimacy in Urartian Representations of Built Environment, in: JAA 19 (2000).

251 Ebd., S. 154.

252 Ebd.

253 Als Ausnahme könnte vielleicht der von Rudolf Naumann vermutete Tempel auf dem Burgfelsen von Van gelten, der allerdings weder philologisch noch archäologisch zweifelsfrei nachgewiesen ist (vgl. Naumann, R., Bemerkungen zu urartäischen Tempeln, in: IstMit 18 (1968), S. 54ff.). Vgl. auch Kapitel 4.2.1 „Ḫaldi und die urartäische Staatsreligion“.

254 Bernbeck, R., Politische Struktur und Ideologie in Urartu, in: AMIT 35–36 (2003–2004), S. 291ff.

255 Vgl. auch Kapitel 4.2,1 „Ḫaldi und die urartäische Staatsreligion“.

Kriegsgefangene nach Arin-Berd umsiedelt, einen *susi*-Tempel für den Gott ihrer Heimat, Iubša, baut.[256]

Philologische Belege

Das Sumerogramm é, das in sumerischen und akkadischen Texten als Keilschriftzeichen für Tempel, ebenso aber einfach in der Bedeutung „Haus“, gebraucht wird, kommt in urartäischen Bauinschriften vor. Das Logogramm é wird in Urartu alleinstehend oder in Kombination mit anderen Wörtern, als Determinativ, verwendet. Es scheint, dass é ohne weitere Zusätze allgemein „Gebäude“ bezeichnet.[257]

Konkret auf Kultgebäude weisen die urartäischen Worte *susi* – „Turmtempel[258] –, auch ^{é}*susi* geschrieben, sowie *Ḫaldinili šeištili* – „Ḫaldi-Tore“ –, auch *Ḫaldinili*-ká^{meš} geschrieben, hin. Paul Zimansky[259] geht davon aus, dass beide Termini dasselbe, nämlich den urartäischen Turmtempel bezeichnen. Dass manche Inschriften sowohl ein *susi* als auch „Tore“ nennen, läge demnach daran, dass *susi* eine eher allgemeine Bezeichnung für „Turm“ ist, während „Tore“ eher eine kultische Konnotation hat.[260] Laut Tarhan und Sevin besteht zwischen den Grundrissen von Felsnischen und Tempeleingängen eine

> „great similarity to each other as far as forms dimensions are concerned [...]. As to the religious connection between temple gates and ‚monumental rock niches’; when the door frame is framing entirely in a three dimensional look, the statue which is on a stone base and standing in front of the rear wall of the cella. According to our belief, the door frame by framing the god statue has obtained *‚sacredness'*, because the epiphany can be only seen in the field limited by *‚Sacred Frame'*.“[261]

Meines Erachtens besteht diese Ähnlichkeit zwar, aber nach bisherigem Befund gibt es keine konkreten Belege für die Gleichsetzung der Begriffe der Ḫaldi-Tore und der *susi*-

---

256 Tarhan, M.T., The Structure of the Urartian State, in: JKF 9 (1981), S. 300. Tarhan schreibt fälschlicherweise, dass der Tempel dem Gott Irmaršia geweiht wäre, gemeint ist aber Iubša. Zur These, dass Iubša eine Erscheinungsform des Ḫaldi ist vgl. Fußnote 122.

257 Vermutlich ein Gebäude mit Säulen, denn der Terminus é erscheint häufig auf runden Säulenbasen. Das lässt vermuten, dass é eine spezielle Struktur mit einer oder mehreren Säulen war, wie z.B. ein Tempel-portico oder eine Säulenhalle (Zimansky, P., Ecology and Empire, Chicago (1985), S. 70f.).

258 Wobei *susi* wohl immer den quadratischen Turmtempel bezeichnet, den wir archäologisch kennen (vgl. Salvini, M., Das susi-Heiligtum von Karmir-Blur und der urartäische Turmtempel, in: AMI 12 (1979), S. 263ff. und 268).

259 Zimansky, P., Ecology and Empire, Chicago (1985), S. 73.

260 Vgl. auch Tarhan, M.T.; Sevin, V., The relation between Urartian Temple Gates and Monumental Rock Niches, in: Belleten 39 (1975), S. 401–412, und Salvini, M., Una “bilingue” assiro-urartea, in Studia Mediterranea Piero Meriggi dicata, a cura di O. Carruba, 1, Pavia (1979), S. 581f.

261 Tarhan, M.T.; Sevin, V., The relation between Urartian Temple Gates and Monumental Rock Niches, in: Belleten 39 (1975), S. 408f. Margarete Riemschneider widerspricht dem: *susi*-Tempel und Ḫaldi-Tore seien zwar eng verbunden, aber nicht gleichzusetzen. Vielmehr seien die Tore Vorhallen zu den Tempeln. Ein Äquivalent zu *susi* wäre dagegen der Begriff é.bára, das assyrische *parakku* und urartäische *iarani*, das nur in der Früh- und in der Spätzeit Urartus erscheint (Riemschneider, M., Urartäische Bauten in den Königsinschriften, in: Orientalia 34 (1965), S.S. 325ff). Paul Zimansky vermutet unter é.bára in Urartu den Sitz einer königlichen Autorität, also einen Zusammenhang zum Palast (Zimansky, P., Ecology and Empire, Chicago (1985), S. 75), Mirjo Salvini ein Heiligtum (Salvini, M., Die urartäische Tontafel VAT 7770 aus Toprakkale, in: AoF 34 (2007), S. 6).

Tempel. Es scheint vielmehr, dass die Tore die Anlagen sind, die in den Fels geschlagen werden, und die *susi* eben die quadratischen Tempel, wobei nicht auszuschließen ist, dass die Felstore als Heiligtümer zuerst existierten und die architektonische Form der Tempel erst später in Gebrauch kommt (s.u.).

Alle aus Inschriften bekannten *susi*-Tempel sind einem Gott geweiht. Dieser Gott ist in der Regel Ḫaldi; wir kennen nur zwei Ausnahmen: Ein Tempel in Arin-Berd ist Iubša[262], einer in Çavuştepe Irmušini geweiht.

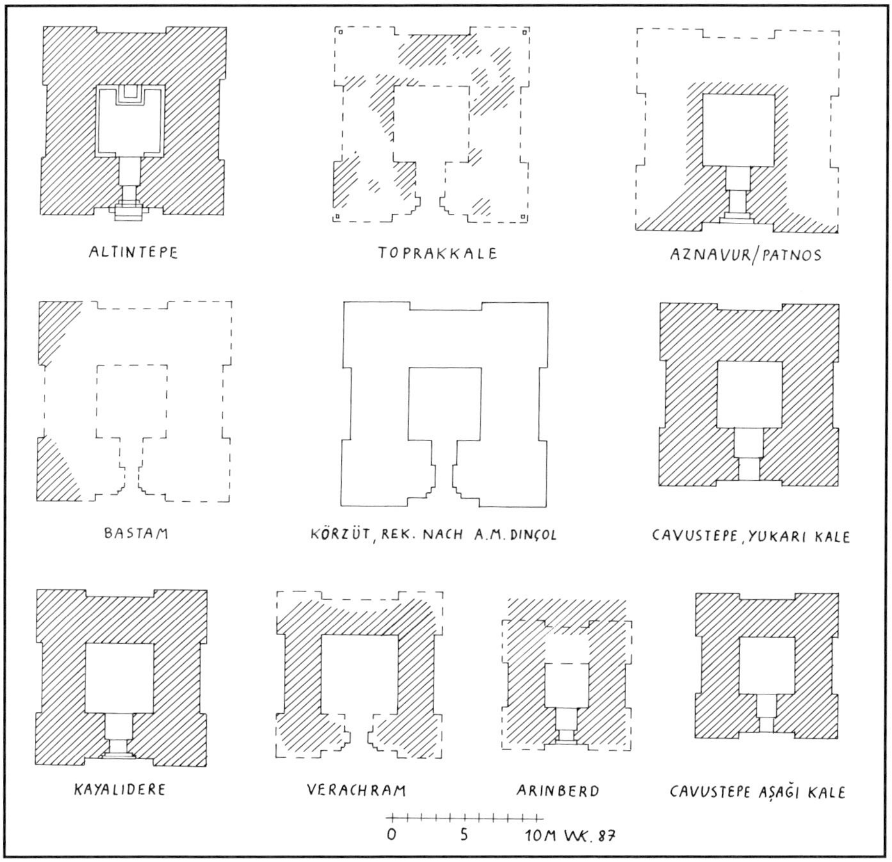

Abb. 23: *susi*-Tempel im Vergleich

Quelle: Kleiss, W., Zur Rekonstruktion des urartäischen Tempels, in: IstMit 39 (1989), Abb. 1.

262 Margarete Riemschneider hat vorgeschlagen, dass der in Arin-Berd in der Inschrift am Eingang des Tempels genannte Gott Iubša bzw. Iuarša als Ḫaldi selbst zu identifizieren ist, in Erscheinungsform seines Symbols, nämlich der Lanze (Riemschneider, M., Urartäische Bauten in den Königsinschriften, in: Orientalia 34 (1965), S. 326). Konkrete Hinweise dafür liegen aber nicht vor.

Archäologische Belege
Archäologisch gesichert ist uns für Tempelbauten in Urartu nach jetziger Fundlage nur eine Grundrissform bekannt, die des quadratischen Tempels, der an verschiedenen Fundstätten ausgegraben wurde (siehe Abb. 23). Es ist dieser Tempeltyp, der in den Inschriften als *susi* auftaucht.

Solche Turmtempel finden wir in Altıntepe, in der oberen Burg von Anzaf, Arin-Berd, Ayanis, Aznavur, Kayalıdere, Körzüt[263], Toprakkale, Werachram und vermutlich auch in Bastam[264] und Karmir-Blur[265]. In Çavuştepe wurden sogar zwei *susi* ausgegraben.

Abbildung 24: Tempel von Altıntepe
Quelle: Özgüç, T., Altıntepe, Ankara (1966), Pl. 10-1.

Diese quadratischen Tempel haben eine ebenfalls quadratische Cella mit einem relativ schmalen Eingang, meist in Form eines Nischenportals, mit starken Eckrisaliten[266] und sehr

263 Der Tempel von Körzüt wird an Hand der gefundenen Inschriftenblöcke rekonstruiert. Siehe Dinçol, A.M., Die neuen urartäischen Inschriften aus Körzüt, in: IstMit 26 (1976), S. 19–30.

264 Hier verweisen Teile der Standardinschrift von Rusa, Sohn des Argišti, auf einen *susi*. Siehe Salvini, M., Der Turmtempel (susi) von Bastam, in: AMIT 37 (2005), S. 371–375.

265 Auch in Karmir-Blur wurden Teile der Standard-Inschrift von Rusa, Sohn des Argišti gefunden, sowie einige Blöcke des Tempels. Vgl. Dan, R., An Hypothesis of Reconstruction of the „susi-Temple" at Karmir-Blur, in: Aramazd 5-2 (2010), S. 44–52, und Salvini, M., Das susi-Heiligtum von Karmir-Blur und der urartäische Turmtempel, in: AMI 12 (1979), S. 249–269.

266 Rudolf Naumann bemerkt, dass es nicht exakt ist, von Eckrisaliten zu sprechen, denn es handelt sich nicht um eine dekorative Gliederung, sondern um Vorsprünge, die eine Fortsetzung der Innenwände bilden, also um eine Verstärkung der Mauern an den Ecken. So eine Verstärkung ist nur notwendig, wenn der Aufbau höher ist als die Mauer, d.h. dass an den Ecken des Gebäudes Türme gewesen sein

dicken Wänden. Die Länge der Seitenwände variiert von 9 m in Arin-Berd bis über 14 m in Aznavur. Die mit im Schnitt ca. 4 m ungewöhnlich dicken Wände werden häufig durch die Dachkonstruktion erklärt: Ein Giebeldach ergäbe einen starken Seitenschub auf die Mauern und verlange deswegen nach sehr starken Wänden. Vielleicht benutzt man die Mauern aber auch als oberen Rundgang.[267] Die Türnischen sind in der Regel zweimal abgesetzt; nur in Çavuştepe sind beide Tempeltüren ohne Nischen, und in Arin-Berd findet sich nur eine leichte Abphasung.[268] Wolfram Kleiss hält es für wahrscheinlich, dass im Allgemeinen eine Tür in Rundbogenform ins Innere des Tempels führt.[269]

Beim Tempel von Altıntepe sind die Treppenstufen in der Tür und die flankierenden Steinbasen des Eingangs mit Einlassspuren für torschützende Speere noch zu sehen. In der Cella dort befindet sich eine umlaufende Bank und gegenüber dem Eingang ein Podest, vielleicht als Basis für eine Götterstatue oder als Altar (vgl. Abb. 24 und Abb. 25).[270]

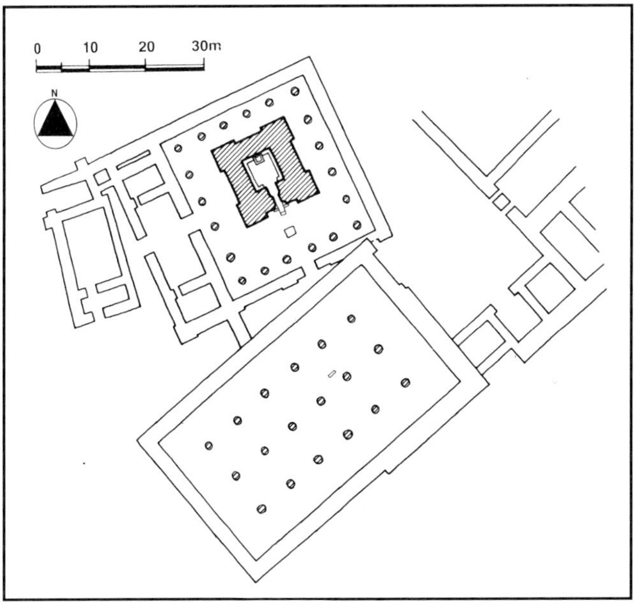

Abb. 25: Der Tempel von Altıntepe mit umgebenden Strukturen
Quelle: Matthiae, P., Geschichte der Kunst im Alten Orient, Stuttgart (1999), S. 117.

müssen (Naumann, R., Bemerkungen zu urartäischen Tempeln, in: IstMit 18 (1968), S. 51).

267 Riemschneider, M., Urartäische Bauten in den Königsinschriften, in: Orientalia 34 (1965), S. 325.

268 Kleiss, W., Aspekte urartäischer Architektur, in: IranAnt 23 (1988), S. 187.

269 Kleiss, W., Zur Rekonstruktion des urartäischen Tempels, in: IstMit 39 (1989), S. 271.

270 Kleiss, W., Aspekte urartäischer Architektur, in: IranAnt 23 (1988), S. 188. Eventuell könnte man eine thronende Statue vermuten, denn die von Ursula Seidl rekonstruierten Teile des Toprakkale-Throns scheinen zu einem „Götterthron" zu gehören (vgl. Rehm, E., Hohe Türme und goldene Schilde – Tempel und Tempelschatze in Urartu, in: MDOG 136 (2004), S. 185).

Wahrscheinlich kann man sich alle *susi*-Tempel Urartus in dieser Art vorstellen, denn Bänke im Tempelinneren sowie eine Art Podest fanden sich außer in Altıntepe noch in Toprakkale, und in Ayanis steht ein Podium aus Alabaster gegenüber dem Eingang. Eine Stufe führt auch in Ayanis und in Aznavur in den Tempel hinein. Hinweise auf Lanzen bzw. Speere im Zusammenhang mit dem Tempel fand man außerdem in Toprakkale.[271] Dort gibt es noch weitere Besonderheiten: Unter den starken Eckrisaliten lagen Einlassspuren für Gründungstafeln. Des Weiteren führt in Toprakkale ein Kanal von einer altarartigen Struktur auf der Terrasse vor dem Tempel über diese Terrasse hinaus nach draußen. Diese Drainage wird als Abflussrinne für das Blut geopferter Tiere interpretiert.[272] Eine ähnliche Abflussvorrichtung weisen die Vorhöfe der Tempel des oberen Anzaf Kale und von Ayanis auf.

Die Tür zum Tempelinneren liegt wahrscheinlich im Eingangskorridor und hat zwei Flügel.[273] Die Höhe des Tempeltores kann, wenn man die Ähnlichkeit zu den Felsnischen zu Grunde legt, bis zu 5,40 m betragen.[274]

Die anliegenden Strukturen an die Tempel variieren. In Bastam und Kayalıdere sind zum Beispiel die Rückwände der Tempel Teil der Umfassungsmauer der Festung. Meistens liegen um den Tempel herum aber ein Säulenhof, ein *portico* oder Kolonnaden. Der obere Tempel in Çavuştepe ist von einem großen Hof umgeben, der an drei Seiten Kolonnaden aufweist; der Hof des Turmtempels in Altıntepe sogar an allen vier Seiten. Auch für den rekonstruierten Tempel von Körzüt sind Kolonnaden zu vermuten, da einige der Inschriftenfragmente wohl nicht vom Tempel selbst stammen.[275] In Ayanis liegt der Tempel in einem *portico*; beide Tempel in Arin-Berd sind von einer Säulenhalle umgeben, wobei aber nicht sicher ist, ob der so genannte „Ḫaldi-Tempel" dort überhaupt ein urartäischer Tempel ist. Eine Ausnahme bilden die Tempel von Kayalıdere, Toprakkale und der oberen Burg in Anzaf, um die herum keine Säulenstrukturen gefunden wurden. Über die Umgebung der Tempel in Aznavur und Werachram kann keine Aussage gemacht werden, da die Ergebnisse nicht vorliegen bzw. nicht veröffentlicht sind.

Häufig finden sich im Tempelbereich ausgedehnte Lagerräume wie in Çavuştepe, und auch in Ayanis, Kayalıdere und Arin-Berd liegen Magazine in der Nähe der *susi*-Tempel. Das hängt zum Einen wohl mit der wirtschaftlichen Rolle der Tempel zusammen, zum Anderen sicher damit, dass der Tempel häufig Teil des Palastbereiches ist, in dem sich natürlich Magazine finden.[276]

Unterschiedlich ist die Lage der Tempel im Bereich der Stätte. In Ayanis, Aznavur und im oberen Anzaf Kale stehen die Tempel auf dem höchsten Punkt des Berges mit Blick

---

271 Riemschneider, M., Urartäische Bauten in den Königsinschriften, in: Orientalia 34 (1965), S. 326.

272 So ist das in Van Kalesi der Fall. Vgl. Erzen, A., Untersuchungen in Toprakkale 1959–1961, in: AA 1961 (1962), S. 398ff.

273 Tarhan, M.T.; Sevin, V., The relation between Urartian Temple Gates and Monumental Rock Niches, in: Belleten 39 (1975), S 405f.

274 Ebd., S. 410. Dagegen meint Rudolf Naumann, dass die Tore keinesfalls höher als 4 m gewesen sein können (Naumann, R., Bemerkungen zu urartäischen Tempeln, in: IstMit 18 (1968), S. 52).

275 Das sind die Inschriftenfragmente Nr. 7–9 sowie Nr. 20, vgl. Dinçol, A.M., Die neuen urartäischen Inschriften aus Körzüt, in: IstMit 26 (1976), S. 24.

276 Vgl. Kapitel 4.3.2.2 „Paläste / é.gal".

über das gesamte Siedlungsgebiet. Dagegen findet sich der Tempel von Altıntepe in einem relativ engen Hof mit einem Säulengang.

Allgemein kann man sagen, dass die meisten urartäischen *susi* auf Terrassen liegen, aber nicht zwingend auf der höchsten Erhebung der jeweiligen Stätte. So liegt der Tempel von Bastam in der Mittelburg, die von der Oberburg noch überragt wird. In Ayanis, Çavuştepe, Werachram und Körzüt liegen die Tempel auf Terrassen, und auch der Tempel von Toprakkale ist sogar auf drei Seiten von Terrassen umgeben.[277]

Auch die zentrale Position innerhalb der Stätte scheint nicht obligatorisch zu sein, so liegt der Tempel von Werachram eher am Rand der befestigten Siedlung.[278] Es scheint trotzdem so, dass, wenn es aus verteidigungstechnischen Gründen und von den Geländegegebenheiten her möglich ist, der Tempel an erhöhter Stelle und auf großflächigen Terrassen liegt. Wenn nicht genügend Raum vorhanden ist, gibt es zumindest einen kleinen Platz oder Hof vor dem *susi*.

Das Mauerwerk der Turmtempel besteht aus glatt gearbeiteten Steinblöcken – meist Basalt oder Andesit –, die ohne Mörtel verbunden sind. Sie haben den für urartäische Bauten typischen, sehr dicken Lehmziegelaufbau, der mit einem Putz überzogen ist. Die Innenwände sind oft *secco* mit Wandmalereinen verziert.[279] Reste davon fand man in Altıntepe, Arin-Berd, Aznavur und Çavuştepe. Eine Besonderheit in der Wandverkleidung begegnet uns in Ayanis. Die Andesitblöcke der Innenwände des Tempels haben eine Vielzahl von figürlichen Motiven eingraviert, darunter Stiere, Löwen und Sphingen, die aus einem weißen Stein bestehen und über Steineinlegearbeiten verfügen, die wiederum bemalt und mit Einritzungen versehen sind. Auch dünne Bronzebänder an den Wänden weisen auf Verzierungen hin. Der Altar der Cella von Ayanis besitzt ebenfalls eine reiche figürliche Dekoration in Form von eingravierten Löwen, Greifen und Sphingen.[280]

Ein bis heute weitgehend ungeklärter Punkt bei der Rekonstruktion des urartäischen *susi*-Tempels ist seine Höhenentwicklung und Dachkonstruktion (für die verschiedenen Rekonstruktionsmöglichkeiten siehe Abb. 26). Die starken Mauern lassen auf einen Turmtempel schließen und könnten ein Zelt- oder Giebeldach getragen haben.[281] Oft wurde eine Rekonstruktion an Hand des Muṣaṣir-Reliefs (s.u., Abb. 27) versucht [282], denn der *susi*-Tempel von Ayanis wiederholt Elemente, die auf dem Muṣaṣir-Relief zu erkennen sind. Die Unterschiede wären dem assyrischen Bildhauer, der die Details nicht exakt wiedergibt, zuzurechnen.[283]

---

277 Kleiss, W., Aspekte urartäischer Architektur, in: IranAnt 23 (1988), S. 189f.

278 Ebd., S. 191.

279 Forbes, T.B., Urartian Architecture, Oxford (1983), S. 69.

280 Çilingiroğlu, A., Temple Area, in: Çilingiroğlu, A.; Salvini, M. (Hrsg.), Ayanis I, Rom (2001), S. 40f.

281 Kleiss, W., Urartäische Architektur, in: Kellner, H.-J. (Hrsg.), Urartu – Ein wiederentdeckter Rivale Assyriens, München (1976), S. 40.

282 Z.B. Kleiss, W., Zur Rekonstruktion des urartäischen Tempels, in: IstMit 13–14 (1963–64).

283 Stronach, D., Urartu's Impact on Achaemenid and pre-Achaemenid Architecture in Iran, in: Kroll, S. et al. (Hrsg.), Biainili-Urartu, Leuven (2012), S. 314f. Wolfram Kleiss hingegen geht davon aus, dass der Tempel auf dem Relief im Grundriss von den *susi*-Tempeln abweicht und wohl auf eine lokale, nicht-urartäische Bautradition zurückgeht. Kleiss, W., Aspekte urartäischer Architektur, in: IranAnt 23 (1988), S. 188, und ders., Zur Rekonstruktion des urartäischen Tempels, in: IstMit 39 (1989), S. 265f.

Wolfram Kleiss vermutet nun, dass sowohl die *susi* im Allgemeinen als auch der Tempel von Muṣaṣir ein Zeltdach, gekrönt von einer „Ḫaldi-Lanze", besitzen.[284] Es besteht theoretisch ebenso die Möglichkeit eines Flachdaches mit Ecktürmen,[285] was allerdings angesichts der Witterungsverhältnisse im urartäischen Gebiet nicht allzu wahrscheinlich erscheint, denn ein Flachdach wäre weit anfälliger gegen Regen und Schnee.[286]

Der Tempel an sich ist in jedem Fall von recht großer Höhe.[287] Ekrem Akurgal legt für seine Überlegungen die Architekturdarstellungen auf Metallen (vgl. z.B. Abb. 22) zu Grunde. Dementsprechend verfügt der Tempel über eine überwölbte Tür und drei übereinanderliegende Fensterreihen; damit erreicht er eine Höhe von über 30 m.[288] David Stronach rekonstruiert die Höhe des Tempels aus seiner doppelten Breite und kommt damit auf mindestens 26 m. Er vermutet richtige oder zumindest „Schein"-Fenster.[289] Tahsin Özgüç geht von einem Bau mit turmartig erhöhten Eckpartien anstatt Eckrisaliten und einer Höhe von nur 14 m aus.[290] Rudolf Naumann stimmt mit Özgüç überein, dass statt Eckrisaliten Türme zu vermuten sind und richtet sich in seiner Rekonstruktion wie Ekrem Akurgal nach den Bronzereliefs. Der *susi* ist demnach zinnengekrönt und hat zahlreiche echte Fenster, um Licht in die Cella zu lassen. Das Innere des Tempels ist nicht in Stockwerke[291] eingeteilt, so dass der gesamte Tempel nicht allzu hoch anzunehmen wäre.[292]

284 Damit wären die urartäischen Tempel die Vorstufe zu den achämenidischen Turmbauten von Pasargadae und Naqsh-i Rustam (Kleiss, W., Aspekte urartäischer Architektur, in: IranAnt 23 (1988), S. 189), weisen aber in Unterschiede im Grundrissaufbau auf (Kleiss, W., Zur Rekonstruktion des urartäischen Tempels, in: IstMit 39 (1989), S. 266f).

285 Akurgal, E., Urartäische und altiranische Kunstzentren, Ankara (1968), Abb. 1; Kleiss, W., Urartäische Architektur, in: Kellner, H.-J. (Hrsg.), Urartu – Ein wiederentdeckter Rivale Assyriens, München (1976), S. 40.

286 Kleiss, W., Zur Rekonstruktion des urartäischen Tempels, in: IstMit 39 (1989), S. 269.

287 Kleiss, W., Aspekte urartäischer Architektur, in: IranAnt 23 (1988), S. 189, im Gegensatz zu seiner vorherigen Rekonstruktion u.a. in IstMit 13/14 (1963/64), S. 1–14.

288 Akurgal, E., Urartäische und altiranische Kunstzentren, Ankara (1968); Naumann, R., Bemerkungen zu urartäischen Tempeln, in: IstMit 18 (1968), S. 51.

289 Stronach, D., Urartian and Achaemenid Tower Temples, in: JNES 26 (1967), S. 285. Damit wäre wieder eine Ähnlichkeit zu den achämenidischen Turmbauten gegeben.

290 So Özgüç, vgl. Naumann, R., Bemerkungen zu urartäischen Tempeln, in: IstMit 18 (1968), S. 51.

291 Es wurden keine Treppenanlagen gefunden, obwohl in den Mauern Platz für einläufige, gerade Treppenräume und in Türmen auch für um Pfeiler gewundene Treppen wäre (Naumann, R., Bemerkungen zu urartäischen Tempeln, in: IstMit 18 (1968), S. 53). Für einen Tempel ohne fortifikatorische Bedeutung sind auch gar keine Treppenanlagen notwendig; zum baulichen Unterhalt könnten Leitern oder Gerüste genutzt worden sein (Kleiss, W., Zur Rekonstruktion des urartäischen Tempels, in: IstMit 39 (1989), S. 271).

292 Naumann, R., Bemerkungen zu urartäischen Tempeln, in: IstMit 18 (1968), S. 52f.

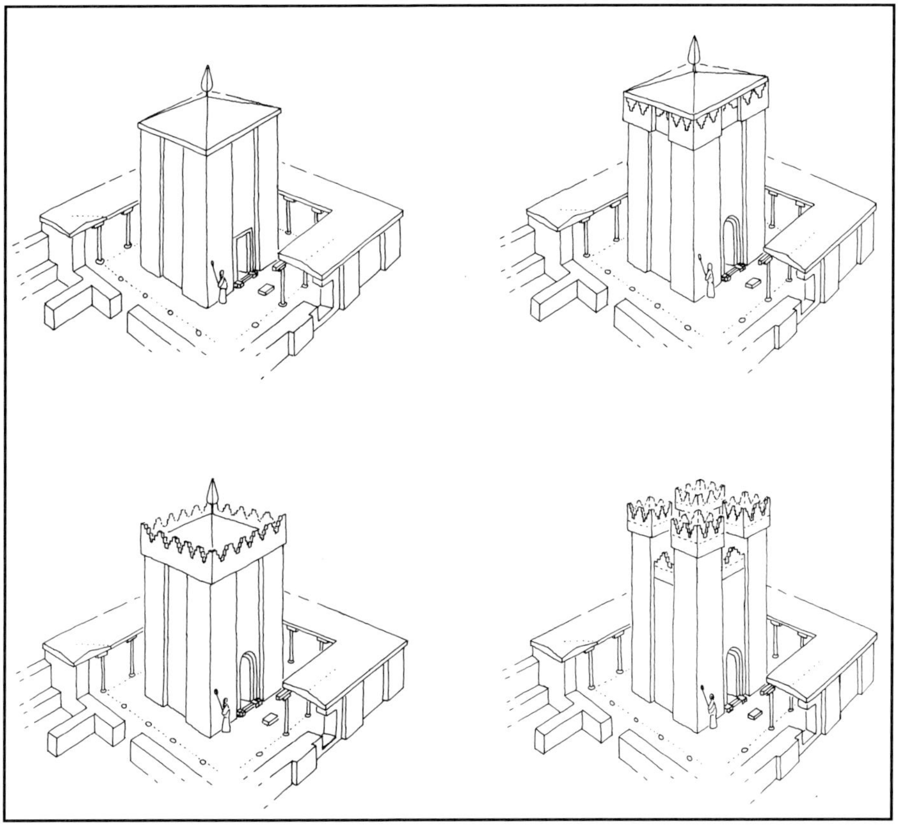

Abb. 26: Verschiedene Rekonstruktionsmöglichkeiten der *susi*-Tempel

Quelle: Kleiss, W., Zur Rekonstruktion des urartäischen Tempels, in: IstMit 39 (1989), Abb. 4.

Einen Anhaltspunkt zur Rekonstruktion der *susi*-Tempel liefern also die Architekturdarstellungen, die vor allem auf Bronzeblechen, aber auch auf Reliefblöcken zu finden sind. Die abgebildeten Gebäude sind meist hohe Türme.[293] An Hand der dargestellten Fenster und Blendnischen kann man auf mindestens ein bis zwei Stockwerke über den Bauten schließen.

Das Tempelinnere wird – wie schon erwähnt – entweder durch Fenster im oberen Mauerteil beleuchtet oder, was wahrscheinlicher erscheint, es gibt keine Fenster, und Licht fällt durch den Eingang in die Cella, die zusätzlich noch durch Lampen beleuchtet wurde.[294]

293 Vgl. Kapitel 4.3.2.3 „Befestigungen“, Abb. 22.

294 Forbes, T.B., Urartian Architecture, Oxford (1983), S. 69.

Es gibt Überlegungen zu weiteren Tempelformen in Urartu.

Abb. 27: Muṣaṣir-Relief

Quelle: Sagona, A.; Zimansky, P., Ancient Turkey, London (2009), Fig. 9.10. (nach Botta, P.-É.; Flandin M.E., Monument de Ninive II, Paris (1848), pl. 141).

Ein anderer Tempeltyp könnte der auf dem Muṣaṣir-Relief (Abb. 27) abgebildete sein. Allerdings ist das Relief mit Vorsicht zu genießen; zum Einen, weil das Original verloren ging und man heute auf die Zeichnung des Ausgräbers angewiesen ist, zum Anderen sollte die Darstellung eines assyrischen Bildhauers, der den Tempel selbst vielleicht nie gesehen hat, nicht allzu genau, sondern wohl besser „bildlich" verstanden werden.

Der dargestellte Tempel verfügt über eine hohe Plattform oder ein hohes Podium, das seitlich nur wenig vor das Gebäude vortritt; davor stehen zwei Kessel in Dreifüßen, wie man sie auch in Kayalıdere und Ayanis fand. Auf dem Podium erhebt sich ein Flachbau, kein Turmtempel oder Stockwerksbau, denn offenbar können die Krieger gemäß der Darstellung leicht das Dach besteigen. Dieser Bau ist durch sechs senkrechte Bauteile[295] gegliedert, von denen die beiden äußeren je drei waagerechte Gliederungen in etwa gleicher Höhe

295 Boris Piotrovskij sieht darin sechs runde Säulen; Maurits van Loon sechs schwere Pfeiler, Ekrem Akurgal vier Pilaster oder Pfeiler zwischen Anten und Wolfram Kleiss sechs schmale Pilaster an seitlichen Risaliten. Rudolf Naumann vermutet, dass die beiden inneren senkrechten Bauteile Pilaster sind, die rechts und links neben der Tür und hinter den Pfeilern angeordnet sind, einen von den Pfeilern zur Vorhallenrückwand führenden Unterzug tragen und dessen Spannweite verringern. Es sind keine Säulen, denn alle urartäischen Säulen haben Basen, die hier nicht dargestellt sind (Naumann, R., Bemerkungen zu urartäischen Tempeln, in: IstMit 18 (1968), S. 48ff). Allerdings muss dieser Tempeltyp kein urartäischer sein und deswegen auch nicht zwingend urartäische Säulen mit Basen haben; außerdem könnte der assyrische Bildhauer dieses Detail auch vernachlässigt haben.

besitzen, die seitlich etwas überstehen. Die beiden von außen nach innen folgenden Bauteile haben nur je zwei solche Profile, die beiden inneren gar keine. Die Tür hat eine Giebelkrönung.[296] Das Relief zeigt anscheinend die Vorhalle des Tempels mit zwei seitlichen Antenwänden, zwischen denen zwei Pfeiler stehen.[297] Für die Dachlösung gibt es mehrere Ansätze,[298] aber bei einem wie hier vorliegenden oblongen Grundriss ist am wahrscheinlichsten ein Giebeldach anzunehmen; auf diesem befindet sich auf dem Relief ein Lanzenakroter.[299]

Dieser Tempeltyp weicht vor allem im Grundriss, aber auch in anderen Details von den uns in Urartu archäologisch bekannten Tempeln ab. Es ist zu vermuten, dass dieser Tempel, wie ihn das Muṣaṣir-Relief zeigt, eher die architektonischen Traditionen des Landes, in dem er gebaut wurde, repräsentiert als einen zweiten Typ des urartäischen Tempels.[300] Es gibt trotzdem Überlegungen, ob sich ein solcher, wie auf dem Muṣaṣir-Relief zu sehender, Tempeltyp in Kef Kalesi findet.[301]

Ein weiterer Tempel, der im Grundriss vom urartäischen Standardtempel, dem *susi*, abweicht, findet sich in Arin-Berd, wo die Ausgräber einen Tempel mesopotamischen Typs mit typischem Knick-Achsen-Zugang feststellten. Allerdings entstand diese Struktur aller Wahrscheinlichkeit nach erst während des achämenidischen Umbaus und ist somit nicht urartäisch.[302]

Einen Tempel mit zwei Cellae vermuten die Ausgräber von Tušpa in dem Gebäude, das auf der höchsten Stelle des Van-Felsens steht. Die Eingänge zu beiden Räumen des Tempels liegen in derselben Achse und zeigen nach Norden. Die Fassaden dieser Türen erinnern an Felstore bzw. -nischen und weisen die für die *susi*-Tempel typische gezackte Form auf. Die Dicke der Mauern von ca. 1,70 m lässt auf ein sehr hohes Gebäude, ähnlich einem *susi*-Tempel, schließen. M. Taner Tarhan vermutet in diesem Gebäude einen Tempel, der vor der religiösen Reform von Išpuini und Minua entstanden ist, also in der „Gründerzeit" Urartus. Unterhalb dieses „Tempels" befindet sich die so genannte „Große Plattform" mit den ältesten königlichen Gräbern Urartus, dem von Sardure I. und einem, das von Tarhan als „Symbol" für Išpuini und Minua interpretiert wird. So besteht laut Tarhan eine enge Verbindung zwischen den Einwohnern von Tušpa, was auch die Könige mit einschließt, und den Ahnen. Davon ausgehend kommt Tarhan zu dem Schluss, dass dieser frühe urar-

---

296 Naumann, R., Bemerkungen zu urartäischen Tempeln, in: IstMit 18 (1968), S. 45f.

297 Ebd., S. 48.

298 Boris Piotrovskij vermutet ein Dach mit Eselsrücken mit Giebel und Lanzenakroter, das wäre der Prototyp des griechischen Tempels. Maurits van Loon sieht hierin ebenfalls ein Giebeldach wie bei griechischen Tempeln. Ekrem Akurgal und Wolfram Kleiss legen die quadratischen Bauten der Turmtempel zu Grunde und vermuten ein Zeltdach mit Ziegeln. Das gibt das Relief aber nicht her, denn die Vorhalle mit einem quadratischen Raum ergäbe trotzdem einen rechteckigen Grundriss. Charles Burney meint ausgehend von diesem Relief, dass alle urartäischen Tempel Giebeldächer hätten. Vgl. Naumann, R., Bemerkungen zu urartäischen Tempeln, in: IstMit 18 (1968), S. 49.

299 Naumann, R., Bemerkungen zu urartäischen Tempeln, in: IstMit 18 (1968), S. 49.

300 Das Land Muṣaṣir gehört jedenfalls nicht zum Kerngebiet Urartus; der Tempel könnte schon gestanden haben, bevor die Urartäer anwesend waren.

301 Vgl. Mayer-Opificius, R., Gedanken zur Bedeutung des urartäischen Ortes Kef Kalesi, in: IstMit 43 (1993), S. 267–278.

302 Forbes, T.B., Urartian Architecture, Oxford (1983), S. 71.

täische Tempel in Tušpa dem Ahnenkult[303] geweiht sein muss.[304] Nach jetzigem Quellenstand ist diese Interpretation des Gebäudes so gut wie jede andere.

Des Weiteren vermutet Tarhan im Uç Kale (die so genannte „Spired Citadell", Abb. 28) in Çavuştepe ein solches Kultgebäude. Dieses Bauwerk besteht ebenfalls aus zwei Räumen, und die aufwändige Dekoration, die in Resten nachgewiesen werden konnte, lässt auf ein Gebäude mit einer besonderen Funktion schließen. Laut Tarhan könnte auch das Uç Kale dem Herrscherkult, er vermutet dem von Sardure II., geweiht sein.[305] Konkrete Belege für eine kultische Nutzung des Uç Kale gibt es nicht.

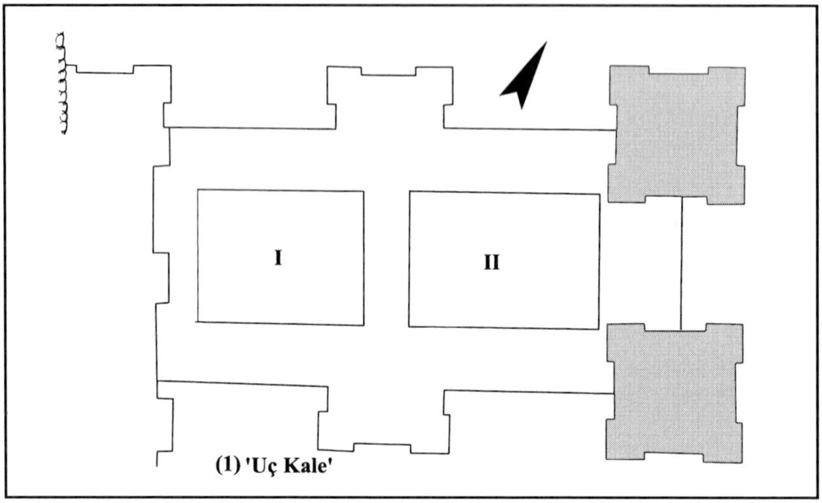

Abb. 28: Uç Kale, Çavuştepe

Quelle: Tarhan, M.T., A Third Temple at Çavuştepe-Sardurḫinili? Uç Kale, in: Çilingiroğlu, A.; Sagona, A. (Hrsg.), Anatolian Iron Ages 6, Leuven / Paris (2007), Fig. 1b.(1).

So erscheint es, wie Thomas Forbes es ausdrückt, als wahrscheinlich, dass

> „the square temple was the only building used for worship of a deity / deities in Urartu, though possible exceptions do exist."[306]

Neben für kultische Zwecke genutzten Gebäuden finden sich noch offene Heiligtümer, wie Felstore und -nischen, in denen oft Stelen stehen.[307]

303 Vgl. Kapitel 4.2.4 „Vergöttlichte Könige oder ein Ahnenkult in Urartu?".

304 Tarhan, M.T., A Third Temple at Çavuştepe-Sarduriḫinili? Uç Kale, in: Çilingiroğlu, A.; Sagona, A. (Hrsg.), Anatolian Iron Ages 6, Leuven (2007), S. 275f.

305 Ebd., S. 265–282.

306 Forbes, T.B., Urartian Architecture, Oxford (1983), S. 95.

307 Vgl. u.a. Riemschneider, M., Urartäische Bauten in den Königsinschriften, in: Orientalia 34 (1965), S. 331ff., und Forbes, T.B., Urartian Architecture, Oxford (1983), S. 81–89.

Die Felsnischen oder -tore, genannt Ḫaldi-Tore, liegen meist an der Südseite des Felsens, umgeben von rechteckigen Rahmen, die sie von der Ferne wie Türen im Stein aussehen lassen (vgl. z.B. Meher Kapısı, Abb. 10). In Batas Herir bei Rowanduz[308] und in Malazgirt[309] sind auch Gottheiten als Relief in den Felsnischen angebracht, als würde der Gott durch diese Tür treten. Wie oben bereits erwähnt, ähneln die Felstore in ihrer Form den Eingängen der *susi*-Tempel.

Drei der bislang bekannten Ḫaldi-Tore verfügen über Inschriften, diese befinden sich alle in der Region um Van. Das Hazıne Piri-Tor bei Zivistan (CTU A 2-5) weist weder Nischen noch Stelensockel auf, in der Nähe der Anlage liegt z.B. das Azab-Staubecken, das von Išpuini erbaut worden ist, und auch die Inschrift auf dem Tor selbst nennt Išpuini als Erbauer. Dieses Tor ist dem „Herrn" gewidmet, womit Ḫaldi gemeint ist.[310] Das Tor von Yeşilalıç bei Pagan (CTU A 3-2) verfügt über sechs Stelenfundamente (ähnliche Stelen wurden in Altıntepe gefunden). Die dazugehörige Inschrift nennt Išpuini und Minua als Erbauer, sowie Opfer für die Götter Ḫaldi und Arubani, was den kultischen Zusammenhang belegt. Die bekannteste Anlage von Ḫaldi-Toren befindet sich in Meher Kapısı (s.o., Abb. 10), das in doppelter Ausführung eine Inschrift von Išpuini und Minua (CTU A 3-1) mit der bekannten urartäischen Opferliste aufweist.[311]

All jene Tor-Anlagen, die Inschriften aufweisen, stammen also aus der Frühzeit des urartäischen Königreiches. Dementsprechend könnte es sich bei den Toren um eine Art „Vorgänger" der später so verbreiteten *susi*-Tempel handeln.[312]

Verteilung der Kultgebäude-Projekte unter den urartäischen Königen

König	**Textnummer (CTU)**	**Typ**	**Stätte / Herkunft**
Išpuini	A 2-9	s(usi) (?), T(ore) H(aldi) (?)	Karahan
Išpuini+Minua	A 3-2 A 3-3 A 3-1 A 3-10 A 3-12	s, TH s T(ore) T s (?)	Yeşilalıç Südufer des Van-Sees Van (Meher Kapısı) Qalatgah Patnos (?)
Išpuini+Minua+ Inušpa	A 4-1	s, TH	Van (Tabriz Tor)

308 Ob dieses Relief urartäischen Ursprungs ist, ist umstritten. Vgl. Boehmer, R.M.; von Gall, H., Das Felsrelief bei Batas-Herir, in: BagM 7 (1973), S. 65ff.

309 Vgl. Çevik, N., Urartu Kaya Mezarları ve Ölü Gömme Gelenekleri, Ankara (2000), Plate 81b.

310 In den frühen Inschriften Išpuinis wird stets vom „Herrn" und nicht von Ḫaldi gesprochen.

311 Belli, O., Inscribed Rock Niche Doors and the Urartian Deities, in: Özdem, F. (Hrsg.), Urartu – Savaş ve Estetik. Urartu: War and Aesthetics, Istanbul (2003), S. 103ff.

312 Für Anregungen in diese Richtung danke ich Dr. Mahmut B. Baştürk, im Gespräch in Ayanis 2011.

Minua	A 5-27	TH	Çölegert
	A 5-2D	T	Güsak
	A 5-42B, A 5-43	s	Anzaf
	A 5-51	s	Malazgirt
	A 5-47, A 5-45A, A 5-48, A 5-87	s, TH, T	Van
	A 5-49, A 5-50	TH	Südufer des Van-Sees
	A 5-11A+B, A 5-37	TH	Patnos
	A 5-25	TH	?
	A 5-48	TH	?
	A 5-2A	TH	Körzüt
	A 5-45, A 5-46	TH, s	Kevenli
	A 5-28, A 5-30	TH	Karahan
	A 5-52	s	Başkale (?)
Argišti I.	A 8-21A+B	s	Arin-Berd
	A 8-22	s	Kepenek[313]
Sardure II.	A 9-15	TH	Arin-Berd
	A 9-16	TH, [s]	Armavir
	A 9-17, A 9-18	s	Çavuştepe
Rusa, Sohn des Sardure	A 10-1	TH	Kamo/Nor-Bayazet
Rusa, Sohn des Argišti	A 12-1	s, TH	Ayanis
	A 12-2 I–III	s, TH	Karmir-Blur
	A 12-3	s, TH	Armavir
	A 12-4	s, TH	Adilcevaz
	A 12-5a	s, TH	Toprakkale
	A 12-5	s, TH	Bastam

Von allen urartäischen Königen außer Sardure I., Argišti II. und Rusa, Sohn des Erimena, sind uns in allen Landesteilen Kultbauten bekannt, wobei die Tore des Ḫaldi am häufigsten vorkommen.

Die Inschriften von Rusa, Sohn des Argišti, in Ayanis, Karmir-Blur, Armavir, Adilcevaz, Toprakkale und Bastam stellen seine so genannte Standardinschrift dar, die er offenbar an jedem von ihm errichteten *susi*-Tempel anbringen lässt.

313 Die Inschrift stammt aus Kepenek bei Muş. Roberto Dan vermutet eine sekundäre Nutzung dort und stellt die These auf, dass die hier genannte Stätte Argištiḫinili mit Kayalıdere zu identifizieren sei. Dan, R., Una probabile fondazione di Argisti I, re di Urartu, sul corso del Murad Su (Eufrate orientale), con Addendum di Mirjo Salvini, in: Parola del Passato 381 (2011), S. 431-441. S.o. Fußnote 75.

Die Häufigkeit der gefundenen Inschriften von Toren und Tempeln zeigt deutlich, dass die urartäischen Herrscher in großem Rahmen Sakralbauaktivitäten für ihre Selbstdarstellung nutzen.

4.3.2.5 Städte

Außer den bereits genannten mehr oder weniger kleinen Anlagen, die in erster Linie für öffentliche bzw. königliche Zwecke bestimmt waren, rühmen sich die urartäischen Könige der Errichtung von „Städten" (uru). Was unter diesem Begriff zu verstehen ist, und inwieweit die Anlage ganzer Siedlungen tatsächlich zum königlichen Bauprogramm gehört, ist Thema dieses Kapitels.

Philologische Belege

Das Logogramm uru, urartäisch *patari,* umfasst neben „Stadt" noch eine weitere Bedeutungsdimension, denn es steht auch als Determinativ vor Orten, die politisch nicht sehr bedeutend gewesen sein können.[314] Friedrich Wilhelm König geht davon aus, dass uru in einigen Fällen – da es oft in Zusammenhang mit der Errichtung eines Kanals genannt wird – eine Art Schutzposten für die Kanalanlage meint,[315] der archäologisch mit den so genannten „Giant's Houses" zu identifizieren wäre.

In den urartäischen Texten wird uru aber auch im Zusammenhang mit größeren Stätten, wie der Hauptstadt Tušpa (Van), und religiösen und administrativen Zentren, wie Teišebai-uru (Karmir-Blur) und Erebuni (Arin-Berd), benutzt. Der Umstand, dass die Konnotation des Logogramms uru in allen Keilschriftsprachen sehr weit gefasst ist, macht es schwierig zu verstehen, was ein urartäischer König meint, wenn er von der Gründung eines uru spricht.[316] Vermutlich ist mit dem Begriff uru in den urartäischen Königsinschriften aber gerade im Zusammenhang mit den großen Residenzen nicht die Gesamtanlage, sondern eher die Unterstadt mit der dazugehörigen Bebauung gemeint.[317]

Archäologische Belege

Beispiele für Wohnbebauungen aus Ayanis, Karmir-Blur, Armavir und Bastam[318] lassen darauf schließen, dass Wohnhäuser meist sowohl in ihrem Verhältnis zueinander als auch in sich selbst rechteckig angelegt sind und eventuelle Erweiterungen oft ebenfalls in recht-

---

314 Vor allem von den Assyrern wird uru auch für ziemlich unbedeutende Stätten Urartus benutzt (Zimansky, P., Ecology and Empire, Chicago (1985), S. 65).

315 König, F.W., Handbuch der chaldischen Inschriften, Graz (1955–57), S. 208. Textbeispiel: Nr. 33 (CTU A 5-17), S. 68f, Fußnote 3: „Ich bezweifle, dass mit URU hier die (oder eine der) vorher genannten „Städte" gemeint sind; viel eher handelt es sich um eine Anlage, die mit dem Bau oder der ständigen Beaufsichtigung des neuen Kanals entstand. Auch sonst hat URU öfter nicht den Sinn ‚Stadt'".

316 Wenn uru eine nicht-spezifische Bezeichnung für jede Stätte ist und kein Terminus für eine Gruppe von zusammenhängenden Bauten, erklärt das, warum uru in den urartäischen Bauinschriften so selten vorkommt (Zimansky, P., Ecology and Empire, Chicago (1985), S. 65).

317 Salvini, M., Die urartäische Tontafel VAT 7770 aus Toprakkale, in: AoF 34 (2007), S. 41f.

318 Auch in der Unterstadt von Van wurde ein Baukomplex ausgegraben, der Wohnraum für die Bevölkerung gewesen sein könnte, wenn auch wohl für „distinguished families" (Konyar, E. et al., Excavations at the Mound of Van Fortress 2011, in: Colloquium Anatolicum 11 (2012), S. 222f.).

eckiger Form angebaut werden. Im Allgemeinen ist von einer Zweigeschossigkeit urartäischer Wohnbauten auszugehen. Im Gegensatz zu „öffentlichen Bauten“ weisen die Fassaden der Wohnhäuser in der Regel keine Risalitgliederung auf.[319] Ein wenig anders zeigt sich das Bild in der 2007 gegrabenen Unterstadt von Erebuni, in der die Häuser weniger weit auseinander stehen, aber der insgesamt rechteckige Aufbau scheint ebenso gegeben zu sein.[320]

Die Frage ist nun, ob die Könige uru als Wohnorte planen und gründen. Auf Grund der archäologischen Forschungslücken im Bereich der Siedlungen, die sich an Festungen und Burgen anschließen, ist die Rolle des Herrschers bei der Planung und dem Bau von Städten schwierig zu ergründen. Ein häufig zitierter Fundort in diesem Zusammenhang ist Zernaki Tepe[321], das aber anscheinend nie fertig gestellt oder bewohnt worden ist und auch nicht sicher als urartäisch identifiziert wurde.[322] Das in den meisten gegrabenen Unterstädten festgestellte Straßennetz, das sich durch die Wohnbebauung zieht (in Karmir-Blur und Bastam)[323], lässt auf eine tatsächliche Planung der Bebauung schließen, wobei der König als Ursprung dieser Planung allerdings nicht zu belegen ist. In den Texten gibt es vereinzelte Hinweise auf Kriegsgefangene, die in urartäischen Städten angesiedelt werden (z.B. in den Annalen von Argišti I.[324]), aber ob diese in staatlich zur Verfügung gestellten Unterkünften unterkommen bleibt offen.

Es scheint insgesamt, dass die Anlage von Wohneinheiten für die Bevölkerung nicht zum Hauptaufgabengebiet des urartäischen Herrschers gehört.[325] Erst Rusa, Sohn des Argišti, hat sich offenbar überhaupt vermehrt der Anlage von Wohngebieten im Rahmen des Festungsbaus gewidmet. Aus dem Befund der Unterstadt von Ayanis ist ersichtlich, dass sie sowohl aus einer „gewachsenen“ Siedlung als auch aus geplanten, vermutlich von der Zentrale angelegten Häusern besteht, die sich in ihrer Architektur deutlich unterscheiden.[326]

319 Kleiss, W., Urartäische Architektur, in: Kellner, H.-J. (Hrsg.), Urartu – Ein wiederentdeckter Rivale Assyriens, München (1976), S. 39.

320 Siehe Stronach, D. et al., Erebuni 2007, in: IranAnt 64 (2009), S. 181–206.

321 Siehe: Nylander, C., Remarks on the Urartian Acropolis at Zernaki Tepe, in: Orientalia Suecana 14–15 (1965–1966), S. 141–154.

322 Zimansky, P., Ecology and Empire, Chicago (1985), S. 65.

323 Siehe Konyar, E. et al., Excavations at the Mound of Van Fortress 2011, in: Colloquium Anatolicum 11 (2012), S. 223.

324 CTU A 8-3 I, Z. 36f.: 6 lim 6 me lú^{meš} *gu-nu-ši-ni-i e-er-ṣi-du-bi* [*i*]*š-ti-i-ni* ^{kur}*ḫa-a-te-e* ^{kur}*ṣu-ú-pa-a-ni*, „6.600 Kriegsgefangene aus den Ländern Ḫatti und Ṣupani habe ich hier angesiedelt.“ Übersetzung in Anlehnung an CTU.

325 Zimansky, P., Ecology and Empire, Chicago (1985), S. 66.

326 Stone, E., Social Differentiation within Urartian Settlements, in: Kroll, S. et al. (Hrsg.), Biainili-Urartu, Leuven (2012), S. 89–99.

Verteilung der uru[327]-Projekte unter den urartäischen Königen

König	Textnummer (CTU)	Stätte / Herkunft
Išpuini	A 2-9A+B	Karahan
Minua	A 5-17 A 5-34 A 5-28, A 5-24, A 5-30	Erciş Kevenli Karahan
Argišti I.	A 8-1+2, B 8-21	Arin-Berd
Rusa, Sohn des Sardure	A 10-2	Odzaberd/Covinar
Argišti II.	A 11-2 A 11-6	Erciş Shisheh
Rusa, Sohn des Argišti	A 12-4 A 12-8 A 12-7 A 12-9	Adilcevaz nahe Karmir-Blur Bastam Ayanis

Der Bau von uru scheint sich v.a. auf größere und eher komplexe Stätten als auf ausschließliche Wohnorte zu beschränken, denn der Begriff erscheint in den Inschriften immer im Zusammenhang mit weiteren Projekten, häufig Wasserbauten, aber ebenso é.gal und landwirtschaftliche Anlagen. Die meisten uru-Projekte werden im Kerngebiet Urartus verwirklicht sowie in den großen Zentren der äußeren Landesteile.

Die insgesamt geringe Anzahl der Texte, die auf die Errichtung von uru hindeuten, könnte darauf verweisen, dass Siedlungen nicht zu einem bestimmten Moment initiiert und geplant werden, sondern eher auf eigenen Antrieb hin neben königlichen Bauprojekten wachsen. Damit gehören uru im Sinne von Siedlung bzw. Stadt nicht zu den königlichen Bauprojekten. Der König schafft eher die Voraussetzung dafür, dass an der betreffenden Stelle gesiedelt werden kann.

Im Zuge der Neuansiedlung von Kriegsgefangenen an urartäischen Orten könnte man eine Involvierung des Königs in den Wohnhäuserbau erwarten, archäologisch zu belegen ist sie aber, wenn überhaupt, nur für Ayanis, in Form der so genannten „formalen Häuser", die nach Elisabeth Stone von staatlichen Architekten gebaut werden, denn sie haben große Ähnlichkeit mit den Häusern der Festung selbst, verfügen über Fundamente aus sorgfältig behauenen Steinen, sind freistehend und größer als die Häuser des zweiten Typs, die offenbar nicht von staatlichen Baumeistern errichtet worden sind.[328]

327 Nicht als Determinativ gebraucht, sondern tatsächlich als Bauprojekt.

328 Siehe: Stone, E., Social Differentiation within Urartian Settlements, in: Kroll, S. et al. (Hrsg.), Biainili-Urartu, Leuven (2012), S. 89–99.

4.3.2.6 Lagerräume

In den großen Festungen bzw. Verwaltungszentren werden Güter gelagert; in erster Linie Nahrung (Weizen, Wein und Sesamöl), aber anscheinend auch Rohstoffe zur Metallherstellung sowie fertige und Weih-Gegenstände.[329] Die urartäischen Könige bringen häufig an diesen Lagerräumen Inschriften an, die den Bau des Magazins durch den Herrscher belegen.

Philologische Belege

Der Bau von bestimmten Arten von Lagerräumen wird in den Inschriften genannt. Dabei tauchen in den Texten zwei Arten von Lagerhäusern auf: die *(i)gie*, und die *'ari*. Während in einem *(i)gie* anscheinend Inhalte gelagert werden, die in Maßeinheiten für Flüssigkeiten gemessen werden, fasst ein *'ari* Vorräte, die in Einheiten für trockene Inhalte aufgelistet sind.[330]

Der Begriff *(i)gie* steht wohl im Zusammenhang mit großen Pithoi-Räumen[331], wie den in Karmir-Blur oder dem oberen Anzaf gefundenen. Keilschriftinschriften auf diesen Pithoi geben das Volumen des Inhaltes in *aqarqi* und *ṭerusi* an,[332] Begriffe, die u.a. in den Annalen von Sardure II. als Maßeinheit für Wein und Öl gebraucht werden. Archäologisch wurden zahlreiche solcher Pithoi-Räume ausgegraben, dagegen sind die schriftlichen Hinweise diesbezüglich eher spärlich: Nur ein Text von Minua aus Bostankaya (CTU A 5-67) berichtet vom Bau eines *(i)gie*.[333]

Häufiger sind Bauinschriften für *'ari*-Lagerräume, wobei sich deren physische Existenz den ArchäologInnen entzieht, denn es wurden keine Pithoi gefunden, die eine Inschrift mit Maßeinheiten für trockene Inhalte (*kapi*) tragen. Das könnte daran liegen, dass Getreide in Säcken oder in Räumen, die nicht besonders gekennzeichnet waren, gelagert wird.[334] In Arin-Berd wurde eine *'ari*-Inschrift *in situ* außerhalb der Mauern der Zitadelle gefunden.[335]

Archäologische Belege

In allen größeren urartäischen Anlagen finden sich Lagerräume, die zum Teil über ein erhebliches Fassungsvermögen verfügen. Die in Karmir-Blur ausgegrabenen Gefäße haben eine Kapazität von insgesamt mindestens 400.000 Litern.[336]

---

329 Burney, C., Planning for War and Peace in the Kingdom of Urartu, in: Mazzoni, S. (Hrsg.), Nuove Fondazioni nel Vicino Oriente Antico: Realtà e Ideologia, Pisa (1994), S. 301.

330 Zimansky, P., Ecology and Empire, Chicago (1985), S. 74.

331 Mirjo Salvini übersetzt *igie* dagegen mit „cisterna" (CTU A, S. 249), was eventuell ein wenig zu eng gegriffen erscheint. Die Problematik, ob *igie* oder *gie* zu lesen ist ergibt sich eben aus diesem Text Minuas aus Bostankaya: Man kann sowohl *i-ni-i gi-e* (mit Pleneschreibung am Demonstrativpronomen) als auch *i-ni i-gi-e* lesen.

332 Siehe CTU CP. Belege stammen aus Ayanis, Bastam, Karmir-Blur, Çavuştepe, Kef Kalesi, Toprakkale, Armavir/Davti-Blur, Arin-Berd, Kevenli, Yukarı Anzaf, Kayalıdere und Altıntepe.

333 Zimansky, P., Ecology and Empire, Chicago (1985), S. 74.

334 *kapi* ist wohl die Maßeinheit für Getreide (vgl. Zimansky, P., Ecology and Empire, Chicago (1985), S. 75 und S. 120, Fußnoten 155 und 157).

335 Piotrovskij, B.; Oganesjan, K.L., Die Ausgrabungen in Arin-Berd und Karmir-Blur, Moskau (1969), S. 8.

336 Forbes, T.B., Urartian Architecture, Oxford (1983), S. 67.

Die Räume, die als Lager genutzt werden, sind in der Regel länglich, mit einer Länge von bis zu 30 m und einer Breite von meist unter 4 m. Die Böden bestehen aus festgestampfter Erde oder Lehmziegeln mit einem Tonüberzug; im oberen Anzaf sind die Lehmziegelmauern blau bemalt[337]. In einigen Fällen liegen die Magazinräume weit über Fußbodenniveau, z.B. in Kayalıdere und Bastam, und sind vermutlich über Leitern zugänglich.[338] Viele Lagerräume sind durch rechteckige Pfeiler in zwei Schiffe geteilt, Beispiele hierfür fand man unter anderem in Bastam.[339]

Eine besondere Art der Lagerung findet sich in Yeşilalıç, wo der Platz anscheinend zu beschränkt war, um Magazine, wie eben beschrieben, anzulegen, und für die Aufbewahrung der Nahrungsmittel Gruben aus dem Fels geschlagen worden sind.[340]

In Ayanis ist eine funktionale Unterscheidung von Lagerräumen zu erkennen. Die Pithoi aus den westlichen Lagerräumen haben Kapazitäts-Inschriften auf den Gefäßschultern und in der näheren Umgebung dieser Vorratsgefäße sind Bullen gefunden worden, die deren Herkunft aus verschiedenen Teilen (Ländern und Städten) des urartäischen Reiches andeuten[341]. Diese Pithoi enthalten Weizen, Gerste, Stroh und Bitumen, alles Materialien, die auf unterschiedliche Abgaben der verschiedenen Landesteile hinweisen. Ein Stein-Kanal durchzieht einen solchen Lagerraum; eventuell werden die hier aufbewahrten Waren (v.a. Weizen, Wein und Öl) über diesen Kanal, der aus dem Raum hinausführt, an die Bewohner der Unterstadt von Ayanis weiterverteilt. Dagegen finden sich in den Lagerräumen des Tempels weder Bullen noch Volumenangaben bei oder auf den Gefäßen, dafür sind hier aber „Luxusgüter“ (u.a. Terrakotten, Bronzeschalen) gelagert, die zum Teil Weihinschriften für Ḫaldi aufweisen. Man kann also funktionale Unterschiede zwischen den westlichen Vorratsräumen zum Sammeln und Verteilen der Güter, die aus der ganzen Provinz zentral nach Ayanis gelangen und dort erfasst bzw. vermessen werden, und den Lagerräumen des Tempels feststellen. Für die Güter im Tempelvorratsraum besteht keine Notwendigkeit der Registratur oder des Wiegens, es handelt sich hierbei nicht um Steuereinnahmen. Deswegen findet auch keine Weiterverteilung dieser Bestände statt, alle Weihgaben etc. sind Eigentum des Tempels und/oder der Priester.[342]

Verteilung der 'ari-Projekte unter den urartäischen Königen

König	**Textnummer (CTU)**	**Stätte / Herkunft**	**Kapazität (*kapi*)**
Minua	A 5-66	Van	23,100
	B 5-10	-	20,600

337 Salvini, M.; Belli, O., Pithoi with cuneiform and hieroglyphic inscriptions from Upper Anzaf Fortress, in: SMEA 48 (2006), S. 58.

338 Ebd.

339 Kleiss, W., Urartäische Architektur, in: Kellner, H.-J. (Hrsg.), Urartu – Ein wiederentdeckter Rivale Assyriens, München (1976), S. 39.

340 Vgl. Sevin, V.; Belli, O., Urartian Sacred Area and Fortress Yeşilalıç, in: JKF 5 (1977), S. 387ff.

341 Z.B. CTU CB Ay-5 aus der Stadt Qul, CTU CB Ay-6 aus der Stadt Ultarani.

342 Çilingiroğlu, A., Properties of the Urartian Temple at Ayanıs, in: ders.; Sagona, A. (Hrsg.), Anatolian Iron Ages 6, Leuven (2007), S. 42f.

Argišti I.	A 8-27	Van	10,000
	A 8-28A, A 8-28B–D	Arin-Berd	10,100
	A 8-29	Patnos	31,045
	A 8-30	Armavir	10,100
	A 8-31	?	13,830
	A 8-32	Haman	30.000x100
	A 8-33	Pirabat	-
	A 8-34	Pirabat	2,600
Sardure II.	A 9-25	Patnos	18,4XX
	A 9-26	Patnos	17,020
	A 9-35	Van	15,3XX
	A 9-21	Arin-Berd	?5,100
	A 9-20	Arin-Berd	12,600
	A 9-20	Arin-Berd	11,500
	A 9-22, A 9-24	Arin-Berd	10,100
	A 9-23	Arin-Berd	-
	A 9-19	Armavir	11,884
	A 9-27 – A 9-35	Çavuştepe	-
Rusa, Sohn des Erimena	A 14-5	Armavir	1,432
	A 14-6	Arin-Berd	6,848

Die Kapazität der in den Texten erwähnten *'ari* variiert von 1.432 bis 31.045 *kapi*. Minua baut laut seinen Inschriften nur zwei *'ari*, obwohl er bei anderen Gebäuden der aktivste Bauherr ist. Erwähnenswert ist, dass mit der *'ari*-Inschrift B 5-10[343] die Verwirklichung eines Bauprojektes außerhalb der Steininschriften vorliegt; Inschriftenträger ist eine rechteckige Plakette aus Bronze, die aus dem Kunsthandel stammt.

Von Rusa, Sohn des Argišti, einem ansonsten ebenfalls sehr engagierten Bauherrn, sind keinerlei solche Inschriften belegt. Der Großteil der *'ari* -Inschriften stammt von Argišti I. und Sardure II. Rusa, Sohn des Erimena, verwirklicht eher kleine verwirklicht, verglichen mit denen der vorausgegangenen Jahrzehnte.[344]

Auffällig ist auch, dass sich die *'ari* –Inschriften auf größere Stätten, nämlich Van, Çavuştepe, Patnos/Aznavur, Armavir und Arin-Berd, beschränken. Das liegt vermutlich darin begründet, dass sie in enger Beziehung zur Zentralmacht stehen, die solche Lager eben in den von ihr kontrollierten Festungen anlegt, während sicherlich jeder – auch kleinere Ort – über irgendeine Art von Lagerstätte verfügt.[345]

Dass der Bau dieser Lagerhäuser dem König obliegt, zeigt den hohen Grad der Involvierung des Königtums in wirtschaftliche Belange. In diesen „königlichen" bzw. zentralen

343 Vgl. auch Weeden, M., An Inscription from Urartu (No 95 MS 3185), in: George, A.R. (Hrsg.), Cuneiform Royal Inscriptions and Related Texts in the Schøyen Collection, Bethesda (2011), S. 193–198.

344 Zimansky, P., Ecology and Empire, Chicago (1985), S. 75.

345 Ebd.

Lagerhäusern wird nicht nur der Vorrat für den Winter gelagert, sondern hier werden – wie die Befunde aus Ayanis belegen – alle Abgaben, die zu leisten sind, gesammelt, um dann durch eine königliche Autorität, etwa in Person des Provinzgouverneurs, neu verteilt zu werden. Vermutlich wird auch die Armee mit diesen Gütern versorgt.

4.3.2.7 Wasserbauten und Kanäle

Aus den Königsinschriften ist ersichtlich, dass die urartäischen Könige beim Bau von Anlagen zur künstlichen Bewässerung und Wasserspeichern aktiv sind.

> „A ruling dynasty could have no surer means of securing popularity than by the construction and maintenance of canals to bring water to the fields and gardens. It may not always have been a matter of life and death; but it could be the means of assuring an improved and reliable water variety and quantity of food.“[346]

Das lässt darauf schließen, dass solche Anlagen zur damaligen Zeit nötig sind. Wie in „Kapitel 3.1 „Die Geographie Urartus“ bereits erwähnt, sind die klimatischen Bedingungen und v.a. die Niederschlagswerte in weiten Teilen des urartäischen Reiches nicht besonders günstig für den Anbau. Der mittlere jährliche Niederschlag liegt bei nur 380 mm und erfüllt damit gerade noch die Minimalvoraussetzung für einen funktionierenden Regenfeldanbau. Erschwerend kommt hinzu, dass der Niederschlag in erster Linie in den Wintermonaten fällt und nicht in den Wachstumsmonaten von Mai bis August.[347]

Eine Wasserknappheit, die den Bau von Kanälen und künstlichen Seen zur Wasserversorgung der Bevölkerung oder zur künstlichen Bewässerung des Ackerlandes anregt, kann dadurch hervorgerufen werden, dass entweder die Bevölkerung wächst[348] oder die Niederschlagsmenge abnimmt bzw. im Gebiet des urartäischen Reiches die Schneeschmelze geringer ausfällt als in den Jahren oder Jahrzehnten zuvor.[349] Außerdem würde eine Bevölkerungskonzentration von vorher verstreuter lebenden Menschen auf einige Zentren, um im Zug der Reichgründung leichter verwaltbare Gebiete zu schaffen, einen vermehrten Bedarf für künstliche Bewässerung erklären.[350] Der Befund deutet auf eine solche „Lenkung“ der Bevölkerung bzw. Besiedlung hin (s.u., Kapitel 4.3.2.10 „Das Ergebnis der königlichen Bauaktivität: Siedlungsverbreitung“).

Mit dem Bau von Anlagen zur künstlichen Bewässerung kann die Regierung u.a. die Ansiedlung von Menschen in Regionen fördern, in denen zuvor keine Landwirtschaft möglich gewesen ist.

---

346 Burney, C., Urartian Irrigation Works, in: AnSt 22 (1972), S. 180.

347 Garbrecht, G., Die Talsperren der Urartäer, in: ders., Historische Talsperren, Stuttgart (1987), S. 141.

348 Die deutliche Zunahme an Siedlungen, die v.a. im Gebiet östlich des Van-Sees und am Fuß des Ararat nachgewiesen wurde (Marro, C., Özfırat, A., Pre-classical Survey in Eastern Turkey. Third Preliminary Report: Doğubayazıt and the Eastern shore of Lake Van, in: Anatolia Antiqua XIII (2005), S. 333f.), deutet auf ein solches Bevölkerungswachstum zu Beginn der urartäischen Epoche hin.

349 Burney, C., Urartian Irrigation Works, in: AnSt 22 (1972), S. 180.

350 Burney, C., Planning for War and Peace in the Kingdom of Urartu, in: Mazzoni, S. (Hrsg.), Nuove Fondazioni nel Vicino Oriente Antico: Realtà e Ideologia, Pisa (1994), S. 300.

> „Mit der Etablierung königlicher Siedlungen und Festungen in landwirtschaftlich ungenutzten Gegenden ging die Zentralmacht möglicherweise auch Auseinandersetzungen mit lokalen Stammesfürsten aus dem Weg. Die urartäischen Könige erschlossen landwirtschaftliche Nutzfläche, verhalfen ihren Untertanen mit der Bewässerung zu einem ertragreichen Anbau und haben wohl auch für die benötigten Gerätschaften und Werkzeuge gesorgt."[351]

Tatsächlich folgt ja der Eroberung eines Gebietes der infrastrukturelle Ausbau, z.B. eben mit Anlagen zur künstlichen Bewässerung (s.u.).

Philologische Belege
In den Inschriften wird der Bau von Kanälen – pa$_5$ bzw. urartäisch *pili* – genannt, und auch assyrische Texte beschreiben die urartäischen Bewässerungssysteme,[352] wie zum Beispiel der Bericht von der 8. Kampagne Sargons über die Kanäle, die ein Rusa (Sohn des Erimena oder Sohn des Sardure) in Ulḫu baut.[353] Erwähnt werden nicht nur Kanäle zur Weiterleitung von Wasser, sondern auch Staubecken für Regen- und Schmelzwasser, in den urartäischen Texten „künstliche Seen" (*ṣu-e a-su-a-ḫi-na*) genannt.[354]

Archäologische Belege
Fast die Hälfte der in den Inschriften erwähnten Kanäle gehört zu einem Großprojekt, nämlich dem Şamram-su. Dieser wegen seines Bauherrn so genannte „Minua-Kanal" führt Wasser über 56 km aus dem Hoşab-Tal bis nach Van und ist noch heute in Gebrauch.[355] Über den gesamten Verlauf des Kanals hinweg sind an seinen Steinblöcken immer wieder Inschriften angebracht, in denen sich der König Minua seiner Errichtung rühmt. Von diesem Kanal gehen einige weitere kleine Kanäle ab, die von Lehmann-Haupt „Abzweigungsrinnen" genannt werden. Ob daran von Wasser betriebene Mühlen liegen, ist nicht sicher geklärt; ebenso wenig, ob solche Wassermühlen, falls vorhanden, in urartäische oder spätere Zeit datieren.[356] Inschriften nennen keine solchen Projekte.[357]

Urartäische Staubecken sind in erster Linie dazu da, um das Schmelz- und Regenwasser sowie Wasser aus Quellen zu sammeln und bei Bedarf auf die Felder in der Ebene abzulassen. Oft sind sie bei größeren Burganlagen gelegen und dienen daher nicht nur zur Bewässerung der umliegenden landwirtschaftlichen Flächen, sondern auch zur Wasserversorgung der Menschen innerhalb der Festung. Ein Beispiel hierfür wäre das Staubecken von Çavuştepe, das direkt südlich des Haupteingangs zur Festung liegt. Wie bei den meisten

351 Belli, O., Neue Funde urartäischer Bewässerungsanlagen in Ostanatolien, in: Finkenbeiner, U.; Dittmann, R.; Hauptmann, H. (Hrsg.), Beiträge zur Kulturgeschichte Vorderasiens. Festschrift für Rainer Michael Boehmer, Mainz (1995), S. 20.

352 Zimansky, P., Ecology and Empire, Chicago (1985), S. 66.

353 Vgl. auch Laessøe, J., The Irrigation System at Ulhu, in: JCS 5 (1951), S. 21–31.

354 Z.B. CTU A 11-1.

355 Zimansky, P., Ecology and Empire, Chicago (1985), S. 66. Die Inschriften sind CTU A 5-12A–D, CTU A 5-13, CTU A 5-14A–D, CTU A 5-15A–E.

356 Zu der Diskussion über das Vorhandensein von Wassermühlen in Urartu vgl. Roos, P., Water-Mills in Urartu?, in: East and West 38 (1988), S. 11–32.

357 Das sagt natürlich nichts über die Existenz solcher Mühlen aus, da sie nicht unbedingt ein königliches Bauprojekt gewesen sein müssen.

urartäischen Stauseen werden hier die Geländegegebenheiten zur Wasserstauung genutzt, d.h. natürliche Felswände bilden – im Fall von Çavuştepe an drei Seiten – die Begrenzung des Beckens.[358] Die Bauweise der Staumauern ist einheitlich: Sie bestehen aus zwei Trockenmauern aus mittelgroßen bis großen, lokal vorkommenden Steinblöcken, deren Zwischenraum mit Schutt aufgefüllt ist. Meist liegen sie in engen Bergtälern. Die übliche Breite der Staumauern beträgt 5–6 m; in Ausnahmen können sie aber bis zu 27 m breit sein, wie beim Stausee von Keşiş Göl, oder deutlich weniger stark, wie zum Beispiel in Arç, wo sie nur 3 m messen. Eine Besonderheit bilden halbmondförmige Mauern, die in Urartu in drei Fällen, bei den Stauseen von Argıt, Arpayatağı und Reşan, vorkommen. In den Staumauern befinden sich Abflussvorrichtungen, die den kontrollierten Abfluss von Wasser in die zu bewässernden Ebenen erlauben. In einigen Fällen wird das Wasser über Kanäle noch weiter, zum Beispiel zu einem weiteren Stausee, geleitet.[359]

Häufig finden sich in der Nähe der Stauseen so genannte „Giant's Houses“[360], zyklopische Strukturen, die im Allgemeinen einer lokalen Tradition des südlich von Urartu liegenden Ḫubuşkia[361] zugeordnet werden. Diese Anlagen dienen wohl der Überwachung und Instandhaltung der Staumauern, sowie der Kontrolle des Wasserabflusses, denn sie finden sich häufig bei Quellen, Teichen, nahe von Pässen oder in direkter Nähe der Straßen. Diese „Giant's Houses“ könnten die „Wachtürme“ sein, die in manchen Texten als uru[362] auftreten. Oktay Belli vermutet auf Grund der häufigen Nähe der Bauten zu Metallurgiezentren und Minen in Hubuşkia, dass solche Häuser auch als Schutz für Metallproduktionsstätten dienten.[363]

Eine Besonderheit der urartäischen Bauten zur Bewässerung bilden die Anlagen von Aygır Gölu. Von diesem vulkanischen See aus führen Tonrohre und ein gemauerter Kanal fast 70 m durch einen Hügel hindurch, um die auf der anderen Seite der Hügelkette gelegene Ebene zu bewässern.[364]

---

358 Belli, O., Neue Funde urartäischer Bewässerungsanlagen in Ostanatolien, in: Finkenbeiner, U.; Dittmann, R.; Hauptmann, H. (Hrsg.), Beiträge zur Kulturgeschichte Vorderasiens. Festschrift für Rainer Michael Boehmer, Mainz (1995), S. 27ff.

359 Das ist z.B. beim Sıhke-Stausee der Fall, vgl. Belli, O., Neue Funde urartäischer Bewässerungsanlagen in Ostanatolien, in: Finkenbeiner, U.; Dittmann, R.; Hauptmann, H. (Hrsg.), Beiträge zur Kulturgeschichte Vorderasiens. Festschrift für Rainer Michael Boehmer, Mainz (1995), S. 44ff.

360 Charakteristisch für diese in der türkischen Bevölkerung *Dirhe* oder „Riesenhäuser“ genannten Strukturen sind eben die Verwendung sehr großer Steine, dass sie in der Regel einzeln stehen und einen viereckigen oder quadratischen Grundriss mit starker (1,30 m – 1,80 m) Mauerdicke haben. Belli, O., Ruinen monumentaler Bauten südlich des Van-Sees in Ostanatolien, in: IstMit 43 (1993), S. 261f.

361 Ḫubuşkia meint wohl die Gegend direkt südlich von Urartu, die Berge zwischen dem Van-See und Hakkâri. Belli, O., Ruinen monumentaler Bauten südlich des Van-Sees in Ostanatolien, in: IstMit 43 (1993), S. 261ff.

362 König, F.W., Handbuch der chaldischen Inschriften, Graz (1955–57), z.B. Text 80, Fußnote 3. Vgl. auch Kapitel 4.3.2.5 „Städte“.

363 Belli, O., Ruinen Monumentaler Bauten südlich des Van-Sees in Ostanatolien, in: IstMit 43 (1993), S. 262. Das schließt die Bewachung von Wasserzu- und -abfluss nicht aus, denn auch die Metallproduktion ist auf eine Wasserzufuhr angewiesen.

364 Vgl. Belli, O., Neue Funde urartäischer Bewässerungsanlagen in Ostanatolien, in: Finkenbeiner, U.; Dittmann, R.; Hauptmann, H. (Hrsg.), Beiträge zur Kulturgeschichte Vorderasiens. Festschrift für Rainer Michael Boehmer, Mainz (1995), S. 42f.

Als weitere Wasserbauten wären noch Brücken zu nennen. Leider sind uns außer den Resten einer Brücke in Werachram[365] keine weiteren Anlagen bekannt, und durch die Texte erfahren wir kaum etwas über den Brückenbau. Nur ein Text von Argišti II. aus Bulutpınarı bei Patnos (CTU A 11-8) erwähnt den Bau eines *qarbuzanili*, was Mirjo Salvini mit „Brücke" übersetzt.

Verteilung der Kanalbauten unter den urartäischen Königen

König	**Textnummer (CTU)**	**Stätte / Herkunft**
Minua	A 5-12A–D, A 5-13, A 5-14A–D, A 5-15A–D	Van
	A 5-16	Muradiye
	A 5-17	Erciş
	A 5-20, A 5-21, A 5-22	Malazgirt
	A 5-23	Oshnaviyeh (?)
	A 5-24	Karahan
Argišti I.	A 8-3 IV, A 8-15, A 8-16	Armavir
	A 8-3 V	nahe Erciş
Sardure II.	A 9-19	Karataş
Argišti II.	A 11-1, A 11-2	Erciş
Rusa, Sohn des Erimena	A 14-1	Keşiş Göl (Toprakkale)
	A 14-2	Keşiş Göl (Toprakkale)
Rusa, Sohn des Argišti	A 12-8	Erevan

Im Kanalbau und Ausbau der künstlichen Bewässerung sind v.a. Minua und Argišti I. aktiv, was vermutlich mit den großen Gebietsgewinnen der beiden Herrscher zusammenhängt, denen ein landwirtschaftlicher Ausbau der neuen Regionen folgt.

Die ältesten inschriftlich genannten Wasserbauten stammen von Minua; dabei handelt es sich um insgesamt fünf Kanäle, die zum großen Teil nahe der urartäischen Hauptstadt Van liegen[366]. Argišti I. berichtet von vier Kanälen, die er zur Bewässerung seiner Neugründung Argištiḫinili (Armavir) bauen lässt. In seinen Annalen tauchen außerdem Kanalbauten auf, die Wasser vom Murat (urartäisch Arṣiani) und Zilan nutzten. Die Kanalbauinschriften von Rusa, Sohn des Argišti, die bei Erevan gefunden wurden, hängen vielleicht mit der Gründung der Stadt Karmir-Blur zusammen.[367] Durch die Errichtung der Stadt Toprakkale und den Ausbau der zentralen Gegend Urartus muss Rusa, Sohn des Erimena,

365 Jakubiak, K., The development of defence system of Eastern Anatolia from the beginning of the kingdom of Urartu to the end of Antiquity, Warschau (2003), S. 26.

366 Außer dem Minua-Kanal sind das: CTU A 5-16, CTU A 5-17, CTU A 5-20, CTU A 5-21, CTU A 5-22, CTU A 5-96.

367 Zimansky, P., Ecology and Empire, Chicago (1985), S. 67.

anscheinend das Bewässerungssystem der Van-Ebene weiter ausbauen, und er legt den Stausee Keşiş Göl im Bergmassiv des Warak Dağ an.

Im Gebiet von Erciş ist das Kanalbauprojekt von Argišti II. zu lokalisieren.[368]

4.3.2.8 Landwirtschaftliche Projekte

Die (land)wirtschaftlichen Flächen bilden, was Bautätigkeit angeht, eine große Ausnahme unter den urartäischen Bauprojekten, denn eine solche muss nicht zwingend dem König gehören. Wir kennen das Beispiel von Minuas Frau, Tariria, der ein nach ihr benannter Weinberg – Tariria̮hinili – gehört (CTU A 5A-1). Außerdem sind einige wenige Beispiele bekannt, wo Nutzflächen anscheinend Bürgern einer gewissen Stellung zuzuordnen sind (z.B. einem Beamten).[369]

Philologische Belege

Es gibt drei Arten von landwirtschaftlichen Projekten, die der urartäische König durchführt: 1. Weingärten (^giš^*uldi* / ^giš^g e š t i n), 2. Obstgärten (^giš^*zare* / ^giš^t i r) und 3. (Getreide-)Felder oder Gemüsegärten (^gan.giš^*uše*).[370] Was der König mit diesen Nutzflächen genau tut, kann auf Grund der unsicheren Übersetzung des verwendeten Verbs *teru-* nicht sicher gesagt werden; vielleicht legt er diese Felder an oder er entscheidet, dass das getan wird.[371] Es scheint fast zum Standard zu gehören, bei der Gründung einer Stadt auch gleich landwirtschaftliche Flächen zu deren Versorgung anzulegen. Dabei tragen, ähnlich wie viele Städte, auch diese Bauprojekte in der Regel den Namen des Königs (z.B. ^m^*Minuai* ^giš^*uldi* = Minuas Weingarten[372]) oder den einer Gottheit.[373]

Diese Wirtschaftsflächen dienen neben der rein praktischen Funktion zur Versorgung auch ideologisch dazu, Fruchtbarkeit und Wohlstand im Inneren zu garantieren.[374]

Archäologische Belege

Archäologisch sind landwirtschaftliche Flächen oder Gärten schwer nachzuweisen. Es erscheint wahrscheinlich, dass sie in der Nähe von den Bewässerungskanälen liegen und

368 Ebd., S. 66f., und Salvini, M., Geschichte und Kultur der Urartäer, Darmstadt (1995), S. 126ff.

369 Z.B. eine Tafel aus Bastam (CTU CT Ba-1), in der ein ^lú^n a₄ . d i b angewiesen wird, die Rechte an einem Obstgarten oder einer Pflanzung (^giš^*udue*) an denjenigen ^lú^é . g a l zurückzugegeben, dem es der König ursprünglich gegeben hatte. Salvini, M., Die urartäischen Tontafeln, in: Kleiss, W., Bastam I. Ausgrabungen in den urartäischen Anlagen 1972–1975, Berlin (1979), S. 118ff.

370 Vgl. Zimansky, P., Ecology and Empire, Chicago (1985), S. 69, und Sevin, V., Urartian Gardens, in: Belleten 64 (2000), S. 408.

371 Das verwendete Verb *teru-* wird auch für das Ernennen von Provinzgouverneuren, das Festlegen eines Stadtnamens, das Festsetzen von Opfern und Diktieren des Inhaltes von Inschriften gebraucht; die allgemeine Bedeutung ist „festsetzen" (Zimansky, P., Ecology and Empire, Chicago (1985), S. 69).

372 Weitere Beispiele siehe: Sevin, V., Urartian Gardens, in: Belleten 64 (2000), S. 409.

373 Sevin, V., Urartian Gardens, in: Belleten 64 (2000), S. 409.

374 Vgl. auch Galter, H.D., Paradies und Palmentod. Ökologische Aspekte im Weltbild der assyrischen Könige, in: Scholz, B. (Hrsg.), Der Orientalische Mensch und seine Beziehungen zur Umwelt, Graz (1989), S. 241.

durch kleine Ableger dieser Kanäle bewässert werden.[375] Was Größe oder Typen von Gärten betrifft, verfügen wir über keinerlei Information – abgesehen von der Unterscheidung in Weingarten, Obstgarten und Feld. Veli Sevin geht davon aus, dass v.a. die privaten Gärten in Urartu tatsächlich „Gartengröße" haben und keine ausgedehnten Parkanlagen umfassen.[376] Auch über eine eventuell vorhandene Bebauung innerhalb der Gärten weiß man nichts. Dafür, dass eine Bebauung existierte, spricht eine südlich von Çavuştepe gefundene Säulenbasis, die anscheinend nicht zu den Bauten der Festung selbst gehört, und so könnte man an der Fundstelle auf ein Bauwerk eines Gartens schließen, vielleicht eine Art Pavillon.[377]

Es ist zu vermuten, dass urartäische Gärten eine kultische Funktion haben können. Zum Einen tragen einige Gärten Namen von Gottheiten und zum Anderen berichtet ein Text von Opferhandlungen in einem Obstgarten (CTU A 5-11).[378]

Verteilung der Nutzflächen-Projekte unter den urartäischen Königen

König	**Textnummer (CTU)**	**Projekttyp**	**Stätte / Herkunft**
Išpuini	A 2-9A+B	W, O	Karahan
	A 2-5	W, O	Zivistan
Išpuini+Minua	A 3-1	W, O	Van
Minua	A 5-33	W, O	Güsak
	A 5-11A, A 5-11B	W, F	Patnos (?)
	A 5-28 - A 5-30	W, O	Karahan
Argišti I.	A 8-16	W, O	Armavir
Sardure II.	A 9-11	W	Erciş
	A 9-12, A 9-16	W, O, F	Aramvir
Argišti II.	A 11-1, A 11-2	W, O, F	Erciş
Rusa, Sohn des Argišti	A 14-1	W, O, F	Van
	A 12-8	W, O, F	Erevan
	A 12-9	W, O	Ayanis

Auch die Anlage von landwirtschaftlich nutzbaren Flächen konzentriert sich – wie die der Kanalbauten – auf das Kerngebiet Urartus sowie den Landesteil, der im heutigen Armenien liegt. Meist werden Weinberge (W) und Obstgärten (O) zusammen angelegt, Felder (F) allein kommen nicht vor; in einigen Fällen wird zusätzlich der Bau eines Kanals erwähnt.[379]

375 Sevin, V., Urartian Gardens, in: Belleten 64 (2000), S. 410.

376 Ebd., S. 411.

377 Auch aus anderen urartäischen Fundstätten sind ähnliche Säulenbasen bekannt (Ebd., S. 411f).

378 Vielleicht ist ein Gebäude, das aus Säulen besteht und das zu solchen Kulthandlungen in einem Garten dient, auf einer Bronzeplatte aus Giyimli zu sehen. Vgl. Sevin, V., Urartian Gardens, in: Belleten 64 (2000), S. 414 und Fig. 9.

379 Zimansky, P., Ecology and Empire, Chicago (1985), S. 69.

4.3.2.9 Zusammenfassung

Geht man von den in Bauinschriften genannten Projekten der urartäischen Könige aus, wird ein breites Spektrum königlicher Tätigkeit deutlich. Die Könige sind nicht nur für den Bau von Repräsentations- und Kultbauten verantwortlich, sondern stoßen die Anlage von Städten an und kümmern sich um landwirtschaftliche Aktivitäten sowie die Versorgung der Landwirtschaftsflächen und Städte mit Wasser. Dabei erscheint der König als oberster Bauherr, der seine Bauprojekte im Auftrag und zum Ruhm des Staatsgottes Ḫaldi durchführt und damit gleichzeitig alle Aspekte des Lebens seiner Untertanen beeinflusst.

Durch seine Bautätigkeit macht der Herrscher „ödes“ Land bewohnbar, er gewinnt die Gebiete nicht nur in erster Instanz militärisch, sondern entwickelt sie und macht sie wirtschaftlich nutzbar. Analog zum mesopotamischen Königsbild[380] ist er der Versorger des Landes und verwandelt Wildnis bzw. „Chaos“ in geordnetes, kultivierbares Land. Damit schafft der König Ordnung und erfüllt so den Willen der Götter. Die Herausstellung des engen Bezugs zu den Göttern und vor allem zum urartäischen Hauptgott Ḫaldi ist die eigentliche Botschaft der Inschriften, deren „menschlicher“ Adressat wohl kaum die breite Bevölkerung, von deren mangelnder Lesefähigkeit ausgegangen werden kann, sondern nur eine elitäre, des Lesens kundige Minderheit, ist.

Die Bedeutung, die den Bauprojekten zugemessen wird, verdeutlicht die die Inschriften abschließende Fluchformel:

> „... Minua spricht: Wer diese Inschrift austilgt, wer sie beschädigt, wer an irgendeinem diese sieht, wer als ein anderer sagt: ‚Ich habe diesen Kanal geführt', der wird von Ḫaldi, Wettergott und Sonnengott und den anderen Göttern ausgetilgt werden, der wird aus dem Sonnenlicht weggebracht sein, dessen *arḫi* und *inaini* und Leben soll getötet und dem Nichts zugeführt sein.“[381]

Die einzelnen in den Inschriften genannten Bauprojekte sind archäologisch nicht alle nachweisbar. Im Befund deutlich vertreten sind die *susi*-Tempel und Bewässerungsanlagen sowie die Lagerräume, in denen Güter, die in *aqarqi*-Maßeinheiten gemessen werden, gelagert werden.

So wissen wir ziemlich genau, dass ein in den Inschriften *susi* genannter Tempel einen quadratischen Grundriss und sehr dicke Mauern hat, sowie dass er sehr hoch ist. Der Grundriss dieser Tempel und ihr Aufbau scheinen in einem Ausmaß standardisiert, dass man hier wohl von einer Art staatlichem Bauprogramm sprechen kann. Ein *susi*-Tempel wird so gebaut und nicht anders.[382] Einzig in der Dekoration der Innenwände der Cella unterscheiden sich die Bauten. Weitere Kultgebäude sind uns v.a. inschriftlich bekannt, Felskammern dagegen kennen wir nur vom archäologischen Befund her.

---

380 Vgl. z.B. Novák, M., Herrschaftsform und Stadtbaukunst. Programmatik im mesopotamischen Residenzstadtbau von Agade bis Surra man ra'ā, Saarbrücken (1999), S. 27, und Kapitel 2.4.2 „Die politische und administrative Verantwortung des Königs“.

381 CTU A 5-12A, Übersetzung nach: Belli, O., Neue Funde urartäischer Bewässerungsanlagen in Ostanatolien, in: Finkenbeiner, U.; Dittmann, R.; Hauptmann, H. (Hrsg.), Beiträge zur Kulturgeschichte Vorderasiens. Festschrift für Rainer Michael Boehmer, Mainz (1995), S. 20.

382 Charles Burney spricht sogar von einem „Entwurf“, der für alle solchen Bauten ab Minua gilt (Burney, C.; Lang, D.M., Die Bergvölker Vorderasiens – Armenien und der Kaukasus von der Vorzeit bis zum Mongolensturm, London (1975), S. 281).

Auch von den Bewässerungsanlagen können wir uns ein genaues Bild machen: Die *pili* genannten Kanäle sind aus Stein und führen das Wasser teilweise Kilometer weit von den Staubecken zu den Flächen, wo es gebraucht wird. Die Staumauern sind einheitlich gebaut, mit Außenwänden aus großen Steinen und einer Verfüllung aus Schutt, die der Mauer die nötige Stabilität geben, so dass einige bis heute in Gebrauch sind. Der Bau von Anlagen zur künstlichen Bewässerung ist deshalb so wichtig für Urartu, weil in den meisten Landesteilen ohne sie keine Landwirtschaft möglich ist.

Die *(i)gie*-Magazine wurden in fast jeder größeren urartäischen Palast-Anlage gefunden. Für den König sind sie von besonderer Bedeutung, da dort die von den Gouverneuren gesammelten Güter bzw. Steuern gesammelt werden, die auch zur Versorgung der königlichen Truppen beitragen. In ihrem Innern, in den riesigen Pithoi, lagern die Urartäer Flüssigkeiten. In den Inschriften tauchen allerdings weit häufiger Gründungen von *'ari*-Lagerräumen auf, die archäologisch nicht eindeutig nachzuweisen sind.

Bei den é.gal-Bauten ist die Situation schwieriger: Zwar gibt es in den größeren urartäischen Anlagen Palast zu nennende Bauten, aber die konkrete Zuordnung zu einer é.gal-Inschrift ist auf Grund der Anbringung der Inschriften nicht direkt am Bauobjekt bzw. an dort verbauten Teilen oder auch sekundärer Fundkontexten nicht eindeutig vorzunehmen. Im Gegenzug sind von einigen Orten é.gal-Inschriften bekannt, wo kein solches Gebäude archäologisch nachgewiesen werden konnte. é.gal meint wohl in den meisten Fällen eine Residenz, allerdings nicht zwingend die des Königs, umfasst aber neben der Residenz selbst noch zugehörige Anlagen der befestigten Zitadelle, wie Lagerräume, Säulenhallen etc.

Erwähnt ein König die Errichtung eines uru, so kann damit nach jetzigem Stand entweder eine Siedlung oder eine Schutzanlage für einen Kanal o.Ä. gemeint sein. Dabei bezeichnet die Anlage eines uru offenbar nicht explizit die Wohnbebauung für die späteren EinwohnerInnen, sondern eher die Gesamtanlage der Unterstadt. Steht uru im Zusammenhang mit der Errichtung eines Kanals, erscheint die Deutung als Schutzposten für diesen sehr wahrscheinlich. Archäologisch sind solche Posten in Form der so genannten „Giant's Houses" nachzuweisen. Die Überwachung der Wasserversorgung durch den Kanal mittels eines Gebäudes, in dem ein oder zwei Soldaten stationiert sind, würde durchaus Sinn ergeben und den „Giant's Houses" eine Funktion zuweisen, die durch deren Nähe zu Quellen und Teichen bestätigt wird.

Archäologisch nicht aufzufinden sind die in Inschriften häufig genannten landwirtschaftlichen Nutzflächen. Das ist allerdings nicht verwunderlich, da davon vermutlich kaum bauliche Überreste zu erwarten sind, sieht man von den von Sevin Veli angenommenen Pavillons ab. Dass diese Art der Bauprojekte für den König wichtig genug erscheinen, um sie in einer Bauinschrift zu nennen, ist verständlich, denn die Möglichkeit, Landwirtschaft zu betreiben, ist – wie ausgeführt – in Urartu nicht selbstverständlich. Die Prestigeträchtigkeit dieser Projekte ergibt sich demnach aus der Geographie Urartus, denn die Rahmenvoraussetzungen für die landwirtschaftliche Nutzbarkeit des Landes müssen erst in Form von Bewässerungsanlagen und der gezielten Anlage von Wein- und Obstgärten sowie Feldern durch den König geschaffen werden. Damit garantiert der König den Wohlstand für sein Land.

In den assyrischen Inschriften ist die Anlage von Gärten durch den König, in denen Pflanzen aus fernen Ländern vom König angepflanzt werden, ein wichtiger Bestandteil der

Königsideologie.[383] In Urartu ist davon nicht die Rede; die Inschriften fokussieren auf den Akt des Baus an sich und erwähnen keinen Import von Pflanzen oder Tieren für die Gärten. Im Gegensatz zu der repräsentativen Rolle der Gärten in der assyrischen Königsideologie steht in der urartäischen der praktische landwirtschaftliche Nutzen zur Versorgung der Bevölkerung im Vordergrund.

Im Vergleich mit den assyrischen Inschriften fallen in Urartu neben der Stereotypität v.a. die fest formulierten Zusätze wie „in Perfektion erbaut“ und „öde Erde“ auf. Die assyrischen Herrscher konzentrieren sich eher auf Aufzählungen, was alles in diesem oder jenem Jahr gebaut worden ist, wobei Restaurationen häufig im Vordergrund stehen. Deshalb taucht als Topos oft der der verfallenen Städte oder Gebäude seit den Zeiten der Vorväter auf, die nun durch den aktuellen König restauriert werden:

> „The city Calah I took in hand for renovation. I cleared away the old ruin hill (and) dug down to water level; I sank (the foundation pit) down to a depth of 120 layers of brick. I founded therein my royal palace.“[384]

Ebenso ist die Erschließung von Land in den Provinzen Thema der assyrischen Inschriften.[385] Der König tritt z.B. als Urbarmacher von Land in der Zylinder-Inschrift von Sargon II. auf:

> „Der erfahrene König, der beständig Pläne erwägt, die Gutes (bewirken), der sein Augenmerk auf die Besiedelung brachliegender Steppengebiete, auf die Kultivierung des Ödlandes und auf das Anpflanzen von Obstgärten richtete, erwog in seinem Innern, (selbst) steile Felsgebirge (Ernte)ertrag bringen zu lassen, denen nie zuvor Grünes entsproß, sein Herz trug sich damit, wüstem Brachland, das unter den vorangegangene Königen den Pflug nicht kannte, Saatfurchen entstehen und den alāla-Ruf erschallen zu lassen, eine Quelle (in) einer Umgebung ohne Brunnen als ein karattu zu öffnen und wie mit der Masse des Hochwassers (eines Flusses im Frühjahr mit) Wasser im Überfluß von oben bis unten (alles) bewässern zu lassen.“[386]

Vor allem Anlagen zur künstlichen Bewässerung stehen in diesem Themenkomplex im Vordergrund der assyrischen Inschriften, wobei sich die Textbelege aber häufig auf das direkte Umland und die Versorgung der Residenzstädte beziehen,[387] den Abschluss von Feldzugsberichten bilden in der Regel Hinweise zu Bauarbeiten in den neu angelegten Residenzstädten.[388]

---

383 Vgl. Radner, K., How did the Neo-Assyrian King Perceive his Land and its Resources?, in: Jas, R.M. (Hrsg.), Rainfall and Agriculture in Northern Mesopotamia, Istanbul (2000), S. 238ff.

384 Assurnasirpal II., A.0.101.34, Z. 22ff. (vgl. RIMA 2, S. 300).

385 Siehe Wilkinson, T.J. et al., Landscape and Settlement in the Neo-Assyrian Empire, in: BASOR 340 (2005), S. 23–56. Vgl. auch Kapitel 2.4.2.2 „Der König als Bauherr – Das assyrische Königtum“.

386 Z. 34–37. Fuchs, A., Die Inschriften Sargons II. aus Khorsabad, Göttingen (1994), S. 37 und 292.

387 So auch Bagg, A.M., Assyrische Wasserbauten. Landwirtschaftliche Wasserbauten im Kernland Assyriens zwischen der 2. Hälfte des 2. Und der 1. Hälfte des 1. Jahrtausends v. Chr., Mainz (2000), S. 284.

388 Z.B. auch der Ausbau von Ninive und dessen Hinterlands durch Kanäle von Sanherib. Vgl. T4 von Sanherib, etwa bei Frahm, E., Einleitung in die Sanherib-Inschriften, Wien (1997), S. 47ff. Siehe

So zeigt sich der assyrische König zwar als Versorger des Landes, der durch die Erschließung neuen Agrarlandes Ordnung stiftet und erhält, sein Hauptaugenmerk richtet er aber auf die Neugründung von Residenzstädten und die Erschließung von deren Umland. Die Urbarmachung der Peripherie ist weit seltener Thema, während sie in Urartu häufiger und auch in den kürzeren Bauinschriften für einzelne Projekte auftaucht.

Wenn man nun die Anzahl der verschiedenen Bauprojekte, die durch urartäische Inschriften bekannt sind, betrachtet, scheint es verwunderlich, dass die archäologisch am besten fassbare Baugattung, die kleineren Befestigungsanlagen bzw. Burgen, inschriftlich nicht explizit genannt werden. Keine der kleinen Wegstationen oder Fluchtburgen verfügt über eine Gründungsinschrift.

Dafür gibt es mehrere Erklärungsansätze:

1. Vielleicht lag der Bau von solchen Burgen nicht im Aufgabengebiet des Königs. Das erscheint allerdings wenig schlüssig, denn es ist wohl der König, der die Verteidigung des Reiches plant und die Sicherheit des Landes gewährleisten muss, und der so zumindest den Auftrag für die Errichtung von Grenzposten und Straßenstationen geben sollte. Anders könnte es sich eventuell mit den Fluchtburgen verhalten, die ortsnah von der Bevölkerung benötigt werden. Gerade die Anlage kleinerer Burgen ist einer Dorfgemeinschaft oder mehreren Dorfgemeinschaften durchaus zuzutrauen. Somit wären die kleineren Burgen und Fluchtburgen keine königlichen Bauprojekte, sondern von der Bevölkerung geschaffen. Dieses Verteidigungssystem würde Urartu gegen Angriffe weniger empfindlich machen, denn es wäre allein durch die große Anzahl dieser Burgen und der damit verbundenen Möglichkeit der Bevölkerung, sich und große Teile ihrer Habe bei einem Angriff in Sicherheit zu bringen, in einem einzigen Feldzug uneinnehmbar. Ein potentieller Eroberer müsste jede einzelne dieser Burgen belagern, was bedingt durch die Geographie Urartus, die eine Versorgung eines belagernden Heeres auf längere Zeit erschwert, nahezu unmöglich ist. So auch Stephan Kroll:

> „These citadels were places of refuge to which locals fled when enemies like the Assyrians advanced. Due to their environment and constant fear of the Assyrians, the Urartians adopted a decentralized system of defense in which the citadels functioned as isolated units, independently defended, and any one of which could fall, while the state as a whole survived.“[389]

2. Eine andere Möglichkeit wäre, dass die Errichtung gerade von kleinen Burgen nicht erwähnenswert ist. In der Regel wird zu Ehren Ḫaldis gebaut, so könnte man annehmen, dass etwa der Bau einer Wegstation einfach nicht prestigeträchtig genug ist, um ihn schriftlich festzuhalten, und daher nur wirklich einschneidende Baumaßnahmen aufgezeichnet werden. Dagegen spricht wiederum, dass die Anlage von Feldern oder eines Lagerhauses auch nicht allzu spektakulär erscheint. Aber die Bedeutung dieser scheinbar weniger wichtigen Anlagen wurde oben bereits ausgeführt.

3. Von einem Fundzufall auszugehen erscheint bei der Anzahl der Burgen nicht angebracht, wenigstens einige wenige Inschriften müssten überliefert sein, wenn es sie gäbe.

---

auch Wilkinson, T.J. et al., Landscape and Settlement in the Neo-Assyrian Empire, in: BASOR 340 (2005), S. 27f.

389 Kohl, P.L.; Kroll, S., Notes on the Fall of Horom, in: IranAnt 34 (1999), S. 248.

Möglich wäre allerdings, dass der Begriff é.gal in einigen Fällen für kleinere Burgen gebraucht wurde.

Endgültig zu klären ist die Frage nach den Bauinschriften für Burgen nicht, die vorgeschlagenen Lösungsansätze bleiben eben dies: Ansätze.[390]

Viel weniger verwunderlich ist, dass die in Urartu sehr verbreitete Felsarchitektur, wie Felsgräber und -kammern, in den Texten nicht auftauchen. Solche Felskammern werden in der Regel für Bestattungen[391] genutzt, und es ist in den altorientalischen Kulturen nicht üblich, sich der Errichtung seines eigenen Grabes zu rühmen. Allerdings finden sich an den Felskammern in einigen Fällen königliche Inschriften, wie Annalen[392], die sich aber nicht auf die Anlage der Kammern selbst beziehen.

Als prominentestes architektonisches Merkmal kann für Urartu wie erwähnt die Festung gelten. Festungen symbolisieren augenscheinlich Stärke sowohl nach außen wie nach innen, ebenso wie Schutz, da innerhalb der Befestigungsmauern die Sicherheit der Bevölkerung gewährleistet ist. Durch die Anlage gerade der großen Festungen schafft der König also einen Marker, der für seine Rolle als Beschützer seines Volkes steht, ebenso wie ein wirkungsvolles Symbol der Stärke seiner Herrschaft. Festungen sind sicherlich auch Landmarken, die auf den hohen Bergspornen weithin sichtbar sind. Neben diesen eher ideologischen Aspekten dienen die Festungen in Urartu wie ausgeführt als Verwaltungs- und Provinzzentren, haben also Zentralfunktion.

Betrachtet man die königlichen Bauaktivitäten in ihrer Gesamtheit, so ist nicht nur bei den Tempeln eine weitgehende Einheitlichkeit v.a. in der Konstruktionstechnik festzustellen. Ein veranschaulichendes Beispiel hierfür sind die für den Maueraufbau verwendeten Lehmziegel, die im gesamten urartäischen Reich dieselbe Größe haben. Auch die Uniformität der Tempel sowie die an mehreren Festungen vorkommenden, sich gleichenden Bauinschriften[393], unterstützen diese These der zentralisierten Planung und Durchführung der Bauaktivitäten.

Es ist demnach durchaus wahrscheinlich, dass in Urartu eine Bauprogrammatik existierte, die von staatlicher bzw. königlicher Seite aus festgelegt wurde. Paul Zimansky vermutet, dass es so etwas wie „Bautrupps“ gab, die in königlichem Auftrag von Ort zu Ort zogen, um Gebäude und Befestigungen zu errichten[394], und Altan Çilingiroğlu spricht von einem „Masterplan“, der hinter der Bautätigkeit Urartus steckt.[395]

---

390 Vgl. auch Linke, J., Royal (?) symbols for strength and safety: The Urartian kings and the foundation of fortifications, zu erscheinen in: Morello, N.; Bonzano, S.; Pappi, C. (Hrsg.), Beyond Military: Fortifications and Territorial Policies in the Ancient Near East.

391 Vgl. z.B. Öğün, B., Die urartäischen Bestattungsbräuche, in: Şahin, S.; Schwertheim, E.; Wagner, J. (Hrsg.), Studien zur Religion und Kultur Kleinasiens. Festschrift für Friedrich Karl Dörner zum 65. Geburtstag am 28. Februar 1976. Zweiter Band, Leiden (1978), S. 639–678.

392 Z.B. die Annalen von Argišti I. an den Ḫorḫor-Kammern am Van-Felsen (CTU A 8-3).

393 Die so genannte Standardinschrift von Rusa, Sohn des Argišti, vgl. CTU, S. 283ff., in Ayanis, Karmir-Blur, Armavir, Adilcevaz und vermutlich auch Bastam (Vgl. Salvini, M., Der Turmtempel (susi) von Bastam, in: AMIT 37 (2005), S. 371ff.).

394 Zimansky, P., Urartian Material Culture as State Assemblage, in: BASOR 299/300 (1995), S. 106.

395 Çilingiroğlu, A., How was an Urartian Fortress built?, in: Sagona, A. (Hrsg.), A View from the Highlands. Archaeological Studies in Honour of Charles Burney, Leuven (2004), S. 219.

Man kann also davon ausgehen, dass in Urartu nach Plan gebaut wird. Die Gründung neuer Anlagen durch den Herrscher basiert im Wesentlichen auf wirtschaftlichen bzw. verwaltungstechnischen oder militärischen Gründen, wobei sicher die Prestigeträchtigkeit der Anlagen für die Zentralmacht ebenfalls eine Rolle spielt. Denn um die ehrgeizigen Bauprojekte in diesem Ausmaß durchzuführen, wird eine große Zahl von Arbeitskräften benötigt. Wie lange der Bau einer Festung gedauert hat, ist abhängig von der Anzahl der Arbeiter und der Länge der Arbeitstage. Auf Grund der Wetterbedingungen kann im urartäischen Gebiet nicht mehr als acht Monate im Jahr gearbeitet werden. Als ungefähre Zeitdauer für den Bau von Festungen wie Çavuştepe, Karmir-Blur oder Ayanis kann mit dreieinhalb bis vier Jahre gerechnet werden. In diesem Zeitraum erfolgt wohl auch die Anlage der Außenstädte, die aber stetig weiter wachsen.[396]

Abb. 29: Modern wiederverbauter Andesitblock mit Grundrisszeichnung

Quelle: Çilingiroğlu, A., How was an Urartian Fortress built?, in: Sagona, A. (Hrsg.), A View from the Highlands, Leuven (2004), Fig. 1.0.2.

Im Zusammenhang mit der Einführung neuer und innovativer Bautechniken ist ein Austausch von Wissen und Technologie, v.a. durch die Einbeziehung „fremder" Handwerker, anzunehmen, wie in der Gründungsinschrift des Ḫaldi-Tempels in Ayanis belegt ist.[397] Woher die große Anzahl der Arbeiter, die für solche Bauvorhaben nötig sind, kommt, ist

396 Ebd., S. 218.

397 Harmanşah, Ö., Stones of Ayanis. New Urban Foundations and the Architectonic Culture in Urartu during the 7th C. BC, in: Bachmann, M. (Hrsg.), Bautechnik im Antiken und Vorantiken Kleinasien. Internationale Konferenz 13.–16. Juni 2007 in Istanbul, Istanbul (2007), S. 181.

noch nicht abschließend geklärt. Viele Forscher vermuten die Umsiedlung von Kriegsgefangenen in neu gegründete Städte, die dann den Großteil dieser Bauarbeiten durchführen.[398] In den Texten tauchen keine „Baumeister" oder „Architekten" auf, auch nicht in der Liste aus Toprakkale, die Berufsgruppen angibt (CTU CT Tk-1). Trotzdem ist davon auszugehen, dass Experten am Bau beteiligt sind und entsprechende spezialisierte Berufe existieren. Dafür spricht ebenso der bei Ayanis gefundene Steinblock, der einen Hausgrundriss zeigt (siehe Abb. 29).[399]

In der Gesamtschau ergibt sich das Bild, dass sich die urartäischen Könige nicht nur rühmen, dieses oder jenes Bauprojekt durchgeführt zu haben, sondern dass der König selbst – bzw. staatliche Organe – Bauten initiiert und in vielen Fällen ein Bauprogramm vorgibt, nach dem sich in allen Landesteilen gerichtet wird. So erstaunt es auf den ersten Blick, dass bildliche Darstellungen des Königs in diesem Zusammenhang völlig fehlen. Allerdings ist auch im assyrischen Raum das „Bild" des Königs als Bauherr weit weniger gebräuchlich als etwa in Südmesopotamien, und wenn man von der Beeinflussung der urartäischen Königsideologie durch Assyrien ausgeht und das allgemeine Fehlen von bildlichen Königsdarstellungen in Urartu bedenkt[400], erscheint dieser Befund weit weniger außergewöhnlich.

So bleiben den urartäischen Königen nur die Erwähnungen von Bauprojekten in den Inschriften, mit denen sie ihr politisches Charisma inszenieren, indem sie an den errichteten Gebäuden für jedermann sichtbar ihre Leistung beweisen, das vorher „öde" Land infrastrukturell erschlossen und bewohnbar gemacht zu haben, und damit gleichsam die Macht des Königs materialisieren. Adam T. Smith[401] spricht in diesem Zusammenhang sogar von einem speziell „tektonischen Charisma". Die Bauaktivitäten fördern die Ansiedlung in entlegeneren Gebieten und die landwirtschaftliche Nutzung ebenso wie die Verteidigung des Landes. Stark betont wird in der königlichen Rhetorik der Inschriften der Kontrast der bebauten Zivilisation zum vorher unkultivierten Land. Durch das Bearbeiten des vorher unberührten Felsens entsteht eine architektonische Inkorporation und ein politischer Anspruch auf die Natur, es kommt zu einer „Verflechtung"[402] natürlicher und kultureller Formen. Der König schafft eine neue Ordnung und schützt diese Ordnung vor Angriffen von außen – ganz im Einklang mit dem göttlichen Auftrag. Denn alle Bautätigkeit geschieht laut den Königsinschriften zum Ruhm des Ḫaldi bzw. auf Grund seiner Macht. Der Bautätigkeit des Königs liegt also ein göttlicher Auftrag zu Grunde, sein „tektonisches Charisma" erwächst aus dem religiösen. Nach der Errichtung eines Bauwerkes und ebenso nach dem Aufstellen einer Stele sind Opfer für die Götter, allen voran Ḫaldi plus eventuell lokale Gottheiten und/oder den Wetter- und den Sonnengott, üblich.[403] Gerade bei den Stelen

398 Vgl. u.a. Tarhan, M.T., The Structure of the Urartian State, in: JKF 9 (1981), S. 307.

399 Vgl. Çilingiroğlu, A., How was an Urartian Fortress built?, in: Sagona, A. (Hrsg.), A View from the Highlands. Archaeological Studies in Honour of Charles Burney, Leuven (2004), S. 218.

400 Vgl. Exkurs 2: „Königsdarstellungen im Bild".

401 Smith, A.T., Rendering the Political Aesthetic: Political Legitimacy in Urartian Representations of Built Environment, in: JAA 19 (2000), S. 131.

402 Carolyn Dean, zitiert nach: Harmanşah, Ö., Stones of Ayanis. New Urban Foundations and the Architectonic Culture in Urartu during the 7th C. BC, in: Bachmann, M. (Hrsg.), Bautechnik im Antiken und Vorantiken Kleinasien, Istanbul (2007), S. 183.

403 Vgl. z.B. CTU A 12-1 oder 12-8.

werden diese Opfer wahrscheinlich als regelmäßige Zeremonien vom König zum Zeitpunkt der Errichtung festgelegt.

Oben wurde schon auf den Kontrast zwischen der Darstellung von bebauter Umwelt bzw. deren ideologischem Hintergrund in den urartäischen Texten und Bildern hingewiesen. In den Texten liegt das Hauptaugenmerk auf den persönlichen Leistungen des Königs bei den Bauaktivitäten, auf dem Heroischen des Bauens im vorher „öden“ Land, wo der König große Taten vollbringt. Ein gutes Beispiel ist die Gründungsinschrift Argištis I. von Erebuni, wo es heißt:

> „Durch die Größe des Ḫaldi habe ich, Argišti, Sohn des Minua, diese Festung in Perfektion erbaut. Ich gab ihr den Namen Erebuni für die[404] Macht des Landes Biainili und zur Demütigung des Feindes-Landes. Argišti spricht: Die Erde war öde, ich habe dort mächtige Taten vollbracht. Durch die Größe des Ḫaldi bin ich Argišti, Sohn des Minua, der mächtige König, der König des Landes Biainili, Herr von Tušpa-Stadt.“[405]

Seine Legitimität erhält der Königs hier aus der Macht über die Ödnis, aus seiner Macht dort Ordnung zu schaffen. Diese Macht, das Unizivilisierte oder „Chaos“ eben durch Bauaktivität in die Ordnung der Zivilisation zu überführen, kann als tektonisches Charisma bezeichnet werden, sozusagen als Unteraspekt des politischen Charismas.

Auf bildlichen Darstellungen hingegen fehlt der König weitestgehend, er wird ersetzt durch ein reduziertes Abbild des politischen Apparates, in Form der Festung, oft im Zusammenhang mit sakralen Szenen. Die Festung dient dabei als Hintergrund für die dargestellten Szenen, die meist ritueller Natur oder Verehrungsszenen sind. Die bebaute Umwelt wird hierbei transzendiert, sie ist Ort der Manifestation der Götter und ihres Segens, somit ahistorisch und unpolitisch, also nicht durch Leistungen des Königs hervorgebracht.

Die Unterschiede von Inschriften und bildlicher Darstellung zeigen, dass das ideologische Programm, das die Legitimität des Staates mit Hilfe der Bautätigkeit und Bauwerke sichern soll, nicht einheitlich ist, sondern verschiedene Akzente setzt.[406]

Beiden Ansätzen gemeinsam ist nach Adam T. Smith[407] allerdings der emotionale (statt rationale) Ansatz, der auf Emotionen des Triumphes und der Seligkeit anspielt. Diese emotionalen Aspekte blieben bislang in der Erforschung der Legitimitätsstrategien antiker Reiche eher im Hintergrund. Legitimität wurde in antiken Staaten meist durch die Einschätzung von Kosten und Nutzen aus Eigeninteresse[408] heraus begründet, um die Bindung

---

404 Friedrich übersetzt: „als (Zeichen der) Macht“. Vgl. Friedrich, J., Neue urartäische Inschriften, in: ZDMG 105, S. 71.

405 In Anlehnung an die Übersetzung von Mirjo Salvini in CTU A 8-17.

406 So auch: Smith, A.T., Rendering the Political Aesthetic: Political Legitimacy in Urartian Representations of Built Environment, in: JAA 19 (2000), S. 131f.

407 Ebd., S. 131–163.

408 Nach Max Weber ist das Motiv hinter Gehorsam in der Regel Eigeninteresse, ein Konsens wird geschaffen durch Belohnung und Bestrafung (Konsequenzen). Dabei ergeben sich die Kosten bei Nichtgehorsam aus den Zwangsmöglichkeiten des staatlichen Apparates, militärische und spirituelle Sanktionen sind möglich. Die möglichen Gewinne bei Gehorsam beinhalten Sicherheit, Kriegsbeute, und auch das Gefühl der moralischen Richtigkeit. Vgl. auch Kapitel 1.1.1 „Theoretische Grundlagen: Macht und Herrschaft“.

der Untertanen an ein System zu erklären Aber politische Ideologien schaffen auch eine Bindung durch „politische Ästhetik“[409]. Politische Autoritäten erstreben nicht nur den Gehorsam der Untertanen, sondern ebenso deren Mitgefühl und Loyalität, also eine andere, weiter reichende Dimension des politischen Zusammenhalts, nach Hegel die „beglückende Einheit des Gesetzes mit dem Herzen“[410]. Dieses ästhetische oder künstlerische Verständnis von Legitimität, die Bindung der Untertanen an die politische Einheit, erwächst aus dem emotionalen Verständnis der politischen Beziehungen. Das Schaffen einer solchen ästhetischen Legitimität, in der die Untertanen das Regime nicht nur tolerieren, sondern sein Fortbestehen aktiv befürworten, kann nur gelingen, wenn die Ideologie weniger mit Beeinflussung und mehr mit ästhetischen Ansätzen auf der Grundlage von Emotion und Imagination arbeitet, wie in Urartu der Fall. Die urartäischen Darstellungen von bebauter Umwelt funktionieren auf eben dieser Ebene, denn sie übermitteln ein Hochgefühl und eine Nähe zur Göttlichkeit, damit Emotionen.[411]

Nach herrschaftssoziologischer Definition sprechen wir hier also von Machtausübung durch Attraktion,[412] d.h. von einer freiwilligen Gefolgschaft, die auf der Identifikation mit dem Dargestellten fußt, weil dieses positive Gefühle auslöst. Wie in Kapitel 1.1.1 „Theoretische Grundlagen: Macht und Herrschaft“ beschrieben, ist diese Art der Machtausübung aber wenig dauerhaft. Um die Macht zu erhalten, müssen andere Formen der Machtausübung ergänzt werden. In Urartu geschieht das durch die konsequente Nennung der Bauaktivitäten und deren Zusätze in den Texten, die zeigen, dass der König fähig ist, den Naturraum zu gestalten, das Land fruchtbar zu machen, also etwas Wünschenswertes zu erreichen. Während die Inschriften also die historische Einbindung der Bautätigkeit und der Gestaltung der Landschaft durch die Könige in den Vordergrund stellen, sind die Bauten in den bildlichen Darstellungen unabhängig von der Leistung des Königs bzw. des Staates, unabhängig von der Geschichte, damit ahistorisch, und so zugleich zeitlos. Diese Zeitlosigkeit der bildlichen Darstellungen, die abseits von konkreten historischen Ereignissen stehen, erlaubt eine Interpretation dieser Form der Ideologievermittlung entsprechend der marxistischen Ritualtheorie nach Maurice Bloch[413]. Gerade diese Form der Darstellung ist besonders geeignet, um Herrschaftsverhältnisse zu stabilisieren.[414]

---

409 Nach Adam T. Smith' „political aesthetic", womit er das Kunstschaffen im Allgemeinen, aber auch die speziellen politischen Stile einer Kultur beschreibt. Nach Smith stützt sich der „ästhetische“ Ansatz der politischen Legitimität auf die Forschung von Clifford Geertz (Negara: The Theater-state in Nineteenth Century Bali, Princeton, 1980). Smith, A.T., Rendering the Political Aesthetic: Political Legitimacy in Urartian Representations of Built Environment, in: JAA 19 (2000), S. 131–163.

410 Georg W.F. Hegel, Die Phänomenologie des Geistes, hrsg. von D. Johann Schulze, Berlin (1841), S. 268.

411 Smith, A.T., Rendering the Political Aesthetic: Political Legitimacy in Urartian Representations of Built Environment, in: JAA 19 (2000), S. 131ff.

412 Vgl. Kapitel 1.1.1 „Theoretische Grundlagen: Macht und Herrschaft“.

413 Z.B. Marxism and Anthropology: The History of a Relationship, Oxford (1983). Demnach bezieht sich die Religion, wie sie im Ritual ausgedrückt wird, nicht auf reale, historische Begebenheiten, sondern auf die ewige Welt der Götter und Ahnen. So bleiben auch rituelle Formen über lange Zeit gleich und können Rituale in unterschiedlichen Herrschaftsverhältnissen stabilisierend wirken. Diese Form der Darstellung dient einem ideologischen Zweck, nämlich der Vermittlung des Bewusstseins, dass die bestehende Herrschaft legitim ist. Gleichzeitig wird die Möglichkeit menschlichen Handelns verneint, die Religion unterwirft den Menschen der Welt der Ahnen und Götter. Da der Herrscher

4.3.2.10 Siedlungsverbreitung

Durch seine Bauaktivität verändert der König die Gestalt der Landschaft, er erzeugt eine neue Raumordnung, die sich in Form der Siedlungsverbreitung innerhalb des Reiches erschließen lässt. Wie sich diese in den verschiedenen Teilen des Reiches Urartu zeigt, soll Thema dieses Kapitels sein.

Dabei ergeben sich Schwierigkeiten sowohl aus dem lückenhaften Wissen um Anzahl und Lage von Siedlungsstätten als auch aus der unzureichenden Erforschung vieler urartäischer Fundplätze, so dass oft zum jetzigen Zeitpunkt nur vorläufige Aussagen zur Funktion einer Stätte[415] getroffen werden können.

Siedlungen werden aus unterschiedlichen Motiven gegründet: Bestimmend können wirtschaftliche Faktoren (Handelswege, Nähe zu Produktionsplätzen oder Ressourcen etc.) oder Sicherheitserwägungen (z.B. im Anschluss an eine Befestigungsanlage) sein.[416] Für Urartu sind uns viele Burgen bekannt, die für die Organisation des Reiches und für die Sicherheit der Straßen wichtig sind. Obwohl diese Burgen nicht nur in den Randregionen zu finden sind, sondern relativ gleichmäßig verteilt über das gesamte Gebiet Urartus, spricht das nicht unbedingt für eine „strukturelle Schwäche der Zentralmacht" und Konflikte innerhalb des Reiches, wie Reinhard Bernbeck[417] annimmt, sondern spiegelt zum Einen die sich steigernde Expansion Urartus an Hand von mehreren Verteidigungslinien wieder, zum Anderen dienen diese Burgen als Straßenstationen, die die Handelswege sicherer machen.[418]

Für die Organisation der einzelnen Gebiete Urartus und die Verteilung der Stätten innerhalb dieser Gebiete wurde von Wolfram Kleiss auf Grund seiner im Iran durchgeführten Surveys ein plausibles System angenommen. Am Rand der fruchtbaren Täler oder – dem Flusslauf folgend – in Flussebenen finden sich größere Burgen. Sie haben in erster Linie eine Schutzfunktion für das umliegende fruchtbare Ackerland. Dabei haben

> „große zusammenhängende Landschafträume […] immer einen urartäischen Platz, der sich durch seine Größe und Bedeutung aus der Kette der restlichen Plätze heraushebt und der offensichtlich der Hauptort, das Verwaltungszentrum und der wichtigste militärische Stützpunkt war."[419]

Von Paul Zimansky wurden an Hand der archäologischen Belege mögliche Kriterien als Definition solcher „Hauptorte" zusammengestellt. Als „Hauptort" oder „Zentrum" werden

dieser Welt näher steht als die übrigen Menschen, unterwirft die Religion ebenso den Menschen unter den Herrscher.

414 Lang, B., Kleine Soziologie religiöser Rituale, in: Zinser, H. (Hrsg.), Religionswissenschaft. Eine Einführung, Berlin (1988), S. 86.

415 Soweit nicht anders angegeben beziehen sich alle Aussagen zur Funktion auf TKU (Kleiss, W.; Hauptmann, H., Topographische Karte von Urartu, AMI Ergänzungsband 3 (1976)).

416 Zimansky, P., Ecology and Empire, Chicago (1985), S. 32.

417 Bernbeck, R., Politische Struktur und Ideologie in Urartu, in: AMIT 35–36 (2003–2004), S. 270f.

418 Für unterschiedliche Interpretationsansätze für das dichte Netz an Befestigungen in Urartu vgl. Linke, J., Royal (?) symbols for strength and safety: The Urartian kings and the foundation of fortifications, zu erscheinen in: Morello, N.; Bonzano, S.; Pappi, C. (Hrsg.), Beyond Military: Fortifications and Territorial Policies in the Ancient Near East.

419 Kleiss, W., Urartäische Plätze im Iran, in: AMI 9 (1976), S. 41.

demnach Stätten mit mehr als 50.000 m^2 definiert, die einem Typ mit Festung und Siedlung entsprechen und auf einer erhöhten Position, z.B. einem Bergsporn, gebaut sind und an einer Seite an Ackerland grenzen.[420]

Nachfolgend soll auf eine daran orientierte, aber eigene Definition der „Festung" Bezug genommen werden, da in den vorliegenden Definitionen der Größe einer Anlage eine maßgebliche Rolle für die funktionale Bestimmung zugewiesen wird, was meines Erachtens nicht möglich ist, da die Größe der Anlagen durch die bisherigen Grabungen so gut wie nie mit Sicherheit festgestellt werden konnte. Dies ist auch der Grund, warum keine u.a. auf der Größe der Stätten basierende Analyse des Siedlungssystems, wie sie z.B. von Adam T. Smith[421] vorgeschlagen wurde, angewandt wird.

Eine urartäische Festung ist gekennzeichnet durch eine meist auf einem Bergkamm oder Felssporn gelegene, massiv ummauerte, befestigte Zitadelle mit einem Tempel und Magazinen und einer dazugehörigen Siedlung. Zusätzlich enthalten solche großen Festungen einen Palast, Zisternen oder Staubecken zur Wasserversorgung und eventuell, wie im Fall von Bastam belegt, Ställe.

Diese Festungen dienen als Verwaltungszentren und Residenzburgen.[422] Damit sind solche Anlagen in vielen Fällen mit den von Wolfram Kleiss als „Hauptort" definierten Stätten gleichzusetzen. Obwohl die meisten über einen Palast verfügen, sind nicht alle Festungen unbedingt als dauerhafte Residenz des Königs zu verstehen. Möglich ist, dass die urartäischen Könige ihre Residenz im Laufe des Jahres wechseln und von Festung zu Festung ziehen oder auch dass diese Anlagen eher Sitz bzw. Residenz eines Gouverneurs als wirkliche Königsresidenz sind.

Kerngebiet – Das Ostufer des Van-Sees

Der Zugang zur Hauptstadt Tušpa (Van) am Ostufer des Van-Sees wird durch die Berge im Osten und Süden sowie den See im Westen erschwert, nur von Norden her führt eine Straße als „Sackgasse" in die Ebene von Van (Detailkarte 1[423]). Diese Lage der Hauptstadt[424] der Urartäer bietet weitgehend Schutz während der neuassyrischen Zeit, als Angriffe in erster Linie von Süden her zu erwarten sind. Der Bedeutung der Ebene von Van entsprechend ist sie das bewässerungstechnisch am besten ausgebaute Gebiet Urartus. Diese künstlichen Bewässerungsanlagen sind notwendig, da das Wasser des Van-Sees wegen seines hohen

---

420 Zimansky, P., Ecology and Empire, Chicago (1985), S. 40ff. Zudem wäre nach Zimansky ein Kriterium für einen Hauptort, dass es in einem Tal als geographische Entität nicht mehr als einen solchen Ort gibt, was aber nicht zu halten ist, da es, wie auch von Zimansky angeführt, nicht für ganz Urartu zutrifft, wie unten ausführlich dargelegt wird.

421 Smith, A.T., The Political Landscape und The Making of an Urartian Landscape in Southern Transcaucasia, in: AJA 103, Vol.1 (1999), S. 45–71. Eine Raumanalyse, wie sie Smith in Argištiḫinili, Erebuni und Teišeba-uru durchgeführt hat, erscheint auf Grund der bisher sehr unvollständig archäologisch freigelegten Flächen der urartäischen Festungen wenig aussagekräftig.

422 Burney, C., Planning for War and Peace, in: Mazzoni, S. (Hrsg.), Nuove Fondazioni nel vicino oriente antigo: Reattà e Ideologia, Pisa (1994), S. 303, und Bernbeck, R., Politische Struktur und Ideologie in Urartu, in: AMIT 35–36 (2003–2004), S. 302, Fußnote 201. Eventuell sind diese Festungen mit den in den Inschriften auftauchenden é.gal identisch.

423 Die Detailkarten zeigen nur die im Text genannten Fundorte; es gibt natürlich jeweils noch weitere urartäische Fundplätze in den einzelnen Gebieten.

424 Zum Hauptstadt-Charakter Tušpas s.u., Kapitel 4.3.3.2 „Tušpa – (Einzige) Hauptstadt Urartus?".

Salzgehaltes zur Wasserversorgung unbrauchbar ist und nur einige kleinere Flüsse für eine natürliche Wasserzufuhr sorgen.[425] Solche Bewässerungsanlagen finden sich u.a. am Keşiş Göl, der die Wasserversorgung von Toprakkale gewährleistet.

Im Umkreis von einem Tagesmarsch, also etwa 20 km von der urartäischen Hauptstadt entfernt, werden bis Mitte des 8. Jahrhunderts v. Chr. einige kleine Burgen errichtet: Kalecik (durch Išpuini), die untere Burg von Anzaf (wahrscheinlich ebenfalls durch Išpuini) und Kevenli (durch Minua). Außerdem liegen in dieser Entfernung noch die beiden größeren Stätten Zivistan und die obere Burg von Anzaf.[426] In der Zeit nach der Mitte des 8. Jahrhunderts v. Chr. wurden hier nur noch drei große Stätten gegründet: die Stadt des Sardure, Çavuştepe, sowie die Städte des oder der Könige namens Rusa, Toprakkale und Ayanis. Die Konzentration der Stätten in der Ebene um die Hauptstadt Van fällt besonders ins Auge. Damit wird ein so gut wie uneinnehmbares Bollwerk mit mehreren Verteidigungslinien gebildet, um bei einem Angriff den Weg für den Feind so schwer wie möglich zu machen. Das scheint erfolgreich gewesen zu sein, obwohl Tiglat-Pilesar III. behauptet, Tušpa belagert zu haben,[427] wobei die historische Wahrheit dieser Inschrift nicht belegt ist und man diese Aussage eher als assyrischen Topos sehen könnte. In jedem Fall erobert Tiglat-Pilesar Tušpa nicht dauerhaft, sondern zieht auch laut seiner Inschrift sofort weiter.

Bis auf Kevenli (früher: Şuşanths) liegen alle Burgen der Van-Ebene direkt an Straßen; die beiden Burgen bei Anzaf gewährleisten die Überwachung der Straße in die Ebene von Muradiye von beiden Seiten. Durch den Schutz der Zugangsstraßen für den Handel wird, ebenso wie durch die künstliche Bewässerung der Ebene, die Versorgung von Tušpa sicher gestellt.

Die Ebene von Muradiye liegt nördlich der Van-Ebene und wird durch den Flusslauf des Bendimahi Çay gebildet (Detailkarte 1). Zwei für die Verbindung des Van-Gebietes ins anatolische Hochland bedeutende Straßen führen durch dieses Gebiet von Van aus nach Westen, in die Ebene von Erciş und nach Norden, dem Flussverlauf folgend. Direkt an der letztgenannten Straße, am Rande der Ebene, liegt die von Minua errichtete Festung von Körzüt mit einer Siedlung, wahrscheinlich auch das Zentrum dieser Ebene, das nach Mirjo Salvini[428] mit dem urartäischen Arşuniuini zu identifizieren ist. Hier wurden auch beschriftete Inschriftenblöcke eines Tempels[429] gefunden sowie Reste von Bewässerungsanlagen. Weiter nördlich an derselben Straße befinden sich die Burg und Siedlung von Muradiye;

425 Zimansky, P., Ecology and Empire, Chicago (1985), S. 18. Dass die in der Ebene von Van so intensiv betriebene Bewässerung ein Anzeichen für eine schwache Zentralmacht wäre und Urartu somit als segmentärer Staat zu verstehen wäre (vgl. Bernbeck, R., Politische Struktur und Ideologie in Urartu, in: AMIT 35–36 (2003–2004), S. 267–312), erscheint nicht überzeugend. Vielmehr ist es doch selbstverständlich, dass gerade ein Rohstoff wie Wasser immer aus der nächstmöglichen und am schnellsten erreichbaren Quelle geholt wird.

426 Jakubiak, K., The development of defence system of Eastern Anatolia from the beginning of the kingdom of Urartu to the end of Antiquity, Warschau (2003), S. 24.

427 „Sarduri of Urartu within Turushpa, [his] city, I enclosed and inflicted a great defeat upon him before [his] city gates. I fashioned my royal image, [and] in front of Turushpa I set it up.” Tadmor, H., The Inscriptions of Tiglath-Pileser III King of Assyria, Jerusalem (1994), S. 134f., Summ. 3, Z. 21´ff.

428 Nach Salvini, M., Geschichte und Kultur der Urartäer, Darmstadt (1995), S. 54.

429 Dinçol, A.M., Die neuen urartäischen Inschriften aus Körzüt, in: IstMit 26 (1976), S. 19–30.

zwischen Körzüt und Muradiye liegt die Burg Keçikıran, wo noch die Ruinen zweier urartäischer Gebäude, die v.a. auf Grund der Säulen so zugeordnet werden,[430] sichtbar sind. Auch der vierte größere urartäische Ort dieses Gebietes, die Stätte Karahan mit angeschlossener Siedlung, liegt direkt an der Verbindung nach Westen, an der Mündung des Bendimahi Çay in den Van-See. Etwas nördlich von Muradiye liegt noch die Burg Çaldıran, wo die urartäischen Überreste allerdings stark überbaut sind.[431]

Das Gebiet gehört wohl schon sehr früh zum urartäischen Reich, alle gefundenen Inschriften stammen von Išpuini oder Minua. Dass spätere Könige hier baulich nicht mehr aktiv waren, kann daran liegen, dass die Ebene schon in der Frühzeit vollständig ausgebaut und entwickelt war.[432]

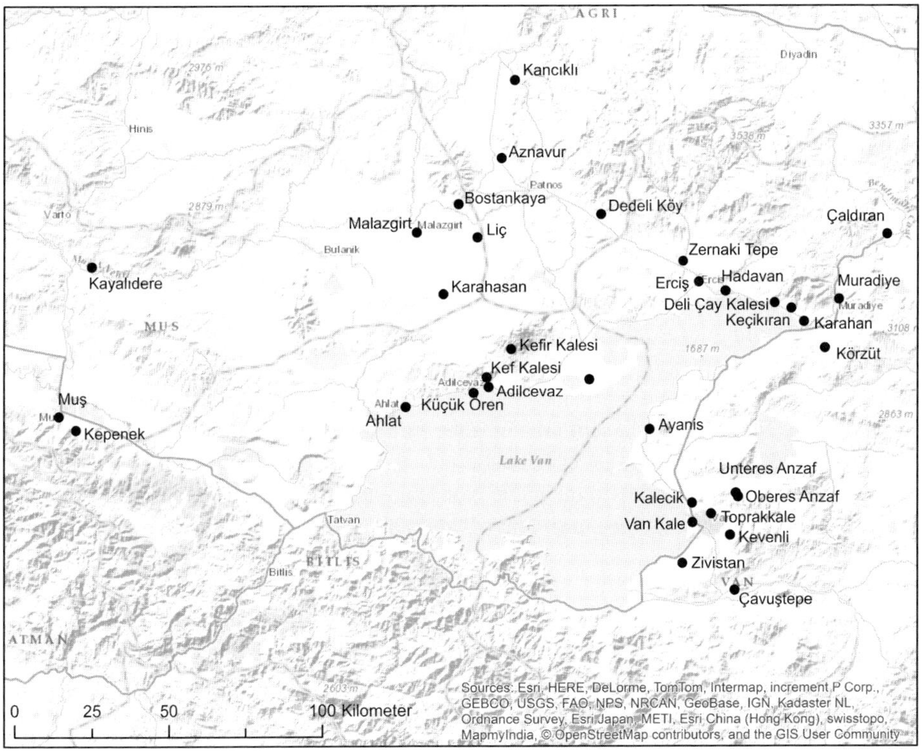

Detailkarte 1

Quelle: Grundkarte: ESRI Topographic Data Creative Commons

430 Marro, C.,; Özfırat, A., Pre-classical Survey in Eastern Turkey. Second Preliminary Report: the Erciş region, in: Anatolia Antiqua XII (2004), S. 240.

431 Özfırat, A., Pre-classical sites in Eastern Turkey. Fourth Preliminary Report: The Eastern Shore of Lake Van, ANES XLIV (2007), S. 117.

432 Vgl. Zimansky, P., Ecology and Empire, Chicago (1985), S. 19.

Nordufer des Van-Sees

Die Ebene von Erciş liegt, auf drei Seiten von Bergen bzw. Vulkanen (dem Süphan im Westen, dem Tendürek im Osten und im Norden den Ala Dağ) eingeschlossen, am Nordufer des Van-Sees und wird hauptsächlich durch den Zilan Dere bewässert (Detailkarte 1). Neben dem für die Viehhaltung prädestinierten Vorkommen von gutem Weideland macht sie ihre Lage an der einzigen Verbindungsstraße von Van über die Ebene von Muradiye nach Westen, am Seeufer entlang, für Urartu außerordentlich wichtig. Deswegen haben die Burgen von Deli Çay Kalesi und Hadavan an dieser Straße in geringem Abstand zueinander strategische Bedeutung. Diese Straße dient weiterhin für den Truppentransport an die Westgrenze des Reiches, ab Minua. Eine Inschrift von Argišti I. aus dem heutigen Dorf Bultpınar (CTU A 11-8) berichtet vom Bau einer Brücke über den Murat, urartäisch Arşiani, die die Verbindung nach Westen noch vereinfacht haben dürfte.[433]

Mehrere Inschriften von Minua aus dieser Gegend belegen, dass das Gebiet schon zu Zeit dieses Königs Teil des urartäischen Reiches war.[434]

Mit Zernaki Tepe[435] und Erciş selbst sind zwei Siedlungen mit urartäischen Spuren bekannt. Die Ebene scheint in erster Linie als Durchgangsweg bedeutend zu sein, da insgesamt wenige urartäische Stätten gefunden wurden. Urartäische Befunde zeigt weiterhin Aznavur, das etwas abseits der Straße, die vom Nordufer des Van-Sees aus Richtung Norden führt, liegt, und nach Mirjo Salvini mit dem urartäischen Aludiri[436] zu identifizieren ist. Für die Festung Aznavur sind außer der Siedlung und den Befestigungsmauern auch ein Tempel[437], der von Minua errichtet worden ist, nachgewiesen. Westlich von Aznavur wurden zur Sicherung der Straße von Erciş weiter nach Westen, Richtung Bulanık die Burg von Malazgirt sowie, ebenfalls wohl als Straßenstation, die Burganlage von Bostankaya angelegt.

Eine weitere Siedlung in diesem Gebiet nahe Patnos ist Bağdışan, das wohl zumindest teilweise befestigt war.[438]

Der Schutz für die Handelsroute nach Norden wird gewährleistet durch die kleinen Burgen von Kancıklı, wo auch Spuren einer Unterstadt gefunden wurden, Dedeli Köy und Liç.

---

433 Salvini, M., et al, New Urartian Inscriptions from East Turkey, in: Orientalia 79 (2010), S. 39ff.

434 Salvini, M., et al, New Urartian Inscriptions from East Turkey, in: Orientalia 79 (2010), S. 38f.

435 Zernaki Tepe ist bekannt für den Schachbrettgrundriss der Siedlung, der mit dem hellenistischen Stadtplanungsprinzip des Hippodames von Milet vergleichbar ist (vgl. Kleiss, W., Urartäische Architektur, in: Kellner, H.-J. (Hrsg.), Urartu – Ein wiederentdeckter Rivale Assyriens (Katalog der Ausstellung), München (1976), S. 39). Der Ausgräber von Zernaki Tepe, Carl Nylander, nimmt außerdem an, dass Zernaki Tepe mit dem im Bericht der 8. Kampagne Sargons auftauchenden Argištiuna zu identifizieren sei, was im modernen Namen des naheliegenden Ortes Erciş erhalten wäre (Nylander, C., Remarks on the Urartian Acropolis at Zernaki Tepe, in: Orientalia Suecana 14-15 (1965-1966), S. 141–154). Auf Grund der sehr wenigen gefundenen urartäischen Keramik wird eine Datierung in urartäische Zeit allerdings angezweifelt (siehe u.a. Sevin: Van / Zernaki Tepe: On the Urartian Grid Plan Once Again, in: Anatolica 23 (1997), S. 173–180).

436 Nach Salvini, M., Geschichte und Kultur der Urartäer, Darmstadt (1995), S. 50.

437 Balkan, K., Ein urartäischer Tempel auf Aznavurtepe und hier entdeckte Inschriften, in: Anatolia 5 (1960), S. 99–158.

438 Özfırat, A., Pre-classical Survey in Eastern Turkey. Fifth Preliminary Report: Van Lake Basin and Mt. Ağrı Region, SMEA XLVIII (2006), S. 197.

Insgesamt fallen in diesem Gebiet vor allem Anlagen zur künstlichen Bewässerung auf, die unter Minua errichtet werden, sowie die bei vielen Festungen liegenden Friedhöfe.[439]

Südwestlich der Ebene von Erciş, an der Straße, die am Seeufer entlang weiter nach Westen führt, liegt das Tal von Adilcevaz (Detailkarte 1). Die archäologische Fundstätte Adilcevaz selbst befindet sich direkt an der Straße und am Seeufer. Allerdings sind hier keine urartäischen Ruinen sicher nachgewiesen. Bedeutendste Festung dieses Tales scheint nach jetzigem Stand eher das etwas nördlich der Straße gelegene Ḫaldini Ziuquni (Kef Kalesi) zu sein, das auch über eine Siedlung und einen Palast mit Säulenhalle[440] sowie eine nahe gelegene Talsperre[441] verfügt. Eine weitere Siedlung findet sich weiter westlich an der Straße, bei Ahlat. Ebenfalls in diesem Tal liegt Kefir Kalesi, das eher militärischen als Siedlungszwecken, vielleicht als Fluchtburg, dient, jedenfalls wurden innerhalb der Burgmauern keinerlei Gebäude nachgewiesen.[442] Über dem Tal, an den Ausläufern des Süphan Dağ, liegt die Burg von Karahasan, die wohl ebenfalls eine rein militärische Anlage zur Verteidigung des Tales darstellt. Auch hier ermöglichen den Schutz der wichtigen Verbindungsstraße am Nordufer des Sees entlang kleinere Burgen, nämlich Arinçkus und Küçük Ören.

Das Urmia-Becken

Im Urmia-Becken (Detailkarte 2) ist allgemein feststellbar, dass der Großteil der Burgen an den Tal-Rändern liegt und damit wohl die Straßen in und aus dem Tal sichert.[443] Das Gebiet ist auch für die Assyrer interessant: Šamši-Adad V. erhebt von verschiedenen Völkern des Urmia-Beckens, u.a. von den „Manai" und „Parsai", noch 821 v. Chr. Tribut. Für Assyrien ist die Gegend deswegen von Bedeutung, da sie von Assyrien aus den Zugang ins Zagros-Gebirge ermöglicht. Ab Išpuini gehört dieses Gebiet dann zu Urartu und seine Einwohner sind dem urartäischen König tributpflichtig.[444]

Das Tal des Miandoab (Detailkarte 2) liegt, leicht zugänglich von den anderen Tälern des westlich des Urmia-Sees, am Südufer des Sees. Es gibt hier insgesamt wenige Hinweise auf eine urartäische Besiedlung. Bei der Inschrift des Minua aus Taštepe (CTU A 5-10) steht die Eroberung der Gebiete im Vordergrund, der Bau des é.gal von Taštepe wird nur kurz und eher beiläufig erwähnt. Die archäologische Fundstätte Arslan Qal'eh ist wohl präurartäisch, wurde im Zuge der Eroberung des Gebietes von den Urartäern zerstört und nicht wieder besiedelt. Die Burg von Šeytan-Abad ist nicht mit Gewissheit urartäisch zu datieren,

439 Siehe: Marro, C.; Özfırat, A., Pre-classical Survey in Eastern Turkey. Second Preliminary Report: the Erciş region, in: Anatolia Antiqua XII (2004), S. 237.

440 Ögün, B., Die urartäischen Paläste und die Bestattungsbräuche der Urartäer, in: Papenfuss, D.; Strocka, V. M. (Hrsg.), Palast und Hütte, Mainz (1992), S. 217–236.

441 Garbrecht, G., Die Talsperren der Urartäer, in: ders., Historische Talsperren, Stuttgart (1970), S. 144f.

442 So Jakubiak, K., The development of defence system of Eastern Anatolia from the beginning of the kingdom of Urartu to the end of Antiquity, Warschau (2003), S. 24.

443 Vgl. auch Bernbeck, R., Politische Struktur und Ideologie in Urartu, in: AMIT 35–36 (2003–2004), S. 277f.

444 Salvini, M., Die Einwirkung des Reiches Urartu auf die politischen Verhältnisse auf dem Iranischen Plateau, in: Eichmann, R.; Parzinger, H. (Hrsg.), Migration und Kulturtransfer. Der Wandel vorder und zentralasiatischer Kulturen im Umbruch vom 2. zum 1. vorchristlichen Jahrtausend, Bonn (2001), S. 343–356; Burney, C.; Lang, D.M., Die Bergvölker Vorderasiens – Armenien und der Kaukasus von der Vorzeit bis zum Mongolensturm, London (1975), S. 266.

und auch die Keramik von einem Hügel an der Südecke des Mahabad ist nicht unbedingt urartäisch, stammt aber jedenfalls aus der Zeit des urartäischen Reiches.[445] Wolfram Kleiss erklärt den Befund so, dass in den betreffenden Burgen, z.B. Taštepe, jeweils ein urartäisches Truppenkontingent stationiert war, das aber nach seinem Abzug keine urartäischen Spuren, wie etwa Keramik, hinterließ.[446]

Die Ebene von Solduz (Detailkarte 2) bildet im Flusstal des Gadar Čay das Nachbartal zur Ebene von Oshnaviyeh. Im Gegensatz zu dem Großteil der anderen von Urartu eroberten Täler wird in der Ebene von Solduz zunächst anscheinend kein neues Zentrum angelegt. Wegen der zunehmenden assyrischen Bedrohung von Süden her wird der Bau eines „Hauptortes" nötig, der aber – ganz untypisch – an der Stelle einer schon bestehenden Anlage errichtet wurde: Hasanlu mit den urartäischen Anlagen von Hasanlu IIIB (urartäisch: Mešta[447]), wahrscheinlich durch Rusa, Sohn des Sardure.[448] Eine andere Interpretationsmöglichkeit wäre, dass Hasanlu IV nicht von den Urartäern (angenommen werden Išpuini und Minua) zerstört worden ist und sich diese Schicht IV bis in urartäische Zeit fortsetzt. Hinweise dafür stammen v.a. aus neu ausgewerteten C14-Daten der Grabung. Unterstrichen wird diese Überlegung durch die Tatsache, dass Hasanlu IV nie stark befestigt gewesen ist und deswegen eine Eroberung und Zerstörung durch die Urartäer auch gar nicht notwendig gewesen sei.[449] Des Weiteren zeigt sich trotz einiger Brüche eine starke Kontinuität im Befund und in der Keramik von Hasanlu IVB bis IIIB.[450] Damit würde eine prä-urartäische Siedlung in weitgehend unveränderter Form in das urartäische Reich integriert.

Sehr nahe bei Hasanlu, an der Straße, die vom Urmia-See nach Süden führt, liegt die kleine Burg Agrab Tepe, mit Lager und Wohnräumen für einige wenige Menschen.[451] Auf Grund ihrer Größe kann man von einer geringen Besatzung der Burg ausgehen, vermutlich nur ein Truppenkontingent, das vielleicht eine zusätzliche Verteidigungsfunktion für Hasanlu erfüllte, ähnlich wie man das für den Wachturm bei Qalatgah angenommen hat.[452] Nördlich in diesem Tal, etwas abseits der Straße, befindet sich die Burg von Yediar. Die Burganlage bei Haidarabad ist eine Wegstation an der Uferstraße nach Norden. An der Zugangsstraße gen Süden liegt die Burg Gerde Sureh, durch die die Kontrolle über diesen Zugang gesichert werden kann und die eine der wichtigsten Verteidigungsfunktionen in diesem Tal erfüllt, denn genau diese Straße würde ein assyrisches Heer im Falle eines Angriffes wahrscheinlich wählen.[453] Dieses südlichste Gebiet Urartus erscheint als Schlüsselgegend, um Angriffen der Assyrier zu begegnen.

---

445 Zimansky, P., Ecology and Empire, Chicago (1985), S. 20.

446 Kleiss, W., Urartäische Plätze in Iranisch-Azerbaidjan, in: IstMit 18 (1968), S. 43.

447 Nach Mirjo Salvini, u.a. in: RlA 10, S. 231.

448 Burney, C., Urartu and Iran: some problems and answers, in: AIA 3 (1994), S. 32.

449 Dazu: Magee, P., The Destruction of Hasanlu, in: IranAnt 43 (2008), S. 89–106.

450 Kroll, S., The Iron Age II to III transition (Urartian Period) in Northwestern Iran as seen from Hasanlu, in: Mehnert, A., Mehnert, G.; Reinhold, S., Austausch und Kulturkontakt im Südkaukasus und seinen angrenzenden Regionen in der Spätbronze-/Früheisenzeit, Langenweißbach (2013), S. 319-326.

451 Forbes, T.B., Urartian Architecture, Oxford (1983), S. 38.

452 Burney, C., Urartu and Iran: some problems and answers, in: AIA 3 (1994), S. 32.

453 Ebd. und Jakubiak, K., The development of defence system of Eastern Anatolia from the beginning of

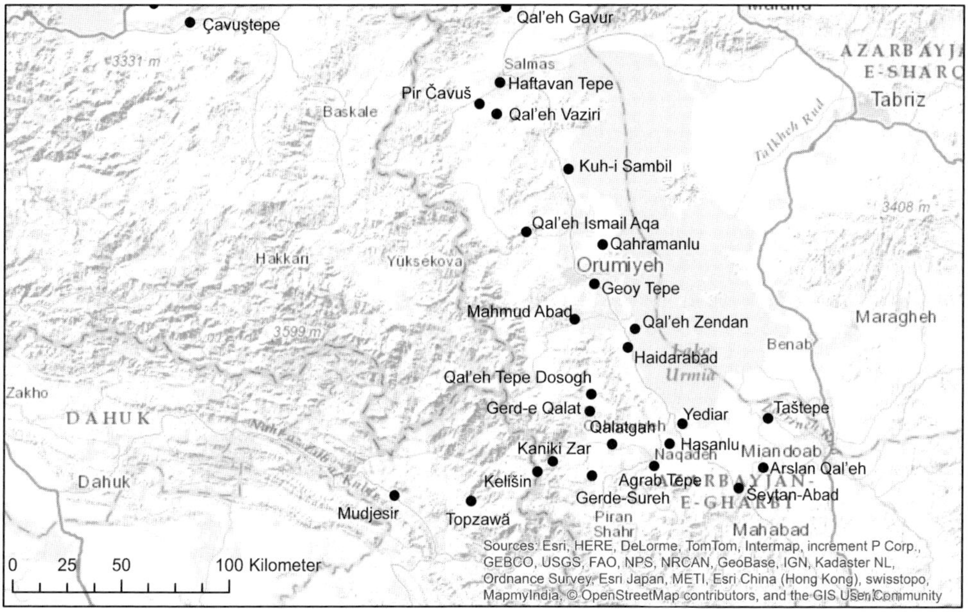

Detailkarte 2

Quelle: Grundkarte: ESRI Topographic Data Creative Commons

Die Ebene von Oshnaviyeh im Tal des Gadar Čay (Detailkarte 2) liegt am Südwest-Ufer des Urmia-Sees, eingeschlossen zwischen hohen Bergen und daher gut zu verteidigen. Eine wichtige Nord-Süd-Verbindungsstraße führt nach Süden durch das Zagros-Gebirge und über den Kelišin-Pass nach Muṣaṣir, das als Hauptkultort des Staatsgottes Ḫaldi für die Religion Urartus eine große Rolle spielt. An dieser Straße Richtung Irak liegt als Straßenstation die kleine Burg Kaniki Zar. Etwas weiter als einen Tagesmarsch entfernt findet sich an der Straße nach Norden, zum Tal von Urmia hin, die Burg Qal'eh Tepe Dosogh sowie etwas abseits der Straßen, an den Ausläufern der Berge, die urartäisch genutzte Burg Gerd-e Qalat.[454] Eine Festung dieser Ebene ist Qalatgah, die an der Straße nach Osten zur Ebene von Solduz liegt. Mit der Anlage ist eine Siedlung[455] verbunden, sie wird von Išpuini, in der Ko-Regenz-Zeit mit seinem Sohn Minua, gegründet. Gegenüber von Qalatgah liegt ein urartäischer Wachturm, der einen zusätzlichen Schutz für die Festung darstellt.

Die Ebene von Urmia (Detailkarte 2) ist bedeutend für die Landwirtschaft, da hier auf Grund der Flussläufe keine künstliche Bewässerung zum Anbau notwendig ist. Ebenso

---

the kingdom of Urartu to the end of Antiquity, Warschau (2003), S. 28.

454 Vgl. Jakubiak, K., The development of defence system of Eastern Anatolia from the beginning of the kingdom of Urartu to the end of Antiquity, Warschau (2003), S. 28.

455 Muscarella, O.W., Qalatgah: An Urartian Site in Northwestern Iran, in: Expedition 13/3-4 (1971), S. 44–49.

spielt die Pferdezucht hier eine große Rolle, was das Interesse, sowohl der Urartäer als auch der Assyrer, an dieser Gegend mit erklärt.[456]

Die Festung Qal'eh Ismail Aqa, das urartäische Uajais / Uesi[457], wird während der Ko-Regenzzeit Išpuinis und Minuas gegründet und liegt am Rand der Ebene, in einem Flusstal. Die gesamte Anlage ist befestigt, und die angeschlossene Siedlung befindet sich zwischen den beiden Burgen der Festung.[458] Eine Siedlung in dieser Ebene ist Qahramanlu, die keinerlei Hinweise auf Verteidigungsanlagen zeigt und wohl nur als Wohnort am Seeufer diente.[459] Einige kleinere Burgen dienen zum Schutz der Straßen. Nach Süden, in die Ebene von Solduz und Oshnaviyeh, sind das z.B. Qal'eh Zendan und Mahmud Abad, nach Norden die Burg von Kuh-i Sambil, wo auch Magazinräume[460] nachgewiesen sind.

Die Ebene um das moderne Salmas öffnet sich zum Urmia-See von Norden und Westen aus (Detailkarte 2). Die einzige größere Fundstätte ist die Festung Haftavan Tepe, die nach Charles Burney mit dem urartäischen Ulḫu[461] zu identifizieren ist, das auch in der 8. Kampagne Sargons erwähnt wird. Allerdings unterscheidet sich diese Anlage, wie auch Hasanlu am Südufer des Urmia-Sees, in einigen Punkten von anderen Zentren: Sie liegt abseits der Berge in relativ flachem Land und war schon vor-urartäisch besiedelt. Trotzdem nimmt Burney Haftavan Tepe als Residenz eines Provinzverwalters an, wofür zusätzlich der dort gefundene Palast spricht.[462] Außer Haftavan Tepe gibt es noch einige kleinere Burgen, die in erster Linie die Überwachung der wichtigen Nord-Süd-Verbindung am Seeufer entlang gewährleisten: u.a. Pir Čavuš und Qal'eh Vaziri. Im Fall von Pir Čavuš ist der Burg auch eine kleine Siedlung angegliedert.[463]

Das Tal des Araxes und anliegende Täler

Im Araxes-Tal liegen auch die größeren Festungen selten weiter als 20 km auseinander, und wenn das doch der Fall ist, befindet sich dazwischen eine kleine Burg, die die Überwachung des Gebietes ermöglicht und als Straßenstation dient. Folglich gibt es hier weit weniger kleine Burgen als in den anderen Teilen des urartäischen Reiches, sondern eher große Festungen, die ein verhältnismäßig großes Truppenkontingent beherbergen können, um im Falle eines Einfalls von „Reiterstämmen" schnell eingreifen bzw. die Anlagen ver-

456 Salvini, M., Die Einwirkung des Reiches Urartu auf die politischen Verhältnisse auf dem Iranischen Plateau, in: Eichmann, R.; Parzinger, H. (Hrsg.), Migration und Kulturtransfer. Der Wandel vorder und zentralasiatischer Kulturen im Umbruch vom 2. zum 1. vorchristlichen Jahrtausend, Bonn (2001), S. 343.

457 Die Zuweisung zu der urartäischen Festung Uajais basiert auf Angaben aus der 8. Kampagne Sargons. Siehe Salvini, M., Geschichte und Kultur der Urartäer, Darmstadt (1995), S. 87 und 93.

458 Pecorella, P.E.; Salvini, M., Researches between the Zagros Mountains and Urmia Lake, in: Persica 10 (1982), S. 1–35.

459 Vgl. auch Zimansky, P., Ecology and Empire, Chicago (1985), S. 32.

460 Kleiss, W., Planaufnahmen urartäischer Burgen und Neufunde urartäischer Anlagen in Iranisch-Azerbaidjan im Jahre 1974, in: AMI 8 (1975), S. 51.

461 Burney, C., The Economic Basis of Settled Communities in North-Western Iran, in: Levine, L.D.; Young, T.C. (Hrsg), Mountains and Lowlands: Essays in the Archaeology of Greater Mesopotamia, Malibu (1977), S. 4.

462 Burney, C., Excavations at Haftavān Tepe 1969: Second Preliminary Report, in: Iran 10 (1972), S. 139.

463 Vgl. Zimansky, P., Ecology and Empire, Chicago (1985), S. 39.

teidigen zu können. In diesem Teil des Reiches ist sogar eine zweite Verteidigungslinie zu den Grenzbefestigungen vorhanden: in der Ebene von Maku, um den Weg vom Norden in das Kerngebiet des Reiches zu sichern.[464]

Die Ebene von Marand (Detailkarte 3) ist durch einen Gebirgszug vom Urmia-See abgegrenzt und auch im Norden von Bergen begrenzt. Die Verteilung der Stätten hier entspricht dem beschriebenen Eindruck im gesamten Araxes-Tal. Als Zentrum oder „Hauptort" kommt v.a. Livar in Betracht, dessen stark befestigte Zitadelle auf einem Felssporn über fruchtbarem Ackerland, mit einem großen Siedlungsgebiet am Fuß des Berges liegt.[465] An den Talausgängen nach Norden liegen kleinere Burgen wie z.B. Čeraqayeh Amir und Qal'eh Gohar an der Straße zwischen Marand und Jolfa, während im Tal selbst Siedlungshügel ohne Befestigungsanlagen, z.B. Tepe Parpar, Marand Tepe und Burunne, zu finden sind.[466] Čeraqayeh Amir stellt als in flachem Gelände errichtete Burg eine Ausnahme im urartäischen Burgensystem, die in der Regel auf hohen Bergspornen und Felsen gelegen sind, dar.[467]

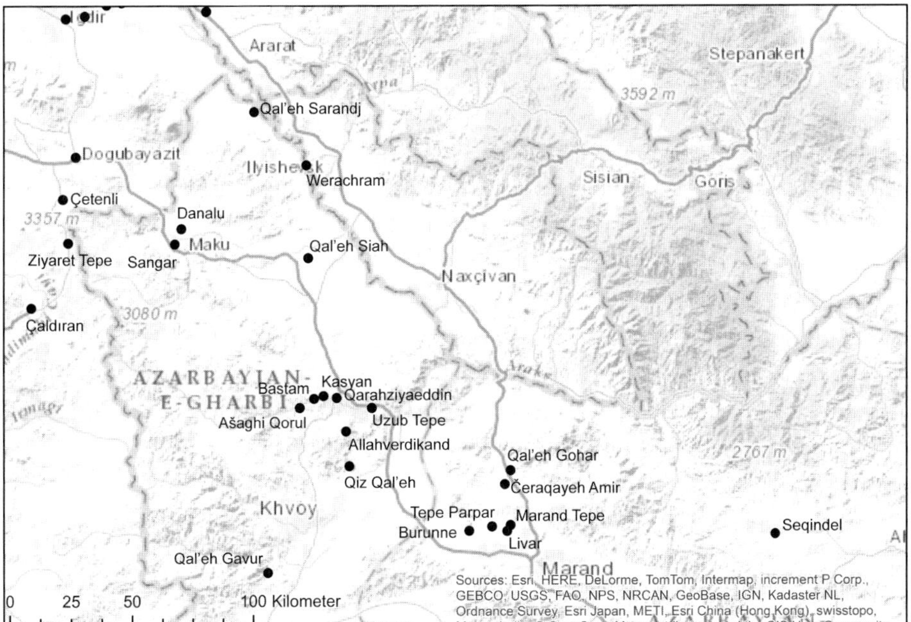

Detailkarte 3

Quelle: Grundkarte: ESRI Topographic Data Creative Commons

464 Vgl. Jakubiak, K., The development of defence system of Eastern Anatolia from the beginning of the kingdom of Urartu to the end of Antiquity, Warschau (2003), S. 30.

465 Kleiss, W., Urartäische Plätze im Iran, in: AMI 10 (1977), S. 55ff.

466 Vgl. Zimansky, P., Ecology and Empire, Chicago (1985), S. 39.

467 Vgl. Kleiss, W., Planaufnahmen urartäischer Burgen und Neufunde urartäischer Anlagen in Iranisch-Azerbaidjan im Jahre 1974, in: AMI 8 (1975), S. 60.

Durch die Ebene von Khoy (auch Khvoy, Detailkarte 3) ist der Urmia-See mit den nördlichen sowie den zentralen Gebieten Urartus verbunden. Es handelt sich um eine für urartäische Geländeverhältnisse relativ offene Ebene, die kaum von Bergen eingeschlossen ist. In der Ebene findet sich die Burg Qiz Qal'eh, an die anscheinend keine Siedlung anschließt, was aber an den fehlenden Grabungsbefunden liegen könnte. Die relativ kleine Burg liegt über der Straße von Khoy nach Jolfa und wird im Laufe des 7. Jahrhunderts v. Chr. durch zusätzliche Befestigungsanlagen verstärkt,[468] was auf einen Ausbau zur Festung hindeuten könnte. Die Burg von Qal'eh Gavur[469] liegt an der Ost-Westverbindung von Pagan über Khoy in die Ebene von Marand und ermöglicht wohl den Schutz dieser Straße.

Die Ebene von Qarahziyaeddin (Detailkarte 3) liegt im Osten des urartäischen Reiches und öffnet die Verbindungswege weiter nach Osten. Die Festung Bastam, urartäisch Rusai-uru.tur, ist größter Ort der Ebene, dient zur Sicherung der Straße nach Süden über Khoy nach Van und als Basisstützpunkt für Kampagnen nach Osten.[470] Die drei Burgen der Anlage sind sehr gut befestigt, auch wenn die zugehörige Siedlung möglicherweise nicht ganz von einer Befestigungsmauer eingeschlossen war. Die Oberburg verfügt über einen Palast und die Existenz eines Tempels ist über Inschriften nachgewiesen, die allerdings nicht *in situ* gefunden wurden.[471] Die nahe Burg von Allahverdikand ist wohl ein militärischer Stützpunkt, der die Kanäle in der Umgebung schützen soll und vielleicht auch Sitz eines lokalen Herrschers oder Landesherrn ist.[472] Die Kontrolle des Zugangs zur Ebene ermöglichen kleinere Burgen wie u.a. Uzub Tepe und Ašaghi Qorul. Wo die Bevölkerung dieser Ebene gewohnt hat, ist nicht geklärt, es gibt zwei kleinere Stätten, wo urartäische Keramik gefunden wurde: Kasyan und das moderne Qarahziyaeddin, beide unbefestigt und eher in der Mitte des Tals gelegen.[473]

Das Gebiet um Werachram (Alışar) (Detailkarte 3) scheint relativ dünn bebaut, was aber an einem Fehlen von Surveys in diesem Teil Urartus liegen könnte. Die Festung Werachram selbst verfügt über eine angeschlossene Siedlung und einen Tempel. Bei Werachram verband eine Brücke die beiden Ufer des Araxes, vielleicht lag die Anlage sogar auf beiden Seiten des Flusses.[474] Qal'eh Sarandj, nördlich von Werachram am Araxes gelegen, hat rein militärische Funktion und dient vermutlich als Fluchtburg.

---

468 Vgl. Kleiss, W., Planaufnahmen urartäischer Burgen und Neufunde urartäischer Anlagen in Iranisch-Azerbaidjan im Jahre 1973, in: AMI 7 (1974), S. 81f.

469 Zweifel an der urartäischen Datierung von Qal'eh Gavur äußert Raffaele Biscione. Biscione, R., Urartian Fortifications in Iran: An Attempt at a Hierarchical Classification, in: Kroll, S. et al. (Hrsg.), Biainili-Urartu, Leuven (2012), S. 79.

470 Burney, C., The Economic Basis of Settled Communities in North-Western Iran, in: Levine, L.D.; Young, T.C. (Hrsg.), Mountains and Lowlands: Essays in the Archaeology of Greater Mesopotamia, Malibu (1977), S. 3 und ders., Urartu and Iran: some problems and answers, in: Çilingiroğlu, A.; French, D.H. (Hrsg.), Anatolian Iron Ages 3, Ankara (1994), S. 33.

471 Kleiss, W., Bastam / Rusa-i-URU.TUR. Beschreibung der urartäischen und mittelalterlichen Ruinen, Berlin (1977). Ders., Bastam I. Ausgrabungen der urartäischen Anlagen 1972–1975, Berlin (1979). Salvini, M., Der Turmtempel (susi) von Bastam, in: AMIT 37 (2005), S. 371–375.

472 Zimansky, P., Ecology and Empire, Chicago (1985), S. 38. Der Sitz eines Lokalpotentaten wird in solchen rechteckigen Gebäuden, einem so genannten „Hofhaus", vermutet, wie es sich eben auch hier in Allahverdikand findet.

473 Zimansky, P., Ecology and Empire, Chicago (1985), S. 40.

474 Kleiss, W., Planaufnahmen urartäischer Burgen in Iranisch-Azerbaidjan im Jahre 1973, in: AMI 7

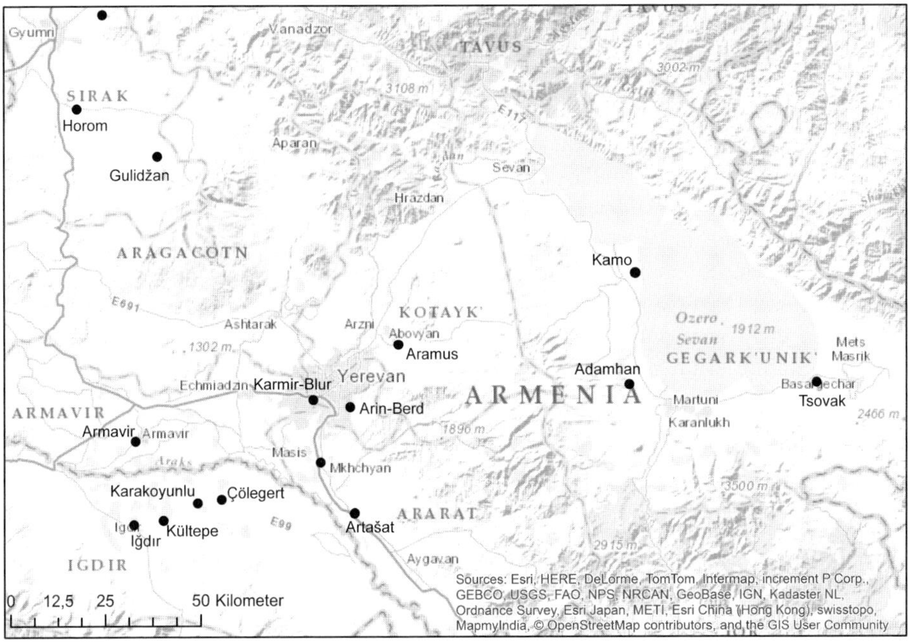

Detailkarte 4

Quelle: Grundkarte: ESRI Topographic Data Creative Commons

In der Ebene des Ararat teilt sich der Araxes und bewässert so das Land (Detailkarte 4), was dieses Gebiet für Urartu besonders wertvoll macht, da hier Landwirtschaft ohne künstliche Bewässerung möglich ist.

Der Hauptzugang zu dieser Ebene liegt im Südosten, im Flusstal des Araxes. Hier verläuft eine Straße, die mit Hilfe der Burgen Artašat und Jrahovit bewacht wird, wobei an letztere eine Siedlung angegliedert ist. Außerdem führt eine Straße nach Süden an den Burgen Iğdır und weiter südlich an Doğubayazıt, dem Fundort des Felsreliefs (siehe Abb. 34), vorbei zum Kerngebiet Urartus. Südlich von Doğubayazıt liegen an dieser Straße die Burgen von Çetenli und Ziyaret Tepe. Weiter westlich, am Ausgang der Ebene von Doğubayazıt, wurden oberhalb des Dorfes Büvetli drei urartäische Felsgräber in direkter Nähe der Burg Tutumlu gefunden.[475]

In der Ebene nördlich des Ararat finden sich in einem eingeschränkten Gebiet verhältnismäßig viele große Burgen bzw. Festungen: Armavir (Argištiḫinili) und Karakoyunlu (Minuaḫinili)[476] sowie Karmir-Blur (Teišebai-uru) und Arin-Berd (Erebuni). Drei große

(1974), S. 84ff.

475 Marro, C.; Özfırat, A., Pre-classical Survey in Eastern Turkey. Third Preliminary Report: Doğubayazıt and the Eastern shore of Lake Van, in: Anatolia Antiqua XIII (2005), S. 331.

476 Die Gründungsinschrift von Minuaḫinili wurde in Başbulak gefunden, mit der Stätte ist aber höchstwahrscheinlich die Burg II in Karakoyunlu zu identifizieren. Siehe Özfırat, A., Archaeological Investigations in the Mt. Ağrı Region: Bronze and Iron Ages, in: Matthiae, P. et al (Hrsg.), Proceed-

Burgen bzw. Festungen liegen in dieser Ebene an den drei Straßen in und aus der Ebene: Armavir, Artašat und Aramus, was auf die enorme Bedeutung dieser Verbindungswege hindeutet, auf denen die landwirtschaftlichen und wirtschaftlichen Produkte der Ebene des Ararat in das Kerngebiet Urartus gebracht werden. Als wirtschaftliches Zentrum der Ebene, in dem die Güter gesammelt wurden, fungiert wahrscheinlich Armavir, während Arin-Berd eher zu Verwaltungszwecken und als politisches Zentrum dient.[477]

Eigentlich müsste eine Stätte in der Größe von Armavir von kleineren, ländlichen Siedlungen umgeben sein, aber solche sind uns für das Gebiet bislang nicht bekannt.[478]. In Kültepe/Melekli wurde ein großer urartäischer Friedhof gefunden, der sehr viel typische rotpolierte Keramik enthält.[479].

Besonders dicht aneinander liegen Arin-Berd und Karmir-Blur, wobei Arin-Berd zugunsten von Karmir-Blur, das innerhalb kürzester Zeit errichtet wird, aufgegeben worden ist. Weil die geographische Lage von Karmir-Blur sich kaum vom aufgegebenen Zentrum Arin-Berd unterscheidet, müssen wohl wirtschaftliche und verwaltungstechnische Faktoren eine Rolle gespielt haben.[480]

Im Gebiet um Gjumri, der Ebene von Shirak (Detailkarte 4), der nördlichen Grenzregion Urartus, sind nur wenige Stätten bekannt. Unser Wissen über hier gelegene Orte stammt mehr aus Inschriften als aus archäologischen Forschungen, deswegen kann über Siedlungsverbreitung und -funktion keine präzise Aussage gemacht werden. Die bekannten Fundorte von Inschriften sind Gulidžan und Vahramaberd (früher Nerkin Kanlidzha), urartäisch Qulia und Erdaniu, sowie archäologische Befunde aus der Burg Horom, die die Kontrolle der Straße nach Süden, in die Ebene des Ararat, ermöglicht und am ehesten als Zentrum der Ebene von Širak in Frage kommt. Allerdings ist zu vermuten, dass diese Ebene nie vollständig zum urartäischen Reich gehörte bzw. eine weitgehende

---

ings of the 6th ICAANE Volume 2: Excavations, Surveys and Restorations: Reports on Recent Field Archaeology in the Near East, Wiesbaden (2010), S. 528.

477 Smith, A.T., The Making of an Urartian Landscape in Southern Transcaucasia, in: AJA 103/I (1999), S. 57.

478 Vielmehr umgeben Armavir kleinere Burgen wie z.B. Çölegert, Kasım Tığı, Aktaş und Lanetlitepe. Siehe Özfırat, A., Archaeological Investigations in the Mt. Ağrı Region: Bronze and Iron Ages, in: Matthiae, P.; Pinnock, F.; Nigro, L.; and Marchetti, N. (Hrsg.), Proceedings of the 6th ICAANE (Rome, 05-10 May 2008). Volume 2: Excavations, Surveys and Restorations: Reports on Recent Field Archaeology in the Near East, Wiesbaden (2010), S. 528.

479 Auch die Kurgane der Nekropole in Ömerağa enthielten diesen Keramiktyp, obwohl die Bestattungsart nicht typisch urartäisch ist. Dazu u.a. Özfırat, A., Archaeological Investigations in the Mt. Ağrı Region: Bronze and Iron Ages, in: Matthiae, P.; Pinnock, F.; Nigro, L.; and Marchetti, N. (Hrsg.), Proceedings of the 6th ICAANE (Rome, 05-10 May 2008). Volume 2: Excavations, Surveys and Restorations: Reports on Recent Field Archaeology in the Near East, Wiesbaden (2010), S. 528; Marro, C.; Özfırat, A., Pre-classical Survey in Eastern Turkey. Third Preliminary Report: Doğubayazıt and the Eastern shore of Lake Van, in: Anatolia Antiqua XIII (2005), S. 332; Marro, C.; Özfırat, A., Pre-classical Survey in Eastern Turkey. First Preliminary Report: the Ağrı Dağ (Mount Ararat) region, in: Anatolia Antiqua XI (2003), S. 395.

480 Vgl. dazu: Salvini, M., Geschichte und Kultur der Urartäer, Darmstadt (1995), S. 106. Eine andere These vertritt Margarete Riemschneider: Sie meint, dass Arin-Berd gar nicht aufgegeben worden und somit Karmir-Blur als ein Teil von Arin-Berd zu sehen ist, und nur das enorme Wachstum dieser Stadt ausdrückt (Riemschneider, M., Urartäische Stadtanlagen, in: Das Altertum 16 (1970), S. 135).

Autonomie beibehalten hat.[481] Dennoch ist sie für Urartu von großer Bedeutung, denn der Gebirgszug des Großen Kaukasus schirmt das Reich zwar nach Norden ab, aber durch mehrere Pässe ist eine Überquerung des Gebirges möglich, so dass der fortifikatorische Ausbau dieses Gebietes nötig ist.[482]

Die architektonische Beschaffenheit von Horom scheint erstaunlich „un-urartäisch“. Die kreisförmige Anlage der Burg erinnert eher an früheisenzeitliche Vorgängerbebauungen als an eine urartäische Festung und für urartäische Plätze ist auch eine relativ große Anzahl lokaler Keramik gefunden worden. Das spricht für eine nicht so enge Einbeziehung der Ebene von Širak in das urartäische Verwaltungssystem.[483]

Ähnlich ist die Situation im Becken des Sevan-Sees. Hier basiert unser Wissen ebenfalls hauptsächlich auf Inschriften, die aus Adamhan (CTU A 9-6), wo auch eine Burg liegt, die vermutlich mit dem Tuliḫu der Inschrift zu identifizieren ist, und Tsovak (CTU A 9-7) stammen. Außerdem wurden an der Burg Kamo am Westufer des Sees urartäische Siedlungsspuren gefunden. Die schriftlichen Zeugnisse belegen eine urartäische Anwesenheit unter Sardure II.

Das Tal um Ahar scheint nur dünn besiedelt gewesen zu sein. Der Zugang ist von West nach Ost möglich ohne Berge zu überqueren; hier öffnet sich das Königreich Urartu also nach Osten. Die Festung Seqindel liegt abseits der modernen Hauptsstraße in der Ebene. In der Nähe von Seqindel finden sich einige kleinere Burgen, v.a. am Flusslauf entlang: Qal’eh Sang-e Molk, Qal'eh Bozorg Arvanğ und Qal’eh Borğı. Auch einige urartäische Siedlungsplätze gibt es: Tappe Reštabad Bala, Qal'eh Sangar und Kuh-e Zambura.[484]

Die Ebene des Maku (s.o., Detailkarte 3) dient wohl als zweite Verteidigungslinie Urartus gegen Angriffe von Norden und öffnet sich in das Araxes-Tal nach Werachram hin. Die Festung Sangar verfügt über ein Felsengrab,[485] was für eine besondere Bedeutung des Ortes spricht, denn in solchen Grabanlagen werden in der Regel hochgestellte urartäische Beamte bzw. eventuell lokale Machthaber bestattet.[486] Qal’eh Siah, eine kleine Burg auf einem niedrigen Hügel in der Mitte des Agrarlandes am Maku Čay ohne herausgehobene Verteidigungsposition, hat keine Siedlung in ihrer Nähe und ist ein militärischer Bau, der ein bestimmtes Kontingent an Soldaten beherbergt[487], also eine Art Grenzbefestigung im Rahmen der genannten zweiten Verteidigungslinie. Die Wegstation Danalu liegt am Rand des Tales und ermöglicht wohl die Kontrolle seines Zuganges.

Das in erster Linie landwirtschaftlich genutzte enge Tal des Aq Čay verbindet Khoy mit Doğubayazıt über eine im Winter nicht passierbare Straße. An ihr liegt die Festung Qal’eh Haidari mit angeschlossenem Siedlungsgebiet, die als Hauptort des Tales in Frage kommt.

481 Vgl. auch Kohl, P.L.; Kroll, S., Notes on the Fall of Horom, in: IranAnt 34 (1999), S. 258.

482 Rolle, R., Urartu und die Steppenvölker, in: Kellner, H.-J. (Hrsg), Urartu – Ein wiederentdeckter Rivale Assyriens, München (1976), S. 22.

483 Vgl. Smith, A.T., The Making of an Urartian Landscape in Southern Transcaucasia, in: AJA 103/1 (1999), S. 66f.

484 Zu der Lage der Burgen und Siedlungen hier vgl. TAVO B IV 12.

485 Kleiss, W., Urartäische Plätze in Iranisch-Azerbaidjan, in: IstMit 18 (1968), S. 5ff.

486 Vgl. Konyar, E., Tomb Types and Burial Traditions in Urartu, in: Köroğlu, K.; Konyar, E. (Hrsg.), Urartu – Transformation in the East, Istanbul (2011), S. 206ff.

487 Kleiss, W., Planaufnahmen urartäischer Burgen in Iranisch-Azerbaidjan im Jahre 1972, in: AMI 6 (1973), S. 87, und Zimansky, P., Ecology and Empire, Chicago (1985), S. 40.

Die einzige andere bekannte urartäische Stätte im Tal ist Turki Tepe, das wohl keinerlei militärische Funktion erfüllt.[488]

In der Ebene von Pasinler, die im Norden und Süden von Bergen flankiert ist, ist die am besten archäologisch erforschte Stätte die Burg Hasankale im Tal des Rud-e Aras (Detailkarte 5). Sie ermöglicht die Bewachung der Straße im Flusstal, die eine wichtige Handelsverbindung zur Schwarzmeerküste darstellt.

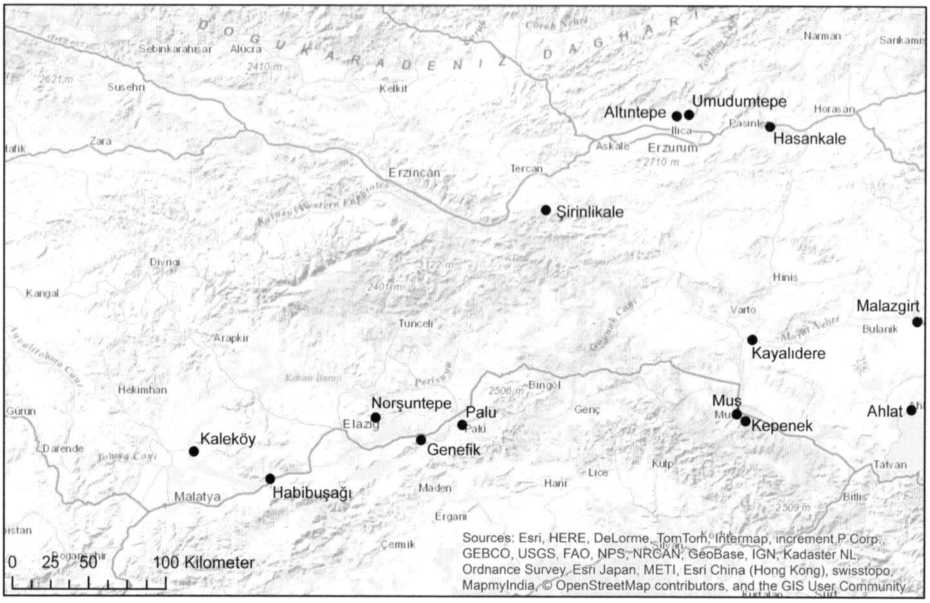

Detailkarte 5

Quelle: Grundkarte: ESRI Topographic Data Creative Commons

Die Murat-Drainage

Einzig zwei Stelen des Minua aus Muş selbst (urartäisch Atan, CTU A 5-7) und aus Trmerd (CTU A 5-6) belegen eine urartäische Präsenz in der Ebene von Muş, wo der Murat (urartäisch Arṣiani) sich in mehrere Nebenarme aufteilt. Es sind keinerlei urartäische Bauaktivitäten verzeichnet und ein Survey konnte keinen Nachweis für Siedlungen erbringen.[489]

Muş liegt am Knotenpunkt der Straße, die das Kaukasusgebiet mit Mesopotamien sowie die iranischen Teile Urartus mit den anatolischen verbindet. Eine Felsinschrift nahe des modernen Dorfes Koçyatağı berichtet von der Eroberung des Gebietes, wobei der Urheber des Textes nicht erhalten ist.[490] An der mittelalterlichen Burg Kepenek Kalesi wurde eine Inschrift von Argišti I. gefunden (CTU A 8-22), in der von der Errichtung eines *susi*-Tem-

488 Siehe Zimansky, P., Ecology and Empire, Chicago (1985), S. 37 und Plate 9.

489 Ebd., S. 26.

490 Salvini, M., et al, New Urartian Inscriptions from East Turkey, in: Orientalia 79 (2010), S. 48ff.

pels und eines é.gal die Rede ist, das den Namen Argištiḫinili trägt. Vermutlich wurde die Inschrift in Kepenek sekundär verbaut und stammt von einer anderen Stätte; Roberto Dan[491] schlägt Kayalıdere vor.

Die urartäische Festung Kayalıdere findet sich am nördlichen Ausgang der Ebene, im Tal des Murat, und verfügt über zwei Burgen, ausgedehnten Magazinräume und einen *susi*-Tempel,[492] Merkmale, die es durchaus zur Stätte Argištiḫinili aus der oben genannten Inschrift machen könnten. Dass um Kayalıdere herum kein die Festung versorgendes Hinterland in Form von Siedlungen liegt und bis dato auch keine weiteren Burgen nachgewiesen werden konnten, die die Verbindungsstraße schützen, erscheint auf Grund der Bedeutung der Gegend für den Handel und ihre landwirtschaftliche Nutzbarkeit erstaunlich. Es wäre zu erwarten, dass weitere Surveys in dieser Gegend noch Befunde erbringen.

Das westlichst gelegene Gebiet Urartus ist die Ebene von Elâzığ (Detailkarte 5), deren Eroberung in der Inschrift von Sardure II. aus Habibuşağı (CTU A 9-4) beschrieben wird. Die Ebene ist gänzlich von Bergen umschlossen und wird im Westen vom Euphrat begrenzt. Es gibt hier einige urartäische Fundplätze, darunter Burgen wie Şimşat Kalesi und Genefik. Der ehemals größte Ort ist wohl Palu, von wo aus eine Straße weiter nach Westen über den Murat und wahrscheinlich nach Genefik, Yıldıztepe und Norşuntepe führt. Am Ostufer des Euphrat finden sich drei urartäische Wachposten zur Sicherung der Grenze: Habibuşağı (den Fundort der Inschrift von Sardure II.), Kaleköy / Baskil und Maltepe.[493]

Die Ebene von Elazığ ist über eine Straße durch die Ebene von Muş vom Kerngebiet Urartus aus zu erreichen. Die Durchschnittsbreite dieser Straße beträgt 5,40 m und verengt sich auf bis zu 3,90 m, sie ist auf beiden Seiten mit Steinen eingefasst. Ihre Oberfläche ist teilweise mit Steinplatten bedeckt; um die Straße zu stützen bzw. die Seiten anzuheben, wurden Steinterrassenmauern gebaut, Brücken führen über kleine Flüsse. Alle 25 bis 30 km finden sich entlang der Straße Straßenposten.[494]

Die Karasu-Drainage

Die urartäische Burg Umudumtepe liegt in der von Bergen flankierten Ebene von Erzurum, an der Straße, die – von Horasan über Pasinler nach Erzurum kommend – weiter nach Norden zur Schwarzmeerküste führt.[495] Es scheint auffällig, dass sich hier so wenige urartäische Burgen finden, denn der Handel mit dem rohstoffreichen Schwarzmeergebiet[496] muss für Urartu sehr wichtig gewesen sein und damit ebenso der Schutz dieser Handelsroute, die vom Schwarzen Meer nach Urartu führt. Siedlungen mit konkret urartäischem Material wurden bis dato nicht identifiziert; Pulur und Güzelova im Umkreis von Erzurum weisen allerdings Keramik aus der frühen Eisenzeit auf (vgl. TKU 151 und 152).

---

491 Dan, R., Una probabile fondazione di Argisti I, re di Urartu, sul corso del Murad Su (Eufrate orientale), con Addendum di Mirjo Salvini, in: Parola del Passato 381 (2011), S. 431–441.

492 Burney, C., Kayalıdere, in: AnSt 16 (1966), S. 64ff.

493 Siehe: Sevin, V., The southwestward Expansion of Urartu, in: Çilingiroğlu, A.; French, D.H. (Hrsg.), Anatolian Iron Ages 2, Oxford (1991), S. 97.

494 Z.B. Solhan/Cankurtarantepe, Zulümtepe, Bingöl/Kaleönü und Bahçecik (ebd., S. 97f.).

495 Çilingiroğlu, A., An Urartian Fortress in Diauehi: Umudum Tepe in: JKF 8 (1980), S. 195–198.

496 Zu den Handelsbeziehungen Urartus zum Schwarzmeergebiet vgl. Slattery, D., Urartu and the Black Sea Colonies, in: Al-Rāfidān VIII (1987), S. 1–30.

Folgt man dem Flussverlauf in der Ebene von Erzurum nach Westen gelangt man in die schmale Ebene von Erzincan (Detailkarte 5). Hier befindet sich die große urartäische Festung Altıntepe, die als Grenzfestung und Wohnsitz von königlichen Beamten und einer Garnison dient. Die Anlage verfügt über einen Tempel und Felsgräber.[497] Am Schnittpunkt der Handelsrouten für Metall bzw. Erze gelegen, die vom Euphrat und von Trabzon aus hier entlang führen, hat Altıntepe eine zentrale Funktion zur Sicherung dieser Wege inne.[498] Die Wegstation von Şirinlikale liegt direkt am Rande des Tales an der Straße bei Tercan und gewährleistet deren zusätzliche Sicherung[499].

Der südlichste Teil: Der nördliche Irak
In einem kleinen Teil des heutigen Irak, in den bergigen Regionen nördlich von Rowanduz (s.o., Detailkarte 2), sind urartäische Aktivitäten nachzuweisen. Die schwer zugängliche Gegend wird von Urartu aus über den Kelišin-Pass erreicht.

Westlich des modernen Dorfes Mudjesir liegt auf einem Hügel eine Burg mit einer Befestigung um den gesamten oberen Bereich des Berges, die der Form des Hügels folgt. Im Norden an die Hauptburg schließt sich eine Vorburg an. Die Mauern der Burg und der zentral gelegene Rechteckbau sind vergleichbar mit anderen urartäischen und eisenzeitlichen.[500] Rainer Boehmer identifiziert diese Burganlage von Mudjesir u.a. auf Grund des frappierenden Gleichlautes des Namens mit Muṣaṣir.[501] Einen weiteren Hinweis auf diese Identifikation liefern die dort gefundenen, im modernen Dorf Mudjesir wiederverbauten Säulenbasen, die vom urartäischen Tempel stammen könnten.[502] Muṣaṣir, als Hauptkultort des urartäischen Staatsgottes Ḫaldi, liegt in diesem Gebiet und gehört zumindest zeitweilig zu Urartu, auch wenn die dortigen Gouverneure ein großes Maß an Selbstbestimmung beibehalten können bzw. lokale Herrscher weiterhin an der Macht bleiben.[503]

Es ist allerdings zu vermuten, dass die Abhängigkeit von Muṣaṣir und der dazu gehörigen Provinz zwischen Urartu und Assyrien wechselt. Die Einflussnahme Urartus auf das Gebiet [504] ist sicher schwierig, schließlich ist es vom Rest des Reiches geographisch

497 Özgüç, T., The Urartian Architecture on the Summit of Altıntepe, in: Anatolia 7 (1963), S. 43–49. Ders. Altıntepe I, Ankara (1966), S. 45ff.

498 Jakubiak, K., The development of defence system of Eastern Anatolia from the beginning of the kingdom of Urartu to the end of Antiquity, Warschau (2003), S. 25 und 28.

499 Işık, F., Şirinlikale. Eine unbekannte urartäische Burg und Beobachtungen zu den Felsdenkmälern eines schöpferischen Bergvolks Ostanatoliens, in: Belleten 51 (1987), S. 497–533.

500 Die Befestigung findet Parallelen in Sangar, Bastam, Norşun Tepe und Zendan-i Suleiman, der Rechteckbau z.B. in dem Hallenbau von Bastam oder eventuell auch in der Anlage von Qal'eh Gauhar (Boehmer, Forschungen in und um Mudjesir, in: AA 4 (1973), S. 511).

501 Ebd., S. 513ff.

502 Siehe Marf, D.A., The temple and the city of Muṣaṣir/Ardini. New aspects in the light of new Archaeological Evidence, in: Subartu Journal 8 (2014), S. 13-29.

503 Das belegt ein Siegel des Urzana von Muṣaṣir, in dem Muṣaṣir als „eine Stadt Urartus" bezeichnet wird, aber ebenso hervorgeht, dass Urzana sich in einer Schaukelpolitik zwischen Assyrien und Urartu versucht (Collon, D., Urzana of Musasir's seal, in: Çilingiroğlu, A.; French, D.H. (Hrsg.), Anatolian Iron Ages 3, Ankara (1994), S. 37–40.

504 Des Weiteren belegt der Fundort Škenne eine urartäische Burg in diesem Gebiet. Siehe Boehmer, R., Forschungen in und um Mudjesir, in: AA 4 (1973), S. 482f.

durch die Berge getrennt, aber natürlich ist die Herrschaft über die Stadt des urartäischen Hauptgottes Ḫaldi für die urartäischen Herrscher immer von höchstem Interesse.

Der östlichste Teil: Das Gebiet um Sarab
Aus dem Gebiet um Sarab gibt es drei Inschriften von Argišti II., die eine urartäische Anwesenheit belegen. Auf den Stelen aus Razliq (CTU A 11-4), Našteban (CTU A 11-5) und Shisheh (CTU A 11-6) berichtet der König von der Eroberung des Gebietes und nennt u.a. die Errichtung eines é.gal, allerdings sind hier archäologisch kaum urartäische Aktivitäten nachzuweisen. Die Architektur im Zusammenhang mit den ersten beiden Stelen ist klar vor-urartäisch, während in der Nähe der Shisheh-Inschrift die Burg Shirbit liegt, das auch urartäisches Material, v.a. Keramik, aufweist, und mit dem in den Inschriften genannten é.gal identifiziert werden könnte.[505]

Fazit
Die Grundlage für den Verwaltungsaufbau eines Landes bilden die örtlichen Gegebenheiten, die Siedlungsstruktur – eingebettet in die topographische Lage. In Urartu zeigt sich in den meisten Ebenen, die im vorangegangenen Kapitel beschrieben worden sind, tatsächlich die von Wolfram Kleiss vorgeschlagene Siedlungsverbreitung mit einem Zentrum oder „Hauptort", der oben definierten Festung entsprechend. Das lässt wiederum Rückschlüsse auf das Verwaltungssystem Urartus zu, das diesem Anschein nach in Provinzen aufgeteilt ist, die von dem jeweiligen „Hauptort" aus verwaltet werden (s.u., Kapitel 4.3.3.1 „Die Verwaltung").

Im Zentrum eines Gebietes bzw. einer Provinz finden sich die zentralen Lagerstätten, eine Residenz des Provinzgouverneurs oder Königs bzw. ein „Palast" und oft ein Tempel sowie eine Siedlung für die Bevölkerung. So ein Zentrum entspricht in der Regel dem definierten Typ der Festung. Es hat sich im vorangegangenen Kapitel gezeigt, dass solche „Hauptorte" häufig[506] durch „Nebenburgen" unterstützt werden, die sich am Rande der Ebenen, auf Felsspornen oder Bergkämmen, finden, den Zu- und Ausgang in und aus dem Tal kontrollieren und oftmals als Fluchtburg für in der Nähe liegende dörfliche Siedlungen fungieren. Entlang der wichtigsten Straßen des Reichs erfüllen in Abständen von etwa einem Tagesmarsch (ca. 20 km) kleinere Burgen eine Funktion als Weg- bzw. Straßenstation.

Darüberhinaus zeigen gerade die Surveys von Catherine Marro und Aynur Özfirat das Bild, dass sich die urartäische Anwesenheit – und damit wohl auch die staatliche Kontrolle – auf eben diese „Hauptorte", also die größeren Festungen, sowie die strategisch wichtigen Burgen entlang der Straßen auf hohen Felsen, wo sie zusätzlich als Landmarken dienen,

505 Vgl. auch Kleiss, W., Topographische Karte von Urartu, Berlin (1976), S. 32; und Kharzao, R.B., et al., Haldi's Garnison – Haldi's Protection. The newly found Rock inscription of Argišti II in Shisheh, near Ahar (East Azerbaijan, Iran), in: SMEA 43 (2001), S. 26ff.

506 U.a. in der Ebene von Qareh Zīā' od Dīn mit Bastam und den Nebenburgen Allahverdikand, Uzub Tepe, Qal'eh Oğlu und Ašaghi Qorul; in der Ebene von Marand mit Livar und den Nebenburgen Čeraqayeh Amir und Qal'eh Gohar; in der Ebene von Urmia mit Qal'eh Ismail Aqa und den Nebenburgen Qal'eh Zendan und Mahmud Abad, etc.

beschränkt. Stätten abseits der Straßen verfügen meist über lokale Charakteristika in Architektur und Keramikinventar.[507]

Als Ausnahme des genannten Siedlungsmusters mit „Hauptorten" erscheint die Ebene von Van. Wie im vorangegangen Kapitel gezeigt, liegen hier auffällig viele große Stätten, die alle die Kriterien einer Festung erfüllen. Ursache hierfür ist meines Erachtens eine traditionelle Bindung der Könige an dieses Gebiet, der als Kernbereich des urartäischen Reiches zu gelten hat. Das Engagement der Könige in diesem Gebiet zeigt sich durch die „königlichen Städte", die hier gegründet werden, wie Sardurḫinili (Çavuştepe) und beide Rusaḫinilis (Toprakkale und Ayanis). Der Titel „Herr von Tušpa", der von allen urartäischen Königen verwendet wird, weist ebenfalls in diese Richtung.

Eine ähnliche Situation zeigt sich in der Ebene am Fuß des Ararat. Grund für die vielen Bauaktivitäten und das gehäufte Vorkommen von größeren Festungen in diesem Gebiet ist seine herausragende Bedeutung sowohl wirtschaftlich, als „Getreidespeicher" des Reiches, als auch militärisch, als wehrhafte Grenze gegen die von Norden einfallenden Nomadenstämme. Die urartäische Kontrolle beschränkt sich auch hier aber offensichtlich auf die größeren Orte bzw. Burgen, wie am meist nur dortigen Auftreten der urartäischen rotpolierten Keramik erkennbar ist.

4.3.3 Der König an der Spitze der Verwaltung

Das Charisma des urartäischen Königs und des Königsamtes speist sich aus der engen Bindung zu Ḫaldi und zur übernatürlichen Sphäre im Allgemeinen, die Veralltäglichung erfolgt in der Rolle des Königs im Staat als Spitze der Verwaltung. Gleichzeitig bestätigt das Funktionieren des Staatsapparates die charismatische Überhöhung des Königs und offenbart dessen politische Macht, die aus der Zweckdienlichkeit einer zentralisierten, institutionalisierten und territorialisierten Reglementierung von sozialen Verhältnissen und Beziehungen entsteht.[508]

Zur Klärung der königlichen Stellung im urartäischen Staatswesen sollen zunächst der Aufbau und die Organisation des Reichs beschrieben werden, um daraus abzuleiten, um welche Art von Königreich bzw. „Staat" es sich bei Urartu handelt und welche Rolle die Zentralmacht, symbolisiert durch den König, in diesem spielt, also welche Kompetenzen bei ihr liegen.

4.3.3.1 Die Verwaltung

Nachdem in Kapitel 4.3.2.10 die Siedlungsverbreitung beschrieben worden ist, soll in diesem Kapitel nun das Augenmerk auf der Verwaltung der verschiedenen Ebenen bzw. Provinzen liegen; es geht also darum, wie der urartäische König sein Reich organisiert und welche Rolle die verschiedenen hierarchischen Ebenen dabei einnehmen.

Durch die Bauaktivitäten, v.a. von Straßen sowie Burgen, die deren Sicherheit gewährleisten, in den verschiedenen Gebieten des Reiches schafft der König eine effiziente Trans-

---

507 Vgl. u.a.: Marro, C.; Özfırat, A., Pre-classical Survey in Eastern Turkey. Third Preliminary Report: Doğubayazıt and the Eastern shore of Lake Van, in: Anatolia Antiqua XIII (2005), S. 332f.

508 Nach Michael Mann, vgl. Kapitel 1.1.1 „Theoretische Grundlagen: Macht und Herrschaft".

port- und Kommunikationsstruktur, die wiederum eine komplexe Verwaltung des Reiches ermöglicht. Eine solche Infrastruktur wurde in Kapitel 1.1.1 „Theoretische Grundlagen: Macht und Herrschaft" als eines der Hauptmerkmale autoritativer Macht definiert. Dass im Falle Urartus eine intensive Form autoritativer Macht besteht, die ihre Untertanen straff organisiert und einem hohen Maß an Bindungen unterwirft, lässt das gut ausgebaute Kommunikations- und Transportnetz vermuten. Inwieweit die Macht des Königs aber tatsächlich seinen Verwaltungsstab erreicht und welche Kompetenzen dieser hat, ist Thema dieses Kapitels.

Das Provinzsystem und die Gouverneure

Aus Inschriften und der dort verwendeten Titulatur lässt sich ablesen, dass das Königreich Urartu von einem Monarchen aus einer erblichen Dynastie regiert wird, der traditionelle Verbindungen zu Tušpa hat, wie das Epitheton „Herr von Tušpa" belegt. Wie die Analyse der Siedlungsverbreitung nahelegt und assyrische Texte[509] untermauern, ist der Staat, über den dieser König regiert, ein Mosaik von „Ländern" bzw. Provinzen, die auf jeweils eine Ebene beschränkt und von natürlichen Barrieren in Form von Gebirgsketten umgeben sind, wodurch zwar die Kommunikation zwischen den Ebenen erschwert wird, aber gleichzeitig klare Provinzgrenzen erzeugt werden. Für einige dieser Länder bzw. Provinzen kennen wir den urartäischen Namen: So nennt z.B. eine Bulle aus Bastam (CTU CB Ba-6) das Land, in dem Bastam liegt, Ala'(ni). Karmir-Blur und Armavir liegen nach einer Tafel aus Karmir-Blur (CTU CT Kb-10) im „Land des 'Aza". Nicht zuletzt die beschrifteten Bullen aus Ayanis und Bastam sprechen für enge Kontakte zwischen den einzelnen Landesteilen, die offenbar durch Verwaltungsbeamte, die diese Bullen siegeln, organisiert sind.[510]

Jede Provinz wiederum ist der (Gerichts-)Bezirk eines ^{lú}en.nam, eines Gouverneurs[511]. Zwei Faktoren halten diese Provinzgouverneure davon ab, zu für die Zentralgewalt bedrohlicher Macht zu kommen: Zum Ersten schlicht die große Anzahl von Gouverneuren (und Provinzen)[512], die dazu führt, dass kein einzelner über ausreichend Ressourcen, in Form

509 V.a. die 8. Kampagne Sargons, die von den verschiedenen Ländern oder Provinzen (*nagû*) Urartus spricht.

510 CTU CB Ay-1 – Ay-12. So schickt z.B. Uraqi, der Gouverneur des Landes des 'Aza, im heutigen Armenien, Waren nach Ayanis (CTU CB Ay-10). Auch in Bastam finden sich Bullen mit den Namen verschiedener Länder (z.B. CTU CB Ba-4: „das Land des Nuniba"). Gerade in den Feldzugsberichten tauchen noch viele weitere Landesnamen auf, die nur zu einem sehr geringen Teil identifiziert werden können, wie das Land Puladi, in dem die Stadt Seqindel, urartäisch Libluini, liegt (CTU A 9-3 bzw. CTU A 9-8). Die Texte berichten v.a. von der Eroberung und eventuell Zerstörung dieser Länder (kur), die entweder einen eigenständigen Landesnamen haben (z.B. ^{kur}*Buštu*, u.a. in CTU A 8-2) oder nach einer Stadt benannt sind (z.B. das Land der Stadt Arṣini / ^{uru}*Arṣini* kur-*ni*, z.B. in CTU A 3-8) oder nach einer Person (das Land des Diaueḫi / ^{m}*Diaueḫi* kur-*ni*, z.B. in CTU A 5-3).

511 Die erste gesicherte Nennung von einem Provinzgouverneur findet sich unter Minua, der die Provinz um Palın (oder Bağın) dem ^{lú}en.nam Titia überantwortet (CTU A 5-8). Im Duplikattext zu den Annalen des Argišti I. in Ḫorḫor wird die Einsetzung eines Gouverneurs direkt nach der Eroberung der Gebiete bestimmter Herrscher genannt, während andere Könige tributpflichtig gemacht werden und ihr Amt offenbar behalten dürfen (CTU A 8-2, Z. 17'ff.).

512 Das Minimum beträgt elf, denn ABL 197 nennt elf urartäische Gouverneure / Statthalter im Zusammenhang mit einer Niederlage Urartus gegen die Kimmerier. Zu vermuten sind aber weit mehr, wenn man von den als „Hauptorten" definierten Festungen aus Kapitel 4.3.2.10 ausgeht.

von Truppen und/oder Arbeitskraft, verfügt, um zu einer ernsthaften Gefahr für den König zu werden. Zum Zweiten der bürokratische Apparat, der vom König kontrolliert wird und so dazu benutzt werden kann, die Gouverneure machtpolitisch zu umgehen und sich in Vorgänge[513] der Provinzen einzumischen.[514]

Die urartäischen Provinzgouverneure sind, so weit man aus den urartäischen Tontafeln[515] schließen kann, eigenverantwortlich für das Sammeln von Waren / „Steuern",[516] das Aufstellen von Truppen und die Versorgung der Armee[517] sowie generell für die Organisation ihrer Provinz. Zwar stammen die Tontafeln, die über Gouverneure und ihre Aufgaben berichten, aus der Zeit von Rusa, Sohn des Argišti, doch gibt es auch schon ältere Belege für die ^{lú}en.nam^{meš}: Z.B. in der Inschrift über die Gründung von Sardurḫinili (Çavuştepe) nennt Sardure II. den Gouverneur Zaiani, der die Region bis Miliṭia, bis zur Stadt Qumaḫa, bis zur Stadt Niḫria, bis zum Land Arme$^{(?)}$ und bis zum Land Ḫašime „verwalten" (*mirtaršue*) soll (CTU A 9-18).

Schon die besondere geographische Situation Urartus, auf die bereits mehrfach eingegangen wurde, lässt auf eine relative Selbstständigkeit der Gouverneure schließen. Die Kommunikation mit dem Zentrum und damit dem König kann schließlich trotz aller Bemühungen der Zentralmacht nicht durchgehend das ganze Jahr gesichert werden. So sprechen wir im Falle Urartus wahrscheinlich eher von einem präbendalen Feudalismus als von einem Zentralstaat. Die Gouverneure, d.h. der „Stab" des urartäischen Königs, haben nicht nur die erwähnten und belegbaren wirtschaftlichen Möglichkeiten, unabhängig vom König zu handeln, sondern aller Wahrscheinlichkeit nach auch andere Herrengewalten.

Wer die Gouverneure in Urartu sind und aus welchen Bevölkerungsschichten sie kommen, ist auf Grund der fehlenden Quellen diesbezüglich kaum zu beantworten. Zu vermuten wäre eine Vergabe dieses hohen Amtes an Mitglieder der königlichen Familie, um eine Bindung an die Zentralmacht zu gewährleisten, was durch die Namen der in den Texten genannten Gouverneure[518], die jedenfalls nicht die typischen urartäischen Thronnamen wie z.B. Rusa oder Sardure tragen, aber nicht bestätigt wird. Auch die „Übernahme" der frü-

513 Das ist ersichtlich an Hand der Briefe, v.a. aus Karmir-Blur (z.B. CTU CT Kb-1, wo der König sich direkt an zwei Beamte wendet, ohne den Gouverneur einzubeziehen).

514 Zimansky, P., Ecology and Empire, Chicago (1985), S. 53f.

515 CTU CT (Cap. II.I. in CTU), UPD 1–16. Vgl. auch Zimansky, P., Ecology and Empire, Chicago (1985), S. 81ff.

516 Dafür, dass es den Gouverneuren obliegt, Waren als „Steuern" einzutreiben, zu sammeln und auch für längere Zeiträume zu lagern, sprechen die in Anlagen wie Karmir-Blur in großer Anzahl gefundenen Pithoi, die auf Tontafeln belegten Listen, die von Beamten gefertigt oder an sie geschickt werden und v.a. die Befunde von den Tonbullen aus Ayanis (siehe Kapitel 4.3.2.6 „Lagerräume – Archäologische Belege").

517 Dass die Gouverneure über eigene Truppen verfügen ist z.B. aus ABL 197 (Deller 1.2) ersichtlich, wo es heißt: „Elf seiner Statthalter [mit] ihren Streitkräften konnten sich absetzen (wörtlich: sind emporgeführt)...". Nach Deller, K., Ausgewählte neuassyrische Briefe betreffend Urarṭu zur Zeit Sargons II., in: Pecorella, P.E.; Salvini, M. (Hrsg.), Tra lo Zagros e l'Urmia, Rom (1984), S. 99, sowie aus den Annalen von Sardure II., wo der König auf dem Feldzug gegen Uiṭeruḫi von drei Gouverneuren begleitet wird (CTU A 9-3 III Z. 16'ff.).

518 Das sind u.a. Titia in CTU A 8-5, Zaiani in CTU A 9-18, Uraqi in CTU CB Ay-10 und Urma in CTU CT Kb-7.

heren, lokalen Häuptlinge bzw. Fürsten in das urartäische Amt des ^{lú}en.nam kann nicht ausgeschlossen werden. Letzteres ist zumindest mit Urzana in Muṣaṣir der Fall.[519]

Demzufolge können die Abhängigkeit des Gouverneurs von der Zentralmacht und damit seine politische Eigenverantwortlichkeit unterschiedlich stark sein. Während einige Gouverneure direkt vom urartäischen König eingesetzt werden, wie Titia in der Provinz um Palın (CTU A 5-8) und Zaiani in der Provinz um Çavuştepe (CTU A 9-18), und damit in enger Abhängigkeit zum König stehen, gibt es Belege, die für das Festhalten an lokalen Dynastien im Rahmen der Provinzverwaltung Urartus sprechen, wenn z.B. die besiegten Könige einer Region tributpflichtig gemacht werden, wie in der Inschrift Rusas, Sohn des Sardure, aus Tsovinar am Sevan-See (CTU A 10-2).

Bestes Beispiel für eine weitreichende Eigenständigkeit einer Provinz ist Muṣaṣir im heutigen Dreiländereck zwischen Iran, Irak und Türkei, dessen Oberhaupt in seiner Politik zwischen Urartu und Assyrien schwankt und sich abwechselnd auf die eine oder andere Seite stellt. Die erste Erwähnung Muṣaṣirs[520] findet sich in assyrischen Quellen, unter Assurnasirpal II. (883–859 v. Chr.). Urartäisch als Ardini[521] ist die Stadt bzw. das Land zum ersten Mal auf der Kelišin-Stele (CTU A 3-11) Išpuinis und Minuas belegt, also rund 60 Jahre später. Zusammen mit der Inschrift von Meher Kapısı zeigt die Kelišin-Stele außerdem, dass sich in Muṣaṣir das bedeutendste Heiligtum des Ḫaldi befindet.[522] Der einzige Herrscher bzw. „Fürst" Muṣaṣirs, der in Inschriften namentlich auftaucht, ist Urzana. Er wird in neuassyrischen Briefen[523] und auch in der 8. Kampagne Sargons[524] genannt.

519 Eine Unterscheidung zwischen zentral urartäisch errichteten und lokalen Administrationszentren nimmt Kemalettin Köroğlu vor, bei den hier als „Festungen" definierten Stätten, wobei die Hauptunterschiede in dem Vorhandensein von Felsgräbern in letzteren und dem höheren architektonischen und bautechnischem Wissen bei ersteren liegen. Allerdings ist diese Unterscheidung meines Erachtens nicht schlüssig nachzuvollziehen, auch Köroğlu selbst nennt Ausnahmen (z.B. Altıntepe). In den lokalen Administrationszentren (nach Köroğlu z.B. Palu, Mazgirt/Kaleköy, Sangar und Werachram) säßen lokale Herrscher, die das alte Herrschaftssystem ihres Bereichs fortführen und im Zuge der urartäischen Eroberung in das Königreich integriert worden sind. Siehe Köroğlu, K., Urartu: The Kingdom and Tribes, in: Köroğlu, K.; Konyar, E. (Hrsg.), Urartu – Transformation in the East, Istanbul (2011), S. 30–42. Für die Provinzdiskussion im Allgemeinen spielt diese Unterscheidung sowieso eine nebensächliche Rolle, da sowohl das urartäische als auch das lokale Administrationszentrum eben Provinzzentren wären.

520 Der Name Muṣaṣir stammt wohl vom Namen der Region Muṣru, die im späten 2. Jahrtausend v. Chr. unter Tiglat-Pilesar I. in assyrischen Texten auftritt. Tiglat-Pilesar erobert das Land Muṣru mit der Stadt *A-ri-ni*, das laut Karen Radner mit dem urartäischen Ardini identifiziert werden sollte, auch auf Grund der Nennung von bestimmten Bergen in der direkten Umgebung. Vgl. Radner, K., Between a Rock and a Hard Place: Muṣaṣir, Kumme, Ukku and Šubria – The Buffer States between Assyria and Urartu, in: Kroll, S. et al. (Hrsg.), Biainili-Urartu, Leuven (2012), S. 245.

521 ^{uru}*Ardini* bedeutet nach der hurritischen Etymologie „die Stadt". Salvini, M., Muṣaṣir A. Historisch, in: RLA 8 (1994), S. 445.

522 Die Könige kommen „vor das Angesicht Ḫaldis in Muṣaṣir", z.B. Zeile 16 der urartäischen und Zeile 14 der assyrischen Fassung von Kelišin (CTU A 3-11).

523 Vgl. Deller, K., Ausgewählte neuassyrische Briefe betreffend Urarṭu zur Zeit Sargons II., in: Pecorella, P.E.; Salvini, M. (Hrsg.), Tra lo Zagros e l'Urmia. Ricerche storiche ed archeologiche nell' Azerbaigian iraniano, Rom (1984), S. 96–124.

524 8. Kampagne, Z. 309, 346, 350, 408, 423.

Aus den assyrischen Texten sowie den Bilinguen Rusas, Sohn des Sardure (davon ist die Movana-Stele am vollständigsten erhalten, CTU A 10-3), ist die erwähnte Schaukelpolitik Urzanas ersichtlich:

Er reist anscheinend sowohl an den urartäischen als auch an den assyrischen Hof, um den jeweiligen Königen seine Aufwartung zu machen.[525] Als Verbündeter Urartus bricht Urzana einen bestehenden Eid mit Assyrien[526] und verweigert den Tribut[527], was die Ereignisse der 8. Kampagne auslöst,[528] in deren Verlauf Muṣaṣir durch Sargon geplündert, Urzana aber offenbar verschont wird.

Die Situation gegenüber Urartu eskaliert, als Urzana, vermutlich nach der 8. Kampagne in Kontakt mit dem assyrischen Hof stehend, den Tempel des Ḫaldi vor Rusa, Sohn des Sardure, verschließt (Movana, assyrische Version, Z. 40`). Ein Brief, den Urzana offenbar zuvor an den assyrischen König richtet, zeigt das Dilemma, in dem Urzana sich dank seiner wechselnden Politik befindet:

> „Was du mir (ferner) geschrieben hast: ‚Ohne Einwilligung des (Assyrer-)Königs soll niemand sich erlauben, kultische Handlungen auszuführen! [Wörtlich: soll niemand seinen Arm zum Kult bringen!]'. – Als der König von Assyrien (nach Muṣaṣir) gekommen ist, habe ich ihn da zurückgehalten? Er hat getan, was er zu tun beliebte. Und wie soll ich diesen [d.h. den Urarṭäerkönig] zurückhalten?"[529]

Damit stellt Urzana auf der einen Seite den urartäischen und den assyrischen König auf eine Stufe, denn beide kann er nicht vom Betreten der Stadt abhalten. Auf der anderen Seite wird Sargon dadurch auch deutlich gemacht, dass Urzana es als nicht so einfach erachtet, Rusa den Eintritt nach Muṣaṣir zu verwehren, was er letzten Endes aber dennoch tut.

Daraufhin zieht Rusa, Sohn des Sardure, gegen Muṣaṣir und nimmt die Stadt ein, Urzana flieht nach Assyrien. Trotz diesem Verhalten setzt Rusa Urzana nach seiner Gefangennahme wieder als Fürst in Muṣaṣir ein.[530] Über die genauen Gründe dieses Festhaltens an dem untreuen Vasallen kann man nur spekulieren. Sicherlich spielt aber die besondere kultische Funktion der Stadt als Hauptkultort des urartäischen Staatsgottes Ḫaldi und die damit verbundene Position des Fürsten von Muṣaṣir eine wichtige Rolle.

Außerdem ist es auch Urzana, der den assyrischen König über die verheerenden Niederlagen der Urartäer gegen die Kimmerier informiert.[531]

525 SAA I, no. 31 (Urzana vor dem urartäischen König), SAA V, no. 136 (Urzanas Reise nach Kalḫu).

526 Vgl. die Annalen von Sargon II., Z. 149f.: „(Was) Urzana von Muṣaṣir (anlangt), der den bei Assur und Marduk (geleisteten) Eid übertreten und an Ursā von Urarṭu (einen Brief voller) … geschickt hatte". Wegen dieses Eidbruches zieht Sargon gegen Muṣaṣir und Urzana flieht. Fuchs, A., Die Inschriften Sargons II. aus Khorsabad, Göttingen (1993), S. 113, 321.

527 Ein Indiz dafür ist ABL 768, wo Urzana die widrigen Umstände in seinem Land schildert, wegen derer er nicht nach Aššur gereist ist.

528 André-Salvini, B.; Salvini, M., The bilingual stele of Rusa I from Movana, in: SMEA 44 (2002), S. 29.

529 ABL 409, Z. 24ff., nach: Deller, K., Ausgewählte neuassyrische Briefe betreffend Urarṭu zur Zeit Sargons II., in: Pecorella, P.E.; Salvini, M. (Hrsg.), Tra lo Zagros e l'Urmia. Ricerche storiche ed archeologiche nell' Azerbaigian iraniano, Rom (1984), S. 114.

530 CTU A 10-3 III (assyrische Version), Z. 40`ff. Vgl. auch Salvini, M., Muṣaṣir A. Historisch, in: RLA 8 (1994), S. 444f.

531 Siehe: Deller, K., Ausgewählte neuassyrische Briefe betreffend Urarṭu zur Zeit Sargons II., in:

Abb. 30: Siegel des Urzana

Quelle: Kroll, Stephan et al. (Hrsg.), Biainili-Urartu, Leuven (2012), Fig. 17.02. (Foto: Königliches Münzkabinett, Den Haag).

Bemerkenswert ist weiterhin, dass sich Urzana in seinem offiziellen Siegel (Abb. 30) *šàr* ^{uru}*Muṣaṣir*, also „König" von Muṣaṣir nennt. Damit hat er einen dem urartäischen (und auch dem assyrischen) König ebenbürtigen Titel. Ebenso sprechen die typisch assyrische Stilisierung und die Tatsache, dass Urzana ein Rollsiegel und kein – wie für Urartu außerhalb der Königssiegel typisches – Stempelsiegel nutzt, für eine außerordentliche Stellung der Provinz Muṣaṣir, eben nicht wirklich eingegliedert in das urartäische Staatswesen und mit einer an Assyrien orientierten Eigenständigkeit.[532]

Karen Radner vermutet in diesem Siegel ein assyrisches Geschenk an Urzana, denn die Inschrift sagt aus, dass das Siegel als Talisman (na_4.^{d}lamma = *aban lamassi* = Stein der Schutzgottheit) dienen soll.[533]

Über die Herkunft der Dynastie von Muṣaṣir kann keine genaue Aussage getroffen werden. Der Name Urzana ist nicht assyrisch, eine urartäische Etymologie ist nicht auszuschließen. Aber der Name von Urzanas Bruder, Šulmubel, ist assyrisch. So scheint Muṣaṣir politisch wie ethnisch nicht eindeutig zuzuordnen zu sein und im urartäischen Reich eine Sonderrolle einzunehmen, gerade auch was die Macht, die Befugnisse und Freiheiten seines Herrschers angeht.

Eine Begründung für diese Sonderstellung könnte darin liegen, dass Muṣaṣir schon vor der historisch nachvollziehbaren Reichsgründung Urartus im 9. Jahrhundert v. Chr. zum

Pecorella, P.E.; Salvini, M. (Hrsg.), Tra lo Zagros e l'Urmia. Ricerche storiche ed archeologiche nell' Azerbaigian iraniano, Rom (1984), 1.4 (= SAA I 30).

532 Vgl. Collon, D., Urzana of Musasir's Seal, in: Çilingiroğlu, A.; French, D.H. (Hrsg.), Anatolian Iron Ages 3, Ankara (1994), S. 37–40. Das Siegel stammt aus dem Kunsthandel.

533 Radner, K., Between a Rock and a Hard Place: Muṣaṣir, Kumme, Ukku and Šubria – The Buffer States between Assyria and Urartu, in: Kroll, S. et al. (Hrsg.), Biainili-Urartu, Leuven (2012), S. 246f.

„Urartaean ethnos“ gehört. Die frühen Zentren Urartus, Sugunia und Arṣaškun[534] liegen – so wird vermutet – in dieser Gegend südlich des Van-Sees, in Richtung Muṣaṣir. Die Urartäer bzw. die Gründer der bekannten urartäischen Dynastie von Van wären nach diesem Modell also von dem Gebiet um Muṣaṣir aus, wahrscheinlich auf Grund von assyrischem Druck im Zuge deren Nordostexpansion, nach Norden, Richtung Van, gezogen. Išpuini, im Bestreben ein theokratisches Fundament für den Staat Urartu zu schaffen,[535] nimmt mit Muṣaṣir Land in Besitz, das bereits vorher traditionell mit der urartäischen Herrscherdynastie verbunden gewesen ist.[536] Konkrete Belege für die Herkunft der urartäischen Dynastie aus diesem Gebiet gibt es aber abgesehen von den genannten Indizien nicht.

Weitere Beamte in Urartu

Außer dem ^{lú}en.nam^{meš} sind für Urartu noch weitere Beamte belegt, deren genaues Aufgabengebiet allerdings in der Regel nicht exakt einzugrenzen bzw. überhaupt bestimmbar ist.

Aus den Keilschriftlegenden von Rollsiegelabrollungen ist der Titel des ^{lú}*aṣuli* (^{lú}a.zum-*li*) bekannt, der in der älteren Forschung stets als ^{lú}a.nin-*li*[537] gelesen worden ist, bevor auf einer Siegelabrollung aus Ayanis klar das Zeichen „zum“ statt „nin“ erkennbar war, ein Zeichen, das nach Igor M. Diakonoff und Friedrich König in Urartu gebräuchlich ist. Die akkadische Lesung lautet *ḫalu* bzw. *ḫialum* mit der Bedeutung „verströmen“, „absondern“, auch als „gebärend“ oder „(eine Flüssigkeit) ausfließen lassen“. Damit wäre der ^{lú}a.zum-*li* wörtlich „der, der das Wasser ausfließen lässt“, worin Ursula Hellwag die Beschreibung des Amtes dieser Person erkennt, die vielleicht im Zusammenhang mit dem Öffnen von Kanalschleusen stehe. Eventuell handle es sich um ein rituelles Amt, denn Opfer im Rahmen des Baus eines Kanals bzw. nach Hellwag einer solchen „Schleusen-Öffnungszeremonie“[538] im Namen von Ḫaldi, Teišeba und Šiuini sind beschrieben auf der Stele von Rusa, Sohn des Argišti, aus Zwartnoths (CTU A 12-8) sowie auf einem Stelenfragment von Argišti II. (CTU A 11-1). Allerdings könnte man, wie z.B. Karen Radner und Mirjo Salvini, auch eine phonetische Lesung von ^{lú}a.zum-*li* als *a-ṣu-li* annehmen. Diese könnte sich vom urartäischen Stamm *a-ṣu-še*, was eine Art von Opfer (nach Friedrich W. König) oder Feierlichkeit (nach Georgji A. Melikišvili und Nikolaj V. Arutjunjan) bezeichnet bzw. noch nicht überzeugend gedeutet ist (so Mirjo Salvini), ableiten. Das Suffix „*-li*“ wäre dabei das Suffix, das einen Amtsinhaber oder einen Beruf bezeichnet. Dagegen spricht, dass Titel im Urartäischen in der Regel logographisch geschrieben werden, wie etwa bei man für *erelə*. Stephanie Dalley und Michael Roaf sehen

534 Siehe Kapitel 3.2 „Geschichtlicher Überblick“, Fußnote 14.

535 Vgl. Kapitel 4.2.1 „Ḫaldi und die urartäische Staatsreligion“.

536 So: Pecorella, P.E.; Salvini, M., Researches in the Region between the Zagros Mountains and Urmia Lake, in: Persica 10 (1982), S. 8.

537 Interpretiert u.a. von Igor M. Diakonoff als „Sohn der Herrin“ (a = *māru* bzw. *aplu* = Sohn, und nin = *bēltu* = Herrin), also als legitimer Prinz. Philologisch ist diese Interpretation allerdings nicht überzeugend, denn weder „a“ noch „nin“ sind in Urartu in diesen Lesungen an anderer Stelle belegt und können daher beide anders interpretiert werden (Zimansky, P., Ecology and Empire, Chicago (1985), S. 84f.).

538 In CTU (S. 580f.) übersetzt Salvini *ḫu-bi-gi a-še pi-li ni-ki-du-li* (Z. 17) mit „Quando il canale scorre…“.

^{lú}a.zum-*li* im Zusammenhang mit dem akkadischen (^{lú})a.zu und lesen *asû*, „Arzt“, bzw. *barû*, „Weissagungspriester“, eine Bezeichnung, die auch in hurritischen Texten belegt ist.[539]

Die Keilschriftlegenden mit dem Titel des ^{lú}a.zum-*li* tauchen auf verschiedenen Siegeln auf, die von zahlreichen Abrollungen aus Karmir-Blur, Bastam und Ayanis bekannt sind, aber alle über eine ähnliche Ikonographie, nämlich geflügelte Genien am Lebensbaum (s.u., Abb. 31), verfügen. Auf dreien dieser Siegel kann der Name des Siegelnden entziffert werden: Rusa, Sohn des Rusa (CTU Sig. 20-1 auf CTU CT Kb-4), sowie Rusa, Sohn des Sardure (CTU Sig. 20-2 auf CTU CT Ba-1), und Sardure, Sohn des Sardure (CTU Sig. 20-5 auf CTU CT Kb-5 und Ba-3; CTU Sig. 20-6 auf CTU CT Kb-1).[540]

Außerhalb Urartus ist das Logogramm ^{lú}a.zum-*li* nicht belegt. Die Idee, dass der ^{lú}a.zum-*li* ein Mitglied der königlichen Familie ist, erscheint plausibel, denn alle Individuen, die in den Texten mit diesem Titel in Verbindung gebracht werden, tragen „königliche“ Namen, also Namen, die auch bei regierenden Königen bezeugt sind, und auch das Siegel der ^{lú}a.zum-*li* selbst zeigt den gleichen Hof-Stil wie die Königssiegel. Außerdem stehen die mit diesen Siegeln gesiegelten Dokumente in engem Zusammenhang mit dem König, sie sind in der Regel im Namen des Königs (lugal-*še*) geschrieben. Eine Vergabe eines hohen Amtes an Mitglieder der eigenen Familienlinie wäre ein gängiges Mittel, die Macht des Verwaltungsstabes einzudämmen.[541] Des Weiteren ist der Status der ^{lú}a.zum-*li* laut den Tafeln offenbar hoch genug, um Anweisungen an Beamte mit den Titeln ^{lú}na$_4$.dib und ^{lú}na.kad zu geben, ohne dabei den Namen des Königs explizit zu erwähnen, und auf der anderen Seite beglaubigen sie auch direkte Anordnungen des Königs. Der ^{lú}a.zum-*li* ist neben dem König der einzige, der überhaupt Briefe siegelt, so erscheint die These eines „Prinzen“, also eines Mitgliedes der Königsfamilie, insgesamt durchaus schlüssig.[542]

Viele der Siegelabrollungen, die die Inschrift eines ^{lú}a.zum-*li* tragen, zeigen das Motiv der „Befruchtungsszene“[543] des Heiligen Baumes. Beispiele stammen aus Ayanis (wie z.B. von einer gesiegelten Tonbulle, Abb. 31) sowie aus Karmir-Blur, Toprakkale und Bastam; sie wurden v.a. auf Bullen in Lagerräumen sowie auf Tontafeln gefunden. Ebenso gibt es viele Siegelabrollungen, die keine Keilschriftlegende aufweisen, aber die Szene mit dem Heiligen Baum nahezu identisch zu den „Prinzensiegeln“ wiederholen. So könnte man nach

539 Hellwag, U., ^{LÚ}A.ZUM-*li* versus ^{LÚ}A.NIN-*li*: some thoughts on the owner of the so-called *Prinzensiegel* at Rusa II's court, in: Çilingiroğlu, A.; Darbyshire, G. (Hrsg.), Anatolian Iron Ages 5, London (2005), S. 91–98.

540 Diesen ist eventuell (nach Mirjo Salvini) noch Erimena, Sohn des Argišti, hinzuzufügen, dessen Beamten(^{lú}*aṣuli*)-Siegel sich auf einer Tontafel aus Karmir-Blur findet (CTU CT Kb-3). Vgl. Salvini, M., Argišti, Rusa, Erimena, Rusa und die Löwenschwänze: Eine urartäische Palastgeschichte des VII. Jh. v. Chr., in: Aramazd II (2007), S. 152ff.

541 Vgl. Kapitel 1.1.2 „Der Patrimonialismus“.

542 Zimansky, P., Ecology and Empire, Chicago (1985), S. 84f. Für die Siegel aus Ayanis vgl. Salvini, M., Clay Tablets and Inscribed Seals, in: Çilingiroğlu, A.; Salvini, M., Ayanis I, Rom (2001), S. 316f.

543 Ob wirklich eine Befruchtung oder eine andere kultische Handlung gezeigt wird oder ob es sich um ein allgemeineres Symbol handelt, kann für die urartäischen Darstellungen des Heiligen Baumes genauso wenig sicher geklärt werden wie für die assyrischen. S.u., Exkurs: „Zum Kunsthandwerk Urartus“, Fußnote 20. Zum Ritual am Lebensbaum siehe Kapitel 4.2.3 „Religiöse Rechte und Pflichten des urartäischen Königs“.

Ursula Hellwag[544] annehmen, dass auch Siegel mit solcher Motivik ohne Inschrift Personen mit dem Titel ^{lú}a.zum-*li* gehören, was für eine noch weitere Verbreitung dieser Beamten spräche. Einigkeit herrscht in der Forschung aber darüber, dass diese Art der Siegel nach Alina Ayvazians „Seals of Royal Administration / The Royal House" sind, also in jedem Fall hohen Beamten bzw. Mitgliedern der Königsfamilie gehören.[545]

Im neuassyrischen Reich stellt Irene Winter ein ähnliches Phänomen fest: Beschriftete Siegel mit dem Motiv des Heiligen Baumes gehören so gut wie ausschließlich hochrangigen Beamten, und das besondere Material dieser Siegelgruppe (Karneol, Lapislazuli, Jaspis) weist darüber hinaus auf einen Elite-Status der Siegelträger hin. Winter kommt zu dem Schluss, dass das Motiv des Heiligen Baumes in Verbindung mit der Flügelsonne in Assyrien exklusiv für Aktionen, die mit den Staatsgeschäften zu tun haben, gebraucht wird, und dass solche Staatssiegel nicht den König selbst, sondern das Amt, die dahinter stehende Instanz symbolisieren.[546] Der Befund der Prinzensiegel in Urartu lässt darauf schließen, dass wir es hierbei – ob mit oder ohne Legende – mit demselben Phänomen zu tun haben: Sie gehören Personen in enger Beziehung zum König und zu dessen Amt, die auch dementsprechende Aufgaben wahrnehmen.

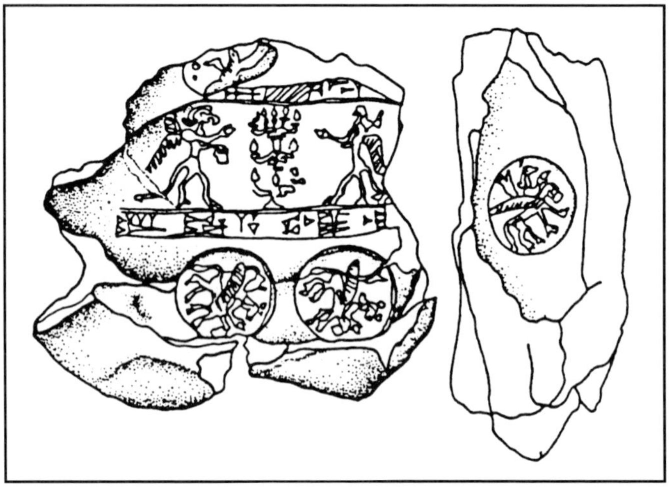

Abb. 31: Gesiegelte Tonbulle aus Ayanis (CTU Sig. 20-7)

Quelle: Abay, E.; Seals and Sealings, in: Çilingiroğlu, A.; Salvini, M., Ayanis I, Rom (2001), Fig. 1.

544 Vgl. Hellwag, U., ^{LÚ}A.ZUM-*li* versus ^{LÚ}A.NIN-*li*: some thoughts on the owner of the so-called *Prinzensiegel* at Rusa II's court, in: Çilingiroğlu, A.; Darbyshire, G. (Hrsg.), Anatolian Iron Ages 5, London (2005), S. 91–98.

545 Nach der Group 1: Ayvazian, A., Urartian glyptic: New perspectives, Online Publikation (2007), S. 48f.

546 Winter, I., Le Palais Imaginaire: Scale and Meaning of in the Iconography of Neo-Assyrian Cylinder Seals, in: Uehlinger, C. (Hrsg.), Images as Media, Fribourg (2000), S. 57ff.

Meines Erachtens ist eine enge Bindung der ^{lú}a.zum-*li* zur Königsfamilie auf Grund der Personennamen Rusa und Sardure unbestreitbar. Welche Funktion das Amt nun genau bezeichnet, bleibt hingegen offen. Es scheint sich auf Grund der Siegelung von Verwaltungsdokumenten aber um ein hohes Amt zu handeln, das eine enge Verbindung zum König voraussetzt. Eine Interpretation als *aṣuli* mit der Bedeutung „Prinz" hat sich in den letzten Jahren vermehrt in der Forschung durchgesetzt und erscheint insgesamt nachvollziehbar.

Der meistgenannte Beamte in urartäischen Tontafeln ist der ^{lú}na$_4$.dib. Igor M. Diakonoff übersetzt den Titel als „Siegelträger".[547] Problematisch ist dabei, dass nach Paul Zimansky na$_4$ nicht das für „Siegel" gebräuchliche Wort in Urartu ist (kišib wäre zu erwarten) und dass das königliche Siegel sich auf Briefen an den ^{lú}na$_4$.dib befindet, und nicht auf Briefen von einem solchen Beamten. Thematisch zeigen sich die an einen ^{lú}na$_4$.dib adressierten Briefe vielfältig: Ein Schreiben aus Karmir-Blur (CTU CT Kb-1) weist einen ^{lú}na$_4$.dib an, eine Stele, vermutlich einen Grenzstein zu suchen; in einem weiteren Brief aus Karmir-Blur (CTU CT Kb-2) an einen ^{lú}na$_4$.dib geht es um ein Pferd, Gegenstände für die Truppen und sechs Rinder, die die „Stadt" nicht senden wird, vermutlich sind Opfergaben gemeint; die Rückgabe eines Mädchens, das als Sklavin weggebracht worden ist, behandelt ein weiterer Brief aus Karmir-Blur (CTU CT Kb-4); aus Bastam stammt ein Brief (CTU CT Ba-1), in dem die Rechte an einer bestimmten Art von Feld oder Pflanzung (^{giš}*udue*) thematisiert sind, die durch den ^{lú}na$_4$.dib an den Mann zurückgegeben werden soll, dem der König es ursprünglich zugesprochen hatte. Diese variablen Themenbereiche lassen auf ein eher allgemeines, übergreifendes Amt schließen. Absender der Briefe ist der König, ein ^{lú}*aṣuli* oder allgemein jemand, der im Namen des Königs schreibt. Dass Briefe an den ^{lú}na$_4$.dib in den zeitgleichen Festungen Karmir-Blur und Bastam gefunden zeigt, dass es das Amt entweder mehrmals und in verschiedenen Städten gibt oder dass der ^{lú}na$_4$.dib von Stadt zu Stadt reist, wobei erstere die wahrscheinlichere Alternative ist.[548]

Der Titel des ^{lú}níg.šid (^{lú}níg.ka$_9$) leitet sich wohl von dem akkadischen *nikkassu*, „Bericht, Abrechnung" ab, und bezeichnet einen „Buchführer", auch wenn diese im assyrischen Reich *ṭupsarru* (gal níg.šid), also „Hauptbuchführer", genannt werden. Unterstützt wird diese Interpretation durch den Beleg auf einer Tafel aus Karmir-Blur (CTU CT Kb-2), in der es tatsächlich um Angelegenheiten geht, die einen Buchhalter betreffen würden, nämlich um verschiedene Waren und/oder Opfergaben.[549]

In nur einem Beleg (CTU CT Kb-3) überliefert ist der Titel des ^{lú}kù^{meš}, der von Igor M. Diakonoff wörtlich als „Mann des Geldes" übersetzt wird,[550] eine Interpretation die ebenso gut ist wie jede andere[551], auch wenn der betreffende Brief keinen Bezug zu Geldangelegenheiten enthält, sondern von der Tochter eines Kochs handelt, die einem anderen

547 na$_4$ = „Stein", dib kommt in einigen hethitischen und akkadischen Texten im Zusammenhang mit „nehmen" oder „halten" vor. Vgl. Zimansky, P., Ecology and Empire, Chicago (1985), S. 87. Auch Mirjo Salvini übersetzt in CTU CT „detentore del sigillo".

548 Zimansky, P., Ecology and Empire, Chicago (1985), S. 87.

549 Ebd., S. 87f.

550 Ebd., S. 88.

551 Mirjo Salvini übersetzt mit „orefice", also Goldschmied (CTU CT Kb-2, S. 135).

Koch zur Frau gegeben worden ist, die der König nun aber zum Palast zurückruft. So hätte die wörtliche Bedeutung des Titels keinen Bezug zu den Angelegenheiten, mit denen der Titelträger betraut ist.

Auch der ^{lú}igi.lá tritt in urartäischen Tontafeln nur einmal, in einem Brief aus Bastam (CTU CT Ba-3), in Erscheinung. Von der akkadischen Wortbedeutung her erscheint die von Mirjo Salvini gegebene Interpretation als „Aufseher, Inspektor" plausibel.

Eine vermutlich allgemeine Anrede, die ebenfalls in zwei Briefen aus Bastam (CTU CT Ba-1 und Ba-2) auftritt, ist der Titel ^{lú}é.gal, „Mann des Palastes". Beide Briefe nennen hier denselben Beamten: Lubšuṣini. dumu é.gal und ^{lú}é.gal als Palastbeamte sind z.B. bei den Hethitern belegt.[552]

Ein spezieller Fall ist der assyrische Titel ^{lú}*turtānu*, der in neuassyrischen Briefen für den Kommandeur der eigenen Armee und für einen bestimmten hohen urartäischen Beamten verwendet, aber von den Urartäern selbst nicht benutzt wird. Falls ein urartäischer Ausdruck für dieses Amt existiert, ist dieser bislang unidentifiziert. Auch die assyrischen Belege für diesen Offizier in Urartu sind rar und wenig aussagekräftig, insgesamt gibt es nur drei Texte (ABL 197, 492 und 144). Man kann für den urartäischen Beamten von den Aufgaben des assyrischen ^{lú}*turtānu* ausgehen, denn vermutlich benutzen die Assyrer den Titel deswegen für feindliche Beamte, weil sie in der Funktion Parallelen zu ihrem eigenen System sehen. Im Assyrien des 8. und 7. Jahrhunderts v. Chr. bezeichnet ^{lú}*turtānu* einen Beamten von hohem Rang, der in der Eponymen-Liste in der Reihenfolge direkt nach dem König kommt. Belegt sind v.a. militärische Aktionen, der ^{lú}*turtānu* ist Kommandeur der Truppen, wenn der König selbst dieser Pflicht nicht nachkommen kann, z.B. im Falle Salmanassars III.[553] Šamši-ilu, ein ^{lú}*turtānu* im frühen 8. Jahrhundert v. Chr., nimmt sogar königliche Titel an und führt Kampagnen in eigenem Namen.[554] Übersetzt wird der Titel in der Regel als „Hauptkommandeur" oder „Hauptmann". Das scheint auch gut zu den urartäischen ^{lú}*turtānu* zu passen, so weit sie aus assyrischen Texten belegt sind. Im Vordergrund stehen bei den Urartu betreffenden Texten die militärische Aktivität und die dem König nahe Stellung:

> „At the beginning of the month Nisan the king of Urartu went out of the city of Turušpa. He went to the city of Elizzadu. Qaqqadānu, his *turtānu*, went into the city of Uesi. He will direct the forces of all Urartu after the king to the city of Elizzadu."[555]

Konkret wird als ^{lú}*turtānu* dieser Mann namens Qaqqadānu in zwei Texten (ABL 197, 492) genannt. Ein gewisser Qaqqadānu taucht in einem weiteren assyrischen Brief (ABL 444) als ein Gouverneur Urartus auf. Wenn es sich um dieselbe Person handelt (und die assyrischen Quellen akkurat sind), gäbe es in Urartu die Möglichkeit des politischen Aufstiegs für Militärs oder es handelte sich um einen Gouverneur, der als hochrangiger Militär dementsprechende Aktionen durchführt. Auffällig ist, dass ein solcher Beamter in urartä-

552 Zimansky, P., Ecology and Empire, Chicago (1985), S. 88.

553 So die Inschrift auf dem Schwarzen Obelisk, ARAB 1:208.

554 Interessanterweise u.a. gegen Urartu. Siehe Thureau-Dangin, F.; Dunand, M., Til Barsip, Paris (1936), S. 145ff., und RIMA 3, S. 232f., A.0.104.2010.

555 ABL 492.

ischen Berichten selbst anscheinend gar nicht auftaucht. Allerdings sollte man den urartäischen Titel ^{lú}a.zum-*li* in diesem Zusammenhang beachten, der wiederum nur in urartäischen Inschriften vorkommt. Beide Titel beschreiben offenbar einen Beamten mit sehr hohem Rang, eventuell könnten sie also dasselbe Amt oder dieselbe Person meinen. Die geringe Anzahl an Belegen spricht allerdings dagegen, denn der in den assyrischen Texten belegte Name für einen ^{lú}*turtānu*, Qaqqadānu, ist nicht königlich, wohingegen alle urartäisch belegten ^{lú}a.zum-*li* einen königlichen Personennamen – wie Rusa – tragen. Darüber hinaus müssen beide Titel nicht einmal zeitgleich in Verwendung gewesen sein, es liegen zum Teil Jahrzehnte zwischen den einzelnen Belegen.[556]

Aus den, wenn auch wenigen, Belegen kann man schließen, dass der urartäische König über einen großen Stab verfügt, die z.T. Beamtentitel tragen, die so in anderen Reichen, wie Hatti oder Assyrien, nicht auftauchen. Dahinter könnte man ein unterschiedliches Konzept der Administration vermuten als im Falle der anderen Staaten. Des Weiteren handelt es sich vermutlich nicht um nur einen einzigen „Hof“ an einem festen Platz, sondern die Beamtenschaft ist verteilt über mindestens jene Orte im Reich, aus denen die Tontafeln und Bullen stammen: nämlich Anzaf, Ayanis, Bastam, Çavuştepe, Karmir-Blur und Toprakkale.[557]

4.3.3.2 Tušpa – (Einzige) Hauptstadt Urartus?

Daher stellt sich die Frage der Notwendigkeit eines Ortes mit zentralen Funktionen und weiter nach dem „Hauptstadt-Charakter“ von Tušpa. In Tušpa die Hauptstadt Urartus zu sehen ergibt sich v.a. aus ihrer zentralen Lage und der herausgehobenen Stellung im urartäischen Reich, die u.a. an dem regelhaft verwendeten Epitheton *alusi* ^{uru}*Ṭušpa*-uru[558] zu erkennen ist. Die insgesamt besondere Bedeutung des gesamten Gebietes um Van zeigt sich schon in seiner Geographie als „Mittelpunkt“ des Reiches.

In Tušpa finden sich des Weiteren elaboriertere und zahlreichere Felskammern als anderswo im Reich[559], die vermutlich zutreffend als Grabstätten interpretiert werden,[560] wie das „Grab von Sardure I.“, das „Grab von Išpuini und Minua“, das „East Tomb“, das

556 Vgl. auch Zimansky, P., Ecology and Empire, Chicago (1985), S. 86f.

557 Ebd., S. 88f.

558 Siehe oben, Kapitel 4.1.2 „Königstitulatur“.

559 Nach Baki Ögün finden sich Felskammern bzw. Kammergräber außerdem in Palu, Altıntepe, Kayalıdere, Liç, Mazgirt-Kaleköy, Bağın, Dağalan und Kamışlı, Akçaören, Gönlüaçık, Yukarı Göçmez, Dedeli sowie Adilcevaz. Diese sind alle kleiner als die Felsgräber in Van und z.T. auch – im Gegensatz zu denen in Van – unterirdisch. Vgl. Öğün, B., Die urartäischen Bestattungsbräuche, in: Şahin, S.; Schwertheim, E.; Wagner, J. (Hrsg.), Studien zur Religion und Kultur Kleinasiens. Festschrift für Friedrich Karl Dörner zum 65. Geburtstag am 28. Februar 1976. Zweiter Band, Leiden (1978), S. 639–678.

560 Zumindest von den kleineren Kammern kann man das durchaus annehmen, bei den größeren ist der Befund schwieriger zu deuten, die so genannte „Minua-Grotte“ an der Nordseite des Van-Felsens wird von Mirjo Salvini z.B. als Viehstall interpretiert auf Grund der dem Eingang gegenüberliegenden Inschrift von Minua (CTU A 5-68), in der der Satz vorkommt „wer Rinder von hier wegschafft [...], wer Herde von hier nimmt“. Vgl. Salvini, M., Tušpa, die Hauptstadt von Urartu, in: Haas, V. (Hrsg.), Das Reich Urartu – Ein altorientalischer Staat im 1. Jahrtausend v.Chr., Konstanz (1986), S. 36f.

„Cremation Tomb", das Grab unter der inneren Festung, das „Kleine Ḫorḫor-Grab"[561] und das Grab von Argišti I. (Ḫorḫor).[562]

Bei letzterem belegt die Anbringung der Annalen von Argišti I. direkt an der Ḫorḫor-Kammer deren Interpretation als Grabstätte dieses Königs (und eventuell seiner Familie).[563] Dieses Grab besteht aus einer großen Hauptkammer, an die kleinere Kammern mit flachen Decken anschließen, von denen jede über Nischen (Abb. 32) verfügt. In einer Seitenkammer befinden sich im Boden Gruben für zwei Sarkophage, in einer weiteren Kammer ein Schacht.[564]

Abb. 32: Nischen in der Ḫorḫor-Grabkammer
Quelle: Foto Julia Linke.

561 Dessen Datierung in urartäische Zeit hat Kemalettin Köroğlu bezweifelt. Vgl. ders., New Observations on the Origin of the single-roomed rock-cut Tombs of Eastern Anatolia, in: Alaparslan, M.; Doğan-Alparslan, M.; Peker, H. (Hrsg.), VITA Festschrift in Honor of Belkıs Dinçol and Ali Dinçol, Istanbul (2007), S. 445–456.

562 Siehe Tarhan, T.N., The Capital City Tushpa, in: Köroğlu, K.; Konyar, E. (Hrsg.), Urartu – Transformation in the East, Istanbul (2011), S. 309ff.

563 Köroğlu, K., Urartu: The Kingdom and Tribes, in: Köroğlu, K.; Konyar, E. (Hrsg.), Urartu – Transformation in the East, Istanbul (2011), S. 40.

564 Piotrovskij, B., Il Regno di Van – Urartu, Rom (1966), S. 301ff. Öğün, B., Die urartäischen Bestattungsbräuche, in: Şahin, S.; Schwertheim, E.; Wagner, J. (Hrsg.), Studien zur Religion und Kultur Kleinasiens. Festschrift für Friedrich Karl Dörner zum 65. Geburtstag am 28. Februar 1976. Zweiter Band, Leiden (1978), S. 641.

Da Grabkammern in dieser Form in anderen großen Zentren bzw. Festungen Urartus fehlen, erscheint es wahrscheinlich, dass die urartäischen Könige stets in Tušpa bestattet werden, wo mehrere solcher Bestattungsplätze gefunden worden sind.[565]

Ebenfalls für eine besondere Rolle von Tušpa im Königreich spricht, dass sich zwei der längsten urartäischen Texte, nämlich die königlichen Annalen von Argišti I. und Sardure II., auf der Zitadelle in Van finden, ebenso wie die ältesten Inschriften Urartus von Sardure I. In assyrischen Texten ist Tušpa außerdem die meistgenannte urartäische Stadt, in starken Bezug gesetzt mit der Führung des Staates.[566] Die 8. Kampagne von Sargon nennt Tušpa auch „Stadt seines [eines Rusa] Königtums" (uru lugal-*ti-šu*) (Z. 150).

Die Frage ist allerdings, ob Tušpa Hauptstadt im Sinne eines administrativen Zentrum ist, wie etwa Hattuša in der hethitischen Großreichszeit.

Sicherlich hat Tušpa eine besondere Bedeutung in der urartäischen Geschichte. Der Titel *alusi Ṭušpa*-uru ist spätestens seit Išpuini einer der wichtigsten der urartäischen Könige. Es besteht also in jedem Fall eine Art traditionelle Verbundenheit mit Tušpa, was noch dadurch untermauert wird, dass alle urartäischen Könige in dieser Gegend zum Teil größere Bauvorhaben durchführen.[567] Aber welche Art von „Hauptstadt" ist Tušpa nun? Handelt es sich um ein zeremonielles Zentrum, um den permanenten Sitz der Regierung oder um die wichtigste Residenz unter mehreren? Vieles spricht für Letzteres, denn wenn es eine Konzentration der Administration in Tušpa gäbe, wäre die Stadt ein äußerst verletzlicher Punkt für das Reich. Paul Zimansky schließt deswegen eine solche Zentralisation der Verwaltung für Urartu aus.[568] Für die spätere Zeit sind außerdem mehrere größere Residenzstädte auch im Van-Becken belegt: neben Van Kalesi (Tušpa) noch Ayanis (Rusaḫinili Eiduru-kai) und Toprakkale (Rusaḫinili Qilbani-kai), wobei letztere schon unter Rusa, Sohn des Erimena, fertig gestellt worden ist. Aber wie stehen diese Städte zueinander?

Nach Charles Burney findet eine Hauptstadtverlegung von Tušpa nach Rusaḫinili (Toprakkale) statt. Einige Texte[569] erwecken den Eindruck, dass eine königliche Residenz in Toprakkale gegründet wird. Ein Beleg aus Bastam spricht sogar von einem „Thron", den Rusa, Sohn des Argišti, in Rusaḫinili (Toprakkale) aufstellt: „Jenes Jahr, (als) Rusa, Sohn des Argišti, den Thron in Rusaḫinili, gegenüber dem Berg Qilba(ni), setzte"[570]. Zu beachten ist weiterhin, dass nur für Rusaḫinili (Toprakkale), nicht für Tušpa, eine Administrations-

565 Konyar, E., Tomb Types and Burial Traditions in Urartu, in: Köroğlu, K.; Konyar, E. (Hrsg.), Urartu – Transformation in the East, Istanbul (2011), S. 211.

566 Z.B. ein Brief aus Nimrud, Saggs, H.W.F., The Nimrud Letters, 1952 – Part IV: The Urartian Frontier, in: Iraq 20 (1958), S. 196ff.

567 Vgl. Kapitel 4.3.2.10 „Das Ergebnis der königlichen Bauaktivität: Siedlungsverbreitung".

568 Zimansky, P., Ecology and Empire, Chicago (1985), S. 78f.

569 Die Bauinschrift des Keşiş Göl nennt die Umsiedlung von Bewohnern von Tušpa nach Rusaḫinili (CTU A 14-1, Z. 44) und eine Tontafel aus Toprakkale (CTU CT Tk-1) beinhaltet die Zeilen: „...und als der König Ḫaldi mich in Rusaḫinili, (das) gegenüber dem Berg Qilba(ni) (liegt), einsetzte, (nämlich) in diesem Palast" (*a-še* lugal-*ni* ^{d}*Hal-di-ni a-šú-me* ^{m}*Ru-sa-a-hi-na* ^{kur}*Qi-il-ba-ni-ka* é.bára-*ni*). Übersetzung nach Salvini, M., Die urartäischen Schriftdenkmäler aus Bastam (1977-1978), in: Kleiss, W., Bastam II, Berlin, (1988), S. 133. In CTU (2012), S. 145 übersetzt Salvini é.bára als „Heiligtum" und gibt die Möglichkeit an, dass „König" sich auf Ḫaldi bezieht: „... als der König Ḫaldi mich einsetzte in Rusaḫinili gegenüber (dem Berg) Qilbani, im Heiligtum bára".

570 CTU CB Ba-6. Zitiert nach Salvini, M., Geschichte und Kultur der Urartäer, Darmstadt (1995), S. 180.

tätigkeit an Hand von dort gefundenen Urkunden nachzuweisen ist. Toprakkale scheint mit Anzaf, Ayanis, Bastam, Çavuştepe und Karmir-Blur zu einer Reihe von Städten des urartäischen Reiches zu gehören, in denen Verwaltungstätigkeiten stattfinden und im Falle der genannten vier auch nachgewiesen werden können, in Form von dort gefundenen Tontafeln und Bullen mit Königssiegeln.[571] Eventuell kann man noch andere größere Fundstätten als solche Verwaltungszentren postulieren, obwohl dort (bisher) keine Verwaltungstext-Funde gemacht worden sind. In Frage kämen auf Grund der Größe und Bebauung mit administrativen Gebäuden mindestens Armavir, Altıntepe und Kayalıdere. Belege für Tušpa hinsichtlich administrativer Vorgänge haben wir nach jetziger Befundlage nur einen (was aber durchaus der allgemeinen Fundleere dort geschuldet sein kann): eine Tonbulle mit einer ^{lú}a.zum-*li* Inschrift eines Sardure, Sohn des Sardure.[572]

Es bleibt festzuhalten, dass keinerlei explizite Belege dafür existieren, dass Toprakkale Tušpa als Zentrum des Reiches ablöst. Tušpa wird weiter genutzt, es wird weiter dort gebaut, der Titel „Herr von Tušpa“ bleibt in der Titulatur der Könige, und eine Bulle aus Ayanis (CTU CB Ay-1), aus der Zeit von Rusa, Sohn des Argišti, nennt Tušpa „königliche Stadt“ (uru.lugal), was Mirjo Salvini mit „Hauptstadt“ übersetzt.

Rein hypothetisch könnte man in Urartu von einer dem neuassyrischen Reich ähnlichen Situation ausgehen, wo Aššur stets ideologischer Mittelpunkt des Reiches sowie Kultzentrum bleibt, auch wenn neue „Hauptstädte“ wie Ninive oder Nimrud gegründet werden.

4.3.3.3 Urartu – Zentralstaat oder segmentärer Staat?

Problematisch ist an der postulierten These über die Provinzverwaltung, dass die Mehrheit der Quellen aus der Zeit von Rusa, Sohn des Argišti, stammt. So stellt sich die Frage, ob man diesen Befund auch auf die früheren urartäischen Könige übertragen kann, ob also Urartu von Gründung des Staates an auf diese Art verwaltet wurde. So geht Reinhard Bernbeck für die Frühzeit des urartäischen Staates von einem Segmentärstaat aus, nicht von einem Zentralstaat, wobei letzterer seines Erachtens später, eben unter Rusa, Sohn des Argišti, festzustellen ist. Bernbecks Modell des segmentären Staates Urartu fußt auf Aidan Southall, der den Segmentärstaat definiert als

> „[…] one in which the spheres of ritual suzerainty and political sovereignty do not coincide. The former extends widely towards a flexible, changing periphery. The latter is confined to the central, core domain.“[573]

Die Könige bzw. Herrscher haben in einem Segmentärstaat kein Gewaltmonopol und verfügen auch nicht über eine umfassende Verwaltung. Zur Stabilisierung der politischen Autorität dienen hauptsächlich Rituale anstelle von formalisierter Bürokratie. Durch seinen besonderen Zugang zum Übernatürlichen, sprich durch sein religiöses Charisma, herrscht

571 Zimansky, P., Ecology and Empire, Chicago (1985), S. 78ff. Vgl. für die Tontafeln CTU CT, S. 122–150, und für die Bullen CTU CB, S. 174–201

572 Konyar, E., Excavations at the Mound of Van Fortress/Tuspa, in: Colloquium Anatolicum 10 (2011), S. 152.

573 Aidan Southall, zitiert nach Bernbeck, R., Politische Struktur und Ideologie in Urartu, in: AMIT 35–36 (2003–2004), S. 275.

der König nicht über ein Territorium, sondern über die Menschen. Ein solcher Staat ist strukturiert in Form eines Kerns mit mäßiger Ausdehnung, um den kleinere, im inneren Aufbau dem Kern gegenüber homogene Einheiten angelagert sind. Die Oberhäupter der peripheren Einheiten werden meist durch den lokalen Lineage-Ältesten gestellt. Die Macht des Herrschers basiert, wie im Häuptlingstum üblich, zusätzlich auf dem Alter seiner Lineage. Das geographische Kennzeichen dieser Art von Staaten ist eine nur minimale Kommunikation zwischen den Einheiten. Damit ist in einem segmentären Staat die extensive Macht nach Michael Mann[574] vorherrschend. Für Urartu wäre das laut Bernbeck schon allein auf Grund der geographischen Gegebenheiten anzunehmen, die die Kommunikation erschweren. Im Rahmen der Wirtschaft segmentärer Staaten kann laut Bernbeck unterschieden werden zwischen einer verwandtschaftlichen, einer feudalen, oder einer „asiatischen" (d.h. der Tribut kann vom Gebenden auch als Geschenk bzw. Bestechung verstanden werden) Organisation.[575]

In Urartu meint Bernbeck nun solche Bedingungen v.a. in der Region westlich des Urmia-Sees auszumachen. Dort wurde eine Reihe von Dörfern, die trotz der unterschiedlichen Größen zwischen 0,16 und 11,5 Hektar alle relativ klein sind, nachgewiesen, was nach Bernbeck keinen Schluss auf abgegrenzte, Hierarchie bedeutende Größenklassen zulasse. Die einzige stadtähnliche Anlage hier wäre Geoy Tepe mit einer Größe von 24 Hektar, wobei deren urartäische Datierung fraglich bleibt. Es zeigt sich in diesem Gebiet also eine konvexe Ranggrößenkurve[576] der Stätten. Die Burgen am Rand der „Siedlungskammer" hätten eine Kontrollfunktion, die nach Bernbeck vorher von lokalen, in der Ebene gelegenen Zentren wahrgenommen worden sei. Diese Befunde deuten demnach auf eine dezentrale Struktur hin, wobei nach diesem Modell lokale Machthaber eine militärische Kontrolle über dörfliche Siedlungen im näheren Umkreis ausübten. Damit fände sich in diesem Gebiet eher ein „loses Netzwerk weitgehend unabhängiger Lokalpotentaten", also lokale Eliten, die von der Hauptstadt weitgehend unabhängig wären, sprich: keine Anzeichen für einen Zentralstaat, zumindest nicht in dieser frühen Zeit und in diesem Gebiet des Reiches.[577]

Sicherlich handelt es sich bei diesem Gebiet westlich des Urmia-Sees (s. Detailkarte 2) um einen besonderen Fall im Königreich Urartu. Die Region wird bereits von Išpuini und Minua erobert, wie die Inschrift Minuas aus Mahmud Abad (CTU A 10-6) sowie die südlicher gelegenen Inschriften von Kelišin (CTU A 3-11) und Taštepe (CTU A 5-10) sowie die urartäischen Befunde aus Hasanlu und Qalatgah belegen.[578] Dass diese Region vermutlich eine verhältnismäßig große Autonomie besessen hat, die so nicht automatisch auf die anderen Teile bzw. Provinzen Urartus übertragbar ist, wurde schon im Kapitel 4.2.3 „Religiöse Rechte und Pflichten des urartäischen Königs" im Zusammenhang mit der Weihung einer Stele aus Mahmud Abad an die Gottheit Šebitu angesprochen. Wir haben es im Falle

574 Mann, M., Die Geschichte der Macht, Frankfurt /New York (1994), S. 24. Vgl. auch Kapitel 1.1.1 „Theoretische Grundlagen: Macht und Herrschaft".

575 Bernbeck, R., Politische Struktur und Ideologie in Urartu, in: AMIT 35–36 (2003–2004), S. 274ff.

576 Das bedeutet, dass relativ viele in etwa gleichgroße Stätten in einem Gebiet liegen, ein „Zentrum" also fehlt.

577 Bernbeck, R., Politische Struktur und Ideologie in Urartu, in: AMIT 35–36 (2003–2004), S. 277f.

578 Vgl. Kapitel 4.3.2.10 „Das Ergebnis der königlichen Bauaktivität: Siedlungsverbreitung – Das Urmia-Becken".

dieser Provinz wie auch der um Hasanlu[579] wohl mit einer zu tun, in der – ähnlich wie Muṣaṣir – die lokalen Machthaber der vor-urartäischen Zeit im Amt belassen, dem urartäischen König aber tributpflichtig gemacht und auf diese Art in das Reich integriert werden.[580] Sicherlich ist der Grad der Abhängigkeit der Provinz von der Zentrale nicht vergleichbar mit dem späteren Bastam oder dem gleichzeitigen Kayalıdere. Diese Tatsache widerspricht aber keineswegs der These eines zentral verwalteten Feudalstaates, sondern unterstreicht vielmehr, dass es nicht „die eine" Regel gibt, wie neu eroberte Gebiete in das Reich integriert werden, sondern diese Entscheidung von Fall zu Fall und je nach Situation unterschiedlich getroffen werden kann. Dabei können meines Erachtens die Burgen, die zur Sicherung des Ein- und Ausgangs ins bzw. aus dem Tal dienen, durchaus, entgegen der These Bernbecks, als von der urartäischen Zentralmacht angelegte Kontrollpunkte gewertet werden. Eine solche Art des militärischen Ausbaus von neu gewonnenen Ebenen konnte im Kapitel 4.3.2.10 „Das Ergebnis der königlichen Bauaktivität: Siedlungsverbreitung" für mehrere der urartäischen Provinzen, auch der Frühzeit[581], nachgewiesen werden.

Die Geographie Urartus erfordert im Verhältnis zum Flachland mehr Aufwand, einen Zentralstaat bzw. eine zentrale politische Organisation zu begründen und aufrechtzuerhalten: Die Gebirgskämme trennen die einzelnen Gebiete des Landes voneinander und beschränken Kommunikation auf einige Hauptverbindungswege, die im Winter meist schwer bzw. zum Teil gar nicht passierbar sind.

Allerdings bringen diese geographischen Begebenheiten auch Vorteile für einen Staat mit sich, und durch ihre Bauaktivitäten unterstreichen die urartäischen Könige das Verteidigungspotenzial dieser Gegend. Der konkrete Vorteil einer Topographie wie der urartäischen ist, dass die Bewachung strategisch wichtiger Straßen z.B. schon durch kleinere Burgen möglich ist und so ein direkter Zugriff in Form von intensiver Macht gesichert werden kann. Felsige Anhöhen in der Nähe von landwirtschaftlich nutzbarem Land sind ideal für die Anlage von Festungen mit Lagermöglichkeiten für Nahrung und Wasser, die auch eine größere Bevölkerung versorgen können.

Diese Überlegungen bilden ebenfalls einen Teil der Erklärung Paul Zimanskys für die Entstehung und besondere Ausformung der Staatlichkeit in Urartu:

> „Urartu's political and economic institutions may better be understood as an adaptation to an environment that was shaped by the two factors I mentioned at the outset: the might and proximity to the Assyrian army, and the potential to defense that was offered by east Anatolian climate and topography."[582]

---

579 Dafür sprechen zumindest die neuen C14-Daten der Grabung von Hasanlu, die eine Zerstörung der Schicht IV durch Išpuini und Minua praktisch ausschließt. Damit würde sich die Besiedlung in Hasanlu unbeeinflusst durch die urartäische Dominanz fortsetzen. Vgl. auch Magee, P., The Destruction of Hasanlu, in: IranAnt 43 (2008), S. 89–106, sowie Kapitel 4.3.2.10 „Das Ergebnis der königlichen Bauaktivität: Siedlungsverbreitung – Das Urmia-Becken".

580 Zu den verschiedenen Möglichkeiten des Umganges mit eroberten Gebieten vgl. auch Kapitel 4.4.3 „Zweck und Ziele der militärischen Aktionen", besonders Fußnote 40.

581 Man denke z.B. an die Region um Erciş, wo Minua mehrere Bauvorhaben durchführt (u.a. Karahan, z.B. CTU A 5-24) und auch einen Gouverneur einsetzt (CTU A 5-8), was den Provinzausbau bzw. die zentrale Verwaltung belegt.

582 Zimansky, P., Ecology and Empire, Chicago (1985), S. 3.

Danach behindert zunächst die räumliche Zersplitterung und Isolation der einzelnen Siedlungsgebiete auf Grund der topographischen (trennende Bergketten) und klimatischen (Unterbrechung von Kommunikation während der kalten Jahreszeit) Bedingungen eine übergreifende staatliche Organisation. Durch den militärischen Druck der Assyrer wird aber das Verlangen der Bevölkerung nach einem gemeinschaftlichen Zusammenschluss zur Abwehr der Aggressoren maßgeblich beeinflusst. Deshalb bildet sich eine Zentralmacht, charakterisiert durch „resilience rather than inelasticity“[583], die die naturräumlichen Nachteile in einen Vorteil verwandelt, da sie eine feudale Struktur zur Basis des Staates macht: Die politische Gliederung in Provinzen mit jeweils eigenen Provinzgouverneuren und eine wirtschaftliche Dezentralisierung, die sich an den ausgedehnten Lagermöglichkeiten der einzelnen Provinzzentren zeigt. Durch verschiedene Hauptorte ist die königliche Macht nicht an einen Ort gebunden und damit weniger verwundbar. Ein Angriff der Assyrer kann zwar so erheblichen lokalen Schaden anrichten und auch tief nach Urartu eindringen, aber es nicht dauerhaft erobern.[584] Zur Vermeidung einer zu großen Zersplitterung wird zunehmend die staatliche Verwaltung ausgebaut, was unter Rusa, Sohn des Argišti, einen Höhepunkt erreicht. Offensive militärische Aktivitäten der urartäischen Könige stellen Arbeitskraft durch die Kriegsgefangenen zu Verfügung, die auch zum Bau von Verteidigungsanlagen genutzt wird. Das erreichte Gleichgewicht zwischen Zentralisation und Dezentralisation ermöglicht es Urartu auf längere Zeit, eine Stabilität im Inneren aufrechtzuerhalten und sich gegen bevölkerungsreichere Staaten zu behaupten.[585]

4.3.3.4 Die Normierung der Maßeinheiten

Eines der Merkmale für einen Patrimonialstaat ist die Normung von Maßeinheiten.[586] Angesichts der Größe Urartus und der Probleme im Bereich des landwirtschaftlich nutzbaren Gebietes liegt ein Hauptaugenmerk der urartäischen Könige auf der Organisation der landwirtschaftlichen Arbeit und der zentralen Sammlung und Wiederverteilung der Produkte, was nur durch die Einführung normierter Maße zu erreichen ist.[587] Dass in Urartu normierte Maßeinheiten existieren, wird belegt durch die Verwendung der Begriffe *kapi*, *aqarqi* und *ṭerusi* als Volumenangaben im ganzen Reich, z.B. in Toprakkale, Altıntepe, Karmir-Blur, Ayanis, Bastam und Kayalıdere. Dass die gleiche Maßeinheit anscheinend sowohl mit Hieroglyphen als auch mit Keilschrift ausgedrückt werden kann, hat nach Jeffrey J. Klein chronologische Gründe. Hieroglyphen wurden noch am Anfang des 8. Jahrhunderts v. Chr. z.B. in Altıntepe benutzt, während sich die Keilschrift im Zuge der zunehmenden Zentralisierung Urartus vom Ende des 8. bis hinein ins 7. Jahrhundert v. Chr. ausbreitet.[588]

583 Ebd.

584 Die assyrischen Königsinschriften erwähnen zwar häufig Feldzüge gegen Urartu, aber berichten nie von einer dauerhaften Eroberung oder auch nur Tributpflicht des Gebietes. Vgl. z.B. die Annalen Sargons, in: Fuchs, A., Die Inschriften Sargons II. aus Khorsabad, Göttingen (1993).

585 Zimansky, P., Ecology and Empire, Chicago (1985), S. 3.

586 Vgl. Kapitel 1.1.2 „Der Patrimonialismus“.

587 Vgl. Sağlamtimur, H., The volumes of some Urartian Pithoi, in: Çilingiroğlu, A.; Darbyshire, G. (Hrsg.), Anatolian Iron Ages 5, London (2005), S. 139.

588 Klein, J.J., Urartian Hieroglyphic Inscriptions from Altıntepe, in: AS 24 (1974), S. 77–94. Allerdings könnte man, wie etwa Margaret Payne, von regionalen Unterschieden innerhalb des urartäischen Rei-

Ob die Gefäße aber Standardgrößen haben, ist schwer zu beantworten. Sowohl Jeffrey J. Klein als auch Stephan Kroll gehen für die Vorratsgefäße aus Altıntepe bzw. Bastam von standardisierten Größen aus. Die realiter vorhandenen Unterschiede ergäben sich daraus, dass die Angaben auf den Gefäßen nicht das Fassungsvermögen, sondern den konkreten Inhalt[589] beschreiben. J.B. Brashinsky kommt nach der Untersuchung der Vorratsgefäße aus Bastam im Vergleich mit denen aus Karmir-Blur und Kayalıdere zu demselben Ergebnis, während Margaret Payne die These der Standardgrößen als unhaltbar einschätzt.[590]

Aber unabhängig davon existieren genormte Maßeinheiten[591], die eine starke Präsenz der staatlichen Autorität in der Verwaltung der landwirtschaftlichen Produktion belegen. Befunde aus anderen altorientalischen Gesellschaften – wie etwa die Standardisierung der Maße in der Ur-III-Zeit[592] – legen nahe, dass durch den vergleichbaren Befund in Urartu auch hier der König eine ausführende Rolle in der Regulierung und Organisation der Wirtschaft spielt.

4.3.3.5 Zusammenfassung: Urartu als ein feudaler Patrimonialstaat

Alle genannten Befunde und Hinweise sprechen relativ deutlich für ein patrimoniales, feudalistisches Provinzsystem, in dem der König zwar an der Spitze der Hierarchie steht, aber Aufgaben und Pflichten an seine Gouverneure, die ^{lú}e n . n a m^{meš}, delegiert bzw. delegieren muss auf Grund der naturräumlichen Bedingungen, die ihm eine direkte Kontrolle durch Anwesenheit wohl nicht erlauben. Die Gefahr, dass ein einzelner Provinzgouverneur zu zu viel Macht gelangt, wird zum Einen begrenzt durch die große Anzahl von Gouverneuren, so dass kein einzelner genug Truppen kommandiert bzw. über ausreichend Arbeitskraft verfügt, um einen Staatsstreich möglich zu machen, und zum Anderen durch die Art, wie der bürokratische Apparat funktioniert. Dieser wird direkt vom König kontrolliert, der so die Gouverneure in der Befehlskette umgehen und sich in die Angelegenheiten der Provinzen einmischen kann, was an Hand der Tontafeln, auf die bereits mehrfach eingegangen worden ist, belegt werden kann. Es sollte allerdings berücksichtigt werden, dass die Informationen darüber nur aus wenigen Fundorten stammen und ihre Übertragbarkeit auf das ganze Reich nicht gesichert ist.

Für die These eines zentral organisierten Feudalismus sprechen fernerhin die assyrischen Quellen. Die 8. Kampagne von Sargon unterteilt Urartu in verschiedene *nagû*,

---

ches ausgehen, die unter anderem auf Grund der schwierigen Kommunikation zwischen den einzelnen Gebieten entstehen. Payne, M., Urartian Measures of Volume, Leuven (2005), S. 30. Diese regionalen Unterschiede könnten auf die andersartige Zentralisierung und Einbindung in den Zentralstaat der einzelnen urartäischen Provinzen hindeuten. Vgl. oben, Muşaşir, Hasanlu, Horom etc.

589 So argumentiert auch Altan Çilingiroğlu im Hinblick auf zwei beschriftete Pithoi aus Ayanis. Siehe ders., Ayanis Kalesi Depot Odaları Ile Ilgili Bazı Öneriler, in: Tarhan, T. (Hrsg.), Studies in Honor of Muhippe Darga, Istanbul (2008), S. 187ff.

590 Payne, M., Urartian Measures of Volume, Leuven (2005), S. 58ff.

591 Vgl. auch Mileto, F.; Salvini, M., On the Estimation of the Volumes of some Urartian Pithoi, in: East and West 9 (2010), S. 21–42.

592 Unter Urnammu. Vgl. Codex Urnamma, z.B. bei Wilcke, C., Der Kodex Urnamma (CU): Versuch einer Rekonstruktion, in: Abusch, T. (Hrsg.), Riches Hidden in Secret Places. Ancient Near Eastern Studies in Memory of Thorkild Jacobsen, Winona Lake (2002), S. 308.

davon lägen fünf innerhalb von Urartu und sechs im Mannäerland, das Rusa kurz zuvor erobert hat. Ein *nagû* entspricht vermutlich einem Tal bzw. einer Ebene, denn wenn Sargon vom Weg von einer *nagû* in die nächste spricht, nennt er auch topographische Merkmale der Grenzen, z.B. einen Bergpass zwischen den *nagû* von Uišdiš und Zaranda (Z. 167–169).[593] Das legt die Vermutung nahe, dass ein *nagû* einer Ebene bzw. einem Tal entspricht, wie es auch für die Provinzen Urartus in Kapitel 4.3.2.10 „Das Ergebnis der königlichen Bauaktivität: Siedlungsverbreitung" angenommen wurde. Auf das Land hochgerechnet spricht das für eine große Zahl von Provinzen, die jeweils nur eine beschränkte Machtgrundlage für höhere Ambitionen ihrer Gouverneure bieten.

Dass ein ^{lú}en.nam über ein *nagû* die Kontrolle inne hat, ist in der 8. Kampagne zwar nicht erwähnt, wird aber durch andere assyrische Texte impliziert. Ein Brief aus Ninive (ABL 444) nennt einen urartäischen Gouverneur des Landes Armiraliu, das wohl mit dem *nagû* Armarīlî der 8. Kampagne gleichzusetzen ist, und auch Uâsi (Uajais) taucht sowohl mit dem Determinativ „Land" als auch „Stadt" in assyrischen Texten auf sowie ebenso als *nagû* in der 8. Kampagne (Z. 301). Außerdem nennen fünf assyrische Briefe[594] Uâsi (Uajais) als Sitz eines Gouverneurs.[595]

In den urartäischen Texten selbst stehen die Namen von Gebieten, die mit großen administrativen Komplexen verbunden sind, meist mit dem Determinativ kur, was auch vor Territorialflächen steht. Die Urartäer sehen ihren Staat also als eine Anzahl von „Ländern", wie die Monumentalinschriften und Tontafeln[596] verdeutlichen. So scheint im Urartäischen der Begriff für Provinz, assyrisch *nagû*, kur zu sein.[597] Dafür spricht auch das häufige Epitheton „König der Länder", šar kur.kur^{meš}.

Der Feudalstaat Urartu ist also in viele kleinere Provinzen aufgeteilt, deren Kontrolle in den Händen von Provinzgouverneuren liegt. Diese haben eine relativ enge Bindung zum König und erhalten ihre Anweisungen von ihm. Jedenfalls gibt es klare Belege, dass Entscheidungen der ^{lú}en.nam^{meš} vom König auch wieder rückgängig gemacht bzw. nachträglich verändert werden können. Allerdings sind die Grenzen dieser Macht des Königs deutlich zu erkennen, v.a. im Falle von Muṣaṣir scheint der urartäische König weitgehende Herrschaftsrechte an den lokalen Herrscher abzugeben bzw. an ihn zu verlieren oder gar nicht erst durchsetzen zu können, so dass – gerade in dieser Provinz – eine weitgehende Autonomie dieses lokalen Herrschers besteht. Auf welche Grundlage sich die Macht des urartäischen Königs seinem Stab – in erster Linie seinen Gouverneuren – gegenüber, stützt, kann nach der Befundlage nicht geklärt werden. Plausibel erscheint, dass wirtschaftliche Anreize für den Stab existieren, wahrscheinlich u.a. die Erhebung von Steuerabgaben, die in der Provinz verbleiben können. Dabei zeigt sich in Urartu das Charisma des Königsamtes ausreichend groß, dass Aufstände o.Ä. vermieden werden. Jedenfalls gibt es – außer der assyrisch überlieferten Episode über den Aufstand gegen einen Rusa (Sohn des Erimena

593 Ebd., S. 93.

594 ABL 1083, 646, 409, 1079, 112.

595 Zimansky, P., Ecology and Empire, Chicago (1985), S. 93 und Table 17.

596 Einige Bullen aus Bastam nennen die Namen von Ländern, aus denen sie vermutlich geschickt worden sind. Das Territorium um Bastam heißt Ala'ni, Teišeba-uru und Argištiḫinili liegen im Land von 'Aza (vom Ara bis zum heutiges Erevan) und Rusaḫinili im Land des Berges Qilbani. Zimansky, P., Ecology and Empire, Chicago (1985), S. 94.

597 Zimansky, P., Ecology and Empire, Chicago (1985), S. 93f.

oder Sohn des Sardure)[598] – keine Berichte über solche Vorfälle. Zusätzlich könnte die Kontrolle über den Stab durch häufige Anwesenheit des Königs in den einzelnen Provinzen ausgeübt werden, was auch eine persönliche Bindung zwischen Zentralmacht und Gouverneuren stärken würde. Eine solche Art der Herrschaftsausübung ist v.a. aus dem europäischen Mittelalter bekannt, in Form des Reisekönigtums. Die Durchsetzungsfähigkeit der staatlichen Kontrolle beruht dabei stark auf der Person der Königs und dessen persönlicher Durchsetzungs- und Überzeugungskraft, damit auf seinem persönlichen Charisma. Auf eine solche Reisetätigkeit des urartäischen Königs könnte die große Anzahl an é.gal-Gebäuden hindeuten, die eine mit den deutschen Kaiserpfalzen vergleichbare Funktion als temporäre königliche Residenzen erfüllt haben könnten.[599]

Ein weiterer Punkt, der ebenso für eine gewisse Stärke der Zentralmacht in Urartu spricht, ist die Uniformität der Materialkultur. Im Kapitel 4.3.2 „Der König als Bauherr" wurde bereits ausführlich auf die Einheitlichkeit der Architektur hingewiesen, v.a. der *susi*-Tempel und der generellen Konstruktionstechnik der Mauern. Ebenso sprechen das Auftreten der typischen rot-polierten urartäischen „Palastkeramik"[600] in Fundplätzen über das ganze Gebiet und die Töpfermarken[601] für eine zentralisierte Herstellung in Werkstätten[602], und auch im Kunsthandwerk ist eine solche Uniformität zu erkennen. Im Falle von Siegeln aus dem 7. Jahrhundert v. Chr., die Befruchtungsszenen mit Lebensbaum zeigen (die „Prinzensiegel"), sind die Ähnlichkeiten sogar so frappierend, dass man davon ausgehen kann, dass diese zentral hergestellt und anschließend an verschiedene Städte des Reiches versendet werden.[603]

598 Vgl. Lanfranchi, G.B., Some new texts about a revolt against the Urartian King Rusa I., in: OrAnt 22 (1983), S. 123–135. Überliefert ist dieser Aufstand in ABL 144, wo die Maßnahmen Rusas gegen die Verräter beschrieben werden, die verhört und zum größten Teil hingerichtet werden.

599 Ausführlicher zu den Kaiserpfalzen in: Linke, J., Royal (?) symbols for strength and safety: The Urartian kings and the foundation of fortifications, zu erscheinen in: Morello, N.; Bonzano, S.; Pappi, C. (Hrsg.), Beyond Military: Fortifications and Territorial Policies in the Ancient Near East.

600 Diese rot-polierte Keramik wurde v.a. in den Festungen selbst und weit seltener in den Siedlungen gefunden. Erdem, A.Ü.; Konyar, E., Urartian Pottery, in: Köroğlu, K.; Konyar, E. (Hrsg.), Urartu – Transformation in the East, Istanbul (2011), S. 270ff. Vgl. auch Rothman, M., Beyond the Frontiers: Muş in the Late Bronze Age to Roman Periods, in: Sagona, A. (Hrsg.), A View from the Highlands. Archaeological Studies in Honour of Charles Burney, Leuven (2004), S. 138, sowie Burney, C.; Lang, D.M., Die Bergvölker Vorderasiens – Armenien und der Kaukasus von der Vorzeit bis zum Mongolensturm, London (1975), S. 260f., und Kroll, S., Keramik urartäischer Festungen in Iran. Ein Beitrag zur Expansion Urartus in Iranisch-Azarbaidjan, Berlin (1976), v.a. S. 175, Fußnote 371.

601 Zafer Derin erkennt bei den Töpfermarken eine Dominanz religiöser Symbole und Göttersymbole, wie z.B. den Lebensbaum, Sonnen- und Halbmondmotive, und schließt daraus auf eine hohe Involvierung königlicher und religiöser Zentralautoritäten in der Keramikproduktion, zu belegen bislang v.a. ab der Regierung von Rusa, Sohn des Argišti. Derin, Z., Potter's Marks of Ayanis Citadel, Van, in: AS 49 (1999), S. 94.

602 Siehe auch: Çilingiroğlu, A., New Contributions to Urartian Archaeology from the Fortress at Ayanis, in: Çilingiroğlu, A.; Sagona, A. (Hrsg.), Anatolian Iron Ages 7, Leuven (2012), S. 100ff.

603 Abay, E., Seals and Sealings, in: Çilingiroğlu, A.; Salvini, M. (Hrsg.), Ayanis I, Rom (2001), S. 327.

Exkurs: Zum Kunsthandwerk Urartus

In diesem Exkurs sollen die Einheitlichkeit des urartäischen Kunstschaffens und deren Implikationen für das Königtum verdeutlicht werden, da eine uniforme Materialkultur Rückschlüsse auf den Grad der Involvierung der Zentralmacht in deren Herstellung zulässt.

Nach Hermann Born und Ursula Seidl[604] wird in Urartu im 9. Jahrhundert v. Chr. ein Repertoire an Inschriftenformeln, Bauformen und auch Bildmotiven geschaffen, das nahezu gleichbleibend während der gesamten urartäischen Zeit reproduziert wird und sich mit dessen Expansion im ganzen Reich verbreitet. Es handelt sich hierbei nach Born und Seidl um eine „bewusste königliche Staatskunst" bzw. eine „Reichskunst". Die urartäische Bildkunst ist stark geprägt von Entlehnungen aus der assyrischen, zusammen mit Überlagerungen aus der vor-urartäischen Kunst. Daraus bildet sich ein unverwechselbarer urartäischer Stil.[605] Im Verlauf der Geschichte des urartäischen Reiches sind in diesem Hofstil (in Abgrenzung zum Volksstil, der nicht zentral gelenkt ist) kaum Veränderungen[606] sichtbar, und diese große Uniformität des Stils ist auch in den verschiedenen Regionen Urartus feststellbar.[607] Die einheitliche Motivik und Herstellungstechnik spricht stark für ein staatlich geleitetes bzw. organisiertes Kunsthandwerk mit zentralen Werkstätten.

Als eine Art Marker für königlichen Besitz dient dabei wohl das so genannte „Blitz"-Symbol, das häufig auf Helmen abgebildet wird (siehe z.B. die Helme aus der Sammlung Axel Guttmann, Abb. 33) und solche „Standardhelme" von anderen Votivhelmen ohne ein solches Emblem unterscheidet. Eine häufige Interpretation lautet, dass dieses Motiv ein Symbol für den Wettergott ist, womit es in Verbindung mit dem Wettergott tatsächlich als Blitz oder als ein Geweih bzw. Hörner zu interpretieren wäre.[608] Gerade hinsichtlich des Auftretens des Symbols auf den Standardhelmen erscheint aber eine andere Interpretation überzeugender. Michael Maaß leitet den „Blitz" formal und inhaltlich von der Flügelsonne ab, da diese in Nachbarkulturen Urartus häufig an dieser Stelle dargestellt ist,[609] und auch Ursula Seidl erscheint das plausibel, v.a. nach der Feststellung eines Zwischengliedes zwischen üblichen Flügelsonnendarstellungen und dem urartäischen Standardhelmemblem auf einem Helm aus dem Kunsthandel, der keinen urartäischen Hofstil aufweist.[610] Diese Standardhelme verfügen oft noch zusätzlich über einen Eigentumsvermerk der Könige,

604 Born, H.; Seidl, U., Schutzwaffen aus Assyrien und Urartu, Mainz (1995).

605 Ebd., S. 9f., und Seidl, U., Bronzekunst Urartus, Mainz (2004), S. 2.

606 Natürlich kann bei einer detaillierten Betrachtung eine Entwicklung festgestellt werden, die z.B. Paolo Matthiae in drei Phasen einteilt: 1. bis zum Tode Rusas, Sohn des Sardure (nach Matthiae Rusa I.), 2. das 7. Jahrhundert v. Chr. und die Blütezeit unter Rusa, Sohn des Argišti (nach Matthiae Rusa II.), und 3. die letzte Phase am Ende des 7. Jahrhunderts v. Chr. Vgl. Matthiae, P., Geschichte der Kunst im Alten Orient – Die Großreiche der Assyrer, Babylonier und Achämeniden, Stuttgart (1999), S. 104ff. Aber insgesamt betrachtet zeigt sich der urartäische Stil tatsächlich als unverwechselbar und einheitlich.

607 van Loon, M., Urartian Art. Its Distinctive Traits in the Light of New Excavations, Istanbul (1966), S. 168.

608 So z.B. Piotrovskij und Heublein. Riemschneider interpretiert das Symbol dagegen als Lanzenkopf und Hančar als abstrakten Lebensbaum. Vgl. Seidl, U., Bronzekunst Urartus, Mainz (2004), S. 65.

609 Maaß, M., Helme, Zubehör von Wagen und Pferdegeschirr aus Urartu, in: AMI 20 (1987), S. 66–92.

610 Seidl, U., Bronzekunst Urartus, Mainz (2004), S. 65, und Born, H.; Seidl, U., Schutzwaffen aus Assyrien und Urartu, Mainz (1995), S. 91.

bisher belegt von Išpuini bis Argišti I.[611], wobei sie offenbar bei der Ausgabe und/oder bei einer Inventur mit der Inschrift versehen worden sind, was die „doppelte" Inschrift von Minua sowie von Argišti auf ein und demselben Helm (C.17 nach Seidl), der allerdings aus dem Kunsthandel stammt, bezeugt.[612]

Abb. 33: Urartäische „Standard-Helme"
Quelle: Born, H.; Seidl, U., Schutzwaffen aus Assyrien und Urartu, Mainz (1995), Taf. 1.

611 CTU B 2-3, B 5-8, B 8-11, B 8-13.
612 Seidl, U., Bronzekunst Urartus, Mainz (2004), S. 64f.

Aus der Markierung von kunsthandwerklichen Gegenständen sowie aus der Einheitlichkeit des Kunsthandwerks lässt sich schließen, dass die Zentralautorität, repräsentiert durch den König bzw. den Palast, maßgeblich in die Produktion dieser Gegenstände involviert ist. Damit erscheint die Materialkultur als ein Element der aktiven Herrschaftsausübung. Nach David Harvey:

> „ideological and political hegemony in any society depends on the ability to control the material context of personal and social experience."[613]

Es handelt sich bei der urartäischen also um eine so genannte „imperiale Kunst".[614] Dabei ist der urartäische König als aktiver Agent zu sehen, der mittels der Kunst seine Interessen verfolgt. Nach der Definition durch Pierre Bourdieu ist symbolische Macht die Macht Realität zu konstruieren, die eingesetzt wird innerhalb der Kunst, Religion und auch der Sprache. Sie befähigt eine Person, Institution oder Gruppe dazu, Macht auszuüben, indem sie die Wahrnehmung der sozialen Agenten über die Welt strukturiert.[615] In Urartu sind alle drei Punkte erkennbar: die einheitliche Materialkultur und der Hofstil der Bildwerke, die bewusste Konstruktion einer Staatsreligion und die Einführung der Keilschrift sowie einer eigenen, der urartäischen Sprache.

Im Rahme des Kunsthandwerkes ist Stil das Werkzeug, um Erinnern und Vergessen zu manipulieren. Für die assyrische Kunst ist die „agency" des Königs belegt auf Grundlage von Texten[616], die seine Rolle bei der Produktion beschreiben. Zwar gibt es für Urartu keine direkten Belege, aber die auf den standardisiert hergestellten Bronzeobjekten, Helmen, Köchern, etc. angebrachten Weihinschriften der urartäischen Könige sowie das oben beschriebene „Blitz"-Symbol können dennoch als Hinweis auf die Beteiligung des Herrschers bei der Produktion solcher Gegenstände gewertet werden.[617] Die meisten dieser Belege stammen aus Karmir-Blur, z.B. ein Standardhelm, den Argišti I. dem Ḫaldi weiht.[618] Ebenso weisen weitere Eigentumsvermerke, die Metallobjekte als „des Königs (Eigentum)"[619] kennzeichnen, auf eine staatliche Involvierung in der Produktion solcher Gegenstände hin.[620]

---

613 Harvey, D., The Conditions of Postmodernity: An Enquiry into the Origins of Cultural Change, Cambridge (1990), S. 226f.

614 Vgl. Tanyeri-Erdemir, T., Innovation, Change, Continuity: Considering the Agency of Rusa II in the Production of the Imperial Art and Architecture of Urartu in the 7th Century BC, in: Peterson, D.L.; Popova, L.M.; Smith, A.T. (Hrsg.), Beyond the Steppe and the Sown, Leiden (2006), S. 273. Tanyeri-Erdemir vertritt außerdem die These, dass Rusa einen eigenen, speziellen Stil einführt, der seine Regierung von der seiner Vorgänger abgrenzt.

615 Tanyeri-Erdemir, T., Innovation, Change, Continuity: Considering the Agency of Rusa II in the Production of the Imperial Art and Architecture of Urartu in the 7th Century BC, in: Peterson, D.L.; Popova, L.M.; Smith, A.T. (Hrsg.), Beyond the Steppe and the Sown, Leiden (2006), S. 274.

616 Z.B. bei Sanherib. Vgl. Russel, J.M., Bulls for the Palace and Order in the Empire: The Sculptural Program of Sennacherib's Court VI at Niniveh, in: Art Bulletin 69, 4 (1987), S. 537.

617 Tanyeri-Erdemir, T., Innovation, Change, Continuity: Considering the Agency of Rusa II in the Production of the Imperial Art and Architecture of Urartu in the 7th Century BC, in: Peterson, D.L.; Popova, L.M.; Smith, A.T. (Hrsg.), Beyond the Steppe and the Sown, Leiden (2006), S. 275f.

618 ^{d}*ḫal-di-e e-ú-ri-e i-ni ku-bu-še-e* ^{m}*ar-[gi-iš-ti]-še* ^{m}*mì-nu-a-<ḫi->ni-še [uš-tú]-ú-ni* (CTU B 8-10).

619 Der Wortlaut ist šá KN, z.B. auf einer Trense aus Karmir-Blur šá ^{m}*mi-nu-a* (CTU B 5-3). Ähnlich könnte es sich auch mit dem Militärequipment verhalten, das mit KN *ú-ri-iš-ḫi* gekennzeichnet ist,

Über die konkrete Situation hinaus wollen die urartäischen Könige durch die Verwendung bekannter Symbole imperialer Macht in der Bildkunst, wie des Heiligen Baumes, der in der Glyptik und der Bronzekunst Urartus ein häufiges Motiv ist, ihr Königreich auf eine Stufe mit den Imperien ihrer Zeit stellen, denn diesen Symbolen haftet eine ehrenvolle Aura an, die vielen Menschen inner- und außerhalb Urartus ein Begriff gewesen sein dürfte.[621] Gerade der Heilige Baum, der in Urartu sowohl auf Siegeln als auch in der im Hofstil gehaltenen Bronzekunst häufig Verwendung findet, scheint dafür ideal. Nach Irene Winter[622] erreicht die Darstellung des Heiligen Baumes ein sozial und kulturell heterogenes Publikum, denn er ist ein regional weitverbreitetes Symbol in Verbindung mit Königtum. Welche Bedeutung ihm in Urartu konkret zukommt, ist offen. Selbst in Assyrien, wo die begleitenden schriftlichen Quellen weit umfangreicher sind, ist die Frage nach seiner Bedeutung nicht abschließend geklärt.[623]

Exkurs 2: Königsdarstellungen im Bild

Es wurde schon mehrfach erwähnt, dass Königsdarstellungen im urartäischen Bildrepertoire weitestgehend fehlen.[624] Im Gegensatz zu der assyrischen Reliefkunst, in der der König eines der beliebtesten und häufigsten Motive ist, taucht der urartäische Herrscher nicht in der Monumentalkunst auf. Königsdarstellungen finden sich offenbar fast ausschließlich auf Siegeln. In diesem Exkurs[625] sollen die Darstellungen, die überliefert sind, beschrieben und mögliche Gründe sowie Effekte der „Bildlosigkeit" des Königs erörtert werden.

---

also Eigentum des Königs ist, bzw. zum „Arsenal" des Königs gehört (s.u., Kapitel 4.4.2 „Ausrüstung und Zusammensetzung der urartäischen Armee").

620 Tanyeri-Erdemir, T., Innovation, Change, Continuity: Considering the Agency of Rusa II in the Production of the Imperial Art and Architecture of Urartu in the 7th Century BC, in: Peterson, D.L.; Popova, L.M.; Smith, A.T. (Hrsg.), Beyond the Steppe and the Sown, Leiden (2006), S. 274ff.

621 Siehe dazu: Ayvazian, A., Urartian Glyptics: New Perspectives, Online Publikation (2007), S. 234.

622 Winter, I., The Program of the Throneroom of Aššurnasirpal II., in: Pittman, P.; Pittman, H. (Hrsg.), Essays on Near Eastern Art and Archaeology in Honor of Charles Kyle Wilkinson, New York (1983), S. 27.

623 In der Diskussion stehen eine Bedeutung im Zusammenhang mit der Rolle des Königs als Garant für die Fruchtbarkeit des Landes (Barbara N. Porter), als Quelle göttlicher Kraft (Pauline Albenda), ein allgemeiner Zusammenhang mit Königtum (u.a. Paolo Matthiae) oder eine apotropäische Bedeutung (John M. Russel). Vgl. dazu Russel, J., The Program of the Palace of Aššurnasirpal II at Nimrud: Issues in the Research and Presentation of Assyrian Art, in: AJA 102 (1998), S. 687ff.

624 Vielleicht hat diese Bildlosigkeit des Königs etwas mit der Bildlosigkeit Ḫaldis zu tun (vgl. Kapitel 4.2.1 „Ḫaldi und die urartäische Staatsreligion"), wobei die Bildlosigkeit Ḫaldis umstritten ist (vgl. z.B. Salvini, M., Geschichte und Kultur der Urartäer, Darmstadt (1995), S. 190). Nach dieser These würde sich das Tabu der Darstellung Ḫaldis – modifiziert – auf den König übertragen. Siehe: Bernbeck, R., Politische Struktur und Ideologie in Urartu, in: AMIT 35–36 (2003–2004), S. 300.

625 Das Thema habe ich ausführlicher behandelt im Vortrag „The Kings of Urartu in the Visual World", der auf der 9. ICAANE in Basel präsentiert wurde und auch in deren Proceedings publiziert werden wird.

Glyptik

Die wenigen gesicherten Darstellungen des urartäischen Königs, die überliefert sind, finden sich auf Siegeln und sind sehr stereotyp (vgl. das Siegel B2 aus Bastam, Abb. 34). Er wird als Gestalt in einem langen Gewand mit einer konischen Mütze dargestellt. In der linken Hand hält der König einen Stab, während er die rechte Hand erhoben hat. Meist steht hinter dem König ein Schirmträger, der im Gegensatz zum Herrscher einen mittellangen Rock trägt und barhäuptig bzw. mit einer runden Kappe auf dem Kopf gezeigt wird. Der Schirm hat in der Regel Troddeln. Vor dem König kann ein ihm abgewandtes Tier abgebildet sein, in der Regel ein Löwe. Des Weiteren findet sich auf diesem Siegeltyp ein Dreizack. Durch Inschriften sind solche Siegelabrollungen als Königssiegel gekennzeichnet, was die Identifikation der Gestalt unter dem Schirm mit dem König erlaubt.[626]

Abb. 34: Königssiegel B2

Quelle: Seidl, U., V. Die Siegelbilder, in: Kleiss, W. (Hrsg.), Bastam II, Berlin (1988), S. 146.

Der Großteil der Königssiegel, die nach jetzigem Stand alle von Rusa, Sohn des Argišti, stammen, zeigt als Hauptmotive den König selbst unter einem Schirm, einen Löwen und einen Dreizack.

Der Schirm bzw. Schirmträger ist ein gebräuchliches Symbol für die Königsherrschaft im Alten Orient: Schon in der 5. Dynastie in Ägypten kommen Darstellungen des Königs unter einem Schirm vor, in Mesopotamien z.B. bei Sargon von Akkad[627], auf assyrischen Rollsiegeln ab dem 13. Jahrhundert v. Chr. und v.a. in der neuassyrischer Kunst des 9–7. Jahrhunderts v. Chr. Noch in der achämenidischen Kunst ist diese Darstellungsweise gebräuchlich.[628]

Die Verbindung des Löwen mit dem Königtum ist altorientalisch häufig, wobei der Löwe durchaus ambivalente Konnotationen[629] hat. Auf der einen Seite verkörpert der Löwe durch seine Stärke die Ideale des Königtums, während er auf der anderen Seite als Gefahr

626 Vgl. u.a. Seidl, U., Die Siegelbilder, in: Kleiss, W., Bastam II. Ausgrabungen der urartäischen Anlagen 1977–1978, Berlin (1988), S. 146, 149f.

627 Orthmann, W., Der Alte Orient, Propyläen Kunstgeschichte 18, Frankfurt (1985), Nr. 99a.

628 Abay, E.; Seals and Sealings, in: Çilingiroğlu, A.; Salvini, M., Ayanis I, Rom (2001), S. 328, Fußnote 42.

629 Vgl. auch das Kapitel 2.4.2.4 „Ein Sonderfall: Die Löwenjagd“.

gilt, damit das Chaos symbolisiert, das die durch das Königtum garantierte Ordnung bedroht. Auch als Symbol- oder Begleittier von Göttern tritt der Löwe in Erscheinung, z.B. der babylonisch-assyrischen Ištar oder der hurritischen Gottheiten Šawuška und Hepat. In welchem Zusammenhang der Löwe auf den urartäischen Königssiegeln zu sehen ist, ob als negatives Symbol, das der König bekämpft, oder als positives Symbol der Stärke des Königtums[630] oder als Repräsentation eines Gottes, vielleicht Ḫaldi[631], kann nicht sicher festgestellt werden. Die negative Konnotation des Löwen erscheint unwahrscheinlich, bedenkt man, dass auf dem Anzaf-Schild Löwen zusammen mit den Urartäern kämpfen sowie die mehrfach in den Königsinschriften[632] auftauchende „Löwenkraft" (*eiardiši*), die dem König von Ḫaldi gegeben werden soll. Da diese „Löwenkraft" von Ḫaldi kommt und auf Grund des regelhaften Vorkommens des Ḫaldi in den Inschriften, liegt meines Erachtens der Schluss nahe, dass Ḫaldi auch auf den Siegeln auftauchen sollte, vielleicht tatsächlich in Form des Löwen.

Schwieriger verhält es sich mit der Deutung des Dreizacks; auf den ersten Blick ähnelt er dem Symbol, das Teišeba häufig bei sich trägt. Man könnte in diesem Dreizack-Symbol aber auch einen vereinfachten Lebensbaum erkennen oder Darstellungen von Tempeln oder Türmen. Mahmut B. Baştürk[633] geht dagegen streng bildlich von einem einfachen Dreizack aus, also einer Art Heugabel, als Symbol für Gerste oder, weiter gefasst, Landwirtschaft. Folgt man dieser Interpretation, so würde sich der König mit dem Dreizack auf seinem Siegel in seinem das-Land-bewohnbar-machenden, Ordnung-schaffenden, also politischen Aspekt zeigen. Eine andere naheliegende Möglichkeit wäre, dass die Heugabel etwas mit dem funktionalen Aspekt des Siegels zu tun hat. Siegel, die diese drei Motive des Königs mit Schirm, des Löwen und des Dreizacks gemeinsam zeigen, stammen aus Bastam und Toprakkale. In Bastam fand man sie ausschließlich in den so genannten „Knochenräumen", in denen Knochen, vermutlich die Reste von Opferhandlungen, gelagert worden sind. Vielleicht kennzeichnet der Dreizack also funktional als abstraktes Zeichen die Rituale, mittels derer die Knochen in diese Räume gelangt sind, oder die dazugehörigen Räume selbst.[634] Endgültig zu klären ist die Bedeutung des Dreizack-Symbols nach jetziger Befundlage nicht.

Die Gesamtkombination, die das Königssiegel von Rusa, Sohn des Argišti, zeigt, ist vermutlich nicht als eine Handlungsszene zu interpretieren, da die Inschrift auf den verschiedenen Siegeln, die den gefundenen Abrollungen zu Grunde liegen, jeweils an unterschiedlichen Punkten ansetzt.[635] Eine darauf aufbauende Erwägung wäre, statt einer bild-

630 Alina Ayvazian sieht im Löwen das Symbol der Königlichkeit. Vgl. Ayvazian, A., Urartian glyptic: New perspectives, Online Publikation (2007), S. 67.

631 So wurde ein Schild mit einem Löwenkopf am Ḫaldi-Tempel in Ayanis gefunden. Siehe: Batmaz, A., A Lion-Headed Shield from Ayanis: An Identifier of the Urartian Culture?, in: Bombardieri, L. et al. (Hrsg.), SOMA 2012. Identity and Connectivity, Oxford (2013), S. 243–252.

632 U.a. CTU A 10-5 von Rusa, Sohn des Sardure, aus Topzawä, Z. 27′f. der urartäischen Fassung, oder CTU A 5-4 von Minua, Z. 6.

633 Baştürk, M.B., Thoughts on the Trident Motif on Some Urartian Seal Impressions, in: ANES 48 (2011), S. 164–176.

634 Ebd.

635 Vgl. Seidl, U., Die Siegelbilder, in: Kleiss, W. (Hrsg.), Bastam II: Die Ausgrabungen in den urartä-

lichen Narrative eine Rebus-Schreibung anzunehmen, ähnlich den Prismen Asarhaddons[636]. Demnach sind die einzelnen Motive nach Ursula Hellwag wie ein Text zu lesen: der Löwe stände in der sumerischen Bedeutung ur.maḫ und demzufolge als piktographischer Ausdruck für die Silbe „ur". Den Dreizack, dessen Interpretation ja einige Schwierigkeiten verursacht (s.o.), liest Hellwag auf Grund der äußeren Ähnlichkeit zum Keilschriftzeichen als šà, phonetisch umgesetzt als „sa". Der Figur des Königs schlussendlich ordnet sie die Entsprechung lugal zu. So kommt Hellwag – je nach Beginn der „Inschrift" – zu der Lesung „Ursa, der König" bzw. „König Ursa" oder „Eigentum von König Rusa", wenn man das Zeichen šà in der auch in Urartu geläufigen Interpretation als „Eigentum" und die Komposition der Königsfigur als „König Rusa" auffasst.[637] Der Zweck von Rebus-Schreibungen wurde im Kapitel 2.3 „Quellen für Königtum und Herrschaft im Alten Orient" als zusätzliche, sinnliche oder übersinnliche (sakrale) Bedeutung von Schrift vermittelnd beschrieben.[638] Dass eine solche weitere Kodierung bzw. Sinnvermittlung in Urartu, wo die Keilschrift selbst ja nicht alltäglich erscheint und demzufolge schon grundsätzlich einen solchen Wert hat, Verwendung findet, erscheint mir eher unwahrscheinlich. Ebenso ist meines Erachtens in Urartu die „Schreibung" des Namens Rusa als „Ursa", sollte der Löwe für die Silbe „ur" stehen, sehr unwahrscheinlich.[639] Dennoch ergäbe sich aus Hellwags Interpretation ein interessanter Aspekt, gerade was die Lesung des Dreizacks angeht. In Assyrien wird in vergleichbaren Rebus-Schreibungen[640] als Symbol für das *māt Aššur* der Pflug dargestellt, während in Urartu an dieser Stelle eine Heugabel stünde. Sollte die Interpretation des Königssiegel als Rebus-Schreibung zutreffen, wären hier die unterschiedlichen Wirtschaftsgrundlagen der beiden zeitgleichen Königreiche auf den Punkt gebracht: In Assyrien ist es der Getreidebau, symbolisiert durch den Pflug, in Urartu die Viehhaltung, deren Versorgung in den Wintermonaten durch Heu gewährleistet wird, symbolisiert durch die Heugabel. Das würde die Bedeutung der Viehwirtschaft als Subsistenzgrundlange des urartäischen Reiches, die bereits im Kapitel 3.1 „Die Geographie Urartus" angesprochen wurde, unterstreichen.

---

ischen Anlagen, 1977–1978, Berlin (1988), S. 145ff.

636 Dazu siehe: Zgoll, A.; Roaf, M., Sternenschrift auf schwarzem Stein. Entzifferung assyrischer Astroglyphen, in: Antike Welt 33/1 (2002), S. 7–15.

637 Siehe Hellwag, U., Die Symbole Königs Rusa, Sohn des Argišti eine urartäische Bilderschrift?, in: Baker, H.D.; Kaniuth, K.; Otto, A. (Hrsg.), Stories of Long Ago. Festschrift für Michael D. Roaf, Münster (2012), S. 207–218, sowie Linke, J., The Kings of Urartu in the Visual World, zu erscheinen in: Proceedings oft he 9th ICAANE.

638 Nach Morenz, L.D., Neuassyrische visuell-poetische Bilder-Schrift und ihr Vor-Bild, in: Morenz, L.D.; Bosshard-Nepustil, E. (Hrsg.), Herrscherpräsentation und Kulturkontakte Ägypten-Levante-Mesopotamien. Acht Fallstudien, Münster (2003), S. 197f.

639 Zwar hat Gernot Wilhelm auf Grund des Fehlens von anderen, mit „r"-anlautenden Worten im Urartäischen dafür argumentiert, dass „Rusa" auch im Urartäischen eigentlich „Ursa", wie in einigen assyrischen Texten, ausgesprochen wurde, doch bieten eben diese assyrischen Texte ebenso die Schreibung „Rusa", so dass Simon Zsolt die Schreibung „Ursa" als „eine volksetymologische Umformung und/oder als eine Anpassung an neuassyrische Muster" erklärt und vielmehr eine Herkunft des Namens „Rusa" aus dem Luwischen vorschlägt (Zsolt, S., Ein luwischer Name in der urartäischen Herrscherdynastie?, in: N.A.B.U. 2008-4 (2008), S. 107–109).

640 Das beste Beispiel sind wie erwähnt die Prismen von Asarhaddon. Siehe Zgoll, A.; Roaf, M., Sternenschrift auf schwarzem Stein. Entzifferung assyrischer Astroglyphen, in: Antike Welt 33/1 (2002), S. 7-15.

Auf dem „Königssiegel“ ist also der König (bis dato ist nur Rusa, Sohn des Argišti, belegt) als Figur in einem langen Gewand und mit spitz zulaufender Kopfbedeckung, einen Stab als Herrschaftszeichen haltend und die rechte Hand erhebend dargestellt, unter einem Schirm als Symbol seiner Stellung.

Es gibt neben diesem Königssiegel weitere Darstellungen, die eine so gestaltete Figur zeigen und über zusätzliche bzw. andere Bildelemente verfügen. Zuerst sind Darstellungen des Königs mit einem Wagen zu nennen. Auf der Abrollung TK 21 ist fragmentarisch eine Wagenszene zu sehen; die Inschrift des Siegels lautet „des Rusa(?)“,[641] was die Identifikation der menschlichen Figur mit dem König Rusa eindeutig macht. Auch auf TK 23, das bereits oben, im Kapitel 4.2.3 „Religiöse Rechte und Pflichten des urartäischen Königs – Bildliche Belege für Kulthandlungen“beschrieben wurde (Abb. 12), ist außer dem König eben noch ein leerer bzw. ein abgedeckter Wagen abgebildet. Gezeigt ist in diesen Darstellungen vermutlich eine Art Prozession, eventuell für verstorbene Ahnen.[642]

Aus Ayanis gibt es weiterhin Siegelabdrücke, die eine verkürzte Szene mit dem König zeigen: Dargestellt ist hier nur der Herrscher in üblicher Stilisierung unter einem Schirm mit Troddeln.[643] In einem vielleicht kultischen Zusammenhang ist eine genauso stilisierte Figur zu sehen, die – auf einem Beleg aus Ayanis (CTU Sig. 21-1, s.o., Abb. 13) auch in doppelter Ausführung antithetisch angeordnet – vor einem Gefäß steht bzw. um einen Lebensbaum steht.[644] Auch wenn bei letzterem Beispiel die Inschrift nicht konkret den Königsnamen nennt, spricht die Art der Darstellung der Figur für eine Identifikation mit dem König.

Relief

Auf dem Felsrelief von Eski Doğubayazıt (Abb. 35), das Dietrich Huff überzeugend als Teil einer urartäischen Grabanlage identifiziert,[645] findet sich die bis dato einzige Darstellung eines urartäischen Königs bzw. Fürsten[646] außerhalb der Glyptik. Die Identifizierung der größeren der dargestellten Figuren mit einem Fürst oder König erfolgt in erster Linie auf Grund der markanten Ähnlichkeiten zu gesicherten Herrscherdarstellungen auf den Königssiegeln. Wie im Bildrepertoire der Glyptik trägt die Figur ein langes Gewand, eine spitze Kopfbedeckung, hält in der linken Hand einen Stab und hat die rechte Hand erhoben. Interessant ist hier v.a. die Kopfbedeckung: ein Spitzhelm mit einer Bogen-artigen Verzierung, die eventuell Anzeichen einer Hörnerkrone erkennen lässt, aber meines Erachtens eher an das häufige Merkmal der urartäischen Helme von gebogenen Wülsten, die in Lö-

---

641 Ayvazian, A., Urartian glyptic: New perspectives, Online Publikation (2007), S. 263, 1037f.

642 Ebd.

643 Ebd., S. 327f.

644 Vgl. van Loon, M., Urartian Art. Its Distinctive Traits in the Light of New Excavations, Istanbul (1966), E4; Abay, E.; Seals and Sealings, in: Çilingiroğlu, A.; Salvini, M., Ayanis I, Rom (2001), A3 (vgl. auch Kapitel 4.2.3 „Religiöse Rechte und Pflichten des urartäischen Königs”). Alina Ayvazian sieht darin wie erwähnt eine Darstellung des Königs mit dem Kronprinzen. Ayvazian, A., Urartian glyptic: New perspectives, Online Publikation (2007).

645 Huff, D., Das Felsgrab von Eski Doğubayazit, in: IstMit 18 (1970), S. 58–86. Auch Mirjo Salvini hält die Anlage für urartäisch: Salvini, M., Geschichte und Kultur der Urartäer, Darmstadt (1995), S. 161f.

646 Erkan Konyar interpretiert die Figur dagegen als Gottheit. Siehe: Konyar, E., Tomb Types and Burial Traditions in Urartu, in: Köroğlu, K.; Konyar, E. (Hrsg.), Urartu – Transformation in the East, Istanbul (2011), S. 217f.

wenköpfen enden[647], erinnert. Auch Dietrich Huff kommt zu diesem Schluss und sieht in der dargestellten Person den Prototyp der urartäischen Königsdarstellung.[648]

Abb. 35: Felsrelief von Eski Doğubayazıt

Quelle: Huff, D., Das Felsgrab von Eski Doğubeyazit, in: IstMit 18 (1968), Abb. 2.

Der auf dem Relief von Eski Doğubayazıt dargestellte Stab hat offenbar einen Knauf, außerdem meint Huff noch Anzeichen von Dekor zu erkennen. Der Stab ist ein in Urartu selbst nicht allzu häufiges Accessoire, das eben nur auf Siegeln auftritt. Dementgegen kommt in der hethitischen Großreichszeit der *lituus* (Krummstab)[649] als Herrscherattribut häufiger vor, während ein langer, gerader Stab in den meisten Kulturen des 1. Jahrtausends v. Chr. als Würdezeichen von Prinzen und Fürsten verwendet wird. Im assyrischen Raum kann der Stab zusätzlich zum Zepter als Königsinsignium auftreten; diese assyrischen Stabzeichen sind wohl Vorbild für die achämenidischen Königsdarstellungen mit Stab.[650] Die achämenidische Motivik der Königsdarstellung ähnelt stark der urartäischen, v.a. auf Siegeln, da auch hier der König zusätzlich stets unter einem Schirm gezeigt wird.[651] Der Grußgestus mit der erhobenen rechten Hand findet in Mesopotamien fast ausschließlich zur

647 Vgl. z.B. Seidl, U., Bronzekunst Urartus, Mainz (2004), Abb. 29, Abb. 30.

648 Huff, D., Das Felsgrab von Eski Doğubayazit, in: IstMit 18 (1970), S. 79f.

649 Wie der Sonnengott trägt auch der hethitische König einen Krummstab. Vgl. Kapitel 2.2.1 „Die Verbindung des Königs zu den Göttern – Das hethitische Königtum".

650 Huff, D., Das Felsgrab von Eski Doğubayazit, in: IstMit 18 (1970), S. 68ff.

651 Vgl. Kapitel 2.2.2 „Der König an der Spitze der Verwaltung – Das achämenidische Königtum".

Darstellung hochgestellter Personen Gebrauch, bei Göttern, Königen und Fürsten. Die engsten Parallelen zum Relief von Eski Doğubayazıt zeigen assyrische Bildwerke, auf denen sich eine hochgestellte Persönlichkeit, oft der König, mit Stab und einer grüßend erhobenen Hand findet,[652] sowie die achämenidischen Grabreliefs, z.B. von Naqsh-i Rustam.[653]

Es bleibt die Frage, wer auf diesem Relief in der typischen Königsstilisierung dargestellt ist. Dietrich Huff[654] geht von einem unabhängigen Dynasten aus, nicht von einem der bekannten urartäischen Könige. Nichtsdestotrotz entspricht die Ikonographie der Figur auf diesem Relief der eines Königs und wird von Mirjo Salvini[655] als ein Herrscher gedeutet, eventuell aus der Frühzeit Urartus, nämlich als Aramu, oder auch aus der Spätzeit nach Sardure II. Dies würde auch begründen, warum das Königsgrab so weit vom Zentrum Tušpa entfernt liegt, wo doch die urartäischen Königs in der Regel in Tušpa bestattet werden. Meines Erachtens sollte man das Grab noch später ansetzen und einem der Könige nach Rusa, Sohn des Argišti, zuweisen, etwa dem Sardure, der auf dem Rassam-Zylinder von Assurbanipal belegt ist, von dem selbst bislang keine Inschriften bekannt sind und dessen Gebiets- und Herrschaftsanspruch bei Weitem nicht mehr mit dem der vorherigen Könige vergleichbar ist, wie auch der Assurbanipal-Beleg andeutet[656] (s. Kapitel 3.2 „Geschichtlicher Überblick“), weshalb die Bestattung nicht traditionell in Tušpa stattfand, sondern hier, nördlich des ursprünglichen urartäischen Herrschaftsgebietes.

Bronzen

Im Zusammenhang mit urartäischen Königsdarstellungen gibt es außerdem Darstellungen auf Bronzeobjekten, v.a. Helme und Köcher, die männliche Figuren in typisch assyrischem Stil und Motivik, oft in Adorationsszenen zeigen. Die meisten diese Stücke stammen aus dem Kunsthandel und werden aus diesem Grund hier nicht näher behandelt.[657]

Aus Grabungskontext kommen dagegen ein Helm aus Ayanis (CTU B 12-9, I.12 nach Ursula Seidl) mit einer Inschrift von Rusa, Sohn des Argišti, und vier Helme aus Karmir-Blur (CTU B 8-10, CTU B 9-8A, CTU B 9-9; E.5 und F.86–F.88 nach Ursula Seidl) mit einer Inschrift von Argišti I. bzw. Sardure II., die womöglich Königsdarstellungen, in

652 Huff, D., Das Felsgrab von Eski Doğubayazit, in: IstMit 18 (1970), S. 76f.

653 Vgl. Kapitel 2.2.1 „Die Verbindung des Königs zu den Göttern – Das achämenidische Königtum“. Huff, D., Das Felsgrab von Eski Doğubayazit, in: IstMit 18 (1970), S. 83f.

654 Huff, D., Das Felsgrab von Eski Doğubayazit, in: IstMit 18 (1970), S. 85f.

655 Salvini, M., Geschichte und Kultur der Urartäer, Darmstadt (1995), S. 163f.

656 „Ištar-dûri, king of Urarṭu, whose royal fathers had addressed (messages of) brotherhood to my fathers, – at this time Ištar-dûri heard of the mighty deeds which the great gods had appointed as my lot, and, as a son sends (messengers recognizing) authority to his father, so he, after his manner, sent (a massage) to me, saying: ‘Greeting(s) to the king, my lord.’ In fear and submission he had his costly (lit. heavy) gifts brought to me.” Übersetzung: Luckenbill, D.D., Ancient Records of Assyria and Babylonia 2, Chicago (1927), S. 320f.

657 Zu Bronzegegenständen aus dem Kunsthandel und deren wissenschaftlichen Wert siehe auch Muscarella, O.W., Urartian Metal Artifacts: An Archaeological Review, in: Ancient Civilizations from Scythia to Siberia (2006), Vol. 12, Issue 1/2, S. 147–177. Einige Stücke sind publiziert bei Seidl, U., Bronzekunst Urartus, Mainz (2004), S. 68ff. Auch z.B. Christies verkauft immer wieder „urartäische“ Metallartefakte mit Darstellungen, die stark assyrisierend sind und eventuell Könige zeigen könnten.

jedem Falle aber Darstellungen besonderer menschlicher Individuen, aufweisen.[658] Die Helme zeigen die Befruchtung des Heiligen Baumes, wie erwähnt in ganz typisch assyrischer Ausführung, sowie Reiter- und Wagenparaden, wie sie auch häufig auf urartäischen Gürteln zu finden sind. Interessant sind nun die menschlichen Figuren am Heiligen Baum, wo in Assyrien ja häufig der König abgebildet ist. Ursula Seidl beschreibt die Adoranten am Heiligen Baum auf den Helmen aus Karmir-Blur, die sich in ihrer Dekoration gleichen, als Genien, zum Teil mit Bart und Flügeln, zum Teil ohne. Alle diese Genien tragen das gleiche, lange Gewand mit einem Fransenschal darüber und einer kalottenförmigen Hörnerkappe, die eine kleine Kugel auf der Spitze hat, und zeigen denselben Gestus.[659]

In den Paradeszenen sieht Ursula Seidl neben den urartäischen, bartlosen Soldaten auch den bärtigen Wagenlenker, den sie als heroischen Ahnherrn interpretiert.[660] Die Helme dieser Motivik sind nach Seidl „rein urartäische Arbeiten".[661] Den Helm aus Ayanis, der ebenfalls die Befruchtung des Heiligen Baumes durch zwei menschliche Figuren zeigt, aber statt der Parade ein Fries aus Vögeln, interpretiert Seidl dagegen völlig anders. Auf Grund der Kopfbedeckung der Figuren schließt sie auf assyrische Könige. An Hand von stilistischen und motivischen Merkmalen schließt Seidl auf das 9. Jahrhundert v. Chr. als Entstehungszeit des Helmes sowie auf die assyrische Provinz als Herkunft, und folgert, dass Rusa, Sohn des Argišti, hier einen älteren, erbeuteten Helm dem Ḫaldi weiht.[662] Nach Seidl handelt es sich bei den Figuren am Lebensbaum also eindeutig nicht um Darstellungen des urartäischen Königs.

Fazit

Konkrete Darstellungen des Königs, v.a. großformatige, sind also ausgesprochen selten, wodurch das urartäische Königtum auf ein in anderen altorientalischen Gesellschaften übliches Transportmedium der Königsideologie verzichtet. Grund hierfür könnte zum Einen sein, dass die urartäischen Herrscher nicht die Möglichkeit, die Verfügungsmacht haben, ihr Abbild auch auf großformatiger Kunst im Land zu verbreiten. Auf der anderen Seite ist es möglich, dass die Macht und der Einfluss der Könige von Hause aus so groß sind, dass es schlicht nicht notwendig erschien, die Ideologie auf diese Weise zu verbreiten. Drittens könnte die Zielgruppe der Königsideologie eine ganz andere als in Assyrien mit seinen monumentalen Königsdarstellungen sein.

Im Wesentlichen wird deutlich, dass in Urartu die bildliche Verbreitung der Königsideologie hinter den Medien der Texte und der Architektur stark zurücktritt. Hieraus könnte geschlossen werden, dass sich die königliche Propaganda weniger an die Allgemeinheit, sondern mehr an die die Texte lesen könnende Elite richtet.[663] Zur Verbreitung der Königsideologie in der Bevölkerung diente dann in erster Linie die Architektur.

---

658 Eventuell sind dazu auch noch ein Helm aus Çavuştepe (F.92) und ein weiterer Helm aus Ayanis zu zählen (I.11), nach Seidl, U., Bronzekunst Urartus, Mainz (2004).

659 Seidl, U., Bronzekunst Urartus, Mainz (2004), S. 30; 34f., 70.

660 Siehe: Kapitel 4.2.4 „Vergöttlichte Könige oder ein Ahnenkult in Urartu?", und Seidl, U., Bronzekunst Urartus, Mainz (2004), S. 204.

661 Seidl, U., Bronzekunst Urartus, Mainz (2004), S. 73.

662 Ebd., S. 74f.

663 Vgl. den Adressaten von Propaganda in Kapitel 2.3.2 „Quellen für Königtum und Herrschaft im Alten Orient: Bilder".

In Kapitel 2.3.2 „Quellen für Königtum und Herrschaft im Alten Orient: Bilder" wurde dargelegt, dass sich durch bildliche Darstellungen des Königs auf Reliefs und v.a. auf Stelen die königliche Herkunft der genannten Werke auch für die illiterate Bevölkerung erschließt. Eventuell ist so eine Spezifizierung der Text-enthaltenden Bildwerke für Urartu deswegen nicht notwendig, weil grundsätzlich nur der König Keilschrift verwendet, d.h. schon die Inschriften auf den Monumenten wären Marker für deren königliche Herkunft, eine konkrete bildliche Darstellung des Königs also nicht nötig. Dementsprechend weisen auch die Stelen, die im ganzen Reich aufgestellt werden und nach Mirjo Salvini[664] visuelle Zeichen der Macht der urartäischen Könige sind, keine Abbildungen auf, sondern reine Keilschriftinschriften. Als Ausnahme erscheinen dabei aber die Siegel; hier wird die Keilschrift ganz offenbar in einem breiteren Kontext gebraucht und zeigt eine allgemeine Zugehörigkeit zum „Palast", wie z.B. für die ^{lú}a.zum-*li*. Deswegen wird in der Glyptik vielleicht auf visuelle Darstellungen des Königs zurückgegriffen, um die königliche Autorität, die dahinter steht, zu verdeutlichen.

4.4 Die militärischen Errungenschaften des urartäischen Königs

Die Staatsformierung Urartus vollzieht sich in direkter Nachbarschaft zu Assyrien, die militärischen Auseinandersetzungen mit diesem Gegner bilden eine Konstante der urartäischen Geschichte, und entsprechend ist ein militärischer Aspekt in der Königsideologie zu erwarten. Ständige Kämpfe mit Assyrien und anderen Gegnern sind ein Thema in den königlichen Inschriften und Annalen, aber in geringerem Umfang als man erwarten könnte, weswegen in diesem Kapitel vermehrt auch auf assyrische Quellen eingegangen wird, um das Bild des urartäischen Militärwesens zu vervollständigen. Die assyrischen Texte, allen voran die „Geheimdienstkorrespondenz"[665], beschreiben das urartäische Militärwesen zum Teil detailreich und können – da sie als Briefe relativ frei von Propaganda zu werten sind – ein vielleicht sogar realistisches Bild der Verhältnisse in der urartäischen Armee und der Rolle des Königs innerhalb dieser zeichnen.

4.4.1 Urartäische Selbstdarstellung

Zunächst soll das Augenmerk aber – wie in den vorangegangenen Kapiteln – auf den urartäischen Quellen liegen: den Feldzugsberichten und Annalen der Urartäer-Könige[666],

664 „[…] kein anderer altorientalischer Staat hat sein Territorium so systematisch mit visuellen Zeichen seiner Macht markiert wie Urartu", Salvini, M., Die Einwirkung des Reiches Urartu auf die politischen Verhältnisse auf dem Iranischen Plateau, in: Eichmann, R.; Parzinger, H. (Hrsg.), Migration und Kulturtransfer. Der Wandel vorder und zentralasiatischer Kulturen im Umbruch vom 2. zum 1. vorchristlichen Jahrtausend, Bonn (2001), S. 344.

665 Als „Geheimdienstkorrespondenz" werden assyrische Briefe bezeichnet, die von assyrischen Militärs oder Verbündeten der Grenzländer an den assyrischen König gesendet werden und über Truppenbewegungen sowie die politische Situation der feindlichen Länder berichten.

666 Überliefert sind Texte, die als Annalen nach assyrischem Vorbild benannt werden können, in geringem Umfang von Minua (CTU A 5-9), ausführlicher von Argišti I. (CTU A 8-1 bis 8-3) und

die ihre militärischen Aktionen beschreiben und Auskunft darüber geben, wie der König sich selbst als Feldherr inszeniert.

Konkrete Belege für Feldzüge sind in Urartu relativ selten, in 63 der 296 in CTU A aufgenommenen und einem König zugeordneten Monumentalinschriften werden Feldzüge genannt. Diese sind durch die urartäische Geschichte – vielleicht befundbedingt – ungleichmäßig verteilt. Laut seinen Annalen unternimmt Argišti I. jährlich Feldzüge, Berichte von 16 seiner Regierungsjahre sind erhalten. Diese Kampagnen haben oft mehrere Länder (kur) als Ziel, unsere unzureichende Kenntnis der historischen Geographie verhindert allerdings die nähere Bestimmung der Abläufe. Aus der Formulierung *i-ku-ka-ni* mu *uš-ta-di* („im selben Jahr erreichte ich...") kann man auf mehr als eine Kampagne pro Jahr schließen. Die Annalen Sardures II. enthalten ähnliche Textstellen mit jährlichen Gruppierungen von Kampagnen, sind aber insgesamt fragmentarischer erhalten und deswegen weniger aussagekräftig. Auch die militärischen Aktivitäten der anderen urartäischen Könige sind nur durch vereinzelte Texte über einzelne Kampagnen überliefert. Von Minua und Išpuini wissen wir von mindestens drei gemeinsamen Expeditionen, von Minua allein sind es sieben, von Rusa, Sohn des Sardure, und Argišti II. je eine. Aus späterer Zeit sind zu wenige Texte erhalten, um eine Aussage zu treffen.[667]

Gängige Epitheta der altorientalischen Herrscher im Zusammenhang mit (militärischer) Stärke wie „starker König" (šarru dannu oder šarru *taraə*) und „großer König" (šarru *al(a)s(u)inə* oder auch šarru gal-*ni*) sind in Urartu ebenfalls gebräuchlich und gehören hier zur Standardtitulatur ebenso wie zur verkürzten Titulatur. Außerdem ist der König einer, „der den Kampf nicht fürchtet" (*la-di-ru tú-qu-un-te*) (CTU A 1-2), der also mutig in die Schlacht zieht. Dabei bezieht der König seine militärischen Qualitäten von Ḫaldi; in der Inschrift von Argišti II: aus Çelebibaği (CTU A 11-1) überträgt der Gott Kampfgeist und militärische Tapferkeit[668] an den Herrscher.

Auf die außergewöhnliche Stärke und körperlichen Fähigkeiten des Königs, die propagiert werden sollen, lassen eine Textstelle von Argišti II., der einen Pfeil „950 1-ú" weit geschossen haben will, was stolze 485 m sind,[669] sowie ein Text von Minua (CTU A 5-65B), demzufolge er mit seinem Pferd 12 m weit springen kann, schließen. Diese beiden überlieferten Episoden könnten zudem auf zeremonielle Kriegsspiele hindeuten, in denen der König seine Stärke zeigt und die Armee in – den in Urartu allerdings eher raren – Friedenszeiten in Form bleibt.[670]

In den Inschriften tritt der urartäische König in der Regel als Oberbefehlshaber seiner Armee auf, wobei die den militärischen Aktivitäten zu Grunde liegenden Ziele allerdings in den seltensten Fällen klar benannt werden (s.u., Kapitel 4.4.3 „Zweck und Ziele der militärischen Aktionen").

Sardure II. (CTU A 9-1 bis 9-3).

667 Vgl. auch Zimansky, P., Ecology and Empire, Chicago (1985), S. 54f.

668 Ro: Z. 22–24, Salvini übersetzt „spirito guerriero e valore militare" (*ḫutuṭuḫi gunuše e'a* [lú]utúl-*še*).

669 Inschrift auf einer kleinen Stele aus Van, T.A.2. Vgl. Payne, M., Urartian Measures of Volume, Leuven (2005), S. 31. CTU A 8-26.

670 Vgl. auch Taffet, A., A Tentative Reconstruction of the Urartian Calendar of Festivals, in: Anadolu Araştırmaları 15 (1999), S. 379.

Der Fokus der Inschriften über militärische Vorgänge liegt auf den Taten des Königs. Einleitend steht allerdings in der Regel die Phrase, dass Ḫaldi mit seiner Waffe die urartäische Armee in den Krieg führt (*ᵈḪal-di-ini uš-ta-bi ma-si-ni* ᵍⁱˢ*šú-ri*), was ähnlich der assyrischen Militärkonzeption alle militärischen Aktionen, auch die aggressiven, durch den obersten Gott des Reiches legitimiert. Der Feldzug geschieht nicht auf Wunsch des Königs, sondern auf den Ḫaldis, der laut den Inschriften „vor dem Heer" in den Krieg zieht.

Erwähnenswert ist, dass diese Formulierung zuletzt von Sardure II. überliefert ist, die nachfolgenden Könige errichten zwar Siegesstelen zu Ehren Ḫaldis und nennen ihn in den Feldzugsberichten, der entsprechende Passus fehlt aber. Ob hier ein Wandel in der Kriegspropaganda bzw. im Verhältnis des Königs zu Ḫaldi vorliegt, kann nach momentanem Forschungsstand aber nicht festgestellt werden, da von den betreffenden Königen, in deren Inschriften die Formulierung fehlt, auch keine längeren Feldzugsberichte oder Annalen überliefert sind, in denen das Motiv des mit seiner Waffe die Truppen anführenden Ḫaldi in der Regel vorkommt. Auf einen möglichen Zusammenhang des Fehlens des Passus mit dem Tabu der Darstellung Ḫaldis wurde in Kapitel 4.2.1 „Ḫaldi und die urartäische Staatsreligion" schon eingegangen.

Stellenweise gibt es Bezüge zu Plünderungen sowie zur Unterwerfung und Zerstörung von feindlichen Ländern:

> „Ich fuhr aus gegen den Diau-iden – den Diauiden-König hatte ich inthronisiert –: ich brachte an mich (die Stadt) Šeriazi, die Städte verbrannte ich, die Burgen zertrümmerte ich, ich beendete den Zug an der Grenze in (der Stadt) Puti(e), seitwärts ließ ich (die Länder) Bia und Ḫuša, zur Versorgungsleistung zwang ich (das Land) Tariu(ni)."[671]

Obwohl Zerstörungen und Deportationen genannt werden, fehlen in den urartäischen Inschriften die detailreichen, zum Teil grausamen Beschreibungen der assyrischen Feldzugsberichte, wie z.B. von Assurnasirpal II.:

> „I felled 200 of their fighting men with the sword (and) carried off a multitude of captives like a flock of sheep. With their blood I dyed the mountain red like red wool, (and) the rest of them the ravines (and) torrents of the mountain swallowed. I razed, destroyed, (and) burnt their cities."[672]

Fazit

Im Vergleich zu den in allen Facetten beschriebenen Gräueltaten der assyrischen Könige wirken die urartäischen Feldzugsberichte eher formelhaft und wie reine Aufzählungen. Das Königsbild in Urartu zielt, was die Feldzüge und die Militäraktionen angeht, also nicht in dem Ausmaß auf die Grausamkeit, Härte und Stärke des Königs ab wie im assyrischen Raum. Vielmehr scheinen hier der Tribut, der Landgewinn und damit die Versorgung des eigenen Landes und seiner Bevölkerung im Vordergrund zu stehen, jedenfalls werden die Festsetzung der Tributleistungen sowie die gemachte Beute und die fortgeführten Kriegsgefangenen *en detail* aufgeführt.

671 Aus den Annalen des Argišti I. (CTU A 8-3), Übersetzung nach König, HchI Nr. 80.
672 Assurnasirpal II., A.0.101.17, Z. i 75ff. (RIMA 2, S. 240f.).

Außer dem König und dem jeweiligen Gegner tritt in den urartäischen Feldzugsberichten und Annalen in der Regel kein Individuum auf, was aber nicht bedeutet, dass die urartäische Militärstruktur keine anderen Befehlshaber kennt, schließlich nennen die assyrischen Briefe auch hohe Militärs (s.u.). Der Eindruck, der über die urartäischen Inschriften vermittelt werden soll, ist aber der, dass der König – zusammen mit Ḫaldi, der regelhaft am Anfang der Feldzugsberichte steht – dem Heer voraus in die Schlacht zieht. So auch die Formulierung in den Annalentexten, hier als Beispiel von Argišti I.:

> „Ḫaldi ist mächtig (*kuruni*[673]), die Waffe des Ḫaldi ist mächtig. Durch die Größe des Ḫaldi zog in die Schlacht Argišti, Sohn des Minua. Ḫaldi zog (den Truppen) voraus."[674]

Das schafft eine enge Beziehung zwischen Gott und König, wobei der König dem Gott allerdings nachfolgt, also der eigentliche Anführer des Kampfes Ḫaldi und eben nicht der Herrscher ist. Hier zeigt sich die schon in Kapitel 4.2.1 „Ḫaldi und die urartäische Staatsreligion" angesprochene Haltung des Königs in den Inschriften, der wie ein „Diener" Ḫaldi gegenüber handelt.

4.4.2 Ausrüstung und Zusammensetzung der urartäischen Armee

Der König ist für die häufigen Kriegshandlungen auf die schnelle Einsatzfähigkeit und Schlagkraft seiner Truppen angewiesen. In diesem Kapitel soll an Hand der Befunde geprüft werden, wie die urartäische Armee sich zusammensetzt und ob von einem stehenden, zentral ausgerüsteten Heer gesprochen werden kann.

Der Großteil der militärischen Aktionen findet laut den urartäischen Texten außerhalb von Urartu statt, was für eine eher offensive Ausrichtung der Armee spricht. Nach einer Niederlage oder falls die feindlichen Truppen in der offenen Schlacht stärker sind, ziehen sich die Urartäer in ihre Festungen und in die unzugänglicheren Gebiete des Königreichs zurück. Diese Taktik könnte ein Grund sein, weswegen sowohl Tiglat-Pilesar III. als auch Sargon II. auf so wenig effektiven bewaffneten Widerstand treffen, als sie tief ins urartäische Territorium eindringen, obwohl Urartu in beiden Fällen in einer starken Ausgangsposition ist. Zur Defensivtaktik der Urartäer gehört außerdem die Diversifizierung der Truppen und die Aufgabe schlecht zu verteidigender Siedlungen, wie wir aus assyrischen Quellen[675] wissen. Assyrische Angriffe auf Urartu sind durch Transport- und Nachschubschwierigkeiten und vermutlich in der Folge durch relativ kleine militärische Einheiten gekennzeichnet, gekämpft wird um Bergkämme und Pässe sowie gegen befestigte Orte, die aber langen Belagerungen standhalten können.[676] Unter diesen Bedingungen ist die assyrische Armee mit ihrer Truppenstärke und der beeindruckenden Belagerungstechnik in Urartu weniger effektiv als in anderen Gebieten. Folglich braucht der urartäische König,

673 Mirjo Salvini übersetzt „vittorioso(?)", z.B. CTU, S. 336.

674 Aus den Annalen des Argišti I., CTU A 8-3 II, Z. 27ff. Deutsche Übersetzung der Autorin.

675 8. Kampagne und ein Brief über das Verhalten von Rusa nach der Niederlage gegen die Kimmerier (ABL 646, 197).

676 Vgl. Allen, W.E.D.; Muratov, P.P., Caucasian Battlefields. A History of the Wars on the Turco-Coucasian Border 1828–1921, Cambridge (1953), S. 7.

wenn seine Soldaten gut ausgebildet und die Festungen stark sowie gut versorgt sind, keine große Armee, um sein Land wirkungsvoll zu verteidigen.[677]

Wenn der urartäische König zur erfolgreichen Verteidigung seines Landes, die Teil seines Pflichtenkanons ist, also keine besonders große Armee braucht, sondern nur eine gut ausgebildete, stellt sich die Frage, wie der König das Funktionieren dieser Armee gewährleistet, also: wie ist die urartäische Armee zusammengesetzt, um diesem Anspruch zu genügen und kann man überhaupt von einem zentral gerüsteten, stehenden Heer ausgehen?

Um die Qualität, Stärke und Ausrüstung der urartäischen Truppen einschätzen zu können, sind außer den eigen-urartäischen auch assyrische Quellen, v.a. die „Geheimdienstkorrespondenz", heranzuziehen.

Die Armee ist, so kann man aus den urartäischen Annalen und Feldzugsberichten der Könige schließen, in drei Teile aufgeteilt: die Wagentruppen (^{giš}gigir^{meš}), die Kavallerie (pit-ḫal-lu^{meš}) und die Infanterie (^{lú}érin.gir^{meš}).[678] In den Annalen von Sardure II. (CTU A 9-3 VII, Z. 3f.) wird die Heeresstärke angegeben mit 92 Streitwagen, 3.604 Reitern und 352.011 Fußsoldaten. An Waffen besäße Sardure 2.114 „Kriegswaffen", 1.342 Bogen und 48.990 Pfeile. Das sind in Relation zur angegebenen Truppenstärke vergleichsweise wenige Waffen, aber deren Hauptteil gehört wohl zum persönlichen Eigentum der Soldaten und muss deswegen nicht vom Hof aufbewahrt und verteilt werden. Der geringe Anteil an Streitwagen erklärt sich aus den urartäischen Geländeverhältnissen, denn in bergigem Gelände können sich Wagengeschwader nur schlecht bewegen. Aus demselben Grund ist der Anteil der Fußsoldaten so viel höher und die Bedeutung der Kavallerie weit größer als die der Wagen.[679]

Auch zwei Feldzugsberichte von Išpuini und Minua aus Surb Hovhannes (CTU A 3-5) und Karagündüz (CTU A 3-9) machen Angaben zum Zahlenverhältnis der Truppen. Hier werden 66 Wagen, 1.460 Kavalleristen und 15.760 Fußsoldaten bzw. 106 Wagen, 9.147 (?) Kavalleristen und 2.740 Fußsoldaten genannt. Eine genaue Beschreibung der verwendeten Waffen erfolgt hier nicht.

Durch Inschriften sind aber zahlreiche in urartäischen Festungen gefundene bronzene Ausrüstungsgegenstände und Waffen als königliches Eigentum, šá (til-li bzw. níg.ga) / *urišḫi* KN, bzw. als zum Arsenal des Königs gehörig, KN(*-ini*)*-i* ^{é}*urišḫuši*, gekennzeichnet.[680] Von den Arsenalen, den ^{é}*urišḫuši*, können wir uns dank dem Befund in Karmir-Blur ein genaueres Bild machen. Von hier stammt ein Türriegel (CTU B 12-15), der durch seine Inschrift als zugehörig zum ^{é}*urišḫuši* von Teišeba-uru gekennzeichnet ist. Der Raum, an dessen Eingang dieser Riegel gefunden wurde, ist ein Magazin für Getreide (Raum 12), in dem aber auch einige Bronzegegenstände gelagert waren, u.a. Geschirr, Gürtel, Armbänder und Möbelteile, allerdings keine typische Militärausrüstung. Ursula

677 Zimansky, P., Ecology and Empire, Chicago (1985), S. 55.

678 Ebd., S. 56.

679 Riemschneider, M., Wirtschaftsformen und Militärwesen in Urartu, in: Günther, R.; Schrot, G., (Hrsg.), Sozialökonomische Verhältnisse im Alten Orient und im Klassischen Altertum, Berlin (1961), S. 243f. Prinzipiell sollte man die genannte, sehr hohe Gesamtzahl an Soldaten kritisch betrachten (s.u.).

680 Vgl. oben, Exkurs: „Zum Kunsthandwerk Urartus" und Kapitel 4.1 „Schriftsysteme in Urartu – Die Hieroglyphenschrift".

Seidl[681] erklärt den Befund so, dass entweder der Raum zuerst als Lager für Ausrüstung gedacht war und erst sekundär als Getreidemagazin verwendet wurde oder dass die Inschrift des Riegels sich nicht allein auf diesen einen Raum 12 bezieht, sondern auf den gesamten Gebäudekomplex, wonach laut Seidl eine allgemeinere Bedeutung von ^{é}*urišḫuši* als „Magazin" der üblichen Übersetzung „Arsenal" vorzuziehen wäre. Wir haben es hier folglich mit einer Divergenz zwischen dem philologischen Befund, der das ^{é}*urišḫuši* in erster Linie[682] auf militärische Ausrüstungsgegenstände begrenzt, und dem einzigen archäologischen Befund zu tun, der das ^{é}*urišḫuši* eher in einen allgemeineren Lagerkontext stellt. Auf Grund des singulären archäologischen Befundes im Gegensatz zu den weit häufigeren Inschriften ist meines Erachtens zur Zeit eine engere Interpretation des ^{é}*urišḫuši* als Lager in Zusammenhang mit der militärischen Ausrüstung, also als Arsenal, vorzuziehen.[683]

Ein weiterer Hinweis auf den staatlichen Besitz der Militärausrüstung ist ihr hoher Grad der Standardisierung; die Helme und Köcher weisen häufig eine reiche Verzierung im Hofstil auf. Eigentumsvermerke in der Form, wie sie uns in Urartu begegnen, sind in Assyrien nicht üblich, aber auch dort zeugen Funde aus königlichen Zeughäusern von einer zentralen Materialausgabe für Militärausrüstung.[684]

Die Ausgabe von Waffen an die Soldaten ist belegt durch eine Tontafel aus dem Oberen Anzaf (CT An-1), wo es in erster Linie um die Verteilung von Pfeil und Bogen (und eines *šuri*) an verschiedene Männer, darunter ein Dekurio (lú.10-*li*), und ein „Mann Gottes?" (lú.dingir-*i-ni*) geht.

Offenbar ebenso zentral gefertigt und/oder ausgegeben werden die Kampfwagen. Felszeichen in V- oder U-Form oder in Gestalt von Jochen oder Kreisen sind in zahlreichen urartäischen Anlagen, darunter die Festungen Yukarı Anzaf, Çavuştepe und Bastam[685], gefunden worden. Diese Felszeichnungen sind oft als heilige Symbole interpretiert worden, aber kürzlich hat Erkan Konyar überzeugend vorgeschlagen, sie als Gussformen für halbbearbeitetes Holz in der Wagenproduktion zu sehen. Das Holz wäre in diese Form gelegt worden, wo es dann trocknet und sich entsprechend formt. Gerade die Joche entsprechen denen der urartäischen Streitwagen, wie sie auch von Abbildungen bekannt sind.[686]

Die so ausgestattete Armee besteht in erster Linie aus eigenen Truppen, die Kriegsdienst leisten. Aus assyrischen Briefen[687] ist ersichtlich, dass in Urartu vor der Schlacht die Truppen einiger Gouverneure strategisch wichtiger Stützpunkte gemustert werden. Der

681 Seidl, U., Bronzekunst Urartus, Mainz (2004), S. 46.

682 ^{é}*urišḫuši* kommt als Eigentumsvermerk außer auf militärischen Ausrüstungsgegenständen auf Schalen vor, wobei ja auch diese Schalen im Armee-Kontext bzw. von Militärs verwendet worden sein könnten.

683 Mirjo Salvini übersetzt „camera del tresoro" (CTU B, S. 65).

684 Born, H.; Seidl, U., Schutzwaffen aus Assyrien und Urartu, Mainz (1995), S. 104f.

685 Sowie: Çelebibaği, Deliçay, Edremit, Panz, Tatvan, Elazığ/Bahçecik, Erzincan/Pekeriç, Iğdır/Taşburun, Mağaratepe, Ağrı/Atabindi, Doğubeyazıt/Tutumlu und in Felsen nahe der Burg Kuh-e Zambil. Köroğlu, K., Urartu: The Kingdom and Tribes, in: Köroğlu, K.; Konyar, E. (Hrsg.), Urartu – Transformation in the East, Istanbul (2011), S. 44.

686 Konyar, E., An Ethno-Archaeological Approach to the "Monumental Rock Signs" in Eastern Anatolia, in: Colloquium Anatolicum V (2006), S. 113–126.

687 ABL 197, 380, 444.

König verfügt über ein eigenes Kontingent, zu dem die Truppen der Gouverneure hinzugefügt werden, um dann vom König in die Schlacht geführt zu werden. Allerdings laufen nicht alle Kampagnen nach diesem Schema ab. Wenn Eile geboten ist, ziehen die Truppen des Königs allein ins Feld, d.h. kleinere Gefechte können auch mit einer geringeren Truppenstärke geführt werden.[688]

Dass die Gouverneure selbst an den Kampfaktionen beteiligt sind, belegen zudem die Annalen von Sardure II. in Hazıne Kapısı, in denen festgehalten ist, dass der König auf dem Feldzug gegen Uiṭeruḫi von drei Gouverneuren begleitet wird (CTU A 9-3 III Z. 16`ff.). Offenbar wird unterschieden zwischen den Truppen der Gouverneure, die dem urartäischen König aber zum Wehrdienst sowie auch zur Verteidigung der Grenzen zur Verfügung stehen, und den eigenen Truppen des Königs, die man als stehendes Heer bezeichnen kann.

Die Soldaten (^{lú}e r i n)[689] dieses stehenden Heeres des Königs werden wohl nicht ausschließlich aus der eigenen Bevölkerung rekrutiert, sondern auch aus Kriegsgefangenen, die in das urartäische Heer integriert werden. Jedenfalls ist aus den urartäischen Annalentexten ersichtlich, dass erstaunlich viele Jugendliche und Kinder unter den Kriegsgefangenen sind, die speziell erwähnt werden, z.B. unter Argišti I., der u.a. aus Uiṭeruḫi „19.255 Jugendliche, 10.140 lebende Soldaten und 23.280 Frauen“ deportiert hat (CTU A 8-3 I, Z. 13f.). Vermutlich werden diese Jugendlichen für den Dienst in der urartäischen Armee ausgebildet.[690] Der Beleg nennt außerdem konkret „Soldaten“ (^{lú}é r i n^{meš}) als Kriegsgefangene, wobei eine Eingliederung dieser in die urartäische Armee ebenfalls wahrscheinlich erscheint.[691]

In die „höheren“ Ränge der Armee kann anscheinend nicht jeder aufsteigen. Auf der Berufsgruppen-Tafel aus Toprakkale (CT Tk-1) tauchen 1.113 *marigi* Männer auf, und in einer Inschrift aus Karmir-Blur (CTU A 12-2 II, Z. 5) werden *mare*-Männer als Besitzer des *serḫane*-Hauses (^{é}*si-ir-ḫa-ni*) genannt, die an bestimmten Opferhandlungen teilnehmen, also eine besondere Stellung inne haben.

Nach der Interpretation von Igor M. Diakonoff sind diese *mare*-Männer als Wagenlenker und Mitglieder einer aristokratischen Kriegerklasse[692] Urartus zu verstehen. Die Wagenlenker scheinen die Spitzenposition der urartäischen Armee einzunehmen. Die Bedeutung des Wagens wird dadurch unterstrichen, dass auch die bärtige Figur, die von Ursula Seidl als Ahnherr der urartäischen Dynastie interpretiert wird, auf einem Wagen dargestellt ist. Hierbei kann man von einem Einfluss von außen, wahrscheinlich von Assyrien (wo der kämpfende König in der Regel im Streitwagen dargestellt wird) ausgehen, denn wie oben bemerkt, sind Kriegswagen in Urartu selbst nicht im selben Maße einsetzbar wie in flacheren Gebieten. Nichtsdestotrotz sind Wagen ja nachweisbar Teil der Ausrüstung der

688 Zimansky, P., Ecology and Empire, Chicago (1985), S. 54.

689 Eine Tontafel aus Çavuştepe (CT Çav-1) spezifiziert auch einen Soldaten als ^{lú}e r i n . m a n, „Soldat des Königs“.

690 Dieses System wäre vergleichbar mit dem in der osmanischen Zeit der Türkei, wo die Sultane konvertierte christliche Jungen in ihren persönlichen Wachdienst aufnehmen, die Janitscharen.

691 Çilingiroğlu, A., Mass Deportation in the Urartian Kingdom, in: JKF 9 (1983), S. 320f.

692 Diakonoff setzt das urartäische ^{lú}*mare* in Zusammenhang mit den *mari-an-ne*, der indo-arischen Aristokratie der Hurriter. UPD, S. 81, und Diakonoff, I. M., Sacrifices in the city of Teiseba (UKN 448) – Lights on the social history of Urartu, in: AMIT 24 (1991), S. 50f., Fußnote 27. Diese Überlegung ist allerdings umstritten.

urartäischen Armee und können sicherlich auch für Feldzüge, gerade nach Westen und Osten, gut eingesetzt werden.

Ebenso aus Angehörigen der Aristokratie besteht wohl die Kavallerie, die so genannten *šurele* ($^{(lú)}$kur.kur^{meš}), die nach der bereits angeführten Inschrift aus Karmir-Blur ebenfalls Opfer im *susi*-Tempel vollziehen.[693] Der Begriff *šurele* könnte sich von *šuri* ableiten, das mit „Speer" oder „Lanze"[694] übersetzt wird. Assyrische Quellen[695] legen zudem nahe, dass es sich bei einigen der berittenen Krieger um Mitglieder der königlichen Familie handelt.[696]

In den urartäischen Feldzugsberichten werden v.a. die ^{lú}a.si^{meš} als „Truppen" genannt.[697] Laut Igor M. Diakonoff ist ^{lú}a.si^{meš} weder Sumerogramm noch Akkadogramm, aber im Hethitischen gibt es ein Akkadogramm für Kriegsgefangene, das ^{lú}a.si.rum lautet.[698] Das spräche entweder für einen hohen Anteil von Kriegsgefangenen in den Truppen oder für eine eher lockere Interpretation von Fremdwörtern, wie wir sie in Urartu z.B. schon beim Begriff é.gal[699] feststellen konnten.

Fazit

Die urartäischen wie die assyrischen Befunde lassen für die Armee des urartäischen Königs klar die Struktur eines ausgebildeten und zentral ausgerüsteten Heeres erkennen. Zu dieser Armee kommen die Truppen der Gouverneure, die im Rahmen des Provinzsystems zur Wehrdienstleistung verpflichtet sind, typisch für feudale Systeme. Als Spitze der gesamten urartäischen Truppen tritt aber unumstritten der König auf.

Die Zahlenangaben der urartäischen Herrscher bezüglich ihrer Soldaten sind recht hoch, eine solch große Armee mit unter Sardure II. über 350.000 Infanteristen zu unterhalten erscheint unter den in Urartu gegebenen naturräumlichen Bedingungen nahezu unmöglich. Die Zahlenangaben von Išpuini und Minua mit maximal knapp 17.000 Soldaten wird den tatsächlichen Umständen wohl näher kommen. Grund für eine solche Übertreibung was die Truppenstärke angeht ist, dass der König seine eigene Armee als besonders stark darstellen will, was, da er selbst ja an deren Spitze steht, auf den König selbst zurückprojiziert wird und daher seine eigene Stärke propagiert.

Die inschriftlichen Befunde mit den Eigentumsvermerken auf bronzenen Militärausrüstungsgegenständen zeigen deutlich eine königliche Involvierung in die Ausstattung der

693 Vgl. auch Diakonoff, I. M., Sacrifices in the city of Teiseba (UKN 448) – Lights on the social history of Urartu, in: AMIT 24 (1991), S. 13–21.

694 Zur Diskussion um *šuri* vgl. Kapitel 4.1.2 „Königstitulatur".

695 Z.B. die Annalen Sargons II. aus Ḫorsabad, in denen der assyrische König sagt, dass er „260 Angehörige seiner [Rusas, Anm. d. A.] königlichen Sippe (sowie) Reiter gefangen" genommen habe (Fuchs, A., Die Inschriften Sargons II. aus Khorsabad, Göttingen (1993), S. 111; 320, Z. 134f.). Der gleiche Sachverhalt wird auch in der 8. Kampagne, Z. 138, beschrieben.

696 Konakçi, E.; Baştürk, M.B., Military and Militia in the Urartian State, in: Ancient West and East 8 (2009), S. 178ff.

697 Z.B. die Inschrift Sardures II. auf Hazıne Kapısı, CTU 9-3 II, Z. 6`.

698 Diakonoff, I. M., Sacrifices in the city of Teiseba (UKN 448) – Lights on the social history of Urartu, in: AMIT 24 (1991), S. 19.

699 Siehe oben, Kapitel 4.3.2.3 „Paläste / é.gal".

Armee, wobei im Verhältnis zu den in den Texten genannten Zahlen wenig Militärequipment tatsächlich ausgegraben worden ist.

Die höheren Militärränge werden offenbar durch Adlige bzw. sogar Mitglieder der Königsfamilie bekleidet. Das zeigt eine starke dynastische Bindung des Militärapparats an den König, wie sie oben schon im zivilen Bereich postuliert wurde, und könnte eventuelle militärische Konkurrenten des Königs am Aufstieg in höhere militärische Ränge hindern.

4.4.3 Zweck und Ziele der militärischen Aktionen

Für die Untersuchung des durch die urartäischen Könige vermittelten Selbstbildes im Bezug auf den militärischen Aspekt ist die Begründung und Rechtfertigung der für die Bevölkerung aufwändigen und möglicherweise kritisch gesehenen Feldzüge von Bedeutung.

Aus den Annalen der Könige ist ersichtlich, dass Beute ein Hauptanliegen des Königs bei seinen Feldzügen darstellt. Beutelisten schließen in den Annalen jeweils die einzelnen Jahresberichte ab und tauchen dadurch häufiger als z.B. in assyrischen Annalentexten auf. Auch in kürzeren Inschriften von Išpuini, Minua und Argišti I. kommen Beutelisten vor. Allerdings gibt es hierfür keine Belege mehr nach Sardure II. Die Urartäer nennen niemals die Plünderung der Schätze einer eroberten Stadt, was in Assyrien ein beliebtes und häufiges Motiv ist. Aufgezählt werden in Urartu nur bestimmte Teile der Beute: Gefangene verschiedener Kategorien, Pferde, Rinder, Schafe und Ziegen, seltener Kamele. Wertvolle Metalle tauchen zwar als Teil der Tributpflicht auf, aber nur in einem Beleg[700] als Beute. Beutezüge richten sich in erster Linie immer gegen dieselben Gegner: Mana, Diaueḫi und Etiuni. Alle diese Gebiete liegen nahe dem urartäischen Reich und stellen wohl kaum eine ernsthafte Bedrohung für Urartu dar. Beute von mächtigeren Gegnern wie Assyrien wird selten erwähnt.[701]

Die Verfügung über die Beute, v.a. über Gefangene und das Vieh, scheint den Texten nach dem König vorbehalten zu sein, wobei den Soldaten gestattete Plünderungen sicherlich ein wirksames Mittel darstellen würden, um sich deren Treue zu versichern. Konkrete Belege für Plünderungen durch das Heer gibt es für Urartu aber nicht.

Geht man von der Häufigkeit der Nennung und von der prominenten Stellung in den Texten aus, sind Kriegsgefangene anscheinend ein Hauptmotiv für die Feldzüge. Eine Textstelle von Minua aus Van (CTU A 5-9, Z. 15) sagt „die Männer, die dort waren, gab ich den Soldaten", sie werden also vom König unter seinen Truppen aufgeteilt. Was dann mit den Gefangenen passiert, bleibt allerdings offen. Ähnliche Passagen sind von Sardure II.[702] überliefert. Unklar ist hierbei insgesamt, ob die Beutelisten nur vom Anteil des Königs berichten oder von der gesamten Beute der Kampagne.

Das weitere Schicksal der Kriegsgefangenen wird v.a. in der sowjetischen Forschung kontrovers diskutiert. Die Debatte beruht insgesamt auf sehr wenig Material. Als zentrale Frage gilt, ob diese ca. 20.000 Kriegsgefangenen, die pro Kampagne genannt werden, in

700 „... ich brachte fort Gold und Silber" (CTU A 9-4), Z. 25. Aus der Felsinschrift des Sardure II. aus Habıbuşağı über die Eroberung der Stadt Miliṭea.

701 Zimansky, P., Ecology and Empire, Chicago (1985), S. 55ff.

702 U.a. auf Hazıne Kapısı, CTU A 9-3, z.B. in VI, Z. 28f.: „Sardure spricht: Gesondert (= außerdem) gab ich alt und jung den Gefolgen." Übersetzung nach HchI Nr. 103.

das persönliche Eigentum des Königs übergehen oder im Staat anderweitig eingeordnet werden. Georgji A. Melikišvili vertritt die Ansicht, dass die Kriegsgefangenen als Arbeiter in der Landwirtschaft, auf den großen Plantagen des Königs, dienen. Dagegen postuliert Igor M. Diakonoff, dass ein Teil der Gefangenen zwar in königlichen Werkstätten, auf Tempelgrundstücken oder in königlichen Gärten arbeite, die Mehrheit aber auf Staatsland angesiedelt werde, wo sie selbstständig Landwirtschaft betreiben und im Gegenzug Steuern zahle. Ein weiterer großer Teil werde in die Armee eingezogen und diene in Garnisonen der lokalen Festungen. Grundlage dieser These ist, dass die Anzahl der Gefangenen, wie sie in den Texten genannt wird, so groß ist, dass eine Versklavung aller gar nicht möglich sein kann.[703]

Diese Frage zu klären ist schwierig, denn konkrete Belege für den Verbleib von Kriegsgefangenen außerhalb der Überstellung in die Armee des Königs gibt es bis dato kaum. Tatsächlich nennen nur vier urartäische Inschriften „Fremde" in Urartu. Eine Passage, die zweimal in den Annalen von Argišti I. (CTU A 8-1, Z. 21f. und A 8-3, Z. 36f.) über die Gründung der Festung Erebuni (Arin-Berd) vorkommt, wo 6.600 Soldaten aus Hatti und Ṣupani angesiedelt werden, die Gründungsinschrift von Ayanis von Rusa, Sohn des Argišti (CTU A 12-1 VI, Z. 10f., VII 1ff.), wo von der Ansiedlung von Leuten aus Aššur, Targu, Etiuni, Tabal (Tabla), Qainaru, Ḫate, Muški und Ṣiluquni zu Bauarbeiten die Rede ist, sowie ein fragmentarischer Text desselben Königs (CTU A 12-4, II Z. 7'ff.), der Leute von Muški, Hatti und Halitu im Rahmen des Baus der Stadt des Ḫaldi im Land Ziuquni nahe Adilcevaz nennt. Also werden Fremde auf urartäischem Boden angesiedelt, aber wie ihr Status innerhalb der urartäischen Gesellschaft oder ihre Stellung im Bezug zum König ist, bleibt unklar. In Assyrien sind Deportationen und die Ansiedlung von Kriegsgefangenen in anderen Landesteilen an der Tagesordnung. Der urartäische König scheint mehrere Möglichkeiten zu haben, wie er mit erobertem Land und dessen Bewohnern verfährt. Entweder wird das eroberte Gebiet wieder verlassen, ohne irgendwelche Maßnahmen oder Regelungen zu treffen, oder der lokale Herrscher wird im Amt belassen, wenn er sich bereit erklärt Tribut zu zahlen, oder der urartäische König gliedert das neu eroberte Gebiet in sein Königreich ein und ernennt einen Gouverneur.[704] Letztere Möglichkeit verliert anscheinend im Laufe der urartäischen Geschichte an Bedeutung. Die Feldzüge zielen – im Unterschied zu der assyrischen Kriegspolitik – nicht (mehr) auf eine Vergrößerung des Territoriums ab. Der letzte König, der das urartäische Gebiet noch erweitert, scheint Argišti II. zu sein, allerdings gibt es für die Festungen, die er bei Sarab gebaut haben will, bisher keine archäologischen Nachweise. Die urartäische Expansion findet also innerhalb recht kurzer Zeit statt, nach dem anfänglichen schnellen Wachstum des Territoriums kommt trotz vieler Kampfhandlungen kaum neues Land hinzu.[705]

---

703 Siehe dazu Zimansky, P., Ecology and Empire, Chicago (1985), S. 56f.

704 Diese verschiedenen Möglichkeiten, die nebeneinander existieren, werden z.B. in den Annalen von Sardure II. (CTU A 9-3) deutlich, u.a.: Zerstörung des Landes Baruata (I Z. 6–8), Tribut des Königs von Puini (I Z. 21), Zerstörungen und Deportationen im Land Urme (I Z. 22–25), Einverleibung des Landes Eriaḫi in das Land des Königs (IV Z. 18'–24'), Bau eines é.gal und einer Garnison im eroberten Gebiet und Einsetzen eines Verantwortlichen (III Z. 26'–30'). Vgl. auch Kapitel 4.3.2.10 „Das Ergebnis der königlichen Bauaktivität: Siedlungsverbreitung".

705 Zimansky, P., Ecology and Empire, Chicago (1985), S. 57ff.

Die militärischen Aktionen des Königs sind anfangs in erster Linie auf Landgewinn und Beute ausgerichtet, konzentrieren sich aber nach der Etablierung der Staatsgrenzen eher auf den Zugewinn von Arbeitskraft und Vieh als auf Land. Damit stärkt der König die innere Widerstandskraft des Landes, u.a. indem er in Form der Kriegsgefangenen die nötige Arbeitskraft zum Bau von Festungen etc. stellt. Die Autorität des Königs über die Verteilung der Beute begünstigt Zentralisierungstendenzen des Regimes, während das Terrain und das Klima eine dezentralisierte Verteidigung im Angriffsfall erfordern.[706]

Fazit

Dass im militärischen Bereich der Fokus der Inschriften auf der Beute, d.h. auf der Versorgung des Landes mit Gütern und Arbeitskraft liegt, ist von Bedeutung für die Königsideologie. Anstatt der Landerweiterung und der Vergrößerung des Reiches, die z.B. in Assyrien ein Hauptziel der militärischen Aktivitäten darstellen, tritt mit dem Anstreben von Beute ein eher defensives Ziel und ein ziviler Aspekt in den Vordergrund: Der König kümmert sich um sein Volk, er versorgt es mit dem Nötigen in Form von Vieh und auch zusätzlicher Arbeitskraft. Die militärischen Erfolge bestätigen und stärken das Charisma des Königs, der gemäß dem Bild des „guten Hirten" diese zum Nutzen der Bevölkerung umsetzt.

4.4.5 Zu Militär und Götterwelt

Ebenso verbunden mit dem militärischen Charisma des Königs ist das religiöse, denn die militärischen Leistungen, derer sich der Herrscher rühmt, beruhen auf seiner Verbindung zu Ḫaldi. Die zahlreichen Weihinschriften auf militärischen Ausrüstungsgegenständen können einen Hinweis darauf geben, dass der König vor einem Feldzug die typische Kriegerausstattung (Helm, Panzer, Schild, Köcher, Pfeile und Speere sowie eventuell auch Eisenschwerter, die nicht erhalten sind) Ḫaldi bzw. dessen Tempel stiftet, um eine Art göttliche Segnung der Schlacht durch Ḫaldi zu bewirken.[707]

Dabei ist die Konzeption von Ḫaldi als kriegerischem Gott, der selbst mit seiner Waffe (^{giš}*šuri*) in die Schlacht zieht und durch die Lanze symbolisiert wird, von Bedeutung. In den Kriegsinschriften ist der König selbst nie Akteur, diese Rolle übernimmt Ḫaldi, und es ist auch Ḫaldi, der die Länder besiegt und sie dann vor dem König niederwirft. Des Weiteren gibt die große Anzahl der in den Tempelarsenalen gefundenen Waffen und Kriegsgerätschaften, die Ḫaldi geweiht sind, Aufschluss über die enge Verbindung der militärischen mit der religiösen Sphäre.

Einen interessanten Ansatz zur Beziehung von Militär und Götterwelt liefern Erim Konakçi und Mahmut B. Baştürk.[708] Sie sehen im urartäischen Pantheon eine Reflexion der Kriegerklasse Urartus. Neben Ḫaldi, zweifelsohne ein Gott mit ausgeprägten kriegerischen Aspekten, habe auch der urartäische Wettergott, Teišeba, kriegerische Konnotation, da er nach den Annalen von Sardure II. flüchtende Feinde verbrennt (CTU A 9-3 VI, Z. 28).

706 Ebd., S. 60.
707 Vgl. auch Seidl, U., Bronzekunst Urartus, Mainz (2004), S. 48.
708 Konakçi, E.; Baştürk, M.B., Military and Militia in the Urartian State, in: Ancient West and East 8 (2009), S. 169–201.

Nach Konakçi und Baştürk weisen weitere Gottheiten auf der Götterliste von Meher Kapısı ebenso einen Bezug zum Krieg auf. Der Name des Gottes Ḫutuini, wohl eine lokale Gottheit der Ebene von Karahan, könnte im Zusammenhang mit „Macht des Sieges" oder gar als Personifikation des Krieges, als „Kampf"[709], interpretiert werden, und der Gott Šebitu erhält einen eigenen *susi*-Tempel, in dem Schlacht-Rituale durchgeführt werden (CTU A 10-6).

Diese Betonung der „kriegerischen" Gottheiten im urartäischen Pantheon könnte tatsächlich eine Spiegelung der Bedeutung der Kriegerklasse darstellen und damit ebenso auf die Wichtigkeit des militärischen Charismas des Königs hinweisen.

4.4.5 Die bildliche Darstellung von Konflikten

Zu untersuchen ist weiterhin die bildliche Darstellung von Konflikten. In den schriftlichen Quellen zu militärischen Themen wird deutlich auf die Zerstörung der feindlichen Gebiete, deren Verpflichtung zu Tributen bzw. zur Versorgungsleistung sowie auf die urartäischen Truppen eingegangen, aber diese Texte sind für die vorliegende Untersuchung noch mit der Darstellung von Konflikten in der Kunst zu ergänzen.

Nur auf den frühen Denkmälern, ausschließlich Bronzen und v.a. den breiten Gürteln, werden Schlachten dargestellt, wobei sowohl diese frühen Kampf- als auch die frühen Jagdbilder den entsprechenden assyrischen Darstellungen des 9. Jahrhunderts v. Chr. gleichen.[710] Allerdings wird in Urartu der König in der Regel als Person nicht gezeigt bzw. man kann keine Person als König identifizieren.[711] Die reinen Kampfszenen sind nicht linear eingeteilt, sondern perspektivisch, fast durcheinander. Sie zeigen Berittene und Wagenlenker sowie getötete Feinde am Boden.[712]

Aus späterer Zeit sind keine Schlachtdarstellungen mehr überliefert, dafür prägen Jagddarstellungen und Paraden von Kriegern die Thematik in der Bronzekunst, ebenfalls v.a. auf Gürteln. Dabei entspricht die Ausrüstung und Taktik der Jäger der der Krieger, und auch die Bewegungsschemata sind bei Jägern und Kriegern identisch. Ein Jäger verkörpert quasi den Krieger. Man könnte die Jagden als verschlüsselte Kämpfe interpretieren, um eine bildliche Behandlung konkreter Kampfhandlungen gegen andere Menschen zu vermeiden. Alternativ ließen sie sich als Armee- bzw. Manöverjagden interpretieren, die zum Training der Soldaten dienen; solche Jagden sind z.B. von den Truppen des Čingiz Ḫan bekannt. Ab dem 8. Jahrhundert v. Chr. löst sich die urartäische Darstellungsart von den assyrischen Schemata und beschränkt sich auf einige wenige Motive, v.a. Bogenschützen (auch Genien), Tiere und Mischwesen, die stereotyp nebeneinander stehen. Es handelt sich anscheinend nicht nur um eine formale Veränderung, sondern auch um eine thematische: Es finden sich nämlich keine verwundeten oder getöteten Feinde sowie keine getöteten Tiere

709 Salvini, M., Geschichte und Kultur der Urartäer, Darmstadt (1995), S. 186.

710 Vgl. Seidl, U., Bronzekunst Urartus, Mainz (2004), S. 203f. Zur Datierung gelangt Ursula Seidl auf Grund des Fehlens typischer Elemente der späteren Gürtel, wie des Schlaufenbaumes oder Rankenwerkes (ebd., S. 159).

711 Vgl. Exkurs: „Zum Kunsthandwerk Urartus". Problematisch ist weiterhin, dass ein Großteil der Darstellungen von Armee und Schlachten sich auf Bronzeobjekten aus dem Kunsthandel befinden.

712 Seidl, U., Bronzekunst Urartus, Mainz (2004), br-14–br-17, S. 152f.

mehr. Die Darstellung des Todes wird offenbar vermieden und die Jagden erscheinen wie reine Verfolgungen.[713]

Abb. 36: Schlachtszene auf dem Anzaf-Schild

Quelle: Belli, O., The Anzaf Fortresses and the Gods of Urartu, Istanbul (1999), Figure 31.

Einmalig im Zusammenhang mit Schlachtdarstellungen bleibt die Szene auf dem Anzaf-Schild (Abb. 36) aus der Regierungszeit von Išpuini und Minua. Der Realismus der Darstellung erinnert an neuassyrische Orthostaten. Die Gegner, assyrische Soldaten, sterben durch das Licht, das aus Ḫaldis Lanze hervorbricht, wohl der „Glanz“ des Ḫaldi, sowie durch Pfeile urartäischer Soldaten. Auch Adler und Löwen greifen in den Kampf ein und attackieren die Assyrer. Vom hinteren Ende der Szene kommt eine Lanze geflogen, die wohl Ḫaldis Lanze[714] *šuri* ist. Die Darstellung auf diesem Schild ist ohne Parallele in Urartu, alle anderen Kampfesdarstellungen sind eher repetitiv und statisch. Hier werden dagegen verschiedene Szenen der Schlacht gezeigt, die Flucht der von Pferden gezogenen Wagen, die Kavallerie, durch Ḫaldis Lanze und durch Pfeile verwundete Soldaten, verstörte Pferde, gefallene Soldaten, die von Pferden niedergetrampelt werden, sowie die angreifenden Tiere. Der Symbolgehalt dieser Szene, in der auch die Götter gegen den Feind kämpfen, ist ohne Parallele.[715]

4.4.6 Zusammenfassung

Das Bild, das die urartäischen Könige von ihren militärischen Taten übermitteln, ist nicht im selben Ausmaß von Stärke und Durchschlagskraft dominiert wie das der assyrischen Könige. Zwar werden übertriebene Truppenzahlen und die einzelnen Eroberungen in den Annalen und Feldzugsberichten als Leistungen des Königs aufgeführt, aber der Akzent liegt

713 Ebd. S. 203f., und: Born, H.; Seidl, U., Schutzwaffen aus Assyrien und Urartu, Mainz (1995), S. 81ff.

714 Die tödliche göttliche Lanze hat ihre Wurzeln im mesopotamischen Raum, wo im 3. Jahrtausend v. Chr. das *šarur*, Ninurtas heilige Waffe, die Armee des Feindes besiegt. Vgl. Belli, O., The Anzaf Fortresses and the Gods of Urartu, Istanbul (1999), S. 70.

715 Belli, O., The Anzaf Fortresses and the Gods of Urartu, Istanbul (1999), S. 66ff.

nicht so sehr auf den Verwüstungen, die er anrichtet, sondern vielmehr auf den Vorteilen, v.a. ökonomischer Art, die sich für den gesamten Staat aus den Feldzügen ergeben. Statt *en detail* Grausamkeiten und Brandschatzungen zu beschreiben, listen die Urartäer die von ihnen eroberten Städte und Königreiche auf, gleich gefolgt von den erbeuteten Schätzen, weggebrachten Menschen und dem auferlegten Tribut.

Hinweise auf das tatsächliche Kampfgeschehen erfolgen im Zusammenhang mit Ḫaldi, der mit seiner Waffe (^{giš}*šuri*) dem urartäischen Heer voran in die Schlacht zieht und in der Bildaussage des Anzaf-Schilds als der eigentliche Akteur im Kampf gekennzeichnet wird. Der König selbst ist zwar – wie in den Texten betont wird – „furchtlos" seinen Feinden gegenüber, aber er scheint sich nicht als besonders hart oder gar grausam darstellen zu wollen. Ebenso wird vermieden, auf ungünstige Ereignisse oder Niederlagen einzugehen. In drei bekannten Fällen berichten dagegen die assyrischen Quellen von einer Lebensgefahr für den urartäischen König: gegen die Kimmerier[716] und zweimal nach Niederlagen gegen Assyrien.[717]

So trägt die Befassung mit militärischen Angelegenheiten, wie sie vor allem assyrische Briefe klar belegen, und die Stellung als erfolgreicher Oberbefehlshaber der Truppen zum persönlichen Charisma des jeweiligen Königs bei, nimmt aber – etwa im Vergleich zu Assyrien – eine eher untergeordnete Rolle innerhalb der urartäischen Königsideologie ein.

4.5 Die Jagd

Der Vollständigkeit wegen soll kurz auf den Bereich der Jagd eingegangen werden, der u.a. bei den assyrischen Königen als häufiger Aspekt der Königs(selbst)darstellung, auch im Zusammenhang mit der Konzeption des Königs als Bezwinger des Chaos und Erhalter der Ordnung, festzustellen ist.[718]

Archäologisch spricht die größere Anzahl an Funden von Wildtierknochen gegenüber Knochen von domestizierten Tieren in Urartu für eine große Bedeutung der Jagd, auch für die Subsistenz. Die so genannten „Knochenräume" in Bastam lassen außerdem darauf schließen, dass die erjagten Tiere im königlichen Speiseplan eine Rolle spielen.[719] In Ayanis ist der Anteil an Knochen von Wildtieren in der Zitadelle weit höher als in der Unterstadt, was auf Jagdaktivitäten v.a. der Elite hindeuten könnte.[720]

Wie oben ausgeführt kann an Hand der bildlichen Darstellungen und des erwähnten Fallenlassens von Kampfdarstellungen ab Argišti I. die Jagd dem militärischen Aspekt der Königsdarstellung beigeordnet werden und entsprechend der Förderung des militärischen Charismas des Königs dienen. Allerdings gibt es – genau wie im Falle von Kampfhand-

716 ABL 146, 197, 646.

717 Tiglat-Pilesar III. gegen Sardure II. (ARAB 1:273, 281, 292) und Sargon II. gegen einen Rusa, der daraufhin Selbstmord begeht (vgl. z.B. die Annalen von Sargon II., Z.164f., Fuchs, A., Die Inschriften Sargons II. aus Khorsabad, Göttingen (1993), S. 116f., 322).

718 Vgl. Kapitel 2.4.2.4 „Ein Sonderfall: Die Löwenjagd"

719 Boessneck, J.; Kokabi, M., Tierknochenfunde der Grabungen 1973–78, in: Kleiss, W. (Hrsg.), Bastam II, Berlin (1988), S. 175–262.

720 Kroll, S. et al. (Hrsg.), Introduction, in: dies. (Hrsg.), Biainli-Urartu, Leuven (2012), S. 24.

lungen – keine konkreten Jagddarstellungen, auf denen der König zu erkennen ist. Zwar finden sich Szenen, in denen – auch einzelne Individuen – gegen Löwen kämpfen[721], aber ein Bezug auf die Person des Königs wird nicht deutlich. So wichtig die Jagd für die Bevölkerung[722] Urartus sicherlich ist, in der Königsideologie spielt sie offenbar keine Rolle. Das wird unterstrichen durch das vollständige Fehlen von Berichten königlicher Jagderfolge, die bei den Assyrern regelhaft, v.a. in den Annalen, vorkommen.

Hier zeigt sich ein deutlicher Unterschied in der Selbstdarstellung des urartäischen im Vergleich zum assyrischen Königtum. Das Bild des Königs als Bezwinger des Chaos und Erhalter der Ordnung wird nicht kämpferisch oder durch Jagderfolge inszeniert, sondern eher indirekt in den Bauinschriften beschrieben. Ebenso wie das Fehlen der spezifischen detailreichen Grausamkeiten in den Feldzugsberichten wird hier ein eher zivil geprägtes Image des Herrschers kommuniziert.

4.6 Die urartäische Königsdynastie

Urartäische Herrscher nennen ohne Ausnahme stets den Namen ihres Vaters in den Monumentalinschriften, was die Bedeutung der Abstammung herausstellt. Die Erblichkeit des Amtes, verbunden mit der „Heiligkeit des Blutes“, verweist auf eine Traditionslinie, die ihren Ausgangspunkt in einem charismatischen Stammvater der „Dynastie“ findet.

Dieser kann möglicherweise mit dem ersten belegten urartäischen König Aramu/e, der allerdings nur in assyrischen Inschriften auftaucht, identifiziert werden. Von ihm ist außer seinem Namen und seiner Hauptstadt nichts bekannt. Als Ausgangspunkt der bekannten urartäischen Dynastie, die von Tušpa aus regiert, tritt Sardure I. auf, der sich „Sohn des Lutipri“ nennt. Ein „König“ Lutipri ist uns weder aus assyrischen noch aus urartäischen Quellen bekannt.

Eine theoretische Möglichkeit wäre, Lutipri mit Aramu zu identifizieren. Diese Idee stützt sich auf die Nennung der Stadt Arbu als Herkunft der urartäischen Dynastie im Bericht über die 8. Kampagne Sargons:

> „Auf meinem Marsch zog ich [Sargon] gegen Arbu, die Stadt des Vaterhauses[723] des Ursā, und Rijar, die Stadt des Ištar-dūrī.“[724]

Arbu wiederum liegt im Land Armarijalī, das in anderen assyrischen Quellen als Aramalē, Armarilī oder Armiraliu[725] wiedergegeben wird. Andreas Fuchs[726] schließt daraus, dass der

721 In erster Linie auf Gürteln, vgl. Tafel 57, in: Seidl, U., Bronzekunst Urartus, Mainz (2004).

722 Das ist zu erkennen an der Motivik der Gürtel, die zum deutlich größten Teil Jagden zeigen. Vgl. Seidl, U., Bronzekunst Urartus, Mainz (2004), S. 168.

723 Michael Roaf nimmt das „Haus des Vaters“ wörtlicher und schließt so auf einen Usurpator, vermutlich Rusa, Sohn des Erimena, weil das „Haus des Vaters“ der Könige der Dynastie in Tušpa angesiedelt werden müsste. Roaf, M., Could Rusa Son of Erimena have been king of Urartu during Sargon's Eighth Campaign?, in: Kroll, S. et al. (Hrsg.), Biainili-Urartu, Leuven (2012), S. 206.

724 8. Kampagne, Z. 277.

725 In den Annalen von Salmanassar III., siehe Yamada, S., The Construction of the Assyrian Empire. A Historical Study of the Inscriptions of Shalmanesar III (859–824 B.C.) relating to his Campaigns to

Name „Arame“ ein „verstümmelter“ Titel ist, der eigentlich etwas wie „Herr von Aram(al)ē“ meinen sollte. Damit könnte Lutipri der Eigenname des „Herrn von Aram(al)ē“ gewesen sein, d.h. Aramu/e und Lutipri bezeichneten ein und dieselbe Person. Angesichts der nicht vorhandenen Belege ist die Frage nach der Identität von Lutipri und Aramu/e aber ohne schriftliche urartäische Quellen aus der betreffenden Zeit nicht zu klären.

Betrachtet man die urartäischen Könige nach Aramu/e, ihre Namen und Patronyme, so fällt auf den ersten Blick die scheinbar lineare dynastische Folge auf, in der stets ein Sohn auf seinen Vater folgt. Eine so reibungslose Vater-Sohn-Folge ist erstaunlich. Wenn man als Vergleich das assyrische Reich heranzieht, gibt es eine solche Abfolge nur in zwei Fällen: neun Generationen von Erība-Adad I. (1390–1364 v. Chr.) bis Aššur-Nerari III. (1203–1198 v. Chr.) und elf Generationen von Aššur-Rabi II. (1010–970 v. Chr.) bis Salmanassar IV. (782–773 v. Chr.).[727]

In diesem Kapitel soll die urartäische Königsfamilie genauer betrachtet werden, und dabei v.a. diejenigen Herrscher, deren Thronbesteigung vielleicht etwas weniger glatt verlaufen ist.

In drei konkreten Fällen bestehen nämlich Zweifel an einer regelgerechten Vater-Sohn-Erbfolge auf dem urartäischen Thron bzw. existieren widersprechende Belege: bei Argišti, Sohn des Minua, bei Rusa, Sohn des Erimena, sowie bei Rusa, Sohn des Sardure.

Argišti I., Sohn des Minua

In seine Königsinschriften nimmt Išpuini sowohl seinen Sohn Minua als auch seinen Enkel Inušpa auf. Das lässt ein besonderes Bemühen um die dynastische Kontinuität erkennen, die gerade in der Frühzeit des urartäischen Königreiches sicher von hoher Bedeutung ist. Trotzdem versagt dieses Bemühen offenbar auch schon in der Frühzeit: Obwohl von seinem Großvater Išpuini in seinen Inschriften genannt, regiert Inušpa selbst nicht oder nur kurz – jedenfalls hinterlässt er keinerlei eigene Königsinschriften. Auf den Thron folgt nach seinem Vater Minua sein Bruder: Argišti, Sohn des Minua. Wahrscheinlich erscheint, dass Inušpas früher Tod seine Thronbesteigung verhindert[728] und der Thron direkt und legitim auf seinen Bruder Argišti I., ebenfalls Sohn des Minua, übergeht.

Neben dieser zunächst nicht vorgesehenen Thronbesteigung hat Alina Ayvazian[729] noch einige Auffälligkeiten in den Inschriften Argištis I. festgestellt. Aus seinen Annalen ist ersichtlich, dass aus Anlass seiner Thronbesteigung viele Provinzen rebellieren. In den ersten Regierungsjahren nennt sich Argišti „starker König, großer König, Herrscher von Tušpa-Stadt“, es fehlt der in der Standardtitulatur enthaltene Titel „König von Biainili“. In den Annalen folgen viele Siege, woraufhin die Titulatur erweitert wird um „König der Könige“. Diese augenscheinliche Demut zu Anfang der Regierungszeit entspricht laut

---

the West, Leiden (2000), S. 364, ii 56f.

726 Fuchs, A., Urarṭu in der Zeit, in: Kroll, S. et al. (Hrsg.), Biainili-Urartu, Leuven (2012), S. 159.

727 Siehe ebd., S. 146.

728 Veli Sevin vermutet hingegen, dass Inušpa gegen Minua rebelliert, um vorzeitig König zu werden. Diese Rebellion geht schief und so wird Inušpa durch Argišti I. „ersetzt“. Konkrete Hinweise darauf gibt es aber nicht. Sevin, V., Menua Oğlu İnuşpua/Inushpua the son of Menua, in: Anadolu Araştirmaları VII (1979/1981), S. 7–11.

729 Ayvazian, A., Observations on Dynastic Continuity in the Kingdom of Urartu, in: IranAnt XL (2005), S. 197–206.

Ayvazian der kleinen Krone von Dareios auf dem Behistun-Relief, da er zu diesem Zeitpunkt noch keine gefestigte Kontrolle über Persien hatte, im Gegensatz zu der größeren Krone auf späteren Reliefs.[730]

Einen weiteren Hinweis auf Unregelmäßigkeiten in der Thronfolge Argištis gibt laut Ayvazian ein anderer Text (CTU A 8-3) des Königs, in dem es heißt

> „durch die Macht Ḫaldis, auf Befehl (*ba-ú-ši-ni*) Ḫaldis, als Ḫaldi Argišti, Sohn des Minua, das Königtum gab, setzte er sich auf seines Vaters Thron".

Eine ähnliche Passage taucht bei Sardure II. an Hazıne Kapısı (CTU A 9-3 VII) auf. Dort heißt es „als Ḫaldi mir das Königtum gab und ich auf meines Vaters königlichen Thron saß [...] zerstörte ich [...]", dem folgt die Aufzählung der Pferde und der feindlichen Soldaten. Auffällig ist laut Ayvazian, dass in der Inschrift von Sardure II. das „auf Befehl Ḫaldis", das den Passus bei Argišti I. einleitet, hier[731] fehlt. Anscheinend will Argišti die Legitimität seiner Herrschaft betont von Ḫaldi her und nicht aus der üblichen Thronfolgepraxis ableiten. Damit agiert nach dieser These Argišti I. wie die meisten Usurpatoren in ihren Inschriften: Er kommt an die Macht durch Ḫaldi, wie etwa Sargon II. auf Anfrage der Bürger von Aššur oder wie Dareios durch den Willen von Ahuramazda. Alle diese Usurpatoren verzeichnen herausragende militärische Erfolge, alle hinterlassen ausführliche Inschriften und alle konsolidieren ihre Macht. Auch Argišti I. gründet mit Erebuni (Arin-Berd) ein neues Administrationszentrum, so wie die anderen genannten Usurpatoren Hauptstädte gründen.[732]

Meines Erachtens existieren aber keine überzeugenden Belege dafür, Argišti als Usurpator zu betrachten. Laut seinen Inschriften ist er der Sohn Minuas und hat damit einen berechtigten Anspruch auf die Thronfolge. Rebellionen zum Regierungsantritt eines neuen Königs sind völlig unabhängig von seiner Legitimität – wenn man Annalentexte im Allgemeinen oder z.B. speziell im assyrischen Raum betrachtet – schon fast an der Tagesordnung. Was mit Argištis Bruder Inušpa geschehen ist, bleibt offen. Das Einleiten von Inschriften(teilen) mit dem Passus „auf Befehl Ḫaldis" ist nicht außergewöhnlich unter Argišti I., u.a. gebraucht Minua denselben Ausdruck in der Inschrift von Aznavurtepe (CTU A 11A, Z. 5), und ganz allgemein ist es in Urartu üblich, alle Taten auf Ḫaldi zu beziehen. Ebenso wenig stellt die Gründung einer Residenzstadt eine Besonderheit der urartäischen Geschichte dar (z.B. Çavuştepe unter Sardure II.).

Rusa, Sohn des Erimena

Rusa, Sohn des Erimena, wurde chronologisch[733] traditionell in der bisherigen Forschung ans Ende des urartäischen Reiches gesetzt, wohl u.a. deswegen, weil ein König Erimena nicht bekannt war und man einfach nicht sicher war, wie dieser Rusa nun in die dynastische Folge einzuordnen ist.

---

730 Ebd., S. 200ff.

731 Allerdings taucht der Passus in der Inschrift trotzdem auf, an anderer Stelle im Zusammenhang mit der Aneignung von Magazinen und der Gefangenennahme von Menschen: II, Z. 30′.

732 Ayvazian, A., Observations on Dynastic Continuity in the Kingdom of Urartu, in: IranAnt XL (2005), S. 200ff.

733 Vgl. u.a. Salvini, M., Geschichte und Kultur der Urartäer, Darmstadt (1995).

Neue Erkenntnisse hinsichtlich der Zeitstellung des Rusa, Sohn des Erimena, erbrachte ein 2002 in Gövelek gefundenes Inschriftenfragment. Es handelt sich um den oben abgerundeten Teil einer schmalen Stele mit einer Inschrift von Rusa, Sohn des Erimena. Der Text berichtet von landwirtschaftlichen Arbeiten und Kanalbauten im Gebiet jenseits des Berges Erek Dağ (urartäisch Qilbani). Auf der Rückseite der Stele steht eine Opferliste, auf der u.a. Aššur gelistet ist. Zusammen mit zwei weiteren kleinen Fragmenten, die ebenfalls in Gövelek gefunden wurden, und der Stele von Keşiş Göl im Vorderasiatischen Museum, Berlin, sind alle einzelnen Fragmente wohl zu einer kompletten Stele zu rekonstruieren, wobei das Berliner Fragment das untere Ende der Stele darstellt (CTU A 14-1).[734] Die Inschrift von Keşiş Göl berichtet von der Gründung von Toprakkale, damit ist Rusa, Sohn des Erimena, der Gründer von Toprakkale.

Die Titulatur von Rusa, Sohn des Erimena, auf dieser Gründungsstele von Toprakkale gleicht der Argištis II., was Mirjo Salvini[735], der Rusa, Sohn des Erimena, ans Ende des urartäischen Reiches datiert, als bewussten Rückgriff auf die Zeit von Argišti II. deutet.

Dabei stellt sich aber zunächst die Frage nach Rusas Vater Erimena. Von einem König dieses Namens ist bislang nichts bekannt. Das könnte entweder an einer sehr kurzen Regierungszeit liegen oder daran, dass Erimena selbst nie den Thron bestiegen hat. Vorzustellen wäre ein Szenario, in dem Erimena vielleicht der Bruder eines Königs ist, der eventuell kinderlos stirbt oder einen Sohn hinterlässt, der noch zu jung ist, um die Regierung selbst zu übernehmen. Deswegen kommt ein Neffe dieses Königs, namens Rusa, dessen Vater Erimena ist, auf den Thron, eventuell tatsächlich nur übergangsweise, als Vormund eines unmündigen Kronprinzen.

Für ein solches Szenario spricht ein Beleg des Namens Erimena auf einem Siegelabdruck auf einer Tontafel aus Karmir-Blur (CTU CT Kb-3, CTU Sig. 13-1). Leider ist der Text sehr lückenhaft und auch das eventuell vorhandene Patronym Erimenas ist nicht ganz eindeutig. Mirjo Salvini liest die Legende folgendermaßen:

1 ^{m}]*e-ri-me-na*[- ^{m}*a*]*r*?- ⌜*giš*⌝ ?

2]- ⌜*i*⌝ -*e* | k[išib]? ^{lú}*a*⌝ ?-[*ṣu*?-*li*?-*i*[736]

Damit hätten wir hier das Beamten(^{lú}*aṣuli*)-Siegel von Erimena, Sohn des Argišti, der somit vielleicht ein Bruder von Rusa, Sohn des Argišti, ist. Das wäre v.a. im Zusammenhang mit der Herkunft der Abrollung aus Karmir-Blur, einer Gründung von Rusa, Sohn des Argišti, eine logische Schlussfolgerung, aus der weiterhin folgte, dass Erimena und Rusa, Sohn des Argišti, Zeitgenossen wären.[737] Daraus folgte wiederum, dass bei der Chronologie-Tabelle in Kapitel 3.2 die dritte Spalte zu bevorzugen wäre und Rusa, Sohn des Erimena, als Rusa III. zu identifizieren wäre.

Dagegen spricht: Abgesehen von dem schlechten Erhaltungszustand des Siegels muss der hier genannte Erimena nicht derjenige Erimena sein, der Vater des fraglichen Rusa ist.

---

734 Salvini, M., Ein folgenreicher Textanschluss. Eine urartäische Königsinschrift im Vorderasiatischen Museum facht den wissenschaftlichen Disput an, in: Antike Welt 2/2008, S. 35–37.

735 Salvini, M., Una Stele di Rusa III Erimenahi dalla zona di Van, in: SMEA 44 (2002), S. 141.

736 Vgl. auch: Salvini, M., Argišti, Rusa, Erimena, Rusa und die Löwenschwänze: Eine urartäische Palastgeschichte des VII. Jh. v. Chr., in: Aramazd II (2007), S. 154.

737 Ebd., S. 152ff.

In den letzten Jahren hat sich die Tendenz durchgesetzt, Rusa, Sohn des Erimena, in das 8. Jahrhundert v. Chr. zu datieren. Denn neben der sprachlichen Auffälligkeit im Hinblick auf seine Titulatur (s.o.), ähnelt der Stil in bildlichen Darstellungen von Rusa, Sohn des Erimena, den Perioden vor Rusa, Sohn des Argišti. Unterschiede zeigen sich v.a. bei Löwendarstellungen: Die Löwen auf den Schildern von Rusa, Sohn des Erimena, haben einen modellierten Körper und einen erhobenen Schwanz, sie sind katzenhaft in ihrer Bewegung und ihren Proportionen, während die Löwen auf den Schildern von Rusa, Sohn des Argišti, einen geraden, stilisierten Körper haben und Ornamente am Fell sowie Zeichen an den Hinterläufen aufweisen. Die Art, wie das Löwenmotiv unter Rusa, Sohn des Erimena, dargestellt wird, ist nach Ursula Seidl zweifellos ins 8. Jahrhundert v. Chr. zu datieren.[738]

Des Weiteren spricht für ein früheres Ansetzen von Rusa, Sohn des Erimena, dass in Toprakkale beschriftete Objekte sowohl von Rusa, Sohn des Argišti, als auch von Rusa, Sohn des Erimena, gefunden wurden. Das belegt, dass Toprakkale in den Regierungszeiten beider Herrscher benutzt wird. Wenn Rusa, Sohn des Erimena, aber Toprakkale gegründet hat, was nach der Gövelek-Inschrift als bewiesen gilt, muss Rusa, Sohn des Argišti, später angesetzt werden, außer man nähme eine Mitnahme von älteren Objekten nach Toprakkale an, wie sie aus Karmir-Blur bekannt ist. Dadurch erklärt sich aber nicht die Existenz von Tontafeln des Rusa, Sohn des Argišti, in Toprakkale, von denen eine als Datumsanzeige angibt:

> „Jenes Jahr der Stadt Rusas, des Sohnes des Argišti, als Haldi mich als König in dem gegenüber dem Berg Qilbani (gelegenen) Rusahinili [= Toprakkale] einsetzte…“[739]

Toprakkale ist in dieser Inschrift von Rusa, Sohn des Argišti, namentlich genannt, so muss Toprakkale schon gebaut gewesen sein, als Rusa, Sohn des Argišti, den Thron besteigt, womit sich eine frühere Datierung von Rusa, Sohn des Erimena, vor der Regierungszeit von Rusa, Sohn des Argišti, bestätigt.

Wie dieser Rusa, Sohn des Erimena, der offenbar nicht Sohn eines urartäischen Königs ist, auf den Thron gelangt, bleibt dabei unklar. Wenn ein ^{lú}*aṣuli* namens Erimena existiert, was der Beleg aus Karmir-Blur nahelegt, wäre das ein Hinweis darauf, dass auch Erimena ein „königlicher“ Name ist, denn alle bisher belegten ^{lú}*aṣuli* tragen königliche Namen (Rusa, Sardure), selbst wenn der Erimena der Siegelbeischrift später als der Vater des betreffenden Rusa gelebt hat. Somit könnte man bei Rusa, Sohn des Erimena, spekulativ von einem Neffen des Königs, vermutlich von Sardure II. ausgehen, der den Thron z.B. deswegen besteigt, weil der designierte Thronfolger, Rusa, Sohn des Sardure, zum Zeitpunkt des Todes von Sardure II. noch zu jung ist.

Rusa, Sohn des Sardure

Einige Forscher sehen eine Unregelmäßigkeit in der dynastischen Folge im Falle Rusas, Sohn des Sardure. Zum Einen erwähnt Sargon II. in seiner 8. Kampagne eine Bronzestatue von einem Rusa, die in einem Wagen steht und die Inschrift trägt „mit meinen zwei Pferden

738 Seidl, U., Rusa Son of Erimena, Rusa Son of Argišti, and Rusahinili/Toprakkale, in: Kroll, S. et al. (Hrsg.), Biainili-Urartu, Leuven (2012), S. 179f.

739 Salvini, M., Die urartäische Tontafel VAT 7770 aus Toprakkale, AoF 34 (2007), S. 46.

und meinem Wagenlenker übernahm ich das Königtum von Urartu". Das könnte laut Alina Ayvazian ein Hinweis auf eine mögliche (gewaltsame) Usurpation des Thrones sein oder Bezug auf einen Sieg in einem Wagenrennen nehmen, wobei es bisher keine Belege für Wagenrennen in Urartu gibt.[740] Fraglich ist allerdings prinzipiell, um welchen Rusa es sich bei der Statue handelt, möglich wäre auch Rusa, Sohn des Erimena. Zweifelhaft ist darüber hinaus, wie wörtlich Sargons Aussagen in Bezug auf urartäische Denkmäler genommen werden sollten. Ob die Assyrer, die sich vor Ort in Muṣaṣir befanden, des Urartäischen mächtig waren, darf man in Frage stellen.

In seinen Inschriften nennt sich Rusa „Sohn des Sardure". Nun vertritt z.B. Alina Ayvazian die These, dass der Vater Rusas nur zufällig wie der König Sardure II. hieß,[741] basierend auf einer Passage einer Inschrift, die von der Errichtung einer Stele durch Rusa, Sohn des Sardure, für den Wettergott berichtet (CTU A 10-7):

> „Dem Gott Teišeba, dem Herrn, stellte Rusa, Sohn des Sardure(,) mit dem Namen Uedipri, eine Stele für immer auf. Rusa, Sohn des Sardure [...]"[742].

Dabei kann Uedipri sowohl ein Spitzname als auch ein Beiname oder ein Titel des Sardure sein, aber ebenso auch (Bei-)Name der Stele selbst.[743] Wäre ersteres der Fall, stellte diese Inschrift den einzigen Beleg eines solchen erweiterten Patronyms dar und könnte durchaus zur Unterscheidung zwischen zwei verschiedenen Individuen namens Sardure benutzt worden sein. Aber sollte Rusa ein Usurpator sein, wieso nutzen die Assyrer das nicht in ihrer Propaganda? Grund hierfür könnte laut Ayvazian sein, dass sein assyrischer Gegner, Sargon II., selbst ein Usurpator ist und Rusa immerhin in irgendeiner Form Mitglied der weiteren urartäischen Königsfamilie sein könnte. Sardure II. nennt seinen Kronprinzen auch in einer Inschrift[744], der Name selbst ist aber leider nicht erhalten, allerdings ist der vorhandene Platz der Bruchstelle zu klein für alle bekannten urartäischen Königsnamen, abgesehen von eben Rusa.[745] Eine nicht-rechtmäßige Thronfolge Rusas, Sohn des Sardure, erscheint mir prinzipiell unwahrscheinlich.

Fazit

Abgesehen von diesen ja eher kleineren Unsicherheiten handelt es sich bei allen urartäischen Königen um Mitglieder einer einzigen Königsfamilie[746], eine Usurpation des Throns von außen ist nicht zu belegen. Vielmehr sollte man auch einen Übergang der Thronfolge auf „entferntere" Verwandte in Betracht ziehen, wie etwa einen Neffen oder Schwiegersohn des früheren Königs. Solche Thronfolgeszenarien sind z.B. aus dem hethitischen Reich

---

740 Ayvazian, A., Observations on Dynastic Continuity in the Kingdom of Urartu, in: IranAnt XL (2005), S. 198f.

741 Ebd.

742 Deutsche Übersetzung der Autorin. Der Text bricht dann ab.

743 Für letzteres plädiert Mirjo Salvini, CTU S. 509.

744 So: Ayvazian, A., Observations on Dynastic Continuity in the Kingdom of Urartu, in: IranAnt XL (2005), S. 198, die UKN zitiert, aber die Textnummer oder -stelle nicht angibt.

745 Ayvazian, A., Observations on Dynastic Continuity in the Kingdom of Urartu, in: IranAnt XL (2005), S. 198f.

746 Dabei spielt es zunächst keine Rolle, ob Erimena nun Teil der Familie war oder nicht, denn Erimena selbst ist als Inhaber des Königsamtes bis dato nicht belegt.

bekannt, wo sie zwar in einigen Fällen, aber durchaus nicht immer, im Zusammenhang mit einer gewaltsamen Usurpation des Thrones durch Familienmitglieder stehen.

Die Mitglieder der urartäischen Dynastie sind miteinander verbunden durch die Abstammung und damit durch die „Heiligkeit“ ihres Bluts. Ihre Legitimation leiten sie dementsprechend aus dem Charisma des Dynastiegründers ab – vermutlich Sardure I. – der wie in Kapitel 4.2.4 „Vergöttlichte Könige oder ein Ahnenkult in Urartu?“ erwähnt, eine besondere Verehrung erfährt. Im Zuge der Veralltäglichung wird das Charisma des Vorfahren mit dem Königsamt identifiziert und durch Weitergabe des Königstitels innerhalb der Dynastie ständig aufs Neue aktualisiert. In diesem Zusammenhang können wir hier von Erb- oder Gentilcharisma in Urartu sprechen.

Zur ideologischen Absicherung ihres Herrschaftsanspruchs dienen den Königen unterschiedliche Maßnahmen der Traditionsstiftung, wie sie sich am generationenlangen Aufbewahren und der Zurschaustellung von den Göttern geweihten Objekten früherer Könige zeigt. Auch der stete Gebrauch der Patronyme, häufig in Verbindung mit Ḫaldi trägt dazu bei.

5. Das Königtum in Urartu – Schlussbetrachtung

In der vorliegenden Arbeit wurde dargelegt, dass Königtum ein universelles, welthistorisches Phänomen ist, das nach dem vorgestellten Modell des Charisma-Konzeptes betrachtet und untersucht werden kann, da dem Königtum eine Außeralltäglichkeit der herrschenden Person, des Königs, zu Grunde liegt. Die „Heiligkeit" des Königtums wurde dabei in drei Aspekte bzw. Bereiche unterteilt: einen religiös-magischen, einen politischen und einen militärischen. In allen muss ein König sich beweisen, auf der einen Seite, um überhaupt erst zu seiner Position zu gelangen und auf der anderen Seite, um diese Position stets aufs Neue zu legitimieren und so zu erhalten.

Im Rahmen des genuinen Charismas kann das magisch-religiöse Charisma als häufigster Berufungsgrund gelten, gefolgt vom militärischen Charisma. Durch die enge Bindung zur Götterwelt erscheint eine Person als außerordentlich – oder eben außeralltäglich – befähigt, und damit geeignet für ein hohes Amt. Ähnliches gilt für den militärischen Erfolg, der beweist, dass ein Mensch sich von anderen abhebt und besondere Fähigkeiten besitzt, wobei hier ebenfalls ein religiöser Hintergrund mitspielt: Der militärische Erfolg ist nur dank der Unterstützung, dank der Erwähltheit durch die Götter möglich. Der politische Bereich ist dagegen eher ein Raum der Bewährung; die darin liegenden Aufgaben muss der König erfüllen, um sich seines Amtes als würdig zu erweisen, was wiederum auf die Unterstützung durch die Götter zurückgeführt wird.

Das religiöse Charisma des urartäischen Königs

Das religiöse Charisma der urartäischen Könige, ihre besondere Nähe zu den Göttern, erscheint im historischen Rückblick selbst geschaffen. Der erste aus Inschriften bekannte König der urartäischen Dynastie, Sardure I., verzichtet nach seinen überlieferten Texten völlig auf eine religiöse Legitimation, es werden keine Gottheiten erwähnt. Das lässt auf militärische Gründe für seine Berufung schließen. Eine religiöse Grundlage für das Königtum wird unter Išpuini geschaffen, wahrscheinlich während der Ko-Regenz mit seinem Sohn Minua, durch die Etablierung eines verbindenden „Staatskultes" mit Ḫaldi, dem urartäischen Staatsgott und (Schutz-)Gott des Königtums an der Spitze.

Das geschieht aus der Notwendigkeit heraus, der Bevölkerung, die zuvor vermutlich weder eine religiöse noch staatliche Einheit kannte, eine gemeinsame Identität zu schaffen, um darauf aufbauend ein Staatswesen mit einem allgemein anerkannten König an der Spitze zu bilden und zu festigen. Diese gemeinsame Religion mit dem König als charismatischer Mittlerfigur zwischen Gott und Menschen kann als eine Grundvoraussetzung des Königtums in Urartu gesehen werden. Gerade die Gründerfigur der neuen Religion, der König, der in der Folge dem obersten Gott Ḫaldi besonders nahe steht, besitzt ein herausragendes religiöses Charisma, das sich auf seine Nachkommen überträgt

Angeregt wird die Entwicklung des Königtums in Urartu wahrscheinlich durch das Vorbild des erfolgreichen südlichen Nachbarn, des assyrischen Reiches. Assyrische Anleihen sind schon in der Konzeption Ḫaldis, die der Aššurs stark ähnelt, augenfällig. Unterschiede zeigen sich aber im Verhältnis des Königs zum Gott: Während in Assyrien der

König „Verwalter" des Aššur ist, ist der urartäische König zurückhaltender, er ist „Diener des Ḫaldi".

Die neu geschaffene Staatsreligion richtet sich offenbar an die gesamte Bevölkerung: Während die Ḫaldi-preisenden Inschriften wohl inhaltlich nur der des Lesens kundigen Elite zugänglich sind, sind die hochstandardisierten *susi*-Tempel hingegen ein öffentlicher und für jeden sichtbarer Marker der Staatsreligion, so dass Identifikationsmöglichkeiten auch für die Bevölkerung geschaffen werden. Das Vorbild der Könige in der religiösen Haltung, v.a. gegenüber Ḫaldi, und in der kontinuierlichen und zuverlässigen Ausübung ihrer religiösen Pflichten zeigt sich dem Volk bereits, wenn der Kronprinz im Tempel des Ḫaldi zeremoniell in sein Amt eingeführt wird, was ihm gleichzeitig die dauerhafte Unterstützung des Gottes für seine Regierung sichert.

Durch diese effiziente Verbreitung und Propaganda wird die urartäische Religion zum Selbstläufer. Obwohl eigentlich offenbar eine Eigenkreation, legitimieren sich die urartäischen Könige durch ihr enges Verhältnis zu Ḫaldi, begründen ihre Taten als von Ḫaldi beauftragt oder ihm zu Ehren geschehend. Diese Position, so eng an Ḫaldi gebunden, macht den urartäischen König, sobald sich die Religion etabliert hat und solange er sich ihrer würdig erweist, praktisch unangreifbar.

Schon die Art und Weise ihrer Stiftung zeigt in gewisser Hinsicht einen pragmatischen Umgang der urartäischen Könige mit ihrer Religion. Darüber hinaus scheint das Pantheon insgesamt offen für neue Götter, wohl aus neu eroberten und in das Reich eingegliederten Gebieten, die auch Opfer erhalten. Ḫaldi bleibt aber unbestritten der mächtigste und wichtigste Gott Urartus.

Das politische Charisma des urartäischen Königs

Die Quellenlage lässt nur ausschnittweise Aussagen zum politischen Charisma der urartäischen Könige zu. Von besonderer Bedeutung in der Selbstdarstellung der urartäischen Könige in den Inschriften erscheint die Bautätigkeit, denn in 236 von 296 Königsinschriften werden Bauprojekte[1] genannt. Bauen ist gleichzeitig Pflicht und Privileg des Königs, die Gebäude und landwirtschaftlichen Anlagen werden in der Regel Ḫaldi zu Ehren oder dank seiner Größe bzw. Macht errichtet. Durch die Bebauung im zuvor „öden" Land macht der König dieses bewohn- und nutzbar, er schafft die Voraussetzungen zum Siedeln in dem betreffenden Gebiet, er überführt also Chaos in Ordnung. Dieser Ordnung schaffende Aspekt des urartäischen Königtums steht der assyrischen Königsideologie sehr nahe.

Dass der König bzw. der Staat tatsächlich außerordentlich stark in die Bauprozesse involviert ist, zeigt sich in der weitgehenden Einheitlichkeit der urartäischen Architektur sowie der einzelnen Bauteile, wie etwa der Lehmziegel oder der Andesitblöcke. Die Bautätigkeit scheint Hauptaufgabengebiet und wichtigste Prestigearbeit der urartäischen Könige zu sein, in einem Ausmaß, dass man von der urartäischen Königsdynastie als einer von Bauherren sprechen kann.

Während die aus anderen altorientalischen Gesellschaften, z.B. Babylonien, bekannte Richter- oder Gerechtigkeit stiftende Rolle in der urartäischen Königsideologie nicht thematisiert wird, taucht der ebenfalls aus anderen altorientalischen Gesellschaften bekannte

1 Dabei wurde hier die Errichtung von Stelen nur mitgezählt, wenn diese von anderen Bauprojekten begleitet wurde.

Hirten-Aspekt des Königs durchaus auf, und zwar in Verbindung mit dem gesamten Land: „Hirte der Bia-Länder“ oder „(rechter) Hirte der Menschen“. Dahinter steckt wohl die Absicht, sich über die partikularen Kräfte zu stellen und dem Land und den Menschen zu zeigen: Der König kümmert sich um seine Untertanen.

Der urartäische König herrscht, wie im Kapitel „Urartu als ein feudaler Patrimonialstaat“ herausgestellt wurde, über einen präbendalen Feudalstaat. In diesem verdankt er seine Position als oberster Herrscher v.a. seiner Verbindung zu Ḫaldi und der dynastischen Berufung; abgesichert und gefestigt wird sie durch sein „tektonisches Charisma“ mittels der zentralen Gestaltung der Bauprojekte sowie die große Zahl an Provinzen, die auf Grund eben ihrer hohen Zahl und der naturräumlichen Gegebenheiten eine starke Oppositionsbewegung kaum zulassen.

Auffällig ist, dass auf großflächige bildliche Darstellungen des Königs, wie Reliefs o.Ä., verzichtet wird. Die Verbreitung der Königsideologie stützt sich überwiegend auf Texte und Architektur. Es ist möglich, dass Bildmedien nicht genutzt werden müssen, um den Urheber eines Bauwerkes o.Ä. auszuweisen, weil allein der in Keilschrift abgefasste, auf dem Bauwerk angebrachte Text klar auf den König als Ursprung verweist.

Das militärische Charisma des urartäischen Königs

Wie oben erwähnt, spielen für die Berufung des ersten urartäischen Königs religiöse Gesichtspunkte wahrscheinlich keine Rolle. Sardure I. setzt sich per Waffengewalt durch und erlangt seine Position auf Grund seiner militärischen Fähigkeiten, wegen seines militärischen Charismas, das seine Nachfolger immer wieder aufs Neue – vor allem im Kampf gegen Assyrien – nachweisen müssen.

In der Militärpolitik Urartus finden sich enge Parallelen zu Assyrien; so ist sie religiös begründet: Alle Aktionen werden im Namen Ḫaldis gerechtfertigt und in der Regel von Ḫaldi befohlen, der auch selbst an vorderster Front mit seiner Waffe in die Schlacht zieht. Hier zeigt sich erneut die enge Verbindung zwischen Gott und König, da Ḫaldi in gewisser Weise mit dem König in den Kampf zieht, wo die beiden Seite an Seite kämpfen.

Ziel der militärischen Kampagnen ist nach der Inszenierung der Inschriften nicht unbedingt die Expansion Urartus. Vielmehr reagiert der König nur auf äußere Zwänge, folgt den Befehlen Ḫaldis oder kommt durch die Feldzüge seiner Pflicht als „Hirte der Menschen“ nach, denn durch die gewonnene Beute versorgt er die Bevölkerung, erlangt zusätzliche Arbeitskraft für neue Bauprojekte und erschließt neue landwirtschaftlich nutzbare Gebiete.

Deutlich wird hier ein Gegensatz zu dem im assyrischen Raum vermittelten Königsbild, das sehr auf die militärische Stärke des Königs, die auch Grausamkeiten beinhaltet, fokussiert. In Urartu ist das Bild des Königs als Feldherr, das vermittelt wird, nicht das des rücksichtslosen Zerstörers, sondern der Schwerpunkt wird vielmehr auf die ökonomischen Vorteile der Feldzüge gelegt.

Das urartäische Königtum

Bei der Untersuchung des Königtums und der Könige Urartus wurden die Herausforderungen durch die beschränkten Quellen im Verlauf der Arbeit immer wieder deutlich. Viele Fragen mussten auf Grund dieser Situation offen bleiben, aber dennoch konnten Thesen und Szenarien entwickelt und ausgeführt werden, die eine historische Betrachtung des urartäischen Königtums ermöglichen.

Die Konzeption des urartäischen Königtums orientiert sich in seinen Anfängen weitgehend am südlichen Nachbarn und dauerhaften Gegner Assyrien, obwohl die Ausgangssituation in Urartu, mit Sardure I. als starkem militärischen Führer, der offenbar die Oberhoheit über andere, ehemals unabhängige Einheiten erlangt, eine völlig andere ist. Es scheint, dass die urartäische Königsdynastie planvoll und mit Bedacht die Etablierung eines Königreiches und die Inszenierung ihrer Königsherrschaft betreibt. Diese Inszenierung des Königtums findet in erster Linie in der Bautätigkeit und im Medium der Inschriften statt.

Der militärische Charismatiker Sardure I., der sich schon durch seine Stärke im Kampf bewiesen und sich so vermutlich an die Spitze der gegen Assyrien verbündeten Klans im Gebiet Urartus aufgeschwungen hat, begründet die dynastische Linie, die bis zum Ende des urartäischen Reiches Bestand hat. Als Grundlage für die Verwaltungstätigkeit seines Reiches wie für die Verbreitung der Königsideologie übernimmt Sardure die Schrift aus Assyrien. Bereits die ersten urartäischen Inschriften in assyrischer Sprache berichten von Bautätigkeiten, die als Grundpfeiler des politischen Programms der urartäischen Könige gelten können. Der Sohn und Nachfolger Sardures, Išpuini, muss als Stifter der Staatsreligion angesehen werden, die Ähnlichkeiten mit der Assyriens aufweist und mit der eine gemeinsame ideologische Grundlage des Königreichs, eine „urartäische" Identität, geschaffen wird. Ab der Regierungszeit von Minua ist das urartäische Königtum voll entwickelt, durch seine Eroberungen und die außerordentliche Bautätigkeit erschließt Minua neues Land und vergrößert das Königreich nicht nur nach außen, sondern auch *de facto*, was die tatsächliche Siedlungsfläche angeht.

In seinen politischen Handlungen steht der König unter einem fortwährenden Bewährungsdruck, um sein ererbtes sowie das seinem Amt innewohnende Charisma neu zu beweisen und sich zu legitimieren. Zum Einen geschieht das durch beeindruckende Bauprogramme und den Aufbau einer funktionierenden Verwaltung, flankiert durch den engen Bezug zu den Göttern. Zum Anderen müssen militärische Erfolge vorgewiesen werden. Durch die wohl jährlich oder sogar mehrmals im Jahr durchgeführten Feldzüge erweitert der urartäische König nicht nur seinen Herrschaftsanspruch, er schafft gleichzeitig neue Versorgungsgrundlagen für seine Untertanen durch die Einverleibung neuer Anbaugebiete in das Reich. Seine Siege zeigen den König als Günstling der Götter, allen voran von Ḫaldi, aber auch von anderen, wohl lokal von einzelnen Bevölkerungsteilen verehrten Gottheiten.

In seiner Gesamtkonzeption scheint das urartäische Königtum auf den ersten Blick dem assyrischen stark verbunden zu sein, es stellenweise sogar regelrecht zu kopieren, denkt man etwa an den ähnlich konzipierten Staatsgott, die Sitte, neue Stadtgründungen mit dem Königsnamen zu versehen, die Königstitulatur oder auch das weitgehende Fehlen des Gerechtigkeitsaspekts in der Königsideologie. Einige Details legen aber die Unabhängigkeit des urartäischen Königtums von anderen altorientalischen Gesellschaften und damit seine Besonderheiten offen.

Zuerst wäre in diesem Zusammenhang der Verzicht auf Bilder in der Verbreitung der Königsideologie zu nennen, stattdessen sind Texte vorherrschend. Das Fehlen von großformatigen Königsdarstellungen muss nicht unbedingt darin begründet sein, dass dem Herrscher die Mittel fehlen, sein Bild und damit seine Vorstellung von Königtum auf diese Art zu verbreiten. Vielleicht ist eine solche Vermittlung der Ideologie gar nicht nötig, oder der Adressat der Ideologie ist ein anderer als in Gesellschaften, in denen monumentale Königsdarstellungen üblich sind. Transportmedien der Königsideologie sind in Urartu eher

Texte und Architektur, wobei erstere auf eine des Lesens kundige Elite sowie die Götter zielen, während die Botschaft der Architektur an die illiterate Bevölkerung sowie ebenfalls an die Götter gerichtet ist. Auch die Kernaussage der Steininschriften, „dies wurde vom König geschaffen", könnte von der Bevölkerung allein auf Grund der Verwendung der Keilschrift, die exklusiv dem König vorbehalten ist, verstanden worden sein.

Es sind eben gerade die Inschriften, die für Urartu ganz spezifische, von Assyrien wohl anfänglich beeinflusste, aber dann sich unabhängig entwickelnde Traditionen zeigen. Allein der stark ausgeprägte Typus der Bauinschrift mit dem vorherrschenden Aspekt der Kultivierung zuvor „öden" Landes, der in Assyrien in den konkreten Inschriften selten eine Rolle spielt, zeigt eine weitgehende Eigenständigkeit der urartäischen Inschriften. Während die Bauinschriften ausführlicher und variabler sind als beim assyrischen Nachbarn, orientieren sich die urartäischen Feldzugsberichte im Aufbau zwar stark an den assyrischen, wirken jedoch eher trocken und verzichten völlig auf die detailreichen Schilderungen von Grausamkeiten, die die assyrischen Texte auszeichnen. In Urartu scheint der Schwerpunkt der Texte auf zivilen Maßnahmen zu liegen, wie der Urbarmachung von Land.

Eine weitere Besonderheit Urartus ist die auffällig uniforme Materialkultur. Wie kaum ein anderes Reich ist das urartäische geprägt von Einheitlichkeit[2], sei es in den Bauten, in der Keramikproduktion oder auch in den Inschriften mit ihrem stereotypen Inhalt. Gerade angesichts der einem Zusammengehörigkeitsgefühl abträglichen naturräumlichen Gegebenheiten lässt sich den Königen hier ein besonderes Anliegen unterstellen, übergreifende Gemeinsamkeiten zu entwickeln, etwas Einheitliches, etwas „Urartäisches" zu schaffen, um eine gemeinsame Identität für alle Untertanen zu stiften, die es vorher nicht gegeben hat – und sei es nur nach außen hin. In diesem Licht ist auch die Kanonisierung von lokalen Kulten zu einer neuen Staatsreligion unter dem der Königsdynastie nahen Gott Ḫaldi zu sehen. Der Umgang mit der Religion spricht für ein bewusstes und strategisches Vorgehen der urartäischen Könige, speziell der ersten Herrscher, Sardure I., Išpuini und Minua, bei der Schaffung der urartäischen Königsideologie. Dies zeigt deutlich die charismatische Befähigung nicht nur des Königsamtes, sondern auch der Könige persönlich, im Falle Urartus in besonderem Maße, denn hier inszenieren die Könige ihr Charisma regelrecht, um ein Königtum überhaupt zu etablieren und erst im zweiten Schritt, um es zu legitimieren und zu festigen.

2 Natürlich ganz allgemein gesagt. Es bestehen, wie in Kapitel 4.3.3.1 „Die Verwaltung" angemerkt, lokale Unterschiede in dem Grad der Involvierung in Provinzangelegenheiten und folglich auch Unterschiede in der Materialkultur in einzelnen Provinzen bzw. Fundstätten.

Nachwort und Danksagung

Urartu gehört für die meisten vorderasiatischen ArchäologInnen nicht direkt zum Forschungsschwerpunkt. Die Einflüsse dieses so kurz auf der Bildfläche der altorientalischen Geschichte erscheinenden Reiches auf die mesopotamische Kultur sind auch recht gering. Einzig die assyrischen Kriegsberichte nennen den „Feind aus dem Norden“ und die eigenen Hinterlassenschaften Urartus sind im Vergleich mit anderen altorientalischen Imperien eher dürftig. Eine geringe Anzahl an Texten, kaum Kleinkunst – und davon die meiste aus dem Kunsthandel – sowie verhältnismäßig wenig Keramik lassen uns bis heute über die urartäische Kultur und das Leben in Urartu weitgehend im Dunkeln.

In dieser Arbeit sollten Urartu und sein Königtum in einen breiteren historischen Zusammenhang eingebunden werden, um so den Weg zu bereiten für ein Verständnis dieser altorientalischen Kultur, so dass Urartu in Zukunft näher an die Vorderasiatische Archäologie heranrückt. Viele Aspekte des urartäischen Königtums konnten sowohl auf Grund der Fülle an Material als auch auf der anderen Seite des Fehlens von konkreten Befunden nur an der Oberfläche behandelt werden, so dass für mich die Hoffnung besteht, dass diese Arbeit weitere, tiefergehende Detailforschungen über dieses Thema anregt.

An dieser Stelle möchte ich mich von Herzen bei folgenden Personen bedanken, die mich auf unterschiedlichste Art und Weise in den (vielen) Jahren, in denen diese Arbeit entstanden ist, unterstützt haben:

Ali Çifçi, Simon Halama, Florian Hochschild, Sabina Kulemann-Ossen, Regine Pruzsinszky, Katrin Schumann, Dahlia Shehata, Annabelle Staiger, Horst Steible, Nicolas Tomo, Elisabeth Wagner-Durand, Mark Zimmermann und nicht zuletzt meine Eltern, Monika und Peter Linke.

Ohne ihre aufmunternden Worte, ihren Zuspruch und Rat – genauso wie ohne ihre Kritik und Korrekturen – wäre diese Arbeit nicht möglich gewesen.

Teşekkür ederim dem Team der Grabung Ayanis 2011, in Besonderem Altan Çilingiroğlu, der mir die Chance gegeben hat, in Urartu zu arbeiten, Mahmut Baştürk, Atilla Batmaz, Aylin Erdem und Bülent Genç sowie Mirjo Salvini und Paul Zimansky für interessante und anregende Gespräche (nicht nur) über Urartu.

Ebenso gilt mein Dank Astrid Möller, für ihren Rat v.a. bezüglich meines ersten Kapitels, und Ricardo Eichmann, für seine außergewöhnliche Hilfsbereitschaft und Unterstützung.

Last but not least möchte ich meiner Doktormutter und der Betreuerin dieser Arbeit, Marlies Heinz, für ihre Offenheit gegenüber dem Thema Urartu, für ihre vielfältigen Anregungen und Denkanstöße sowie für ihre fortwährende Unterstützung von Beginn meines Studiums an bis heute meinen herzlichsten Dank ausdrücken.

Die vorliegende Arbeit wurde in ihrer Entstehung für 24 Monate im Rahmen eines Promotionsstipendiums der Landesgraduiertenförderung des Landes Baden-Württemberg sowie in ihrem Druck durch einen Druckkostenzuschuss der Geschwister Boehringer Ingelheim Stiftung für Geisteswissenschaften maßgeblich gefördert. Ich möchte mich bei den Verantwortlichen für diese finanzielle Unterstützung besonders bedanken.

Literaturverzeichnis

Abay, Eşref, Seals and Sealings, in: Çilingiroğlu, A.; Salvini, M. (Hrsg.), Ayanis I, Rom (2001), S. 321–353.
Adams, Robert Mc, Common Concerns but Different Standpoints: A Commentary, in: Larsen, M.T. (Hrsg.), Power and Propaganda, Kopenhagen (1979), S. 393–404.
Agamben, Giorgio, Homo sacer: Die Souveränität der Macht und das nackte Leben, Frankfurt (2002).
Ahn, Gregor, Religiöse Herrschaftslegitimation im achämenidischen Iran. Die Voraussetzungen und die Struktur ihrer Argumentation, Leiden (1992).
Akurgal, Ekrem, Urartäische und altiranische Kunstzentren, Ankara (1968).
Allsen, Thomas T., The royal hunt in Eurasian history, Philadelphia (2006).
Andermann, Kurt (Hrsg.), Residenzen – Aspekte neustädtischer Zentralität von der frühen Neuzeit bis zum Ende der Monarchie, Sigmaringen (1992).
André-Salvini, Beate; Salvini, Mirjo, The bilingual stele of Rusa I from Movana, in: SMEA 44 (2002), S. 5–66.
Aro, Sanna; Whiting, R.M. (Hrsg.), The heirs of Assyria. Proceedings of the Opening Symposium of the Assyrian and Babylonian Intellectual Heritage Project, held in Tvärminne, Finland, October 8–11, 1998, Helsinki (2000).
Assmann, Aleida; Harth, Dietrich (Hrsg.), Kultur als Lebenswelt und Monument, Frankfurt (1991).
Assmann, Jan, Das kulturelle Gedächtnis. Schrift, Erinnerung und politische Identität in frühen Hochkulturen, München (1992).
Ayvazian, Alina, Ritual Scenes in Urartian Glyptic, in: Isimu VII (2004), S. 123–130.
——— Observations on Dynastic Continuity in the Kingdom of Urartu, in: IranAnt 40 (2005), S. 197–206.
——— Urartian glyptic: New perspectives, Online Publikation (2007), http://gradworks.umi.com/32/54/3254256.html

Bagg, Ariel M., Assyrische Wasserbauten. Landwirtschaftliche Wasserbauten im Kernland Assyriens zwischen der 2. Hälfte des 2. Und der 1. Hälfte des 1. Jahrtausends v.Chr., Mainz (2000).
Baker, Heather D.; Kaniuth, Kai; Otto, Adelheid (Hrsg.), Stories of Long Ago. Festschrift für Michael D. Roaf, Münster (2012).
Bär, Jürgen, Der assyrische Tribut und seine Darstellung. Eine Untersuchung zur imperialen Ideologie im neuassyrischen Reich, Neukirchen-Vluyn (1996).
Barnett, Richard D., Assyrian Palace Reliefs and their Influence on the Sculptures of Babylonia and Persia, London (1960).
——— Urartu, in: The Cambridge Ancient History 2. Band, Cambridge (1982), S. 314–371.
——— Urartu, in: Boardman, John (Hrsg.), The Prehistory of the Balkan and the Middle East and the Aegean World, 10.–8. Centuries B.C., Cambridge (1982), S. 314–371.
——— The Hieroglyphic Writing of Urartu, in: Bittel, Kurt (Hrsg.), Anatolian Studies presented to Hans Gustav Güterbock on the Occasion of his 65th Birthday, Istanbul (1974), S. 43–55.
Bauer, Josef; Englund, Robert K.; Krebernik, Manfred, Mesopotamien. Späturuk-Zeit und Frühdynastische Zeit, Fribourg (1998).
Baştürk, Mahmut B., Thoughts on the Trident Motif on Some Urartian Seal Impressions, in: ANES 48 (2011), S. 164–176.

Batmaz, Atilla, War and Identity in the early History of Urartu, in: Çilingiroğlu, A.; Sagona, A. (Hrsg.), Anatolian Iron Ages 7, Leuven (2012), S. 23–50.

——— A Lion-Headed Shield from Ayanis: An Identifier of the Urartian Culture?, in: Bombardieri, L. et al. (Hrsg.), SOMA 2012. Identity and Connectivity - Proceedings of the 16th Symposium on Mediterranean Archaeology, Florence, Italy, 1–3 March 2012, Oxford (2013), S. 243–252.

——— A New Ceremonial Practice at Ayanis Fortress, in: JNES 72-1 (2013), S. 65-83.

Beal, Richard H., The Organisation of the Hittite Military, Heidelberg (1992).

Bechdolf, Ute, Weibliches Charisma? Marlene, Marilyn und Madonna als Heldinnen der Popkultur, in: Häusermann, J. (Hrsg.), Inszeniertes Charisma. Medien und Persönlichkeit, Tübingen (2001), S. 31–44.

Beckman, Gary M., Royal Ideology and State Administration in Hittite Anatolia, in: Sasson, Jack (Hrsg.), Civilizations of the Ancient Near East I, New York (1995), S. 529–543.

Beckman, Gary M.; Lewis, Theodore J. (Hrsg.), Text, Artifact, and Image. Revealing Ancient Israelite Religion, Providence (2010).

Belli, Oktay, Van – The Capital of Urartu, Eastern Anatolia – Ruins and Museums, Istanbul (1986).

——— Ore Deposits and Mining in Eastern Anatolia in the Urartian Period: Silver, Copper and Iron, in: Merhav, R. (Hrsg.), Urartu – A Metalworking Center in the first Millennium B.C.E., Jerusalem (1991), S. 16–41.

——— Der beschriftete Bronzehelm des Königs Menua aus der Festung Burmageçit bei Tunceli, in: Mellink, M.J.; Porada, E.; Özgüç, T. (Hrsg.), Aspects of Art and Iconography, Ankara (1993), S. 61–67.

——— Ruinen monumentaler Bauten südlich des Van-Sees in Ostanatolien, in: IstMit 43 (1993), S. 255–265.

——— Urartian Dams and artificial lakes in Eastern Anatolia, in: Çilingiroglu, A.; French, D.H. (Hrsg.), Anatolian Iron Ages 3, Ankara (1994), S. 9–30.

——— Neue Funde urartäischer Bewässerungsanlagen in Ostanatolien, in: Finkenbeiner, Uwe; Dittmann, Reinhard; Hauptmann, Harald (Hrsg.), Beiträge zur Kulturgeschichte Vorderasiens. Festschrift für Rainer Michael Boehmer, Mainz (1995), S. 19–48.

——— The Anzaf Fortresses and the Gods of Urartu, Istanbul (1999).

——— Historical Development of the Kingdom of Urartu, in: Özdem, F. (Hrsg.), Urartu – Savaş ve Estetik. Urartu: War and Aesthetics, Istanbul (2003), S. 45–73.

——— Inscribed Rock Niche Doors and the Urartian Deities, in: Özdem, F. (Hrsg.), Urartu – Savaş ve Estetik. Urartu: War and Aesthetics, Istanbul (2003), S. 102–115.

——— Research on Early Iron Age fortresses and necropoleis in eastern Anatolia, in: Çilingiroğlu, A.; Darbyshire, G. (Hrsg.), Anatolian Iron Ages 5, London (2005), S. 1–13.

Belli, Oktay; Dinçol, Ali, Bronze Votive Rings with Assyrian Inscriptions found in the Upper Anzaf Fortress in Van, Colloquium Anatolicum (Anadolu Sohbetleri) VIII (2009), S. 91–124.

Belli, Oktay; Konyar, Erkan, Early Iron Age Fortresses and Nekropoleis in East Anatolia, Istanbul (2003).

Benedict, W.C., Urartian Phonology and Morphology, Ann Arbor (1958).

——— The Urartian-Assyrian Inscription of Kelishin, in: JAOS 81 (1961), S. 359–385.

Bernbeck, Reinhard, Politische Struktur und Ideologie in Urartu, in: AMIT 35–36 (2003–2004), S. 267–312.

——— Royal Deification: An Ambiguation Mechanism for the Creation of Courtier Subjectivities, in: Brisch, N. (Hrsg.), Religion and Power. Divine Kingship in the Ancient World and Beyond, Chicago (2008), S. 157–170.

Beyme, Klaus von, Politische Ikonologie als Architektur, in: Hipp, H.; Seidl, E. (Hrsg.), Architektur als politische Kultur, Berlin (1996), S. 19–34.

——— Die Kunst der Macht und die Gegenmacht der Kunst. Studien zum Spannungsverhältnis von Kunst und Politik, Frankfurt a.M. (1998).
Biscione, Raffaele, Urartian Fortifications in Iran: An Attempt at a Hierarchical Classification, in: Kroll, S. et al. (Hrsg.), Biainili-Urartu, Leuven (2012), S. 77–88.
Bloch, Maurice, Marxism and Anthropology: The History of a Relationship, Oxford (1983).
——— Ritual, history and power. Selected papers in anthropology, London (1989).
Boecker, Hans-Jochen, Recht und Gesetz im Alten Testament und im Alten Orient, Neukirchen-Vluyn (1976).
Boehmer, Rainer M., Kopfbedeckung B. in der Bildkunst, in: RLA 6 (1982), S. 203–210.
Boehmer, Rainer M.; Fenner, Helmut, Forschungen in und um Mudjesir (Irakisch-Kurdistan), in: AA 4 (1973), S. 479–521.
Boemke, Rita, Alexander, frans rois debonaires. Herrschaftsideologie und Gesellschaftsauffassung im Roman d'Alexandre, in: Mölk, U. (Hrsg.), Herrschaft, Ideologie und Geschichtskonzeption in Alexanderdichtungen des Mittelalters, Göttingen (2002), S. 106–128.
Bolton, Brenda; Meek, Christine (Hrsg.), Aspects of Power and Authority in the Middle Ages, Turnhout (2007).
Borger, Rykle, Rechts- und Wirtschaftsurkunden. Historisch-chronologische Texte, Rechtsbücher, Gütersloh (1982).
Born, Hermann; Seidl, Ursula, Schutzwaffen aus Assyrien und Urartu, Band IV. Sammlung Axel Guttmann, Mainz (1995).
Bosshard-Nepustil, Erich, Zur Darstellung des Rings in der altorientalischen Ikonographie, in: Morenz, Ludwig D.; Bosshard-Nepustil, Erich (Hrsg.), Herrscherpräsentation und Kulturkontakte Ägypten-Levante-Mesopotamien. Acht Fallstudien, Münster (2003), S. 49–79.
Bourdieu, Pierre, Zur Soziologie der symbolischen Formen, Frankfurt am Main (2000).
Bretschneider, Joachim; Driessen, Jan; van Lerberghe, Karel (Hrsg.), Power and Architecture – Monumental Public Architecture in the Bronze Age Near East and Aegean. Proceedings of the international conference *Power and Architecture* organized by the Katholieke Univeriteit Leuven, the Université Catholique de Louvain and the Westfälische Wilhelms-Universität Münster on 21st and 22nd of November 2002, Leuven (2007).
Breuer, Stefan, Der archaische Staat, Berlin (1990).
——— Max Webers Herrschaftssoziologie, Frankfurt (1991).
——— Bürokratie und Charisma. Zur politischen Soziologie Max Webers, Darmstadt (1994).
——— Der charismatische Staat. Ursprünge und Frühformen staatlicher Herrschaft, Darmstadt (2014).
Brisch, Nicole Maria, In Praise of the Kings of Larsa, in: Michalowski, P.; Veldhuis, N. (Hrsg.), Approaches to Sumerian Literature. Studies in Honour of Stip (H.L.J. Vanstiphout), Leiden / Boston (2006), S. 37–45.
——— (Hrsg.), Religion and Power. Divine Kingship in the Ancient World and Beyond, Chicago (2008).
Brodocz, André, Mächtige Kommunikation in Niklas Luhmanns Theorie sozialer Systeme, in: Imbusch, Peter (Hrsg.), Macht und Herrschaft. Sozialwissenschaftliche Konzeptionen und Theorien, Opladen (1998), S. 183–197.
Bryce, Trevor, Life and society in the Hittite World, Oxford (2002).
Burkolter-Trachsel, Verena, Zur Theorie sozialer Macht, Bern / Stuttgart (1981).
Burney, Charles, Urartian Fortresses and Towns in the Van Region, in: AnSt 7 (1957), S. 37–53.
——— Measured Plans of Urartian Fortresses, in: AnSt 10 (1960), S. 177–196.
——— A First Season of Excavations at the Urartian Citadel of Kayalidere, in: AnSt 16 (1966), S. 55–112.
——— Urartian Irrigation Works, in: AnSt 22 (1972), S. 179–186.

——— The Economic Basis of Settled Communities in North-Western Iran, in: Levine, L.D.; Young, T.C. (Hrsg.), Mountains and Lowlands: Essays in the Archaeology of Greater Mesopotamia, Malibu (1977), S. 1–8.

——— The God Haldi and the Urartian State, in: Mellink, M. J.; Porada, E.; Özgüç, T. (Hrsg.), Aspects of Art and Iconography, Ankara (1993), S. 107–110.

——— Planning for War and Peace, in: Mazzoni, Stefania (Hrsg.), Nuove Fondazioni nel vicino oriente antico: Reattà e Ideologia, Pisa (1994), S. 299–307.

——— Urartu and Iran: some problems and answers, in: Çilingiroğlu, A.; French, D.H. (Hrsg.), Anatolian Iron Ages 3, Ankara (1994), S. 31–35.

——— The Kingdom of Urartu (Van): Investigations into the Archaeology of the Early First Millennium BC within Eastern Anatolia (1956–1965), in: Matthews, R. (Hrsg.), Ancient Anatolia: Fifty Years' Work by the British Institute of Archaeology at Ankara, London (1998), S. 143–162.

——— Urartu and the east and north, in: Çilingiroğlu, A.; Darbyshire, G. (Hrsg.), Anatolian Iron Ages 5, London (2005), S. 15–20.

Burney, Charles; Lang, David M., Die Bergvölker Vorderasiens – Armenien und der Kaukasus von der Vorzeit bis zum Mongolensturm, London (1975).

Calmeyer, Peter, Zur Genese altiranischer Motive. II. Der leere Wagen, in: AMI 7 (1974), S. 49–77.

——— Some Remarks on Iconography, in: Merhav, R. (Hrsg.), Urartu: A Metalworking Center in the First Millennium B.C.E., Jerusalem (1991), S. 311–319.

Cancik, Hubert, „Herrschaft“ in historiographischen und juridischen Texten der Hethiter, in: Raaflaub, K. (Hrsg.), Anfänge politischen Denkens in der Antike, München (1993), S. 115–134.

Cancik-Kischbaum, Eva, Konzeption und Legitimation von Herrschaft in neuassyrischer Zeit. Mythos und Ritual in VS 24,92, in: Die Welt des Orients 26 (1995), S. 5–20.

——— Rechtfertigung von politischem Handeln in Assyrien im 13./12. Jh. v. Chr., in: Pongratz-Leisten, B.; Kühne, H.; Xella, P. (Hrsg.), Ana šadî Labnāni lū allik: Beiträge zu altorientalischen und mittelmeerischen Kulturen Festschrift für Wolfgang Röllig, Neukirchen-Vluyn (1997), S. 69–77.

Cannadine, David (Hrsg.), Rituals of Royalty. Power and Ceremonial in Traditional Societies, Cambridge (1992).

Carmichael, David L.; Hubert, Jane; Reeves, Brian; Schanche, Audhild (Hrsg.), Sacred sites, sacred places, London (1994).

Çevik, Nevzat, Urartu Kaya Mezarları ve Ölü Gömme Gelenekleri, Ankara (2000).

Charpin, Dominique; Edzard, Dietz Otto; Stol, Martin, Mesopotamien. Die altbabylonische Zeit, Fribourg (2004).

Çilingiroğlu, Altan, Mass Deportation in the Urartian Kingdom, in: JKF / Anadolu Araştırmaları 9 (1983), S. 319-323.

——— Urartu ve Kuzey Suriye Siyasal ve Kültürsel Ilişkileri, Izmir (1984).

——— How was an Urartian Fortress built?, in: Sagona, A. (Hrsg.), A View from the Highlands. Archaeological Studies in Honour of Charles Burney, Leuven (2004), S. 205–231.

——— Ritual ceremonies in the temple area of Ayanis, in: Çilingiroğlu, A.; Darbyshire, Gareth (Hrsg.), Anatolian Iron Ages 5: Proceedings of the Fifth Anatolian Iron Ages Colloquium Held at Van, 6-10 August 2001, London (2005), S. 31-37.

——— Properties of the Urartian Temple at Ayanis, in: ders.; Sagona, Antonio (Hrsg.), Anatolian Iron Ages 6, Leuven (2007), S. 41–46.

——— Rusa son of Argishti: Rusa II or Rusa III?, in: ANES 45 (2008), S. 21–29.

——— Urartian Religion, in: Köroğlu, K.; Konyar, E. (Hrsg.), Urartu – Transformation in the East, Istanbul (2011), S. 188–203.

Çilingiroğlu, Altan; Darbyshire, Gareth (Hrsg.), Anatolian Iron Ages 5: The Proceedings of the Fifth Anatolian Iron Ages Colloquium Held at Van, 6–10 August 2001, London (2005).

Çilingiroğlu, Altan; French, David H. (Hrsg.), Anatolian Iron Ages 2: The Proceedings of the Second Anatolian Iron Ages Colloquium Held at Izmir, 4–8 May 1987, Oxford (1991).

——— Anatolian Iron Ages 3: The Proceedings of the Third Anatolian Iron Ages Colloquium held at Van, 6–12 August 1990, Ankara (1994).

Çilingiroğlu, Altan; Matthews Roger (Hrsg.), Anatolian Iron Ages 4: The Proceedings of the Fourth Anatolian Iron Ages Colloquium held at Mersin, 19–23 May 1997, Ankara (1999).

Çilingiroğlu, Altan; Sagona Antonio (Hrsg.), Anatolian Iron Ages 6: The Proceedings of the Sixth Anatolian Iron Ages Colloquium Held at Eskisehir, 16–20 August 2004, Leuven (2007).

——— Anatolian Iron Ages 7: The Proceedings of the Seventh Anatolian Iron Ages Colloquium held at Edirne, 19–24 April 2010, Leuven (2012).

Çilingiroğlu, Altan; Salvini, Mirjo, When was the castle of Ayanis built and what is the meaning of the word ‚šuri'?, in: Çilingiroğlu, A.; Matthews R (Hrsg.), Anatolian Iron Ages 4, Ankara (1999), S. 55–60.

——— Ayanis I. Ten Years' Excavations at Rusahinili Eiduru-kai 1989–1998, Documenta Asiana VI, Rom, (2001).

Claessen, H. J. M., Structural Change. Evolution and Evolutionism in Cultural Anthropology, Leiden (2000).

Clot, Andre, Harun al-Raschid. Kalif von Bagdad, München / Zürich (1988).

Cohen, Andrew C., Death Rituals, Ideology, and the Development of Early Mesopotamian Kingship. Toward an Understanding of Iraq's Royal Cemetery of Ur, Leiden / Boston (2005).

Collon, Dominique, Urzana of Musasir's Seal, in: Çilingiroğlu, A.; French, D.H. (Hrsg.), Anatolian Iron Ages 3, Ankara (1994), S. 37–40.

Cornelius, Friedrich, Das Hethitische Königtum verglichen mit dem Königtum des sprachverwandten Völker, in: Garelli, Paul (Hrsg.), Le Palais et la royauté – Archéologie et Civilisation, Paris (1974), S. 323–326.

Dan, Roberto, An Hypothesis of Reconstruction of the „susi-Temple" at Karmir-Blur, in: Aramazd 5-2 (2010), S. 44–52.

——— Una probabile fondazione di Argisti I, re di Urartu, sul corso del Murad Su (Eufrate orientale), con Addendum di Mirjo Salvini, in: Parola del Passato 381 (2011), S. 431-441.

Dandamaev, Muhammad A., A political History of the Achaemenid Empire, Leiden (1989).

Deller, K., Ausgewählte neuassyrische Briefe betreffend Urartu zur Zeit Sargons II., in: Pecorella, P.E.; Salvini, M., Tra lo Zagros e l'Urmia, Rom (1984), S. 97–122.

Derin, Zafer, Potter's Marks of Ayanis Citadel, Van, in: AnSt. 49 (1999), S. 81–100.

Diakonoff, Igor M., Urartskie pis'ma i dokumenty (UPD), Moskau / Leningrad (1963).

——— Hurrisch und Urartäisch, München (1971).

——— The Pre-history of the Armenian People, Delmar (1984).

Diakonoff, Igor M.; Kashkai, S. M., Geographical names according to Urartian Texts, Répertoire géographique des textes cunéiformes, Wiesbaden (1981).

Dinçol, Ali M., Die neuen urartäischen Inschriften aus Körzüt, in: IstMit 26 (1976), S. 19–30.

Dinçol, Ali M.; Dinçol Belkıs, Urartian Language and Writing, in: Özdem, F. (Hrsg.), Urartu – Savaş ve Estetik. Urartu: War and Aesthetics, Istanbul (2003), S. 118–125.

Dormeyer, Detlev, Augenzeugenschaft, Geschichtsschreibung, Biographie, Autobiographie und Evangelien in der Antike, in: Schröter, J.; Eddelbüttel, E. Hrsg.), Konstruktion von Wirklichkeit. Beiträge aus geschichtstheoretischer, philosophischer und theologischer Perspektive, Berlin (2004), S. 237-262.

Dyson, Robert H., Protohistoric Iran as seen from Hasanlu, in: JNES 24 (1965), S. 193–217.

Edelmann, Babett, Religiöse Herrschaftslegitimation in der Antike. Die religiöse Legitimation orientalisch-ägyptischer und griechisch-hellenistischer Herrscher im Vergleich, St. Katharinen (2007).
Edzard, Dietrich Otto, Königsinschriften. A. Sumerisch, in: RLA 6 (1980), S. 59–65.
——— Herrscher. A. Philologisch, in: RLA 5 (1976), S. 335–342.
Ehlers, Joachim, Grundlagen der europäischen Monarchie in Spätantike und Mittelalter, in: Majestas 8/9 (2000/2001), S. 49–80.
Ehrenberg, Erica, Dieu et mon droit: Kingship in Late Babylonian and Early Persian Times, in: Brisch, N (Hrsg.), Religion and Power. Divine Kingship in the Ancient World and Beyond, Chicago (2008), S. 103–131.
Eichler, Seyyare, Götter, Genien und Mischwesen in der urartäischen Kunst, Berlin (1984).
——— Frühe Kunst Urartus, in: Haas, V. (Hrsg.), Das Reich Urartu – Ein altorientalischer Staat im 1. Jahrtausend v. Chr., Konstanz (1986), S. 117–122.
Eisenstadt, S.N., Observations and Queries about Sociological Aspects of Imperialism in the Ancient World, in: Larsen, M.T. (Hrsg.), Power and Propaganda, Kopenhagen (1979), S. 21–33.
Ekholm, K.; Friedman, Jonathan, „Capital" Imperialism and the Exploitation in Ancient World Systems, in: Larsen, M.T. (Hrsg.), Power and Propaganda, Kopenhagen (1979), S. 41–58.
Engels, Jens Ivo, Das „Wesen" der Monarchie? Kritische Anmerkungen zum „Sakralkönigtum" in der Geschichtswissenschaft, in: Majestas 7 (1999), S. 3–39.
Engnell, Ivan, Studies in Divine Kingship in the Ancient Near East, Uppsala (1943).
Erdem, Aylin Ü.; Konyar, Erkan, Urartian Pottery, in: in: Köroğlu, K.; Konyar, E. (Hrsg.), Urartu – Transformation in the East, Istanbul (2011), S. 268–285.
Erinç, Sırrı; Tunçdilek, Necdet, The Agricultural Regions of Turkey, in: Geographical Review 42 (1957), S. 179–203.
Erzen, Afif, Untersuchungen in der urartäischen Stadt Toprakkale bei Van in den Jahren 1959–1961, in: AA 1961 (1962), S. 383–414.
——— Çavustepe I – Urartian Architectural Monuments of the 7th and 6th centuries B.C. and a necropolis of the Middle Age, Ankara (1988).

Faist, Bettina, Kingship and Institutional Development in the Middle Assyrian Period, in: Lanfranchi, G.B.; Rollinger, R. (Hrsg.), Concepts of Kingship in Antiquity. Proceedings of the European Science Foundation Exploratory Workshop held in Padova, November 28th – December 1st, 2007, History of the Ancient Near East, Monographs XI, Padua (2010), S. 15–24.
Fales, F.M. (Hrsg.), Assyrian Royal Inscriptions: New Horizons in literary, ideological, and historical analysis. Papers held in Cetona (Siena) June 26–28, 1980, Rom (1981).
Falkenstein, Adam, Die babylonische Schule, in: Saeculum 4 (1953), S. 125–137.
Forbes, Thomas B., Urartian Architecture, Oxford (1983).
Fowler, Richard; Hekster, Olivier, Imagining Kings: From Persia to Rome, in: dies. (Hrsg.), Imaginary Kings. Royal Images in the Ancient Near East, Greece and Rome, Stuttgart (2005), S. 9–38.
Frahm, Eckart, Einleitung in die Sanherib-Inschriften, Wien (1997).
Frankfort, Henry, Kingship and the Gods. A Study of Ancient Near Eastern Religion as the Integration of Society and Nature, Chicago (1948).
Frei, Peter; Koch, Klaus, Reichsidee und Reichorganisation im Perserreich, Fribourg (1996).
Friedman, Jonathan; Rowlands, Mary J. (Hrsg.), The Evolution of Social Systems, Pittsburgh (1978).
Friedrich, Johannes, Zum urartäischen Lexikon, in: Archiv Orientální 4 (1932), S. 55–70.
——— Die hethitischen Gesetze. Transkription, Übersetzung, sprachliche Erläuterungen und vollständiges Wörterverzeichnis, Leiden (1959).

Fuchs, Andreas, Die Inschriften Sargons aus Khorsabad, Göttingen (1994).
——— Urarṭu in der Zeit, in: Kroll, S. et al. (Hrsg.), Biainili-Urartu, Leuven (2012), S. 135–161.

Gallus, Alexander, Typologisierung von Staatsformen und politischen Systemen in Geschichte und Gegenwart, in: Gallus, A.; Jesse, E. (Hrsg.), Staatsformen – Modelle politischer Ordnung von der Antike bis zur Gegenwart, Köln (2004), S. 19–90.
Gallus, Alexander; Jesse, Eckhard (Hrsg.), Staatsformen – Modelle politischer Ordnung von der Antike bis zur Gegenwart. Ein Handbuch, Köln (2004).
Galter, Hannes D., Paradies und Palmentod. Ökologische Aspekte im Weltbild der assyrischen Könige, in: Scholz, B. (Hrsg.), Der Orientalische Mensch und seine Beziehungen zur Umwelt, Graz (1989), S. 235–253.
——— Gott, König, Vaterland. Orthographisches zu Aššur in altassyrischer Zeit, in: WZKM 86 (1996), S. 127–141.
Garbrecht, Günther, Historische Talsperren, Stuttgart (1970).
——— The water supply system at Tuşpa (Urartu), in: World Archaeology II, 3 (1980), S. 306–312.
Garelli, Paul (Hrsg.), Le Palais et la royauté – Archéologie et Civilisation. XIX. Rencontre Assyriologique Internationale organisée par le Groupe François Thureau-Dangin, Paris, 29 juin–2 juillet 1971, Paris (1974).
——— La Conception de la Royaute en Assyrie, in: Fales, F.M. (Hrsg.), Assyrian Royal Inscriptions, Rom (1981), S. 1–11.
Gebhardt, Winfried, Charisma und Ordnung. Formen des institutionalisierten Charisma – Überlegungen in Anschluss an Max Weber, in: Gebhardt, W.; Zingerle, A.; Ebertz, M.N. (Hrsg.), Charisma. Theorie-Religion-Politik, Berlin (1993), S. 47–68.
Gebhardt, Winfried; Zingerle, Arnold; Ebertz, Michael N. (Hrsg.), Charisma. Theorie-Religion-Politik, Berlin (1993).
Geertz, Clifford, Centers, Kings, and Charisma: Reflections on the Symbolics of Power, in: Ben-David, J.; Clark, T.N. (Hrsg.), Culture and Its Creators. Essays in Honor of Edward Shils, Chicago (1977), S. 150–171.
Gehrke, Hans-Joachim (Hrsg.), Rechtskodifizierung und soziale Normen im interkulturellen Vergleich, Tübingen (1994).
George, Andrew, The Epic of Gilgameš. The Babylonian epic poem and other texts in Akkadian and Sumerian, London (1999).
Georgieva, Christina, Charisma. Theoretische und politisch-kulturelle Aspekte der „Außeralltäglichkeit", Bonn (2006).
Gilan, Amir, Sakrale Ordnung und politische Herrschaft im hethitischen Anatolien, in: Hutter, M. (Hrsg.), Offizielle Religion, lokale Kulte und individuelle Religiosität, Münster (2004), S. 189–205.
Godelier, Maurice, Economy and Religion: An Evolutionary Optical Illusion, in: Friedman, J.; Rowlands, M.J. (Hrsg.), The Evolution of Social Systems, Pittsburgh (1978), S. 3–11.
Goody, Jack (Hrsg.), Literalität in traditionalen Gesellschaften, Frankfurt (1981).
Gostmann, Peter; Merz-Benz, Peter-Ulrich (Hrsg.), Macht und Herrschaft – Zur Revision zweier soziologischer Grundbegriffe, Wiesbaden (2007).
Grätz, Sebastian, Das Edikt des Artaxerxes. Eine Untersuchung zum religionspolitischen und historischen Umfeld von Esra 7, 12 – 26, Berlin / New York (2004).
Grayson, K., Assyrian Rulers of the Third and Second Millenia BC (to 1115 BC), Toronto (1987).
——— Assyrian Rulers of the Early First Millenium BC I (1114–859BC), Toronto (1991).
——— Assyrian Rulers of the Early First Millenium BC II (858-745 BC), Toronto (1996).
Groneberg, Brigitte, Die Götter des Zweistromlandes, Düsseldorf / Zürich (2004).

Grothus, Jost, Die Rechtsordnung der Hethiter, Wiesbaden (1973).
Gundlach, Rolf, Der Sakralherrscher als historisches und phänomenologisches Problem, in: Gundlach, R.; Weber, H. (Hrsg.), Legitimation und Funktion des Herrschers. Vom Ägyptischen Pharao zum neuzeitlichen Diktator, Stuttgart (1992). S. 1–22.
——— Weltherrscher und Weltordnung. Legitimation und Funktion des ägyptischen Königs am Beispiel Thutmosis III. und Amenophis III., in: Gundlach, R.; Weber, H. (Hrsg.), Legitimation und Funktion des Herrschers. Vom Ägyptischen Pharao zum neuzeitlichen Diktator, Stuttgart (1992), S. 23–50.
Gundlach, Rolf; Weber, Hermann (Hrsg.), Legitimation und Funktion des Herrschers. Vom Ägyptischen Pharao zum neuzeitlichen Diktator, Stuttgart (1992).
Gurney, O.R., Hittite Kingship, in: Hooke, S.H. (Hrsg.), Myth, Ritual, and Kingship. Essays on the Theory and Practice of Kingship in the Ancient Near East and in Israel, Oxford (1958), S. 105–121.
——— The Hittite Empire, in: Larsen, M.T. (Hrsg.), Power and Propaganda, Kopenhagen (1979), S. 151–165.
Gussone, Nikolaus, Herrschaftszeichen und Staatssymbolik. Zum 100. Geburtstag von Percy Ernst Schramm, in: Majestas 2 (1994), S. 93–99.
Güterbock, Hans G., The Hittite Palace, in: Garelli, P. (Hrsg.), Le Palais et la royauté – Archéologie et Civilisation, Paris (1974), S. 305–314.
——— Sungod or King?, in: Mellink, M.J.; Porada, E.; Özgüç, T. (Hrsg.), Aspects of Art and Iconography, Ankara (1993), S. 225–226.
——— Hethitische Literatur, in: Hoffner, H.A.; Diamond, I.L. (Hrsg.), Perspectives on Hittite Civilization. Selected Writings of Hans Gustav Güterbock, Chicago (1997), S. 15–38.

Haas, Jonathan, The Evolution of the Prehistoric State, New York (1982).
Haas, Volkert (Hrsg.), Das Reich Urartu – Ein altorientalischer Staat im 1. Jahrtausend v. Chr., Konstanz (1986).
——— Die hethitische Weltreichsidee. Betrachtungen zum historischen Bewusstsein und politischen Denken in althethitischer Zeit, in: Raaflaub, K. (Hrsg.), Anfänge politischen Denkens in der Antike, München (1993), S. 135–144.
——— Geschichte der hethitischen Religion, Leiden (1994).
Haase, Richard, Zur sachlichen Zuständigkeit der Königsgerichts (DI.KUD LUGAL) in der hethitischen Rechtssatzung, in: Beckman, G. et al. (Hrsg.), Hittite Studies in Honor of Harry A. Hoffner Jr. On the Occasion of his 65th Birthday, Winona Lake (2003), S. 143–148.
——— Recht im Hethiter-Reich, in: Manthe, U. (Hrsg.), Die Rechtskulturen der Antike: Vom Alten Orient bis zum Römischen Reich, München (2003), S. 123–150.
Hahn, Alois, Herrschaft und Religion, in: Fischer, J.; Joas, H. (Hrsg.), Kunst, Macht und Institution. Studien zur Philosophischen Anthropologie, soziologischen Theorie und Kultursoziologie der Moderne. Festschrift für Karl-Siegbert Rehberg, Frankfurt (2003), S. 331–346.
Hallo, W.W., A Sumerian Apocryphon? The Royal Correspondence of Ur Reconsidered, in: Michalowski, P.; Veldhuis, N. (Hrsg.), Approaches to Sumerian Literature. Studies in Honour of Stip (H.L.J. Vanstiphout), Leiden / Boston (2006), S. 85–104.
Hančar, Franz, Das urartäische Lebensbaummotiv – Eine neue Bedeutungstradition?, in: IranAnt 6 (1966), S. 92-108.
Harmanşah, Ömür, Stones of Ayanis. New Urban Foundations and the Architectonic Culture in Urartu during the 7th C. BC, in: Bachmann, M. (Hrsg.), Bautechnik im Antiken und Vorantiken Kleinasien. Internationale Konferenz 13.–16. Juni 2007 in Istanbul, Istanbul (2007), S. 177–197.
Hartmann, Angelika, Kalifat und Herrschaft im Islam. Erinnerung an Vergangenes und Zukünftiges, in: dies. (Hrsg.), Geschichte und Erinnerung im Islam, Göttingen (2004), S. 223–242.

Harvey, David, The Conditions of Postmodernity: An Enquiry into the Origins of Cultural Change, Cambridge (1990).

Haude, Rüdiger, Institutionalisierung von Macht und Herrschaft in antiken Gesellschaften, in: Sigrist, C. (Hrsg.), Macht und Herrschaft, Münster (2004), S. 15–30.

Haul, Michael, Das Etana-Epos. Ein Mythos von der Himmelfahrt des Königs von Kiš, Göttingen (2000).

Heinz, Marlies, Architektur und Raumordnung. Symbole der Macht, Zeichen der Mächtigen, in: Maran, J.; Juwig, C.; Schwengel, H., Thaler, U. (Hrsg.), Constructing Power. Architecture, Ideology and Social Practice. Konstruktion der Macht: Architektur, Ideologie und soziales Handeln, Münster (2006), S. 135–152.

Hellwag, Ursula, ^{LÚ}A:ZUM-*li* versus ^{LÚ}A.NIN-*li*: some thoughts on the owner of the so-called *Prinzensiegel* at Rusa II's court, in: Çilingiroğlu, A.; Darbyshire, G. (Hrsg.), Anatolian Iron Ages 5, London (2005), S. 91–98.

——— Der Niedergang Urartus, in: Kroll, S. et al. (Hrsg.), Biainili-Urartu, Leuven (2012), S. 227-241.

——— Die Symbole Königs Rusa, Sohn des Argišti eine urartäische Bilderschrift?, in: Baker, H.D.; Kaniuth, K.; Otto, A. (Hrsg.), Stories of Long Ago. Festschrift für Michael D. Roaf, Münster (2012), S. 207–218.

Helms, Mary, Craft and the Kingly Ideal. Art, Trade and Power, Austin (1993).

Hermes, Siegfried, Soziales Handeln und Struktur der Herrschaft. Max Webers verstehende historische Soziologie am Beispiel des Patrimonialismus, Berlin (2003).

Hidding, K.A.H., The High God and the King as Symbols of Totality, in: La Regalità Sacra. The Sacral Kingship. Contributions to the Central Theme of the VIIIth International Congress for the History of Religions, Leiden (1959), S. 54–62.

Himmerlein, Volker, Die Selbstdarstellung von Dynastie und Staat in ihren Bauten. Architektur und Kunst der Residenzen Südwestdeutschlands, in: Andermann, K. (Hrsg.), Residenzen – Aspekte neustädtischer Zentralität von der frühen Neuzeit bis zum Ende der Monarchie, Sigmaringen (1992), S. 47–58.

Historisches Museum der Pfalz Speyer (Hrsg.), Das persische Weltreich. Pracht und Prunk der Großkönige, Stuttgart (2006).

Hodjasch, Svetlana, Die Bildenden Künste in Erebuni, in: Acta Antiqua 22 (1974), S. 389–414.

Hoffmann, Adolf, Macht der Architektur – Architektur der Macht, in: Schwandner, E.-L.; Rheidt, K. (Hrsg.), Macht der Architektur – Architektur der Macht, Bauforschungskolloquium in Berlin vom 30. Oktober bis 2. November 2002 veranstaltet vom Architektur-Referat des DAI, Mainz (2004), S. 4–12.

Hoffner, Harry A., The Royal Cult in Ḫatti, in: Beckman, G.; Lewis, T.J. (Hrsg.), Text, Artifact, and Image. Revealing Ancient Israelite Religion, Providence (2006), S. 132–151.

Holloway, Steven W., Assur is king! Assur is king! Religion in the exercise of power in the Neo-Assyrian Empire, Leiden (2002).

Holz, Hans Heinz, Zur Dialektik des Gottkönigtums, in: La Regalità Sacra. The Sacral Kingship. Contributions to the Central Theme of the VIIIth International Congress for the History of Religions, Leiden (1959), S. 18–36.

Huber, Irene, Rituale der Seuchen- und Schadensabwehr im Vorderen Orient und Griechenland. Formen kollektiver Krisenbewältigung in der Antike, Wiesbaden (2005).

Huff, Dietrich, Das Felsgrab von Eski Doğubayazit, in: IstMit 18 (1970), S. 58–86.

Hutter, Manfred, Weisheit und „Weisheitsliteratur“ im hethitischen Kleinasien, in: Tatišvili, I.; Hvedelidze, M.; Gordeziani, L. (Hrsg.), Caucasian and Near Eastern Studies XIII. Giorgi Melikishvili memorial volume, Tiblisi (2009), S. 63–67.

Imbusch, Peter, Macht und Herrschaft. Sozialwissenschaftliche Konzeptionen und Theorien, Opladen (1998).

Insoll, Timothy, Archaeology, Ritual, Religion, London (2004).

Işık, Fahri, Şirinlikale – Eine unbekannte urartäische Burg und Beobachtungen zu den Felsdenkmälern eines schöpferischen Bergvolks Ostanatoliens, in: Belleten 51 (1987), S. 497–533.

Ivantchik, Askold I. (Hrsg.), Steppenvölker Eurasiens Band II: Kimmerier und Skythen. Kulturhistorische und chronologische Probleme der Archäologie der osteuropäischen Steppen und Kaukasiens in vor- und frühsykthischer Zeit, Moskau (2001).

Jacobs, Bruno, Die Religion der Achämeniden, in: Historisches Museum der Pfalz Speyer (Hrsg.), Das persische Weltreich. Pracht und Prunk der Großkönige, Stuttgart (2006), S. 213–217.

Jacobsen, Thorkild, The Sumerian King List, Chicago (1939).

Jakob, Stefan, Mittelassyrische Verwaltung und Sozialstruktur. Untersuchungen, Leiden (2003).

Jakubiak, Krzysztof, The development of defence system of Eastern Anatolia from the beginning of the kingdom of Urartu to the end of Antiquity, Warschau (2003).

Jeremias, Ralf, Vernunft und Charisma. Die Begründung der Politischen Theorie bei Dante und Machiavelli – im Blick Max Webers, Konstanz (2005).

Johnson, Allen W.; Earle, Timothy, The Evolution of Human Societies. From Foraging Group to Agrarian State, Stanford (2000).

Jussen, Bernhard (Hrsg.), Die Macht des Königs. Herrschaft in Europa vom Frühmittelalter bis in die Neuzeit, München (2005).

Kantorowicz, Ernst H., Die zwei Körper des Königs: Eine Studie zur politischen Theologie des Mittelalters, München (1991).

Keel, Othmar; Uehlinger, Christoph, Göttinnen, Götter und Gottessymbole. Neue Erkenntnisse zur Religionsgeschichte Kanaans und Israels aufgrund bislang unerschlossener ikonographischer Quellen, Fribourg (1992).

Kellner, Hans-Jörg (Hrsg.), Urartu – Ein wiederentdeckter Rivale Assyriens, Katalog der Ausstellung, Prähistorische Staatssammlung München, München (1976).

——— Votives from Urartu, in: Türk Tarih Kongresi 9 (1981), S. 311–315.

——— Gürtelbleche aus Urartu, Prähistorische Bronzefunde, Abteilung XII, 3. Band, Stuttgart (1991).

Kertzer, David I., Ritual, politics and power, New Haven (1988).

Kessler, Karlheinz, Zu den Beziehungen zwischen Urartu und Mesopotamien, in: Haas, V. (Hrsg.), Das Reich Urartu – Ein altorientalischer Staat im 1. Jahrtausend v. Chr., Konstanz (1986) S. 59–86.

Khalifeh-Soltani, Iradj, Das Bild des idealen Herrschers in der iranischen Fürstenspiegelliteratur dargestellt am Beispiel des Qābūs-Nāmé, Bamberg (1971).

Kharzao, R. Bashash; Biscione, Raffaele; Hejebri-Nobari, A.R.; Salvini, Mirjo, Haldi's Garnison – Haldi's Protection. The newly found Rock inscription of Argišti II in Shisheh, near Ahar (East Azerbaijan, Iran), in: SMEA 43 (2001), S. 25–37.

Khatchadourian, Lori, Social Logics Under Empire. The Armenian "highland Satrapy" and Achaemenid Rule, Ca. 600–300 BC, Online Publikation (2008).

Klein, Jacob, Sumerian Kingship and the Gods, in: Beckman, G.; Lewis, T.J. (Hrsg.), Text, Artifact, and Image. Revealing Ancient Israelite Religion, Providence (2006), S. 115–131.

Klein, Jeffrey J., Urartian Hieroglyphic Inscriptions from Altıntepe, in: AnSt. 24 (1974), S. 77–94.

Kleiss, Wolfram, Zur Rekonstruktion des urartäischen Tempels, in: IstMit 13–14 (1963–64), S. 265–270.

——— Planaufnahmen urartäischer Burgen in Iranisch-Azerbaidjan im Jahre 1972, in: AMI 6 (1973), S. 81–89.
——— Planaufnahmen urartäischer Burgen in Iranisch-Azerbaidjan im Jahre 1973, in: AMI 7 (1974), S. 79–106.
——— Planaufnahmen urartäischer Burgen in Iranisch-Azerbaidjan im Jahre 1974, in: AMI 8 (1975), S. 51–70.
——— Urartäische Architektur, in: Kellner, H.-J. (Hrsg.), Urartu – Ein wiederentdeckter Rivale Assyriens (Katalog der Ausstellung), München (1976), S. 28–44.
——— Urartäische Plätze im Iran, in: AMI 9 (1976), S. 19–43.
——— Bastam / Rusa-i-URU.TUR. Beschreibung der urartäischen und mittelalterlichen Ruinen, Berlin (1977).
——— Burganlagen und Befestigungen in Iran, in: AMI 10 (1977), S. 23–54.
——— Urartäische Plätze in Iran, in: AMI 10 (1977), S. 53–118.
——— Urartäische Plätze, in: AMI 11 (1978), S. 27–71.
——— Vermessene urartäische Plätze in Iran (West-Azerbaidjan) und Neufunde, in: AMI 12 (1979), S. 183–243.
——— Bastam I. Ausgrabungen der urartäischen Anlagen 1972–1975, Berlin (1979).
——— Zur Topographie von Ost-Urartu, in: AMI Ergänzungsband 6. Akten des VII. internationalen Kongresses für iranische Kunst und Archäologie München 7.–10. September 1976, Berlin (1979), S. 188–191.
——— Vorgeschichtliche, urartäische und mittelalterliche Burgen in Ostazerbaidjan, in: AMI 14 (1981), S. 9–19.
——— Darstellungen urartäischer Architektur, in: AMI 15 (1982), S. 53–77.
——— Größenvergleiche urartäischer Burgen und Siedlungen, in: Boehmer, R.M.; Hauptmann, H. (Hrsg.), Beiträge zur Altertumskunde Kleinasiens. Festschrift für Kurt Bittel, Band 1: Text, Mainz (1983), S. 283–290.
——— Bastam II. Ausgrabungen der urartäischen Anlagen 1977–1978, Berlin (1988).
——— Aspekte urartäischer Architektur, in: IranAnt 23 (1988), S. 181–215.
——— Die Entwicklung von Palästen und palastartigen Wohnbauten in Iran, Wien (1989).
——— Urartäische Fundamentierungen, in: Hoffmann, A.; Schwandner, E.-L.; Hoepfner, W.; Brands, G. (Hrsg.), Bautechnik der Antike. Internationales Kolloquium in Berlin vom 15.–17. Februar 1990, Mainz (1991), S. 128–130.
——— Zur Ausbreitung Urartus nach Norden, in: AMI 25 (1992), S. 91–94.
Kleiss, W.; Hauptmann, H., Topographische Karte von Urartu (TKU), AMI Ergänzungsband 3 (1976).
Klinkott, Hilmar, Der Großkönig und seine Satrapen. Zur Verwaltung im Achämenidenreich, in: Historisches Museum der Pfalz Speyer (Hrsg.), Das persische Weltreich. Pracht und Prunk der Großkönige, Stuttgart (2006), S. 224–241.
Koch, Klaus, Weltordnung und Reichsidee im alten Iran und ihre Auswirkungen auf die Provinz Jehud, in: Frei, P.; Koch, K., Reichsidee und Reichsorganisation im Perserreich, Fribourg (1996), S. 133–317.
Kohl, Philip L.; Kroll, Stephan, Notes on the Fall of Horom, in: IranAnt 34 (1999), S. 243–260.
Konakçi, Erim; Baştürk, Mahmut B., Military and Militia in the Urartian State, in: Ancient West and East 8 (2009), S. 169–201.
König, Friedrich Wilhelm, Gesellschaftliche Verhältnisse Armeniens zur Zeit der Chalder-Dynastie (9.–7. Jahrhundert v.Chr.), in: AfV 9 (1954).
——— Handbuch der chaldischen Inschriften, 2 Bände (HchI), Graz (1955–57).
Konyar, Erkan, Tomb Types and Burial Traditions in Urartu, in: Köroğlu, K.; Konyar, E. (Hrsg.), Urartu – Transformation in the East, Istanbul (2011), 206–231.

——— Excavations at the Mound of Van Fortress/Tuspa, in: Colloquium Anatolicum 10 (2011), S. 147–166.

Konyar, Erkan; Avcı, Can; Genç, Bülent; Akgün, Rıza Güler; Tan, Armağan, Excavations at the Van Fortress, the Mound and the Old City of Van in 2012, in: Colloquium Anatolicum 12 (2013), S. 193–210.

Konyar, Erkan; Ayman, Ismail; Avcı, Can; Yiğitpaşa, Davut; Genç, Bülent; Akgün. Rıza Güler, Excavations at the Mound of Van Fortress 2011, in: Colloquium Anatolicum 11 (2012), S. 219–245.

Köroğlu, Kemalettin, New Observations on the Origin of the single-roomed rock-cut Tombs of Eastern Anatolia, in: Alaparslan, M., Doğan-Alparslan, M., Peker, H. (Hrsg.), VITA Festschrift in Honor of Belkıs Dinçol and Ali Dinçol, Istanbul (2007), S. 445–456.

——— Urartu: The Kingdom and Tribes, in: Köroğlu, K.; Konyar, E. (Hrsg.), Transformation in the East, Istanbul (2011), S. 12–51.

Köroğlu, Kemalettin; Konyar, Erkan (Hrsg.), Urartu. Doğu'da Değişim – Urartu. Transformation in the East, Istanbul (2011).

Kozbe, Gulriz; Sağlamtimur, Haluk; Çevik, Özlem, Pottery, in: Çilingiroğlu, A.; Salvini, M., Ayanis I, Rom (2001), S. 85–153.

Kraus, Fritz R., Das Altbabylonische Königtum, in: Garelli, P. (Hrsg.), Le Palais et la royauté – Archéologie et Civilisation, Paris (1974), S. 235–261.

Kravitz, Kathryn F., A Last-Minute Revision to Sargon's Letter to the God, in: JNES 62/2 (2003), S. 81–95.

Kroll, Stephan, Keramik urartäischer Festungen in Iran, Berlin (1976).

——— Urartus Untergang in anderer Sicht, in: IstMit 34 (1984), S. 151–170.

——— Archäologische Fundplätze in Iranisch-Ost-Azerbaidjan, in: AMI 17 (1984), S. 13–131.

——— Salmanassar III. und das frühe Urartu, in: Kroll, S. et al. (Hrsg.), Biainili-Urartu, Leuven (2012), S. 163–168.

——— Rusa Erimena in archäologischem Kontext, in: Kroll, S. et al. (Hrsg.), Biainili-Urartu, Leuven (2012), S. 183–186.

——— The Iron Age II to III transition (Urartian Period) in Northwestern Iran as seen from Hasanlu, in: Mehnert, A., Mehnert, G.; Reinhold, S., Austauch und Kulturkontakt im Südkaukasus und seinen angrenzenden Regionen in der Spätbronze-/Früheisenzeit, Langenweißbach (2013), S. 319–326.

Kroll, Stephan; Gruber, Claudia; Hellwag, Ursula; Roaf, Michael; Zimansky, Paul (Hrsg.), Biainili-Urartu. The Proceedings of the Symposium held in Munich 12–14 October 2007, Leuven (2012).

Kuhrt, Amélie, Achaemenid Images of Royalty and Empire, in: Lanfranchi, G.B.; Rollinger, R. (Hrsg.), Concepts of Kingship in Antiquity, Padova (2010), S. 87–106.

Kündiger, Barbara, Fassaden der Macht. Architektur der Herrschenden, Leipzig (2001).

Lanfranchi, Giovanni B., Some new texts about a revolt against the Urartian King Rusa I., in: OrAnt 22 (1983), S. 123–135.

Lanfranchi, Giovanni B.; Rollinger, Robert (Hrsg.), Concepts of Kingship in Antiquity. Proceedings of the European Science Foundation Exploratory Workshop held in Padova, November 28th – December 1st, 2007, Padova (2010).

Lang, Bernhard, Kleine Soziologie religiöser Rituale, in: Zinser, H. (Hrsg.), Religionswissenschaft. Eine Einführung, Berlin (1988), S. 73–95.

Lambert, W.G., A Part of the Ritual of the Substitute King, in: AfO 18 (1957/58), S. 109–112.

——— The Seed of Kingship, in: Garelli, P. (Hrsg.), Le Palais et la royauté – Archéologie et Civilisation, Paris (1974), S. 427–440.

——— Ninurta Mythology in the Babylonian Epic of Creation, in: Hecker, K.; Sommerfeld, W. (Hrsg.), Keilschriftliche Literaturen. Ausgewählte Vorträge des XXXII. Rencontre Internationale, Münster, 8. –12.7.1985, Berlin (1986), S. 55–60.

Larsen, Morgens T., The City and its King. On the Old Assyrian Notion of Kingship, in: Garelli, P. (Hrsg.), Le Palais et la royauté – Archéologie et Civilisation, Paris (1974), S. 285–303.

——— (Hrsg.) Power and Propaganda – A Symposium on Ancient Empires held at Univ. of Copenhagen, 19th–21th Sept., 1977, Kopenhagen (1979).

——— The Tradition of Empire in Mesopotamia, in: ders. (Hrsg.), Power and Propaganda, Kopenhagen (1979), S. 75–103.

Lassøe, Jorgen, The Irrigation System at Ulhu, in: JCS 5 (1951), S. 21–31.

Lattimore, Owen, Geography and the Ancient Empires, in: Larsen, M.T. (Hrsg.), Power and Propaganda, Kopenhagen (1979), S. 35–40.

Lehmann-Haupt, Carl F., Armenien einst und jetzt I und II, Berlin / Leipzig (1910–31).

——— Corpus Inscriptionum Chaldicarum, 2 Bände, Berlin / Leipzig (1928–35).

Leuthäusser, Werner, Die Entwicklung staatlich organisierter Herrschaft in frühen Hochkulturen am Beispiel des Vorderen Orients, Frankfurt (1998).

Lincoln, Bruce, Authority: Construction and Corrosion, Chicago (1994).

Lindholm, Charles, Charisma, Oxford (1990).

Linke, Julia, The Kings of Urartu in the Visual World, zu erscheinen in: Proceedings oft he 9th ICAANE.

——— Royal (?) symbols for strength and safety: The Urartian kings and the foundation of fortifications, zu erscheinen in: Morello, N.; Bonzano, S.; Pappi, C. (Hrsg.), Beyond Military: Fortifications and Territorial Policies in the Ancient Near East.

Lipp, Wolfgang, Charisma – Schuld und Gnade. Soziale Konstruktion, Kulturdynamik, Handlungsdrama, in: Gebhardt, W.; Zingerle, A.; Ebertz, M.N. (Hrsg.), Charisma. Theorie-Religion-Politik, Berlin (1993), S. 15–32.

Liverani, Mario, The Ideology of the Assyrian Empire, in: Larsen, M.T. (Hrsg.), Power and Propaganda, Kopenhagen (1979), S. 297–317.

——— Prestige and Interest. International Relations in the Near East ca. 1600–1100 B.C., Padua (1990).

Llobera, Joseph R., An Invitation to Anthropology. The Structure, Evolution and Cultural Identity of Human Societies, New York / Oxford (2002).

Loon, Maurits van, Urartian Art. Its Distinctive Traits in the Light of New Excavations, Istanbul (1966).

——— The Inscription of Ishpuini and Menua at Qalatgah, Iran, in: JNES 34 (1975), S. 201–207.

——— The Place of Urartu in First-Millennium B.C. Trade, in: Iraq 39 (1977), S. 229–232.

Luckenbill, David D., Ancient Records of Assyria and Babylonia 2, Chicago (1927).

Maaß, Michael, Helme, Zubehör von Wagen und Pferdegeschirr aus Urartu, in: AMI 20 (1987), S. 66–92.

Machinist, Peter, Assyrians on Assyria in the First Millennium B.C., in: Raaflaub, K. (Hrsg.), Anfänge politischen Denkens in der Antike, München (1993), S. 77–104.

——— Kingship and Divinity in Imperial Assyria, in: Beckman, G.; Lewis, T.J. (Hrsg.), Text, Artifact, and Image. Revealing Ancient Israelite Religion, Providence (2006), S. 152–188.

Magee, Peter, The Destruction of Hasanlu, in: IranAnt 43 (2008), S. 89–106.

Mango, Elena; Jaques, Margaret (Hrsg.), Könige am Tigris. Medien assyrischer Herkunft (Begleitbuch zur Ausstellung Könige am Tigris – Medien assyrischer Herrschaft in der Archäologischen Sammlung der Universität Zürich, 18. April bis 31. August 2008), Zürich (2008).

Mann, Michael, Geschichte der Macht. Bd. 1. Von den Anfängen bis zur griechischen Antike, Frankfurt / New York (1990).
Maran, Joseph; Juwig, Carsten; Schwengel, Hermann; Thaler, Urlich (Hrsg.), Constructing Power. Architecture, Ideology and Social Practice. Konstruktion der Macht: Architektur, Ideologie und soziales Handeln, Münster (2006).
Marek, Kristin, Die Körper des Königs. Effigies, Bildpolitik und Heiligkeit, München (2009).
Marf, Dlshad A., The temple and the city of Muṣaṣir/Ardini. New aspects in the light of new Archaeological Evidence, in: Subartu Journal 8 (2014), S. 13–29.
Markus, Thomas A., Piranesi's Paradox: To Build is to Create Asymmetries of Power, in: Maran, J.; Juwig, C.; Schwengel, H., Thaler, U. (Hrsg.), Constructing Power. Architecture, Ideology and Social Practice. Konstruktion der Macht: Architektur, Ideologie und soziales Handeln, Münster (2006), S. 321–335.
Marquardt, Bernd, Universalgeschichte des Staates. Von der vorstaatlichen Gesellschaft zum Staat der Industriegesellschaft, Berlin (2009).
Martino, Stefano de, Kult- und Festliturgie im hethitischen Reich, in: Kunst- und Ausstellungshalle der Bundesrepublik Deutschland GmbH (Hrsg.), Die Hethiter und ihr Reich, Bochum (2002), S. 118–121.
Matouš, Lubor, Les rapports entre la version sumérienne et la version akkadienne de l'épopée de Gilgameš, in: Garelli, P. (Hrsg.) Gilgameš et sa légende, Paris (1960), S. 83–94.
Matthiae, Paolo, Old Syrian Ancestors of some Neo-Assyrian Figurative Symbols of Kingship, in: Meyer, L. de; Haerinck, E., Archaeologia Iranica et Orientalis. Miscellanea in Honorem Louis Vanden Berghe, Genf (1989), S. 367–391.
——— Geschichte der Kunst im Alten Orient. Die Großreiche der Assyrer, Neubabylonier und Achämeniden 1000–330 v. Chr., Stuttgart (1999).
Maul, Stefan M., Die altorientalische Hauptstadt. Abbild und Nabel der Welt, in: Wilhelm, G. (Hrsg.), Die orientalische Stadt. Kontinuität, Wandel, Bruch, Saarbrücken (1997), S. 109–124.
——— Der assyrische König. Hüter der Weltordnung, in: Watanabe, K. (Hrsg.), Priests and Officials in the Ancient Near East, Heidelberg (1999), S. 201–214.
——— Das Gilgamesch-Epos, München (2008).
Mayer, Walther, Sargons Feldzug gegen Urartu – 714 v. Chr. (8. Kampagne), in: MDOG 115 (1983), S. 65–132.
——— Der Gott Aššur und die Erben Assyriens, in: Albertz, R. (Hrsg.), Religion und Gesellschaft. Studien zu ihrer Wechselbeziehung in den Kulturen des antiken Vorderen Orients, Münster (1997), S. 15–23.
Mayer, Werner R., Ein Mythos von der Erschaffung des Menschen und des Königs, in: OrNS 56 (1987), S. 55–68.
Mayer-Opificius, Ruth, Gedanken zur Bedeutung des urartäischen Ortes Kef Kalesi, in: IstMit 43 (1993), S. 267–278.
Medevedskaya, Inna, The End of Urartian Presence in the Region of Lake Urmia, in: Meyer, L. de; Haerinck, E. (Hrsg.), Archaeologia Iranica et Orientalis. Miscellanea in Honorem Louis Vanden Berghe, Genf (1989), S. 439–454.
Melikischwili, Georgji A., Urartskie klinoobraznye nadpisi 1 und 2 (UKN), Moskau (1960).
——— Die Urartäische Sprache, Studia Pohl, Band 7, Rom (1971).
——— Der Alte und Mittelalterliche Nahe Osten. Zu Fragen der Analogie der sozial-ökonomischen und staatlichen Ordnung, in: Diakonoff, I.M. (Hrsg.), Societies and Languages of the Ancient Near East. Studies in Honour of I.M. Diakonoff, Warminster (1982), S. 265–269.
Mellink, Machtheld J.; Porada, Edith; Özgüç, Tahsin (Hrsg.), Aspects of Art and Iconography: Anatolia and its Neighbors. Studies in Honor of Nimet Özgüç, Ankara (1993).

Merhav, Rivka (Hrsg.), Urartu – A Metalworking Center in the first Millennium B.C.E., Jerusalem (1991).
Metdepenninghen, Catheline, The Urartian Belts: A Reconstruction and the Evidence about some Urartian Belt-Workshops, in: Meyer, L. de; Haerinck, E. (Hrsg.), Archaeologia Iranica et Orientalis. Miscellanea in Honorem Louis Vanden Berghe, Genf (1989), S. S. 421–437.
Michalowski, Piotr, Charisma and Control: On Continuity and Change in Early Mesopotamian Bureaucratic Systems, in: Gibson, M.; Biggs, R.D. (Hrsg.), The Organisation of Power Aspects of Bureaucracy in the Ancient Near East, Chicago (1987), S. 55–68.
Mikasa, H.I.H. Prince Takahito (Hrsg.), Monarchies and Socio-Religious Traditions in the Ancient Near East, Wiesbaden (1984).
Mileto, Franco; Salvini, Mirjo, On the Estimation of the Volumes of some Urartian Pithoi, in: East and West 9 (2010), S. 21–42.
Miller, Jared L., The Location of Niḫriya and its Disassociation from Na'iri, in: Baker, H.D.; Kaniuth, K.; Otto, A. (Hrsg.): Stories of Long Ago. Festschrift für Michael D. Roaf, Münster (2012), S. 359–366.
Mittermayer, Catherine, Gilgameš im Wandel der Zeit, in: Steymans, H.U. (Hrsg.), Gilgamesch. Ikonographie eines Helden, Fribourg (2010), S. 77–106.
Mölk, Ulrich (Hrsg.), Herrschaft, Ideologie und Geschichtskonzeption in Alexanderdichtungen des Mittelalters, Göttingen (2002).
Morenz, Ludwig D., Neuassyrische visuell-poetische Bilder-Schrift und ihr Vor-Bild, in: Morenz, L.D.; Bosshard-Nepustil, E. (Hrsg.), Herrscherpräsentation und Kulturkontakte Ägypten-Levante-Mesopotamien. Acht Fallstudien, Münster (2003), S. 197–229.
Morenz, Ludwig D.;Bosshard-Nepustil, Erich (Hrsg.), Herrscherpräsentation und Kulturkontakte, Ägypten-Levante-Mesopotamien. Acht Fallstudien, Münster (2003).
Morris, Ellen Fowles, The Architecture of Imperialism. Military Bases and the Evolution of Foreign Policy in Egypt's New Kingdom, Leiden (2005).
Mousnier, Roger, Monarchies et royautés de la préhistoires à nos jours, Paris (1989).
Mühleisen, Hans-Otto, Kunst und Macht im politischen Prozess – Prolegomena einer Theorie politischer Bildlichkeit, in: Hofmann, W.; Mühleisen, H.-O. (Hrsg.), Kunst und Macht – Politik und Herrschaft im Medium der bildenden Kunst, Münster (2005), S. 1–18.
Muntingh, L.M., The Conception of Ancient Syro-Palestinian Kingship in the Light of Contemporary Royal Archives with Special Reference to Recent Discoveries at Tell Mardikh (Ebla) in Syria, in: Mikasa, H.I.H. (Hrsg.), Monarchies and Socio-Religious Traditions in the Ancient Near East, Wiesbaden (1984), S. 1–10.
Muscarella, Oscar W., Qalatgah: An Urartian Site in Northwestern Iran, in: Expedition 13/3-4 (1971), S. 44–49.
——— Urartian Metal Artifacts: An Archaeological Review, in: Ancient Civilizations from Scythia to Siberia (2006), Vol. 12, Issue 1/2, S. 147–177.
Myers, Henry A., Medieval Kingship, Chicago (1982).

Naumann, Rudolf, Bemerkungen zu urartäischen Tempeln, in: IstMit 18 (1968), S. 45–57.
Nelson, Janet L., Courts, Elites, and Gendered Power in the Early Middle Ages. Charlemagne and Others, Ashgate (2007).
Nieling, Jens, Die Außenwirkung der späthethitischen Kultur auf die Gebiete zwischen Van-See und Kaukasus, in: Novák, M. et al. (Hrsg.), Die Außenwirkung des späthethitischen Kulturraumes, Münster (2004), S. 307–323.
Nissen, Hans J., Short Remarks on Early State Formation in Babylonia, in: Larsen, M.T. (Hrsg.), Power and Propaganda, Kopenhagen (1979), S. 145–147.

Novák, Mirko, Die orientalische Residenzstadt. Funktion, Entwicklung und Form, in: Wilhelm, G. (Hrsg.), Die orientalische Stadt. Kontinuität, Wandel, Bruch, Saarbrücken (1997), S. 169–197.

——— Herrschaftsform und Stadtbaukunst. Programmatik im mesopotamischen Residenzstadtbau von Agade bis Surra man ra'ā, Saarbrücken (1999).

——— Die Außenwirkung des späthethitischen Kulturraumes auf Assyrien, Urartu, Palästina und Ägypten, in: Novák, M. et al. (Hrsg.), Die Außenwirkung des späthethitischen Kulturraumes, Münster (2004), S. 299–306.

Novák, Mirko; Prayon, Friedhelm; Wittke, Anne-Maria (Hrsg.), Die Außenwirkung des späthethitischen Kulturraumes: Güteraustausch-Kulturkontakt-Kulturtransfer. Akten der zweiten Forschungstagung des Graduiertenkollegs "Anatolien und seine Nachbarn" der Eberhard-Karls-Universitat Tübingen (20. bis 2. November 2003), Münster (2004).

Nunn, Astrid, Wandmalerei in Urartu, in: Kroll, S. et al. (Hrsg.), Biainili-Urartu, Leuven (2012), S. 321–337.

Nylander, Carl, Remarks on the Urartian Acropolis at Zernaki Tepe, in: Orientalia Suecana 14–15 (1965–1966), S. 141–154.

——— Achaemenid Imperial Art, in: Larsen, M.T. (Hrsg.), Power and Propaganda, Kopenhagen (1979), S. 345–359.

Oakley, Francis, Kingship. The Politics of Enchantment, Malden (2006).

Oganesjan, Konstandin L., Arin-Berd 1. Architektura Erebuni: Po materialam raskopo, Erevan (1961).

Ögün, Baki, Kurze Geschichte der Ausgrabungen in Van und die Türkischen Versuchsgrabungen auf Toprak-kale 1959, in: ZDMG 111 (1961), S. 254–282.

——— Kurze Geschichte der Ausgrabungen von Kef Kalesi bei Adilcevaz und einige Bemerkungen über die urartäische Kunst, in: Archäologischer Anzeiger 1967 (1967), S. 481–502.

——— Die urartäischen Bestattungsbräuche, in: Şahin, S.; Schwertheim, E.; Wagner, J. (Hrsg.), Studien zur Religion und Kultur Kleinasiens. Festschrift für Friedrich Karl Dörner zum 65. Geburtstag am 28. Februar 1976. Zweiter Band, Leiden (1978), S. 639–678.

——— Die urartäischen Paläste und die Bestattungsbräuche der Urartäer, in: Papenfuss, D.; Strocka, V.M. (Hrsg.), Palast und Hütte, Mainz (1982), S. 217–236.

Ong, Walter J., Interfaces of the World. Studies in the Evolution of Consciousness and Culture, London (1977).

Orthmann, Winfried, Der Alte Orient, Frankfurt (1985).

Özdem, Filiz (Hrsg.), Urartu – Savaş ve Estetik. Urartu: War and Aesthetics, Istanbul (2003).

Özfırat, A., Archaeological Investigations in the Mt. Ağrı Region: Bronze and Iron Ages, in: Matthiae, P.; Pinnock, F.; Nigro, L.; Marchetti, N. (Hrsg.), Proceedings of the 6th ICAANE (Rome, 05-10 May 2008). Volume 2: Excavations, Surveys and Restorations: Reports on Recent Field Archaeology in the Near East, Wiesbaden (2010), S. 525–538.

Özgüç, Tahsin, The Urartian Architecture on the Summit of Altıntepe, in: Anatolia 7 (1963), S. 43–49.

——— Altıntepe I, Ankara (1966).

——— Altıntepe II, Ankara (1969).

——— Horsebits from Altintepe, in: Meyer, L. de; Haerinck, E. (Hrsg.), Archaeologia Iranica et Orientalis. Miscellanea in Honorem Louis Vanden Berghe, Genf (1989), S. 409–419.

Panaino, Antonio, The Mesopotamian Heritage of Achaemenian Kingship, in: Aro, S.; Whiting, R.M. (Hrsg.), The heirs of Assyria, Helsinki (2000), S. 35–49.

Panitschek, Peter, LUGAL – šarru – βασιλεύς. Formen der Monarchie im Alten Vorderasien von der Uruk-Zeit bis zum Hellenismus. Teil 1: Von der Uruk-Zeit bis Ur III, Frankfurt (2008).

Pauen, Michael, Gottes Gnade – Bürgers Recht. Macht und Herrschaft in der politischen Philosophie der Neuzeit, in: Imbusch, P. (Hrsg.), Macht und Herrschaft, Sozialwissenschaftliche Konzeptionen und Theorien, Opladen (1998), S. 27–44.

Payne, Margaret, Urartian Measures of Volume, Leuven (2005).

Pecorella, Paolo E.; Salvini, Mirjo, Researches in the Region between the Zagros Mountains and Urmia Lake, in: Persica 10 (1982), S. 1–35.

——— Tra lo Zagros e l'Urmia, Rom (1984).

Piller, Christian K., Bewaffnung und Tracht Urartäischer und Nordwestiranischer Krieger des 9. Jahrhunderts v. Chr.: Ein Beitrag zur Historischen Geographie des Frühen Urartu, in: Kroll, S. et al. (Hrsg.), Biainili-Urartu, Leuven (2012), S. 379–390.

Piotrovskij, Boris B., Il regnio di Van – Urartu, Rom (1966).

——— Urartu, Genf (1969).

——— Karmir-Blur, Leningrad (1970).

Piotrovskij, Boris B.; Oganesjan K. L., Die Ausgrabungen in Arin-Berd und Karmir-Blur (Armenien). Die urartäischen Festungen Erebuni und Teišebaini, Moskau (1960).

Pongratz-Leisten, Beate, Territorialer Führungsanspruch und religiöse Praxis in Assyrien: Zur Stadtgott-Theologie in assyrischen Residenz- und Provinzstädten, in: Binder, G.; Ehlich, K. (Hrsg.), Religiöse Kommunikation – Formen und Praxis der Neuzeit, Trier (1997), S. 9–34.

——— Herrschaftswissen in Mesopotamien. Formen der Kommunikation zwischen Gott und König im 2. und 1. Jahrtausend v.Chr., Helsinki (1999).

Porter, Barbara Nevling, Ritual and Politics in Ancient Mesopotamia, New Haven (2005).

——— Trees, Kings, and Politics. Studies in Assyrian Iconography, Fribourg (2003).

——— Images, Power, and Politics. Figurative Aspects of Esarhaddon's Babylonian Policy, Philadelphia (1993).

Postgate, J.N., Royal Exercise of Justice under the Assyrian Empire, in: Garelli, P. (Hrsg.), Le Palais et la royauté – Archéologie et Civilisation, Paris (1974), S. 417–426.

——— The Economic Structure of the Assyrian Empire, in: Larsen, M.T. (Hrsg.), Power and Propaganda, Kopenhagen (1979), S. 193–221.

Pucci, Marina, Functional Analysis of Space in Syro-Hittite Architecture, Oxford (2008).

Raaflaub, Kurt A., Influence, Adaptation, and Interaction: Near Eastern and Early Greek Political Thought, in: Aro, S.; Whiting, R.M. (Hrsg.), The heirs of Assyria, Helsinki (2000), S. 51–64.

Radner, Karen, How did the Neo-Assyrian King Perceive his Land and its Resources?, in: Jas, R.M. (Hrsg.), Rainfall and Agriculture in Northern Mesopotamia, Istanbul (2000), S. 233–246.

——— Die Macht des Namens. Altorientalische Strategien zur Selbsterhaltung, Wiesbaden (2005).

——— Assyrian and non-Assyrian Kingship in the First Millennium BC, in: Lanfranchi, G.B.; Rollinger, R., Concepts of Kingship in Antiquity, Padova (2010), S. 15–24.

——— Between a Rock and a Hard Place: Muṣaṣir, Kumme, Ukku and Šubria – The Buffer States between Assyria and Urartu, in: Kroll, S. et al. (Hrsg.), Biainili-Urartu, Leuven (2012), S. 243–264.

Reade, Julian, Ideology and Propaganda in Assyrian Art, in: Larsen, M.T. (Hrsg.), Power and Propaganda, Kopenhagen (1979), S. 329–343.

——— Religious Ritual in Assyrian Sculpture, in: Porter, B.N. (Hrsg.), Ritual and Politics in Ancient Mesopotamia, New Haven (2005), S. 7–61.

Rehm, Ellen, Hohe Turme und goldene Schilde – Tempel und Tempelschatze in Urartu, in: MDOG 136 (2004), S. 173–194.

Reicher, Christa; Kemme, Thomas, Der öffentliche Raum, Berlin (2009).

Reitemeier, Arndt, Die christliche Legitimation von Herrschaft im Mittelalter, Münster (2006).

Renfrew, Colin, Space, Time and Polity, in: Friedman, J.; Rowlands, M.J. (Hrsg.), The Evolution of Social Systems, Pittsburgh (1978), S. 89–112.
Renger, Johannes, Inthronisation, in: RLA 5 (1976), S. 128–136.
——— Königsinschriften. B. Akkadisch, in: RLA 6 (1980), S. 27–59.
——— Noch einmal: Was war der „Kodex" Ḫammurapi – ein erlassenes Gesetz oder ein Rechtsbuch?, in: Gehrke, H.J. (Hrsg.), Rechtskodifizierung und soziale Normen im interkulturellen Vergleich, Tübingen (1994), S. 27–59.
Riemschneider, Margarete, Wirtschaftsformen und Militärwesen in Urartu, in: Günther, R.; Diesner, H.-J. (Hrsg.), Sozialökonomische Verhältnisse im Alten Orient und im Klassischen Altertum. Tagung der Sektion Alte Geschichte der Deutschen Historiker-Gesellschaft vom 12.–17. 10. 1959 in Altenburg, Berlin (1961), S. 237–244.
——— Die urartäischen Gottheiten, in: Orientalia 32 (1963), S. 148–169.
——— Urartäische Bauten in den Königsinschriften, in: Orientalia 34 (1965), S. 312–335.
——— Urartäische Stadtanlagen, in: Das Altertum 16 (1970), S. 131–137.
Ristvet, L., The Third Millennium City Wall at Tell Leilan, Syria: Identity, Authority and Urbanism, in: Bretschneider, J.; Driessen, J.; van Lerberghe, K. (Hrsg.), Power and Architecture – Monumental Public Architecture in the Bronze Age Near East and Aegean, Leuven (2007), S. 183–211.
Roaf, Michael, Could Rusa Son of Erimena have been king of Urartu during Sargon's Eighth Campaign?, in: Kroll, S. et al. (Hrsg.), Biainili-Urartu, Leuven (2012), S. 187–216.
——— Towers with Plants or Spears on Altars: Some thoughts in an Urartian Motif, in: Kroll, S. et al. (Hrsg.), Biainili-Urartu, Leuven (2012), S. 351–372.
Rolle, Renate, Urartu und die Steppenvölker, in: Kellner, H.-J. (Hrsg), Urartu – Ein wiederentdeckter Rivale Assyriens, München (1976), S. 22–24.
Röllig, Wolfgang, Zum „Sakralen Königtum" im Alten Orient, in: Gladigow, B. (Hrsg.), Staat und Religion, Düsseldorf (1981), S. 114–125.
——— Überlegungen zum Etana-Mythos, in: Gamer-Wallert, I.; Helck, W. (Hrsg.), Gegengabe. Festschrift für Emma Brunner-Traut, Tübingen (1992), S. 283–288.
——— Aktion oder Reaktion? Politisches Handeln assyrischer Könige, in: Raaflaub, K. (Hrsg.), Anfänge politischen Denkens in der Antike, München (1993), S. 105–113.
Roos, P., Water-Mills in Urartu?, in: East and West 38 (1988), S. 11–32.
Root, Magaret, The King and Kingship in Achaemenid Art. Essays on the Creation of an Iconography of Empire, Leiden (1979).
Rothman, Mitchell, Beyond the Frontiers: Muş in the Late Bronze Age to Roman Periods, in: Sagona, A. (Hrsg.), A View from the Highlands. Archaeological Studies in Honour of Charles Burney, Leuven (2004), S. 121–178.
Russell, John M., The Program of the Palace of Aššurnasirpal II at Nimrud: Issues in the Research and Presentation of Assyrian Art, in: AJA 102 (1998), S. 655–715.
——— The Writing on the Wall. Studies in the Architectural Context of Late Assyrian Palace Inscriptions, Winona Lake (1999).

Saggs, H.W.F., The Nimrud Letters, 1952 – Part IV: The Urartian Frontier, in: Iraq 20 (1958), S. 182–212.
Sağlamtimur, Haluk, The volumes of some Urartian Pithoi, in: Çilingiroğlu, A.; Darbyshire, G. (Hrsg.), Anatolian Iron Ages 5, London (2005), S. 139–144.
Sagona, Antonio (Hrsg.), A View from the Highlands. Archaeological Studies in Honour of Charles Burney, Leuven (2004).
Sagona, Antonio; Zimansky, Paul, Ancient Turkey, London (2009).

Sallaberger, Walther, Von politischem Handeln zu rituellem Königtum. Wie im Frühen Mesopotamien ein Herrscher seine Taten darstellt, in: Porter, B.N. (Hrsg.), Ritual and Politics in Ancient Mesopotamia, New Haven (2005), S. 63–98.

——— Das Gilgamesch-Epos. Mythos, Werk und Tradition, München (2008).

Sallaberger, Walther; Westenholz, Aage, Mesopotamien. Akkade-Zeit und Ur III-Zeit, Fribourg (1999).

Salvini, Mirjo, Nairi e Ur(u)aṭri – Contributo alla storia della formazione del regno di Urartu, Rom (1967).

——— Urartäisches epigraphisches Material aus Van und Umgebung, in: Belleten 37 (1973), S. 279–287.

——— Hourrite et Urarteen, in: RHA 36 (1978), S. 157–172.

——— Das susi-Heiligtum von Karmir-Blur und der urartäische Turmtempel, in: AMI 12 (1979), S. 249–269.

——— Eine vergessene Felsinschrift mit einem assyrischen Opfertext, in: Diakonoff, I.M. (Hrsg.), Societies and Languages of the Ancient Near East. Studies in Honour of I.M. Diakonoff, Warminster (1982), S. 327–332.

——— Tušpa, die Hauptstadt von Urartu, in: Haas, V. (Hrsg.), Das Reich Urartu – Ein altorientalischer Staat im 1. Jahrtausend v. Chr., Konstanz (1986), S. 31–58.

——— Reflections about the Urartian Shrines of the Stelae, in: Mellink, M. J.; Porada, E.; Özgüç, T. (Hrsg.), Aspects of Art and Iconography, Ankara (1993), S. 543–548.

——— Muṣaṣir A. Historisch, in: RLA 8 (1994), S. 444–450.

——— Geschichte und Kultur der Urartäer, Darmstadt (1995).

——— The Inscription of the Urartian King Rusa II at Kefkalesi (Adilcevaz), in: SMEA 40 (1998), S. 123–129.

——— Die Einwirkung des Reiches Urartu auf die politischen Verhältnisse auf dem Iranischen Plateau, in: Eichmann, R.; Parzinger, H. (Hrsg.), Migration und Kulturtransfer. Der Wandel vorder- und zentralasiatischer Kulturen im Umbruch vom 2. zum 1. vorchristlichen Jahrtausend, Akten des Internationalen Kolloquiums Berlin, 23.–26. November 1999, Bonn (2001), S. 343–356.

——— Palast.A.IX.Urartu, in: RlA 10 (2005), S. 230–231.

——— Der Turmtempel (susi) von Bastam, in: AMIT 37 (2005), S. 371–375.

——— Some considerations on Van Kalesi, in: Çilingiroğlu, A.; Darbyshire, G. (Hrsg.), Anatolian Iron Ages 5, London (2005), S. 145–155.

——— Argišti, Rusa, Erimena, Rusa und die Löwenschwänze: Eine urartäische Palastgeschichte des VII. Jh. v. Chr., in: Aramazd II (2007), S. 146–162.

——— Die urartäische Tontafel VAT 7770 aus Toprakkale, in: AoF 34 (2007), S. 37–50.

——— Ein folgenreicher Textanschluss. Eine urartäische Königsinschrift im Vorderasiatischen Museum facht den wissenschaftlichen Disput an, in: Antike Welt 2/2008, S. 35–37.

——— Corpus dei Testi Urartei. Le iscrizioni su pietra e roccia. Volume I (CTU A), Rom (2008).

——— Corpus dei Testi Urartei. Volume IV. Iscrizioni su bronzi, argilla e altri supporti. Nuove iscrizioni su pietra. Paleografia generale (CTU B, CTU C), Rom (2012).

——— An Urartian Queen of the VIIth Century BC, in: Çilingiroğlu, A., Sagona, A. (Hrsg.), Anatolian Iron Ages 7, Leuven (2012), S. 106–108.

——— Neuassyrische Schrift und Sprache in den urartäischen Königsinschriften (9.–7. Jahrhundert v. Chr.), in: Cancik-Kirschbaum, E.; Klinger, J.; Müller, G.W. (Hrsg.), Diversity and Standardization. Perspectives on social and political norms in the ancient Near East. Symposium Normierung und Emanzipation: Bausteine für Kulturgeschichte des 2. Jts. v. Chr. im Alten Orient, Berlin (2013), S. 113-144.

Salvini, Mirjo; Belli, Oktay, Pithoi with cuneiform and hieroglyphic inscriptions from Upper Anzaf Fortress, in: SMEA 48 (2006), S. 55-72.
Salvini, Mirjo, Çavuşoğlu, Rafet; Işik, K., New Urartian Inscriptions from East Turkey, in: Orientalia 79 (2010), S. 36–54.
Sancisi-Weerdenburg, Heleen, Political Concepts in Old-Persian Royal Inscriptions, in: Raaflaub, K. (Hrsg.), Anfänge politischen Denkens in der Antike, München (1993), S. 145–163.
Schachner, Andreas, Bilder eines Weltreichs. Kunst- und kulturgeschichtliche Untersuchungen zu den verzierten Verzierungen eines Tores aus Balawat (Imgur-Enlil) aus der Zeit von Salmanassar III., König von Assyrien, Turnhout (2007).
Schaudig, Hans-Peter, Der Einzug Kyros'des Großen in Babylon im Jahre 539 v. Chr., in: Historisches Museum der Pfalz Speyer (Hrsg.), Das persische Weltreich. Pracht und Prunk der Großkönige, Stuttgart (2006), S. 30–39.
Schimmelfennig, Frank, Macht und Herrschaft in Theorien der Internationalen Beziehungen, in: Imbusch, P. (Hrsg.), Macht und Herrschaft. Sozialwissenschaftliche Konzeptionen und Theorien, Opladen (1998), S. 317–331.
Schmid, Hans Heinrich, Gerechtigkeit als Weltordnung, Tübingen (1968).
Schmitt, Stefanie, Alexander monarchus. Heilsgeschichte als Herrschaftslegitimation in Rudolfs von Ems Alexander, in: Mölk, U. (Hrsg.), Herrschaft, Ideologie und Geschichtskonzeption in Alexanderdichtungen des Mittelalters, Göttingen (2002), S. 290–331.
Scholz, Bernhard (Hrsg.), Der Orientalische Mensch und seine Beziehungen zur Umwelt. Beiträge zum 2. Grazer Morgenländischen Symposion (2.–5. März 1989), Graz (1989).
Schramm, Percy E., Herrschaftszeichen und Staatssymbolik. Beiträge zu ihrer Geschichte vom dritten bis zum sechzehnten Jahrhundert. Band 1, Stuttgart (1954).
——— Kaiser, Könige und Päpste. Gesammelte Aufsätze zur Geschichte des Mittelalters. Band 1, Stuttgart (1968).
Seidl, Ursula, Die Siegelbilder, in: Kleiss, W. (Hrsg.), Bastam II: Die Ausgrabungen in den urartäischen Anlagen, 1977–1978, Berlin (1988), S. 145–154.
——— Urartäische Bauskulpturen, in: Mellink, M.J.; Porada, E.; Özgüç, T. (Hrsg.), Aspects of Art and Iconography, Ankara (1993), S. 557–564.
——— Bronzekunst Urartus, Mainz (2004).
——— The Urartian Ištar-Šawuška, in: Çilingiroğlu, A.; Darbyshire, G. (Hrsg.), Anatolian Iron Ages 5, London (2005), S. 167–173.
——— Rusa Son of Erimena, Rusa Son of Argišti, and Rusahinili/Toprakkale, in: Kroll, S. et al. (Hrsg.), Biainili-Urartu, Leuven (2012), S. 177–181.
Selz, Gebhard J., Über mesopotamische Herrschaftskonzepte. Zu den Ursprüngen mesopotamischer Herrscherideologie im 3. Jahrtausend, in: Dietrich, M., Loretz, O. (Hrsg.), Festschrift für S.H.Ph. Römer zur Vollendung seines 70. Lebensjahres, Münster (1998), S. 281–344.
——— „Wer sah je eine königliche Dynastie (für immer) in Führung!“ Thronwechsel und gesellschaftlicher Wandel im frühen Mesopotamien als Nahtstelle von *microstoria* und *longue durée,* in: Sigrist, C. (Hrsg.), Macht und Herrschaft, Münster (2004), S. 157–214.
——— The Divine Prototypes, in: Brisch, N. (Hrsg.), Religion and Power. Divine Kingship in the Ancient World and Beyond, Chicago (2008), S. 13–31.
Sennelart, Michel (Hrsg.), Michel Foucault: Geschichte der Gouvernementalität I. Sicherheit, Territorium, Bevölkerung. Vorlesung am Collège de France 1977–1978, Frankfurt (2004).
Service, Elmar R., Ursprünge des Staates und der Zivilisation. Der Prozeß der kulturellen Evolution, Frankfurt (1977).
Seux, Marie-Joseph, Épithètes Royales Akkadiennes et Sumériennes, Paris (1967).
——— Königtum B. II. und I. Jahrtausend, in: RLA 6 (1980), S. 141–173.

Sevin, Veli, Menua Oğlu İnuşpua/Inushpua the son of Menua, in: Anadolu Araştirmaları VII (1979/1981), S. 1–11.

——— The Early Iron Age in Elazığ, in: AnSt 41 (1991), S. 87–98.

——— The southwestward Expansion of Urartu, in: Çilingiroğlu, A.; French, D.H. (Hrsg.), Anatolian Iron Ages 2, Oxford (1991), S. 97–112.

——— Van / Zernaki Tepe: On the Urartian Grid Plan Once Again, in: Anatolica 23 (1997), S. 173–180.

——— Urartian Gardens, in: Belleten 64 (2000), S. 407–418.

——— Hakkari Stelleri: Zap irmağı kıyısında Bozkır Göçebeleri – The Hakkari stelae: a nomadic impact on the River Zap, in: TÜBA-AR 4 (2001), S. 79–88.

——— Late Iron Age Pottery of the Van Region Eastern Anatolia: In the Light of the Karagündüz Excavations, in: Aslan, R.; Blum, S.; Kastl, G.; Schweizer, F.; Thumm, D. (Hrsg.), Mauerschau. Festschrift für Manfred Korfmann. Band 1, Remshalden-Grunbach (2002), S. 475–482.

Sevin, Veli; Belli, Oktay, Urartian Sacred Area and Fortress Yeşilalıç, in: JKF 5 (1977), S. 367–409.

Sevin, Veli; Kavaklı, Ersin I., Van / Karagündüz: Bir Erken Demir Çağ Nekropolü / An Early Iron Age Cemetery, Istanbul (1996).

Sigrist, Christian (Hrsg.), Macht und Herrschaft. Veröffentlichungen des Arbeitskreises zur Erforschung der Religions- und Kulturgeschichte des Antiken Vorderen Orients und des Sonderforschungsbereichs 493. Band 5, Münster (2004).

Sjöberg, Å. W., The Old Babylonian Edubba, in: Sumerological Studies in Honor of Thorkild Jacobsen on his Seventieth Birthday, AS 20 (1975), S. 159–179.

Slattery, David J.G., Urartu and the Black Sea Colonies – An Economic Perspective, in: Al-Rafidan 8 (1987), S. 1–30.

——— The Northern Frontier of Urartu – Economic and Administrative Implications, Manchester (1988).

Smith, Adam T., The Making of an Urartian Landscape in Southern Transcaucasia, in: AJA 103, Vol.1 (1999), S. 45–71.

——— Rendering the Political Aesthetic: Political Legitimacy in Urartian Representations of Built Environment, in: JAA 19 (2000), S. 131–163.

——— The Political Landscape: Constellations of Authority in Early Complex Polities, Berkeley (2003).

——— Archaeology in the Borderland: Investigations in the Caucasus and Beyond, Los Angeles (2003).

——— The Prehistory of an Urartian Landscape, in: Kroll, S. et al. (Hrsg.), Biainili-Urartu, Leuven (2012), S. 39–52.

Smith, M.G., Conditions of Change in Social Stratification, in: Friedman, J.; Rowlands, M.J. (Hrsg.), The Evolution of Social Systems, Pittsburgh (1978), S. 29–48.

Smith, Sidney, The Practice of Kingship in Early Semitic Kingdoms, in: Hooke, S.H. (Hrsg.), Myth, Ritual, and Kingship. Essays on the Theory and Practice of Kingship in the Ancient Near East and in Israel, Oxford (1958), S. 22–73.

Steible, Horst, Legitimation Herrschaft im Mesopotamien des 3. Jahrtausends v. Chr., in: Dux, G. (Hrsg.), Moral und Recht im Diskurs der Moderne: Zur Legitimation gesellschaftlicher Ordnung, Opladen (2001), S. 67–91.

——— Zu den Nahtstellen in den altmesopotamischen Codices, in: Marzahn, J.; Neumann, H. (Hrsg.), Assyriologica et Semitica. Festschrift für Joachim Oelsner, Münster (1999), S. 447–455.

Steiner, Gerd, Altorientalische „Reichs“-Vorstellungen im 3. Jahrtausend v. Chr., in: Larsen, M.T. (Hrsg.), Power and Propaganda, Kopenhagen (1979), S. 125–143.

Steinkeller, Piotr, Inannas Archaic Symbol, in: Braun, J. (Hrsg.), Written on Clay and Stone. Ancient Near Eastern Studies presented to Krystyna Szarzynaska on the Occasion of her 80th Birthday, Warschau (1998), S. 87–100.

——— On Rulers, Priests and Sacred Marriage. Tracing the Evolution of Early Sumerian Kingship, in: Watanbe, K. (Hrsg.), Priests and Officials in the Ancient Near East, Heidelberg (1999), S. 103–137.

——— An Ur III Manuskript of the Sumerian King List, in: Sallaberger, W.; Volk, K.; Zgoll, A. (Hrsg.), Literatur, Politik und Recht in Mesopotamien. Festschrift für Claus Wilcke, Wiesbaden (2003), S. 267–292.

Stone, Elisabeth, Social Differentiation within Urartian Settlements, in: Kroll, S. et al. (Hrsg.), Biainili-Urartu, Leuven (2012), S. 89–99.

Stronach, David, Urartian and Achaemenid Tower Temples, in: JNES 26 (1967), S. 278–288.

——— Urartu's Impact on Achaemenid and pre-Achaemenid Architecture in Iran, in: Kroll, S. et al. (Hrsg.), Biainili-Urartu, Leuven (2012), S. 309–320.

Stronach, David; Ter-Martirosov, Felix; Ayvazian, Alina; Collins, William; Demos, Catherine; Ghanimati, Soroor, Erebuni 2007, in: IranAnt 64 (2009), S. 181–206.

Szabó, Gabriella, Herrscher §7.2 Epitheta, in: RLA 4 (1975), S. 344–345.

Tadmor, Henry, The Inscriptions of Tiglath-Pileser III King of Assyria, Jerusalem (1994).

Taffet, Avia, A Tentative Reconstruction of the Urartian Calendar of Festivals, in: Anadolu Araştırmaları 15 (1999), S. 369–381.

Talon, Philippe, Cases of Deviation in Neo-Assyrian Annals and Foundation, in: Porter, B.N., Ritual and Politics in Ancient Mesopotamia, New Haven (2005), S. 99–114.

Tanyeri-Erdemir, Tuğba, Innovation, Change, Continuity: Considering the Agency of Rusa II in the Production of the Imperial Art and Architecture of Urartu in the 7th Century BC, in: Peterson, D.L.; Popova, L.M.; Smith, A.T. (Hrsg.), Beyond the Steppe and the Sown. Proceedings of the 2002 University of Chicago Conference on Eurasian Archaeology, Leiden (2006), S. 264–281.

——— The Temple and the King: Urartian Ritual Spaces and their Role in Royal Ideology, in: Cheng, J. (Hrsg.), Ancient Near Eastern Art in Context. Studies in Honor of Irene J. Winter by her students, Leiden (2007), S. 205–225.

Tarhan, M. Taner, The Structure of the Urartian State, in: JFK 9 (1981), S. 295–310.

——— A Third Temple at Çavuştepe-Sardurihinili? Uç Kale, in: Çilingiroğlu, A.; Sagona, A. (Hrsg.), Anatolian Iron Ages 6, Leuven/Paris (2007), S. 265–282.

——— The Capital City Tushpa, in: Köroğlu, K.; Konyar, E. (Hrsg.), Urartu – Transformation in the East, Istanbul (2011), S. 288–363.

Tarhan, M. Taner; Sevin, Veli, The relation between Urartian Temple Gates and Monumental Rock Niches, in: Belleten 39 (1975), S. 401–412.

The Electronic Text Corpus of Sumerian Literature (ETCSL), http://etcsl.orinst.ox.ac.uk/

Thureau-Dangin, F., Une relation de la huitième campagne de Sargon, Textes cunéforms du Louvre, Band 3, Paris (1912).

Toumanoff, Cyrille, Studies in Christian Caucasian History, Georgetown (1963).

Trigger, Bruce G., Understanding early civilizations, Cambridge (2003).

Turner, Victor, Das Ritual – Struktur und Anti-Struktur, Frankfurt (1989).

Ungern-Sternberg, J. von; Reinau, Hansjürgen, Vergangenheit in mündlicher Überlieferung, Stuttgart (1988).

Veenhof, Klaas R.; Eidem, Jesper, Mesopotamia. The Old Assyrian Period, Friborug (2008).

Vincente, Claudine-Adrienne, The Tall Leilan Recension of the Sumerian King List, in: ZA 85 (1995), S. 234–270.
Volk, Konrad, Edubba'a und Edubba'a-Literatur. Rätsel und Lösungen, in: ZA 90 (2000), S. 1–30.

Wagner, Gerhard, Herrschaft und soziales Handeln – eine Notiz zur Systematisierung zweier soziologischer Grundbegriffe, in: Gostmann, P.; Merz-Benz, P.-U. (Hrsg.), Macht und Herrschaft – Zur Revision zweier soziologischer Grundbegriffe, Wiesbaden (2007), S. 19–26.
Wagner, Thomas, Zentralisierungsprozesse in Mesopotamien in der Sicht Michael Manns, in: Sigrist, C. (Hrsg.), Macht und Herrschaft, Münster (2004), S. 31–57.
Wälchli, Stefan, Der weise König Salomo. Eine Studie zu den Erzählungen von der Weisheit Salomos in ihrem alttestamentlichen und altorientalischen Kontext, Stuttgart (1999).
Walzer, Michael, On the Role of Symbolism in Political Thought, in: Political Science Quarterly 82 (1967), S. 191–204.
Warnke, Martin, Bau und Gegenbau, in: Hipp, H.; Seidl, E. (Hrsg.), Architektur als politische Kultur, Berlin (1996), S. 11–18.
Wartke, Ralf B., Toprakkale. Untersuchungen zu den Metallobjekten im Vorderasiatischen Museum zu Berlin, Berlin (1990).
——— Urartu – Das Reich am Ararat, Mainz (1993).
Watanabe, K. (Hrsg.), Priests and Officials in the Ancient Near East. Papers of the Second Colloquium on the Ancient Near East – The City and its Life held at the Middle Eastern Culture Center in Japan (Mitaka, Tokyo) March 22–24, 1996, Heidelberg (1999).
Wayand, Gerhard, Pierre Bourdieu: Das Schweigen der Doxa aufbrechen, in: Imbusch, P. (Hrsg.), Macht und Herrschaft. Sozialwissenschaftliche Konzeptionen und Theorien, Opladen (1998), S. 221–237.
Weber, Hermann, Rückblick, in: Gundlach, R.; Weber, H. (Hrsg.), Legitimation und Funktion des Herrschers. Vom Ägyptischen Pharao zum neuzeitlichen Diktator, Stuttgart (1992), S. 355–358.
Weber, Max; Winckelmann, Johannes (Hrsg.), Wirtschaft und Gesellschaft. Grundriss der verstehenden Soziologie (WuG), Tübingen (1972).
Westenholz, Aage, The Old Akkadian Empire in Contemporary Opinion, in: Larsen, M.T. (Hrsg.), Power and Propaganda, Kopenhagen (1979), S. 107–123.
Westenholz, Joan, The King, the Emperor, and the Empire: Continuity and Discontinuity of Royal Representation in Text and Image, in: Aro, S.; Whiting, R.M. (Hrsg.), The heirs of Assyria, Helsinki (2000), S. 99–125.
——— The Good Shepard, in: Panaino, A.; Piras, A. (Hrsg.), Schools of Oriental studies and the development of modern historiography: Proceedings of the Fourth Annual Symposium of the Assyrian and Babylonian Intellectual Heritage Project held in Ravenna, Italy, October 13–17, 2001, Mailand (2004), S. 281–310
Wightman, Gregory J., Sacred spaces. Religious architecture in the ancient world, Leuven (2007).
Wilcke, Claus, Politik im Spiegel der Literatur, Literatur als Mittel der Politik im älteren Babylonien, in: Raaflaub, K. (Hrsg.), Anfänge politischen Denkens in der Antike, München (1993), S. 29–75.
——— Der Kodex Urnamma (CU): Versuch einer Rekonstruktion, in: Abusch, T. (Hrsg.), Riches Hidden in Secret Places. Ancient Near Eastern Studies in Memory of Thorkild Jacobsen, Winona Lake (2002), S. 291–333.
Wilhelm, Gernot, Urartu als Region der Keilschrift-Kultur, in: Haas, V. (Hrsg.), Das Reich Urartu. Ein altorientalischer Staat im 1. Jahrtausend v. Chr., Konstanz (1986), S. 95–116.
——— Bemerkungen zur urartäischen Paläographie, AoF 21 (1994), S. 352–358.
——— (Hrsg.), Die orientalische Stadt. Kontinuität, Wandel, Bruch. 1. Internationales Colloquium der Deutschen Orient-Gesellschaft. 9.–10. Mai 1996 in Halle /Saale, Saarbrücken (1997).

Wilkinson, T.J.; Wilkinson, Eleanor B.; Ur, Jason; Altaweel, Mark, Landscape and Settlement in the Neo-Assyrian Empire, in: BASOR 340 (2005), S. 23–56.

Willner, Ann Ruth; Willner, Dorothy, The Rise and Role of Charismatic Leaders, in: The Annals of the American Academy of Political and Social Science 358 (1965), S. 77–88.

Winter, Irene, The Program of the Throneroom of Aššurnasirpal II., in: Pittman, P.; Pittman, H. (Hrsg.), Essays on Near Eastern Art and Archaeology in Honor of Charles Kyle Wilkinson, New York (1983), S. 15–31.

——— Art in Empire. The Royal Image and the Visual Dimensions of Assyrian Ideology, in: Parpola, S.; Whiting, R.M. (Hrsg.), Assyria 1995, Helsinki (1997), S. 359–381.

——— The Affective Properties of Styles: An Inquiry into Analytical Process and the Inscription of Meaning in Art History, in: Jones, C.A.; Galison, P. (Hrsg.), Picturing Science, Producing Art, New York (1998), S. 55–77.

——— Le Palais Imaginaire: Scale and Meaning of in the Iconography of Neo-Assyrian Cylinder Seals, in: Uehlinger, C. (Hrsg.), Images as Media, Fribourg (2000), S. 51–87.

——— Touched by the Gods: Visual Evidence for the Divine Status of Rulers in the Ancient Near East, in: Brisch, N. (Hrsg.), Religion and Power. Divine Kingship in the Ancient World and Beyond, Chicago (2008), S. 75–101.

Wiseman, Donald J., Palace and Temple Gardens in the Ancient Near East, in: Mikasa, H.I.H. Prince Takahito (Hrsg.), Monarchies and Socio-Religious Traditions in the Ancient Near East, Wiesbaden (1984), S. 37–43.

Yamada, Shigeo, The Construction of the Assyrian Empire. A Historical Study of the Inscriptions of Shalmanesar III (859–824 B.C.) relating to his Campaigns to the West, Leiden (2000).

Yoffee, Norman, Myths of the Archaic State. Evolution of the Earliest Cities, States, and Civilizations, Cambridge (2007).

Yusifov, Y.B.. On the Scythians in Mannea, in: Diakonoff, I.M. (Hrsg.), Societies and Languages of the Ancient Near East. Studies in Honour of I.M. Diakonoff, Warminster (1982), S. 349–356.

Zgoll, Annette, „Einen Namen will ich mir machen“. Die Sehnsucht nach Unsterblichkeit im Alten Orient, in: Saeculum 54 (2003), 1–11.

Zgoll, Annette; Roaf, Michael, Sternenschrift auf schwarzem Stein. Entzifferung assyrischer Astroglyphen, in: Antike Welt 33/1 (2002), S. 7-15.

Zimansky, Paul E., Ecology and Empire: The Structure of the Urartian State, Chicago (1985).

——— The Kingdom of Urartu in Eastern Anatolia, in: Sasson, Jack M., Civizations of the Ancient Near East, New York (1995), S. 1135–1146.

——— Urartian Material Culture as State Assemblage: An Anomaly in the Archaeology of Empire, in: BASOR 299 (1995), S. 103–155.

——— Ancient Ararat – A Handbook of Urartian Studies, Delmar (1998).

——— Urartian Kingdom and Topography, in: Özdem, F. (Hrsg.), Urartu – Savaş ve Estetik. Urartu: War and Aesthetics, Istanbul (2003), S. 75–83.

——— The cities of Rusa II and the end of Urartu, in: Çilingiroğlu, A.; Darbyshire, G. (Hrsg.), Anatolian Iron Ages 5, London (2005), S. 235–240.

——— Urartu as Empire. Cultural Integration in the Kingdom of Van, in: Kroll, S. et al. (Hrsg.), Biainili-Urartu, Leuven (2012), S. 101–110.

——— Imagining Haldi, in: Baker, H.D.; Kaniuth, K.; Otto, A. (Hrsg.), Stories of Long Ago. Festschrift für Michael D. Roaf, Münster (2012), S. 713–723.

Zinser, Hartmut (Hrsg.), Religionswissenschaft. Eine Einführung, Berlin (1988).

Zsolt, Simon, Ein luwischer Name in der urartäischen Herrscherdynastie?, in: N.A.B.U. 2008-4 (2008), S. 107–109.